김필례

김필례

그를 읽고 기억하다

이송죽 정혜순 이정숙
전동현 이방원 엮음

열화당 영혼도서관

책을 펴내며

교육자이자 기독교 활동가였던 김필례金弼禮(1891-1983) 선생은 대중적으로 잘 알려진 인물이 아니다. 선생의 평전, 그가 생전에 직접 쓴 글들, 그를 기리는 이들의 글을 모은 기념문집은, 낯설어하는 독자들을 선생의 삶으로 안내한다.

'호랑이 교장 선생님'으로 불리기도 했던, 강인한 의지를 지닌 활동가였던 선생은 스스로 선택한 교육과 신앙이라는 방법으로 평생 여성 교육, 조국의 독립, 더 나은 사회 건설을 위해 헌신했다. 혹 독자들은 일본과 미국유학을 거친 맹렬한 활동가라고 알려진 선생의 글을 읽으며 다소 당혹해할지도 모르겠다. 선생의 실제 삶이 그랬듯이 선생은 가정생활을 최우선으로 하는 보수적 여성이기를 당부하고 있기 때문이다.

그러나 조금 더 들여다보면 선생의 보수적 여성론은 여성을 가정의 틀 안에 가둬두기 위한 것이 아니었다는 점도 함께 읽어낼 수 있다. 선생은 평생 "배운 만큼 달라야 하고 믿는 만큼 달라야 한다"는 말을 신조처럼 되풀이했다. 옳다고 생각한 일들을 이루어내기 위해서는, 선한 영향력을 확대하기 위해서는, 그저 피상적인 이론과 명분을 내세우는 것만으로는 공감과 동조를 이끌어낼 수 없다고 확신했던 것이다.

선생이 찾은 해법은 당시 사회를 지배하던 보수와 전통의 잣대를 들이대어도 충분히 인정받을 만한 삶을 실제로 보여주어야 비로소 조국의 독립, 여성의 사회 기여와 같은 용감한 제안이 힘을 얻을 수 있다는 것이었다. 바로 그 신념 때문에 평생 동안 사회활동과 가정생활을 모두 빈틈없이 병행하려는 완벽주의의 고단한 삶으로 이어졌다.

1930년대에 그가 집필한 교과서 『성교육』은 그런 의미에서 우리가 지닌 선입견 즉 혼전순결과 정숙한 여성상의 일방적 강조일 뿐이겠지 하는 예측을 넘어선다. 오히려 이 진지한 인생지침서 속에서, 한 남성의 아내로서 한 여성의 남편으로서 결혼과 인생의 각 단계에서 만나는 문제들을 어떻게 현명하고 냉철하게 해결하고 가정·사회·국가 안에서 각 개인의 이상을 실현해 나갈 것인지에 대해 깊이 고민한 흔적을 발견하게 되기 때문이다.

선생의 삶과 글을 통해 우리는 이십세기를 치열하게 도전하며 살아냈던 한 선배의 조언을 듣는다. 선배의 그 해법이 지금, 여기, 당신의 삶에는 그다지 유용하지 않은 것처럼 느껴질지도 모르겠다. 그러나 지난 세기, 쉽지 않은 도전을 포기하지 않았던 사람들의 열정이 잠시 현재의 삶과 도전을 돌아볼 수 있게 하는 계기가 된다면, 그 자체가 현재진행형의 자산이 될 수 있을 것이라는 믿음으로 선생의 자취를 모아 세상에 내놓는다.

내가 김필례 선생님과 연지동 교정에서 지낸 기간은 정신여중에 입학한 1965년 3월부터 정신여고를 졸업한 1971년 2월까지이다. 안경 너머의 눈빛에 위엄이 서려 있으면서도 성품은 인자했던 선생은 늘 한복을 깔끔하게 입고 머리는 단정한 붙임머리였다. 조용히 복도를 지나며 수업중인 교실들을 주의깊게 살피던 모습도 떠오른다. 하지만 직접 가르침을 받은 시간은 당시 이사장이던 선생의 특별수업 단 한 번뿐이었다. 고3 각 반마다 들어와 졸업을 앞둔 학생들에게 한 시간씩 특별수업을 했다. 그 시간에 들었던 말씀 중에서 지금까지 기억나는 것은 당신이 정립한 정신학교의 교훈처럼 굳건한 믿음을 가지고 고결한 인격자들로 성장하고 발전하여 있는 곳곳에서 희생적 봉사의 삶을 살아가라는 당부와, 여성으로서 가정에서는 현모양처가 되기 위해 노력해야 하지만 거기에 머물지 말고 최소한 일인일기一人一技 능력을 갖춰서 사회활동에도 적극적으로 참여하고 자신의 꿈을 펼쳐 나가라고 한 격려이다.

고등학교를 졸업한 후에는 선생님을 만나지 못했다. 그런데 2013년, 생각지도 못했던 총동문회장직을 맡게 되면서부터 선생과 그의 가문에 대해 조금씩 알아가는, 알아야만 하는 일들이 줄줄이 이어졌다. 2013년 선생이 세상을 떠난 지 삼십 주기가 되는 해에 모교에 다목적관을 건축하고 그 이름을 '김필례기념관'으로 했다. 일제의 신사참배 강요에도 기독교 설립정신을 지켜 폐교되었던 학교를 해방 후 재건한 분이 선생이었기 때문이었다. 또한 광주MBC 창사오십주년 특집다큐멘터리 「백 년의 유산 여성 교육자 김필례」의 촬영도 지원했다. 그리고 2014년에는 애니메이션 작품 「대한독립의 별 김마리아」를 제작하여 국내외로 배포했는데, 이 기회로 인해서 선생과 한 살 아래의 조카 김마리아는 항일독립운동과 여성교육을 위해 서로 자매처럼 의지하고 협력했음을 다시 한 번 확인할 수 있었다. 이 애니메이션은 광복 칠십 주년인 2015년 KBS1 삼일절 특집 다큐멘터리로 확장 제작되어 「김마리아, 대한의 독립과 결혼하다」라는 제목으로 방영되었다. 2017년과 2018년 KBS1 삼일절 특집다큐멘터리 「어느 가문의 선택」 촬영을 지원하면서는 선생 가문의 인물들의 나라를 사랑하는 마음과 위대한 독립운동 업적을 더 많이 알게 되었다. 이런 연유로 윤현숙 회장의 간청에 따라 선생의 기념문집 편집위원장을 맡게 되었다.

김필례기념사업회가 출범 이후 줄곧 기념문집 발간을 위해 노력하던 중 2017년 2월 제3대 회장에 취임한 윤현숙 회장은 열정을 가지고 이 기념문집 발간에 박차를 가했다. 편집위원들은 현존하는 선생의 저술, 기사 등 모든 자료들은 찾는 대로 수집, 정리하고 사진도 구해지는 대로 시대별로, 활동분야별로 정리해 나갔다.

편집위원회가 자료조사차 2018년 5월 10일 광주를 방문했을 때 수피아여고와 광주 YWCA의 협조로 선생의 흔적들을 보고 관련 자료들을 구할 수 있었다. 차종순 박사는 최영욱, 김필례 선생의 가문과 광주생활에 대한 강의를 해주셨다. 6월 5일에는 『교육의 길 신앙의 길: 김필례 그 사랑과 실천』의 집필자인 이기서 선생 댁을 방문해 책을 위해 서술한 때의 정황과 궁금한 부분들을 들었다. 6월 12일에는 한국 선교역사를 발굴 연구하는 양국주 선교사와 선생의 생애와 관련된 여러 사실들을 확인하는 만남을 가졌는데 선생과 그 친족들에게 미국 남장로교 소속 선교사들의 극진한 후원이 있었다는 사실을 확인할 수 있었다.

학교법인 정신학원 이사회에서는 김필례, 김마리아 선생이 졸업한 동경의 여자학원女子學院(조시가쿠인)을 2019년 2월 7일 방문했는데, 도서관 담당이신 가지하라梶原惠理子 선생이 미리 요청해 두었던 자료들을 정성스레 준비하고 설명을 해주었다. 그러나 조지아주 아그네스스콧대학, 컬럼비아대학교 등에 선생의 미국 유학시절의 자료들은 요청해 놓았지만 결국 찾지 못해 안타깝다. 이 기념문집의 미비한 부분들이 계속해서 채워지고 연구되기를 바라는 소망을 남겨놓는다.

애초에 동문들의 회고문 십여 편을 들고 망망대해를 헤엄쳐 나가듯이 시작한 문집 발간 계획은, 제대로 정리해 두고 싶은 마음이 커지면서 하나씩 담을 내용이 늘어나 지금과 같은 방대한 규모가 되었다. 책은 크게 다섯 부분으로 나뉜다. 가장 처음 나오는 「쉼 없는 열정: 나라, 신앙, 교육을 향한 김필례의 삶」은 이정숙이 새롭게 쓴 선생의 평전으로, 가장 최신의 연구까지 망라하고 관련 사진자료를 함께 편집했다. 두번째 '김필례를 읽다'는 선생이 생전에 여러 매체에 발표한 기독교, 교육, 여성 관련 글을 모아 엮은 것으로, 삼십대 초반이던 1920년대부터 팔십대 후반인 1970년대까지의 글이 실려 있다. 세번째 '김필례를 기억하다'에는 선생을 그리워하는 이들이 지난날 남긴 글 또는 새로 쓴 글을 한자리에 모았다. 여성 활동가로서의 면모, 제자들의 추억, 가족들의 그리움 들이 담겨 있다. 네번째 '특별기고'편에는 김필례의 언니 김구례의 손자 서원석이 쓴 「광산 김씨 문중의 이야기」와 차종순의 「김필례의 광주 시절」이 선생의 집안과 한 시기를 자세히 들여다보는 기회를 제공한다. 마지막으로 '부록'편에는 선생의 삶을 보다 상세히 복원하는 자료들을 모았다. '시대가 기록한 김필례'는 선생의 활동 및 행적을 기록한 다른 이들의 글 중 그의 저술을 보완할 수 있는 것들을 엮었고, 김필례가 쓴 『성교육性敎育』(조선예수교서회, 1935)을 한국학중앙연구원 한국학도서관의 협조를 받아 전체 영인해 수록했다. 그밖에 영문과 일문으로 쓴 글 원문, 연보, 참고문헌 등을 꼼꼼하게 정리했다.

이처럼 우리는 선생의 자료와 증언들을 최선을 다해 찾아 엮고자 했으나, 그 굴곡의 삶을 다 담아낼 수는 없었다. 원고와 자료, 증언들을 통해 선생의 삶을 조각조각 퍼즐 맞추듯이 알게 된 것이 가장 큰 보람인데, 참 힘들게 일생을 보낸 자취가 가슴을 아릿하게 한다. 그럼에도 불구하고 이처럼 명철함과 열정을 겉으로는 드러내지 않으면서도 겸손하고 성실하게 삶으로 실천한 훌륭한 지도자, 선배를 모시고 그 정신을 이어가려는 뜻을 세우게 된 것이 더 없이 감사하다.

선생을 향한 추모의 뜻을 모아 기꺼이 귀한 글을 보내주신 모든 분들께 감사드리며 편집과정에서 내용의 중복과 분량 안배로 원고내용에 조정이 불가피했던 점 양해 부탁드린다. 날로 늘어나는 작업량과 촉박한 일정 속에서도 즐겁게 서로 도왔던 편집위원들과 함께 할 수 있어 감사한 시간이었다. 끝으로 편집위원회의 복잡하고 번거로운 요청들을 정성스럽게 검토해서 가장 좋은 결과를 만들기 위해 애써 주신 열화당 편집진의 노고에 감사의 마음을 전한다.

선생께서 좌우명으로 삼았던 말씀은 "한 알의 밀알이 땅에 떨어져 죽지 아니하면 한 알 그대로 있고 죽으면 많은 열매를 맺느니라"(「요한복음」 12장 24절)이다. 끊임없이 선생님의 정신이 계승되어 훌륭한 제2, 제3의 김필례가 이 땅에 자라나기를 바란다.

2019년 9월
김필례선생기념문집편집위원회를 대표하여
이송죽

차례

김필례를 읽다 · 183

쉼 없는 열정

나라、신앙、교육을 향한 김필례의 삶

이정숙

김필례. 1960년경.

김필례를 생각하며

> 어려운 가운데 언제나 한국인이라는 것을 명심했다. 나 자신이야 아무 것도 아니지만 내 배후에는 이천만의 동포가 있으니 나 혼자만의 잘못이 조국의 오점이 될까 얼마나 저어했는지 몰랐다.
>
> —김필례[1]

한국기독교여자청년회Young Women's Christian Association, YWCA와 대한예수교장로회 여전도회전국연합회, 정신여자중고등학교와 서울여자대학교 같은 여성 교육기관에 대해 한번쯤 들어봤을 것이다. 그런데 이 기관과 학교를 이끌었던 김필례라는 인물에 대해서는 모르는 사람이 많다. 김필례는 교육이 나라를 위하는 길이라 믿고 이들 단체를 만들기 위해 그 터를 다졌고 안 되는 일들은 부딪쳐 가며 되게 만들었다. 이들 단체와 교육기관들은 기초 마련과 성장에 김필례의 땀과 헌신과 간절한 기도, 주변의 인연과 도움을 통해서 뿌리를 내리고 꽃을 피우고 열매를 맺을 수 있었다.

김필례金弼禮(1891-1983)는 황해도 소래마을서 자란 어린 시절, 소래교회를 다니면서 소래학교에서 기본 교육을 받았다. 교회에서 서양 선교

1. 김필례, 「밤하늘의 별」『정신』(교지), 제8집, 1958. p.18.

사들과 자연스럽게 교류하고 학교에서 신식 교육을 받고 자라면서 1890년대 당시 일반 사람들이 쉽게 접하기 어려운 기독교 신앙과 서양의 교육은 김필례의 삶에 중요한 지침이 된다. 김필례의 구술을 바탕으로 쓴 전기[2]에 제목으로 '교육의 길, 신앙의 길'을 드러낸 것은 그만큼 김필례의 삶을 압축해서 강조한 것이다. 여기에 개화기와 일제강점기라는 시대는 김필례가 살아가면서 일관되게 나라와 민족을 우선 생각하게 하는 환경을 조성한다. 조선에서 대한제국으로, 이어서 한일 강제 병합과 일제강점기 시대를 거치면서 나라와 민족을 우선하고 중시하는 가정의 분위기와 시대적 사명감 속에서 나라 사랑, 기독교 신앙, 교육은 평생의 신념이 되었다.

김필례는 집안이나 주변의 결혼한 여자들의 순종적인 삶과 조지아나 화이팅Georgiana Whiting 같은 서양 선교사의 대우받는 대조된 삶을 보면서 공부를 통해서 여자로서의 멍에를 벗어버리기를 갈망했다. 어려서의 다짐은 평생 소신으로 이어져서 많은 책을 읽고 많은 지식을 받아들여 배우고 또 배웠다. 정신여학교貞信女學校 졸업 후 스스로 길을 열어 1908년부터 일본 동경에서 팔 년간 유학을 했고 결혼 후 미국 남장로교의 후원으로 1924년 말에 미국으로 유학을 가서 1927년에 석사학위까지 받고 돌아온다. 한국 근대사에서 드물게 일본과 미국으로 유학을 다녀온 선택받은, 매우 예외적인 여성이었다.

그런데 이런 기회가 저절로 찾아온 것은 아니고 스스로 간절하게 궁리하고 노력하여 기회를 만들고 그 기회를 통해 자신의 능력을 발휘했다.

---

2. 이기서, 『교육의 길 신앙의 길: 김필례 그 사랑과 실천』, 태광문화사, 1988, p.2; 북산책, 2012.(재발간) p.5. 이 책은 1977년 김필례의 구술 회고담을 직접 녹음해 이를 바탕으로 이기서 교수가 정리한 것으로, 1983년 김필례 선생 작고 후 오 년 만인 1988년 출간되었다. 이후 절판되었다가 2012년 재발간되었는데 이 글을 쓰면서 많은 부분을 참고했다. 뒤에 나오는 출처 표시는 재발간판의 저자명과 페이지로 했다.

혹여 기회가 오더라도 미리 준비가 되어 있지 않아 놓치는 경우도 많은데, 김필례는 그 기회를 스스로 준비했을 뿐 아니라, 주변에서 추천할 정도로 이미 갖추어져 있었다. 물론 누구보다도 간절하게 원하고 노력해도 뜻을 이루지 못하는 사람도 참 많다. 아무리 노력해도 안 돼서 시대가 도와주지 않는다고 원망하고 운이 안 따른다고 체념하지만, 우리는 또 '하늘은 스스로 돕는 자를 돕는다'는 말에 절실하게 공감하기도 한다.

일본 유학 중에 식민지 국민으로서 지켰던 자존감과 자기 수련, YWCA 창립과정에서 보여준 나라사랑의 기본자세와 적극적 실천, 살아가면서 다져진 인연과 인맥의 도움, 광주에서의 봉사와 계몽의 삶, 무엇보다도 선공후사先公後私의 정신과 이타적 실천으로 이겨낸 육이오전쟁 후 정신여학교, 여전도회의 재건 과정 등등을 보면서, 오늘의 우리가 배워야 할 그 무엇을 진지하게 생각하게 된다. 김필례는 누구보다 절제와 자기관리에 투철하고, 이기적 욕구 실현이나 명예 추구보다는 이타적 가치를 추구했다. 살아왔던 시기에 따라 일제강점기에는 나라를 우선하고, 해방과 육이오전쟁를 겪으면서 학교와 사회를 우선하는 실천하는 삶을 살았다. 시대를 앞서가면서도 당대 사회가 요구하는 도덕적 기준을 넘어서거나 도외시하지는 않았다. 특히 가정생활에서 아내나 며느리로서의 역할을 소홀히 하지 않는 기본자세를 지켰다. 개인적으로는 보수적 전통을 지키고 이타적 가치를 우선하면서 실천은 도전적이고 진취적이었다. 김필례는 당시 여성의 역할에 대해서 진지하게 생각하면서 배움을 강조했다. 그래서 정신여학교, 수피아여학교, 서울여대 같은 교육기관을 위하여 헌신했고, 또 배운 만큼 달라야 한다고 믿고, 아는 대로 실천했다. 신앙에 대해서도 믿는 만큼 달라야 한다고 강조했다. 배운 만큼, 믿는 만큼 달라야 한다는 소신은 여성으로서의 마땅한 도리도 다하고 가정에서는 정숙하고 사회에서는 활달한 여성이어야 하며 무엇보다도 후세에 부끄럽지 않는 사람이어야 한다는 것이다. 그런 '완벽주의자'의 삶은 '고단한 삶'의 여정을 수반한다. 인생이 뜻한 대로 살아지는 것도 아니고, 예상치 못했던 일도 닥치기 마련이다. 삶의 도정에서 장애물을 만나기도 하고 인간적 배신으로, 또 가정적으로 여러 면에서 힘에 겨운 일도 많았다. 민족이 겪어야 했던 공동의 시련과 함께 개인적으로 맞닥뜨리게 되는 많은 일들 속에서 김필례는 '인간이 자신의 약함을 절실히 느낄 때 하나님께서 가장 강하게 하시고 또 강하게 만든 그에게서 가장 큰일을 성취하신다'고 굳게 믿었다. 부딪치고 좌절하고 절망하다가도 끝내는 이겨냈고, 어려움 속에서 승화시키며 구십여 년을 살아냈다.

김필례의 성장기

출생과 어린 시절

김필례가 태어난 19세기 말 조선은 참으로 어려운 시절이었다. 대외적으로는 1876년 개항 이후 일본, 청나라, 러시아 등이 호시탐탐 노리는 형국이었고 대내적으로는 개화파와 위정척사파의 대립, 친러 세력과 친일 세력의 다툼 등으로 한시도 평안함을 누릴 수 없는 시기, 우리나라 근대사 중에서 가장 사건도 많았고 변화도 많았던 시기이다.

예컨대 1894년에 일어난 청일전쟁淸日戰爭은 시작이 어쨌든 중국(청)과 일본이 조선의 지배권을 놓고 다툰 전쟁인데 전쟁이 우리 땅에서 일어난 만큼 그 피해도 우리가 당해야 했고, 1904년 일어난 러일전쟁은 만주와 조선의 지배권을 두고 러시아와 일본이 벌인 전쟁으로, 우리나라의 운명을 좌우하는 데 우리는 그 어떤 목소리를 낼 여지도 없었다. 아무런 힘도 없었고, 나라가 밖으로 제대로 알려져 있지 않았던 어려운 때였다.

세계적으로 제국주의의 야욕이 팽배해 있던 19세기 후반, 조선에 종교, 의료, 교육 등에 새로운 문화를 소개해 준 사람들은 개항 이후 찾아온 미국을 비롯한 서양의 선교사들이었다. 1882년 조선 정부와 미국 간에 조미수호통상조약이 체결되면서 미국 선교사들의 선교활동이 본격적으로 시작되었다. 1884년 미국 북장로교의 호러스 뉴턴 앨런Horace Newton Allen(1858-1932)이 의사 자격으로 입국했고, 1885년 미국 북장로교의 호러스 그랜트 언더우드Horace Grant Underwood(1859-1916), 북감리교 여선교사 스크랜턴 대부인Mary F. Scranton(1832-1909)과 아들 스크랜턴 부부, 헨리 거하드 아펜젤러Henry Gerhard Appenzeller(1858-1902), 1886년 미국 북장로교 선교사인 애니 엘러스Annie Ellers(1860-1938)가 입국하면서 선교활동을 위한 신식학교가 시작된다. 즉 개항과 더불어 은둔의 나라, 조용한 아침의 나라 조선에 미국 선교사들이 들어오면서 기독교와 의료사업과 교육 등 서구의 문화가 도입 소개되었던 것이다. 1893년 미국 시카고에서 열린 '만국박람회'에서 조선을 소개하는 아래의 글을 보면 이미 두 나라 간에 무역이 시작된 지 십여 년 지난 후인데도 매우 낯선 나라, 중국과 일본에 비해 미개한 나라로 인식되고 있음이 드러난다.

> Korea와 Corea는 둘 다 틀리지 않지만 Korea로 써 주기 바란다. 조선은 중국의 일부가 아니라 독립 국가이다. 조선인은 중국어를 사용하지 않으며 조선어는 중국어나 일본어와 다르다. 조선은 미국과 1882년에 조약을 맺었다. 여기 전시된 모든 물건은 정부의 물건들이다. 조선은 전기를 쓰고 있고 증기선, 전보를 사용하지만 아직 철도는 없다. 조선인들은 기와로 만든 지붕과 따뜻하게 데워지는 마루가 있는 편안한 집에서 생활한다. 조선의 문명은 오래되었다. 면적은 십만 평방 마일이고 인구는 천육백만이며 기후는 시카고와 비슷하다. 지리적 환경은 산이 많고 광산물은 아직 덜 개발되었으며 쌀, 콩, 밀 등의 농산물들이 많다.[3]

위의 글은 박람회 한국관의 한 담당자가 관람객들의 중복되는 질문에 지쳐 한반도와 주변국이 그려진 지도 귀퉁이에 적어 놓은 내용이다. 이를 통해 당시 조선의 상황 및 국제사회의 조선에 대한 이해의 정도를 대략이나마 유추해 볼 수 있다.

---

3. 정영목, 『조선을 찾은 서양의 세 여인: 시선에 갇힌 진실』, 서울대학교출판문화원, 2013. p.27.

제국주의 열강이 호시탐탐 기회를 노리고 있는데 나라는 무력할 때였다. 백성들의 삶은 힘들 수밖에 없는 만큼, 민초들은 시대의 흐름에 순응하게 되고, 나름대로 등 따습고 배부른 사람들 가운데에는 여전히 조선왕조의 전통을 계승하고자 하는 사람들도 있었지만 시대의 흐름에 발빠르게 적응하며 개화 쪽에 발을 내딛는 사람들도 있었다. 신구 가치관이 갈등하며 변환을 위해 몸부림치는 격동기였다.

김필례는 1891년 12월 19일에 황해도 장연 소래마을에서 아버지 김성섬金聖蟾과 어머니 안성은安聖恩 사이의 아홉 남매[4] 중 막내로 태어났다. 김필례의 집안은 전통적으로 만석꾼에 여유가 있는 집안으로, 신분은 양반 가문이고, 기독교를 빨리 받아들여 개화한 집안이었다. 학문과 인품으로도 존경받는 집안으로, 성장 과정에서 가족과 마을에 대한 책임감을 자연스럽게 체득하며 자랐는데 이러한 자각과 책임감은 특히 일제의 침략이 현실화되는 상황에서 자연스럽게 조국과 민족에 대한 소명으로 확대되었다.

김성섬은 황해도에서 손꼽히는 거부였는데 집안에 가문을 빛낼 자식이 나오기를 간절하게 바랐다. 그 시절은 과거급제가 가장 큰 영광이었던 바, 셋째 아들 윤렬允烈이 공부도 잘하고 똑똑하며 인물도 출중하여 그 아버지의 소망을 이룰 가능성이 가장 컸다. 윤렬은 아버지의 열망대로 과거시험에서 장원(진사)급제의 영광을 안았으나 귀향하는 도중에 장티푸스에 걸려 여관에서 그만 사망하고 만다. 김성섬은 이 일로 화병을 얻어 자리보전하다가 필례가 태어난 지 두 달 만에 세상을 뜨고 말았다. 가문의 영광을 한몸에 지닌 오빠의 갑작스러운 죽음으로 인하여 필례는 출생 후 아버지의 관심은 별로 받아보지 못했고 필례라는 이름도 해를 넘기고 한

---

4. 광산 김씨 김성섬은 첫째 부인 현풍 곽씨(玄風郭氏)와의 사이에서 윤방, 윤오, 윤렬(딸은 출생 후 사망) 세 아들을 낳았고 현풍 곽씨와 사별 후 후취로 들어온 안성은과의 사이에서 필순, 인순 두 아들과 구례, 노득(路得), 순애, 필례 네 명의 딸을 낳아 슬하에 아홉 남매를 두었다.

참 후 얻게 되었다. 이 집안에 죽음이 연이어 다가오는데 가문의 장자인 김윤방金允邦은 슬하에 세 딸 함라函羅, 미렴美艶, 마리아瑪利亞를 남겨둔 채 서른네 살의 젊은 나이로 갑자기 병사(1894)하였다. 집안의 가족들은 윤렬의 객사, 아버지의 병사에 이어 장자의 급사까지 당하자 황망하지 않을 수 없었다.

안성은은 김성섬의 후취로, 둘째 아들인 김윤오金允五는 열 살 전후에 새어머니 안성은을 맞게 되는데 이 새어머니의 첫아들이 김필순이고 막내딸이 김필례이다. 필순은 열여섯 살에 아버지가 사망한 후 열두 살 연상인 이복형 김윤오를 친형처럼 의지하며 많은 일을 하게 된다. 어머니 안성은은 1893년에 열일곱 살 된 아들 필순을 선교사 언더우드의 권유로 서울로 유학을 보냈다. 장로교 선교사인 언더우드는 입국한 이듬해인 1886년부터 소래마을에 와 김씨댁에 머무르기도 하면서 어머니 안 씨에게 필순을 책임지고 공부시키겠다고 하여 허락받았던 터였다. 김필순은 배재학당을 거쳐 1899년에 제중원에 들어가 의학을 공부하여 1908년 세브란스 제1회 졸업생 의사가 된다.

한편, 졸지에 장자 책임을 떠안은 김윤오는 형의 가족들과 동생들을 보살펴야 했다. 김윤오는 당시 향장으로서 마을 사람들의 신임을 받았고 개방적이고 진취적인 성품을 지녀 기독교와 새로운 문물을 수용하는 데도 적극적이어서 가족들은 물론 소래마을을 짧은 시간에 기독교 마을로 바꾸었다. 광산 김씨의 집성촌 마을인 만큼 그 영향력 하에서 교인이 된 마을 사람들은 힘을 합쳐 자력으로 1895년 우리나라 최초의 민족주의적 개신교 교회인 소래교회를 세웠고 교회 부설 신식학교 '금세학교金世學校'[5], 일명 소래학교도 세워 자신의 자녀들과 조카딸들과 동생들에게

5. 일반적으로 '김세학교'로 여러 자료에 씌어져 있다. 이 학교는 캐나다 선교사 윌리엄 매켄지(William J. McKenzie)에 의해 본격적으로 발전했고 학교의 이름을 매켄지의 한국명 금세(金世)를 따서 붙인 만큼 '금세학교'로 쓰도록 한다.

신교육을 받게 했다. 필례는 언니인 순애와 조카 미렴, 마리아 등과 함께 색동 바지저고리의 남복男服 차림으로 보교에 실려 다니며 한글, 한문, 역사, 산수, 성경 등을 배웠다.

소래교회는 언더우드가 와서 보고 자신은 "씨를 뿌리러 온 것이 아니라 추수하러 왔다"[6]는 유명한 말을 남겼는데 실제로 교인들이 선교사들에 의해 전도받은 것이 아니고, 우리나라 최초의 개신교도인 서상륜이 전도한 교인들이었다. 이렇게 이 집안은 일찍이 예수를 받아들여 모두 우리나라 초창기의 예수교인이 되었으나 어머니 안성은은 처음에는 가통을 지키려는 책임감으로 인해 예수를 믿지 않았다.

그런 가운데 배재학당을 다니던 필순이 어느 여름방학에 집에 와서 어린 동생 필례에게 시렁 위에 얹힌 오래된 고리짝에 있던 선조들의 관복을 꺼내 입어보게 하면서 함께 가문 대대로 신주처럼 모셔 온 그 관복들을 모두 마당에서 불살라 버렸다.[7] 이것은 당시로서는 최고의 전통적 가치였던 양반적 지체와 질서를 불태워버린 엄청난 일인데, 필례의 어머니는 사랑하는 아들과 딸이 저지른 이 기막힌 사실 앞에서 망연자실하여 몸져누웠다. 그러나 이 일로 어머니 안 씨는 새로운 가치와 질서를 받아들일 용기를 내게 되는데 그는 조상에 의지하기보다는 예수에 의지하는 것이 가치 있다고 생각하고 예수교인이 되었다. 이후 겨울마다 전도여행을 다니며 예수 복음을 전도하는 열성적 교인이 되었는데 어머니 안 씨는 개신교 초기에 열성적인 전도부인으로 황해도 일대에서는 모르는 이가 없을 정도였다.

김필례는 소래학교 시절을 두고 후에 "이 학교에서 처음으로 교육다운 교육을 받을 수 있었고 뒷날 서울에 올라와 연동여학교蓮洞女學校를 다닐

---

6. 한국교회사학회, 『내게 천 개의 목숨이 있다면 1: 양화진 선교사들의 삶과 선교』, 한국장로교출판사, 2014. p.309.
7. 이기서, 앞의 책, pp.36-37.

우리나라 최초의 교회인 '소래교회'를 1898년 방문한 언더우드 선교사.
사진 가운데 검은 옷을 입고 앉아 있는 사람이 언더우드 선교사, 그 옆이 언더우드 부인,
그 왼쪽에 서 있는 사람이 서상륜, 그 오른쪽에 앉아 있는 사람이 서경조.

김구례와 서병호의 가족사진. 앞줄 왼쪽부터 서경조, 서효애(서광호의 딸),
문유신(서경조의 부인), 뒷줄 왼쪽부터 서병호와 부인 김구례(김필례의 언니),
서광호의 부인, 서광호. 1898.

때에도 이 학교에서 배운 공부가 큰 보탬이 되었다"고 회고하는 만큼 교육 내용도 상당 수준이었을 것으로 추정[8]하고 있다. 이렇게 어린 시절, 성리학적 예절을 중시했던 양반 가문에서 가정 밖의 공간인 신식학교를 다닐 만큼 개방적인 가정환경과 기독교적 분위기에서 남녀차별 없이 교육받으면서 자란 김필례는 서울의 정신여학교[9]에 1903년 열두 살에 입학하여 1907년에 졸업한다. 학교를 다니면서 신앙과 함께 나라와 민족에 대한 생각도 함께 자라게 되는데 그 과정에서 오빠들에게서 받은 영향이 대단히 컸다.

김필례의 집안은 네 명의 오빠 중 둘째 오빠 김윤오와 넷째 오빠 김필순만이 생존하는데 김윤오는 서울로 온 후 서울역 세브란스병원 앞에 동생 필순과 세운 '김형제 상회'를 거점으로 1906년 10월 평안도, 황해도 출신 인사들을 중심으로 애국계몽단체 '서우학회西友學會'를 창립해 이끌면서 김씨 가문의 대들보 역할을 하고 나라가 백척간두의 어려운 지경에 처해 있을 때 항일구국의 활동을 한다. 김필순 또한 세브란스병원에서 양의사로 일하다가 '105인사건'에 연루되어 북만주로 망명, 이상촌을 이루며 독립운동에 헌신하다가 의사로 위장한 일본군 특무대에 의해 독살당한다. 이런 집안[10] 분위기를 배경으로 자연스럽게 언니들과 조카인 김

---

8. 박용옥, 『김마리아: 나는 대한의 독립과 결혼하였다』, 홍성사, 2003, p.85.(이방원, 「독립투사 이면의 인간 김마리아」『당신을 잊지 않았습니다: 대한독립의 별 '김마리아' 기념 학술세미나』, 김현아의원실·김마리아선생기념사업회, 2018. p.64에서 재인용.)
9. 정신여학교는 처음 정동여학당(貞洞女學堂, 1887년, 정동 소재), 연동여학교(蓮洞女學校, 1895년, 종로구 연지동 소재)를 거쳐 정신여학교(1909년)로 교명이 위치에 따라, 또 당시 교육법에 따라 세 차례 바뀐다. 본문에서는 내용 전달에 큰 무리가 없는 한, 정신여학교로 통일해서 쓰도록 한다.
10. 필순의 집에 드나들며 조국과 민족의 장래를 위한 일들을 도모한 이들 가운데 최광옥(백낙준 박사의 장인이며 최이권의 부친), 유동렬(상해임시정부 요인), 이갑(임시정부 요인), 이동휘(임시정부 요인), 노백린(독립군 장군), 안창호(임시정부 대표), 김규식(둘째 언니 순애의 남편, 파리강화회의 한국대표, 임시정부 부주석), 서병호(큰언니 구례의 남편, 신한청년당수, 경신학교 교장, 임시정부 요인) 등이 있었다. (정신백년사출판위원회, 『정신백년사』, 정신여자중고등학교,

마리아의 자매들과 함께 신앙을 키우고 근대 교육을 접하면서 김필례는 전통적 여성의 삶보다는 새 사회가 요구하는 능력 있는 독립적 삶의 가치를 알게 되었다. 어린 시절 소래학교의 이국보 선생은 어린 필례를 장차 이 나라의 미래를 이끌어갈 인물로 보았다. 그리하여 그녀의 어머니에게 "이 아이는 장차 큰 인물이 될 것이니 음식 바느질 등을 애써 가르치려 하지 말고 이 아이가 장차 해야 할 일을 하도록 시간을 주십시오"라고 했다 한다. 이국보 선생의 판단대로 김필례는 여성교육의 선구자로서 교육의 기회를 갖지 못한 부녀들을 이끌어 가르쳤고, 또한 여성들도 국제사회의 일원으로 활동하고 살아야 한다는 큰 뜻을 품고 후에 YWCA를 창립하기에 이른다.

정신여학교(연동여학교) 재학 시절

정신여학교 설립자인 애니 엘러스는 미국 북장로교 본부로부터 파견된 여성 의료 선교사로, 1886년 서울에 도착한다. 애니 엘러스는 선교사 앨런이 살던 정동(지금의 중명전)에 거처를 정한다. 앨런이 1884년 9월에 미국공사관 공의公醫의 직함으로 입국하여 거주하기 시작한 곳이 미국공사관과 벽을 같이 사용하는 바로 이웃집이었는데 앨런은 공사관과 붙어 있는 곳이라 치안 등 여러 면에서 안전이 보장되어 좋고, 남향 구릉 위에 위치해 있으면서 도시의 주요한 도로에 인접해 있고 왕궁과의 거리도 가까워 여러 면에서 최적의 조건이라 여겼다.[11] 미국공사관 측 역시 미국

1989, p.308.)

11. 정신여자고등학교 사료연구위원회, 『한국에 온 첫 여의료선교사 애니 엘러스』, 정신여자고등학교, 2009, p.45. 이 책은 스물다섯 살의 젊은 여성 선교사 애니 엘러스가 처음에 이 년만 머물려고 왔던 조선 땅에서 사십 년을 살다가 이 땅에 묻힌 전 생애에 대한 여러 가지 자료를 망라하고 있다.

김필례의 가족사진.
뒷줄 왼쪽부터 김세라,
김순애, 김함라, 안성은,
앞줄 왼쪽부터 김윤오,
김덕봉(아이), 김윤오의 처,
김일, 김구례, 서옥윤(아이),
김필례, 정경순(김필순의 처).
1905.

왼쪽부터 오빠 김필순,
언니 김순애, 어머니 안성은,
본인 김필례, 뒤에 서 있는
이는 김필순의 처 정경순.
1890년대 중반.

의사가 담을 끼고 살게 되니 서로에게 좋은 장소였다.

앨런은 1884년 9월 22일 가을이 중턱으로 들어설 무렵에 중국에 있다가 조선에 왔다. 1884년 12월 4일 겨울 초입에 우정국 (당시 위치는 지금의 안국동) 개국 축하연에서 갑신정변甲申政變이 일어났는데, 개화를 이룩하여 조선 민중의 삶에 희망이 되겠다던 김옥균, 박영효, 홍영식, 서광범, 서재필, 윤응열 등 소장파가 일으킨 혁명이었다. 그러나 혁명은 삼일천하로 끝나고, 급진 개화파를 압박하며 권력을 유지하고자 했던 민비(명성황후)의 척족戚族 중 민영익은 정변의 와중에 칼에 찔려 사경을 헤매고 있었다. 여러 곳의 자상刺傷에다 동맥이 끊긴 절망적 상황이었는데 앨런이 서양식 의술로 수술을 감행하여 기적적으로 회생하게 된다.

명성황후의 친정 조카인 민영익을 살려낸 앨런은 왕실의 시의가 되었고 앨런은 십만 냥을 하사[12]받는다. 병원 설립까지 허가받으면서 앨런은 조선 민중의 질병을 치료할 의료원을 몰수된 개화파의 일원인 홍영식의 집에 세우게 되는데, 이렇게 해서 생긴 광혜원(즉후 제중원濟衆院으로 개칭)은 우리나라에 개설된 첫 서구식 병원이 되었다. 앨런은 왕족을 치료하면서 고종의 어머니를 진료하기도 했는데 환자가 커튼 뒤에 가려져 있어서 그 모습은커녕 밖으로 내민 팔목만 볼 수 있었다. 그나마 그가 맥을 짚어야 할 부분 외에는 손 전체가 붕대로 감겨 있었다.[13] 봉건적인 조선사회에서 남자 의사가 여자 환자를 진료하는 것이 무척 어렵다는 것을 경험하면서 여성을 진료할 여의사의 필요성을 절감하고 앨런은 미 선교본부에 여의사 파송을 요청하였다. 그러나 미 북장로교 선교본부가 위험하고 낯선 조선으로 파견할 여의사를 구하는 게 쉬운 문제는 아니었다.

---

12. 앨런이 받은 사례금 십만 냥은 생명을 구한 민영익이 현금으로 준 게 아니라 광산 이권과 연결되어 결국 운산금광권이 미국으로 넘어가게 됐다고 한다. (앨런 문서 MF 365, 이배용, 『한국광업침탈사 연구』, 일조각, 1989; 「박종인의 땅의 역사」 145회, 『조선일보』, 2018. 11. 21 재인용.)
13. 정신여자고등학교 사료연구위원회, 앞의 책, p.28.

1886년 6월 미국 북장로교 본부로부터 파견된 여성 의료선교사 애니 엘러스는 사실 페르시아 선교를 준비하고 있었는데 조선으로부터 계속해서 여의사 파송을 요청받던 미 북장로교 선교부가 거듭 부탁하면서 거절과 망설임 끝에 마침내 조선으로 오게 된 터[14]였다. 그녀는 제중원에서 의료활동을 하던 1887년 '정네'라는 다섯 살짜리 여자아이를 데려와 정동사택에서 기르면서 정동여학당(정신여학교)을 개설하는데[15] 이렇게 의료선교와 교육선교가 거의 동시에 시작된다. 이곳에서 선교사 릴리어스 호튼Lillias S. Horton, 메리 헤이든Mary Hayden 등이 이어서 살게 되지만, 고종이 1896년 2월 아관파천俄館播遷 이후 1897년 덕수궁으로 들어가면서 주위의 집들을 사들여 확장되는 과정에서 이 집도 덕수궁에 포함되고 정신여학교는 그 직전인 1895년에 당시 북장로교 선교사들이 많이 모여 살고 있던 연지동으로 옮기게 된다. 정신여학교가 옮겨진 후 이 집이 헐리면서 처음에는 수옥헌漱玉軒이라는 왕실 도서관이 되었는데 1904년 덕수궁 대화재로 고종이 수옥헌에서 생활하게 되면서 중명전으로 이름이 바뀌었다. 당시 아펜젤러, 스크랜턴 같은 감리교 쪽 선교사들은 정동 미국공사관 건너편 언덕, 지금의 이화여고 자리에 살면서 이화학당을 시작하고 있었다. 덕수궁 중명전과 길 하나를 사이에 두고 있어서 덕수궁 확장 시에도 영향을 받지 않아 지금도 이화여고는 정동 그 자리에 그대로 있다.

여성 의료선교사인 엘러스가 한국에 들어오자 선교사들뿐만 아니라 왕비와 궁중의 귀부인들까지도 모두 환영했다. 병원 안에 신설된 부녀과의 책임을 맡으면서 왕비와 친근한 사이가 되었고, 왕비의 신임을 받은 엘러스는 왕비의 시의侍醫 역할을 하게 되었다. 그녀는 한국에 들어와 제

---

14. 위의 책, p.29.
15. 하은주·김선영 공저, 『여성해방의 선구자 유각경』, 명미디어, 2016, p.49에는 언더우드가 운영하던 고아원에서 데려왔다고 하는데 제중원과 고아원은 같은 곳에 있었다.

중원 의사, 명성황후 시의 등으로 활동하고, 여성교육에 큰 관심을 가지고 1887년 6월 정동여학당(현재 정신여중고)을 설립해 장로교 최초의 여학교 초대교장이 된다.

엘러스가 이후 선교사 벙커Dalziel A. Bunker(한국명 방거房巨)와 결혼하면서 애니 엘러스 벙커Annie Ellers Bunker(방거 부인)는 1888년 9월 헤이든에게 학교 일을 인계하고 정동여학당은 호튼, 엘렌 스트롱Ellen Strong, 빅토리아 아버클Victoria C. Arbuckle 등의 도움을 받으며 네다섯 명의 학생들을 모아 계속 운영되었다. 애니 엘러스가 시작하여 교장을 맡은 기간은 짧았지만 여성 교육이 전무하던 시절에 무언가를 처음 시작했다는 것 자체로 그 의미는 크다 하겠다. 정동여학당이 미국 선교본부와 서울 장안에 제대로 알려지기 시작한 것은 1890년 수전 도티Susan A. Doty가 제3대 교장을 맡아 학교를 이끌어 가면서부터였다. 수전 도티는 1895년 10월 20일 학교를 정동에서 연지동(당시 지명은 연못골)으로 옮겼고 정동여학당이라는 학교명도 연지동 137번지로 이전하면서 '연동여학교'라고 바꾸었다가, 1909년 당시 교육법에 따라 '정신여학교'로 교명을 변경했다.

선교사들이 이 땅에 세운 학교가 모두 그랬듯이 개화기라고는 해도 봉건사회에서 여자들을 교육한다는 것이 매우 어려워 처음에는 여학생 모집조차 쉬운 일이 아니었다. 하지만 점점 기독교 신자들의 가정에서 딸들을 보내어 1887년에 세워진 정신여학교는 자리를 잡게 된다. 김필례는 1903년, 수전 도티가 교장으로 있던 연동여학교에 입학한다. 그때는 학제령이 아직 발표되지 않아 학년제가 분명하지 않던 때였다.

수전 도티가 교장으로 있을 때인 1890년 9월 1일 쓴 언더우드 부인(릴리어스 호튼)의 편지는 당시 정동여학당의 초기 교육 상황을 보여준다.

> 지금 도티 양이 맡은 여학교에는 아홉 명의 어린 여아들이 있는데, 대개는 여덟 살쯤 되는 아이들이다. 이 아이들은 저희들이 할 수 있는 일

은 제 손으로 하고 있으며, 한국식 음식 만들기와 바느질을 배우고 있고, 영어는 가르치지 아니한다. 그러나 한문 읽기를 가르치고 자기나라의 글인 한글을 배우고, 특히 성경과 신앙생활을 배우고 있다. 이들 여아들에게 외국식 교육을 시켜 저들이 담당할 새 가정생활에 맞지 않게 하는 것은 큰 잘못이라고 생각한다. 우리들은 여학생들을 한국인 신자로 만들기를 원할 뿐이며, 미국형의 숙녀를 만들고자 하는 것은 아니다.[16]

이 편지에서 학생들을 미국형 숙녀가 아닌, 한국인 신자로 만들기를 원하는 선교사들의 교육 자세 등 매우 중요한 내용을 확인할 수 있다. 지금의 시각으로는 당연하게 여겨질 수도 있지만, 시혜를 베푸는 지배적인 입장의 미국인이 시혜 대상국을 배려하고 한국 여학생들의 눈높이에 맞추려는 지혜로운 태도는 당시 쉽게 찾아볼 수 없는 것이었다. 당시 학교에 필요한 경비, 학비와 생활비는 학교에서 전담하였는데 한 사람 당 이십구 달러가 들었다[17]고 한다. 학교에서 학생들을 무료로 가르치고 먹여주고 입혀 주었으며 다른 학교와는 달리 보모도 두고 있었다. 보모는 학생들의 식사를 돌봐 주는 일을 했다. 이 모든 것이 무료라는 것은 합당치 않다고 생각한 필례의 오빠 김필순은 학교 당국과 가벼운 실랑이를 벌였다. 돈을 내고 배우겠다는 학부모와 안 받고 그냥 가르치겠다는 학교 당국이 서로 양보하여 필순은 자기 동생들과 조카들의 학비와 식비로 한 사람 당 팔십 전씩 내기로 합의했다. 이들은 연동여학교 설립 후 처음으로 돈을 내고 배우는 학생들이었다.[18]

---

16. 백낙준, 『한국개신교사』, 연세대출판부, 1979, p.139.(위의 책, p.50 재인용.)
17. 위의 책, p.52.
18. 『정신백년사』, p.1550.(이기서, 앞의 책, p.51 재인용) 한 사람 당 팔십 전씩 낸 것이 우리나라 최초의 월사금이라 할 수 있겠다. 달러와 전의 기준이 명확하지 않으므로 유각경, 이기서 두 사람 책에 나온 내용을 그대로 밝힌다.

김필례가 연동여학교를 다니면서 배운 교과목은 성경, 한문, 역사, 지리, 산술, 습자, 체조, 음악, 가사, 침공針工 등이었다. 특히 성경 과목은 선교사들이 직접 맡아서 가르친 가장 중요한 과목이었는데 그 전통은 그후로도 오랫동안 이어지고 있다. 교복은 검소한 정신과 생활을 단련시키려는 뜻에서 흰 무명저고리, 검은 치마였고 크리스마스나 추수감사절에는 예배 후에 깜짝 놀랄 만한 행사(병풍 뒤에 선물 상자들을 넣고 병풍 앞에서 학생들에게 낚싯대로 선물을 낚아올리게 하는 '잉어잡이' 등)[19]를 마련하여 잊을 수 없는 즐거움을 선물했다. 당시에는 공부를 잘하면 월반이라는 제도가 있었다. 이런 제도는 그 후에 다른 학교에서도 지속적으로 이루어졌는데 김필례는 두 번이나 월반할 만큼 공부를 잘했고 또 열심이어서 상으로 풍금을 배우게 되었다. 필례가 열네 살 나던 1904년 당시에는 교회에도 풍금이 없을 때였다. 풍금을 배울 수 있다는 사실은 당시로서는 상상하기 어려운 영광이었는데, 학생들 대부분이 예배의 찬송가 반주자가 되는 것을 소원하거나 그런 사람을 동경하던 시절이었다. 그런 만큼 당사자인 소녀 필례가 얼마나 기뻐했을지는 가히 짐작하고도 남는다. 당시 주일이면 학교의 사환이 학교의 풍금을 지게에 지고 연동교회로 갔고 그 뒤를 기숙사에서 나온 학생들이 줄을 지어 따라갔다고 한다. 이렇게 배운 풍금이 기초가 되어서 후에 동경 여자학원 고등부에 재학하던 시절(1913-1916) 학교의 승인 하에 감리교 계통의 종교학교인 영화英和음악전문학교(1914-1916)를 동시에 다닐 수 있었을 것이다.

연동여학교 시절에 특히 가사와 침공은 신마리아 선생이 가르쳤는데 교육이란 전인격적 만남을 통해서 이루어질 수 있다는 것을 말과 실천을 통해 보여줌으로써 학생들에게 깊은 영향을 끼쳤고 선생도 신마리아 선

19.「人生證言 2: 믿음과 奉仕의 세월 80年, YWCA에 여성教育에 앞장서 온 金弼禮(81) 여사」『주간女性』 제205호, 1972. 12. 10. 이후 이 글 인용시 '김필례, 「믿음과 봉사의 세월 80년」'으로 표기한다.

생에게서 영향을 많이 받아 나중에 1947년 정신여학교 교장이 되어 건축한 대강당을 '신마리아관'이라 이름 붙여 그 업적과 가르침을 기렸다.

김필례가 연동여학교를 졸업할 때(1903-1907)까지 교장이 세 번 바뀌었다. 제3대 교장은 수전 도티(1890-1904), 제4대 교장 메리 바레트Mary B. Barrett(1904-1905), 제5대 교장 매티 밀러Mattie H. Miller(1905-1909. 에드워드 밀러Edward H. Miller의 부인)였다. 선생은 1907년 연동여학교를 졸업, 제1회 졸업생이 된다. 이때 졸업한 학생은 필례 외에도 열 명[20]이 더 있었고 이 졸업식에는 노백린, 김필순, 제임스 게일James S. Gale 세 사람이 내빈으로 와 축하해 주었다. 졸업장은 양식이 정해져 있었던 것도 아니고 학교가 생긴 이래 첫 졸업생이다 보니 그동안 한문을 맡아서 가르쳐 주었던 김원근 선생이 창호지에다 붓글씨로 써 주었다. 졸업장 끝에다 가르친 교사들의 이름을 전부 적었다는 점이 특이하다. 일 년 뒤 이화학당에서도 첫 졸업생을 배출하게 되었는데 졸업장 양식을 참고하기 위해 선생의 졸업장을 베껴 갔었다[21]고 한다.

당시 연동여학교는 엄격한 교육으로 유명했는데 당시 엄격한 분위기를 전하고 있는 글들을 보면 다음과 같다.

> 그때 나는 커다란 처녀가 매일 통학할 수 없다 하여 기숙사에 들어가 있었는데, 외출이라고 한 달에 한 번 집에 가는 일인데 그것도 반드시 부형이 데리러 와야지 어린 동생이 와도 보호할 자격이 없다고 내보내지 아니하는 고로 우리 집에서는 교군을 가지고 사람이 와서 꼭 데려가는 고로 시집이나 갔다가 친정에 가는 신부처럼 거동이 대단하였지요.[22]

---

20. 당시 학제가 명료하지 않은 관계로 김원근 선생의 붓글씨로 쓴 졸업장 명단을 참고했다. 제1회 정식 졸업생은 김필례와 이원경 두 사람인데 명단에 씌어진 이름으로 미루어 『정신 75년사』에는 열한 명으로, 그 외 열세 명, 여덟 명의 세 가지 설이 있다. (『정신백년사』, p.200.)
21. 이기서, 앞의 책, p.55.
22. 하은주·김선영 공저, 앞의 책, p.55.

정신여학교(당시 연동여학교) 제1회 졸업생 사진. 아래에서 두번째 줄 다섯 명 중 맨 왼쪽이 김필례. 1907. 6. 16.

전원이 기숙사 생활을 하였으니 특별한 허가와 사정이 있는 학생이 아니고서는 전원 입사하였다. 시내 아무리 가까운 거리에 사는 학생이라도 일단 정신학교에 입학하면 기숙사 생활하는 것이 원칙으로 되어 있다. 그러므로 아침 등교라는 말 자체가 없었고 학교 안에서 먹고 자고 살며 공부하는 것이 일과였다. 귀가 허가가 내려 집에를 가든지 또는 시내 외출 시에는 반드시 보모가 앞을 서서 데리고 다녔다. 지방 학생들이 귀성을 위하여 정거장에 나가게 되면 반드시 보모가 서울역까지 데리고 갔다. 평상시 학생 외출은 엄금되어 있어 같은 믿는 학교에서 크리스마스 축하회가 있는 때에도 그 축제에 참가할 수가 없었다. 1909년 겨울 크리스마스 축하 시에 교장의 허가 없이 이웃에 있던 자매학교인 경신학교 축하회를 구경 갔던 정신여학생 육십여 명이 보모(안득은, 고한주)가 인솔해서 갔었지만서도 모두 삼 일간의 정학 처분을 받은 일이 있었으니 칠십여 명의 전교 학생 중에 다섯 명의 가지 않았던 학생에게만 삼 일간의 수업을 실시하였다고 한다.[23]

실제로 정신여학교의 규율이 이처럼 엄했고, 수업 방식이 엄하고 철저한 것이 특색이었던 만큼, 후에 소설가가 된 박화성[24]은 1916년에 5학년으로 시험을 치고 들어갔음에도 불구하고 정신여학교의 엄격함 때문에 한 학기 다니다가 숙명여학교로 옮겼을 정도였다.

---

23. 김영삼, 『정신 75년사』, 계문출판사, 1962.(『정신백년사』 상권, p.251 재인용.)
24. 박화성(1903-1988)은 『눈보라의 운하』(여원사, 1964; 박화성 문학전집 14, 푸른사상, 2004)에서 그 시절을 그리고 있다. 어린 시절부터 여학교 시절을 쓴 이야기에 정신여학교, 선교사들, 김필례 선생에 대한 이야기가 나온다. 박화성은 1907년에 말재라는 아명으로 부모와 함께 세례를 받고 가족 모두 신실한 기독교 신자로 성장하는데 목포의 정명학교를 일곱 살에 여학당 3학년으로 다닐 때 가르치던 분이 '얼굴이 희고 갸름한 김함라(김필례의 큰오빠 김윤방의 큰딸, 김마리아의 언니, 후에 남궁혁 박사와 결혼) 선생님'이고 정명학교 교장은 유애나(Anabel M. Nisbet의 한국이름. 전주 목포 교육 선교의 개척자)로 키가 작고 뚱뚱한 선교사였다고 기록하고 있다. 1916년에 서울 정신여학교로 유학하니, 후에 소설가가 된 김말봉이 한 반이었다고 한다.

기숙사도 양옥 침대요, 그림같이 아름답고 화려하였으나 내 심정에 맞지 않았다. 집에다 보내는 것이나 오는 편지는 다 먼저 검독하고, 경신학교를 지척에 두고도 순경 오빠와의 면회도 할 수 없으며, 외출이란 일체 금지하는 데서 나는 인권의 무시당함을 통절하게 느꼈다.[25]

후에 작가가 된 박화성이 정신여학교의 벽돌로 된 교사도 아름다웠고 시설도 좋았지만 엄격한 생활지도가 견디기 어려워 학교까지 옮겼다는 것인데 벽돌로 된 신식 교사는 김필례의 회고록에도 나온다. "팔 년간의 일본 유학을 마치고 1916년에 다시 모교 정신으로 돌아와 보니 현존하는 본관 4층이 새로 더 생겼는데 1910년에 건축되었고 그때는 기숙사로 사용했었다"[26]고 기숙사가 신식이었음을 말하고 있는데, 그 기숙사 생활의 엄격한 환경이 영혼이 자유롭고 일탈을 꿈꾸는 예술가 기질의 젊은 학생으로서는 아무리 기독교 신자라도 감내하기가 어려웠던 것이다.

그러나 김필례 선생에게서 배운 영어 덕분에 1925년 4년제 과정을 밟으려 할 때 도움이 되었다고 하는데 "영어는 광주에서(김필례 선생에게서) 여덟 달을 배우고 목포에서(김우진[27]씨에게서) 다섯 달을 배운 실력으로 우수했다"[28]고 한다. 아마도 선생이 1918년 결혼하고 광주로 내려가 있던 시절, 박화성이 1920년 열일곱 살 때 김필례로부터 영어와 풍금의 개인교수를 받았다고 한 시절로 추측된다.

김필례는 1907년 졸업과 동시에 밀러 교장의 요청으로 연동여학교에

---

25. 박화성, 『눈보라의 운하』, 푸른사상, 2004. p.62.
26. 『정신백년사』, p.248.
27. 초성 김우진(1897-1926)은 목포 갑부의 아들로 일본 유학 시 희곡을 공부하다가 당대의 이름난 성악가이자 토월회 배우인 윤심덕을 만나 사랑에 빠지고 조선으로 돌아오던 중 두 사람이 현해탄에 빠져 자살한 사건으로 더 유명하다.
28. 박화성, 앞의 책, p.129.

서 수학을 가르치게 되었다. 필례보다 나이가 더 많은 학생들도 있었고, 결혼한 학생들도 있어서 학생들을 가르치기가 만만치 않아 곤혹스러운 일도 많았다. 당시 가장 나이 어린 열일곱 살의 선생이어서 나이 많은 학생들이 실력은 인정하였지만 젊은 필례를 제대로 선생 대접을 하지 않고 수업시간에 "필례야!"라고 부르는 일이 많았다. 결혼한 학생이 "얘, 필례야, 잘 모르겠다" 그러면 미혼의 선생이 다소곳이 설명을 다시 해주는 식이다. 사실 필례는 교사 일을 계속하기보다 공부를 계속하고 싶었다. 당시에 유학은 주로 일본으로 가는 경우가 많았는데 당시 집안 형편이 유학을 떠나기에는 어려움이 컸었다. 1903년경 필례의 오빠들, 필순과 윤오가 서울역 근처 제중원 건너편에 공동출자로 세운 '김형제 상회'가 경영상의 문제로 문을 닫게 되었기 때문이다. 윤오는 여러 면에서 유능한 사람이었다. 소래 시절 쌀장사로 큰돈을 벌었고 서북학회 등에서 출중한 활동을 하면서 근대식 상회에 대한 안목이나 경영능력이 있었지만 장사를 직접 해 본 경험은 없는 데다 사람을 너무 쉽게 믿어서 지배인에게 모든 일을 맡겨 왔는데, 그 지배인의 바르지 않은 일처리로 경영 상태가 악화되었다. 이 상회는 처음에는 하와이로 인삼을 수출하고 장롱 짜는 일도 하여 잘 되었는데 지배인을 잘못 둔 탓에 그만 망하게 된 것이다. 두 오빠들은 그냥 주저앉을 수는 없다며 다시 조금씩 출자를 하여 용산에다 제재소를 차렸던 와중이라 필례가 유학 이야기를 꺼낼 형편이 못되었다.

선생이 된 필례가 답답하고 안타까워 학교 기숙사에서 밤마다 울면서 간절히 궁구하니, 어떤 생각이 떠올랐다. 그것은 순애 언니와 혼담이 오간 적이 있었던 학부 학무국장 윤치오尹致旿의 형수(윤치호尹致昊의 부인)가 세브란스병원에 입원해서 윤치오가 자주 병원에 드나들었는데 그에게 부탁해 보자는 생각이 든 것이다. 더구나 오빠 필순이 윤치오의 형수를 치료하는 담당 의사였다. 필례는 필순 오빠에게 자신이 유학갈 수 있도록 윤치오에게 부탁해 달라 해놓고 기숙사에서 밤마다 간절히 기도드렸다.

> 하나님 저를 동경으로 보내 주십시오. 저에게 더 많은 것을 알게 해주십시오. 가난하고 불쌍한 우리 동포들에게 새로운 지식을 많이 배워와 전해 줄 수 있도록 해주십시오.[29]

이것은 일신의 영달을 위해서라기보다는 나라와 동포를 위한 도구로 쓰이기 위한 이타적 기도였다. 이러한 기도가 헛되지 않았던지 윤치오에게 부탁한 지 일 년 만에 김필례가 관비 유학생으로 선발되었다는 소식이 왔다. 이런 과정이 흔히 생각하듯이 끈을 잘 잡고 줄을 잘 서서였을까? 그보다는 진정 원하는 것에 대해 골똘히 생각하면 거기서 어떤 방법이 떠오르고 그 생각을 곧 실천하고 기다리며 준비하는 열정, 거기에 적극적으로 도전하는 삶의 자세가 더 중요하고 크지 않을까? 윤치오에게 부탁해 보자는 생각도 필례 스스로가 한 것인 데다가 여러 자격 요건이나 학구적 자세, 됨됨이 등 필례에 대한 주변의 평가는 관비 유학에 추천받기에 충분했다. 끈이나 줄도 자격이 갖추어져 있을 때 가능하거나 효력이 나타나는 법. 김필례의 열정과 적극적 자세, 충분한 능력과 자질은 일본 유학시절 더욱더 드러나게 된다.

잠깐 1910년대의 학교교육 상황을 보면 1915년 사립학교 규칙이 개정 공포되면서 일제는 외국 교회가 설립한 사립학교에 대해서는 더 심하게 통제했다. 총독부는 기독교 학교의 고등보통학교 승격에 대해서 사립중학교를 고등보통학교(또는 여자고등보통학교)로 승격시켜서 새로 인가를 받게 했고 전문학교의 입학자격을 고등보통학교 졸업자만 인정했으

29. 이기서, 앞의 책, p.57.

므로 모든 사립학교들은 새로운 인가를 받아야 했다. 선교의 근본 목적을 위해서는 성경과목과 기도회를 정규 과정표에 넣어야 했는데 그렇게 하면 고등보통학교로 승격하지 못하면서 총독부의 지탄[30]을 받아야 했다. 이에 대한 사학들의 의견은 둘로 나뉘는데 하나는 인가를 받자는 편이고, 또 하나는 일본의 심산이 빤하니 인가를 받을 필요가 없다는 것이었다. 대체로 1910년대 장로교파 소속 학교들은 인가를 받아 승격하는 데에 반대하였고 감리교파는 현실론에 기울고 있었다. 장로교에서는 고등보통학교나 여자고등보통학교가 없었으므로 정신, 경신, 숭실 등 장로교측 학교에서는 상급학교 진학에 큰 수난을 당하게 된다. 1913년 남자 경신소학교와 여자 정신소학교는 교명을 보영普永학교라 하여 잠깐 통합한 때가 있었는데 언더우드 박사의 사망 이후 1916년 보영학교는 폐교되고 각각 원 상태로 돌아갔다. 이 해에 제1회 졸업생으로 1908년 일본으로 유학을 갔던 김필례가 동경 유학 팔 년 만에 다시 모교로 돌아오게 된다.

그새 학교 이름도 연동여학교에서 정신여학교로 바뀌어 있었고 건물도 붉은 벽돌로 근사하게 새로 지어져 있었다. 1905년부터 1910년에 걸쳐 세브란스가 거금 만오천 달러를 기부하여 짓게 된 지하1층 지상3층의 벽돌 건물은 총 건평이 약 육백팔십 평이나 되었다. 김필례는 대학 예과에 해당하는 보수과 5, 6학년 학생들에게 '역사와 수신' '세계사' '교회사' 등을 가르쳤다. 이 시기의 제자로 김말봉[31], 신의경, 장선희 등이 있다. 그리고 해마다 열리는 부흥회 때 선교사들의 설교 통역을 맡았는데 그런 가운데 친분을 가진 릴리언 밀러Lillian D. Miller(천미례)와의 교류는 첫 통

30. 1915년 9월 총독부는 「사립학교 성서교수에 관한 통첩」에서 "본년 총독령부 제24호로서 보통교육 또는 전문교육을 하는 사립학교의 교과과정 중 종교를 과할 수 없음은 물론… 학교사업으로써 종교상의 교육을 베풀 수 없으며 종교의식을 행할 수 없다"고 했다.(『정신백년사』, p.272.)

역을 맡은 1917년부터 밀러가 아흔한 살이 되는 1977년까지 서신을 주고받으며 이어졌다.

정신여학교는 자매간에 입학하여 공부하는 경우가 많았다. 안창호, 김필순 등과 항일구국민족운동을 함께했던 노백린 장군의 딸들인 노숙경과 노순경, 독립운동가 이동휘의 딸인 이의순과 이인순, 유길준의 동생이자 대한제국의 중책을 맡았던 유성준의 딸인 유각경과 유철경 자매, 그리고 김필례 자매와 조카 등이 그러하다. 원산에서 게일 선교사와 함께 일해 온 연동교회 장로 이창직의 세 딸 이원경, 혜경, 은경도 정신여학교를 다녔고 안창호의 약혼녀 이혜련과 여동생 안신호는 평양에서 서울 연동여학교로 왔다.

동경 유학 시절

1908년 9월 정신여학교 선생을 하던 김필례가 일본 유학의 길에 오르는 이 시기는 조선 왕조 오백 년의 역사가 기울어져 가는, 대한제국으로 국호까지 바꾸었지만(1897) 국권은 여기저기 사방팔방으로 찢겨지고 없어져 가는 시기였다. 미국, 프랑스, 중국, 러시아, 일본의 세력 다툼 속에서 일본이 외교나 전쟁에서 이기면서 나라는 일본으로 빼앗기기 직전이었다.

김필례가 정신여학교를 졸업한 1907년은 일제가 식민지 정책을 가속화하는 엄혹한 시대로서 이에 저항하는 국민들의 자주독립 의식도 매우

---

31. 앞에서 소설가 박화성이 "1916년에 서울 정신여학교로 유학하니, 후에 소설가가 된 김말봉이 한 반이었다"고 회고한 바 있다. 김말봉은 1901년 부산 태생으로 1918년 제10회 정신여학교를 졸업했다. 삼일독립만세운동에 앞장섰으며 중외일보 기자로 「망명녀」 『밀림』 등을 쓴 대중소설가로 이름이 났다. 해방 이후 공창폐지운동에 앞장섰다.

강해져 가는 시기였다. 일본이 부당하게 부과한 나라 빚 천삼백만 원을 국민의 힘으로 갚아 독립하겠다는 국채보상운동이 전국으로 들불처럼 번져가는 동시에 또 한편으로는 애국계몽운동이 뜨겁게 일고 있었다. 당시 천삼백만 원은 국가 일 년 예산과 맞먹는 거액으로 이는 조선의 근대화를 위한 차관이라는 명목으로 일본이 우리 정부에게 거금의 빚을 고의로 지운 것이었다.

김필례는 이미 어려서부터 오빠들과 그 동지들의 구국독립운동을 보아 왔던 터라 나라가 자주독립하기 위해서는 국민, 특히 부녀자들이 동등한 국민으로서의 의무와 책임을 다하는 실력을 가져야 한다는 신념을 가지고 있었다. 막내 조카 김마리아도 선생과 같은 생각을 가지고 있어 그들은 자신들이 이 일을 위해 자신의 자질을 먼저 연마해서 암매한 부녀자들을 가르치고 이끌어 국력을 키우겠다고 다짐하면서 준비해 왔다.

구국독립운동의 국민적 열기가 뜨거워지고 있을 때 고종황제는 1907년 헤이그Hague 만국평화회의에 밀사를 파견해 일제의 흉계를 국제 사회에 폭로하여 자주독립을 되찾고자 하였다. 이것은 약소민족 국가의 황제로서 할 수 있는 최후의 수단이었으나 일본과 영국의 방해로 뜻을 이루지 못했다. 일제는 이 일로 황제의 자리를 순종에게 강제 양위하게 하고 식민지 침략정책에 박차를 가하였다. 대한제국의 정치권 행정권을 일제 통감부가 완전히 장악하는 정미칠조약丁未七條約을 7월 24일에 강제 체결케 하고 순종황제를 겁박하여 7월 31일에 군대해산 조칙을 내리게 했다. 그리고 8월 1일 아침 여덟 시에 동대문 훈련원에서 군대 해산식이 강행되었다. 그러나 일제측은 곧 한국군의 완강한 저항에 부딪쳤다. 특히 남대문과 창의문 일대에서 벌어진 한국군 장병들의 저항 투쟁은 경성 한복판에서 벌어진 빛나는 항일전투였다.

군대 강제해산에 분개한 제1연대 제1대대장 박승환이 대대장실에서 "대한제국 만세!"를 외친 다음 "군인이 나라를 지키지 못하고 신하가 충성을 다하지 못하면 만 번 죽어도 아깝지 않다"는 유서를 남기고 권총으로 자결하였는데 이 소식을 접한 부대 장병들이 분격하여 탄약고를 부수고 탄환을 꺼내어 무장 항쟁을 했다. 구식 총으로 무장한 칠백여 명의 한국군은 기관총 3문으로 무장한 2개 대대의 일본 병력과 맞서 처절한 전투를 벌였다. 두 시간 동안의 전투에서 일본군 측은 삼십여 명이 전사했고 한국군측은 전사자가 백여 명, 부상자가 백여 명에 포로 오백여 명이라는 처참한 결과를 낸 치열한 전투[32]였다.

세브란스병원은 격전지와 가까이 있어 이 엄청난 전투 상황을 모두 볼 수가 있었다. 8월 복중에 장마철이라 쏟아지는 빗속에서 병원 간호사와 의사 들이 적십자기와 완장을 차고 부상병 구호에 나섰다. 올리버 에이비슨Oliver R. Avison 박사의 기록에 의하면 부상자를 찾아 들것에 실어 병원으로 옮겨와 병원 뜰에는 오십여 명의 부상병들이 즐비했다 한다. 간호인력이 절대 부족해 정동의 부인 병원인 '보구여관'[33]의 마거릿 에드먼드Margaret Edmunds에게 병원 간호원을 최대한 동원해 줄 것을 긴급히 요청하였다.

당시의 풍습으로는 남자가 여자를, 또는 여자가 남자를 치료하고 간호할 도리가 없을 정도로 남녀의 구별이 엄격하여 세브란스병원에서는 주로 남자 환자만을 치료, 간호했던 만큼 부상병들이 빼곡히 누워 있는 이 엄청난 광경 앞에서 여자간호사들은 안타까워할 뿐 선뜻 간호의 손길을 내밀지 못하는 형편이었다.

한일 간 전투가 치열하던 날 필례는 서소문 밖 윤오 오빠의 집에 있었

32. 이 전투를 황태연 교수는 '서소문 전투'라고 표현하고 있다. (『중앙일보』, 2018. 11. 3-4.) 2018년 가을 방영된 드라마 「미스터 선샤인」에 이 군대 해산과 한국군의 저항 및 의병 활동이 크게 다루어졌다.

33. '보구여관'에 대한 연구는 다음 논문 참조. 이방원, 「보구여관의 설립과 활동」 『의사학』 17-1, 2008; 「보구여관간호원양성소(1903-1933)의 설립과 운영」 『의사학』 20-2, 2011.

다. 그의 집에서 보니 성 위로 우리 군인들이 까맣게 나와 있었다. 그 광경을 보고 필례는 오빠 필순의 집에 있는 어머니 안 씨가 걱정이 되어 그리로 가고자 했다. 위험하다고 말리는 윤오 오빠의 만류를 뿌리치고 빗속을 뚫고 세브란스병원 안에 있는 필순의 집으로 달려갔다. 시가지는 어디를 가나 빗물이 무릎까지 차오르는 공포의 도가니였다. 그런데 강물처럼 흐르는 빗물을 보니 부상병들이 흘린 피가 섞인 피바다였다. 그녀는 가슴에 뭉클함을 느꼈다. 필순 오빠의 집에 도착하니 병원은 아수라장이었고 필순 오빠는 부상병들을 돌보느라 눈코 뜰 새가 없었다.[34] 병원으로 밀려오는 부상병들의 치료를 위해서는 한 사람의 손길도 아쉬운 판인지라 필순은 어머니에게 동생을 비롯한 집안 여자들을 저 귀중하고 위대한 장병을 돌보게 해야 한다고 어머니를 설득했다. 그러나 어머니는 양가 규수들을 어찌 남정네 치료를 하게 할 수 있느냐며 극구 반대했다. 필순은 영국의 귀족 출신인 나이팅게일이 크리미아 전쟁에서 한 일을 예로 들어 설득했지만 어머니는 끝까지 요지부동이었다. 필순은 다시 "저들이 쓰러져가는 나라를 일으켜 세우려다 저 지경이 되었는데 이럴 때 희생적으로 나서는 게 그리스도의 참 사랑을 실천하는 일입니다"라고 역설하자 어머니는 드디어 마음을 열고 집안 처녀들 모두가 부상병을 간호하는 것을 허락했다. 그리하여 필례는 오빠와 조카들과 함께 열흘 동안 병원에서 부상병 간호를 했다. 옷이 핏물로 얼룩졌으나 이를 상관치 않은 채 정성을 다하여 부상 장병들을 간호하는 여학생들의 의거에 부상병들은 눈물을 흘리며 고마워했다. 당시 『대한매일신보』는 「여학생들의 의거」[35]라는 제목으로 이들 광경을 기사로 보도하였고, 후에 『동아일보』

---

34. 당시 필순의 가족들은 세브란스 구내의 사택에서 함께 살고 있었는데 이는 필순의 요청으로 제중원 환자들의 식사를 어머니와 아내가 맡게 되었기 때문이다. 제중원에서 공부한 후 필순은 에이비슨 박사의 조수로 일하면서 의학서를 우리말로 번역하고 또한 강의와 진료도 겸했을 만큼 에이비슨 박사의 큰 신임을 얻고 있었다.

에서도 1907년 군대 해산에 대한 기사에서 "더욱 그들과 더불어 활동한 보구여관 간호부와 연동여학교 학생들이 몸을 버리고 구호에 활동한 것은 그 당시 온 천하가 감읍한 바이었다"[36]고 당시 상황을 기사화했다. 여성들의 부상병 간호를 통하여 오백 년간 철칙으로 지켜졌던 남녀유별의 가치관이 일시에 무너지고 우리 사회가 한 단계 전진할 수 있게 됐는데 이것 또한 여성들의 꿋꿋한 독립정신과 그 실천성 때문이었다.

김필례는 부상병 간호를 통하여 뜨거운 조국애와 동포애가 가슴 깊은 곳에서 샘솟아 오르는 것을 느꼈다. 부상병 간호 중에 한 부상병이 일본군은 한국군이 총에 쓰러지면 발로 밟아 사망 사실을 확인하는데 자기는 밟혔을 때 죽은 듯이 참고 가만히 있다가 마지막 남은 탄환 세 발로 일본군 세 명을 사살했노라고 상처의 아픔 속에서도 미소로 무용담을 들려줄 때 필례는 가슴 깊은 곳에서 이 몸 바쳐 독립을 기어이 이루겠다는 강한 의지를 다지게 되었다. 이들의 소식이 지방으로 전해지면서 전국 각지의 의병들이 합세하고 처절한 항쟁이 계속된다. 해산당한 군인들, 평민, 유생들이 힘을 합쳐 더욱 거세게 일본에 저항하는 이 때에 김필례는 일본으로 유학을 가게 된다. 이런 일들을 보고 듣고 겪으면서 자신이 해야 할 일이 무엇인지 더욱 절실하게 깨닫게 된 것이다. 자신의 유학이 개인의 영달을 위한 것이 아니라 조국의 독립을 위한 것이라는 소명 의식을 갖게 되었고 새로운 학문과 문물을 빨리 익혀 우리 동포들을 무지몽매에서 깨우쳐 나라의 힘을 키우는 일이 자신이 해야 할 독립운동이라는 각오를 다진 것이다. 이 각오는 어떤 한 사람에 대한 '배타적' 사랑이나, 내 가족,

---

35. "학생들이 회동하여 상의하기를 제 동포는 나라 위해 순절한 자도 있는데 우리들은 비록 여자이나 의로운 일을 하지 않을 수 없다. 그날 밤부터 제중원으로 가서 부상 장병들을 열심히 간호하였다. 그 장병들은 여학생들의 의거에 감복하여 눈물을 뿌리며 치사했다."(「女徒義擧」『大韓每日申報』, 1907. 8. 4.)

36. 『동아일보』, 1926. 12. 14.

내 조직을 향한 '폐쇄적' 사랑을 넘어 인간을 향한, 나라와 민족을 향한 더 깊고 커다란 사랑에서 나온 것이었다.

> 나는 전공을 역사로 택했다. 역사를 택한 것은 우연한 것이 아님은 명백했다. 왜 우리나라는 일본의 속국이 되었나, 그들은 작은 섬나라 왜인이지만 무혈전쟁으로 우리나라를 보호국으로 만들었고 우리는 왜 크나큰 다툼 없이 남의 보호를 받게 되었나, 그네들은 대체 어떤 국민들일까, 어떻게 생활하고 어떻게 배우며, 꿈이 무엇이며, 나라는 국민에게 국민은 나라에게 어떠한 도리를 하는 것일까, 과연 일본의 국민성은 어떤 것일까, 하는 문제였다. 필경은 국민성이 다르기 때문에 또는 국민성이 개화되지 못했기 때문에 우리 조국은 뼈아픈 곤욕을 당하고 있을 것이다. 그러면 그들의 국민성은 어떤 것일까, 연구해보고 싶었다. 연구해보고 좋은 점, 훌륭한 점이 있으면 모조리 가져오고 싶었다. 배워오고 싶었다. 거기엔 역사의 연구가 첩경인 것 같았다. 그래서 나는 전공과목을 서슴없이 역사로 택했던 것이다.[37]

1908년 필례가 우리나라 여성으로는 처음으로 관비유학생에 선발되어 여자학원에서 공부하기 위해 동경으로 갈 때, 대개 그렇듯이 서울서 부산까지는 기차로, 부산에서 시모노세키까지는 연락선을 탔다. 시모노세키에서 동경까지 하루 걸려 서울을 떠난 지 나흘 만에 동경에 도착했다. 동경에서 공부하고 있던 윤오 오빠의 아들 덕룡이 방학을 맞아 와 있던 터라 함께 일본으로 갈 수 있었다. 유학생 필례는 그해 9월에 동경에 있는 여자학원 중등부에 편입하는데 이 학원은 연동여학교처럼 미국 북장로교 선교부에서 세운 학교였다.

1908년 9월5일자 『황성신문』과 『대한매일신보』 등 신문에는 "연동교

---

37. 김필례, 「이상을 향하여 다름질쳤던 격동의 시대」, 신서출판사편집부 편, 『회상의 학창 시절: 女流21人集』, 신서출판사, 1973, pp.182-195.

당 여학도 김필례 씨가 학문을 일층 수업하고자 9월 4일 오전 여덟 시경에 경부철도 1번 열차를 타고 일본으로 건너갔다"는 기사가 실릴 정도로 사회적 관심이 컸었다. 이 학교는 오 년제의 중등부와 대학과정에 해당하는 삼 년제의 고등부로 학제가 되어 있었는데 김필례는 중등부부터 시작하여 1916년 3월에 고등부를 졸업한다.

> 동경의 여자학원은 중등부와 대학부가 있었으며 외국 유학생반과 일본학교로 구분되어 있었다. 사실 역사 연구를 전반적으로 교수하는 곳은 일본학교였지만 유학생들의 첫 코스가 교양 과정이었으므로 나는 상해에서 온 네 여학생들과 영어, 성경, 지리, 역사 또는 영문법 등을 주로 배웠다. 제일 애로였던 것은 일본어를 몰랐기 때문에 당하는 어색함이었다. 다음해 4월부터 일본학교에 들어갔는데 그저 일본말의 소리를 듣고 책에서 그 말을 찾으려면 책장이 넘겨지고 마는 상태였으며 "긴 상"하고 부르면 아닌 밤중의 홍두깨 모양 놀란 눈을 하곤 했었다. 게다가 키는 크고 나이도 많아 맨 뒤에 앉아 있었는데 "긴 상"하고 호명이 있은 뒤 교과서 낭독을 지시받았을 때는 얼굴이 홍당무가 되면서 울먹이기 일쑤였기 때문에 나의 별명은 울보로 통했다.[38]

일본어를 몰라 힘들었지만 정신여학교 다니면서 배운 풍금이 기초가 되어서 후에 여자학원 고등부에 재학하던 시절에는 학교의 승인 하에 영화英和음악전문학교를 동시에 다닐 수 있게 되었다. 이것은 대단한 특별 배려인데 졸업 후 여자학원 중등부에서 오 년간 의무적으로 교사 근무를 해야 한다는 조건이었다. 유학을 하며 두 군데를 동시에 다닌다는 것은 쉽지 않은 일이었지만 김필례는 후배 다섯 사람에게 피아노 개인 레슨도 하며 잘 해나갔다. 이렇게 피아노를 전공한 것이 훌륭한 자산이 되었

38. 위의 글, pp.182-195.

동경 여자학원 졸업 기념. 오른쪽에서 네번째 한복 입은 여학생이 김필례. 1916.

는데 그것이 바탕이 되어 후에 광주 '오웬기념관'[39]에서 피아노 독주회를 하기도 했고 나중에 피아노 개인 레슨을 해서 정신여학교에서 교무주임으로 일하던 1924년 전후, 피아노와 오르간을 구입하는 데 실질적인 도움을 줄 수 있었다. 또 미국 유학 시에는 한인 교회에서 피아노 반주를 하기도 했다.

동경에서 김필례는 학교생활이며 교회 생활에서 모자람이나 지나침이 없고 지도력이 높아 유학생들 사이에서 촉망을 받고 있었다. 그 시절 재일 유학생들은 초기 1890년대에 비해서 집안 배경도 높아졌는데 1908년 재일 유학생 마흔세 명 가운데 그들의 출신지도 서울과 경기도가 전체의 43.6퍼센트로 가장 많았다.[40]

동경에 여자 유학생이 없었던 것은 아니지만 대개의 경우 유학을 온 남편을 따라 왔거나 귀족들의 소첩들이 많았던 때에 처녀 유학생인 필례에게 그곳 유학생들이 갖는 관심은 대단했다. 조카 덕룡과 기숙사 한 방을 쓰고 있던 남학생도 편지를 보내왔는데 그 남학생은 후에 귀국해서 학자 겸 소설가가 되었다고 한다. 나혜석도 남학생 중 한 사람의 부탁을 받고 말을 해 보았지만 필례는 정색을 하고 거부했다.[41] 이렇게 유학생들 간에 화제에 오르곤 했던 일들이 젊은 필례도 싫지는 않았겠지만 편지가 잇따라 오는 것이 난처하긴 했다. 한 달에 수십 통씩 편지와 소포가 왔으나 그녀는 뜯어보지도 않고 반송했다.

---

39. 호남 지역 선교의 지평을 열고 병사한 클레멘트 오웬(Clement C. Owen 1867-1909, 한국명 오기원, 오원) 선교사를 기념하여 1915년 1월에 건립되었다. 오웬은 1898년 목포 선교부로 부임, 다음해 최초의 서양 의료 진료소인 목포진료소를 개설하고 1904년 유진 벨과 함께 광주로 이주, 제중병원(현 기독병원)의 기초를 마련했다. 1909년 목포에 석조양옥의 부란취(富蘭翠) 병원을 개원했는데 이는 당시 동료의사인 윌리엄 포사이스가 '프렌치 메모리얼'의 기부를 받아 가능했다. 오웬은 급성폐렴으로 마흔 두 살에 세상을 뜬 호남선교 역사에 중요한 인물이다.
40. 김영모, 「지식 지배층의 사회적 성격」『조선지배층 연구』, 일조각, 1989.(최혜실, 『신여성들은 무엇을 꿈꾸었는가』, 생각의 나무, 2000년, p.26에서 재인용.)
41. 김필례, 「믿음과 봉사의 세월 80년」, 앞의 책, p.86.

나이로 보면 스무 살 전후이니 자칫하면 사회 풍조에 휩쓸리기 쉬운 때이며 부화경박에 빠지기 쉬운 시기인 줄 안다. 그러나 나라가 망하고 민족이 위기에 처해 있을 때 어찌 일신의 안락만을 취할 수 있었겠는가?[42]

후에 일본 유학 팔 년간을 회고하며 김필례는 무엇이 자신을 그같은 유혹과 시련과 곤란을 이겨낼 수 있게 해주었는지 생각해 보는데 무엇보다도 우선 하나님의 능력과 보호, 지도가 계셨음이고, 또 하나는 나라와 동포를 사랑하는 정신이 항상 자신을 지탱해 주는 지침[43]이었음을 고백하고 있다.

어려운 가운데 언제나 한국인이라는 것을 명심했다. 나 자신이야 아무것도 아니지만 내 배후에는 이천만의 동포가 있으니 나 혼자만의 잘못이 조국의 오점이 될까 얼마나 저어했는지 몰랐다.[44]

김필례가 유학생활을 하면서 지녔던 자세 혹은 인품을 볼 수 있는 일화들 가운데 하나를 보자. 동경 여자학원 시절 한국인이 필례 외에 한 명 더 있었는데 그녀는 함경도 출신 기생 양승애로 어느 변호사의 소첩이었는데 성격이 괴팍하여 사람들이 모두 피하고 꺼려했다. 기숙사 한 방을 쓰면서 필례는 그녀에 대한 괴로움이나 분한 마음을 많이 참고 겉으로는 다스려 왔지만, 어느 순간 자신이 마음속 저 깊은 곳으로부터 삭여내지는 못하고 있다는 것을 깊이 깨달으면서 진정으로 반성하고 참는다는 것이 어떤 것인지에 대해 진지하게 생각하는 기회를 갖게 되었다. 그러면서 양승애라는 품행이 비뚤어진 사람을 통해서도 배운 것, 얻은 것이 많

42. 김필례, 「밤하늘의 별」, 앞의 책.(『정신백년사』, p.701에서 재인용.)
43. 『정신백년사』, p.703.
44. 김필례, 「밤하늘의 별」, 앞의 책.(『정신백년사』, p.700에서 재인용.)

다는 것을 알게 된다. '선과 악이 모두 나의 스승이다(善惡皆吾師, 선악개오사)'라는 말을 실감한 것이니, 그녀와 한방을 쓰면서 선생은 자기를 내세우지 않으며 남을 겸손하게 섬길 줄 아는 마음을 기르게 되었다.[45]

당시 유학하고 있던 여학생들은 신여성이라고 하여 자유 평등 사상에 빠지면서 자유연애를 지향하기도 했다. 특히 일본 유학을 다녀온 신여성들의 자유연애는 사회적 문제가 되었는데 유각경의 경우는 일본에 가면 애 버린다고 집안에서 일본으로의 유학을 반대했을 정도이다. 당시 물의를 일으킨 자유연애로는 한국 최초의 서양화가로 일컫는 나혜석이 대표적이라 하겠다. 나혜석은 1913년 진명여자고등보통학교를 1회로 졸업하고 동경여자미술전문학교 서양학과 선과에 입학한 재원이었다.

나혜석은 여성으로서 한국 최초의 서양화가로 이름을 떨치면서 자유분방한 삶을 살다가 비참하게 죽은 개화기 신여성으로 일반적으로 알려져 있다. 그녀는 1913년에 일본 유학을 가서 이듬해에 게이오기주쿠慶應義塾대학 유학생 소월 최승구와 사랑에 빠졌는데 문학도인 그는 이미 결혼하여 고향에 아내가 있는 사람이었다. 우여곡절을 겪으면서 두 사람이 만나지만 최승구는 결핵으로 사망하고 그를 잊지 못하는 나혜석의 방황, 그리고 변호사가 되는 십 년 연상의 김우영과의 만남 등등 여러 염문은 사람들의 입에 오르내렸다. 사실 나혜석은 결혼 전 연애사건과 파리에서 최린과의 애정 행각, 그로 인한 이혼 등등 자유분방한 신여성으로만 잘 알려져 있지만 독립운동에도 적극적으로 참여했었다. 1915년 4월 동경여자유학생들의 모임인 '동경여자유학생친목회'를 조직, 당시 회장이었던 김필례가 귀국하면서 1917년 10월에 임시 총회에서 총무로 선임되고 기관지이자 최초의 여성 유학생 교양잡지 『여자계女子界』의 편집부원이 되어 김덕성, 허영숙, 황애시덕과 함께 활동했다. 1918년 3월 동경여자미

45. 이기서, 앞의 책, p.79.

술전문학교를 졸업하면서 동경여자유학생친목회 주최 졸업생 축하회에 참석하여 답사를 하기도 했다. 이때 사회는 김마리아, 기도는 황에스더, 축사는 현상윤, 백남훈이 했다.

나혜석은 4월 귀국 직후부터 모교인 진명여자고등보통학교 교원으로 재직했고 1919년 삼일독립운동의 민족적 봉기에 여성과 여학생들의 참여를 모색하다가 일제 군경에 체포되어 다섯 달 동안 옥중 생활을 겪어야 했다. 출옥 후 정신여학교 미술교사로 약 일 년간 근무했다. 말하자면 자유연애를 주창하고 실천한 대표적 여성일 뿐 아니라 독립운동과 여성 교육에 힘 쓴 교육자이기도 했다. 나혜석과 김우영은 1920년 4월 10일 서울 정동예배당에서 김필수 목사[46]의 주례로 결혼하였다. 김우영에게는 두번째 결혼으로, 그는 삼 년 전 상처했었다. 이들은 결혼 후 신혼여행지로 나혜석의 첫사랑 최승구의 무덤에 갔고 그 무덤에 비석을 세우기도 해서 장안의 화제가 되었고 당시 대단한 사회적 주목을 받았었다.[47]

오랜 시간이 지난 후, 나혜석은 파리에서 저지른 사랑의 대상인 최린에 대한 실망과 남편에 대한 공개 이혼 고백장(『삼천리』 1934년 8월호, 9월호)을 쓰는 등 파란만장한 삶을 살면서 좌절과 실의 속에서 친구 김일엽[48]이 여승으로 있는 수덕사 아래 수덕여관에서 장기 체류하기도 했다.

---

46. 이영미, 『못(母)된 감상기 나혜석』, 북페리타, 2014, p.101. 김필수 목사는 삼일운동 당시 광주로 내려가 최흥종 목사와 김철 등이 삼일독립만세 시위를 할 수 있도록 이끌었다.

47. 염상섭은 나혜석의 이 이야기를 소재로 자유연애와 신여성의 결혼 문제를 그린 단편소설 「해바라기」(1924)를 썼다.

48. 본명이 원주인 시인 김일엽(1896-1971)은 목사인 아버지의 영향으로 일찍 개화하여 이화학당을 나온 기독교 신자였으나 만공선사 문하에서 득도 수계하여 스님으로 일생을 마친 신여성이다. 여성 해방의 한 획을 그었다고 평가되는 그녀는 일본 유학 중 귀족 집안의 일본인과 사랑하여 아들을 낳았지만 남자 집안의 반대로 결혼은 못하고 결국 여승이 된다. 후에 일당스님이 된 이 아들은 일본에서 크면서 학생 때 수덕사로 김일엽을 찾아왔지만 속세와의 모든 인연을 끊은 스님 일엽은 아들을 외면했고 이때 수덕여관에 머물던 나혜석은 이 아들을 어미 대신 따뜻하게 위로했다. 또 수덕여관은 재불화가 고암 이응노가 한국전쟁 때 머물던 곳으로 그의 문자추상이 바위에 새겨져 있어 현재는 충남 기념물로 되어 있다.

그런데 나혜석과 결혼하게 되는 김우영과 교토대학京都大学 법학부를 나온 인촌仁村 김성수는 절친한 친구 사이였다. 후에 김필례의 정신여학교 제자인 이아주李娥珠와 결혼을 하게 되는 인촌이 처음 이아주를 보고 반하게 된 것은 삼일운동 시위 사건에 대한 재판에서였다. 중앙학교 교장을 지낸 인촌이 1919년 8월 재판에 가게 된 것은 중앙학교 시위 학생에 대한 재판 때문이었는데 정신여학교 시위 학생에 대한 재판도 같은 시간에 열리고 있었고, 이 사건의 변론을 맡은 사람이 절친한 김우영 변호사였다. 이 사건은 김우영이 일본에서 돌아와 변호사가 되어 맡은 첫 변론이었다. 당시 인촌 김성수는 아내와 사별하고 혼자 있을 때였는데 친구의 첫 재판을 보기 위해 방청석에 나갔다가 이아주의 당당한 태도를 보고 호감을 갖게 된다. 그 후 이아주가 김필례의 제자인 것을 알고 필례가 수피아여학교에 근무하고 있었던 광주까지 내려와 이아주와 결혼할 수 있도록 중신을 부탁하기에 이른다.

이아주, 김성수와의 인연은 이기서의 구술 전기[49]에 상세하게 나와 있다. 1916년 겨울 어느 날 선생이 된 필례가 '도의'와 '역사' 강의를 마치고 기숙사를 둘러보던 중 한 학생이 코피를 쏟고 있는 것을 보고 세브란스병원에 입원시켰는데 그 학생을 돌보던 간호사가 정신여학교에 다니게 해달라고 간곡히 부탁했고, 이 간호사가 이아주였다. 이아주는 평안북도 강계군 공북면이 고향인데 열네 살에 모친을 여의고 소학교만 졸업하고 무작정 서울로 왔다. 세브란스병원 부설 간호사 양성소에 입학하여 간호사 교육을 받고 있었지만 교회를 열심히 다니면서 예수 믿는 학교에서 공부하고 싶은 마음이 간절했던 터였다. 이런 우연한 만남 이후 이아주는 정신여학교 학생이 되었고 선생 김필례는 보호자처럼 이아주의 뒤를 돌보아 주었다. 이후 필례가 결혼하고 광주에 내려가 살고 있던 때, 1919

49. 이기서, 앞의 책, pp.111-117 참조.

년 3월 5일 정신여학교 학생들은 대한문 앞에서 만세시위를 주도했는데 이때의 대표적 주도자가 바로 필례의 후원으로 정신여학교에 입학해서 역사를 배웠던 이아주였다. 당시 정신여학교 학생들은 태극기와 함께 관련 중요 서류와 김필례의 역사 강의 노트를 교정의 고목古木인 홰나무 아래에 묻고 만세를 부르며 거리로 나갔다.[50]

이때 필례는 결혼하고 광주에서 시집살이하면서 수피아여학교에 근무하고 있었는데 인촌 김성수가 광주까지 내려와서 정신여학교 학생인 이아주와 결혼을 주선해 달라고 부탁했다. 인촌은 대한문 시위 사건으로 법정에서 이아주가 재판받을 때 그녀의 당당한 태도에 강하게 호감을 갖게 되었다. 여기서 다른 학생들은 관대한 처분을 받고 풀려났지만 이아주는 일본인 법관에게 조선 독립을 위해 계속 일하겠다고 강변하여 실형선고를 받았다. 육 개월의 실형 선고와 그해 열린 공소재판에서도 당당한 이아주에게는 형이 확정되고 그 과정을 지켜 본 인촌은 이아주에게 더욱 매료되었다는 것이다. 이아주는 복역 중 이하선염耳下腺炎으로 병 보석되어 세브란스병원에 입원했고 철창 속에서 느낀 바를 시로 발표[51]하기도 했다. 이아주는 자신의 강렬한 조국애와 민족애는 정신여학교에서 김필례 선생으로부터 받은 역사교육에 힘입은 바 컸다고 훗날 여러 차례 술회했다고 한다. 인촌의 중매 부탁을 받은 김필례는 기독교 신자가 아닌 인촌의 종교 문제, 처녀를 부인이 죽은 재취 자리로 시집보내는 것에 대한 내키지 않는 마음 등으로 거절을 했으나 후에 인촌이 안동교회(서울 안국동 소재)에서 세례를 받았고 그 세례증명서를 당시 동아일보 사장으로

---

50. 『정신 75년사』, p.377. 더불어 박혜경은 학생들의 이러한 참여를 "여성으로서 자아주체성을 강조하고 민족의 자립을 강조"한 김필례의 교육철학에 기반한 것이라고 보았다.(박혜경, 「김필례 선생 연구: 페미니즘 교육 형성을 중심으로」『김필례 선생 연구: 페미니즘 교육 형성을 중심으로』, 2013 김필례 리더십 연구 발표회 자료집, 김필례선생기념사업회, 2013. p.35.)
51. 이기서, 앞의 책, p.115에 시 전문(으로 추정)과 함께 『동아일보』, 1920. 4. 21로 밝혀져 있다. 영인본(국사편찬위원회 한국사 데이터베이스)에서 원문을 확인할 수 없어서 출처만 밝힌다.

있던 친구 고하 송진우가 가져오면서 그 진심을 알고 적극 추진하여 1921년 1월 30일 인촌과 이아주는 서울 YMCA 강당에서 결혼식을 올렸다. 김필례와 부군 최영욱崔永旭이 청첩인이 되었고 이들의 인연은 이어진다.

당시 신여성의 생활이나 사고방식은 대체로 자유분방하고 자유연애를 주창하고 또 실천하는 게 일반적이었다. 그러나 젊은 김필례의 유학생활은 매우 이성적이고 자기 절제가 강하고 신앙으로 잘 단련된 삶이었다. 꽃다운 나이, 한창 연애감정이 싹틀 나이에 실제로 연애편지도 많이 받았고 구애하는 남학생들도 많았지만 개화기 신여성이 흔하게 걸어갔던 삶과는 거리가 먼 길을 택했다. 매우 보수적이고 자기 절제가 강한 여성으로서 독자적인 길을 걸어갔다. 혹 신앙이 선생을 버티고 지탱하게 해 준 원동력이었을 수도 있겠다. 그러나 당시 많은 신여성들이 기독교 신앙을 가지고 있었던 만큼[52] 꼭 신앙만의 문제는 아닌 것 같다. 어느 한 가지를 강조하기보다는 개인의 기질과 기독교적 가풍에서 배우고 습득한 가치관, 자라는 환경에서 자연스럽게 몸에 밴 민족적 자존감 등이 어우러진 가운데 형성된 절제와 자존의 인품이라고 생각한다.[53]

---

52. 한 예로 주세죽(박헌영의 아내)은 독실한 기독교 신자로서, 서울에서 공산주의자 박헌영과 만나 결혼했고, 역사와 이념의 소용돌이 속에서 우여곡절 끝에 모스크바에서 그들 부부의 동지 김단야와 다시 결혼해 살게 된다. 김단야는 소련에서 일제 스파이로 몰려 사형당하고, 주세죽은 박헌영과의 사이에서 낳은 딸에게도 외면당하면서 서럽게 살았다. 유형살이를 하면서 당시 북한의 제2인자가 된 옛 남편 남로당 지도자 박헌영에게 탄원을 했으나 박헌영은 그녀의 존재를 인정하지 않아서 카자흐스탄의 크질오르다에서 유형을 살다가 병사한다. 크질오르다는 지금도 한국인들이 많이 모여 사는 곳이다. 조선희의 『세 여자』(한겨레출판, 2017)는 주세죽과 김단야의 아내 고명자, 그리고 북한에서 문화부수상을 지낸 허정숙, 세 여자의 삶을 그린 작품이다.(이정숙, 「삶을 역사에 '올인'한 사람들—조선희의 세 여자」『소설시대』 21호, 2018. 11.)
53. 한 연구자는 김마리아가 여성독립운동가로 성장할 수 있었던 세 가지 이유를 첫째, 한국 최초의 소래교회에서 얻은 주체적인 기독교 신앙. 둘째, 해서(海西) 제일학교(소래교회에서 세운 학교로 금세학교로 발전, 매켄지 사후에 정식으로 1895년 해서 제일학교로 개교)에서 배운 애국정신과 애국 사상의 세례. 셋째, 집안 분위기를 꼽고 있다.(양현혜, 「김마리아가 여성 독립운동가로

동경의 여자학원 내 일본학교에 들어간 그 이듬해 나는 대학부에서 전수하게 되었고 학생 YWCA 부회장을 맡기도 하고 세례도 받았다. 대학부 학생이 무려 사백 명이나 되었는데 그 숫자는 당시만 하더라도 엄청난 학생수였다. 나는 항상 한복을 단정스레 입고 다녔다. 사백 명 중 유독 나 혼자만이 조선옷이었기 때문에 일본인 학생들의 눈총을 받기도 했다. 그러기에 항상 언행에 조심스러워야 했고, 또 한국 사람으로서의 긍지와 자부심을 살려야겠기에 나 자신이 그들보다 뛰어나길 노력했다.[54]

동경의 여자학원에 유학한 지 삼 년 만에 나는 잠시 귀국했다. 귀국 후 남산 밑 세브란스병원 옆에 있었던 집에서 넷째 오빠의 병간호를 보다가 다시 도일할 기회가 생기게 되었다. 좀더 배워야겠고 좀더 노력해야겠다는 악착같은 미련이 있었던 때문이었다. 모교인 정신여학교의 기금과 동경 유학 동창회 회비로 학비 조달이 되었다. 그때 재일 유학생 수는 육백여 명 정도 되었다. 나는 그중의 유일한 여학생이었으므로 남학생들로부터의 팬 레터나 구애의 편지가 여간 많지 않았다. 그러나 나는 그것을 거들떠보지도 않았다. 오직 공부에만, 오직 조국에 나가서 새로운 횃불로 일하기 위한 일념이었기 때문이었다. 하나 우리나라 유학생들의 그러한 행동을 나는 탓하지도 않고 기숙사 사감에게 알리려는 생각도 없었다. 왜냐하면 다 같은 한국 사람이었기 때문에 일본인 사감 또는 일본인에게 말하고 싶지 않았기 때문이었다.[55]

유학 시절을 회고하는 이 글에서 김필례의 자기 단련과 자기 절제, 이

성장할 수 있었던 3가지 이유」『크리스천 투데이』, 2019. 4. 24.) 이 세 가지는 어린 시절을 함께 자라면서 소래학교를 다녔고 평생을 서로 의지한 한 살 위 고모인 김필례에게도 그대로 적용된다.

54. 김필례, 「이상을 향하여 다름질쳤던 격동의 시대」, 앞의 책, pp.190.

55. 위의 글. pp.191-192.

타심과 신앙, 한국인으로서의 자존감 등을 읽게 된다. '내가 지는 것이 아니라 조선이 지는 것', '나의 영광은 곧 조선의 영광'[56]이라는 식의 생각을 주입하는 자기 단련이 체질화되는 과정을 볼 수 있다.

이런 젊은 필례의 기질을 보여주는 일화가 하나 더 있다. 유학 중 선생이 다니는 일본인 교회에서 피아노 반주자를 선정할 때 일이다. 추천한 일본학생마다 풍기 문란, 남녀관계에 문제를 일으켜 교회에서는 식민지인이라는 이유로 추천하지 않았던 필례를 추천할 수밖에 없게 되었다. 처음 교인들에게 소개할 때 목사가 '가네金 상'이라고 소개하자 그 자리에서 일어나 "저는 오늘부터 예배시간에 피아노 반주를 맡게 된 조선사람 김필례입니다"라고 당차게 고쳐서 소개를 해 조선 사람으로서의 자존감과 기개를 보여 주었다.

또 필례는 동경 여자학원에서 배운 것이 아주 많았다고 생각했는데 특히 교장 야지마 카지코矢島楫子는 인품과 덕망이 높아 학생들뿐 아니라 많은 일본인들도 존경하는 인물이었다. 필례 또한 그 교장선생의 가르침을 받을 수 있었던 것이 아주 큰 행운이었다고 생각했다. 야지마 교장은 필례를 많이 배려해 주었고, 바쁜 가운데도 자신의 방에 불러 개인적으로 이야기 나눌 기회도 수시로 만들어 주었다. 그러면서 필례는 무엇보다도 일생을 살아가는 중요한 지침인 '선공후사先公後私'의 정신을 배운다. 비록 원수의 나라 사람들이지만 그들이 갖고 있는 정신, 공동의 이익, 공동의 선을 앞세우며 그것에 몸을 던질 수 있는 철저한 정신은 본받을 만하다고 생각한 것이다.

앞에서 잠깐 언급한 대로 1915년 4월 3일 동경여자유학생 십여 명이 모여 동경여자유학생친목회를 조직하고 김필례를 회장으로 추대했다. 이 친목회는 단순한 친목회가 아니라 한국여성계의 광명이 되어 스웨덴

---

56. 이기서, 앞의 책, p.77.

의 여성해방론자 엘렌 케이Ellen Key와 같은 이상적 부인의 삶을 창조하는 데 목적을 두었다. 이 친목회가 조직된 다음 달인 5월에 본교 마고 루이스Margo L. Lewis(손진주) 교장[57]의 추천을 받은 조카 김마리아가 여자학원으로 유학을 왔으며 고모가 회장으로 활동하는 이 친목회에 가입하여 활동했다. 루이스 교장은 정신여학교 출신 졸업생 중에 성적이 우수하고 신앙심이 두터운 사람들을 뽑아 미국과 일본 등지로 유학을 보냈는데 처음에는 선교회의 지원을 받았으나 학생들이 늘어나자 사재를 털어 충당할 정도로 열심이었다. 여기에는 특히 미국에 있는 변호사인 루이스 교장의 아버지의 도움이 컸다. 마리아가 일본으로 유학 온 이유는 고모인 필례가 이미 일본에서 유학하고 있었던 점도 컸고, 비록 남의 나라에서 공부하더라도 가까운 나라에서 공부하면서 나라에서 필요할 때 쉽게 올 수 있는 곳을 택했기 때문이다.

그런데 김필례는 졸업과 동시에 모교 교장의 부름을 받아 1916년 3월 귀국하게 된다. 원래는 동경의 여자학원을 졸업하고 학교에 남아 학생들을 가르치기로 되어 있었다. 학교에서도 그러한 조건으로 영화음악전문학교를 동시에 다닐 수 있도록 배려했던 터였다. 그러나 정신여학교의 루이스 교장이 동경까지 찾아와 여자학원의 야지마 교장에게 이 학교는 김필례가 없어도 되지만 정신여학교는 김필례가 없으면 안 된다고 설득하며 의무적으로 근무할 오 년을 정신여학교에서 근무할 수 있도록 간청했던 것이다. 필례의 귀국 후 김마리아가 친목회 회장을 맡아 활발하게 운영했다. 동경은 물론 요코하마, 고베 등지의 일본 여자 유학생들을 회원으로 영입하고 우리나라 최초의 여성 유학생 교양잡지 『여자계』(1917년 12월 창간)를 출간했다.

---

57. 1910년 한국에 와서 1911년부터 정신여학교 교사로, 1912년에 교장이 되어 1939년까지 젊음을 정신을 위해 바친 미국인 선교사이다. 해방 후 김필례의 제의로 명예교장으로 추대되었고 연지동에 새로 지은 과학관을 그의 이름을 따서 '루이스관'으로 명명했다.

정신여학교 제10회 졸업식 기념 사진. 앞에서 세번째 줄 왼쪽에서 세번째가 교사 김필례. 1918.

제17회 보습과 졸업식 기념 사진. 앞줄 왼쪽에서 네번째가 교사 김필례. 1925.

정신여학교 제16회 졸업생 일동. 앞줄 중앙 루이스 교장 뒤가 교사 김필례. 1924.

사실 1910년 한일병합이 되면서 필례의 국비 장학금 지원이 끊어졌었다. 학무국장 자리에 있으면서 학비를 보내주던 윤치오가 그 자리에서 물러났기 때문이다. 학비문제 해결이 가장 시급한 문제가 되면서 필례는 할 수 없이 오빠 김필순에게 편지를 보냈다. 그런데 편지가 필순에게 닿기도 전에 필순에게서 먼저 편지가 도착했다. 일본에서 하던 공부를 계속하라는 내용이 들어 있었다. 필례와 필순 남매의 서로에 대한 배려와 이해, 사랑을 보게 되는 대목이다. 필순은 조카 덕룡을 서둘러 귀국시킨다. 덕룡은 귀국하여 광산에 서기로 취직했는데 필례로서는 한편 미안하고 마음이 아픈 일이었을 것이다. 필순의 망명 후 필례는 모교인 정신여학교와 동경 유학생 동창회에서 학비 후원을 받았고, 여자학원 동창회 장학금을 받기도 했다. 또한 여자학원 측에서도 필례의 학업이 중단되지 않게 장학금을 지급했다. 오히려 필례가 일본어를 배우는 데 도움을 준 일본인 친구 세키 야스코關安子를 한동안 도와줄 수 있을 정도로 여유가 있었다.

독립운동과 가문

가문을 빛낼 자제를 그토록 열망했던 아버지와 출중했던 셋째 오빠는 비록 일찍 세상을 떠났지만, 결과적으로 남아 있는 자녀들이 그 뜻을 충분히 이어받아 격변하는 시대의 선두에 서서 새로운 가치관을 창출하고 새로운 종교, 새로운 교육의 선구자로서 광산 김씨 가문을 빛냈다. 동시에 일제에게 박탈되는 국권의 회복을 위해서 집안 형제들이 남녀를 따지지 않고 선봉에서 항일운동을 수행함으로써 우리나라 근대사에서 드물게 보는 독립운동의 가문으로 남을 수 있었다.

광산 김씨 집안에서는 조카 김마리아를 비롯하여 오빠 김필순金弼淳, 큰언니 김구례金求禮의 남편 서병호徐丙浩와 아들 서재현, 셋째 언니 김순애金淳愛와 그 남편 김규식金奎植 등 독립유공자로서 수훈된 이가 여섯 명[58], 김필순으로 시작되는 의사[59]가 다섯 명, 김필례를 비롯한 교육자가 여러

---

58. 국가보훈처는 삼일운동, 대한민국임시정부 수립 백 주년을 맞아 '2019년 이달의 독립운동가'를 선정, 달력을 만들었는데 2월 독립운동가는 김마리아, 5월 독립운동가는 부부독립운동가인 김규식, 김순애를 선정했다.(『조선일보』, 2018. 12. 28.) 예수교장로회에서 제작한 2019년도 달력 12개월 가운데 다섯 달에 정신여학교 관련 인물들과 사건이 실렸다.(신의경, 정신여학교, 김필례, 김마리아, 여전도회 신사참배 반대운동 등.)

59. 김필순은 언더우드의 영향으로 기독교에 눈뜨게 되고, 에이비슨으로부터 서양의학에 눈뜨게 되면서 우리나라에 기독교와 서양의학의 토착화에 중요한 역할을 했다. 그런 만큼 그의 집안에 세브란스 출신 의사들이 유난히 많은 것이 우연은 아닐 것이다. 세브란스병원의학교 제1회 졸업생인 김필순을 비롯하여 필순의 큰형 김윤방의 둘째 사위인 방합신이 5회, 김필순의 둘째 형 김윤오의 사위 고명우(고황경의 부친)가 3회, 김필순의 첫째 여동생 김구례의 시아주버니 서광호

명이었으니 가히 독립운동, 민족 계몽운동을 통해 한 나라와 사회를 이끌어 간 명문가라 하겠다.

김필례의 큰조카 김함라의 남편 남궁혁과 큰시숙 최흥종은 기독교계에서는 물론 민족지도자로 위대한 목사들이었다. 성장하면서 보여주는 필례의 적극적 자세, 도전하고 극복해 가는 삶의 자세, 한국인으로서의 자존감 등은 집안의 분위기와 무관하지 않다. 김필례 집안을 오랫동안 깊이 연구해 온 박용옥 교수는 집안의 두 여성, 필례의 어머니와 큰올케의 역할을 강조하고 있다.

> 선생 집안의 두 과부인 어머니와 큰올케(김몽은金夢恩, 김마리아의 어머니)의 진취적이고 개방적인 정신은 김씨 집안을 일으키는 원동력이었다는 점에 우리는 주목해야 한다. 여러 자녀들을 고루한 관습대로 기르지 않고 시대를 뛰어넘는 개척자적인 진취성으로 자녀들을 지도 교육하였다. 이들은 남편이 사망하자 곧 따로 분가하여 자녀들과 독립된 생활을 하면서 자녀들을 한결같이 위기의 시대를 이끄는 훌륭한 인물들로 키웠다.[60]

집안의 다른 인물들에 대해서 기회 있을 때마다 언급하게 되겠지만 여기서는 가장 우애가 깊었던 오빠 김필순과 언니 김순애 그리고 친구 같고 동지 같았던 조카 김마리아 중심으로 살펴보고자 한다.

김필순

오빠 필순은 어려서 한학을 공부했으며 1886년 언더우드를 만나면서 기

가 2회 졸업생, 여동생 필례의 남편 최영욱은 6회 졸업생이다.

60. 이 책에 수록된 박용옥의 글 「여성으로서 실천한 항일독립운동」 참조.

네 자매가 함께한 사진. 왼쪽부터 김필례, 김노득, 김구례, 김순애, 1945년경.

광산 김씨 가족 사진. 앞줄 왼쪽부터 서재현(서병호의 아들), 서옥윤(서병호의 딸), 서효애(서병호의 형 서광호의 딸), 김명진(서재현의 부인). 뒷줄 왼쪽부터 김순애(김필례의 셋째 언니, 김규식의 부인), 서병호(김필례 첫째 언니 김구례의 남편), 김필례, 김함라(김윤방의 장녀, 김마리아의 큰언니), 김덕상의 부인. 서 있는 이 김덕상(김필례의 오빠 김필순의 넷째 아들). 1965.

독교를 접하게 되고 1894년 언더우드로부터 세례를 받았는데, 그와 함께 서울로 온 필순은 배재학교를 마치고 우리나라 최초의 서양병원인 제중원濟衆院에서 주로 선교사들의 통역이나 조수역할을 하면서 세브란스 병원을 창설한 스승 에이비슨의 강의를 돕고 의학서적을 번역하는 등의 일을 했다. 김필순은 재학 당시 이미 안창호 등과 친형제 이상의 의형제로 독립운동에 적극적으로 간여, 국권회복운동으로서 신민회 조직에 참여하며 뜻을 같이하는 동지들을 모아 사업을 논의했다. 신민회의 원대한 사업 목적은 나라가 일제 식민 지배하에 떨어지는 위기에서 국권회복의 길을 찾아 국외에 독립운동 기지를 건설하는 것이었다. 그들은 국외 망명으로 만주 몽골 일대의 드넓은 황야에 독립 기지를 건설하여 농사를 짓고 독립군을 양성할 군관 학교를 설립하고 자제들을 교육할 학교를 세워 독립을 착실히 준비하고자 했다. 1911년 중국에서 신해혁명이 일어나자 거기 참여할 결심을 하는데 같은 해 '105인사건'의 연루 인물로 검거될 위험에 처하자 만주로 망명하게 된다. 그때쯤이었던 것 같다.

> 동경의 여자학원에 유학한 지 삼 년 만에 나는 잠시 귀국했다. 넷째 오빠 김필순은 항상 쫓기는 몸이었다. 1910년 한일합방이 되고 도산 안창호 선생 등이 주동이 되어 총독 데라우치 마사타케寺內正毅 암살 음모를 꾸민 105인사건에 관련되었기 때문이었다. 항일 투쟁에 가산까지 탕진되고 마침내는 일경 등살에 병져 눕게 되었는데도 나를 위해 부산까지 마중나와 주었다. 그때 처음으로 라이스 카레를 오빠가 사주었는데 그렇게 맛있을 수가 없었고 지금도 라이스 카레만 보면 그때의 넷째 오빠의 얼굴이 선해서 눈시울을 적시게 된다.[61]

쫓기면서도 여동생을 마중나오는 오라버니의 사랑, 그리고 오누이의

61. 김필례, 「이상을 향하여 다름질쳤던 격동의 시대」, 앞의 책, pp.191-192.

우애와 믿음이 드러나는 대목이다.

만주로 간 필순은 이동녕, 이회영 등이 활동하고 있던 서간도 통화현通化縣 등 몇 군데 근거지를 옮기면서 병원을 개업하고 이상촌 건설과 독립군 양성 계획에 착수하고 있었다. 그는 자신의 계획된 사업을 추진하기 위하여 동지가 필요했고 동경 유학 중인 동생 필례라면 훌륭한 동지가 될 수 있다고 생각하여 자신의 가족들을 데리고 통화현으로 오라고 기별을 했다. 필례는 오빠의 독립운동에 참여하고자 귀국했지만 어머니 안씨는 학업을 먼저 마쳐야 한다며 강력히 반대하여 순애 언니가 오빠의 가족들을 데리고 서간도 통화현으로 가고 필례는 그저 배웅할 도리밖에 없었다.

필순은 1916년쯤에 다시 몽골 접경지인 흑룡강성의 치치하얼齊齊哈爾로 이동하여 백삼십여 리가 넘는 광대한 토지를 매입했다. 그리고 빈민 농가 서른 가구를 집단 이주시켜 농사를 짓게 하는 등 이상촌 건설과 독립군 양성 작업에 착수하고 이 사업들을 위하여 형 윤오와 어머니도 오게 했다. 이상촌 사업에 손이 모자란 필순은 동생 필례가 세브란스 출신 의사와 결혼한 것을 알고 동생 부부에게 치치하얼로 들어와 함께 일할 것을 권유했다. 이런 집안 분위기였던 만큼 이번에는 필례도 결혼 후 신혼의 남편과 같이 오빠의 개척사업과 독립운동에 동참하고자 치치하얼로 갔다. 이런 배경에는 오빠와의 우애는 물론이고 제중원 사택에서 함께 살면서 김필순이 안창호, 여운형, 김규식, 서병호 등 애국지사, 독립운동가 친구들과 어울리고 회의하는 것을 보고 들으면서 형성된 애국심과, 윤오, 필순 형제가 함께 세웠던 '김형제 상회' 2층이 김규식, 노백린, 이동휘, 이갑, 윤치호, 유길준 같은 애국지사들이나 각처 대표들이 모여서 시국을 논하는 국권회복운동의 본거지가 되었던 환경 등이 자연스럽게 영향을 미쳤을 것이다. 집안의 종교인 기독교의 힘과 당시의 시대적 상황, 특히 구한국 군대 강제 해산 등은 이들의 애국심을 더더욱 자극했을 것으로 보인다. 여기서 우리나라 최초의 여전도사라고 말하는 김필례의 어머니 안성은[62]의 역할도 크다. 구한국 군대해산 사건 때 부상자들이 많아서 김필순의 어머니와 여동생들, 조카들이 모두 동원되어 간호했고 그전까지 여자가 남자를 간호하거나 치료하는 경우가 매우 드물었던 만큼 그것이 한국 간호 역사에서 매우 중요한 사건이 되었음은 비교적 잘 알려져 있는 사실로 앞에서 언급한 바 있다.

김필순은 만주 치치하얼에서 이상촌을 짓고, 주변에 있던 조선 청년들을 모아서 독립군을 양성하려고 한창 준비하다가 의사를 가장해서 몰래 들어온 일본 특무가 독을 넣은 우유를 먹고 독살당했다. 그때가 1919년 여름. 아들 김필순이 독극물에 의해 죽었다고 따지고 항의하면 일본 경찰이 가만 놔둘 리가 없고 온 가족이 몰살당할 수도 있다고 생각한 어머니 안성은과 아내 정경순은 김필순이 콜레라로 죽었다고 자식들을 전부 속였다[63]고 한다. 『독립신문』에도 기사를 냈는데 독립투사를 강조하기보다 그냥 콜레라로 죽었다고 했다. 자식들과 가족들을 보호하기 위한 어머니와 아내의 처사였다. 동생 필례도 오빠 필순의 죽음이 콜레라 때문이었다고 말했을 정도였다. 그런데 당시 만주 지역에 콜레라가 창궐한 때는 1910년대 초였으니 학계에서도 "김필순의 사망은 김규식과 연결되어 독립선언을 적극적으로 해외에 알리면서 독립운동기지를 병행하여 건설하려 했던 그의 활동을 방지하기 위함"[64], 즉 일제의 독살 때문으로

---

62. 안성은은 언더우드의 부인과 조지아나 오웬(Georgiana W. Owen) 선교사 등과 함께 전도부인으로 활동하였다. 서경조, 『신학지남』 제7권 4호(1925. 10), p.88.(정운형, 「박서양의 간도 이주와 활동」 제중원 개원 133주년 기념 학술 심포지엄, 연세대의대, 2018, p.53 재인용.)
63. 박규원, 「김필순 일가의 이야기」 『연세의사학』 21-1, 2018. 박혜경, 「김필례 선생 연구: 페미니즘 교육 형성을 중심으로」 『김필례 선생 연구: 페미니즘 교육 형성을 중심으로』, 2013 김필례 리더십 연구 발표회 자료집, 김필례선생기념사업회, 2013. p.78.
64. 김주용, 「김필순의 생애와 독립운동」 『세브란스병원의학교 초기 졸업생들의 독립운동』, 제중원 개원 133주년 기념 학술 심포지엄, 연세대의대. 2018, p.16.

보고 있다.

당시 치치하얼 일본 영사관에서 조사한 정보 문서[65]에는 김필순이 1916년 8월경 통화현을 떠나 치치하얼로 왔고 1919년 8월 31일 사망한 것으로 파악하고 있다. 그 전 해 10월 경 김필례가 남편과 함께 치치하얼을 떠났고 그로부터 약 열 달 후 김필순이 독살당했으니, 만약 필례 부부가 그대로 치치하얼에 있었더라면 그 위급한 순간을 의사인 최영욱이 잘 처리할 수 있지 않았을까 하는 아쉬움이 든다.

김필순 사후에는 독립운동과 독립군 양성으로 남겨놓은 재산이 없어 가족들은 큰 어려움을 겪게 되고 결국 뿔뿔이 헤어지는 가운데, 김필순의 첫째 아들 덕봉(김영)은 김필례 부부가 교육을 맡기로 한다. 부부는 덕봉이 의사공부를 하면 집안을 꾸려 갈 수 있을 거라고 생각했었다. 이렇게 독립운동을 하면 집안의 재산이 다 없어져서 그 후손들은 가난하게 살 수밖에 없는 경우가 많았는데 김필순의 집안도 예외가 아니었다. 덕봉은 중국에서 의과대학으로 진학하여 아버지처럼 의사가 된다. 처음에는 아버지 김필순이 나온 세브란스 의대에 들어가려 했으나 필순이 세브란스에 있을 때 독립운동에 깊이 관여했기 때문에 불온사상자의 자녀로 분류되어 입학이 허락되지 않았고, 설령 입학 허가가 나오더라도 덕봉이 중국에서 나서 자랐기 때문에 일본어로 하는 강의를 제대로 소화해 낼 수 없을 것이라는 이유로 어쩔 수 없이 산동의대에 입학했다가 후에 봉천의대로 편입, 졸업하여 의사가 된다. 그러나 그는 캐나다 선교회에서 간도 용정에 설립한 제창병원에 근무하다가 1937년 설날에 갑자기 세상을 떠났는데 당시 서른여섯 살의 젊은 나이였다.

---

65. 위의 글, p.16.

김순애

필례의 언니인 김순애와 김규식[66]의 결혼도 남녀 간의 사랑보다는 동지로서의 결합이라는 의미가 더 커 보인다. 이들은 1919년 1월 중순 남경南京 어느 선교사 댁에서 서너 명의 증인을 두고 결혼식 대신에 신에게 서약하는 서약식을 하고, 사진 한 장만 찍고는 결혼한 당일로 상하이에 가서 김규식의 파리 파견 문제를 의논했고[67] 고향 신부 집에서 보내 온 수백 원의 지참금은 김규식의 파리 여비로 쓰였다.[68] 그런데 서병호가 김필순, 김규식과 연락할 때 연락책이 김순애였다는 견해[69]도 있고, 새문안교회에서 선교활동을 할 당시부터 돈독한 친분을 유지해 온 만큼 이 두 사람은 이미 서로 잘 알고 있었다는 의견도 있다. 또한 다른 독립투사들이 김순애에게 권하기를 파리에 가서 파리강화회의에 참석, 독립을 호소하게 될 김규식을 위해 "자네가 좀 희생을 해 줘야 되겠네. 아들을 키워야 하지 않겠나. 아버지가 못 돌아올지도 몰라"라고 했다는 얘기도 있으니, 관련된 일화를 보더라도 이들의 결혼은 동지애가 우선했다. 1919년 4월 17일 상해임시정부가 수립되고 다음 날 18일에 임시정부 전권의 자격으

---

66. 우사(尤史) 김규식(金奎植, 1881-1950)은 우남 이승만, 백범 김구와 함께 한국 현대사에 큰 족적을 남긴 세 영수 중 한 사람이다.(윤경로, 「기독교인으로서의 우사 김규식」『한국 근현대사의 성찰과 고백』, 한성대출판부, 2008, p.205.)
67. 이명화, 『김규식의 생애와 민족운동』(독립운동가 열전 7), 독립기념관 부설 한국독립운동사연구소, 1992, p.54.
68. 김필례, 「믿음과 봉사의 세월 80년」, 앞의 책, p.84. 이 글에는 김순애 김규식이 상해의 한 여관에서 주례 크네이 목사와 큰형부 서병호가 참석한 가운데 결혼했다고 한다. 이들의 결혼이 서병호의 중매로 이루어졌다는데 김규식 박사는 상해 임시정부 부주석으로 상처 후 아홉 살 된 아들이 있었고 파리 강화회의에 한국 대표로 가게 되었을 때 친구인 서병호에게 두고 가는 아들 걱정을 한다. 이때 서병호가 처제를 소개하여 두 사람이 결혼하게 됐다는 것이다. 구체적인 결혼 장소가 나와 있는 글이지만 여기서는 김순애, 김규식 관련 이야기인 만큼 『김규식의 생애와 민족운동』에 나온 관련 사항을 우선했다.
69. 박규원, 「나의 할아버지를 찾아서」『세브란스병원의학교 초기 졸업생들의 독립운동』, 제중원 개원 133주년 기념 학술 심포지엄, 연세대의대, 2018, p.34.

로 파리강화회의에 파견된 김규식은, 열국대표 앞에서 대한의 독립을 제창하고 일제의 침략행위를 만방에 호소, 폭로하게 된다. 최근에는 1920년 무렵 파리에서 활동하던 대한민국임시정부 요원들이 베트남 독립운동가이자 전 베트남 국가주석 호찌민Ho Chi Minh(1890-1969)과 가깝게 지내며 도움을 주었다는 프랑스 정부기록이 발견됐다고 보도[70]하고 있다. 보고서에 의하면 "한국대표단은 1919년 4월 대한민국 통신국을 열어 홍보물을 제작했는데, 이들은 호찌민이 이 통신국을 자유롭게 쓸 수 있도록 했다"고 한다. 또한 당시 파리위원부 대표였고 후일 임시정부 부주석이 된 김규식도 호찌민을 적극 도왔다고 한다. 1920년 작성된 보고서에는 "호찌민이 프랑스에서 기고한 글들이 중국에서 번역돼 출판됐는데, 호찌민이 김규식한테 부탁해 이뤄진 것"이라고 되어 있다.

김순애는 소래에서 태어나 정신여학교를 졸업(3회)하고 부산 초량소학교 교사로 재직 중 집에서 비밀리에 학생들에게 한국 역사를 가르치다 발각되어 위협을 느끼고 오빠 김필순이 활동하고 있는 중국 통화현으로 망명했다. 그 후 남경으로 이주하여 명덕여자학원에서 수학했고 김규식을 만나 결혼하게 된 것이다. 상해에서 대한애국부인회를 조직하여 회장으로 일했고 서울과 평양에서 조직된 애국부인회와 협력하여 독립자금을 모금하여 임시정부의 자금을 지원하고 독립운동 가족을 뒷바라지하며 상해 한인여자청년동맹의 간부로 활약했다. 중국 시민권이 있었던 그녀는 그곳 중국인 사회에서 '흑룡강을 호령하는 여장부'라는 별명까지[71] 얻었다.

---

70. 프랑스 경찰의 보고서를 발견한 이장규 씨는 "우리 독립운동가들이 프랑스에서 맹활약한 모습을 들여다 볼 수 있는 희귀자료"라고 말했다.(『조선일보』, 2018. 10. 1.)
71. 『정신백년사』, p.434.

김마리아

김필례의 조카이자 독립운동가로 잘 알려진 김마리아에 대한 이야기는 두 사람의 삶 가운데서 고모와 조카라는 가족 관계나 정신학교와 결부된 일들뿐만 아니라 정신적 동지로서 빼놓을 수 없는 이야기들이 많다.

김마리아는 고모 김필례보다 한 살 아래로, 다섯 살 때 아버지 김윤방이 세상을 떠났고, 열 살 되던 1901년에 소래학교를 졸업했다. 1905년 겨울, 열네 살 때 모친 김몽은이 복막염으로 세상을 뜨게 되자 어머니 장례를 치른 후 이미 정신여학교에 다니고 있던 언니들과 함께 그 이듬해인 1906년에 서울로 오게 된다. 서울에는 이미 순애와 필례 두 고모가 연동여학교, 지금의 정신여학교에 다니고 있었던 만큼 김마리아도 1906년 열다섯 살 때 연동여학교로 전학온다. 삼촌 김윤오가 처음에 이화학당에 데려갔으나 마리아가 안정을 찾지 못하여 고모와 언니가 다니는 연동여학교로 옮기게 되었던 것이다. 이때 김필례는 이미 삼 년 전에 연동여학교에 입학했던 만큼 다음해 제1회 졸업생이 되고 김마리아는 제4회로 졸업한다. 두 사람은 한 살 차이밖에 안 나는 데다가 연동여학교에서 일 년간 기숙사 생활을 함께한 만큼 한 자매나 다름없는 사이였다. 고모 필례는 김마리아가 입학한 지 일 년 뒤인 1907년 6월 16일에 연동여학교를 졸업하고, 졸업 후 교장의 권유로 연동여학교 수학선생이 되었다.

삼 년 후 김마리아는 졸업하고 곧바로 광주 수피아여학교 교사로 부임, 삼 년간 교사로 있다가, 정신여학교 루이스 교장의 권고와 주선으로 1915년 일본으로 유학을 가게 된다. 당시 일본에는 고모 김필례가 동경에 있는 미국 북장로교파 선교사들이 운영하는 여자학원에 다니고 있었으며 마리아도 이 학교에 입학할 예정이었고 이들은 그 후 일 년 간 같이 지낸다. 김필례는 1916년 졸업 후 정신여학교 교사로 온다.

1918년 최영욱과 결혼한 김필례는 독립운동과 이상촌 사업을 하고 있는 오빠 필순의 초청으로 결혼 직후 치치하얼로 간다. 신혼의 김필례는 치치하얼에서 임신으로 입덧이 심하면서 몸이 약해지고 조국에 있는 시어머니의 상황도 편치 않아 귀국, 광주로 돌아온다. 다음 해 1919년 조카 김마리아가 광주로 찾아와서 필례는 만삭의 몸으로 김마리아의 은밀한 과업을 돕게 되는데, 산달이 가까워 한참 몸이 무거운 1919년 2월 중순경 뜻밖에 일본 여자로 변장한 조카 김마리아가 찾아왔던 것이다.[72] 마리아는 일본 유학 중이었고 동경 유학생 중심으로 이팔(2·8)독립선언이 있은 직후였다. 세계정세는 1918년 제1차 세계대전이 종식되면서 전후 수습을 위한 한 방략으로 민족자결론[73]이 제시되고 새로운 세계질서를 잡아가는 기운이 감돌던 때였다. 이에 맞춰 동경유학생들도 힘을 결집하여 1919년 2월 8일에 이팔독립선언을 하고 히비야日比谷 공원에서 대한독립만세를 외쳤다. 이로 인해 선언서에 서명한 대표자를 비롯하여 많은 사람들이 체포 구금되었던 만큼 김마리아를 비롯한 몇몇이 국내 독립만세운동을 위해 임무를 띠고 비밀리에 귀국한 것이다. 마리아는 졸업을 앞두었지만 동경에서 이팔독립선언서를 국내로 가져오기 위해 "여성이라 검열과 수색이 덜 할 테니 내가 조국으로 가져가 전파하겠다"며 스스로 나섰다. 적발되면 목숨이 위태로울 정도의 위험한 임무였다. 개인적으로는 졸업이 가까운 학교를 포기하는 것이기도 해서 그에 대해 아쉬움을

72. 이때 김마리아와 함께 순애 언니와 구례 언니의 남편 서병호가 함께 광주로 찾아왔다고 한다.(이기서, 앞의 책, p.117.) 김마리아가 현해탄을 건너 부산에 내렸을 때 서병호와 김순애가 상해로부터 오는 배에서 거의 같은 시각에 내리게 되어 부두에서 서로 만났다고 한다.(최은희, 「애국여성약전 김마리아(2)」『조선일보』 1957. 5. 16; 김마리아선생기념사업회, 『신문으로 보는 김마리아』, 한국장로교출판사, 2014. p.531.) 형부 서병호는 경신학교 제1회 졸업생이며 상해 임시정부와 신한청년당을 조직하여 당수가 되었고, 육이오전쟁 후에 경신학교 교장으로 있으면서 학교 재단 설립 신청 시 정신여학교 교장이 된 김필례를 많이 도왔다.

73. 동경 유학생들의 이팔독립선언과 삼일운동은 미국 대통령 윌슨의 '자기결정(self-determination)'을 '민족자결'로 해석하면서 민족적 거사로 커졌다.

나타내는 고모 필례에게 마리아는 "나라도 없는 마당에 졸업장은 해서 무얼 해요?"라며 당차게 일축했다. 몇 해 전 필례는 학업을 계속해야 한다는 어머니 말을 따르느라 오빠 필순이 있는 곳으로 가지 못했지만, 그때와는 나라의 사정도 달라진 데다가 귀국을 만류하는 어머니도 없었던 터라 마리아는 보다 적극적으로 독립운동에 뛰어들 수 있었다. 김필례는 만삭의 몸으로 마리아가 기모노의 오비(허리에 두른 띠) 속에 숨겨 온 이팔독립선언서를 후에 '서석의원'이 되는 집에서 밤새 복사했다.[74]

김마리아는 3월 6일 체포되었는데 3월 18일 2차 신문 조서를 보면 2월 17일 일본 출발, 광주에 있는 언니에게 들렀다가, 21일 서울에 도착했다고 진술한 기록이 있어, 서울 도착 전에 광주에 갔음을 조서에서도 확인하고 있다. 당시 관련된 사람들은 김마리아가 가져온 선언서를 광주의 김필례, 최영욱 두 사람의 도움으로 복사했다고 기억하고 있다. 김필례는 서석의원에서 복사했다 기억하는데, 그때는 아직 개업의가 아니었고 서석의원도 생기기 전이라는 견해도 있다. 하지만 이미 1919년에는 병원으로 쓸 집[75]에서 살고 있었던 것으로 볼 때 후에 서석의원이 되는 자택에서 이팔독립선언서를 복사한 만큼 '서석의원 지하실'에서 복사했다[76]고 자연스럽게 기억하는 것일 터이다.

---

74. 선언서를 복사한 장소에 대해서 두 가지 설이 있다. 김필례의 회고담을 서술한 이기서의 책에는 김마리아가 광주로 가져와 고모인 김필례에게 전달했고 김필례는 남편 최영욱의 서석의원 지하실에서 그것을 복사했다고 했고, 『광주제일교회 110년의 발자취』(2015, 광주제일교회는 미국 남장로교 선교사 유진 벨(Eugene Bell, 한국명 배유지) 목사가 1904년 시작했다)에도 같은 내용으로 서술되어 있다고 한다.(「남도일보 특별기획 대한민국 새로운 100년 (2): 남궁혁·김함라 부부, 김마리아 자매의 광주 3.1운동」 『남도일보』, 2019. 3. 6.) 한편 『수피아 백년사』(2008)에는 "김마리아가 동경 이팔독립선언서를 당시 수피아 교사로 있던 언니 김함라에게 전해 주었다"고 쓰여 있고, 최은희의 「애국여성약전 김마리아(2)」에도 같은 내용이다. 여기서는 경험자로서의 김필례의 구술 내용을 우선한다.
75. 광주 집에 관해서는 다음 항 이 글의 '결혼과 광주 시절' 부분에서에서 박규원의 증언과 함께 당시 상황이 언급된다.
76. 혹시 이때도 최영욱 박사가 광주기독병원에 재직하면서 의원으로 개업해 있을 가능성도 있다.

당시 정신여학교 학생들은 여성임에도 "그때 조선의 풍운이 험악한 만큼 이 학교를 졸업만 하고 나면 조선을 위해서 생명을 바칠 것은 물론이고 천하에 못할 일이 없는 유명한 인물이 되리라는 것"[77]이 목적과 이상일 정도로 애국애족적이고 선각자적인 여성 지도자 의식을 가졌다. 그런 면에서도 김마리아는 대표적 인물이라 하겠다.

광주에서 이팔독립선언서 수백 장을 복사[78]해서 서울로 간 지 닷새 후인 3월 6일, 김마리아는 운동의 배후자로 체포되어 통감부 감옥에 구금된다. 상상을 초월한 모진 고문을 받았으면서도 감옥에서 나온 이후 전국 규모의 여성독립 단체로 최초인 '대한민국 애국부인회'를 조직해서 독립운동을 이어간다. 애국부인회는 전국에 열다섯 개 지부를 두고 국권회복을 위해 독립 운동 자금을 모금해 상해 임시정부에 전달하는 등 비밀리에 군자금을 걷어 독립운동가들을 돕고 있었는데 그러던 중 애국부인회 간부이자 김마리아와 절친한 오현주의 밀고로 임원진 오십이 명이 일경에 체포되어 대구로 압송됐다. 이때 김마리아는 삼 년형을 받고 복역하는데 막대기로 계속해서 머리를 심하게 때리는 고문으로 머리에 구멍이 생겨 진물이 나오고 고막이 터졌다. 또한 귀와 코에 고름이 차는 메스토이 병에 걸렸는데, 이때의 고문 후유증으로 사경을 헤매게 되자 병보석으로 가석방 돼 1920년 세브란스병원으로 옮겨졌고 이듬해 동지들의 도움으로 중국으로 망명한다. 상해에 간 마리아는 상해임시정부 최초의 여성대의원에 선임된다. 안창호가 "김마리아가 열 명만 있었으면 우리나라는 벌써 해방이 됐을 거다"라고 말했을 정도로 큰일을 한 마리아

77. 하은주·김선영 공저, 앞의 책, p.55.
78. 배포된 경로는 다양하겠지만 이팔독립선언서는 광주 삼일운동에 적지 않은 영향을 주었는데 3월 10일 광주 양미리 일대의 만세 시위로 체포된 구속자들의 재판문에서 이팔독립선언서에 대하여 언급되고 있기 때문이다.(이 책에 실린 박용옥의 「여성으로서 실천한 항일독립운동」 참조.)

는 상해에서 독립운동의 방법에 대해 깊이 고민하면서 더 큰 독립운동을 위해 1923년 미국으로 갔다.

1926년 봄, 미국 유학 중인 필례는 마리아가 있는 파크대학Park University으로 찾아가서 두 사람은 만났다. 필례는 마리아에게 악형을 가했던 일본인 가와무라河村靜水 검사가 뉴욕에 있으니 만나보자고 제안하여 그를 만나게 된다. 가와무라는 호텔로 이들 두 여성이 찾아오니 처음에는 크게 당황하다가 여성들의 태연한 태도에 자신도 안정을 찾으며 얘기 끝에 형 만료 법정 시효가 십 년이므로 그 이후에는 귀국이 가능할 것이라 설명해 주었다. 마리아는 1927년 말에 뉴욕으로 와서 필례의 뒤를 이어 1928년 9월에 컬럼비아대학교Columbia University 대학원에 입학하였다. 마리아는 미국에서 가정부, 필사원, 도서관 사서 등 온갖 일을 하며 학비를 조달, 고모인 필례가 다니던 컬럼비아대학교에서 석사 학위를 하고 다시 신학을 공부한 후 1932년 나이 마흔을 넘어서 고국을 떠난 지 십삽 년 만에 귀국한다. 형 만료 법정 시효는 지났지만 일제는 함경도 원산의 마르타 윌슨 신학원에서 성경만을 가르친다는 조건으로 귀국을 허용하였던 만큼 마리아가 잠시나마 서울에 머무는 것도 허락하지 않았다. 마리아는 이 학교에 교수로 부임해 건강이 좋지 않은 속에서도 신학을 가르침과 동시에 신사참배를 거부하는 등 학생들에게 민족혼을 심어주는 교육을 펼쳤다.

김필례와 마리아는 같은 뜻을 가지고 독립을 향해 매진하였으나 같은 공간 같은 시간을 나누는 일은 쉽지 않았다. 두 사람의 마지막 만남은 1940년 1월 필례 어머니의 장례식에서였다. 평생을 끔찍한 고문 후유증과 신경 쇠약에 시달리던 마리아였던 만큼 당시 건강이 많이 나빠 보여 필례는 마리아에게 병원 진찰을 받고 광주에서 요양할 것을 권유했다. 이를 마다하고 마리아가 원산으로 돌아간 지 사 년 만인 1944년 필례는 조카의 부음을 받게 되었다. 조국의 독립을 위해 한생을 불살랐던 마리아를 생각하면 여러 회한이 남아 가슴이 아팠다. 마리아의 시신은 유언에 따라 화장을 하고 그 재는 대동강에 뿌렸다. 그녀의 정신이 한국독립운동사에 길이 남아, 더욱 심도 있고 알찬 연구를 통해 그 위상이 재정립되길 기대한다.[79]

79. 2018년, 10월 18일 김마리아 선생(1892-1944)의 발자취를 조명하는 「당신을 잊지 않았습니다: 대한독립의 별 '김마리아' 기념 학술세미나」가 여의도 국회의사당에서 개최되었다. 근현대사 전문가들은 동시대를 함께한 애국지사들의 증언과 각종 자료를 토대로 김마리아 선생의 활동상을 연구 발표하며 그 위상의 재정립을 강조했다. 2019년 2월 여성독립운동가들의 기념우표가 발행됐는데 김마리아가 포함되었고, 2019년 2월의 독립운동가로 「김마리아 선생 공훈 선양 학술강연회」가 광복회, 김마리아기념사업회 주최, 국가보훈처 후원으로 광복회관에서 2월 22일 열렸다. 정신여중고가 있던 연지동 신관 건물을 사들인 서울보증보험은 2019년 5월 24일 이 사옥 앞에서 삼일운동 백 주년 기념 김마리아 선생 흉상 제막식을 했고, 이곳 효제초교 버스 정류장 이름이 '연동교회, 김마리아 활동터'로 명명되었다.

광주 시절

김필례는 1918년 최영욱崔泳旭과 결혼하여 광주로 내려와서 살게 된다. 그렇게 시작된 김필례의 광주와 기독교와의 인연과 그 활동은 삼십여 년 지속된다. 젊은 시절의 많은 부분들이 광주와 이어지고 그 안에서 이루어진다. 결혼 후 치치하얼에 가서 산 길지 않은 기간(1918년 하반기 사개월 정도), 첫 아이의 출생과 죽음(1919-1920), 그 후 남편의 미국 유학과 이어진 수피아여학교 교사 생활(1920-1923), 그 사이에 한국 YWCA 창립(1922)을 위한 적극적 활동과 광주 YWCA 설립, 모교 정신여학교 교사로 근무(1923-1924)하다가 미국 유학(1925-1927) 그리고 귀국 후 수피아여학교 교감 재직(1927-1938), 그 사이에 부인조력회를 창립(1928)하고 수피아여학교 교장 재직(1945-1947)을 거쳐 서울 정신여학교 교장(1947)으로 오기까지, 어느 한 시기도 쉬는 기간이 없었다. 오히려 여러 가지 일을 동시에 하고 있다. 특히 1920년대 초는 YWCA 설립과 부인조력회(여전도회) 일이 겹쳐지면서 나라 안팎을 오가며 숨가쁠 정도로 바쁜 시기였다. 그러면서도 틈틈이 금정교회 등지를 중심으로 야학을 벌였고 번역 및 저술 활동을 했다. 정신여학교 교사와 미국 유학 등으로 오 년 정도 광주에서 떠나 있기는 했으나 시댁과 기독교의 끈은 계속 이어졌고, 해방 후 수피아여학교 재건 시 교장을 맡았던 만큼 젊은 시절 삼십여 년이 광주 시절이라 해도 과언이 아니다. 그 사이에 조금의 빈틈도 없이 시간을 쪼개고 이어서 이 많은 일들을 지속적으로 동시에 해낸,

가히 쉼 없는 열정으로 이어진 삶이었다.

최영욱과의 결혼 생활

최영욱 박사와의 만남과 결혼에 대한 일화는 김필례 본인의 회고에 의한 내용이 정설처럼 전해지고 있다. 필례는 1915년 일본 유학 중, 고등부 3학년일 때 코뼈가 자라 숨을 쉴 수 없는 비색증鼻塞症이라는 병에 걸려 방학 때 광주기독병원에 입원하여 큰 수술을 받았다. 이 병은 숨이 차고 냄새 맡는 데도 지장이 많았는데 오랫동안 머리를 숙이고 책을 본 데서 생긴 병이라고 했다. 광주기독병원에서는 기독교 신자에게 치료비 할인을 해주었다. 그때 세브란스의학전문학교 학생으로 광주기독병원에 실습을 와 있던 최영욱은 전문분야가 내과였으나 필례의 병실에도 자주 드나들며 돌보아 주었고 이 수술은 잘 끝나 완치되어 필례는 다시 일본으로 돌아갔다. 루이스 교장이 정신여학교로 불러들여 서울로 돌아올 때까지 두 사람은 별 다른 연락이 없었다. 필례는 당시로서는 나이가 아주 많은 노처녀였지만 결혼에 대한 주관이 뚜렷했다. 남편감은 자신의 생활철학, 이념을 실현시켜 줄 수 있는 사람이어야 한다고 생각했다. 이때쯤 최영욱과의 만남이 이루어졌고 사람됨이나 신념이 자신의 생각을 실현시켜 줄 수 있는 사람이라 믿어져 그와 결혼을 하게 된다. 결혼은 1918년 6월 20일 서울 연동교회에서 이명혁 목사의 주례로 이루어졌다. 두 사람은 동갑이었고 광주에서는 시어머니 공말자 여사와 시숙 최흥종 목사가 참석했다. 날씨는 맑았고 저녁에 열린 피로연까지 모든 것이 '하이 칼라' 스타일[80]이었다.

『수피아 백년사』에는 두 사람의 만남 등에 대한 자세한 언급 없이 모친

---

80. 윤치호의 1918년 6월 20일기. 박미경 역, 『국역 윤치호 영문일기』 6, 국사편찬위원회, 2015.

이 광주로 갔고 '그게 인연이 되어' 광주기독병원 젊은 의사와 결혼하게 되었다고 나온다. 그런데 이 결혼 배경에 대해 다른 의견도 보인다. 1916년 일본 유학을 끝내고 귀국하여 정신여학교 교사가 된 김필례와 1918년 광주 양림교회 최흥종 장로의 동생인 최영욱이 결혼하는데, 지리적으로 먼 거리에 있었던 두 사람이 결혼하게 된 데 대해 남궁혁과 최흥종의 관계에 주목하는 견해도 있다. 남궁혁은 1916년 광주 양림교회 제2대 장로로 임직하게 된다. 그는 김함라(김필례의 큰오빠 김윤방의 딸, 김마리아의 언니)와 결혼했는데 그가 양림교회 첫 장로인 최흥종의 동생 최영욱과 아내의 고모인 김필례를 중매했다는 것[81]이다.

김필순의 외손녀 대담에 보면 "최영욱 선생이 세브란스병원에 있을 적에 김필례 여사가 병원에 입원했대요. 그러다가 최영욱 선생이 김필례를 좋아하게 되어서"[82]라는 대목이 나오는 걸로 보아 집안에서는 남궁혁의 중매보다는 선생의 입원에서 비롯한 최영욱과의 만남이 당연한 결혼 일화와 내력으로 전해오고 있음을 알 수 있다. 그리고 이 대담에는 선생의 입원이 광주인지 서울인지에 대한 관심보다는 입원했을 때 두 사람이 처음 보게 되었다는 사실이 강조되고 있다. 그리고 최영욱이 세브란스에 다녔다는 점에도 어긋나지 않고 광주기독병원에 실습으로 내려와 있었다는 부분과도 상치하지 않는다. 그리고 그렇게 알게 된 최영욱이 마침 형 최흥종을 통해 들어온 남궁혁의 중매를 적극적으로 받아들여 정식으로 청혼했을 개연성이 크다.

광주기독병원 로버트 윌슨Robert M. Wilson 박사의 일기에 최영욱에 관한 내용이 나온다. 병원이 매우 바빠서 한 달에 천이백 건의 진료를 할 정도일 때 의과대학을 졸업한 조수가 많은 도움을 주며 병원 업무를 도맡아

---

81. 「한국의 여걸 김필례」, 한국 신앙위인 30인의 발자취 9, 네이버 산마을 블로그(2018. 8. 16.) 참고. 남궁혁 목사 부분은 www.kcm.co.kr/person 참고.
82. 박규원 작가 인터뷰, 「김필순 일가의 이야기」, p.93

김필례와 최영욱의 결혼사진. 이명혁 목사 주례로
서울 연동교회에서. 1918. 6. 20.

할 정도로 일을 잘 했는데 그가 바로 유니언 메디컬 스쿨(세브란스의 옛 이름)을 우등으로 졸업한 최영욱이라는 것이다. 그가 연애결혼을 한다는 사실, 조선 사람들의 옛날 방식이 아니라 미국식으로 교제하는데, 한국에서는 대개 부모들이 아들을 위해 신부를 선택하지만 최영욱은 신부도 본인이 선택했고 편지도 나누며 결혼을 한다는 내용이다.[83] 김필례는 1918년에 결혼하면서 정신여학교를 사임하고 광주로 내려간다. 두 사람은 스물여덟 살 동갑으로 당시로서는 만혼이었다.

남편 최영욱이 결혼하며 걱정한 부분은 무척 까다롭고 강한 자신의 어머니와 신식 교육을 받은 신여성 아내 사이에서 갈등이 있을 가능성이었다. 그런 와중에 치치하얼에서 이상촌 사업에 손이 모자란 김필순이 동생 필례가 세브란스 출신 의사와 결혼한 것을 알고 동생 부부에게 치치하얼로 들어와 함께 일하자고 보내온 제안은 의미와 보람도 큰일인 만큼 반갑게 받아들이게 되었다. 결혼 후 치치하얼에 간 시기는 1918년 여름으로 추정된다. 6월 말에 결혼했으니 결혼 직후라고 할 만한 시기였다. 오빠의 환영을 받으며 남편 최영욱은 병원 일을 하고, 김필례는 주로 농사짓는 농민 동포들의 무지를 일깨우는 일을 열심히 했다. 그런데 첫아이를 임신하게 되었다. 남편과 오빠와 가족들 모두가 기뻐했으나 필례는 심한 입덧으로 계속 구토를 하며 음식을 거의 먹지 못해 몸이 날로 쇠약해져 갔다. 또 그때쯤 시어머니의 근황을 전하는 광주의 교회 신도에게서 편지를 받게 된다. 시어머니 공 여사가 식음을 더러 거부하기도 하고, 문을 걸어 잠그고 종일 방 안에 드러누워 있기도 하면서 불편한 심기를 드러내어[84] 이것을 보다 못한 교인들이 보낸 편지였다. 사실 시어머니로서는 친척이 광주에서 송정리에 걸쳐 있는 삼십여 리에 해당하는 넓은

83. 1917년 11월 윌슨 박사의 일기.(양국주, 『여전도회 하나님의 나팔수』, 서빙더피플, 2015, p.320.)
84. 시어머니가 너무 외로운 생활에 스스로 목숨을 끊으려고까지 했다는 소식이었다. (김필례, 「믿음과 봉사의 세월 80년」, 앞의 책, p.87.)

광주기독병원 의료선교사였던 윌슨의 자택을 방문한 김필례, 최영욱 부부.
1918-1919.

토지를 팔아 가로채 버린 일로 마음이 괴로웠던 터에 아들이 결혼하고 곧바로 아주 멀리 치치하얼로 떠나버렸으니 심기가 편치 않았을 것이다. 필례 부부는 그로 인해 더 서둘러 광주로 돌아가게 된다. 김필례는 평생 '남을 위해 살자'는 신념이 있었고, 그 '남'은 먼 데서 찾는 게 아니라 가까운 곳에서 시작해야 한다고 생각해 왔던 터라 시어머니의 소식이 무겁게 느껴졌을 것이다. 입덧이라는 육신의 고통에 시어머니에 대한 며느리로서의 죄송함이라는 정신적 부담은 더 이상 치치하얼에 머물 수 없게 하는 충분한 이유가 되었다. 김필순은 동생 부부가 떠나올 때 돈을 '얼마만큼' 적지 않게 주었다. 그동안의 고생에 대한 마음씀이라고 볼 수 있는 이 돈은 필례 부부가 광주에 와서 살 곳을 마련할 때 큰 도움이 된다.

독립운동의 현장을 떠나 1918년 가을 치치하얼에서 넉 달만에[85] 돌아왔을 때 광주의 시댁 상황은 매우 어려웠다. 시어머니가 친척에게 속아 재산을 다 날린 이후 있을 집이 없어서 시어머니와 같은 방을 써야 할 정도로 시댁 사정이 궁핍했다. 그 무렵 마리아의 큰언니 함라 내외도 광주에 와서 살고 있었다. 조카 함라가 자신의 집이 크니 당분간 함께 있자고 했지만 선생은 시어머니와 함께 있으면서 급하게 집을 구했는데 안채는 살림집, 바깥채는 병원으로 쓸 수 있는 집이었다. 그 집을 사는 데 오빠 김필순이 준 돈이 도움이 되었다는 회고[86]로 볼 때 그 집이 후에 서석의원이 되었을 가능성이 크다. 필례는 만삭의 몸으로 다음 해 1919년 2월 중순경, 광주에 온 김마리아가 동경에서 가져온 이팔독립선언서를 복사하여 마리아가 임무를 수행할 수 있도록 돕는다. 삼일운동이 일어나고 김필례도 당연히 일경에게 심문을 받지만 만삭의 몸인 만큼 풀려나게 되는데 이때쯤 두 사람 사이에 아들 제화齊華가 태어났다. 사실 필례의 광주 생활은

85. 위의 글, p.87.
86. 박규원(김필순 의사의 외증손녀)의 글에는 치치하얼에서 돌아올 때 김필순이 준 돈으로 김필례가 광주에 큰 집을 샀다고 한다.

'유학 갔다 온 며느리의 시집살이'[87]로 광주 일대의 화제가 되었다.

광주에 최씨 일가들이 많이 살고 있었는데 그들은 필례의 일거일동을 주목했고 필례 스스로 '여성교육 필요성의 진단 기준'으로 삼은 시집살이가 시작되었다. 사실 당시 중류 이상의 남자들은 대체로 유학을 떠났고 그 부인들은 그저 고된 시집살이를 천명으로 알고 있던 때였다. 글을 모르니 편지를 쓸 줄도 모르고 오랫동안 떨어져 지낸 탓에 자연 정이 식어지면 이 신식 남자들은 교육받은 신여성과 사귀면서 이혼을 요구해 오고, 그저 시부모 봉양하며 살던 배우지 못한 여성들은 이유도 모르면서 희생당하는 경우가 비일비재했다. 당시의 상황에서 김필례는 여성교육을 절감했고 여성을 교육하기 위해서는 교육을 받은 여성인 본인의 역할이 중요하다는 깨달음을 얻게 된다. 김필례는 평생 "배운 만큼 달라야 하고 믿는 만큼 달라야 한다"는 말을 신조처럼 되풀이했기에, 자신이 옳다고 생각한 일들을 이루어내기 위해서는 말을 앞세우기보다 자신부터 솔선수범하는 것이 우선 중요했다. 일본 유학까지 하고 온 며느리가 까다로운 시어머니를 정성껏 모심으로써 주변에서 '여자도 배울 만하다' '배운 여자는 다르다'는 인식을 하게 되고 그런 소문은 광주 일대에 퍼져 나간다.

이들 부부는 아들을 얻은 감사로 금정교회에 종탑을 신축하도록 감사헌금을 드릴 정도로 기뻐했으나, 아들은 1920년 돌도 되기 전, 십 개월 되었을 때 뇌막염으로 죽고 만다. 아들을 잃고 상심한 남편이 1920년 미국으로 공부하러 떠난[88] 이후, 아들을 잃고 남편도 유학을 떠난 빈자리

---

87. 김필례, 「믿음과 봉사의 세월 80년」, 앞의 책, p. 87.

88. 최영욱 박사의 미국 유학에 관해서는 일반적으로 켄터키주립대(Kentucky State University)의과대학 유학과 에모리대(Emory University)에서 박사학위를 받았다고 알려져 있다.(이기서, 앞의 책, p.125.) 그런데 다른 데서는 1912년 세브란스의학전문학교를 졸업한 후 1913년 미국 유학을 갔으며 이후 캐나다로 건너가 토론토대학(University of Toronto)을 졸업하였다(한국역대인물종합정보시스템, 한국학중앙연구원)고 나와 있고 위키피디아에도 같은 기록이 보여, 두

가 크고 정신적으로 힘든 즈음에 김필례는 부인조력회[89]와 만나게 된다. 1920년 광주를 방문한 미국 남장로교 부인조력회 설립자인 윈스브로우 Hallie P. Winsborough와의 만남과 엘리자베스 쉐핑 Elisabeth J. Shepping(서서평) 선교사와의 조력회 일은 김필례가 여전도회와 손잡고 평생을 가게 하는 출발점이 된다. 또 1924년에 미국 유학을 가게 되는 계기도 되었는데 그런 한편으로 YWCA 설립을 위한 활동도 본격적으로 하게 된다.

1927년 남장로교 부인조력회 총회록에는 김필례가 아그네스스캇대학 Agnes Scott College에서 일 년 만에 졸업을 하고,[90] 이어 뉴욕 컬럼비아대학교 교육대학원에서 학위를 마치고 이미 학위과정을 마친 남편과 함께 한국으로 돌아간다는 공지가 나와 있다.[91]

기록이 상치한다. 그런데 1912년이면 최영욱이 스물한 살에 의학교를 졸업했다는 것인데 최영욱은 세브란스의학전문학교 6회 졸업생이고 1회 졸업생인 김필순의 졸업연도는 1908년, 김필순은 2회 졸업식에 부의장 자격으로 졸업식에 참석하는데 2회 졸업은 1911년 6월 2일로 나와 있다.(김주용, 앞의 글, p.7. 졸업연도를 확인하니, 세브란스 졸업연도는 1회 1908년을 시작으로 2회 1911년, 3회 1913년, 4회 1914년, 5회 1915년, 6회 1916년으로 진행되었다.) 한편 최 박사가 김필례와 만나서 결혼하게 된 일화를 볼 때 1915년 여름에 선생이 코 수술 때문에 광주기독병원에 입원했을 때 세브란스 의전 젊은 의사를 만나고 1916년 동경의 여자학원 졸업 후 1918년 6월 20일 두 사람이 결혼하기까지 이 년간 서양식 연애를 지속했다고 했다. 그런 만큼 1913년 미국 및 캐나다 유학은 그 후 언제 돌아와서 결혼까지 진행되었는지 궁금한 대목이 된다. 그리고 1917년 6월에 진행한 남장로교 제26회 회의에서는 최영욱을 광주 제중원의 한국인 의사로 채용하기로 결정한 기록이 있다.(*Minutes of the Twenty Sixth Annual Meeting of the Southern Presbyterian Mission in Korea,* 1917, p.55, 이 책 특별기고 편에 실린 차종순 글 주7 재인용.) 최영욱은 1916년 세브란스의학교를 6회로 졸업한다. 한편 미국 남장로교 한국선교회는 1924년 6월에 개최한 제33회 회의에서 최영욱과 오긍선 박사 아들 오한영 박사의 대학원 교육에 관하여 언급하고 있다. 말하자면 그때 최 박사는 미국 유학 중에 있었음을 알 수 있다. 그리고 1924년 선생이 미국 유학을 갈 때 남편 최 박사가 미국 유학 중이었기 때문에 더 수월하게 결정했다고 했다. 두 분이 같은 시기에 미국 유학을 가 있었던 기억도 많이 있다. 그런 만큼 최영욱에 관한 기록, 미국 유학 시기, 토론토대학 유학 시기 등에 대한 정리가 필요하고, 1920년 미국 가서 공부하고, 박사학위 받고 1927년 돌아온 것에 관한 기록 보완 등이 필요하다.

89. 부인조력회가 훗날 여전도회가 된다. 부인조력회와 여전도회가 같이 쓰이는 경우가 많다.
90. 1924년 12월 23일 미국으로 간 김필례는 아그네스스캇대학 역사과 2학년에 입학, "입학한 지만 일 년을 더 지나지 못하는", 즉 입학한 지 일 년이 되지 않은 1926년 5월 25일 졸업증서를 받는다.(『조선일보』, 1926. 5. 25.)

김필례 가정에서 양자를 맞은 것은 이때쯤으로 보인다. 당시 아이가 없는 집에 흔하게 들어왔던 방식으로 들어온 양자 최춘근은(김필례 서거 당시의 신문 기사를 보면 1927년생으로 나옴) 경복고등학교와 서울대 음대를 졸업하고 후에 정신여고 음악선생(1952-1960)을 거쳐 가락중학교 교장을 역임하면서 김필례 선생을 마지막까지 모셨다. 작은 체구에 재치가 있었다[92]고 한다.

남편 최영욱은 귀국 후 광주 사회에서 많은 활동을 하면서 폭넓은 지도력을 발휘한다. 의사이면서 당시 광주 YMCA 회장도 맡았고 서석의원을 개업하여 경제적 여유도 생겼으며 후에 군정시기에는 전라남도 도지사를 맡기도 한다. 서석의원에서 일하던 간호사와는 혼외자식을 두었는데 그 딸이 최춘희(김필례 서거 당시 신문기사에 1932년생으로 나옴)이다. 최영욱은 이 부분에서 떳떳하지 못한 만큼 그 간호사를 대학 동기가 개업해 있던 진남포로 보냈고 딸은 거기서 여덟 살까지 자란다. 이 사실을 알게 된 김필례는 딸을 데려다 입적시키고 키우게 된다. 이 부분에서 학교 갈 나이가 된 아이가 호적이 없어 학교를 못 보내 우울해 했다는 생모의 이야기도 간접적으로 들을 수 있었다.[93]

---

91. 양국주, 앞의 책, p.323.
92. 『정신백년사』, p.911.
93. 정신여고 교사를 지낸 이성여 선생(2018년 현재 팔순)에 의하면 최춘희를 진남포에서 데려온 것은 춘희가 열한 살 때로 들었다고 기억한다. 최춘희의 생모가 진남포 최영욱 박사의 친구 병원에서 간호사로 일할 때 그 병원 의사의 부인, 즉 최 박사 친구의 부인을 만났던 얘기를 생생하게 기억했다. 이성여 선생이 정신여고 교사로 있을 때 친구를 만나 친구의 조카가 하는 양장점에 옷을 맞추러 갔었는데 그 조카의 시어머니가 바로 그 간호사가 일했던 병원 원장의 부인이어서 이성여 선생이 정신여고 교사라고 소개하니까 대뜸 김필례 선생님 얘기를 물어 왔다고 한다. 최 박사가 간호사와의 사이에 아이를 갖게 되어 간호사의 몸이 점점 불러오자 진남포에서 개업하고 있는 자기 친구에게 보내 그 병원에서 간호사로 일하게 했던 얘기, 그 간호사가 "아이 호적이 없어서 학교 갈 나이가 되었는데도 학교를 못보낸다"고 매우 우울해 하며 훌쩍거리고 울던 얘기, 그 아이 부친 집에 다른 애가 없다는 것을 알고 최 박사 집으로 딸을 보냈다는 얘기를 들었다 한다.(2018. 8. 2. 동창회의실 인터뷰에서.) 한편 여덟 살일 때 아이 존재를 알고 선생이 진남

그때는 미국에서 돌아와서 병원도 개업하며 안정을 찾을 때이니 만큼 일반적으로 생각하듯이 김필례가 미국에 있을 때 생긴 일은 아니다. 최영욱은 "1919년 3월 25일 태어난 아들 제화가 1920년 추운 겨울 정월에 채 한 돌을 맞이하기도 전에 죽은 후, 한 달여 말없이 지내다가 홀연히 미국으로 유학길에 올라, 켄터키 주립대학교 의과 대학에 입학한 후 칠 년 동안(1927년까지) 미국에 체류하였다"[94]고 회고되고 있다. 최 박사의 여성 편력 등은 몇 군데서 언급되고 있다. 이 부분은 무엇보다도 두 사람 사이에 자녀가 없었던 점이 가장 큰 이유라고 생각되는데 서로 이야기할 때는 참으로 다정한 내외였다고 기억하는 사람들이 많다. 무엇보다도 김필례의 딸에 대한 사랑은 딸 춘희가 정신여고를 거쳐 이화여대 영문학과를 졸업하고 미국 유학을 떠나는 데서 드러난다. 선생은 빠듯하게 생활하는 어려운 가운데서도 유학 자금을 보냈다고 한다. 학비를 보낼 때면 주변에서 돈도 없는데 그렇게 무리해서 보낸다고 했다. 그럴 때면 그래도 딸 춘희는 남편의 자식 아니냐고 했다는 말씀에서 가슴 미어지는 절절함을 본다. 아이를 더 갖지 못한 책임[95]을 그렇게 보상한 것은 아닐까. 그러는 과정에서 겪어야 했던 인간적 고민과 아픔, 그에 대처하는 모습에서 김필례가 마음이 참 큰 사람임을 볼 수 있다. 아이러니하게도 이 시기에 김필례는 『성교육』(1935)을 통해서 "정조 관념은 남편과 부인에게 모두 요구된다"며 "결혼의 중요한 점은 일남일녀가 그의 정조를 비롯하야 마음과 이상과 정신 전부를 피차 그 상대자에게 사랑으로써 바치는데 있는 것"[96]이라고 역설했다. 결과적으로는 이 책에서 강조한 대로, 한

포에 가서 데려오면서 아이 엄마인 간호사는 다른 곳에 시집을 보냈다고 들었다는 증언도 있다.

94. 이기서, 앞의 책, pp.124-125. 최영욱이 유학을 떠난 시기가 회고에서는 1920년으로, 기록에서는 1921년으로 나온다.

95. 김필례가 혼외자식의 존재를 알았을 때가 쉰 살 전후, 아이가 태어났을 때를 기준으로 보더라도 마흔이 넘은 나이였던 만큼 당시에 일반적으로는 더 이상 아이를 갖기에 어려운 나이였다.

미국 유학시절의 김필례, 최영욱 부부. 1926-1927.

가족사진. 왼쪽부터 손녀 명원, 아들 최춘근, 손녀 정원, 김필례, 손녀 규원, 며느리 이순빈, 손자 상범. 1969.

남성의 아내로서 한 여성의 남편으로서 결혼과 인생의 각 단계에서 만나는 문제들을 현명하고 냉철하게 해결해 나갔다.

최영욱은 후에 신사참배를 하기도 하고 1942년 도마리아Mary Lucy Dodson[97]를 찾아가서 자신이 그즈음 교회를 다니지 않고 있다고 실토하기도 한다. 평생을 선교사들과 더불어 일했고 그들 도움으로 세브란스 의과대학을 졸업하고 미국 유학까지 지원받았던 그가 교회를 떠나 방황했던 것이다. 그가 살아오면서 세속적 타협도 하고 혼외여식까지 두었던 만큼 하느님 앞에 나서기가 떳떳하지 않아서였을까. 아니면 오십 대 중년의 삶에서 터득한 나름의 여유와 자신감이 스스로를 방심하게 했을까. 남편이 교회를 등졌다는 사실은 부인 김필례로서 기가 막히고 억장이 무너지는 일이었을 것이다. 게다가 신사참배한 남편에 대해 풍문으로나마 불미스러운 말도 돌고 있었던 만큼 명실공히 공적이고 깔끔한 성격의 아내 필례의 속이 얼마나 타들어갔을지 추측만으로도 안타까운 일이다.

그는 해방이 되면서 전라남도 도지사를 지냈다가 1950년 7월에 광주가 공산군의 수중에 들어갔을 때 체포되어 감옥에 갇히게 된다. 이때 김필례는 서울에서 정신여학교 교장으로 있으면서 1950년 육이오가 나기 직전인 6월 2일에 전국 여전도회 회장으로서 미국 여전도회 총회에 참석하기 위해 미국으로 갔었고 그 후 전쟁이 난 조국에 돌아갈 수도 없는 상태로 발이 묶여 있던 때였다. 겨우 추스르며 미국 전역으로 강연을 다니던 가을 중턱에 수피아여학교 교장을 지낸 유화례 선교사[98]가 보낸 편지

---

96. 金弼禮, 『性敎育』, 조선예수교서회, 1935. p.91.
97. 도마리아(1881-1972)는 미국 조지아 주 출신, 1912년 목포를 거쳐 광주로 온 선교사로, 미국 남장로교 부인조력회 창설자인 윈스브로우와 함께 선교와 광주 지역 부인조력회를 창설했다. 수피아여학교 교감, 이일학교 교장 역임. 1941년 진주만 폭격 이후 재한 외국인들에 대한 강제 출국을 거부하고 유화례(Florence Root), 타마자(John Van Nest Talmage) 내외와 선교부 재산을 지키기 위해 잔류하여 육 개월 간 연금되었고, 농촌 사역에 주력했던 복음 전도인이다.(Mary Lucy Dodson 저, 양국주 편저, 『도마리아 조선에 길을 묻다』, 서빙더피플, 2015 참조.)

에서 최 박사가 체포되어 고문을 당하고 8월 30일 감옥에서 생을 마감했다는, 말 그대로 마른 하늘에 날벼락 같은 충격적인 소식을 듣게 된다.[99]

발을 동동거리며 귀국할 온갖 방법을 모색했지만 별도리 없이 미국에서 머물던 중이었는데 그 와중에 듣게 된 남편의 체포와 투옥, 갑작스런 죽음에 대한 소식을 몇 달 후에 알게 된 것이다. 그때의 황망함을 어떻게 견뎌낼 수 있었을까. 전란에 휩싸인 조국에서 어머니는 미국에 가서 없고 아버지는 갑작스럽게 죽는, 아주 어리진 않다 해도 스무살 전후의 아들과 딸에 대한 걱정, 어쩔 방법도 없는 황당한 상황 속에 처해진 김필례의 곤혹스러움이 얼마나 컸을지 짐작된다. 기댈 곳은 오직 하나님, 할 수 있는 것은 오직 기도뿐이었을 것이다. 필례는 전쟁 발발 일 년 후에 비로소 귀국하게 된다. 그런 와중에 총살 직전에 회개하고 편안하게 숨졌다는 남편에게 안쓰러움과 안타까움을 느끼면서 동시에 평화롭게 마지막을 맞았다는 데에 대해 감사했을지 모르겠다. 감옥에서 그와 함께 복역했던 사람의 말에 의하면 1950년 9월 유엔군이 광주 수복을 위해 작전을 펼칠 때 퇴거하는 공산당에 의해 총살을 당하는데 그 직전에 회개하고 주님께 돌아왔다고 했다.[100]

---

98. 유화례(1892-1995) 선교사는 미국 매사추세츠 주 스미스대학 출신으로 광주 수피아여고 교장으로 있으면서 신사참배를 거부하고, 일본이 1941년 미국 선교사를 추방할 때도 나가지 않다가 구금되고, 육이오전쟁이 터진 한국이 위험하다고 미국 대사관에서 선교사들에게 강제 출국령을 내렸을 때 그 명령에 불복, 한복을 입고 머리는 수건으로 동여매어 변장한 채 산간마을로 다니면서 선교활동을 했다. 평생 독신으로 한국인과 호남 선교를 위해 헌신 봉사했다.
99. 이기서, 앞의 책, p.220. 김필례 선생이 『대한예수교장로회 여전도대회 창립 40주년 기념 회보』에 기고한 「민족의 수난과 여전도회」에는 최영욱 박사가 1950년 9월 28일에 살해된 것으로 되어 있으나, 선생께 직접 확인한 바로는 그해 8월 30일이라고 밝히고 있다.
100. 1950년 10월 22일 유화례 선교사가 보낸 편지글.

YWCA, 부인조력회(여전도회), 수피아여학교

김필례는 "한국 YWCA 역사에서 잊을 수 없는 개척자이자 광주 YWCA를 창설"[101]한 사람으로 이름이 남아 있다. 김필례는 언제 어떻게 YWCA를 만나게 되었을까? 김필례가 일본 유학을 갔던 시절로 거슬러 올라가게 된다. 일본 유학할 때 방학이 되면 다른 학생들은 으레 집에 다니러 가는데 필례는 그러지 못했다. 필순 오빠가 일본말을 얼마나 잘 배웠는지 테스트를 하게 되면 그때 제대로 대답을 잘 할 수 없을까봐 걱정이 되었기 때문이다. 자존심 강한 필례는 그래서 방학 때에도 스스로 학교에 남아 일본말 공부를 했는데 특히 겨울 방학 때는 기숙사에서 불을 때주지 않아서 다른 곳으로 숙소를 옮겨야 했고, 그때 일본 YWCA 기숙사로 갔었다.

> 방학 동안을 폐문한 학교 기숙사를 떠나 일본 YWCA 기숙사로 갔다. 기숙하는 사람들은 대개가 시골에서 갓 올라온 처녀애들이거나 직업 여성들이었다. 거기서는 나에게 정말 고맙게 대해주었는데 일본말을 모르는 나에게 말도 천천히 알아듣게 가르쳐 줬을 뿐 아니라 침략제국주의적인 일본인 자신의 비평에서부터 인간이 나아갈 올바른 길, 또는 하느님에로 바르게 인도되는 일에까지 자상하고도 성스러운 언행으로 깨우침을 주었다. 내가 거기서 느낀 점은 나도 우리나라에 나가면 꼭 이러한 YWCA를 세워보리라고 굳게 마음먹곤 했다.[102]

여기서 필례는 일생을 두고 잊을 수 없는 감명을 받게 된다. 우선 예수를 믿는 사람은 인생을 살아가면서 무언가 다르다는 것을 행동으로 실천

---

101. 광주 YWCA 70년사편찬위원회, 『광주 YWCA 70년사』, 광주 YWCA, 1992. p.40.
102. 김필례, 「이상을 향하여 다름질쳤던 격동의 시대」, 앞의 책.

으로 보여주고 있다는 점이었고, 필례가 상급생이 되어 학생 YWCA 임원이 되어 일본 YWCA 총무로 일하던 가와이 미치코河合道子를 자주 접하면서 그녀가 보여준 인격에 감화되어서였다. 가와이는 일본이 우리나라를 강점하고 있는 행위는 세계인의 규탄을 받아 마땅한 야만 행위이며 일본은 우리나라를 강점해서는 안 된다고 늘 말했다. YWCA에서 생활하고 일하는 사람들이 모두 이렇게 올바른 생각을 가지고 살아가는 것을 보며 필례는 우리나라에도 꼭 이런 단체를 만들어야겠다고 다짐한다.

젊은 필례는 일본 유학을 마치고 1916년 귀국해서 곧바로 YWCA 설립을 위해 노력했지만 당시로서는 별 반응을 얻지 못했다. 그러다가 1920년 12월 미국 YWCA 세계부에서 우리나라 YWCA 설립을 돕기 위해 위원단을 파견했다. 이들은 정신여학교의 메이블 겐소Mabel R. Genso 부인의 집에 머물면서 우리나라 여성 지도자들을 만나 설립의 필요성을 역설했으나 큰 성과는 없었다. 미국 YWCA는 한국 YWCA를 일본 YWCA 지부로 조직하고자 했던 만큼 이를 받아들일 수 없었기 때문에 더욱 일이 성사되지 못했는데, 1921년 봄 김필례는 정신여학교 루이스 교장을 찾아가 도움을 청했고 루이스 교장은 이화학당의 당장으로 있던 아펜젤러를 소개해 주었다. 아펜젤러는 이때 김필례에게 김활란을 소개, 김활란도 YWCA 설립에 참여하게 된다.

김필례가 YWCA 운동에 적극 나서게 된 1921년은 아들을 잃고 남편마저 미국으로 유학을 떠나 홀로 남게 된 시기였다. 광주에서는 수피아여학교에 나가면서 여성 교육 계몽운동으로 야학을 열어 배움에서 소외된 부녀들을 일깨우는 사회교육운동을 펼쳤다. 시어머니가 계시기는 했지만 비교적 자유롭게 활동할 수 있는 현실에서 김필례는 일본 유학시절부터 꿈꾸어 왔던 또 하나의 독립운동, YWCA 설립에 정열을 쏟게 되었던 것이다. 1922년 4월에는 북경 청화대학青華大學에서 개최된 세계기독학생대회에 조선 대표로 김활란과 함께 참여한다. 당시 우리나라에

YMCA는 이미 창립되어 활동하고 있었던 터였다. 당시의 상황에 대해서 좀 길긴 하지만 김필례의 말을 인용해 본다.

수피아여학교 재직시 중국 북경에서 열린 세계 YWCA 총회에 고 김활란 박사와 함께 대표로 참석하게 되었다. 1920년에 미국에서 대표들이 나와 서울에 YWCA를 세우고자 했으나 그 당시는 일제시대였으므로 서울에 세워지더라도 일본 동경 YWCA 지부로 호칭이 되기 때문에 우리는 반대했었다. 우리들 자신이 직접 세계 연맹에 한국 대표 자격으로 가입하고 싶었기 때문이었다. (중략) 1922년 상해 임시정부에서 북경대회에 참석한 우리들에게 여운형 씨를 보냈다. 내용인즉 수원 제암교회의 학살 사건을 범세계적으로 폭로시켜 달라는 부탁 말씀이었다.

마침 중국 정부에서 세계대회 참석자 대표를 초대하였다. 나는 그때를 놓칠세라 일본 대표이며 일본 YWCA 총무로 있던 가와이 미치코에게 은근한 협박을 했다. "당신이 한국 YWCA 조직에 협력하지 않는다면 나는 전 세계 대표 앞에서 일본이 한국에 행한 만행, 제암사건을 폭로하겠다"는 것이었다. 그 말을 들은 가와이 미치코는 몸을 부들부들 떨면서 세계 연맹 본부에 한국 스스로의 가입을 승낙한다는 서신을 띄우겠다고 허락하고 말았다.

"우리는 이 길로 달려가서 우리 자신의 YWCA를 서울에 조직하겠습니다. 영 연방인 인도나 호주, 카나다 등도 개인 자격으로 세계연맹에 가입한 증거도 있으니 우리 조선도 조선 YWCA로 가입해야 되겠습니다."

나는 그 길로 달려나와 조선 YWCA를 조직하였고 조선 YWCA 총무로 있으면서 창립을 보았다. 1922년 가을이었으니까 지금 오십 주년을 넘게 된다. 열아홉 살 때 동경 여자학원 유학 시절, 일본 YWCA 기숙사에서 지낼 때의 결심과 오직 조국의 새로운 횃불이 되겠다는 각오가 결실을 본 것이었다.[103]

김필례가 존경하던 가와이였지만 아무리 기독교인으로서 양심적인 생각을 가지고 있더라도 YWCA와 연관된 일에는 한국의 독립을 원하지 않는 이중성[104]이 엿보이는데, 한국이 독립된 YWCA를 건설하는 것에 대해서는 부정적이었고 김필례가 찾아갔어도 만나려 하지도 않았다. 그러던 차에 마침 중국 정부에서 세계대회 참석자 대표를 초대했던 것이다. 다시 일본 대표를 만날 기회를 갖게 된 김필례는 일본 YWCA 총무로 있던 가와이에게 일본의 제암리 만행 사건을 전 세계 대표에게 폭로하겠다고 은근히 협박하여 가와이는 이 사실의 발설을 막기 위해 일본이 한국 YWCA를 서울에 조직하는 일에 협조하겠다고 약속을 하게 된다. 이 일은 한국 여권 운동의 시발이 되었다. 김필례는 YWCA야말로 암매한 우리의 여성사회를 깨우치고 발전시킬 수 있는 여성사회 단체라 여겨 북경에서 귀국하는 대로 김활란과 함께 YWCA 창립운동에 착수하였다. 1922년 북경회의에서 돌아온 김필례와 김활란은 YWCA 창설을 위한 본격적인 활동에 돌입, 김필례는 장로교 지도자들에게, 김활란은 감리교 단체에 그 회의의 상황과 필요성에 대해 긴급하게 피력하며 애썼고 1922년 3월 27일 경성여자교육협회에서 남녀 유지 서른 명이 모인 가운데 제1차 발기회를 열어 YWCA를 창립하기로 결의했다. 세 차례 발기회를 거쳐 드디어 제1회 조선여자기독교청년회 하령회夏令會[105]를 열기로 해서 그 준비위원으로 회장에 김활란, 부회장에 방신영, 총무에 김필례 등등 일할 사람들을 구체적으로 정했다.

그런데 막상 여는 데 필요한 경비 조달이 만만치 않아 서울 장안에 큰

---

103. 김필례, 위의 글. 원문에는 YMCA로 되어 있으나 YWCA 관련 내용이므로 YWCA로 표기했다.
104. 박혜경, 앞의 글, p.33.
105. 하령회는 미국 YWCA의 하기행사로 청년 회원들의 종교 단체생활 훈련을 위해 실시한 행사다.

상점 주인들이나 사회적 유지들을 방문하여 당시 여성들로서 쉽지 않은 협조를 구했다. 당대 근대적 지식인으로 또 조선 YMCA의 지도자로서 지식, 재산, 명망 등을 겸비한 윤치호는 당시 엄청난 거금인 이백 원을 기부해 주기도 했다. 제1회 YWCA 하령회는 1922년 6월 13일 서울 죽첨정竹添町(지금의 충정로) 협성여자성경학원에서 전국의 공사립 여학교 대표와 각종 여성단체 대표, 일반 유지 등이 참석하여 성황리에 열렸다. 제주 등 국내는 물론이고 만주, 하얼빈, 시베리아 등지에서도 초청된 대표들이 왔다. 여비를 제외한 대표들의 경비는 주최 측에서 부담해 주었다. 우리나라를 위해 일할 수 있는 여성으로서의 책임감과 힘을 북돋워주는 강좌와, 틴슬리Hotense Tinsley(천실라)가 이끄는 새벽 기도회 모임, 그리고 세 그룹으로 나누어 실시한 성경연구 모임 등으로 내실 있게 진행되었고, 하령회 마지막 날 YWCA 설립을 구체적으로 추진할 것을 만장일치로 가결하게 된다. YWCA 설립 추진 임원진을 선출했는데 회장 방신영, 부회장 홍에스더로 정해지고, 김필례는 실질적으로 일을 하는 데 가장 중요한 총무직을 맡았다. 김필례는 하령회를 준비할 때에도 총무를 맡았었는데 이런 일들은 실제로 총무가 중심이 되어 일을 추진해야 하는 만큼 가장 중요한 임무를 맡은 것이다. 그리고 광주에 와서 광주 YWCA를 창설했다.

그 과정에서 정신여학교 제7대 교장이었던 겐소 부인은 이들에게 YWCA 조직에 대해 가르쳐 주었고, 조선 YWCA가 조직된 후 사무실이 없는 임원들에게 자신의 집을 개방하여 회의실로 사용하게 하는 등 여러 편의를 제공했다.[106] 동포를 구하는 길이 정치에만 있지 않고 교육에도 있다는 생각은 김필례가 일찍부터 가져온 신념이었다. 특히 여성교육의 중요성을 뼈저리게 실감한 김필례는 제시 맥클래런Jessie McLaren 부인[107]과

106. 하은주·김선영 공저, 앞의 책, p.58.

YWCA의 역사와 규칙을 공부하며 YWCA 설립을 위한 전국순회 일정을 구체적으로 계획하고, 1922년 11월 5일부터 12월 14일까지 전국 열일곱 곳을 찾아다니며 강연[108]을 했다. 이러면서 자연스럽게 김필례는 지방순회책임자로서 전국을 대상으로, 김활란은 국제사회에서 활동하며 대외적으로, 유각경은 서울 중심으로 각각 활동을 나누어 하게 되었다.

광주와 기독교는 매우 밀접한데 1904년 광주에 온 오웬과 유진 벨 선교사로부터 광주 기독교가 시작되었고, 한국은 부인조력회 조직이 외국에서 시작된 첫번째 나라인데 바로 광주에서 부인조력회가 서클Circle(원주회)[109] 계획과 함께 1922년에 시작되었던 것이다. 이 시기에 김필례는 광주를 중심으로 전개되는 여러 활동에 관여하게 된다.

> 윈스브로우 여사가 한국에 온 1920년은 여성 사역의 신기원을 이룬 해였다. 그녀의 격려, 지도와 함께 엘리제 쉐핑[110]의 헌신과 봉사가 조력회-서클 출범을 가능하게 만들었다. 1926년부터 1931년 사이에 전라남북도 장로교회 여성도들은 서클과 조력회를 노회원들과 더불어 잘 훈련된 조직으로 만들었다. 돌아가며 성경공부를 인도하고 예배 인도와 조직의 사역을 위한 자료 등을 제공하였다. 2차 세계대전이 끝난 후 필리 최(김필례)는 회장으로서 몇 년을 섬겼다.[111]

---

107. 제시 맥클래런은 호주 장로교 선교사이자 신경정신과 의사 찰스 맥클래런(Charles I. McLaren, 1882-1957, 마나연)의 아내로, 당시 문헌에는 결혼한 여성의 이름이 'Mrs. C. I. McLaren'와 같이 남편 이름과 성 앞에 'Mrs'만 붙여 표기된 경우가 많았다.
108. 당시 『동아일보』에는 「김필례 여사 강연」이라는 기사(1922. 11. 18, 29, 12. 18.)에 날짜 별로 부산, 평안남도 진남포, 함경남도 함흥 등 방문지역과 강연 장소, 청중들의 반응이 나와 있다.
109. 지역별, 구역별 모임.
110. 엘리자베스 쉐핑(서서평).
111. PCUS 부인조력회에서 1961년 발간한 『해외선교부의 여성사역(Women's Work in Our Church Abroad)』의 「한국으로부터 온 소식」에서 발췌, 번역했다.(양국주, 『여전도회: 하나님의 나팔수』, pp.139-141에서 재인용.)

YWCA 창설 당시의 회원들로, 깃발을 든 줄 오른쪽에서 두번째가 김필례. 1922.

YWCA 창설 당시 연합위원들로, 앞줄 왼쪽에서 첫번째가 김필례. 1922.

YWCA 제2회 하령회 기념사진으로, 앞줄 왼쪽에서 다섯번째가 김필례. 1923.

이처럼 미국 남장로교 부인조력회 창설자인 윈스브로우 여사가 한국에 온 1920년을 여성 사역의 신기원을 이룬 해로 보고 있는데,[112] 광주는 1909년 전남 지역을 순회사역하다가 생을 마감한 오웬 선교사와 1910년에 온 타마자 선교사, 그리고 1912년 장로 장립을 받은 김윤수, 최흥종의 광주교회(북문안교회)를 중심으로 기독교가 발전되어 왔다. 1918년 이곳에 온 젊은 김필례도 서서평이 일하는 조력회를 도와[113] 큰 역할을 하게 된다. 그리하여 조직이 구체적이고 지속적으로 이루어졌다는 점에서 독보적이고 의미가 큰 광주 부인조력회-여전도회의 활동이 시작된다.

개인적으로는 1920년 돌도 안 된 아들이 뇌막염으로 죽고 그로 인한 충격으로 남편마저 미국으로 유학 가버린 후의 허전하고 막막하고 힘든 시기이기도 했다. 그러나 한편으로는 가정에 전념하느라고 미처 하지 못했던 일들에 전념할 수 있는 시간이기도 했다.

부인조력회 일은 곧 여전도회 일로 이어지는데 김필례는 1922년 12월 서서평[114] 선교사 댁에서 모인 광주 지역 부인 조력회 조직에서 문서 담당을 첫 사역으로 맡게 된다. 부인조력회 원리 또한 서서평 선교사와 김필례에 의해 번역된다. 서서평 선교사는 '문둥이의 어머니'라 불리우는

---

112. "그러나 오늘과 같은 본격적인 의미의 여전도회는 1908년 10월, 여성으로서의 자각을 이룬 광주 여성들로 그 기원을 잡는다"는 기록도 있다.(양국주, 위의 책, p.39.)

113. 김필례는 1925년 미국 남장로교 해외 선교부에 의해 발간된 한국 여성운동에 대한 개괄을 다룬 팸플릿 「연약한 그릇이 더욱 강하게 변하여: 아주 작은 노력들(The Weaker Vessel Grows Stronger: A Few Little Efforts)」에서 1908년 10월에 시작된 부인조력회와 광주 YMCA가 시작한 야학, YWCA가 창설된 배경과정을 담고 있다. 이 글은 남장로교 해외선교부가 김필례의 이름으로 펴낸 한국 여전도회의 기원을 다룬 최초의 공식 보고서라 한다.(양국주, 위의 책, pp.33-37.)

114. 서서평 선교사는 우리나라 최초의 여자신학교인 이일학교(한일장신대 전신)를 세우고 부인조력회(현 여전도회)와 조선간호부회(현 대한간호협회)를 창설해 여성계몽과 복음 전파에 큰 족적을 남겼다. 미국 장로회는 전 세계에 파견된 선교사 가운데 한국파견선교사로는 유일하게 서서평을 '가장 위대한 선교사 7인'으로 선정했다. 2017년 기독교 방송 CGN TV에서 제작한 다큐멘터리 영화 「서서평, 천천히 평온하게」가 상영된 바 있다.

분으로, 1923년 조선간호부회를 조직하여 오늘의 대한간호협회를 있게 한 분이다. 그녀의 신념으로도 유명한 "성공이 아니라 섬김이다Not success but service"라는 말은 그녀의 삶을 그대로 보여주고 있다. 그녀는 "무엇보다도 한국인들이 서구문명의 지배를 받아야하는 것을 당연시하거나 운명적으로 받아들이기보다, 오히려 한국인의 생활방식에 더 순응하겠다"[115]고 마음먹고 우리나라에서 선교와 교육에 임했다. 1928년 조선예수교장로회 총회가 그에게 여전도회 조직의 대임을 맡겼을 때부터 미국 조력회의 조직 원리를 적용하여 이후의 한국여전도회 조직의 근간을 마련하였다.

김필례가 광주에 살면서 뼈저리게 느낀 것은 당시 우리나라 여성들이 교육의 혜택을 거의 받지 못하고 있다는 것이었다. 그런 만큼 우선 광주 여성들의 계몽에 심혈을 기울이게 된다. 1920년 9월부터 광주 수피아여학교에 교사로 나가게 되고, 광주 YWCA를 통해서 자신의 뜻을 더욱 활발하게 펼치기 시작한다. 여성에 대한 계몽을 섣부르게 말로만 강조하고 행동이 따르지 않으면 사람들은 이내 알아챈다. 주장이 공허하면 공감이나 호응보다 부작용이 큰 법. 김필례는 유학 시절 일본 YWCA의 총무를 보고 믿는 사람이 다르다는 것을 배웠고 또 배운 만큼 달라야 한다는 소신을 가지고 끝없이 배우고자 했다. 그런 소신을 가지고 당시 사회를 지배하던 보수와 전통의 시각으로 보아도 충분히 공감하고 인정받을 만한 삶을 실제로 실천해 나가고자 애썼다. 야학을 통해서, 광주 YWCA를 통해서, 조력회의 여러 가지 활동을 통해서, 또 시어머니 봉양 등 가정에 충실함으로써 자신이 뜻한 바를 차근차근 이루고자 했다. "한국여성들은 가진 것이 너무 적으나 하는 일이 너무 많다. 이에 비해 미국여성들은 너무 많이 가졌으나 너무 적게 일한다"[116]는 미국 선교사의 시각이 나오던

115. 양국주, 『그대 행복한가요?』, 서빙더피플, 2016, p.270.

때였다. 김필례의 마음 저 밑바닥에는 교육을 통한 여성의 사회 기여나 더 나아가 나라의 독립 같은 커다란 일도 가능하다는 믿음이 깔려 있었을 것이다. 그러자니 몸과 마음이 얼마나 힘들었을까. 자신의 신념을 실천으로 옮기면서 김필례의 삶은 평생 동안 사회활동과 가정생활을 모두 빈틈없이 병행하려는 완벽주의의 고단한 삶으로 이어졌다.

초창기 광주 시절인 1920년 윈스브로우가 방문했을 때 선생이 합창단을 지휘했다는 기록도 있고 미국 조력회 본부에서 오는 모든 문서를 번역하여 이를 한국 실정에 맞게 규정을 만들고 서클 운영 세칙을 만드는 일도 하게 된다. 흔히 한국 여권 운동의 시발이 되었다는 YWCA 창립을 위해 전력을 기울였던 시기에 후에 여전도회가 되는 조력회의 일도 함께해 나갔던 것이다. 가히 초인적인 활동이라고 할 수 있다. 개인적인 아픔을 잊기 위해서 일에 전념했을 것이라는 단순한 심리적인 추측도 가능하지만 진정으로 하고자 했던 마음속의 욕구를 가정을 위해 억눌러 왔기에, 비로소 어린 시절부터 다져왔던 나라와 민족을 위한 과업 완수를 교육과 기독교를 통해 밟아가는 과정이라고 볼 수 있겠다.

1925년 김필례가 조지아 주에 있는 아그네스스콧대학으로 유학을 가게 된 데는 조력회의 전적인 도움이 있어서 가능했다는 것은 앞에서 이미 밝혔다. 미국의 부인조력회 쪽에서 보면 해외에 첫번째로 설립된 부인조력회의 인재 양성이라는 명분과 가치가 있는 일이기도 했다.

1927년 여름, 유학을 마치고 돌아온 김필례는 장로회 조력회에서 본부와의 연락을 통하여 한글로 번역하고 수정하는 작업을 하는 등 여러 일들을 음으로 양으로 도우면서 정식으로 여전도회전국연합회 조직을 승인받게 된다. 이후 서서평이 저혈압과 만성 빈혈 등 건강 때문에 일을 계속하지 못할 때 김필례가 그 공백을 이어받는다.

---

116. 양국주, 『여전도회: 하나님의 나팔수』, p.141.

이 시기의 생활은 낮에는 수피아여학교에 나가 학생들을 가르쳤고, 밤에는 야학에 나오는 학생들[117]을 정성을 다해 가르쳤다. 집에서는 집안일 하는 틈틈이 번역을 하고 주말에는 개척교회에 나가 봉사했다. 그야말로 쉼 없는 열정으로 일을 해 나갔다.

1933년 9월 장로교 부인 전도회 총회에 대해 타마자 부인이 쓴 글에 보면 그 총회에는 미국인들이 잘 아는 김필례 여사가 있었고 그녀가 부의장이 되었다는 기록[118]이 있다. 김필례는 전남여전도연합회 설립자로 서서평, 도마리아와 함께 기초를 닦았고 서서평, 사라 뉴랜드Sarah Newland에 이어 3대 회장이 된다. 이후 서서평이 못다한 여전도회의 꿈을 이루기 위해 많은 애를 쓰게 된다. 이 시기의 김필례에 대해서 서서평의 시각으로 "광주에서 시작된 부인조력회와 YWCA 운동을 여성운동의 광맥이라 한다면 이 수고의 정점에는 김필례가 있다고 해도 지나치지 않을 것입니다. 특히 그가 미국에서 공부를 마치고 돌아온 이후 WCC(세계 교회협의회, World Council of Church), WSCF(세계 학생그리스도교 연맹, World Student Christian Federation) 등 세계적인 기독교 기관과의 연대로 지경을 넓혀 나갔습니다"[119]고 평가하기도 한다.

부인조력회(현 여전도회연합회)는 1938년 9월 장로교 총회에서 신사참배가 결정되자 총회와 정반대로 신사참배 거부라는 당시로서는 가장 적극적인 저항의 길로 접어들면서 지하로 숨어 들어가게 된다. 신사참배를 거부하던 여전도회는 황군 위문금을 내고 황군의 무운장구를 비는 일에 동원되는 등 부일협력의 행태를 피하지 못하다가 1943년 장로회 총회

---

117. 교육에서 중요한 농촌계몽 운동은 1931년 동아일보사에서 '브나로드'(V-NAROD, 민중 속으로) 운동을 시행함으로써 대중적 지지를 얻었는데 1935년 소설 공모를 통해서 당선된 심훈의 『상록수』(『동아일보』 1935. 9. 10.-1936. 2. 15 연재)는 YWCA 농촌계몽사업의 일환으로 원산여고를 나와서 수원의 샘골로 파견된 최용신을 모델로 했다.
118. 양국주, 『여전도회 하나님의 나팔수』, pp.186-188.
119. 양국주, 『그대 행복한가요』, p.259; 위의 책, pp.323-324.

YWCA 서대문회관에서의 연합회 임원들. 뒷줄 왼쪽에서 두번째가 김필례, 앞줄 왼쪽 첫번째가 김활란, 오른쪽 끝이 유각경이다. 1930년대초.

YWCA 제4회 하령회 위원 및 강사로, 앞줄 왼쪽이 김필례. 내금강, 1930. 8. 27.

부인조력회 전남노회 산하 부인조력회 우승팀, 영광읍교회. 두번째 줄 오른쪽에서 세번째가 김필례. 1933.

1936. 9. 10.
朝鮮예수敎長老會女傳道會第九回聯合大會

부인조력회 조선예수교장로회
여전도회 제9회 연합대회. 설립자
서서평 묘소 참배 현장.
아래 사진은 위 사진의 부분으로,
맨 왼쪽이 신의경, 한 명 건너 김필례,
한 명 건너 김마리아.
1936. 9. 10.

가 일본기독교 조선장로단으로 변질되자 그해에 공식적인 활동을 완전히 멈춘다.

『광주 YWCA 70년사』에는 첫 장의 첫 문장이 김필례의 기도로 시작한다. 기도에 이어 "1922년 여름, 조선여자기독교 청년회(YWCA 연합회) 창설자 중의 한 사람인 김필례는 삼 개월 전부터 기도로 다짐해 오던 광주 YWCA 창설을 위해 양응도(김창국 목사의 부인, 시인 김현승의 모친), 김함라(남궁혁 목사의 부인), 임자혜(김강 장로의 부인)와 함께 양림리 그의 집에서 기도를 드리고 있었다"며, 김필례가 YWCA 운동을 소개하고 일제의 압박 하에서 민족의 암흑기인 당시에 민족이 나아갈 길을 제시했다는 김필례의 업적을 명기하고 있다. 실제로 광주 YWCA는 1922년 김필례의 적극적 활동을 통해서 조직되었는데 야학반 운영은 광주 YWCA 초창기 활동의 중요한 사업이었다. 야학반 과목으로는 한글, 산수, 음악, 성경이 있었고 김필례와 임자혜가 주로 운영하는 중에 소설가 박화성도 잠시 교사로 봉사했다. 학생들이 보통 백 명 안팎, 많을 때는 삼백 명까지 모여 비좁은 장소에서 서서 공부하는 경우도 많았다고 한다. 연령 제한 없이 배우고 싶어하는 사람들은 모두 받아들여 마흔 살 이상의 부인들도 섞여 있었다. 학교에 갈 수 없는 가난한 가정의 딸, 유학생 남편을 둔 새댁, 부잣집 며느리, 이혼을 당한 여성들도 있었다. 이렇게 광주에 야학이 성할 수 있었던 것은 당시 사회의 요구가 그만큼 컸다는 점과 함께 김필례의 인물됨이 작용했다고 본다. 당시 광주에는 욱고녀(旭高女, 현 전남여고)와 수피아여학교가 있었는데 완고한 집안에서는 과년한 딸을 학교에 보내지 않는 경우가 많았다. 그러나 이 야학반에는 보내주는 가정이 많았는데 그 이유는 김필례가 까다로운 시어머니 밑에서 고된 시집살이를 하면서도 시어머니 봉양을 잘 하고, 직장생활도 잘하는 것이 소문이 나서 "그렇게 시어머니를 잘 모시는 신식 며느리라면 안심하고 맡기겠다" "너도 가서 그 사람처럼 되어 오너라"고 야학에 보내주는 사람이 많았다고 한다.[120] 선생의 보수적 여성론이라 할 수 있는, 보수와 전통의 시각에서도 충분히 인정받는 삶을 실제로 보여줌으로써 많은 사람들에게 여성교육의 필요성, 나아가 여성의 사회 기여 등의 커다란 여론이 형성되었던 것이다. 이와 비슷하게 1945년 광복 이후 정국이 어수선해서 나라의 앞길이 막막했을 때도 오로지 김필례가 교장이라는 사실만으로 교장의 인품을 믿고 딸을 수피아에 보낸 경우[121]도 있었다.

한국에 YWCA가 탄생될 수 있었던 직접적인 동기는 "한국여성들의 자각과 때맞춰 들어온 세계 YWCA의 조직 확장 운동과 함께 김필례 김활란 두 사람의 선각적인 활동, 그리고 이상재, 윤치호, 신흥우 등에 의해 활발히 전개되어 오던 YMCA 운동의 결과"[122]라고 본다. 1924년 1월 세계 YWCA에 우리나라 가입희망을 서신으로 보냈고 같은 해 5월 워싱턴에서 실행위원회가 열렸을 때 유학 중이던 김활란을 파견하여 우리나라의 가입을 정식으로 신청했다. 10월에는 우리나라 YWCA 사상 첫 간사 훈련계획에 의해 당시 총무로 일하던 김성실을 뉴욕 YWCA 훈련원에 연수를 보내기도 했다. 세계 YWCA 실행위원회는 오랜 토의 끝에 우리나라를 개척회원국으로 가입하도록 했다. 이렇게 세계 YWCA 개척 회원국이 된 우리나라는 1930년 세계 YWCA 정회원국이 되었다.

조선 YWCA는 일제 말기 살벌한 탄압과 전쟁으로 인한 압박 등으로 1938년 일본 YWCA에 흡수 통합되면서 지부로 명맥을 유지하다가 1941년부터 활동을 완전히 중단하게 된다. 광주 YWCA는 1938년 자진 폐쇄함으로써 일본의 지부가 되는 것을 거부한다. 제2차세계대전 중인

120. 광주 YWCA 70년사편찬위원회, 앞의 책, p.46.

121. 이 책에 수록된 조복남의 글 참고.

122. 광주 YWCA 70년사편찬위원회, 앞의 책, p.30. 그런데 김필례와 김활란은 일제에 대한 태도에서 극명한 차이가 나타난다. "김활란은 대표적인 여성지도자였으나 일제강점기의 행적으로 부정적 평가를 피할 수 없으나, 김필례는 폐교를 불사하면서 신사참배를 거부하고 기독교 사상과 민족의 자립 사상을 유지하고자 했던" 사람으로 대비되고 있다.(박혜경, 앞의 글, p.36.)

1941년 12월 일본 전함이 진주만을 공격함으로 미국과 일본은 전쟁상태로 돌입, 미국과 적대적 상태가 된 일본은 기독교인들에 대한 압박을 노골화하면서 선교사들과 가까웠던 사람들을 잡아다 미국의 앞잡이라는 명목으로 취조하고 구금시켰다. 광주에서는 최흥종 목사, 김필례, 조아라 등 선교부와 각별한 관계에 있었던 이들이 가혹한 구금 생활을 견뎌야 했다. 일제 치하 말기에 더욱 가멸차지는 탄압과 부일, 학도병 강제 동원 등에도 이들은 친일 행동이나 단체에 이름을 올리지 않았고 해방 후 한국교회 발전에 크게 공헌한다.

여기서 언급된 최흥종[123] 목사는 김필례의 시아주버니, 남편 최영욱 박사의 형님으로 광주 기독교에서 그의 존재는 지금도 영적 거인이라고 불릴 정도로 대단하다. 최흥종은 삼일운동 당시에는 청년지도자로서 독립투사로서 활동했고 1922년 평양신학교를 졸업하고 북문밖교회 목사로 시무하던 해 광주 YMCA를 창설했다.

최흥종은 젊은 시절 거칠게 방황하며 살던 사람으로, 이십 대까지 '최망치'로 불리던 악명 높은 건달이었다가 스물네 살 무렵에 김총순金總巡(본명 김윤수)을 만나[124] 기독교를 접하면서 새사람이 되고, 광주기독병원 윌슨의 조수(의료 훈련생) 겸 한국어 선생이 된다. 오웬이 사망하던 날, 오웬을 치료하기 위하여 목포에서 광주로 오던 윌리엄 포사이스

---

123. 오방(五放) 최흥종(崔興琮, 1880-1966)은 최영욱의 이복형이다. 어머니 공 여사가 최씨 가문에 재취로 들어가서 낳은 아들이 최영욱이다. 최흥종은 성직자이자 기인, 영원한 자유인으로 불리기도 한다. 광주에 있는 거리 오방로는 그의 호를 딴 거리이고, 소설가 문순태가 그의 일대기를 쓴 『성자의 지팡이』가 있다. 광주 지역에서 지금까지도 대단하게 존경받는 인물이다. 2018년 12월 23일 성탄 특집으로 SBS일요특선 「작은 예수 오방 최흥종」이 방영되었다. 그의 조카(누나 아들)가 중국 국적의 음악가로 중화권 사람들 감성을 일깨웠다는 평을 받고 있는 정율성이다.(「한국기독역사여행: 교회서 성장한 혁명음악 작곡가, 중국의 별 되다」 『국민일보』, 2018. 11. 30 참조.)

124. 이기서, 앞의 책, p.107. 김총순은 최흥종에게 선교사인 유진 벨 목사와 포사이스 목사를 만나게 해 주었다.

William H. Forsythe(한국명 보위렴)[125]가 여자 나환자를 데리고 오던 모습에서 최흥종은 거듭남을 경험하고 난 후, 의료 훈련생을 포기하고, 윌슨의 앞마당에 몰려든 나환자들을 돌보기 시작한다. 그러다가, 급기야 봉선동에 있는 땅 천 평을 기증하여 광주기독병원 부설 '광주나병원'을 시작하는 결정적인 계기를 제공하였다. 그는 대부분의 사람들이 경원시하고 가까이 하지 않으려 했던 이 땅의 나환자들을 위해 온 몸을 던져 헌신했다. 그는 윤치호, 조병옥, 송진우, 김병로, 이인, 안재홍, 김성수, 백관수, 서연희, 최순원 등과 나환자근절협회를 만들어 구라사업(나환자를 구하는 사업)을 열정적으로 해 나갔다. 그가 여든일곱 살의 나이로 소천했을 때 음성나환자 수백 명이 아버지를 부르며 흐느껴 울었다는 데서 그의 삶이 어떠했는지 잘 볼 수 있다. 그의 박애정신을 기리며 사람들은 '빈민선교의 선구자'라고 불렀다.

사실 집안의 장손인 최흥종 목사의 이런 열정적 헌신과 봉사는 상대적으로 집안일에 소홀하게 될 수밖에 없는 만큼 집안일은 자연 김필례와 부군 최영욱의 몫이 되었다. 조카 득은(최흥종의 아들)을 결혼시키는 일도 김필례가 애써서 성사시켰고 선산 관리까지 선생의 손을 거쳐야 했다. 앞에서도 강조했듯이, 김필례는 배우지 못한 사람들보다 배운 사람이 뚜렷이 낫다는 표본을 보여야 한다는 신념을 소싯적부터 지녀 왔고 그것은 자신의 가정에서부터 비롯되어야한다는 믿음이 강했다. 그런 만큼 홀시어머니를 정성껏 모시는 것이 그 가운데 으뜸이라고 생각했다.

---

125. 포사이스는 1904년 부임 전주 예수병원에서 첫 사역을 시작한 의사로, 말골마을에서 무장 괴한에게 상처입은 사람들 치료 중 본인도 습격당하여 심각한 부상을 입고 치료 차 미국으로 갔다. 다시 1908년 목포로 파송, 오웬의 병이 심각하다는 연락을 받고 조랑말을 타고 광주로 가던 중 길가에 방치된 한센병 환자를 발견, 말에서 내려 자신의 외투를 벗어주고 나환자를 태우고 직접 견마잡이를 해 광주로 온 선한 사마리아인이다. 한센병 환자를 위한 사역 도중 풍토병에 걸려 미국으로 돌아가 한국선교와 한센병 환우를 위한 모금운동도 하다가 마흔다섯 살에 세상을 떠났다.

잔병과 지병에 시달리는 시어머니를 위해 믿을 만한 한의사의 처방을 받아 인삼과 대추를 달여 그 물에 차조를 넣고 살짝 끓인 뒤에 체에 받쳐 꿀과 함께 복용토록 한 일은 어렵기도 하지만 무엇보다도 정성이 가야 하는 일이었다. 며느리의 정성과 기도로 시어머니는 건강을 회복하여 백한 살까지 살았다. 가족이나 친척들은 시어머니의 장수가 며느리의 정성 덕분이라고 칭송했다.[126] 직장이나 사회 활동을 하다 보면 가정사에는 소홀해지기 쉬운데 김필례는 참으로 여러 면에서 완벽을 기했다. 효부에 현모양처의 삶이 본인이 원하는 바였지만 무척 고단한 삶이었다.

김필례가 YWCA 활동에서도 특히 광주 YWCA 창설자이자 초대 총무로서 광주 여성사회에 산 신앙과 참교육을 실천하고 헌신하였음은 이미 잘 알고 있지만, 일제 치하에서 해방될 때까지 그 사이 김필례는 어떻게 지냈을까?

> 김필례는 한국 YWCA 초대 순회총무로 전국 열일곱 곳을 순회강연하면서 지방 조직을 하였을 뿐 아니라 광주 YWCA 창설자이자 초대 총무로서 도미 유학기간인 삼 년을 제외하고 서울로 이주하게 되는 1947년까지 계속하여 광주 여성사회에 산 신앙과 참교육을 실천하고 헌신하였다. 일제 치하에서는 신사참배, 창씨개명 문제로 경찰에 끌려가 고초를 당하였고 사람들을 선동한다는 트집을 잡아 삼 년 동안 교회마저도 다니지 못하게 방해를 받았는데 일제 말에는 농사일에만 전념하면서 번역과 저술에 몰두하다 해방을 맞았다.[127]

1940년에 발행한 책으로, 찰스 포스터Charles Foster의 『성경 이야기The Story of the Bible』를 샬론 린턴Charlotte W. Linton(인사례) 부인이 재정 지원을

---

126. 이기서, 앞의 책, p.271.
127. 광주YWCA70년사편찬위원회, 앞의 책, p.42.

해주고 김필례가 『성경사화대집』이라는 제목으로 번역했는데 성경이야기를 좋아하는 아이들에게 많이 읽혔다[128]고 한다.

YWCA는 해방 후 다시 부활하여 오늘에 이르고 있다. 광주에서 YMCA는 YWCA보다 이 년 먼저 창설되었는데 회장을 최병준, 최흥종 목사, 최영욱 박사가 역임했고, 광주 지역에서는 YMCA와 YWCA가 합동행사를 치르는 경우가 많았다고 한다.

해방이 되고 미군정이 실시되면서 전라남도 협동지사가 된 남편 최영욱 박사를 도와 김필례는 오전에는 도청에서 문서 번역을 하고 오후에는 수피아여학교 교장으로 학교 재건을 위해 바쁘게 일했다. 김필례는 새로 조직된 애국부인회 전남 지부장이 되어 제일 먼저 국기 보급하는 일에 힘썼다. 전남방직에서는 태극기를 만들 수 있도록 충분한 양의 옥양목을 대 주었다. 해방 후 혼란이 극에 달해서 무법천지에 아수라장이나 다름없었던 광주에서 김필례는 광주 YWCA 회원들과 함께 윤락 여성들과 감옥에 갔다 온 여성 전과자들을 모아 자수와 편물 등 직업교육을 실시하고 갱생의 길을 갈 수 있도록 직업을 알선해 주기도 했다. 이념 투쟁이 심한 해방 정국에서 학교는 그 투쟁의 첨예한 공간이 되기도 했는데 좌익 쪽의 학생들이 선생의 저고리 소매를 잡아채 소매가 터지는 일도 있을 정도로 괴롭히고 적대적으로 대했어도 그대로 넘어갔던 선생이지만[129] 본인이 출타 중일 때 형사들이 와서 좌파 측 학생들로 추정되는 몇몇 학생들을 연행해 가는 일이 생겼을 때는 경찰서로 가서 교장의 동의 없이 교내의 학생을 연행할 수 없다는 사실을 환기시키고 항의한 끝에 학생들을 모두 데리고 왔다.[130] 학교 전체가 허둥대었던 만큼 모두들 교장의 수고

128. Mary Lucy Dodson 저, 양국주 편저, 앞의 책, p.209.
129. 이 책에 수록된 박은희의 글 참고.
130. 이 책에 수록된 조복남의 글 참고.

로움에 고마워했지만 김필례는 평상시와 같았다. 자신의 수고로움을 과시하거나 생색을 내지 않는 성격과 학생을 우선시하는 교육 방침이 여기서도 그대로 드러난 사건이었다. 한편으로는 광주 군정청에 나가 통역과 번역 일을 하고 수피아여학교 일을 열심히 하여 당시 국회의원이자 언론인, 교육자인 임영신 박사가 광주에 왔다가 보고 "에스더처럼 나라를 위해 일을 한다"고 하기도 했다.

미군정이 실시되는 동안 일제에 의해 강제 출국 당했던 선교사들도 돌아왔는데 수피아여학교 교장을 지낸 대니얼 커밍Daniel J. Cumming(김아각) 목사, 광주기독병원장을 지낸 윌슨 등이 다시 돌아와 예전에 하던 일들을 잇게 되었다.

한국전쟁 당시 세계여전도회 회장 대회에 참석차 미국에 있던 김필례는 YWCA의 협력을 받아 시카고에 머무르고 있었다. 한국으로 나갈 수도 없는 상황에서 당시 한국전쟁 와중에서 미국으로 피신해 나와 있던 선교사들은 선생을 도왔다. 한국의 어려운 형편을 알리고 또 공산군에게 남편이 희생당한 개인적으로 비극적 상황에 처한 선생의 초청 강연을 통해 한국을 위해 기도하고 물질적으로 도울 수 있도록 애썼다. 열아홉 개주의 미국 교회들을 방문하여 호소하였고 의회에 도움을 요청해서 선생이 한국으로 돌아올 때에는 미국 교회와 구제 기관에서 보내 준 구호물자가 배편으로 이미 부산에 도착하여 선생의 사인을 기다리고 있었고, 기독교 세계봉사회Church World Service, CWS 사무실을 열어 전쟁으로 인한 난민들을 구제하는 데 많은 도움을 주었다.

김필례는 YWCA 활동의 공로를 인정받아 다양한 수상을 하는데 1952년 11월 9일 YWCA 세계 친선 기도 주간에 창립 삼십 주년을 기념하여 김활란, 유각경과 함께 피난지 부산에서 표창을 받았다. 이화여대 YWCA에서는 「YWCA는 이렇게 자랐다」라는 역사극을 공연했으며, 1972년 8월 26일에는 정부로부터 YWCA 설립 공로를 인정받아 국민훈

목련장 수상 축하행사. 정신여중고 교직원과 함께. 왼쪽에서 여섯번째가 김필례, 1972.

목련장 수상 축하행사. 연지동 교정(왼쪽)과 YWCA 강당(오른쪽)에서. 1972.

장 목련장을 받았다.

수피아여학교는 미국 남장로교, 스코틀랜드 출신의 유진 벨(배유지) 선교사가 1908년 4월 1일 설립한 학교다. 김필례는 결혼하고 광주에 살면서 수피아여학교 교사를 지냈고 미국 유학을 다녀온 후 1927년 7월부터 1938년 6월까지 수피아여학교 교감을, 해방 후 이 년 정도 수피아여학교 교장을 지냈다. 광주에서 산 기간을 삼십 년으로 볼 수 있는데 이십 년 가까이를 수피아여학교와 함께 보낸 셈이다.

수피아여학교는 1937년 9월 신사참배를 거부하고 자진폐교 했었고 신사참배를 거부한 일로 김필례는 열닷새 간 수감생활을 했다.[131] 해방이 되고 수피아여학교 재건을 하게 되는데 그때 졸업생 중에 조아라가 있었다. 그녀는 수피아여학교가 문을 닫을 때 경매를 붙였던 물건 중에서 재봉틀을 사다가 삯바느질을 하며 어렵게 살아가고 있었는데 바로 그 재봉틀을 수피아의 재건을 위해 선뜻 내놓아 많은 이들을 감동시켰다는 일화가 있다. 소심당素心堂 조아라(1912-2003)는 김필례가 수피아여학교에 재직하던 1923년에 만난 제자인데 후에 '광주의 어머니'라 불리면서 여성, 인권, 사회복지 운동가로 평생을 광주 YWCA와 함께한 인물이 된다. 그녀가 광주 수피아여고에 진학하면서 여성운동의 선배이자 광주 YWCA를 창설한 김필례를 선생으로 만나면서 조아라는 평생을 바쳐 헌신하는 광주 YWCA와 인연을 맺게 된 것이다.[132] 조아라의 재봉틀 헌납

---

131. Harold Voelkel, *Open Door to Korea*, Grand Rapids, Michigan: Zondervan Publishing House, 1958, p.30.(박혜경, 앞의 글, p.35 재인용.) 해롤드 뵐켈(한국명 옥호열)은 미국 북장로교 선교사로 한국에 1929년 도착, 안동 지역 중심으로 선교를 시작하여 이십구 년간 한국에서 선교했다. 한국전쟁 때는 거제도에서 포로들을 대상으로 선교하기도 했다. 이 책에서 자신이 경험한 네 명의 기독교 인물(이승만, 김필례, 서재필, 한경직)을 선정하여 그들의 삶을 서술하는데, 박혜경은 뵐켈이 이승만 전 대통령보다 김필례에 대해서 더 자세히 회상하고 있는 점을 주목하고 있다.

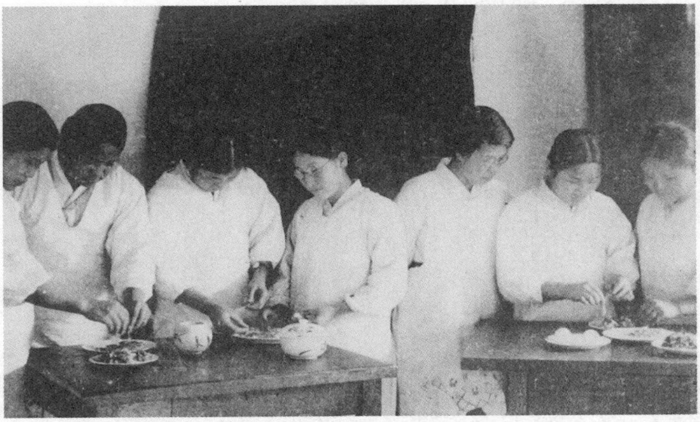

광주 수피아여학교 가사실습 현장. 오른쪽에서 세번째가 김필례. 1928.

수피아여학교 졸업기념. 두번째 줄 오른쪽에서 첫번째가 김필례. 1928.

수피아여학교 제14회 졸업기념. 앞줄 오른쪽에서 세번째가 김필례. 1933. 2.

수피아여학교 수학여행 기념사진. 왼쪽에서 첫번째가 김필례. 경주 불국사, 1935년경.

수피아여학교 수학여행 기념사진. 두번째줄 왼쪽에서 두번째가 김필례. 경주 불국사, 1936. 10. 21.

같은 소식들이 빠르게 퍼져 나가면서 학교는 빨리 본래의 모습을 되찾게 된다. 1947년 12월에는 학교 개교 허가를 받고 정식으로 개교하게 되는데 수피아 재건이 이렇게 순조로울 수 있었던 것은 교장인 김필례의 노력과 졸업생들의 적극적인 지원도 중요했지만 전라남도 도지사로 있던 남편 최영욱의 지원도 크게 작용했다.

정신여학교 교사 생활과 미국 유학

김필례의 광주 시절을 1918년 결혼부터 1947년 정신여학교 교장으로 서울로 올 때까지 삼십 년 정도로 볼 때, 1920년대 약 오 년 동안은 김필례가 광주를 떠나 정신여학교 교사로 잠시 근무하고, 미국 유학을 갔다가 오는 시기이다. 김필례는 1923년 4월에 모교 정신여학교에서 급하게 찾으면서 교감 겸 교무주임을 맡게 되고, 1925년 1월에 미국 아그네스스콧대학에서 학업을 시작한다. 1916년부터 이 년 정도 교사로 일하다가 결혼과 함께 떠나왔던 모교 정신여학교에서 1923년 다시 부름을 받고 김필례는 그것이 하나님의 부르심이요 뜻이라고 생각하며 광주를 떠나 서울로 온다. 시어머니는 아들도 미국 유학 가 있는 만큼 며느리가 서울 가는 것을 무척 서운해 했다.

김필례가 서울역에 도착하자 루이스 교장이 마중 나와 있었는데 표정도 어두웠고 말도 없었다. 무슨 곡절이 있나 보다 생각했는데 정신여학교 학생들이 루이스 교장을 배척하는 거부운동을 일으켰다는 것을 다른 사람들을 통해 알게 되었다. 당시 이사장이었던 언더우드 2세가 이런 사태를 해결하기 위해 선생을 불러오자고 한 것이었고, 비로소 루이스 교

132. 광주YWCA70년사편찬위원회, 앞의 책, p.42; 『소심당 조아라』, 광주 YWCA 소심당조아라기념사업회, p.9.

장의 태도가 이해되었고 그 복잡한 심사가 헤아려졌다.

선생 김필례는 루이스 교장의 상한 마음을 조금이나마 위로하기 위해 어른을 공경하는 한국의 전통예절 방식을 따라 아침마다 루이스 교장을 찾아 문안 인사를 드렸다. 루이스 교장이 문안 인사를 받든 받지 않든 상관없이 필례는 하루도 이를 거르지 않았다.

한 달 정도 지나자 루이스 교장은 "필례 선생 같은 사람 처음 봤다"며 비로소 반가워했다. 선생 필례는 학교 일을 처리하며 교장과 늘 상의하고 교장의 뜻을 존중하면서 처리하여 루이스 교장의 자존심과 상처받은 마음이 아물 수 있도록 애썼다.

필례는 행정력과 인간관계의 폭이 넓었던 것 같다. 김필례가 정신여학교 교무주임이 된 다음 보니 학교에 피아노가 한 대도 없음을 알게 되어 무척 안타까운 마음이 들었다. 테일러 상회[133]에 피아노가 들어왔다는 소식도 들었는데 학교 형편으로는 도저히 구입할 형편이 못 되었다. 마침 정신여학교 이사장이기도 했고 필례를 정신여학교로 불러 올린 언더우드 2세Horace Horton Underwood(1890-1951, 원한경)가 남대문에 있는 그

133. 테일러 상회는 딜쿠샤(Dilkusha, 종로구 행촌동 소재 은행나무 옆 붉은 벽돌의 서양식 가옥으로 '기쁜 마음의 궁전'이란 뜻의 산스크리트어이다) 가옥의 주인 앨버트 테일러(Albert W. Taylor)가 동생 윌리엄 테일러(William Taylor)와 함께 경성부 태평통 2정목(현재 태평로)에 설립했는데, 이 상회를 통해 크라이슬러 자동차, 축음기, 타자기 등 여러 제품을 판매했다. 앨버트 테일러(1875-1948)는 운산금광(주12 참조)을 운영하고 있던 아버지 조지 알렉산더 테일러(George Alexander Talyor)의 일을 돕기 위해 1897년 조선에 왔고 1905년경 독립하여 직산금광을 매입, 경영했다. 테일러 회사는 동생 윌리엄 테일러가 주로 운영했다고 본다. 앨버트 테일러가 상업과 광산업에 종사하던 중 1919년 에이피(AP) 통신사 임시특파원으로 삼일운동 재판과정과 제암리 학살사건을 취재했다. 아들 브루스 테일러(Bruce Taylor)가 세브란스병원에서 태어났을 때(1919. 2. 28.) 간호사들이 인쇄된 문서를 아기 침상 밑에 숨기는 것을 보았고 그것이 독립선언서임을 알아챈 앨버트 테일러는 독립선언서와 삼일운동 관련기사를 작성하여 외국에 알리고자 했다. 일제 패망 후 한국으로 돌아오려던 중 심장마비로 갑작스럽게 죽은 후 그의 소원대로 양화진 외국인 선교사 묘역에 안장되었다. 방치되어 있던 딜쿠샤는 현재 하우스뮤지엄으로 전환하기 위한 복원 공사를 앞두고 있으며 서울역사박물관에서 기증유물특별전 「딜쿠샤와 호박목걸이」 전시가 2018년에 있었다.

정신여학교 제16회 보습과 졸업기념. 앞줄 오른쪽에서 첫번째가 김필례. 1924. 4. 25.

의 아버지 집을 판 돈을 가지고 있을 거라고 누군가 귀띔을 해 줬다. 필례는 그 돈을 융통해 보기로 했다. 언더우드 2세는 소래마을에서 어릴 때 같이 자란 죽마고우 같은 사이였다. 필례는 그를 찾아가 학교 피아노를 사야 하므로 돈을 빌려 달라고 단도직입적으로 말했다. 그는 "조선 사람에게 돈을 빌려주고는 받은 적이 없다"는 말을 농담처럼 건네며, 그렇지만 필례 선생은 다를 것이라 믿는다며 거금 팔백 원[134]을 빌려주었다. 피아노를 사게 되자 학교 구성원 모두 좋아했는데, 특히 음악선생 김형준이 좋아했다. 김형준은 「봉선화」(홍난파 작곡)[135]의 작사자로 정신 옛 교가의 작사자이기도 하다. 음악 지도를 받는 학생들도 모두 좋아했음은 물론이다. 피아노를 사느라고 빌린 돈을 갚기 위해 정신 가족들은 온 힘을 다했다. 동창들은 교정 뒤 잔디밭에서 바자회를 열어 돈을 마련했고, 필례 선생과 루이스 교장은 학부모의 찬조금을 받아냈고, 학생들도 계피떡을 팔아 돈을 보탰다. 필례 선생은 시청각실에서 음악회를 열어 입장료를 오 전씩 받기도 하며 돈을 모아 그해 가을 천 원을 만들어 이자까지 계산해서 모두 갚았다. 언더우드 2세는 한국 사람에게 빌려 준 돈을 이자까지 받았다며 매우 좋아했다. 선생 필례는 그 뒤 다시 피아노 한 대와 오르간 한 대를 더 월부로 들여왔고 동경 영화음악전문학교에서 배운 피아노 솜씨가 대단했던 만큼 방과 후 학생들을 상대로 개인 레슨을 하여 그 레슨비를 모아 월부금을 갚아 나갔다.

미국 유학을 떠나기 직전인 1924년 12월까지 레슨을 계속하다가 미처 갚지 못한 잔금은 루이스 교장과 정신학교가 맡아 갚았다. 그 동안에 번

---

134. 당시 쌀 한 가마 값이 오 원이었다.

135. "울 밑에 선 봉선화야, 네 모양이 처량하다"로 시작하는 이 노래는 일제강점기에 우리 민족의 모습을 생각하게 되면서 많은 사랑을 받아 남북에서 모두 애창되는데 북한에서도 민족의 노래로 높이 평가받고 있다. 본래 「봉선화」가 곡이름이었는데 현대 맞춤법에 따라 「봉숭아」로 바뀌었다. 작사자 김형준은 우리나라 최초의 여류 피아니스트로 알려진 김원복의 부친이다.

역과 저술 활동도 계속했다는데 짧은 시간에 한 일이 참 많았다.

김필례가 유학을 가는 아그네스스콧대학은 규모는 작으나 하루 스물네 시간 전인교육을 실시하는 대학으로 전교생이 기숙사 생활을 하고, 졸업 후 사회에 진출해서 직업활동을 하고, 소액이나마 수입의 일정액을 학교에 기부하는 전통이 있었다. 김필례는 이 같은 학교 교육 방침에 감동을 받아 후일 서울여자대학을 설립할 때 이 대학을 모범적인 기준으로 하여 산파 역할을 하게 된다. 아그네스스콧대학은 또 당시 우리나라에 나와 있던 선교사들이 공부하러 갔던 곳이기도 하다. 실제로 당시 한국에 나와 있던 선교사들 가운데 안식년을 얻어 미국에 돌아갔다가 석사학위를 취득하고 돌아온 경우가 여럿 있었다. 따라서 막연히 또 당연히 김필례가 그들 선교사들의 도움으로 그들이 다녔던 학교로 갔을 것이라고 일반적으로 추측할 수 있다. 실제로 그런 경우가 많았는데 구체적으로 살펴보면 우선 남장로교 여전도회의 윈스브로우, 서서평 등의 도움으로 미국 유학을 가게 되는데, 당시 수피아 교장을 하던 유화례 선교사가 아그네스스콧대학과 컬럼비아대학교 대학원을 나왔던 만큼 그녀의 추천 및 영향을 받았을 것이다. 또 1925년 정신여학교가 폐교 위기를 맞았을 때 도움을 받은 밀러 부인 등 비슷한 과정을 밟은 선교사들도 상당수가 있다.[136]

---

136. 앨리스 아펜젤러(Alice Rebecca Appenzeller, 1885-1950)는 조선에서 태어난 최초의 서양인으로 배재학당, 이화학당을 설립한 분인데 1921년 안식년을 얻어 미국 뉴욕으로 갔을 때 거기서 컬럼비아대학교에서 교육학 석사학위를 취득(1922)하고 돌아왔다. 윌리엄 린튼(William Alderman Linton, 인돈, 1891-1960)은 남장로교 한국선교사로 1912년에 입국해서 군산에서 교육 선교사로 활동하다가 후에 대전대학(현재의 한남대학교) 설립 후 초대학장(1959)이 되었는데 그가 그 사이에 컬럼비아대학교 교육대학원을 졸업하였다. 존 레이놀즈(John Bolling Reynolds, 이보린, 1894-1970)는 남장로교 선교사 가족으로 서울에서 레이놀즈 선교사의 둘째 아들로 태어나 1930년 남장로교 선교사직을 사임한 후 미국으로 돌아가서 컬럼비아대학교 교육대학원에서 수학을 전공했는데 이들 선교사들이 처음부터 여기를 다닌 것은 아니고 한국에서 선교사 활동하다가 주로 안식년을 얻어 미국 갔을 때 이 학교에서 공부하고 석사학

김필례의 아그네스스콧대학 졸업기념사진. 1926.

김필례가 남장로교의 전폭적인 지원을 받아 컬럼비아대학교 교육대학원에서 중등교육행정을 전공하고 일 년 만에 올 수 있었던 것도 이들 전임 선교사들이 밟은 과정과 비슷한 과정을 거친 것으로 보인다. 김필례의 활동을 중심으로 볼 때 미국 남장로교는 광주 중심으로 후원을 하였고, 정신여학교는 주로 북장로교의 지원을 받았다.

잠깐 시곗바늘을 뒤로 돌려 보면 미국 남장로교 한국선교회는 1911년에 각 선교부 선교병원에서 의료 훈련생을 훈련받는 조수들 가운데 우수자를 선발하여 세브란스의학전문학교에 보내어 의사로 양성키로 결정하였는데, 이 가운데 한 사람이 광주의 최영욱이었다. 이후 1920년 최영욱의 미국 유학도 남장로교의 후원을 받은 것이다. 아들을 잃은 지 한 달여 만에 최영욱이 가족과 병원을 그대로 놔 둔 채 미국으로 건너갔을 때였다. 그는 켄터키주립대학 의학부에 들어가 학업을 마치고 1926년에 에모리대학에서 의학박사 학위를 받았다. 김필례는 1918년 결혼 이후 광주에 살고 있을 때였다. 1920년 미국 남장로교 여전도회의 총무 윈스브로우 여사가 강연을 할 때 통역을 맡게 되었는데 선생의 유창한 영어 실력을 보고 미국 유학을 제의, 당시 남편도 유학 중이라 김필례는 기쁘게 수락했다. 1925년 1월 아그네스스콧대학에서 학업을 시작하여 1926년 졸업하고, 다시 뉴욕 컬럼비아대학교 대학원에서 석사과정을 거쳐 1927년 석사학위를 받게 될 때까지 미국 남장로교 여전도회에서 학비를 다 대 주었고 주말에는 여전도회에 데려가서 자기들이 하는 일을 보여주고 설명하며 가르쳐 주었다. 김필례는 이때 배운 것을 기초로 하여 1927년 한국에 돌아와서 여전도회를 조직하는 데 힘을 기울였고, 십일조 헌금을 강조해서 각 교회마다 전도부인 월급을 담당하는 데 사용하도록 했다. 김필례

위를 받고 돌아왔다.(한국교회사학회, 『내게 천 개의 목숨이 있다면 1: 양화진 선교사들의 삶과 선교』, 한국장로교출판사, 2014. 각 선교사 항목 참조.)

부부의 미국 유학과 그 후 이어지는 활동에 미국 남장로교의 후원이 대단한 밑거름이 되었음을 알 수 있다.

1922년은 특히 YWCA 활동으로 매우 바삐 살았음도 확인하게 되는데, 이 글의 제목 '쉼 없는 열정'은 이 시기의 숨가쁠 정도로 바빴던 김필례의 삶을 보며 떠올랐던 말이다. 1925년 조력회의 도움으로 미국 유학을 떠났고 유학 중에도 쉼 없는 활동은 지속된다. 그 사이에 일제의 간섭과 억압은 더 심해졌다.

> 총독부, 학무국에선 여자고등보통학교의 인가를 받으라 했다. 그러려면 성경을 정규과목으로 넣을 수 없었고 장로교 선교부에선 학교설립 근본취지에 위배된다고 하여 처음부터 응하지도 않았고 그래 학무국에선 지정학교로서 시험에 통과하여야만 그대로 존속할 수 있다고 위협하는 것이었다. 학교 일을 도맡아 보던 그때 참 마음 놓고 잠 한잠을 편히 잘 수 없었다. 수시로 시학관(지금의 장학관)들이 와서 지정시험을 보곤 했다. 사실 그 당시 정신은 시설이 완비되었고 애국심이 있는 학교로 제일이었다. 그러기에 일본인들은 번번히 지정 시험에 부否를 놓았던 것이다.[137]

김필례가 미국으로 유학 갈 때는 정신여학교 교무주임의 일을 보고 있었고 일제의 간섭과 억압으로 안 그래도 노심초사할 때였다. 예정된 미국 유학길에 올랐지만 마음이 편치 않았을 터인데 그 사이 정신여학교는 존폐의 위기에 놓이는 상황이 되었다.

> 해로 수만 리 다시 면학의 길로 떠난 것이 1924년 12월이었다. 미국 뉴욕에서 공부를 하고 있을 때 정신은 마침내 지정시험의 불합격으로 폐

---

137. 『정신백년사』, p.271.

쇄되었다는 내전이 있었다. 정신은 위기에 선 것이었다. 그 이유는 지정을 받지 못한 학교였기 때문이며 또한 앞으로는 서울에 있는 정신보다는 평양에 있는 숭의崇義에 더 주력을 둔다는 것이다.[138]

루이스 교장이 안식년을 맞아 미국에 간 동안에 일어난 것으로 루이스 교장은 뉴욕에 있는 김필례에게 이 사실을 알렸고 필례는 시카고에 있는 조카 김마리아에게 알렸다. 정신여학교 교장을 지냈던 밀러 부인도 컬럼비아대학교에서 연구 중이었다.

김필례와 김마리아, 두 사람은 함께 정신의 위기를 타개하기 위하여 공동의 노력을 하게 된다. 우선 북장로교 선교 본부를 찾아가 정신여학교가 살 길을 호소했다. 두 사람은 정신이 걸어온 길, 정신의 존재 의의와 한국의 사정을 호소, 역설하고 앞으로 십 년 동안만 더 기다려 줄 것을 간곡히 간절하게 호소, 설명했다. 그러면서 그 후에는 경기 노회에서 책임지고 경영할 것을 말하고 현재 학교 경비의 삼분의 일을 장만하겠다고 약속했다. 그리하여 간신히 선교 본부의 양해를 구하게 되었지만 문제는 이 거금을 마련하는 방법이었다. 이는 매우 무겁고 벅찬 짐이었다. 선생은 당시를 다음과 같이 회고했다.

> 교장으로 있던 매티 밀러Mattie H. Miller를 찾아가 의논하고 그의 호의로 부엌과 침실을 절반 얻어 매티 밀러와 같이 만찬을 장만하여 '뉴욕'에 있는 한국 유학생들을 초청하여 정신의 위기를 설명하고 기부금을 모으기로 했다. 그날은 몹시 바빴다. 매티 밀러와 같이 음식을 장만하고 나르고 이리하여 방에 그득히 한국요리를 차려 놓으니 모였던 손님들은 오래간만에 먹는 조국의 음식에 대만족이었다. 이 자리에서 장덕수 씨가 미리 짜 놓은 원고로 대웅변을 토했다. 그러자 윤홍섭(윤비의 오

138. 위의 책, p.271.

라버니)이 선뜻 이백 불하고 불렀다.(사실은 이것도 사전에 짜 놓은 것이었다.) 따라서 나도 이백 불을 적었다. 만좌의 유학생들은 정신여학교를 위하여 성심껏 희사하였으니 백 불 이하는 한 명도 없었다. 생각하면 모두 고마운 분들이다. 그때 모였던 분들은 김도연, 김승식, 고우명, 장리욱, 그리고 지금은 타계한(1956년 당시) 장덕수, 최순주, 윤홍섭 씨 등인데 그때의 일을 잊을 수가 없다. 그때 미국 유학생이라고 해서 다 영어를 잘 하는 것은 아니었는데 나는 한국 여학생을 대표해서 교회에서 강연도 했고 한인교회에서 피아노도 치고 YWCA 관계도 있고 해서 아마 그분들이 호의를 베풀어 준 줄로 생각한다. 이에 호응하여 미국 중부 시카고에서는 김마리아 씨가 기부금을 모집했고 서부에서는 샌프란시스코의 백낙희 씨가, 하와이에선 황혜수 씨가 각각 활동을 했던 것이다. 다 정신의 은인들이 아닐 수 없다. 그 돈은 학교로 직접 보내졌고 학교 경상비의 삼분의 일의 여러 배가 되는 큰돈이었다. 그해 여름 나는 미주를 떠나 고국에 돌아왔다. 그리하여 미션Mission회가 열리는 평양을 찾아가서 절충을 거듭하였다. 그때에 나는 동창회 대표로 갔었으며 정신은 다시 살게 된 것이다. 그래서 정신은 그 다음다음 해에 지정을 받게 되었고 그해 봄에는 입학률이 십오 대 일이나 되었다.[139]

온갖 고민을 하며 머리를 맞대어 사전에 맞추어 놓은 각본도 실행하며 진행한 이 행사가 참석한 사람들의 마음을 움직여 정신여학교가 기사회생하게 된 것이다. 이 뉴욕의 은인들은 김필례가 1927년 컬럼비아대학교 대학원에서 학위를 마치고 귀국한 이후에도 정신여학교를 구하기 위한 지속적인 활동을 한다. 루이스 교장의 아버지도 판검사를 지낸 독실한 신자였는데 딸의 선교사업을 격려하고 경제적 지원도 아끼지 않았다. 루이스 교장은 바로 1923년 한국에서 정신여학교 학생들이 교장을 배척하

139. 『정신』(교지) 7, 1957. p.55.(『정신백년사』, p.392 재인용.)

는 거부운동을 일으켜 곤욕을 치렀던 일도 있었던 만큼 더 고마운 일이었다. 미국 유학에서 돌아온 김필례는 1928년 평양에서 열린 장로교 선교회 총회에 가서 탄원서를 발표하고 정신의 재건을 강조, 선교회 총회는 폐교 결정을 폐기하고 어떠한 일제의 탄압이 있어도 정신학교 교육을 계속할 것을 결정했다. 그때부터 학교 경영비를 전과 같이 보내고 일제의 지정학교는 되지 못했을망정 선교회의 지정학교가 되었다. 언더우드 2세 박사는 설립자 대표가 되었다.[140] 그 후 1933년에 가서야 비로소 각종학교(各種學校, 교명: 정신여학교)로 총독부의 지정을 받게 된다.

선생의 친정어머니는 1940년에 여든두 살의 나이로 광주에서 소천하셨다.

1919년 치치하얼에서 오빠 필순이 독살당한 후 남편 최영욱 박사는 처의 식구들을 모두 광주로 데려오자고 하였으나 김필례는 시댁 식구들 눈치도 보이고 해서 의지할 곳이 없는 친정 어머니와 필순의 큰아들 덕봉만 공부시키겠다고 데려온다. 필례는 덕봉이 중국에서 의학 공부를 하고 의사가 될 수 있도록 뒤를 봐주었고, 후에는 결혼까지 책임져 주었다. 친정어머니는 필례가 그때 광주 수피아여학교에 나가고 있었던 만큼 광주에서 모시고 살았다. 어머니 안 씨는 젊은 시절부터 화이팅 선교사를 따라 황해도 일대를 걸어다니면서 전도했던 분이고 화이팅이 남장로교 소속의 오웬 목사와 결혼하여 광주로 내려가게 되자 함께 내려가 전도했던 만큼 광주는 익숙한 곳이었다. 친정어머니 안성은이 돌아가셨을 때는 마침 광주에서 호남지역 사경회가 열려 많은 목사들이 참석하고 있었는데 그들이 모두 교인들과 함께 문상을 왔다. 호남지역 최초의 전도부인이라 칭해지기도 했던 그녀는 많은 목사들을 포함한 신도들의 문상을 받으며

140. 『정신백년사』, p.488.

김필례의 시댁 가족. 아래 왼쪽부터 최득은(부군 최영욱 박사의 형 최흥종 목사의 아들), 김필례, 위 왼쪽부터 조희순(최득은의 부인), 최협(최득은의 아들). 1970.

기쁘고 화평하게 눈을 감았다.

광주 시절 집안 형편이 어려워져서 김필례와 함께 삼 년간 생활하기도 했던 질녀 최경애에 의하면 "숙모님은 집안일이나 학교일이나 교회일에 모두 골고루 혼신의 힘을 다하셨어요. 맏시숙 되는 최흥종 목사님은 제수가 되시는 숙모님께 늘 존경과 격려의 말씀을 하셨지요. 당신께서 알고 계신 우리나라 여성으로서는 가장 위대한 분이라고 격찬하셨지요. 가정을 이끄는 훌륭한 가정인이요 위대한 여성 교육자이며, 참 종교인, 이 모두를 아우른 분은 우리나라 여성으로서 숙모님밖에 없다고 했지요"[141] 라고 증언하고 있다. 훗날 선생은 그 시절을 돌아보며 "난 광주 사람들에게 기회가 생길 때마다 교육의 필요성을 일깨워 주고 싶었어요. 그리고 배운 사람이 배우지 못한 사람보다 모든 면에서 낫다는 것을 보여주고 싶었어요. 다행이 시댁이 소문난 집이라 그게 훨씬 빨리 알려질 수 있었던 것 같아요"[142]라고 말했다.

결혼하며 정착한 1918년부터 정신여학교 교장으로 서울로 가게 되는 1947년까지 광주에서 머문 삼십여 년은, 젊은 시절 아픈 일도 겪었지만 참으로 많은 일을 한 시간이었다.

141. 이기서, 앞의 책, pp.105-106.
142. 위의 책, p.106.

서울 시절

해방이 되고 김필례는 광주에서 수피아여학교 교장을 하던 중 1947년 정신여학교의 재건을 위해 교장으로 추대되어 오게 된다. 일찍이 정신여학교 졸업 후 모교 교사로 있다가 일본 유학을 갔을 때도 일본의 여자학원에 남아 가르치는 조건으로 학교에서 영화음악전문학교를 동시에 다니도록 배려했었지만, 정신여학교 루이스 교장의 간청으로 1916년 정신여학교 교사가 되었고, 미국으로 유학 가기 전에도 학생들의 루이스 교장 보이콧으로 학교가 어려워지자 1923년 사태 해결을 위해 이사장이었던 언더우드 2세의 요청으로 교무주임을 맡았다. 김필례는 본인이 원했건 아니건 어려울 때마다 정신여학교의 구원투수 역할을 하게 되는 셈이었다. 그리고 1950년 대한예수교장로회 여전도회 회장으로 미국에서 열리는 회의에 참석했다가 육이오전쟁이 발발하면서 미국에 일 년 가까이 머물러야만 했을 때 개인적인 아픔을 이타적 정신으로 승화시켜 여전도회의 재건에 헌신하였고 전쟁 전후에도 정신여학교 재건에 힘쓴다.

한편 최초의 장로교 여자대학 설립을 위해 1920년대부터 지속적으로 애써 왔으니, 드디어 1961년에 서울여자대학교를 설립하는 데 중추적 역할을 한다. 서울 시절은 평생을 뼈저리게 느껴온 여성교육의 중요성을 실천하고 심화시켰던 시기로, 개인보다는 민족이나 국가, 사회, 학교라는 공적인 명분이나 이익이 기준이 되었다. 아는 것은 몸소 행동으로 옮기고 행동으로 연결되지 않은 앎은 앎이 아니라는 평생의 소신을 펼쳐 보여준 시기였다.

정신여학교 교장 재직과 여전도회 재건

정신여학교는 설립 과정이나 성장 과정에서 미국 북장로교의 후원이 컸고 그런 만큼 북장로교 선교사들이 주로 활동하였다. 설립자 애니 엘러스 벙커는 한국에 들어와 사십 년간 봉직하면서 제중원 의사, 명성황후의 시의로 있으면서 여성교육에 큰 관심을 가지고 1887년 6월 정동여학당(현재 정신여중고)을 설립하여 장로교 최초의 여학교 설립자가 되었다. 이후 학교장은 일제 말기를 제외하고는 모두 북장로교 선교사가 맡아 왔다. 1910년에 루이스 세브란스Louis H. Severance의 도움으로 붉은 벽돌집인 '세브란스 관'을 건축하게 된 것도 게일 목사[143]의 노력으로 이루어진 것인데, 총 연건평 수가 약 육백팔십 평에 달하는 당대 서울에서도 드물게 볼 수 없는 방대한 건물[144]이었다. 세브란스는 미국 오하이오 주 클리블랜드 시의 실업가이자 자선가로서 당시 세브란스병원 건립을 위해 거액을 기부했던 사람이다. 이런 일들이 미국 북장로교 선교부의 적극적 도움으로 이루어졌다.

김필례가 모교에 다시 가게 된 것은 해방이 되고 난 후 1947년 1월이었다. 제2차세계대전 중이었던 1941년 일본의 진주만 침공 이후 미국과 일본이 적이 되면서 학교를 경영하던 미국 선교사들은 강제로 출국당하고 결정적으로 강제 신사참배를 거부함으로써 강제 폐교를 당했다. 신사참배 강요는 신앙의 자유를 박탈하고 신앙양심을 유린하려는 일제의 종교

143. 1909년 정신여학교로 인가를 받으면서 게일 목사가 설립자가 된다.(『정신백년사』, p.247.)

144. 미국에서 들여온 새 교재 기구와 각 방마다 철 침대를 놓는 등 전등과 수도 시설의 완비로 가사실습하기에 적합하였고 가스 장치, 수세식 변소 등 우리나라 학교 시설로 당시 최고의 현대 시설이라 할 수 있었다.(『정신백년사』, p.248.)

박해였다. 『동아일보』(1938. 6. 29)에는 정신의 폐교 조치가 발표되었고 1939년 가을에 미국 선교부의 후원이 완전히 끊어진다. 학교 운영이 참담한 지경에 이르면서 일제의 강압과 재정난으로 폐교되어 정신여학교는 재단법인 풍문학원으로 넘어갔는데[145] 해방이 되고 정신여학교를 복교시켜야 하니 교장을 맡아 달라는 연락이 왔다. 1945년 3월 학생들은 풍문여학교로, 건물은 성남중학교로 넘겨졌는데 해방이 되고 성남중학교가 차지하던 정신여학교의 교사를 돌려주자, 선교부에서는 건물을 세브란스 의대 예과에서 쓰게 했다. 그런 만큼 정신여학교 복교가 시급하게 되어 '정신복교추진위원회'가 만들어지고 선생을 교장으로 추대하게 된 것이다. 서울에 올라와 정신으로 돌아온 선생은 우선 문교 당국으로부터 복교 허가를 받아냈다. 유길준의 아들 유억겸이 담당 자리에 있었고 후에 대광고등학교 교장을 지낸 이창로도 이때 유억겸 아래서 중등행정 책임을 맡고 있어서 복교 허가가 빨리 나올 수 있었다. 1947년 7월 12일 정부로부터 재인가 되고 김필례는 12대 교장이 된다.

복교 허가가 나오자 선교부에서는 건물을 정신여학교로 돌려주었다. 건물은 이를 데 없이 황폐해서 보수가 절실하게 필요했으니 동창들은 힘을 모아 기도하고 지갑을 털어 담장을 쌓았고, 선교부 사람들에게서 강당 앞의 땅을 비롯한 학교를 위한 땅을 얻어내서[146] 학교 모양을 갖추어 갔다. 1947년 1학기에 있는 것이라고는 학교 건물과 피아노 세 대, 풍금

---

145. 당시 경기도 학무과장이었던 일본인 관리가 풍문재단의 민 씨와 일본 한 대학의 동창이어서 쉽게 이루어진 일이다.(『정신백년사』, p.542.) 민 씨 집안에서 세운 학교로 휘문과 풍문이 있는데 1945년 3월에 풍문여학교가 개교할 때 폐교되는 정신여학교가 넘어간 것으로 보인다. 학교명을 민영휘의 이름에서 휘문으로, 부인의 이름 안유풍에서 한 글자를 따서 풍문으로 붙였다고 한다.

146. 한 예로, 선교사 대지로 되어 있던 백여 평은 학교 입장에선 꼭 필요한 땅이었는데 세브란스에 근무하던 아치볼드 플레처(Archibald G. Fletcher)가 도통 돌려주지 않아 애를 먹다가 겐소 부인의 남편이 항의하자 내주었다. 그 후 학교 발전을 보며 선교부의 땅이었던 체육관 자리 땅 이백 평도 플레처의 적극 주선과 도움으로 추진할 수 있었다.(『정신백년사』, p.574.)

두 대, 윤전 등사판 하나뿐이었다. 교장 김필례는 완전히 무無에서 출발한 학교에서 학생을 모아 일단 백삼십사 명의 학생을 모으고 교사도 초빙했다. 개학을 준비할 때 낮에는 딸 춘희가 고무신을 끌고 원서를 접수했고 밤에는 두 시까지 백창순, 최춘근 두 선생이 시험지를 등사[147]했다. 11월에 교무주임 박희경, 김상권 등의 교사가 왔고 서무주임으로 이귀남은 광주 수피아에서의 인연으로 서울에 와서 1949년 4월부터 근무했다. 1947년 5월 20일 비로소 조회다운 첫 조회를 열었다. 1947년 7월 12일에 미군정 당국으로부터 재인가가 승인되었는데 문제는 재정 형편이 말이 아니었다는 사실이다.

이때, 언니 김순애와 형부 김규식 박사 내외가 학교 운영의 첫해 경비를 부담하겠다고 자원해서 큰 도움이 된다. 매월 미안함과 고마운 마음으로 언니네가 살고 있는 삼청동[148]으로 경비를 받으러 가는 길은 필례 교장에게 사실 괴로운 길이기도 했다. 일 년 동안 근근이, 겨우겨우 정신학교의 살림살이를 꾸려 나가다 보니 1948년에는 학생들도 사백오십 명으로 늘었고 이때부터는 학교 살림살이도 조금 넉넉해져 김규식 박사의 신세를 지지 않아도 될 정도가 되었다. 다시 일 년이 더 지나면서 학생들이 불어나고 여유가 생기면서 교장인 선생은 직원들에게 보너스도 주게 되고 그때부터 학교들 사이에서 정신여학교의 대우가 좋다고 알려지기 시작했다. 당시로서는 매우 드문, 내 집 마련에도 신경써서 교직원들이 일을 열심히 할 수 있도록 집이 없는 교직원들에게 선불로 사택을 마련해 주고

---

147. 『정신백년사』, p.565.

148. 삼청장을 말한다. 원래 민규식(민두호의 손자, 민영휘의 아들)의 소유였으나 해방이 되고 조국에 온 김규식에게 기부했다. 이승만 초대 대통령의 이화장, 김구 선생의 경교장, 김규식 임시정부 부주석의 삼청장은 대한민국 정부 수립 이전에 정치, 건국활동의 중심을 이룬 삼대 요람으로 일컬어진다.(kr.wikipedia.org '삼청장' 참조.) 덧붙여 당시 하지 중장이 미소공동위원회 한국 측 대표인 김규식에게 삼청동 공관으로 쓸 수 있게 배려했다고 하는 가족의 말도 있다. 김규식은 육이오전쟁 발발 후 납북되어 그해 북녘 땅에서 순국했다.(『국민일보』, 2019. 3. 21.)

다달이 월급에서 공제해 나가는 제도를 시행하기도 했다. 이렇게 되기까지 선생의 공적이 매우 컸다고 당시 사람들은 입을 모은다.

학교가 안정이 되고 여유를 갖게 되자 김마리아 추도식을 열면서 기념관을 짓자는 말이 나왔다. 김마리아가 선생의 질녀라는 개인적 인연이 없었다면 아마도 선생이 직접 나서서 먼저 추진했을 것이다. 그러나 학교 살림도 어려운데 자신의 질녀 추도식부터 하려 한다는 소리를 들을까 봐 입 밖에 꺼내지도 못했었다. 공적인 일을 앞세우고 싶어도 선생이 추진하면 누군가가 개인의 문제로 볼 수 있는 사안인 만큼 한발 앞서지를 못한 것이었다. 그런데 졸업생들이 모두 바라고 있다고 추진하고 나서니 선생으로서는 무척 고마웠다. 추도식을 준비하면서 마리아와 미국에서 루이스 교장의 집에 가 있었을 때를 생각하며 선생은 김마리아관을 세우자는 소망을 갖게 된다. 조카 김마리아가 아니라 열정적으로 투신하여 독립운동을 하다 일찍 간 김마리아의 정신을 후세에 기리고 싶었기 때문이다. 그러나 우선 짓기 시작한 대강당 건물의 이름은 신마리아관으로 붙인다. 개인적인 바람보다는 학교에 끼친 공헌을 중시하는, 공적인 기준을 우선했던 것이다.

대강당을 짓는 과정을 보면 1949년 본관 동쪽 개나리동산에 짓기로 하고 터도 닦고 여러 사람의 도움으로 시작을 한다. 천미례 선생과 초창기 교장을 맡았던 겐소 부인이 각각 이백 달러씩 기부했고 인촌 김성수의 부인인 이아주가 상당한 돈을 기부해 주었다. 선생의 헌신에 감복한 애덤스Adams 선교사는 정신여학교 오 개년 간의 복구비로 책정되어 있던 이백만 환을 일시불로 보내주었다. 그러나 워낙 큰 공사여서 자금이 많이 모자랐다. 학교 건물을 담보로 하여 돈을 빌리기도 쉽지 않았다. 당시 한국은행 총재 최순주는 컬럼비아대학교 동창이면서 선생의 조카 덕봉과 나이가 같아서 평소 선생을 고모라 부르며 잘 따랐던 사이였다. 교장

정신여자중학교 후원회 창립기념. 앞줄 왼쪽에서 여섯번째가 김필례. 1947. 7. 2.

세일러복을 입은 정신여자중학교 학생 단체사진. 앞줄 가운데 한복을 입은 이가 김필례. 1947.

김필례가 정신여학교를 재건하는 데 가장 큰 후원을 했던 언니 김순애, 형부 김규식의 가족사진. 하지 중장이 제공한 삼청동 관사 '삼청장'에서. 1945-1946년경.

김필례가 도움을 요청하니까 최순주는 그런 일은 재무부 장관의 소관이므로 그의 도장만 받아오면 돈을 내주겠다고 했다. 재무부 장관 김도연 역시 컬럼비아대학교 동창이고 필례의 고생을 아는지라 가여워하는 표정으로 도장을 찍어 주었다. 김필례는 자신이 컬럼비아대학교를 다닌 것도 다 후일을 위해 하나님이 예비하셨다는 생각을 하며 고마워했다. 이를 보며 학연이 작용한 때문에 요청하기가 쉬웠고 그래서 이러한 결과를 낼 수 있었다고 감히 말할 수는 없을 것이다. 어떤 경우라도 단지 한 가지 이유만으로 일이 순조롭게 처리되는 것은 아니다. 보다 중요한 사실은 그 일에 공들인 노력과 진심이 통할 때 여러 요인이 상승작용을 하여 이루어지는 경우가 훨씬 더 많다는 사실이다. 기독교인들이 말하는 기도의 힘이라고 할 수도 있겠는데, 선생의 일처리에서 그간에 이어진 인연의 끈들이 작동하는 것도 이 같은 삶의 이치와 만나는 부분이라고 생각한다. 최영욱 박사를 통해서 전라남도의 동방방직에서도 기부해 왔고 많은 사람들의 도움과 각고의 노력으로 대강당은 준공되었다. 지하1층 지상 3층의 총건평이 삼백육십 평 이상인 커다란 건물이었다. 특히 천정을 잘 설계하여 강당이 울리지 않게 했고, 교직원들과 학생들을 위한 기도실을 따로 만들었고 연극할 때를 위한 준비실도 만들었다. 이 대강당 건축공사는 총공사비 약 사백이십오만 환으로 당시로서는 규모가 매우 큰 공사였다. 그리고 대강당 이름은 신마리아 선생의 은덕을 기려 '신마리아관'이라 이름 붙였다.[149] 연지동에 지어진 이 대강당은 지은 지 얼마 되지도 않았을 때 육이오전쟁이 발발해서 인민군의 본부로 사용되기도 하는 등 험하게 쓰여져 후에 재수리를 해야 했다. 현재는 잠실교사의 중학교 건물 하나에 '신마리아관'이라 이름 붙여 사용하고 있다. 실제로 김마리아 회관이 지어진 것은 그로부터 오십여 년 후, 김필례 선생이 돌아가신 지

149. 이기서, 앞의 책, p.207.

십사 년이 지난 1997년 정신 백십 주년 기념식 때 기공식을 해서 1998년에 완공되었다. 필례관은 김마리아관 뒤에 수련관의 이름을 김필례 수련관으로 명명했다가 2013년 정식으로 김필례기념관이 정문 옆에 건축되었다. 연지동에 필례관(신관)이 있었으나 학교가 잠실로 옮기면서 없어졌다.

학교가 웬만큼 궤도에 오르면서 교장 김필례는 1950년 6월 2일 대강당 신마리아관에서 첫 예배를 드리고 그날 미국으로 갔다. '세계여전도회 회장 대회'가 미국 뉴저지 주 오션클럽에서 열리기 때문이었다. 선생은 거기서 간부들 모임시간에 삼십 분만 할애해 달라고 요청하여 정신여학교 '과학관' 건립을 위한 지원을 호소했다. 선생이 컬럼비아대학교에서 공부할 때 그 대학 분위기가 실험 위주로 움직이고 있는 것을 보며 과학 실험 등 실험실을 온전히 갖추는 게 중요한 해결 과제임을 깨달았던 만큼 미리 준비해 간 설계도를 보여주며 차근차근 설명했고 이 대회의 총무를 맡고 있던 마거릿 섀넌Margaret Shannon은 선생의 진솔한 설명을 듣고 그 일을 성실하게 추진할 것을 믿어 십만 달러의 거금을 즉시 도와주겠노라고 약속했다. 그러나 육이오전쟁이 터지면서 전쟁 중인 나라에는 건설비를 주지 않는다는 선교 본부의 내규에 따라 받지 못하게 된다.

미국에서 회의에 참석한 후 각국 대표들은 미국 장로교 교회들을 돌아보며 강연을 하고 선생도 7월에 돌아오는 일정이었다. 그런데 육이오전쟁이 발발했던 것이다. 한국에서 전쟁이 일어났으니 우선 아이들부터 걱정이 될 수밖에 없었다. 공산당이 남한을 침공했다는 제호가 붙은 신문을 보며 정신이 아찔했고 수많은 생각이 떠올라 그날 하기로 한 강연에서 무슨 말을 했는지도 몰랐다. 당장 한국으로 돌아가야겠다는 생각뿐이었다. 그러나 선교부 사람들이 반대했다. 당장 한국으로 돌아간다고 가족들을 만날 수 있는 것도 아니고, 전란 중이라 위험할 뿐 아니라, 굳이 돌아간다 해도 할 일도 없을 것이라며 크게 반대했다. 무엇보다도 "당신

미국으로 출국하며 찍은 가족사진. 왼쪽부터 최춘근(아들), 김필례, 최영욱, 최협(최영욱의 형 최흥종 목사의 손자), 최춘희(딸). 남편 최영욱 박사는 육이오전쟁 때 사망하여 마지막 가족사진이 되었다. 1950.

같은 사람 한국에서 길러내기가 얼마나 힘든 일인 줄 아느냐? 전쟁이 끝날 때까지 여기 있으면서 당신은 한국에 파병되는 군인들의 어머니들을 만나야 한다. 그들에게 위로와 감사의 말씀을 드려야 한다"면서 설득도 하였다. 사실 한국은 부인조력회 조직이 외국에서 시작된 첫번째 나라이고 광주는 부인조력회가 서클 계획과 함께 처음 시작된 곳이며 김필례는 광주에서 파견된 미국 최초의 유학생인 만큼 김필례 같은 사람을 한국에서 길러내기가 대단히 힘든 일이라는 말은 사실이었다. 김필례는 할 수 없이 미국에 더 머무르면서 미국 전역 어디든 강연 다니기 편리한 시카고에 숙소를 정했다. 그러던 중 미국, 캐나다 두 나라 기독교파들이 초교파적인 모임을 갖기로 하고 신시내티에서 대표만도 삼천 명이 넘는 대규모 신교도 대회를 여는데 거기에 초청받아 강연하기로 했을 때였다. 김필례는 수피아여학교 교장을 지낸 유화례 선교사에게서 편지를 받는다. 편지는 부군 최영욱 박사가 1950년 8월 30일 광주에서 공산군에게 총살당했다는 끔찍하고 하늘이 무너지는 소식을 전하고 있었다. 남편의 참사를 듣고 식음을 전폐한 채 밤을 꼬박 새우며, 고국으로 달려가지도 못하는 처지가 더욱 서러워 울기만 할 뿐이었다. 다시 한국으로 돌아가야한다는 생각과 함께 전시 상황에서도 할 일은 해야 한다는 생각이 동시에 들면서 필례 선생은 비장한 결의를 하게 된다. 많은 생각을 하며 울고 있을 때 겐소 부인이 사정을 알고 함께 기도한다. 그 과정에서 "한국전쟁에서 자식을 잃고 남편을 잃고 방황하며 슬픔에 잠겨 있는 많은 불쌍한 영혼들"을 생각하게 된다. 김필례는 매번 결정적일 때 개인보다는 공적인 일을 우선했다. 일본 유학 시절 생활도 절제와 자긍심으로 나라와 민족을 먼저 생각했으며, 1947년 정신여학교 대강당 신축 후 건물 이름을 신마리아기념관으로 이름 붙일 때도, 육이오전쟁이 발발했을 때도, 지금 남편의 총살 소식을 들었을 때도 일관되게 선공후사의 판단을 내렸고 행동에 임했다. 결국 신교도 대회 강연을 하기로 하면서 "그래야 너도 살고 민족도 산다"고 마음먹었다.

그때 선생은 대회에 이미 '믿음이 탁월하고 인격이 고매한 여성 지도자'라고 분에 넘친 찬사를 들었으니 "내가 여기서 쓰러져서는 안 된다. 나는 나 혼자가 아니라 한국 여성, 아니 한국인의 한 사람으로 여기 선 것이다. 한국 사람의 이미지를 그들 앞에 흐려 놓아서는 안 된다"고 생각했다. 더구나 청중 가운데는 그들의 귀한 남편이나 자식을 한국전쟁에 바친 사람도 많을 터인데 남편이 참사를 당했다고 해서 그들 앞에서 쓰러진다면 그들은 얼마나 실망할 것이냐? 오히려 그들에게 위로와 용기를 주어야 할 책임이 내게 있지 않느냐? 이런 생각들이 꼬리를 물고 일어나 스스로를 채찍질했다.

선생이 강연을 계속하기로 하면서 그 강연은 더욱 더 진솔하게 사람들 마음을 움직이고 위로하게 된다. 감동한 이들이 우리나라를 위해 할 수 있는 일을 물어 올 때 언젠가 들은, 바로 우리나라에 보낼 구호품을 가득 실은 수십 척의 배가 뉴욕 항에서 정박한 채 국회의 승인이 나기만을 기다리고 있다는 말이 생각나서 그에 대한 부탁을 했다. 이 부탁은 즉시 응해져서 김필례가 1951년 7월 15일 전쟁 중인 고국에 오기 전에 배들이 이미 부산에 도착해서 그를 기다리고 있었다. 김필례의 사인이 있어야 인수할 수 있었기 때문이다. 또 귀국할 때 미국 장로교 여전도회에서 한국 여전도회 재건을 위해 총무 월급 십 년분을 주기로 약속하며 우선 일 년치를 건네주기도 했다.[150] 김필례는 아그네스스콧대학 유학시절에 배운 것을 기초로 하여 1927년 한국에 돌아와서 여전도회를 조직하는 데 힘을 기울였고, 십일조 헌금을 강조해서 각 교회마다 전도부인 월급을 담당하는 데 사용하도록 하는 등 미국 여전도회에서 배웠던 바를 한국에 적용해 왔던 터였다. 1950년 6월 2일 한국을 떠나 개인적 슬픔과 불행을 딛

---

150. 이연옥, 『여전도회학』, 쿰란출판사, 1993.

부산에서 피난민 구호품 인수 작업 현장. 오른쪽에서 세번째가 김필례. 1951.

고 일 년 정도 머물면서 열아홉 개 주를 순회 강연한 끝에 김필례가 이룬 물심양면의 도움이었다. 선생의 아이들은 다행히 대구 미군부대에 무사히 있었다. 선생은 미국에서 돌아온 지 두 달 만인 1951년 9월 부산 보수산 꼭대기에서 학교 문을 다시 열었다. 서울에 있는 정신여학교는 동란 직후 임시휴업을 했으나 며칠 후 서울을 점령한 공산군은 학교 뒷동산에 있던 선교사 사택을 정치보위부로 사용하고 선교사 사택과 학교 건물 사이에 구덩이를 깊게 파고 양민을 학살하는 등 험한 일을 저질렀다. 다른 학교들이 부산으로 내려와 문을 열었던 터라 정신도 부산에서 '숭의' '보성' 학교와 함께 보수산 꼭대기 좁은 장소에 소나무에다 칠판을 비스듬히 기대어 놓고 수업을 해나가는 식이었는데 학생 수는 세 학교 합쳐 고작 일흔네 명이었다. 그러나 소문을 듣고 학생들이 모여들기 시작했고 서울서 학생들을 가르쳤던 박희경, 이귀남, 이태근 등 여러 교사들이 피난 학교로 모였다. 겨울이 되어 보수산 노천에서 수업할 수 없어서 함경도에서 피난 온 사람들이 지은 '관북교회'를 빌려 쓰면서 용두산 기슭 피난학교가 시작되었다. 이때는 비록 전시 중이긴 해도 교육법 개정령이 공포되어 중고등학교가 분리되어 고등학교 과정이 새로 설치될 무렵이었다. 정신여자 중고등학교도 1952년 3월 25일 교육법개정령 공포 이후 첫 졸업식을 용두산 관북교회에서 하게 되는데 고등학교 1회 졸업생 스물여덟 명, 2회 졸업생은 열두 명이었다. 서울이 수복되어 피난 왔던 학생들이 서울로 돌아가면서 학생 수도 줄어들었다. 서울에서는 서대문에 있던 피어슨성경학교 자리에 대광, 경신, 정신 세 학교가 함께 문을 열어 수업을 시작했는데 정신여학교는 곧이어 연동교회 지하실을 빌려 따로 수업을 받을 수 있게 되었다.

정신은 서울과 부산 두 군데에 학교를 연 셈으로 서울서 근무한 교사는 교무주임 이상학, 서무주임 이귀남, 이봉순 등이었고 선생은 서울과 부산을 오가면서 학교를 운영했다. 연동교회는 정신여학교와 이웃해 있

대한예수교장로회 여전도대회. 앞줄 왼쪽에서 네번째가 김필례. 1957. 9. 13.

대한예수교장로회 여전도대회, 부산시중앙교회. 두번째 줄 왼쪽에서 여섯번째가 김필례. 1953. 4. 23.

정신여자중학교 제40회 졸업기념. 보성여자중학교 제20회 동시 졸업.
부산 신광교회 피난학교. 앞줄 가운데가 김필례. 1953. 3. 9.

정신여자고등학교 제2회 졸업기념. 앞줄 가운데가 김필례. 부산, 1953. 3. 11.

으면서 선생이 연동교회 여전도회회장을 십 년이 넘도록 맡아온 각별한 인연이 있었다. 1974년 연동교회 창립 팔십 주년에는 신의경과 함께 교회발전에 기여한 사유로 공로상을, 1978년 5월 14일에는 제1회 송암(松岩, 함태영 부통령의 호)봉사상을 받았다.

전쟁이 끝난 1953년 말 정신여학교에 주둔하고 있던 미 제5공군 소속 고급 장교 한 사람이 정신학교가 쓰고 있던 연동교회 지하실로 찾아와 자신이 광주에서 함께 일했던 녹스 부인Marie B. Knox의 조카라고 소개하며 "우리 고모님이 선생님을 찾아뵙고 부탁이 있으시면 도와드리라 하셨다"고 하여 다음해 1954년 2월 17일 미 제5공군이 주둔하고 있던 정신여학교를 돌려주었다. 그리하여 부산 용두산 피난학교와 다시 합쳐 본격적인 새 출발을 할 수 있게 되었다.

선생이 걸어오고 헤쳐 온 삶을 보면 특히 선교사들과의 인연, 미국에서의 인연 등이 음으로 양으로 많은 도움을 주었음을 알 수 있다. 서로 도움을 주고받았겠지만 당시 우리나라의 형편으로 볼 때 미국과 선교사와의 관계에서는 주로 도움을 받는 편이었다. 그러나 그런 가운데도 "도움을 받을 것만은 받고, 그것을 꼭 필요한 사람들이 골고루 혜택을 입을 수 있게 했으며, 또 도움을 받은 사람들에게는 도움을 준 사람들에게 감사의 말을 전하도록 반드시 교육시켰다는 점은 확실히 선생다운 면"[151]이라 할 것이다. 그리고 그런 기준이 개인보다는 민족이나 국가, 사회, 학교라는 공적인 명분이나 이익이 기준이었다는 점이다.

상황의 변화에 따라 대상이 바뀌었을 뿐 김필례 선생은 모든 판단의 기준을 개인보다는 공적인 것에 두었다. 일제강점기에는 민족과 국가가, YWCA 창립이나 광주에서의 야학 운영 시에는 사회가, 교육을 위해서는 학교가 최우선이었다. 그런 만큼 정신여학교 재건 과정에서도 비

151. 이기서, 앞의 책, p.235.

연지동 교정 세브란스관 앞에서 기념 촬영. 앞줄 가운데가 김필례. 1950년대 초.

본교를 찾은 세계여전도회원 일행. 미국 선교부 여전도회원들의 성금 팔만 달러가 과학관 건축의 기금이 되었다. 오른쪽 첫번째가 김필례. 1956. 10. 30.

송암봉사상 제1회 수상식장에서. 앞줄 오른쪽이 김필례. 연동교회, 1978.

정신여자중학교 제41회 졸업기념. 앞줄 가운데가 김필례. 1954. 3. 10.

정신여자고등학교 제7회 졸업기념. 앞줄 가운데가 김필례. 1958. 2.

가 새는 사택의 수리보다 학교 담장 쌓는 것이 우선이 되게 할 정도로 돈, 특히 공금에 대해서는 더 엄격했으며 늘 검소했다. 전쟁이 끝나갈 무렵 YWCA 규칙을 함께 만들기도 했던 매클래런 부인의 조카가 호주 참전군으로 왔다가 선생을 찾아 왔다. 그는 배화여고 근처에 있던 매클래런 부인의 집을 처분하여 부인에게 전하겠다고 했다. 선생이 호주에 편지를 보내 확인하니, 그 집은 한국을 위해 지은 집이니 한국의 불쌍한 사람들을 위해 써달라는 답장이 왔다. 선생은 그 집을 팔아 매클래런의 부탁대로 그녀의 양딸 성삼석을 찾아 집 판 돈 가운데 얼마를 주어 그녀가 하는 고아원 운영을 도왔고, 남은 돈은 이일선 목사가 하는 일에 도움이 되도록 보탰다. 이일선 목사는 정신여학교 교목으로도 일했던 의사이면서 나중에 아프리카로 가서 슈바이처Albert Schweitzer를 만나고 그 밑에서 의술과 인술을 배워 울릉도에 들어가 병원을 차려 한국의 슈바이처로 불리기도 했다. 울릉도에 병원을 차릴 때도 매클래런의 집을 처분한 돈 가운데 일부를 보탰다.

정신여학교의 교훈과 교가는 부산 피난 시절 제정되었는데 피난 학교를 개교하면서 학제 개편과 재단법인 구성에 따라 문교부에 제출할 서류 가운데 갖추어야 할 내용이었기 때문이었다. 선생은 박희경, 이귀남, 국어 교사 이상보 등과 함께 교훈을 정했다.

'굳건한 믿음, 고결한 인격, 희생적 봉사.'

학교명 정신이 '정절과 신앙'을 강조하여 붙여진 것인데 이 교훈은 학교의 정체성과 함께 살아가는 자세를 보여주어 모두들 좋아했고 졸업생들에게도 마음에 평생의 '교훈'으로 남아 있다. 학교 다니면서 선생과 각별한 사이도 아니었고 특별한 만남의 기회도 없었던 제자들도, 심지어 학교를 그만 두신 후나 돌아가신 후에 선생을 겨우 알게 된 많은 정신 동창들도 이 교훈은 가슴에 담고 있다. 배움이란 것이 "스승과의 친밀도로 결정되는 것이 아니라 그의 가르침을 얼마나 삶 속에서 실천하는가로 판가름 나는 것"이라면 정신의 이 교훈은 대단한 힘을 지니고 졸업생들의 가슴에 살아 있는 것이다.

교가[152]도 역시 이 시기에 작문선생으로 나오던 청록파 시인 박목월에게 가사를 지어달라고 부탁했고, 곡은 서울대 음대를 나와서 당시 음악선생으로 있던 선생의 아들 춘근이 작곡가 김성태에게 직접 찾아가 부탁해서 붙였다. 재단설립인가 신청 문제는 부산 피난 시절부터 문교부에서 하라던 것이었는데 선생이 당시 백낙준 문교부장관을 찾아가 당분간 유보해 달라고 청했던 터라, 휴전이 되고 서울로 돌아오면서 시급한 문제가 되었다. 재단 설립을 위해서는 상당한 재산이 있어야 하는데 정신여학교의 재산은 지금은 사라진 소공동의 정신빌딩 말고는 특별한 게 없었다. 마침 경신학교 교장으로 있던 형부 서병호의 조언을 듣고 박하성이라는 독지가를 만나 광산과 토지 등을 희사받으면서 정신재단을 설립할 수 있었다. 재단 설립 당시의 이사들은 이사장 함태영, 이사에 선생을 비롯해 전필순, 유호준, 유각경, 김함라 등 열한 명이었다.

휴전이 되자 미국 북장로 선교 본부에 다시 연락을 하여 전쟁으로 인해 취소됐던 과학관 건립 지원비 십 만 달러를 다시 보내달라 간곡히 부탁했다. 선교 본부에서는 팔만 달러만 보내겠다고 해서 정신여학교에서 이만 달러와 사친회에서 보태 준 돈으로 과학관을 짓게 된다. 주한 미8군에서도 일만삼천 달러어치의 자재를 지원해 주었다. 과학관 건립에 들어간 돈을 당시 우리 돈으로 환산하면 약 일억삼천만 환이 된다. 이 건물은 건축가 김정수의 설계로 지어져 1958년 12월에 완공됐다. 옥상에는 넓은 광장이 있고, 5층은 미술실, 음악실로, 4층은 수예실과 재봉실, 3층은 물

---

152. 교가는 1905년경 밀러 교장이 작사 작곡한 것을 1920년 음악교사 김형준이 옮긴 악보로 오래 불리다가, 해방 후 박목월 작사, 김성태 작곡의 현재 교가로 만들어졌다.(『정신백년사』, pp.570-571.)

리실, 화학실, 가사실, 타이프실로, 2층은 교실로, 1층은 도서실과 암실로 구성된 총 건평이 팔백칠 평[153]이 넘는 최신식 건물로, 1960년 서울시 문화상 건축부문 수상을 하게 된다. 과학관의 이름은 9대 교장 루이스의 공적을 기려 '루이스관'이라 이름 붙였다.[154]

필례관은 후에 선교사들의 사택으로 쓰이던 곳을 양도받아 연세대 송종석 교수의 설계로 총 구백십일 평의 4층 건물로 1962년 10월 세워진다. 필례관 역시 과학관에 이어 주한 미군에서 구천 달러에 해당하는 건축 자재를 대주었다. 신관으로 불리기도 한 이 건물은 당시로서는 획기적으로 보를 없앤 건물이었다. 1978년 모두 잠실로 이전하면서 연지동에는 본관과 신관 로고가 붙은 건물만 정신여학교의 흔적[155]으로 남아 있다.

이러한 여러 일들을 통해서 교장으로서 김필례는 북장로교 선교사들과 더 밀접하게 교류를 했고 그만큼 친밀감도 가졌을 것 같다. 남장로교 후원으로 미국 유학 갔었던 때는 젊은 시절이었고 그때는 개인적으로, 가정적으로 아픈 기억들도 있었다. 무엇보다도 이기서 대담 당시는 정신여학교 교장과 이사장을 오랫동안 역임하면서 정신여학교 위주로 생각하는 데 익숙해져 있을 때였다. 젊은 시절, 즉 1918년 결혼 후부터 1947년 정신여중고 교장으로 오기까지 보낸 광주에서의 삼십여 년과 1977년 선생의 생애를 기록하기 위해 이기서 교수에게 구술하던 당시까지 정신여학교에서 보낸 삼십여 년. 각각 두 곳에서 삼십 년이라는 시간을 보낸 여든여섯 나이의 선생에게 더 비중이 큰 시기는 언제였을까?

---

153. 1층은 백육십팔 평, 2, 3, 4, 5층은 각각 백오십구 평으로 이기서의 책에는 약 팔백육십사 평으로 되어 있다. 여기서는 『정신백년사』 기록을 참고로 했다.

154. 많은 사람들이 필례관이라 붙이자고 했으나 선생이 완강히 반대했다고 한다.

155. 연지동에 남아 있는 정신여자중고등학교 건물은 본관인 세브란스관과 과학관이었던 루이스관이다. 그런데 루이스관 입구에 신관이라는 건물 이름이 붙어 있어 과학관으로 알고 있는 사람들은 헷갈릴 수 있다.

정신여학교 과학관(루이스관) 시공식에서 첫 삽 뜨기를 하는 김필례. 1958.

> 1977년 6월 무덥던 여름날 고려대학교에 재직 중이던 내게 한 통의 전화가 걸려 왔다. 바쁜 일이 없으면 학교 후문 근처 김필례 선생님 댁에 들러 달라는 전언이었다. 급히 가 본 선생님 자택에는 당시 정신여자고등학교 교장 이연옥 선생님과 몇몇 동문들이 모여 있었다. 그들은 김필례 선생님의 생애를 기록으로 남겨 두어야겠다는 데에 뜻을 모으고 선생님과도 이미 상의를 마친 채 내가 도착하기를 기다리고 있었다. 내게 필자가 되어줄 것을 부탁하시는 선생님 말씀에는 거역할 수 없는 진실함과 진지함, 그리고 엄숙함이 있었다.[156]

더구나 선생의 일대기를 기록으로 남기고자 하는 정신여중고 교장과 동문의 의지가 강하게 반영된 만큼, 당시의 구술에서 정신여학교 중심으로 선생의 사고의 흐름이 흘러가게 되는 것은 당연하고 자연스러운 일인 것 같다. 그런 상황에서 정신여학교가 강조, 부각되고 그쪽으로 치중될 수밖에 없었을 터이고, 남장로교나 광주 시절에 대한 언급이나 역할이 상대적으로 가볍게 취급되는 인상을 주었을 수도 있겠다. 말하자면 이기서 구술전기를 쓰게 되었던 당시의 상황을 고려해 보면 정신여학교의 비중이 클 수밖에 없었다.

광주 지역을 중심으로 볼 때는 남장로교의 역할이나 비중이 강조되고, 정신여학교 설립과 운영 중심으로 볼 때는 북장로교의 역할이나 비중이 강조되는 상황. 생각의 중심, 초점이 다른 만큼 중요시하는 비중의 정도가 달라질 수밖에 없다. 그러나 그렇다 하더라도 유학시절, 초창기 정신여학교 시절 젊은 김필례가 받은 남장로교 선교사들의 도움은 아무리 강조해도 지나치지 않을 것이다.

---

156. 이기서, 앞의 책, p.4.

정신여학교 제7대 교장이었던 겐소 여사의 영결 예배. 연단 위 오른쪽에서 네번째가 김필례. 1957.

정신여학교 학생 시상식. 1950년대.

서울여자대학교 설립

『서울여자대학교 50년사』에는 서울여대 설립과정에 김필례 선생이 산파 역할을 한 과정, 공들인 노력과 헌신에 대한 이야기가 나온다. 김필례 선생은 1920년대부터 한국에도 장로교 여자대학교 설립이 필요하다는 것을 지속적으로 강조했는데, 1927년 9월 9일에는 여전도회전국연합회 전신인 '조선예수교장로회 부인전도회'를 창립하고 장로교 여자대학 설립을 요청했었다. 그러나 일제의 탄압으로 중단되었다가 해방 후 1940년대 후반, 이화여전이 사 년제 이화여대로 승격하면서 여성들의 전문 교육을 떠맡고 있는데 주로 학문 탐구와 보편적 지성인을 위한 커리큘럼에 주력하는 만큼, 기독교인의 생활과 신앙 및 기독교 여성지도자를 길러야 하는 장로교 계통 여자대학의 설립을 주장하는 의견들이 많았다. 선생은 당시 우리나라 장로교 교계 지도자였던 한경직, 유호준, 안광국 목사 등의 지원에 힘입어 새로운 여자대학의 설립을 위해 힘쓰게 되었다. 1948년 미국 북장로교 본부 여전도회에서 온 대표 마거릿 플로리 Margaret Flory 선교사를 만나 "장로교 여성 지도자를 위한 새로운 교육기관을 세워 교회 속에서 지도자가 될 수 있는 훈련과 교육을 본격적으로 시켜야 할 필요"가 있음을 설명하고 설득하였다. 이에 공감한 플로리 선교사는 여자대학 설립 계획서를 작성해 달라고 하기에 이른다.

그 후 미국장로교연합선교본부에서는 새로운 대학 설립의 타당성을 구체적으로 살펴보기 위해 대표들을 보냈고, 1957년 드디어 장로교 여자대학 설립 건이 장로교 총회에서 통과되고 미국 선교 본부에서는 칠만 달러의 기금을 내놓기로 했다. 선생은 우리나라에 나와 있던 애덤스 목사와 함께 학교를 세울 터전을 찾아 나섰는데 보성학교 뒤쪽, 경희대와 외국어대 사이에 있는 터, 장위동 부근 배재학원이 물색해 두었던 곳, 김포공항 가는 길 근처 등등 여러 군데를 가 보았으나 이런저런 이유로 적합하지 않은 판에 마지막으로 현재 서울여자대학이 있는 태릉에 가보니 경치가 빼어나고 학생들이 공부하기에 적합한 곳이었다. 더욱이 그곳에 있던 신학교가 약 삼만삼천 평의 땅을 내놓고 다른 곳으로 이전할 계획이 있다고 하여 그 부지를 사들였고 신학교(현 장로교신학대학)가 광나루로 이전해 가면서 약 삼만칠천이백 평의 땅을 더 내놓아 약 칠만 평의 땅을 확보하면서 장로교 여자대학 설립을 위한 첫 삽을 뜨게 되었다.[157] 한국 장로교회 지도자인 한경직, 유호준, 안광국 등과 함께 장로회 선교부 오 개년 계획 수립안에 장로교 여자대학 설립을 제기, 대학 기성회를 조직했는데, 건물을 세우기 위해서는 많은 돈이 필요했다. 미국에서는 북장로교 신도들의 기금 모금이 있었고, 학교 건축비용 천만 원 모금 운동에 박차를 가하기 위해 이사회를 구성하고 배의취 목사의 주도 하에 정관을 작성하기도 했다. 1957년 9월에는 회장으로 있는 여전도회전국연합회 교단 총회에 서울여자대학 설립을 청원하고 1959년에는 여자대학 건축위원(위원장 유호준, 서기 안광국, 위원 배의취, 김필례, 한경직, 신의경)이 출범한다. 특히 재일동포들이 많은 기부금을 내주었는데 이는 1962년 3월 방콕에서 열린 유네스코UNESCO 주최 동남아 농촌 여성지도자 협의회에 파견된 고황경, 여전도회의 이필숙 총무가 돌아오는 길에 일본에 들러 두 달에 걸쳐 홋카이도에서 규슈까지 일본 전역을 순회하며 재일동포들을 대상으로 모금운동을 벌인 결과이다. 『서울여자대학교 50년사』에 나온 기록은 다음과 같다.

> (김필례는) 평생 자신이 다니던 아그네스스콧여자대학과 같이 아담하고 아름다운 대학을 조국에 세우기가 소원이었으니, 광복이 되자 지금의 서울여자대학을 세우는 데 산파 역할을 하였다. 그리하여 1962년 6백 75만 6백 21원을 모금하여 서울여자대학에 기증하였다.(당시

157. 이기서, 앞의 책, pp.247-248.

1962년 6월 10일 제2차 화폐개혁으로 10대 1로 평가절하하고 환을 원으로 사용하기 시작.) 그리고 독지가들의 개인적인 참여를 지속적으로 유도한 결과 그들 각자가 내부 시설과 생활관 건물에 방 한 칸씩을 할 수 있는 기금을 적립하도록 하였으며 모두가 서울여대는 '우리 학교'라는 생각으로 모금 운동에 동참하도록 이끌었다. 따라서 서울여자대학교의 설립배경과 건학이념에는 여전도회의 김필례 선생의 철학과 건학정신이 깊게 배태되어 있다고 하겠다.[158]

우리나라에 장로교가 들어온 지 실로 칠십오 년 만에 세워진 장로교 여자대학, 서울여자대학 설립이었다. 여기서 강조해야 할 부분은 김필례의 평생 소원이 자신이 다니던 아그네스스콧대학과 같이 아담하고 아름다운 대학을 조국에 세우는 것이었고 서울여대 설립에는 김필례의 철학과 건학 정신이 깊이 반영되었다는 점이다. 실제로 서울여대는 아담하고 아름다운 캠퍼스와 신입생부터 기숙사 생활을 하는 등 당시로서는 대단히 신선하고 서구적인 대학으로 주목을 받았다. 그와 동시에 김필례가 1950년 대한예수교장로회 여전도회전국연합회 회장으로 피선되어 1958년까지 활동하면서 여전도회는 오늘날까지 서울여대의 발전을 위해 물심양면으로 많은 협조를 해 오고 있다. 서울여대의 설립 준비부터 개교에 이르기까지, 이에 더해 개교 이후 지속적인 발전에도 큰 역할을 담당한 김필례였지만 학장의 자리는 선생의 외손녀뻘(김필례 둘째 오빠 윤오의 외손녀)인 고황경高凰京 박사가 맡게 되었다.

선생은 가장 평범한 여성이 되기를 바라면서도 가장 비범한 교육적 결실을 우리에게 남겨주었다.[159] 세월이 흘러가면서 김필례 선생의 흔적은

---

158. 서울여자대학교 50년사 편찬위원회, 『서울여자대학교 50년사: 1961-2011』, 서울여자대학교, 2012. p.13.
159. 이기서, 앞의 책, p.266.

아그네스스콧대학 은사 맥도널드 선생과 함께. 1958.

서울여대 대강당 건축기공식.
앞줄 오른쪽에서 두번째가 김필례. 1975.

서울여대 고황경 학장 취임식.
오른쪽에서 네번째가 김필례. 1961. 6. 10.

조금씩 묻혀져 간 것 같다. 앞장서서 일을 성취했음에도 불구하고 열매는 다른 사람의 몫일 때 인간적으로는 견디기 힘든 일이다. 감내하기 어려워 인고의 눈물로 하나님 앞에 엎드렸을 것이다. 그런 인고의 삶 속에서 터득한 지혜가 모아져 다음과 같은 기도와 당부의 말씀을 할 수 있었을 것이다. 『대한예수교장로회 여전도회 창립 40주년 기념 회보』(1968)에 당부하신 내용을 요약해 본다.

우선, 어떤 사업에 몸과 마음, 온갖 힘과 정성을 바쳤다면 바칠수록 이것이 내 기관이오, 내 사업이라는 착각을 일으키기 쉽지만 그 누가 맡아해 왔든지 내 사업도 그 누구의 사업도 아닌 하나님의 기관이고 하나님의 사업이라는 것을 명심하라는 것, 둘째 하나님의 종으로서 하나님이 임명하신 그 기간 동안 내 지식과 재능으로 내 명예를 위해 일할 것이 아니라, 항상 기도와 말씀 속에서 하나님의 지시와 뜻을 받아 최대의 활동과 봉사를 아끼지 말고 셋째, 나는 하나님 기관의 일꾼이라는 자각으로 죽도록 충성하며 온갖 정력을 기울일 때에 반드시 하나님의 은총과 능력이 우리에게 크게 임하시게 될 것이라는 당부[160]였다.

이 말은 역으로 헌신하고 온갖 정성 다했으니 내 기관이요 내 사업이라고 한 사람들, 모두 함께 봉사하고 힘을 모아 이루어낸 일을 마치 자신이 잘나서 이룬 것으로 착각하거나 혹은 자신의 명예를 앞세우는 사람들에게 하고 싶었던 말이라 생각한다. 감내하기 힘들어 하는 자신에게 잘 이겨낼 수 있도록 다독이면서 한 기도일 수도 있겠다. 그 시련 속에서 선생이 기도하며 터득하신, 바로 "내가 약한 자 같으나 강한 자가 될 것이며 미련한 자 같으나 지혜로운 자가 될 것"이라는 믿음과 용기를 북돋는 당부이다.

---

160. 김필례, 「민족의 수난과 여전도회」『대한예수교장로회 여전도대회 창립 40주년 기념 회보』, 1968. 8.(위의 책, p.292.)

이 글을 쓰면서 조금 아쉬웠던 점은 1983년 김필례 선생이 돌아가신 해에 건축된 서울여대 대학원 건물의 이름이 고명우(고황경 박사 부친, 육이오전쟁 때 납북됨)기념관으로 되어 있다는 것이다. 대학의 건물에 사람 이름을 붙이는 경우 기증자나 학교 설립에 지대한 공이 있는 사람을 선택하는데 김필례라는 이름이 건물명으로나마 서울여대에 그 흔적이 남았더라면 좋았을 텐데, 하는 생각이 문득 스쳤다. 선생의 행적을 함께 밟아오며 뭔가 허전하고 쓸쓸한 마음이 들었던 탓이겠다.

선생이 YWCA 창설에 애쓴 것도, 바로 암매한 우리의 여성사회를 깨우치고 발전시킬 수 있는 여성사회 단체가 필요했기 때문이고, 수피아여학교, 정신여학교를 위해 헌신하고 서울여대 건립을 위해 애쓴 것도 여성 교육의 중요성을 뼈저리게 느꼈던 결과이다. 이처럼 선생은 아는 것은 몸소 행동으로 옮겨야 하고 행동으로 연결되지 않은 앎은 앎이 아니라고 생각했다.

걸어온 길, 남겨진 자취

선생은 결혼과 함께 자신의 일을 접고 가정에 충실하고자 했다. 정신여학교에 근무 중 결혼을 하게 되자 사직하고 자연스럽게 시댁이 있는 광주로 내려갔다. 동경 유학을 가고 신여성으로 활동할 때도 선생은 나라와 믿음을 우선하는 자신의 길로 매진했다. 자신에 대한 믿음과 함께 자기 절제가 대단한 분이다. 그러면서도 가장 우선을 두었던 부분은 결혼과 함께 시작하는 가정생활이었다. 선생은 당시 한국의 상황으로 볼 때 가장 최고의 교육을 받은 여성이요 또 대단한 능력을 타고난 여성이었다. 학교 다니면서 두 번이나 월반한다거나, 피아노를 잘 쳐서 동경 유학 시 여자학원과 영화음악전문학교 두 군데를 동시에 다녔다거나, 영어에 능해서 통역과 문서 사역을 하고 미국으로 유학을 가는 것은 이십일세기 현재, 오늘의 상황에서 볼 때도 쉽지 않은 드문 일이다. 그러면서도 어린 시절부터 믿고 의지해 온 기독교에서 배우고 터득한 겸손함과 신중함이 선생의 내면세계를 풍요하게 하면서 신앙과 소신을 굳건하게 했다. 집안과 가문, 능력을 앞세우거나 자랑하기보다는 전통을 중시하며 가정을 중시한 드문 신여성이었다. 더구나 나라 형편이 무척 힘든 때였던 만큼 나라와 민족이 행동의 우선 기준이 되었고 자신의 타고난 능력이 많았지만 그 이전에 남편에 대한 지극한 내조는 물론이고 시어머니를 비롯한 시댁에 대한 의무와 도리를 우선으로 하는 삶이었다. 무엇보다도 보수적이고 전통 중시의 사회에 맞게 순응하는 개인의 삶과, 변화하는 시대와 사회의 요구에도 부합되는 이타적이고 종교적인 삶의 자세, 이 두 가지를 티를 내지 않으면서 병행, 추구했다. 평생의 소신인 배운 사람, 믿는 사람은 배운 만큼 믿는 만큼 달라야한다는 삶은 참으로 완벽주의자의 고단한 삶이었다. 선생이 효부임은 여러 사람이 증언하고 있으니, 시어머니는 선생을 며느리라 아니하고 아들이라 했다거나, 병환이 났다고 연락 오면 곧 광주로 내려가서 응급치료를 해드리고 서울로 온다는 얘기, 부모 없는 조카들 공부시키고 학생들도 장학금을 소개하여 대학 진학을 시킨 일들이 부지기수였음은 많은 사람들이 증언하고 있다. 이러한 선생의 자세와 실천으로 이어진 생활은 당시로서는 여성교육의 모범이 될 만한 삶이라 할 수 있었겠으나 참으로 고달픈 인고의 삶이었음을 부정할 수 없다. 그리고 이러한 일들을 여유가 있어서가 아니라 개인적으로 어려운 가운데 해 나갔다. 선생의 교장 사택이 비만 면할 수 있는 곳이어서 우선 손 댈 데가 한두 군데가 아닌데도 아랑곳하지 않고 학교 대강당부터 지으려 했던 일이나, 학교와 여전도회에 대한 애정으로 월급을 받아도 집에 생활비 얼마 주고는 전부 장학금으로 지급했다는 얘기, 애들은 할머니가 교장인데 왜 우리는 이렇게 가난하느냐 했다는 며느리의 증언[161]은 이를 증명한다. 이전에 연로한 분들에게 내복을 선물하는 게 일반적일 때 본인의 내복은 기워 입으면서도 선물 받은 내복을 입지 않고 두었다가 찾아온 다른 사람들에게 주었다는 일화는 차라리 사소한 일상에서 검소하고 정겨웠던 여느 사람들의 삶의 모습과 다르지 않다.

이렇게 공적인 일을 우선하는 검소한 일상은 교육자나 성직자에게 필요한 덕목이지만, 선생의 엄격하고 보수적인 교육관은 보통 사람들에게는 꽉 막히고 융통성이 없는 교육자로 비쳐졌을지도 모르겠다. 지나친 엄격함, 자신에 대한 철저함은 누군가에게는 불편한 존재, 때로 숨막히

161. 이연옥, 앞의 책, p.126.

는 대상으로도 생각되었을 것이다. 하지만 그것은 김필례를 한정된 시각으로만 보기 때문이다. 선생이 공적인 일을 추진하는 데 있어서는 대단히 엄격하고 카리스마가 강했다고 많은 사람들이 증언하고 있다. 그러나 이러한 엄격함도 따뜻하고 인자한 성품을 기반으로 해서 나온 것이라는 점 또한 많은 회고에서 보여주고 있으니, 차가운 머리와 따뜻한 마음을 동시에 지닌 분이었다 함이 가장 옳겠다.

엄격한 카리스마와 인자한 어머니

김필례는 평생을 자기 절제와 기도를 통해 나라와 사회와 학교를 위해 안 되는 일은 부딪쳐가며 되게 만들면서 살아왔다. 그러면서 본인도 알게 모르게 몸에 밴 카리스마가 당연히 있을 터, 함께 일하는 교사들에게 독재형 교장이라고 생각하게 했던 것 같다. 「내가 아는 박희경 교장」[162]에서 박희경 교장을 묘사하는 대목이 나오는데 여기에 상대적으로 선생의 강한 면이 드러나고 있다. 박 교장은 원만한 성격의 소유자로 그가 '반대한다'는 말을 들은 적이 없고 그저 웃는 얼굴로 묵묵부답이라는 말과 함께 "그러니 김필례같이 카리스마적인 독재형 교장 밑에서 그를 잘 보필했다고 본다. 어쩌면 그런 교장 밑에서 장기간 살아왔기에 그런 성격의 소유자가 되었는지도 모를 일이다. 그러나 나는 생각하기를 참 인내심이 강한, 오랜 학교생활 끝에 그렇게 훌륭한 성격을 지니게 된 사람이라 보아 그의 인격을 존경한다. 그러나 어떤 이들은 그의 이런 성격을 가리켜 무능하다고 하는 사람도 없지 않았다. 천성은 매우 어진 분이었다"며 김필례, 박희경 두 분과 함께 학교생활을 하며 느낀 인상, 양면적인 부분까지도 솔직하게 밝히고 있다. 그러나 선생에게 그런 카리스마가 있었

162. 『정신백년사』, p.716.

으니까 1959년 당시로서는 상상하기도 어려운 일, 가령 등산반 여학생들을 남교사 인솔 하에 산에 따라가도록 허락하는 등의 일도 할 수 있었다. 그렇게 열린 자세로 학교 운영을 하였는가 하면 또 꽉 막힌 고집으로 교사와 학생들을 안타깝게 하기도 했다. 무용부에서 개교기념일에 「백조의 호수」 공연을 발표할 예정으로 당시(1956년) 새로 부임해 온 무용교사 이혜석이 주야로 열심히 연습시켰는데 막상 공연을 앞두고 출연자의 복장을 보고 노출이 너무 심하다고 공연을 못하게 했다. 지도 교사와 학생 출연자 모두 울면서 탄원했으나 끝내 공연을 못하고 만, 지금 생각하면 격세지감이 느껴지는 엄격함도 있었으니 선생이 남다르게 현대교육을 받고 외국 생활도 해서 열린 마음이 있으면서도 남녀관계에서는 대단히 엄격하고 보수적이었던 면모를 볼 수 있는 부분이다. 비슷한 일화로 정신여중고 배구, 농구 결승전을 앞두고 있을 때, 교장 김필례는 경기를 치르지 않기로 결정했는데 그 이유인즉, 경기가 주일인 일요일에 있었기 때문[163]이었다. 지금으로서는 이해하기 힘든 신앙인으로서의 원칙, 교리를 고수한 옛 일화라고 하겠다.

한때는 입학시험을 끝낸 후에 합격자들 명단을 붓글씨로 방을 써서 붙였던 때가 있었다. 혹시 합격자 명단이 사전에 유출되지 못하도록 발표 전날 늦게 쓰게 되는데 교장인 선생은 친히 앉으셔서 밤을 새워 그 자리를 지키고 집에 돌아가지 않으셨다. 이렇듯 칠십 노인이 학교 대소사 전체를 직접 살피셨으니 그런 가운데 불만을 가진 사람들도 당연히 있을 터이다. 그러나 엄한 반면에 매우 따뜻한 정이 흐르는 분, 엄할 때는 무척 엄했으나 부드러운 때는 다정다감한 어머니 같았다. 『정신백년사』에서 김필례 약전을 썼던 김광현은 "그는 판단력과 지도력을 겸비한 여성이었다. 우리 여성 지도자 중 김필례를 당할 인물을 내 평생 보지 못했다"고

---

163. 박혜경, 앞의 글, p.7.

회고하고 있다.

정신여고 교장을 거쳐 여전도회 회장을 지내면서 서울여대 이사장을 오랫동안 역임한 이연옥은 김필례 선생을 평생 보필하며 그 뒤를 이어온 분이다. 그는 김필례 선생의 별명이 '호랑이 교장 선생님'이었다고 회고한다. "아마도 학교 구성원 모두가 그분의 엄격하고 공정한 행정업무를 경험하고 그분을 어려워하면서도 존경하였기에 그런 별명이 붙은 것 같다. 그러나 그분을 가까이 뵈면서 다정다감한 분이라는 점을 알았다"고 했다. 김필례 교장 선생님의 행정력은 항상 학생 한 사람 한 사람에게 지극한 관심으로 사랑을 베풀고 학교 건물 구석구석을 돌아보며 교정의 풀 한 포기까지 아끼고 돌보는 데서 비롯되었다. 소설가인 한 졸업생은 '어느 이슬이 자욱이 내리는 안개 낀 새벽'에 "발등을 덮는 긴 한복 차림의 선생님이 홀로 예배당 건물의 모퉁이를 붙들고 기도하시던 모습"이 뭉클함과 함께 잊혀지지 않는 평생 무언의 가르침이 되었음을 고백[164]한다. 며느리 이순빈 여사는 "공과 사가 분명하시면서도 가정에서는 잔정이 많고 장성한 아들의 식사까지 신경쓰신다. 그러나 참 엄하시다. 어찌보면 가정생활도 학교생활의 연장 같고 훈육주임같이 엄격하시다"[165]고 회고한다. 엄격한 면과 인자한 면을 함께 지닌 분, 학교를 자기의 몸보다 더 사랑하셨다는 말은 선생을 가까이 모시며 잘 아는 모든 분들의 한결같은 증언이다.

김광현은 이십육 년 가까이 옆에서 보아 온 선생의 면모를 이렇게 묘사한다.

> 그분은 어지신 어머님과 같이 생각되었으며 일거수일투족 하나같이 후진들에게 배울 만한 인격적인 신앙적 감화를 주셨다. 그는 근엄한

164. 이 책에 실린 이건숙의 글 「내가 행복해 보이느냐」 참고.
165. 이연옥, 앞의 책, p.126.

정신여학교 스승의 날 행사에서. 1966.

정신여학교 동창회 모임에서 제자, 이연옥(뒷줄 서 있는 이)과 어린 후배들과 함께. 왼쪽에서 두번째가 김필례. 1967.

선교사 땅을 매입하고(중학교 운동장으로 사용) 모인 동창들. 맨 왼쪽부터 이연옥 중교장, 김영순 동창, 두 명 건너 김필례, 한 명 건너 장선희, 신의경 동창, 박희경 고교장. 1971.

서울여대 학장 고황경 박사(오른쪽에서 세번째)와 함께. 오른쪽에서 두번째가 김필례. 1969.

장학금 수여자 번즈 씨 내교 환영식에서 번즈 부부와 함께. 가운데가 김필례. 1974.

한국의 전통적인 모성상을 가지고 생활했으며 평생에 한복을 즐겨 입으셨고 반석 같은 신앙심의 소유자로서 학생들에게 임하셨다. 윤리적으로 도덕적으로 엄한 면을 항상 견지하셨고 여러 일화를 남기셨으며 예절이 분명하시고 대인관계에 있어 엄한 면이 있는 반면에 부드러웠다. 그는 항상 교사를 부르실 때에 '○○○ 선생님'하고 호칭하였으며 물건을 주실 때도 반드시 두 손으로 건네주셨으며 인사범절에 있어 답례 시에도 두 손을 꼭 치마 앞에 모으시고 고개를 숙이셨다. 역사를 하신 분이라 역사적 위인들의 일화를 많이 인용하시며 이야기를 잘하셨고 유명한 말이나 글을 많이 외우고 전하셨다.[166]

떠나는 길

1960년 사일구혁명으로 불어닥친 민주화 바람과 1961년 오일육 군사정변 이후 군사정권이 들어서면서 사회 각 부문에 걸친 옛 악습을 일소한다는 기치 아래, 교육계의 비리 척결이라는 명분으로 선생은 교장직에서 물러나게 되었다. 사회 정화 차원에서 오랫동안 한 사람이 교장으로 연임하는 것을 금지하여 물러났다는 말과 함께, 『정신백년사』에는 정신여학교가 보결생을 받았다는 이유였다고 명시하고 있다. 사실 당시 대부분의 학교가 보결생을 받고 있었고 그것은 재정 확보의 한 방안이었는데 돈에 정확한 만큼 그 자료를 정직하게 보관하고 있다가 증거가 되었다는 사연이다. 뜻하지 않게 교장에서 물러나게 된 선생은 곧이어 정신학원 재단이사장으로 취임하게 된다. 교장 직에서 물러나는 만큼 그동안 쓰고 있던 사택을 비우고 안암동으로 이사[167]했다.

---

166. 『정신백년사』, p.688.

167. 미국에 살고 있는 졸업생 방영자(47회, 1960년 졸업)는 김필례 선생이 오랫동안 학교 뒤뜰 넓은 사택에서 기거했고, 과학관을 지으면서 을지로로 이사했는데, 얼마 후 안암동으로 이사(성북구 안암동 5가 103-148)한 후부터 눈에 띄게 야위었다고 회고한다. 늠름하고 큰 키에 위엄

정신여학교를 장로교 최초의 명문사학으로 재건해 놓았으면서도 시국이 시국인지라 본의 아니게 교장 직에서 물러나게 되었다. 이후 1963년부터 십 년 간 정신학원 이사장을 하면서 1972년부터 김옥선 등 이사진들의 이전투구와 동창회의 분열로 큰 곤욕을 치르게 된다. 이미 연세도 여든이 넘은 노인네라 무력하다고 생각한 것일까, 또 다시 그 열매를 가로채려는 이들로 인해 학교에서 물러나야 하는 고난도 당한다. 가장 가깝다고 생각한 사람들이 등을 돌리는 배신의 아픔 속에서 인간에 대한 실망과 함께 인간적인 모멸을 느낄 정도의 수모를 당하기도 했다. 하지만 사람의 진면목은 이런 때 드러나는 법이다.

선생은 어디에서든, 대상이 누구든 분명한 선한 목표를 이루기 위해서는 용감했다. 도전하고 극복해 나갔다. 그러나 조금이라도 오해나 분쟁의 불씨가 되겠다고 생각하면 싸우기보다 양보를, 나를 내세우기보다 한 발자국 물러서는 용기와 지혜를 택했다. 그리고 묵묵히 최선을 다해 감내했다.

이기서 교수가 당시 박사논문 준비에 쫓기고 있던 상황에도 선생의 구술을 기록하겠다고 한 이유는 선생의 간곡한 부탁 때문만은 아니었다. 그 이전에 "선생님에 대한 존경의 마음이 컸고 또 한 생애를 묵묵히 행동에 옮긴 이 드문 실천적 교육자의 기록을 지금 남겨두지 않는다면 아무도 모르게 영원히 묻혀 버리고 말 것이라는 우려가 더 컸"기 때문이다. 1977년 안암동 댁으로 선생을 찾아갈 때마다 "선생님은 한복을 곱게 입으시고, 앞에는 내가 말씀을 받아 적을 수 있도록 작은 상을 펴 놓으신 채 꼿꼿하게 앉아 계셨다. 작은 상 위에는 차를 정갈하게 준비해 놓으시고

이 있었던 선생이 키도 작아 보였다고 하니, 말년에 정신여학교 이사진, 교사, 동창회의 내분으로 인해 마음 고생을 한 탓으로 보인다. 이후 개나리아파트로 다시 이사, 그곳에서 생을 마감했다.

정신여학교 스승의 날 행사에서 이성여, 이연옥, 지동소,
학생회 대표들과 함께. 앞줄 오른쪽에서 두번째가 김필례. 1975.

제자 윤현숙(왼쪽에서 두번째)이 가족과 함께 김필례의 자택을 방문하여. 1979.

내가 앉을 자리에는 방석을 놓아 두셨다. 이렇듯 아흔 노령의 선생님께서는 한 치의 빈틈없이 만반의 준비를 갖추고 나를 기다리고 계셨"다고 했다.[168] 그리고 써 간 원고를 검토하면서 "조금이라도 과장이 섞이는 것을 매우 싫어하셨다. 선생님이 직접 생애를 글로 남기기로 결심하신 데에는, 사정을 잘 모르는 사람들이 자칫 선생님의 생애를 과장하지 않도록 미리 점검하고 싶으셨던 마음이 가장 크게 작용하지 않았을까 싶다"고 한 부분에서는 삶에 대한 선생의 냉철한 자세를 엿볼 수 있다. 마음 저 밑바닥에 굳이 밝히고 싶지 않은 일들, 혹여 상처를 받을 수 있는 사람들을 고려한 마음도 있었을 것이다. 또 소문이나 오해로 이어지는 유쾌하지 않은 이야기들이 의도와 다르게 확대, 재생산되는 일을 염려하는 마음도 있었을 것이다.

> 나는 1977년 6월 16일부터 선생님을 찾아뵙고 녹음과 메모를 작성한 다음 원고가 정리되는 대로 선생님께 가져다 드리곤 했다. 선생님께서는 녹음하지 말라고 하셨지만 도저히 메모만으로 방대한 내용을 다 정리할 수 없었던 나는 녹음을 할 수 밖에 없었다. 선생님께서는 녹음하는 줄 아시면서도 모르는 척 덮어주셨던 듯싶다. 그렇게 선생님의 감수를 받으며 원고를 마무리하기까지 육 개월 남짓 걸렸던 것으로 기억한다. 원고는 이렇게 비교적 단기간에 완성되었으나 이후 간행작업이 순조롭지 않아 선생님 생전에 이 책을 보지 못하신 일은 깊은 아쉬움으로 남아 있다.[169]

그 사이에 1975년 동경의 여자학원에서는 개교 백 주년을 맞으면서 여자학원 백 년 동안 학교를 빛낸 인물들을 화보[170]로 제작했는데 여기에

---

168. 이때쯤에는 경제적으로도 넉넉하지 않아서 서재현(김구례, 서병호의 아들이자 서경석 목사의 부친) 가족이 노후에 도움을 주었다는 증언이 있다.

169. 이 책에 실린 이기서의 「나는 중등교육 전공자입니다」 중에서.

정신여자중고등학교가 현재 잠실 교사로 이전하기 직전, 정든 연지동 교정을 마지막으로 찾아 역사적인 회나무를 잡고 기도하는 김필례. 1978. 5. 14.

고 김필례 선생 영결식장 입구. 정신여자중고등학교 정문. 1983. 8. 1.

고 김필례 선생 영결식 장례예배. 연동교회. 1983. 8. 1.

선생과 김마리아를 선정했고, 1978년 아그네스스콧대학에서는 졸업 오십 주년을 맞아 선생이야말로 아그네스스콧대학의 교육이념을 완벽하게 구현한 사람, 선생의 영광이 곧 아그네스스콧의 영광이라며 널리 소개했다. 선생은 졸업 오십 주년 맞이 보고서를 쓰면서 자신이 해온 일을 구체적으로 열거하고 졸업생들이 해마다 십 달러씩 학교에 보내는 일을 이런 일들을 하느라고 한 번도 실행하지 못해 미안하다는 뜻을 덧붙였다. 아그네스스콧대학 동창들은 그동안 선생이 내지 못했던 기부금 오십 년치를 모금해서 대신 내주었고 많이 걷혀 남은 돈은 정신여학교를 위해 쓸 수 있도록 보내주었다.

1978년 정신여자중고등학교는 인구분산정책에 따라 시내 종로5가 연지동에서 잠실로 이전한다. 선생은 바깥 출입이 어려워 옮겨진 학교에는 결국 가 보지 못한 채 1983년 아흔두 살에 하나님 곁으로 떠났다.

정신여자중고등학교장으로 행한 영결 예배는 연동교회에서 거행되었다. 교목 김천수 목사의 사회, 중학교 이상학 교장의 기도, 정신여고 합창단의 조가, 유호준 목사의 설교, 고등학교 이동욱 교장의 약력 소개 등의 순서로 진행되었고 경기도 양주시 장흥에 있는 가족묘 신세계공원묘원에 안장되었다.

---

170. 이송죽 편집위원장이 '이팔독립선언 백 주년 기념식'에 참석하면서 동경의 여자학원에 가서(2019. 2. 8) 당시 관련된 자료와 사진을 구하고자 했으나, 그동안 학교에 일어난 두 차례의 화재로 소실된 자료가 많아 화보 등 원하던 자료를 구하지는 못했다.

김필례를 읽다

조선 땅에 뿌려진 복음

참다운 인격을 위하여

한국 여성의 현실과 가능성

조선 땅에 뿌려진 복음

김필례가 여러 매체에 발표하거나 남긴 글들을 모아 크게 기독교, 교육, 여성 주제로 나누어 엮었다. 대개 연도순으로 나열하되 연결되는 주제나 성격에 맞춰 배치했다.

원문을 최대한 그대로 살리는 것을 원칙으로 하되, 필요한 한자는 병기하고 명백한 오류는 문맥을 고려하여 바로잡았으며, 현행 맞춤법에 따라 수정했다.

지금 세대가 읽기에 생소한 옛 어휘는 편자주를 각주 형식으로 달았고, 원문에 있는 주석은 각 글 끝에 넣었다.

각 글 끝에 있는 출처에는 책 끝에 실린 참고문헌과 달리 글이 씌어진 당시 김필례의 직함을 괄호 안에 표기했다.

제호는 동일하지만 신문과 잡지 형태로 각각 발행된 『정신』은 바로 뒤 괄호에 '신문' 또는 '교지'로 적어 구별했다.

기독교의 개조할 점

조선적 기독교의 문화를 빚어내어야 되겠고 순전히 서양화함은 불가해

저 예수교 기독교는 일천구백여 년 전에 기독교의 깃대를 요단강 맑은 바람에 나부끼며 감람산을 대본영으로 모든 악마군을 정벌코자 기독적의 도덕을 부르짖은 이후 이십 세기 오늘날은 육대주의 일체 중생이 기독교를 모두 맛보게 되었을 뿐 아니라, 그동안의 우리 일반 사회문화 상에 막대한 영향을 미쳐서 동서양의 문화가 서로 혼합하기로 기독교의 사명이었으며 조선에서 서양문화를 맛보기는 기독교의 사지였다. 그리하여 우리 힘으로는 도저히 미치지 못하는 방방곡곡의 학교와 교회를 세워서 그의 문화적 은혜는 적다 이르지 못하겠는바 현시 그 활동하는 상태는 잠시도 고시적이 아니요 계속적으로 아까부터 지금까지, 지금부터 이때까지 장구토록 우리 문화상의 공헌이 있을 줄로 아나니, 그러함으로 기독교와는 끊지 못할 관계를 가진 우리이므로 될 수 있는 대로는 친밀하여야 할 사정이다. 그러하다고 기독교를 매개한 서양문화만 신앙하여 서양화하여서는 불가할 것이요, 우리는 우리 힘으로 기독교를 이해하여 조선적으로 화하여야 우리의 능력으로 교회를 조직하며 기독교청년회 같은 것을 건설하여 서양의 문화와 동양의 문화의 두 원료를 섞어서 빛나는 조선적 기독교 문화를 빚어야 될 것은 사실로든지 또는 이론상으로든지 마땅히 그러할 것이나, 우리 조선에는 아직까지 기독교청년회라

하는 것을 겨우 외국 사람의 힘으로 경영하는 남자기독교청년회는 몇 곳 있으나 여자청년회는 아직 자취가 없는 모양인즉, 이는 실로 우리 사회 문화상 결함이며 더욱이 우리 여자 사회를 발전시키는 데 장애가 될 뿐 아니라 일대 수치라 할 수 있다 하겠노라.

長老教信者 金弼禮女史談, 「基督教의 改造홀點(三): 朝鮮的基督教의 문화를 빛어내어야 되겠고 순전히 서양화함은 불가해」 『每日申報』, 1922년 3월 30일, 3면 8단.

여자 대표의 중한 사명

목덕 박사•의 알선 하에 건너간다고

금번에 북경에서 열리는 세계기독교연합청년회에서는 세계 기독교 대표 중 여자 기독교 대표들도 많이 출석하지마는 이상에 말한 것과 같이 조선에는 여자기독교청년회가 없으므로 이번 연합회에 우리 여자 측 대표가 참가 못함을 유감으로 생각하던 중 마침 조선을 잠깐 경과하는 목덕 박사의 간절한 주선 하에 조선 기독교 여자학교 측 대표로 몇 사람을 선발하여 자기가 먼저 북경으로 들어가서 조선 여자에게는 기독교가 없으므로 우리가 특별히 초대권을 보내어 참석하게 하겠다고 임의 출석할 여자의 성명을 기록하여 가지고 들어갔은즉, 초대권만 오면 즉시 오는 삼십일 일에 출발하겠으므로 기쁜 마음은 절실하나 변변치 못한 본인이 그 대표자 중 일원이 됨에 대하여는 실로 부끄러운 일이며, 또는 두렵건대 그의 사명을 다하지 못할까 주저하오나 그러나 이번 사명은 다름 아니라 사정이 용서하는 대로 연합회에 참가하여 여러 대표자와 협의한 후 무엇보다도 여자기독교 조직에 대하여 철저한 의논을 하고 또 지난번에 미국본부와 협의한 결과 혹 조선 여자로는 능히 사무를 집행하기가 어려울 것 같으면 우리나라에서 자비自備하여 상당한 여자를 보내주마고까

• 존 롤리 모트(John Raleigh Mott, 1865-1955)의 한국식 이름으로, 미국의 기독교 교육자이다. 한국에도 여러 차례 방문했다.

지 의논한 일이 있는데, 만일 금전으로부터 사람까지 미국 사람을 사용할 것 같으면 혹 그 사람의 지배 하에 무슨 일을 하는 것이 아닌가 오해하는 사람이 있으나 이는 절대로 반대올시다. 고금을 물론하고 약한 자는 강한 자의 의뢰를 받고 도움을 힘입지 아니하면 도저히 완전한 사업을 경영하기 어려우므로 이번 경영하는 사업에 대하여도 우리의 선진자요 경험자의 얼마동안 원조를 받을까 하는 것이지 결코 그 나라의 지배하에 사업을 하고자 하는 것은 전혀 아니올시다고 말하더라.

金弼禮女史談, 「女子代表의 重흔 使命: 목덕 박사의 알션 하에 건너간다고」 『每日申報』, 1922년 3월 30일, 3면 5단.

하령회夏令會의 유래

지금으로부터 사십 년 전 동경 유학시절 하기 방학 때 일본 동경시 여자기독교청년회의 경영인 기숙사에서 기숙하면서 YWCA의 사업이 얼마나 위대한 것을 목격하고 이때부터 우리 한국에도 이런 회를 창설함의 필요를 깊이 느꼈다.

1920년 12월에 미국 YWCA에서 파견된 위원들이 한국 서울에 와서 Y를 설립코자 재경在京 지도여성들을 만났으나 일본 YWCA의 지회의 명목 하에 설치케 되는 관계로 이것이 성립되지 못하였다. 이때는 바로 1919년 기미 삼일운동 직후 청년 남녀들의 애국열과 울분이 가득한 때이므로 단연 거부하였던 것이다. 다음해 1921년 봄부터 재경 선교사들과 지도여성을 방문 의논하던 차에 미스 아펜젤러의 소개로 김활란 씨를 만나서 그분과 같이 손을 잡게 되었다.

때를 같이하여 우리나라에서도 여성사회가 암매한 가운데 생명의 활로를 모르고 구금과 압박의 깊은 구렁에서 부르짖되 이를 구원할 만한 기관이 없음을 개탄하면서 세계 각국에 YWCA가 조직되어 세계의 평화와 행복을 위하여 크게 활동함을 선망하게 되어 1922년 3월 27일에는 남녀 유지 삼십여 명이 회집하여 임시회장 유각경 씨 사회 하에 제1회 조선여자기독교청년회 발기회로 모이게 되었던 것이다.

1922년 4월에 중국 북경에서 개최되었던 만국학생대회에 우리나라 대표로 김활란 씨와 내가 참석하였으며 일본 YWCA 연합회 총무 가와이 미치코河合道子 씨와 회견하고 한국에 YWCA가 설립되는 경우에는 세계 YWCA에 단독 가입될 것을 승인하는 동시에 한국에서 가입 신청서를 제출할 때에는 단독 가입 동의서를 첨부하여 줄 것을 약속받았다.

YWCA 조직의 첫 방법으로 전국을 망라하여 여자단체로서 회원 오십 명 이상을 가진 단체에 매 오십 명 회원에 한 명씩의 대표를 서울 죽첨정 협성여자성경학원에서 개최하기로 하여 1922년 6월 12-23일 십이 일 간에 걸쳐 제1회 여자 하령회를 이때 시작하였던 것이다. 북으로 시베리아 남으로 제주도 각처로부터 칠십여 명의 대표가 열광적으로 참석한 가운데 한국 YWCA를 조직할 것을 결의하고 임원을 선정하게 되었다.

제1회 하령회 회장으로 김활란 씨가 수고하셨으며 그때 하령회 경비로서는 YWCA 발기회로 모였던 이십여 명이 즉석에서 의연금을 기입하여 오백여 원의 조달을 보았던 것이다. 이리하여 하령회가 있으므로 YWCA가 조직되었고 매년 하령회를 개최하는 동시에 YWCA 총회를 열게 되었다.

제2회 하령회에는 지방 청년회가 일곱, 학생 청년회가 열셋 조직되어 참석하였다. 이 모임의 이름을 김함라 선생의 동의로 '하령회'라고 하게 되었다.

하령회의 목적을 말하기 전에 YWCA의 근본정신을 보면 영국 런던에서 크리미아 전쟁 이후 기도하는 여성들로 시작한 그 당시의 교회는 뚜렷하게 사회와 담이 쌓여서 사회와 접촉하면 죄악시까지 하였다. 이리하여 Y는 교회 밖에서 교회와 사회 사이에서 다리를 놓아 주어 비종교인이나 단체를 기독교 정신으로 이끄는 데 힘을 쓰게 되었던 것이다.

하령회의 목적은 참석한 전원이 중생하여 진실한 신자로서의 생의 목적을 바로 정하며 각자가 돌아가서 YWCA의 근본 목적인 구령救靈 사업에 매진케 하고 위대한 지도자들과 접촉하며 그 지도를 받는 중 견식을 넓히고 다른 YWCA의 보고를 듣는 가운데 자기네 사업 방침을 세우고 서로서로 교제하는 중 생에 대한 이상을 좀더 높이 갖고 양심적으로 확실한 신념을 가지고 나갈 수 있도록 하는 데 힘을 썼다.

실행방침으로 오전에는 대개 그 시대에 필요하고 국가적인 문제에 대한 명사들의 강연을 들었고 오후에는 그룹을 나누어 토의하고 또는 좌담하여 다시 종합 보고하고 연구하였다. 그때부터 YWCA는 민주주의 방식에 의하여 토의하고 결의하였던 것이다.

석반 후에는 즉시 석양기도회를 열었는데 사표가 되실 분을 초청하여 말씀을 듣고 대자연과 접촉하여 조물주와 가까이 함으로써 받은 은혜가 얼마나 깊었던가는 아직도 잊혀지지 않는다. 더욱이 제1차 하령회 때 한강으로 나가서 넘어가는 저녁 해를 바라보며 선상船上에서 석양기도회를 보던 그때의 감격은 참으로 컸으며 잊을 수 없다.

저녁에는 사경회를 열어 회원들이 다 충만한 은혜를 받아 그 영혼이 새로 나서 생의 새로운 각성과 목표를 가지고 돌아가서 활동할 수 있는 힘을 얻었던 것이다. 이러한 단결된 힘은 그 어려운 때에 일제의 쇠사슬도 두렵지 않았으며 어떠한 박해도 용감하게 이길 수가 있었던 것이다.

매년 개최하던 하령회를 1930년부터 매 이 년 일차씩 열기로 하여 1937년 제12회 하령회가 있은 후부터 점점 일제 탄압이 심하여짐에 따라 YWCA 일본 동맹에 가입하게 되었고 1939년 원산에서 제13회 하령회 이후 한국의 Y운동은 휴식상태에 빠졌으며 제이차대전으로 인하여 잠정기에 들어가게 되었다.

1945년 뜻하지 않은 해방의 기쁨과 함께 YWCA 운동도 다시 일어나게 되어 1947년 8월에는 진관사에서 재부흥 정기대회를 열어 각 시의 YWCA 대표와 학생 YWCA 대표가 참석하게 되어 새로운 운동의 발족을 하게 되자 미국으로부터 고문 박에스더 씨를 그해 파견하게 되어 선진국가의 YWCA를 따라 그 사업을 궤도에 올려놓으려고 노력한 지 십년, 이제 우리 YWCA는 세계에 내어놓아 손색없는 사업과 프로그램으로 매진하고 있다.

북한괴뢰의 불법남침은 우리를 부산까지 내려가게 하였으나 피난지에서도 만난을 무릅쓰고 하령회를 열게 되었던 것이다.

재빨리 YWCA 연합회 대학생부와 중고등학생부 간사들이 도미하여 훈련을 받고 나오게 되자 남녀대학생(YM YW합동) 하령회와 Y-TEEN 하령회가 따로 소집이 되어 각각 그들에게 적절한 연구와 토의와 수양의 기회가 되며 학생운동이 날로 발전해 감을 기쁘게 생각하며 한 가지 유감으로 생각되는 것은 지방청년회를 위하여 하령회가 소집되지 못하고 하령회 하면 학생들만을 연상하게 되는 일이다.

세계 공통된 YWCA의 목적 아래 그 나라 그 사회 그 지방에서 가장 요청되는 긴급한 사업을 위하여 매진하는 Y의 동지들이 일 년에 한 번씩 이렇게 반성과 계획을 할 수 있는 기회를 가진다는 일은 가장 의의 깊은 일인 동시에 앞으로 더욱 하령회의 성과를 거두는 동시에 삼십사 년 전 한국 YWCA 창설 당시의 목적을 언제나 새로 기억하면서 나아가기를 희망한다.

끝으로 참고적으로 YWCA 초창기에 가입하였던 곳을 소개하면 다음과 같다.

지방 청년회

서울, 청주, 대구, 광주, 평양, 함흥, 부산, 선천, 공주

학생 청년회

개성 호수돈여학교, 마산 의신여학교, 서울 정신여학교, 서울 이화학당, 서울 협성여자성경, 서울 동대문병원 간호양성, 원산 신정여학교, 원산 성경학원, 대구 신명여학교, 부산 일신여학교, 서울 배화여학교, 광주 수피아여학교, 공주 영명여학교, 개성 미리암여학교, 평양 정의여학교,

원산 루씨여학교, 서울 중앙유치사범, 서울 세브란스 간호원학교

김필례, 「하령회의 유래」『한국 YWCA』, 1956년 7월호, 14-18쪽.

뿌린 씨는 거둔다
삼십구 년 전에 한국에 뿌려진 YWCA의 씨

제39회 서울 YWCA 총회에 참석하신 우리 YWCA 창설자 김필례 선생님께 다시 한번 깊은 감사를 드리면서 YWCA 정신으로 살아오신 뜻을 흠모하고 아울러 칠순을 축하하면서 작은 백금지환을 선물로 드렸다. 다음의 글은 감격한 선생님의 말씀을 기록한 것이다.

지금부터 오십여 년 전 구한국 말 때이다. 그 당시 나는 열여덟 살 된 한국 여학생으로 일본말을 못하는 채 동경으로 유학하였다. 낯설은 땅에서 언어조차 소통되지 않아 그 고통은 컸다. 여름휴가를 이용하여 좀더 공부하려고 한국에 나오지 않고 동경에 머무르면서 동경시 여자기독교청년회의 경영인 기숙사에 기숙하게 된 것이 나와 YWCA가 인연을 맺게 된 동기가 된 것이다.

언어가 소통되지 않은 내게 있어 YWCA 기숙사의 친절함 따뜻함은 뼈에 사무치게 고마웠으며 그 사업이 얼마나 위대하다는 것을 목격하고 이때부터 내 맘속에 한국에 돌아가면 우리나라에도 이런 회를 창설해야 할 것을 깊이 느꼈다.

1920년 겨울에 미국 YWCA에서 파견된 위원들이 한국 서울에 와서 YWCA를 설립코자 지도 여성들을 만나 보았으나 일본 YWCA의 지회의 명목하에 설립케 되는 관계로 이를 거부하였다.

1921년 봄부터 재경 선교사들과 지도 여성을 방문 의논하던 차에 미스 아펜젤러의 소개로 김활란 씨를 만나서 그분과 같이 손을 잡게 되었다.

1922년 4월에 중국 북경에서 개최된 세계학생대회에 참석하여 일본 YWCA 연합회 총무 가와이 미치코 씨와 회견하고 한국에 YWCA가 설립되는 경우에는 세계 YWCA에 단독 가입될 것을 승인하는 동시에 한국서 가입 신청서를 제출할 때는 단독가입 동의서를 첨부하여 줄 것을 약속받았다.

여기에 잊지 못 할 몇 분의 외국인을 상기하지 않을 수 없다. 그 당시 호주 선교사로 우리나라에 와있던 매클래런 여사께서는 우리 YWCA를 창설하고 육성하는 데 그 정성을 다 기울여주셨다. 우리의 아쉬움, 우리의 답답함을 풀어주셨고 모든 편의를 보아주었다.

오늘 내가 받는 이 백금지환은 바로 그분에게(아직 생존하였음) 드려야 할 것이라고 생각된다. 그런 뜻에서 나의 감격이 새롭다.

1922년 7월에 전국을 망라하여 여자단체로서 회원 오십 명 이상을 가진 단체에서 한 명씩(매 오십 명에 한 명)의 대표를 소집하였던바, 칠십여 명의 대표가 참석하여 한국에 YWCA를 조직할 것을 결의하고 임원을 선정하였다.

이것이 대한 YWCA 연합회의 시초였고 김활란 씨는 주로 외국과의 관련을 가지고 활동을, 유각경 씨는 총무로서, 나는 순회총무의 임무를 띠고 전국을 순회하여 YWCA를 조직하기에 노력하였던바, 그해 11월 여덟 개 시 청년회와 열세 개의 학생 YWCA를 조직하였다.

이리하여 서울 YWCA는 또한 겐소 여사의 많은 도움으로 사업을 시작하게 되었다.

나는 그 후 광주로 내려가서 YWCA 일을 계속하여 보았다. 참으로 젊은 시절의 모든 정열을 이 운동을 위하여 바친 모든 동역자들과 즐겁게 봉사하였으나 왜정의 혹독한 감시와 탄압은 날로 심하여 눈물을 머금고 잠정적으로 사업이 중단되지 않을 수 없었던 것은 다 알거니와, 해방의 기쁨과 함께 우리에게 큰 선물을 보내주셨다.

오랜 숙원이었던 이 사업의 전문적인 지도자 박에스더 선생이 1947년 한국에 파견되자 깊은 동면에 잠자던 대지에는 잎이 나고 꽃을 보는 기쁨을 보게 되었다.

YWCA의 사업은 아침 해가 떠오르는 듯할 위세로 발전일로를 걷게 되었던 것이다.

민족의 운명과 같이하는 YWCA가 육이오의 수난기를 겪어 그 후 재건의 기세로써 이 사회에 다시 공헌하게 된 것은 모든 YWCA 회원들 마음 깊이 박힌 굳은 신념의 덕이란 것은 두말할 것도 없다.

서울 명동에 의젓이 자리잡고 있는 서울 YWCA 건물과 그 사업은 날로 사람들에게 알려지고 또한 관심을 갖게 하고 있다.

새집을 지어 일 년 동안 이렇게 놀랄 만한 업적을 보고하는 것을 보고 감격이 더욱 크다.

씨를 뿌렸으되 가꾸고 수고하지 않으면 결실은 못 보는 것이다.

사십 년 자란 우리 YWCA가 앞으로 오는 세대에 이어서 공헌할 수 있기를 믿고 또한 바라는 마음 크다.

김필례(한국 YWCA 창설자, 현 정신고녀 재단이사장),
「뿌린 씨는 걷운다」『한국 YWCA』, 1961년 3월호, 15-16쪽.

사십오 년 전 YWCA를 돌이켜보면서

대한 YWCA가 창설된 지도 벌써 사십오 년이나 되었습니다. 이 무력한 제가 하나님의 부르심을 입어 YWCA를 창설하는 위대한 사업에 참가케 된 특권을 감사하는 동시에 무가치하고 늙은 저를 오늘까지 이 세상에 남겨두셔서 YWCA의 눈부신 발전상을 지켜볼 수 있게 하여 주신 은혜를 더욱 감사하여 마지않습니다.

사람도 사십이 되어야 틀이 잡히고 완전한 성인이 된다는 말과 같이 대한 YWCA도 사십오 세가 되니까 이제는 세계 어느 나라에 내어 놓아도 손색이 없는 훌륭한 YWCA로서 능히 딴 나라의 YWCA와도 어깨를 견줄 수 있게 되었음을 기뻐하는 바입니다.

처음에 YWCA를 우리나라에도 시작해야겠다고 생각하게 된 동기는 제가 1909년, 여름방학을 동경에서 YWCA 경영인 기숙사에서 지나게 된 데서입니다. 물론 제가 공부하던 학교도 미국 북장로교 선교부 산하에 있었으므로 매일 성경을 공부하고 기도회도 매일 있었으며 기숙사도 역시 짙은 종교적 분위기에 싸여 있어서 매일 저녁기도회도 있었지만 YWCA의 기숙사가 학교 기숙사와 좀 다른 점은 성경의 그 원리원칙을 이론적으로 가르치거나 설명하는 것보다 종교적 교훈을 생활화시켜서 기숙생들에게 행동으로 보여주고 기숙생을 사랑과 성의로 대우해 주는 데 놀라움과 감격을 금할 길이 없었습니다.

사실 집을 멀리 떠나서 이렇게 부모 못지않은 사랑과 아낌을 받는다는 일은 YWCA 기숙사가 아니면 도저히 기대할 수 없으리라고 생각하고 본국에 돌아가면 반드시 이 기관을 설립해야겠다는 생각을 하게 되었습니다. 뿐만 아니라 제가 상급생이 되었을 때 저도 학생 YWCA의 임원 중의 한 사람이 되어서 종종 일본의 총무로 계셨던 가와이 미치코 선생과 접촉할 기회를 가지게 되었습니다. 그분은 일본이 한국을 갖은 수단을 다 써서 일본에 예속시키고 무고한 학정으로 백성들을 괴롭히는 것이 옳지 못하다고 눈물을 흘리며 여러 번 말했습니다. 위의 두 가지 점으로 보아서 과연 YWCA의 사람들은 일본인일지라도 바로 생각하고 예수님의 말씀을 몸소 실천에 옮기는 사람들이라고 깊이 느꼈습니다.

1916년, 제가 귀국했을 때 이 기관을 곧 설립할 생각도 해보았지만 당시에는 미혼의 여자가 도저히 이 같은 활동을 할 수 없는 사회적 환경이었으므로 1922년까지 기다릴 수밖에 없었습니다. 마침 그해 봄에 북경에서 '세계기독교학생대회'가 열렸는데 YMCA 측에서 5인의 대표와 여자로는 감리교 측에서 김활란 선생과 장로교 측에서 제가 그 회의에 참석하게 되었습니다.

그동안에 1919년의 독립운동도 있고 하여서 우리나라는 1916년보다는 훨씬 깨고 여자의 활동도 인정받게 되었으므로 북경을 다녀온 우리 두 사람이 선교사들의 지도와 후원 하에서 이 거대한 일을 시작하였을 때 유각경 선생님께서도 이 사업을 함께하시게 되었습니다. YWCA의 근본목적이 교회와 사회의 사이에서 불신자와 사귀며 함께 사업을 하는 중에 그 생활을 통하여 예수 그리스도를 그들에게 소개함으로 그들이 자기의 구주를 찾게 하여 그들을 교회로 인도하는 것인 만큼 창립 당시의 모든 활동도 예수님을 토대로 하고 이러한 근본목적을 밑받침하여 행하여졌던 것입니다.

창립 당시에는 회관도 없고 돈도 없어서 사업에 큰 지장을 가져왔습니다. 그러므로 YWCA의 간부들은 전부가 무보수의 명예직이었습니다.

자기의 직업을 가진 사람들이 YWCA를 위해서는 여가를 이용할 수밖에 없었습니다. 그래서 YWCA 사업은 극히 미약해지고 진보, 발전은 바랄 수도 없이 겨우 명맥만 유지하는 형편이었습니다. 그런데도 일을 하고자 애를 쓴 결과 남의 집을 빌려서 몇몇 부서를 두고 활동을 하기 시작했습니다. 여기에 그 당시의 부서와 각각 한 일에 대하여 간단히 소개하고자 합니다.

종교부: 매주일 오후에 회관에 모여서 여러 교회에서 강사를 청하여 예배를 보았습니다. 믿지 않는 이들과 함께 예배를 보면서 그들에게 직접적으로 그리스도를 가르치고 그들의 종교적인 문제를 해결해 주었습니다.

교육부: 교육부에서는 여자 성인들을 위해서 야학을 열었습니다. 이 당시의 사회형편은 조혼이 성행하고 여자교육은 무시당하던 때였으므로 문맹자가 많았습니다. 그러나 남자들은 그때 신교육에 눈을 뜨기 시작해서 일본으로 유학 가는 사람들이 많았습니다. 그러므로 남편의 편지를 읽을 수도, 남편에게 편지 한 장 쓸 수도 없는 무식한 아내는 이혼을 당할 수밖에 없었으므로 이런 불행을 막기 위하여 여자 성인반을 조직했던 것입니다. 그뿐 아니라 당혼한 처녀들을 모아서도 야학을 열었습니다. 야학을 하는 동안에 그들에게 전도하고 예수님의 말씀을 생활화하여 그들에게 보여서 그들로 하여금 예수를 믿게 했습니다. 필자도 광주에서 이러한 사업을 십오 년을 했던 것입니다. 그 다음에는 빈한하여 국민학교에 가지 못하는 아이들을 위하여 야학을 했습니다.

상담부: 어려운 문제를 가진 사람은 누구나 의논할 수 있도록 총무가 시간을 정하여 그들을 만났습니다. 가장 많이 차지했던 문제는 공부하고 싶은데 경제력이 없다든가, 부모가 승낙하지 않는다는 것이었고 유학하고 돌아온 남편이 자식도 있는데 무식하다는 이유만으로 이혼하려고 하니 어떻게 하면 좋으냐는 것과 고부간의 문제, 계모와 전실 자식 간의 문

제 등등이었습니다.

이외에도 그때 그곳에서 가장 필요한 것을 보충해 주는 것이었습니다. 한 예를 들면 해방 직후, 미군이 처음 주둔했을 때 그들이 빨래를 못하여 빨래를 들고 거리마다 나와서 세탁소를 찾아다녔습니다. 그래서 YWCA에서 즉시 세탁소를 열어 그 빨래를 어느 정도 해주고 그들에게 세탁소를 소개해 주었습니다.

그러나 YWCA 사업에 대한 지식이 없고 경험이 부족한 고로 그 사업에 대한 의욕과 정성은 지극하지만 우리가 희망하는 대로 발전은 하지 못했습니다. 그러나 지금은 유능한 총무 박에스더 선생을 위시하여 각 부문에 전문가들이 계시므로 그 사업이 일취월장하고 있습니다. 그래서 이 사업을 시작한 사람 중의 한 사람으로서 대한 YWCA가 현시와 같은 장족의 발전을 보게 된 것은 무어라 형용할 수 없는 기쁨입니다. 앞으로는 더욱 큰 발전을 보리라고 기대합니다.

첫째, 지금 계획하시는 YWCA 연합회회관이 건립되는 날에는 YWCA는 한 계단 더 올라설 줄 믿습니다. 따라서 사업도 더 여러 방면으로 활기를 띠고 전진할 것입니다. 지금도 여러 가지 사업을 하시는 가운데 본인이 가장 감사히 느끼는 바는 여차장과 구두닦이들을 때때로 회관에 모아서 위안회를 열어주는 것입니다. 이것이야말로 그리스도의 사랑을 몸소 실천하는 것이 아니고 무엇이겠습니까? 그 외에 부녀들에게 필요한 요리 강습, 꽃꽂이, 미혼 여성들의 장차 다가오는 혼인에 대한 제반 준비를 위한 강습회, 이러한 것은 참으로 이 시대에 필요한 것을 그들에게 주는 것으로 생각합니다. 제가 앞으로 YWCA에 부탁하고 싶은 것은 지방 학생을 위한 기숙사를 설치해 주었으면 하는 것입니다. 친척도 없는 학생들이라면 서울에서 하숙을 하고 여기저기 옮기는 동안에 나쁜 길로 들기 쉬운 것입니다. 그러므로 제가 동경서 받았던 기숙사의 혜택을 이들에게도 주어서 안전을 기해줄 뿐만 아니라 이러한 기회를 통하여 그리스도를 이들에게 소개할 수 있기를 바라는 것입니다.

눈부시게 발전하는 YWCA의 활동을 눈여겨보면서 제가 다만 바라는 것은 이런 여러 가지 지식을 전달하는 데만 그치지 말고 반드시 이 활동을 통하여 YWCA의 근본적 목적, 곧 우리 구주를 그들에게 소개하여 자기들의 살길을 찾고 근처의 교회의 교인이 되게 하는 데까지 그들을 돌보아 주는 것을 잊지 말아 달라는 것입니다. 세대가 변천하고 그 변천에 따라 YWCA의 사업의 종류도 변해갈 줄 믿습니다. 그러나 변해서는 안 되는 것은 YWCA의 근본목적인 것입니다. 은혜로우신 하나님께서 우리 배달민족이 가장 어려운 형편에 처해 있을 때 이 귀중한 기관을 우리에게 주시고 우리와 동행하시므로 오늘의 YWCA를 보게 하셨으니 구주께서 재림하시는 날까지 YWCA와 같이하시고 축복하심으로 처음부터 이 기관을 통하여 이루고자 하시는 뜻을 이루시기를 진심으로 빌어 마지않습니다.

1967. 3. 12.

김필례(한국 YWCA 창설자, 현 정신고녀 재단이사장),
「45年前 YWCA를 도리켜 보면서」『한국 YWCA』 15-8, 1967년 4월호, 5-7쪽.

국제학생회의 참석 소감

제가 이 회의에 참석할 수 있도록 기도와 수고, 그리고 물질을 통해 후원해 주신 분들께 감사의 말씀을 전하고 싶습니다. 여러분은 저희에게 선교사역을 모든 면에서 철저하게 연구하고 가장 체계적인 방법으로 앞으로의 과업을 계획할 수 있는 특별한 기회를 주셨습니다. 저는 이 땅에 하나님 나라를 확장해 가고자 하는 여러분의 모든 수고와 기대를 실망시키지 않도록 간절히 소망하며 기도합니다.

잘 가꾸어진 초록의 잔디와 오래된 참나무, 회색빛의 돌로 지어진 웅장한 건물이 있는 프린스턴대학 교정은, 그 근엄함과 고요함으로 저희를 따뜻하게 환영해 주었으며, 저희에게 육체적인 휴식은 물론 영적으로 재충전됨을 느낄 수 있도록 해주었습니다.

해외선교에 대한 토론에서 저는 기독교와 선교사역의 '새로운 시대의 정신'에 주목했습니다. 선교사의 권위가 흔들리기 시작했고 미국의 선교본부와 현지의 선교사들이 그들의 방식을 변경하는 결정적인 조치를 취하지 않았다면 선교사역 전체의 미래가 위험해질 수 있었습니다. 저는 외국학생들과 미국학생들, 다른 나라에서 온 선교사들, 그리고 미국 선교본부에서 온 선교사들을 깊은 관심을 가지고 살펴보았습니다. 해외에서 온 학생들은 선교본부에 대해 매우 비판적인 태도를 가졌으며, 공개적으로 아주 솔직하게 선교사들을 비평하였습니다. 저는 선교사와 그들의 사역에 대해 우리가 매우 진지하게 이야기를 나누었다는 인상을 받았습니다. 우리는 선교사들의 이전 사역에 대한 감사는 거의 없이, 선교사들의 업적에 대해서 장점보다 단점들을 더 많이 열거하였습니다. 만약 이와 같은 토론 과정이 십 년이나 이십 년 전에 있었다면 그들은 다른 태도를 취했을 수도 있는데, 지금은 놀랍게도 선교사들뿐만 아니라 모든 미국 학생들과 본부의 위원들까지도 현장에서의 사역과 사역자에 대한 우리의 모든 의견을 기꺼이 청취했고, 앞으로의 사역에 대해서 최선의 방법을 찾고자 노력했습니다.

이러한 비판들이 진행되고 있는 동안 저는 외국 학생들의 이런 비판적인 태도가 현장에서 선교사역을 위해 목숨을 바칠 각오가 되어 있는 선교사와 미국학생들을 격려하기보다는 좌절하게 한다는 것을 깨닫게 되었습니다. "우리는 무엇을 할 것인가? 만약 그들이 우리에 대해 그렇게 비판적으로 생각한다면 그 요구를 어떻게 충족시킬 수 있을까?"

우리 모두가 인간이기 때문에, 노력하고 헌신한 후에 어떤 종류의 것이라도 비판을 듣는 것은 누구에게나 힘든 일이며, 현장에 나가고자 계획했던 사람들에게는 더욱더 그럴 것이라 생각합니다. 하지만 해당 국가의 사람들의 생각에 대해 아는 것이 그들의 미래 사역에 큰 도움이 될 것이라고 저는 확신합니다.

저는 외국학생들의 그런 비판적 태도의 주요 원인이 무엇일까 하는 의문을 가지게 되었습니다. 서양인들은 친절하고 공정하고 베푸는 반면, 동양인들은 감사하지 못하기 때문일까? 마침내 저는 많은 원인들을 생각해냈습니다. 주요한 원인은 '기독교의 이상'과 '기독교 국가들의 실제 행위' 사이의 이해할 수 없는 괴리였습니다. 선교사들이 현장에서 하나의 하나님 아버지 안에서 한 형제됨에 대하여 말씀을 전하는 동안, 기독교 국가의 정부는 이기적인 '제국주의'를 실현했고 그래서, 한 형제라고 한 사람들을 정치적, 산업적, 경제적으로 착취하는 주요한 세력이었습니다. 다른 말로 이야기하자면, 기독교의 정신은 의심할 여지없이 희생적인 반면, '기독교인들'의 행위는 이기적이라는 겁니다.

그런 원인들이라면, 이 위기적인 상황을 해결할 방법은 무엇일까요? 첫번째로, 모든 기독교인들은 더 많은 기도와 더 많은 성경공부를 통해서 직접적으로 그리스도와 교제하여 그리스도와 그리스도의 뜻에 대해 더 많이 알아가야 합니다. 그런 다음 기독교인들은 매일의 삶 속에서 기독교의 원리를 실천하여 그들의 정부에 더 강한 영향력을 행사하면 그를 통해 기독교 국가의 법이 기독교의 방향대로 나아갈 수 있을 것입니다. 이십 세기의 거의 모든 정부가 헌법에 입각하여 성인 남자 참정권을 인정하고 심지어 일부 국가에서는 성인 여성의 참정권까지 인정하기 때문에 저는 이것이 충분히 가능하다고 생각합니다. 이 경우, 대다수의 인구가 '선한 기독교인'이라면 정부의 정책은 기독교의 방침을 따라야 할 것입니다.

두번째로 선교사들은 최근의 큰 변화 속에서 조금 더 협력적인 태도를 취해야 합니다. 선교사역의 목표는 "그는 흥하여야 하겠고 나는 쇠하여야 하리라"라는 정신으로 가능한 한 빨리 해당 국가의 지도자들을 육성하고 그들에게 지도력을 넘겨주는 것 아닙니까?

결론적으로, 우리가 이전보다 기독교를 더 효과적이고 실용적으로 만들기 원한다면 세계의 모든 기독교인들이 더 많이 기도하고 주의 깊게 성경을 공부하여 주님을 더 잘 알아야 한다고 말하고 싶습니다. 우리 기독교인들은 기독교의 이념과 원리들을 일상생활 속에서 실천해야 합니다. 또한, 선교사들은 봉사정신을 가지고 좀더 협력적인 태도를 가져야 합니다.

마지막으로 우리 외국학생들은 주님과 기독교 원리에 대한 더 나은 지식으로 믿음에 더 확고히 뿌리내리고, 우리가 본국에 돌아가서 사역의 주도적인 역할을 하기에 앞서 주님의 일을 위해 우리 자신을 더 완전하게 헌신해야 합니다.

영문 번역: 황의란, 백정섭

Mrs. Phyllis Kim Choi, "My Impression of the International Student Conference," *The Korean Student Bulletin*, 5-1, January, 1927. pp.103-104.

(영어 원문은 이 책의 부록에 수록되어 있다.)

인도에서의 회의

지난해 미수루Mysore•에서 개최된 WSCFWorld Student Christian Federation(세계기독학생총연맹) 총회에 한국 대표로 참석한 광주의 김필례 선생이 기도와 물질로 후원해준 분들을 위해 작성한 다음의 글이 많은 분들의 관심을 받을 것이라 생각하며….

우리는 마케도니아 증기선 P&O를 타고 11월 1일 고베에서 출발했습니다. 우리는 두번째 살롱에 있었던 단 두 명의 여성으로서 조용한 대화를 즐겁게 나눴습니다. 상하이에서 인도 총회에 참가하는 중국대표단 여섯 명이 합류했습니다. 같은 목표를 가지고 같은 장소를 향해 간다는 공통점으로 인해 우리는 아주 좋은 친구가 되었습니다. 우리는 홍콩에서 YMCA와 YWCA의 내빈으로서 따뜻한 환영을 받았고, 편안한 잠자리와 친절함으로 쾌적하게 지낼 수 있었습니다. 한국에서 겨울에 떠났기 때문에 초가을 같은 푸르름에 깊은 인상을 받았습니다. 그 후, 후덥지근한 무더위로 숨이 막힐 듯했고(실크드레스는 상상할 수 없을 정도로) 열대비가 내리는 싱가포르로 향했습니다. 저는 베란다 그늘이 드리워진 갓길을 흥미있게 보았고, 파파야, 망고, 사과, 녹색과 노란 바나나, 오렌지 그리고 라임 등의 열대과일을 알게 되었습니다. 어디에나 풍성하고 부드

• 공식 지명은 미수루(Mysuru). 인도 남서쪽 옛 왕국의 수도.

러운 관엽식물들로 가득 찬 드넓은 고무와 코코넛 농장이 있었습니다. 이곳에는 대영제국에서 볼 수 있는 훌륭한 도로가 있지만, 중국 상인들의 궁전 같은 거주지와 한자로 표기된 도로표지판에서 중국문화의 영향 또한 볼 수 있었습니다. 원주민의 상태는 우울하고 비참하여 충격적이었습니다. 그러나 모든 남녀의 옷차림은 눈에 띄게 밝았습니다.

그 후 YMCA와 기독교대학의 초청으로 실론Ceylon•으로 갔고, 그곳에서 연설을 하게 되었습니다. 이곳에서는 습도 높은 더위, 개미, 모기, 잎이 풍성하고 부드러운 멋진 단풍, 같은 기간에 씨 뿌리고 수확하는 모든 단계의 벼농사를 볼 수 있었고, 상쾌한 산들바람, 멋진 일몰과 쾌적하고 간편한 생활환경이 있습니다. 화려하고 정교한 여성 드레스와 보석을 보니, 주식, 상거래, 은행보다 이런 삶에 자금이 더 투자된다는 것을 알 수 있었습니다.

수입품은 비싼 반면, 보석은 매우 쌌습니다. 실론과 인도에는 종교에 대한 일반적 편견을 인정하고 기독교 신앙의 요소들을 포기하게 만드는 실질적인 위험이 있는 것처럼 보였습니다. 예를 들어 캔디Kandy에 있는 불치사佛齒寺(the Buddha's Tooth Temple)을 방문했을 때 저는 사찰에서 애처로울 정도로 헌신적인 참배자들의 모습에 매우 놀랐습니다. "왜 한숨을 쉬느냐?"고 나의 친구가 물었고 "만약에 그들이 참 하나님께 예배한다면 얼마나 좋을까?"라고 대답했습니다. "당신은 왜 그들이 믿는 대상에 드리는 이 예배가 해가 된다고 생각하는가?" 저는 그때와 그 이후 인도에서도 이 의견에 동조할 수 없었습니다. 나에게는 그러한 타 종교 숭배자들에게 살아 계신 하나님을 섬기도록 돌이키고, 죄를 용서하고, 성령으로 거듭난 삶을 살도록 구세주를 만나게 해주는, 말씀에 대한 뜨거운 열정이 있었습니다. 기독교 신앙이 우리에게 유익한 만큼 그러한

• 스리랑카의 옛 지명.

종교가 추종자들에게 유익하다고 생각되지는 않았습니다. 저는 갈급한 영혼을 충만하게 하는 풍성하고 순수한 나의 믿음을 나누고 싶었습니다.

실론에서 모드 로이튼Maud Royton과의 만남은 뜻밖의 기쁨이었습니다. 그녀는 "우리가 세상의 질서를 바로 잡을 수 있을까?"라는 주제로 강의 중이었습니다. 그녀는 정치에 영적 원리를 적용할 것을 주장했습니다. 이 일이 실제로 적용되기까지 얼마나 걸릴지 모르겠지만 그때는 반드시 하나님의 뜻이 천국에서 이루어지는 것처럼 땅에서도 이루어질 것입니다. 실론의 불교사원은 지저분하고 시끄러워 충격을 받았습니다.

마침내 우리는 인도에 도착하였습니다. 여기서 삶의 단순함과 단순함에 대한 자부심을 만났는데 마치 누군가가 "시계를 뒤로 돌려서 세상을 단순한 삶의 철학으로 바꾸어라" 하는 것 같았습니다. 우리가 만약에 평범한 인도의 집에 들어가면 가족을 위한 방이 단 하나뿐이며 실제적인 생활에서 위생 상태가 일반적으로 좋지 않다는 것을 알 수 있습니다. 종교의 자유와 관용성이 지나치게 높이 평가되어 실제적인 적용이 부족해 보였습니다. 우리는 저녁에 마두라Madura의 성전을 방문했습니다. 물이 고여 있는 불결한 물탱크, 재를 뒤집어 쓴 채 수영하는 군중들, 성직자들의 속을 알 수 없고 탐욕스러워 보이는 얼굴들, 그림자 속에 희미하게 보이는 코끼리들이 지울 수 없는 인상을 남겼습니다.

WSCF 총회

마하라자Maharajah•의 관심과 환대의 증표들이 많이 보이는 미수루에서, 우리는 만났습니다. 이십 개국에서 온 백한 명의 대표가 모였습니다. 중국 여섯 명, 미국 여섯 명, 인도 네 명, 호주 네 명, 남아프리카 세 명, 일본 두 명, 캐나다 두 명, 뉴질랜드 두 명과 한국 한 명 등이었습니다.

• 과거 인도 왕국 중 한 곳을 다스리던 군주.

논의된 주제는 다음과 같습니다.

1. 새로운 중국 : 국민정부의 성공과 중국의 통일을 위한 새로운 계획은 깊은 관심을 불러일으켰고 중국 대표단은 큰 환영을 받았습니다.

2. 일본 : 제국주의로 인해 인도인들에게 환영받지 못했지만, 그들은 일본 대표를 지도자로서 존중해 줬고 기꺼이 배우려는 태도를 보여 주었습니다.

3. 남아프리카 : 미국에서 태어나 교육받고 아프리카에서 일하고 있는 흑인인 맥스 이어건(Max Yergan)과 두 네덜란드 대표들은 흑인에 대하여 큰 공감을 불러 일으켰습니다. 백인들은 그들이 경쟁적 이해관계에서 야기된 권리와 갈등을 보호해야 한다고 느꼈습니다. 인종간의 토론이 지지받았습니다.

4. 중앙 유럽 : 종교적인 차이가 학생단체의 연합을 얼마나 어렵게 하는지를 보여주었습니다. 로마 가톨릭과 그리스 정교회는 WSCF 위원회의 집행부와 간사들을 통해 더 잘 대변될 수 있는 것으로 생각되었습니다.

5. 러시아 학생운동의 상황 : '개인의 신앙고백에 반대하는 공산주의 정부'에 대한 토론이 우리의 마음을 움직였습니다. 한 사람이 "러시아에서처럼 하나님이 외로운 곳은 없다"고 말하자 또 다른 사람이 "나는 거기에 들어가서 우리 구세주의 이름을 선포하겠다"고 말했습니다.

이 회의는 기독교인의 모임이지만, 타 종교의 대표자들을 초대하여 우리에게 연설하도록 하였습니다. "우리는 찾고 또 찾아야 한다. 그러나 하나님을 찾기에 끝이 있을 것이라고는 기대하지 않는다"는 것이 이 모든 것의 주제인 듯 보였습니다. 우리의 경험과 비교해 보십시오. 우리는 하나님과 함께 살고 있고, 그들은 하나님을 찾는 중입니다. 우리의 믿음이 더 풍성합니다.

1922년 북경에서 열린 WSCF 회의에서는 민족주의가 강조되었습니다. 1929년 미수루 회의에서는 민족주의를 초월한 국가들의 독특한 일체감이 뚜렷해졌습니다. 대부분의 대표들은 제시된 문제들을 마치 그들 자신의 문제처럼 어떻게 해결할 것인가에 대해 진지하게 생각했습니다. 해결책을 찾기 어려울 때 그들은 한 마음으로 연합하여 함께 읽고 기도하고 노래했습니다. 대표단은 정치적으로 강력하지는 않았지만 바로 그 회의에서 주 안에서 거듭난 것처럼 보였습니다. 각각 순수한 기독교 정신과 각국의 학생들을 위해 일하는 비이기적인 목표를 가지고 자신의 나라로 돌아가서, 그곳에서 리더십을 발휘할 때 하나님의 나라를 세울 수 있을 것입니다.

WSCF 회의 후에 우리들 중 일부는 인도, 실론, 버마•의 첫번째 남녀합동회의의 내빈이 되었습니다. 칠십 명의 해외 대표를 포함하여 육백 명의 참석자가 있었습니다. 이것은 전 세계적 전망을 제시하는 데 큰 기회가 되었습니다. 프로그램은 잘 짜여 있었고, 'That ye may be one'이라는 대회 주제 하에 모든 것이 '더 나은 기독교인이 되기'라는 한 가지 목표를 향하고 있었습니다. 그리스도의 성품, 그리스도의 부활, 십자가의 능력, 기독 학생의 사명 등이 주제가 되었습니다. 회의 초기에는 언어, 인종, 관습, 이상, 사고의 다양성에 주목하였지만, 마칠 때에는 우리는 그 회의가 용광로가 되어 많은 사람들이 그리스도 안에서 하나가 되었음을 깨닫게 되었습니다.

토론은 자유롭고 때로는 열정적이었습니다. 한 경험 많은 선교사가 일어나 "우리는 적들에 둘러 싸여 있다"고 말하기 시작했을 때 동요가 있었습니다. "잠깐만요"라고 인도 학생이 끼어들었습니다. "나는 '적'이라는 말을 좋아하지 않습니다. '형제'라고 말하세요." "저는 마지막 발표자의

• 미얀마의 옛이름.

의견에 동의합니다"라고 중국 대표가 부르짖었습니다. "우리는 비과학적이고 무지하고, 편협해서는 안 됩니다. 우리의 일은 그리스도를 소개하는 것입니다." 때로는 비열한 태도에 대한 반응의 진폭이 지나치게 넓은 것처럼 보였습니다. 많은 남녀 학생들이 그들의 삶의 과제를 위해 결정을 내렸습니다. '십자가의 구세주'에 관한 브라민 계층의 한 목사는 청중들을 열광시키고 그 주제에 푹 빠지게 하였습니다. 그밖에 학생들이 감사를 표현할 수 있는 폐회 모임을 요청했고, 은총의 테이블에서 떨어진 부스러기를 기다리는 소외된 사람들이 있었습니다.

인도는 확실히 선교사와 기독교 신앙에 대하여 가장 가혹하며 날카로운 비판을 가했습니다. 대부분의 선교사들은 인도인들의 요청에 따라 그리스도와 기독교인들의 삶을 증명하려고 열심히 노력하고 있습니다. 이것은 삶 속에서, 사고방식에서, 인격에서, 엄청난 희생을 의미해서 어떤 사람들은 마치 그리스도 안에서 죽은 것처럼 보입니다. 인도의 많은 기독교인들에게서 같은 느낌을 받았습니다. 따라서 기독교에 대한 비판과 박해의 이 땅에서 그리스도가 찾기를 원하시는 진정한 기독교인과 기독교를 만난다 해도 놀라지 않을 것입니다.

미수루 회의에서 저는 WSCF가 관심을 기울이는 인도의 대학 중 몇 곳을 방문하는 그룹의 일원으로 선발되었지만 시간상 방문할 수는 없었습니다. 그러나 버마를 방문하라는 특별한 요청은 받아들이고 싱가포르로 향하는 배를 탔습니다. 저는 버마를 인종적으로 좀 더 가깝고 편하게 느꼈고, 아름답고 우아한 의상에 매료되었습니다. 풍경은 그림처럼 아름답고 풍요로웠습니다. 버마인들은 편안해 보였고 시인 키플링이 "색을 이해하라understand colour"라고 노래한 것처럼 아름답게 살아가고 있었습니다. 버마에 있는 동안 대학교들을 순방하며 신학생들에게 연설하는 새로운 경험을 했습니다.

위의 나라들을 보고 토론에 참여한 후에 돌아오는 선상에서의 이십오

일 동안, 이 모든 경험을 돌아보고 우리가 무엇을 할 수 있는지, 학생운동의 문제에 새로운 빛이 밝혀질지 생각해 보았습니다. 먼저 순수한 동기와 이기적이지 않은 목표를 가져야 한다는 생각이 들었습니다. 그리고 이런 특성을 가진 남녀들을 우리나라에서 키워내야 합니다. 또 우리는 열린 마음을 길러야 합니다. 우리는 개인이든 국가든, 불평하는 큰 죄를 지었음에 틀림이 없습니다. 애국심이 아니면 아무것도 이룰 수가 없습니다. 진정한 애국심이란 국가의 상태를 향상시키거나 개개인의 행복을 증진시킬 수 있는 건설적인 것입니다. 우리는 잘못된 점이 있다면 스스로 점검해 봐야 합니다. 우리에게는 자신을 바로 잡을 수 있는 힘이 있습니다. 진정한 애국심으로 이러한 일에 집중할 것입니다. 따라서 우리에게는 다른 어떤 것보다 오직 주 예수 그리스도 한 분만 필요하며, 결국은 우리가 그리스도의 진실하고 충실한 종이 되어야 한다는 것입니다. 이 글을 읽는 모든 분들에게 이를 위해 기도해 주시길 부탁드립니다.

영문 번역: 황의란, 백정섭

Mrs. C. I. McLaren and Mrs. Pilley Kim Choi, "At Conferences in India," *The Korea Mission Field*, 25-12, December, 1929. pp.245-247. (영어 원문은 이 책의 부록에 수록되어 있다.)

일본 유학이 Y와의 인연 가져와

YWCA 인물사 김필례 편

Y가 창설된 지 금년으로 오십오 년 이 땅에 YWCA를 꽃피우기까지 애쓴 선배들을 우리는 잊을 수 없다. 그들이 남겨주는 교훈에서 우리는 무엇을 찾을 것인가…. 이번 호부터 Y 인물사를 소개해 본다. ―편집자

국운이 바야흐로 기울어져 머지않아 일본 제국주의의 보호국이 되려하는 구한국 말년인 1891년 11월 19일 나는 황해도 장연읍에서 한 삼십 리나 더 들어간 소래에서 우리나라 첫번째 교회 여전도사가 된 어머니의 아홉 남매 중 막내로 태어났다. 내가 돌이 지나자 아버지는 돌아가셨다. 증조부 때 벼슬을 버리고 내려와 정착한 이 소래라고 불리는 마을은 우리 소작인, 종들로 한 마을을 이루고 있었다.

내가 다섯 살 때인가 이때까지 기독교와는 인연이 멀던 우리 마을에 배재학당을 세운 언더우드 목사가 찾아와서 선교한 결과 오빠 둘이 금방 예수를 믿기 시작했다. 이때까지도 어머니는 기독교를 믿지 않고 시렁 위에 조상들 위패를 모시고 제사를 지내고 있었는데 어느 해인가 언더우드 목사 댁에 유하면서 배재학당엘 다니고 있었던 넷째 오빠 김필순 씨가 방학을 맞아 내려왔다가 어느 날 어머니가 안 계신 사이에 시렁 위의 조상을 다 내려놓더니 마당에다 장작불을 펴서 다 태우시는 것이었다. 밖에서 들어오시던 어머니께선 이제 우리 집엔 재앙이 온다고 펄펄 뛰시

며 노하셨지만 오빠는 "어머님 제가 죽을죄를 지었습니다만 이것이 다 헛것입니다. 우리 예수를 믿읍시다" 하며 둘째 오빠랑 함께 열심히 어머님을 설득하시었다. 이렇게 해서 어머니가 예수를 믿기 시작했는데, 믿자마자 어머니의 신앙심은 놀랄 만하여서, 전답을 내어서 이 마을에 교회를 세우게 되었으니 이것은 곧 정동교회와 새문안교회보다도 더 먼저 우리나라에서 세워진 소래교회였다. 그리고 보통날엔 교회를 빌려 서당을 경영하였다. 그때는 여자들은 칠 세만 넘으면 문밖에도 못 나올 때였는데, 우리 집안이 이렇게 일찍 개화한 까닭에 일곱 살 때, 나는 언니인 김순애(김규식 박사 부인), 김노득(양 목사 부인)과 큰오빠의 딸들인 김함라(남궁억 목사 부인), 김마리아(애국부인회 회장, 독립운동가)와 함께 교회서당에 다니기 시작하였다. 우리들은 매일 필순 오빠의 인솔 아래 서당엘 다녔는데 눈이나 비가 오면 가마를 타고 학교엘 갔다.

서당선생은 아랫목에 앉고 여자애들은 선생 좌우에 앉고, 남자애들은 선생 앞에 쭉 앉아서 한문, 성경, 수학 등을 배웠다. 여기서 한 삼 년 다니다가 정신여학교에 들어가서 1907년 7월 제1회 졸업생이 되었다. 졸업장을 받고 집에 돌아오니까 이화학당의 사감이며 선생이었던 하난사 씨가 찾아와서 졸업장을 보여 달라고 하였다. 창호지 한 장에 학업수료를 뜻하는 문구는 지금이나 비슷했는데 교장, 교감, 담임은 물론 직접 배우지 않은 선생님들까지 쭉 성명을 나열한 것이 특색이었다. 이때까지 이화학당엔 졸업생을 내지 못해서 졸업장 구경을 왔다는 것이다. 이화학당은 그 다음해인 1908년에 첫 졸업생을 내었는데 내 졸업장을 보고 그대로 했다고 한다.

필순 오빠는 배재학당을 거쳐 세브란스의학교를 다녔는데 교장인 에이비슨 씨의 통역을 하면서 교과서도 번역하며 1908년에 역시 첫 졸업을 하였다. 일곱 명이 함께 졸업했는데 모두 졸업하자마자 곧 박사가 됐으며 당시 통감이던 이등박문•이 와서 졸업장을 주었다고 한다.

1907년 정신여학교를 졸업하자 학교에 계속 남아 수학을 가르치고 있었는데 학생 중엔 나보다 나이가 많은 학생들도 있었으며 몇 번씩 설명을 해도 잘 못 알아들을 때는 나의 부족한 지식이 한없이 답답하여 운적도 여러 번이었다. 그때마다 나는 학교 다락방에 올라가 더 공부하게 해달라고 밤새 기도하고는 했다. 한 일 년간 계속 기도생활을 했는데 결국 하나님은 나의 기도를 들어주셨다.

1908년 일본 유학 관비생으로 여자로서는 유일하게 내가 뽑혔던 것이다. 그래서 나는 일본말이나 글을 하나도 모르면서 일본 동경으로 유학을 떠나게 되었다.

이 해는 또 구한국이 일본의 보호국이 되던 해이다. 시간도 잊어버릴 수가 없는데 1907년 8월 30일 새벽 네 시 일본 군대는 고종 황제가 계신 덕수궁 담을 둘러싸고 조선 군인들을 무장 해제시켰다. 우리 군인들은 덕수궁 담 위에 무장해제를 당한 채 쭉 깔려 있었다. 비가 쏟아지고 있었던 거리엔 군인들의 피로 빨갛게 물들어 있었다. 그때 우리 집은 지금의 서울역 맞은 편, 구 세브란스병원 초입에 큰오빠네랑 같이 있었는데 병원으로 조선 군인들을 실어오는 수레가 연달아 들어오고 있었고 그 밑으로 빗물과 사람 피가 줄줄이 흐르고 있었다. 오후 두시쯤 되니까 병원 외과과장으로 계시던 필순 오빠가 내려오셨다. 나랑 순애 언니, 그리고 큰오빠네 세 딸인 함라, 미리엄, 마리아 등 우리 다섯 처녀더러 군인들을 간호하라는 것이었다. 어머니는 펄펄 뛰시면서 계집애들을 어디다 내놓느냐고 처음에 반대하셨지만 오빠가 귀족의 딸이었으나 전장에까지 몸소 찾아가 군인들을 간호했던 나이팅게일의 얘기를 하며 설득을 하는 바람에 밤에 나가서 하라고 겨우 허락을 내리셨다. 병원에 내려가 본즉 일본 군대는 우리 군인이 총 맞아 쓰러지면 총 끝에 칼을 꽂아 꾹꾹 누르며 죽

• 이등박문(伊藤博文): 이토 히로부미.

이는 잔학성을 보였는데, 이 속에서 쓰러진 어떤 군인은 칼끝에 찔리면서도 죽은 체하고 가만히 참고 있다가 가지고 있던 총알을 재어 일본 군인을 일곱이나 죽이고 쓰러지는 것을 보았다.

이때의 체험은 나랑 우리 다섯 처녀들의 일생을 통해 나라 사랑하는 마음, 일본에 대한 분함과 증오, 그리고 우리나라가 독립해야겠다는 강력한 투쟁의지와 책임을 느끼게 하여 주었다.

일본에서의 생활은 나에게 YWCA와의 만남을 이루게 해 준 계기가 되었다. 상해에서 온 중국 학생 네 명과 함께 일본어 특별교육과 심상소학교 교본 전 열두 권을 마친 다음 1909년 4월 동경 여자학원에 입학하여 서양사를 공부하면서 방학 때마다 기숙사가 폐관되면 학교 주선으로 YWCA 기숙사에 보내졌다. 여기에 들어오면 그렇게 마음이 화평하고 안전해질 수가 없었다. 아침저녁으로 기도를 통해 하나님을 가깝게 하였으며 좋은 것만 보면 내 조국에 가지고 나가야겠다는 생각을 가지게 되었다. 이때 나에게 제일 어려웠던 과목이 역사와 지리였다. 사람 이름, 땅 이름이 어떻게 긴지 예를 든다면 임진란을 일으킨 풍신수길豊臣秀吉을 도요토미 히데요시라고 부르는 것 등이다. 보통이 여덟에서 열 자씩 되는 긴 이름을 외우는 것이 어려웠다. 이러는 중에 우리나라는 1910년에 기어코 일본에 강제 합방되고 말았다. 그 전해에 안중근 의사가 하얼빈 역에서 이등박문을 저격 살해하여 일본 애들의 살기등등한 눈초리를 우리 조선 유학생들이 받기는 했으나 우리의 가슴을 통쾌하게 해주었는데, 합방의 소식은 나라 잃은 설움을 오로지 학업에 더 전념하게 해 주었다. 이런 가운데에서도 학생 YWCA에 가입, 임원이 되었고 이 당시 일본 YWCA 동맹 총무인 가와이의 "일본이 조선을 합병한 것은 잘못이다"라는 강연을 듣고 매우 감명을 받았다. 그리하여 한국에 돌아가면 이렇게 양심적인 사람들이 하는 좋은 단체인 YWCA를 창설하리라 하는 뜻을 이때부터 가지게 되었다. 그러다가 마침 데라우치 총독 암살음모사건으로 알려진 '선천 110인 사건' 때 내 학비를 보내주던 필순 오빠(안창호, 김응경 씨 등과 결의형제)가 연루되어 만주로 망명하게 되어 학비조달이 어려워지자 동경 여자학원 동창회의 장학금과 동경 유학생회의 학비 보조금을 받아 팔 년의 전 과정 학업을 끝마치고 1916년에 귀국하였다. 귀국하자 모교인 정신여학교에서 서양사를 가르치면서 YWCA 창설을 위한 방법과 동지를 찾기 시작하였다. 그러다가 1918년 여름에 의사인 최영욱과 혼인하여 광주에 내려가 잠시 시집살이를 하다가 1921년 남편이 도미 유학길에 오르게 되자 이제 본격적으로 사회활동을 해야겠다고 생각하고 모교 교장인 미스 루이스를 찾아가 YWCA 창설에 관해 의논하였던바 당시 이화학당 당장 미스 아펜젤러를 소개하여 주었다. 아펜젤러는 "조선에서 YWCA를 창설한다는 것은 매우 기쁜 일이나 외국인이 앞에 나서면 좋지 않으니 우리 헬렌 선생을 데리고 가라"면서 김활란 씨를 소개하였다. 이렇게 하여 한국 YWCA 창설의 두 주역인 우리 두 사람이 만나게 되었던 것이다.

내가 이렇게 한국 YWCA 창설 준비로 분망하기 이전 이미 1920년에 미국 YWCA 외국부에서 한국 Y 조직을 위해 한국 경성에 와서 미세스 겐소 댁에 머물면서 재경 여성들을 만났었으나 나라도 일본의 식민지하에 있는데 기관까지 일본 밑에 있게 되는 것은 싫다고 하여 YWCA 창설 계획이 무산되었다는 얘기를 들은 바 있다. 따라서 YWCA를 창설 준비하면서 제일 염두에 두었던 것도 바로 이 점이었다. 1922년 3월 북경 청화대학에서 열린 세계기독교 학생대회에 신흥우, 이상재 씨 등 YMCA 대표들과 함께 역시 감리교파의 대표로 뽑힌 김활란과 같이 장로교파의 대표로 내가 파송되어 참석할 수 있게 되었을 때 육십여 개국에서 온 여러 선진된 나라의 YWCA·YMCA 대표들을 통해 새로운 전망과 비전을 배우는 한편 일본 YWCA 총무 가와이 미치코와 단독 회견하여 조선에 YWCA가 설립되는 경우 세계 Y에 단독 가입될 것을 승인하는 동시에 한국에서 가입신청서를 제출할 때에는 단독가입 동의서를 첨부하여 줄 것을 요청하였다. 여기 와서 조사해 본 즉 캐나다, 인도, 호주가 당시 영국의 식민지 속령이었으나 다 독립 Y로 가입돼 있었으며 회의 주재자가 내가 잘 아는 모트Mott 박사였다. 그리고 가와이 미치코는 내가 일본에서 공부하고 있을 당시 일본 Y 부회장이었으며 한국의 강제 합방을 못마땅해 한 강연을 해서 큰 감명을 주었고 나에게 YWCA 창설의 뜻을 굳히게 한 인연 있는 사람이었다. 이 회의가 열리고 있는 동안 상해의 우리 임시정부에서는 여운형 씨를 우리에게 보내 세계 여러 나라가 참석하는 만국회의를 이용하여 일본의 만행을 폭로시키라고 지시하였다. 마침 중국 정부의 여 총통이 이 회의에 참석한 대표들을 초청하여 특별열차를 보내주었는데, 이 북경서 천진 가는 특별열차 속에서 나는 소극적인 가와이에게 그들이 폭로되기를 꺼리는 '수원사건', 즉 많은 기독교인이 교회 안에서 살해된 사건을 언급하면서 그의 협조를 부탁하여 조선 Y로서의 독립성을 보장하는 이 귀중한 약속을 얻어냈던 것이다.

북경회의에서 돌아온 나는 김활란과 함께 각 교회 및 기독교 단체 지도자에게 그 상황을 보고하면서 YWCA의 필요성에 대한 긴급한 의견을 피력하여 그해 6월 12일부터 시내 협성여자 성경학원에서 전국의 공사립 고등여학교 대표와 여성단체 대표를 초청하여 제1회 조선여자기독청년회 하령회를 열고 마지막 22, 23일 양일간 발기총회를 열었다. 이때 참석한 대표들은 노자만 갖고 오고 열흘 동안의 숙식비는 김활란이랑 둘이 유지들을 찾아 기부금을 모아서 치르었다.

이 하령회는 각종 교육적인 프로그램과 함께 매일 새벽의 기도회나 성경연구를 통해 깊은 종교적 분위기로 싸여 있었고 각 단체 및 학교 대표의 보고를 통해 경험을 교환하였다. 이때까지 공식적인 조직은 없었으나 YWCA의 정신은 여기에 충만하여 마지막 날 서로의 이별이 아쉬워서 매해 모이자는 이들의 요청에 따라, YWCA 조직을 발의하니 만장일치로 창설 가결을 보았던 것이다.

이렇게 딴 나라와 달리 연합회가 먼저 창설되자 지방 조직을 서둘기 위해 나는 순회총무로서 일 년 동안 평양, 해주, 인천, 개성, 마산, 부산 등 전조선 열일곱 곳을 순회하면서 각 지방과 여학생 Y를 창설케 하고 연합회기성회에 가입하게 하였다. 이 지방순회 시엔 호주 선교사였던 미세스 매클래런이 지방의 외국인 선교사에게 미리 편지를 내주어 매 들리는 곳마다 선교사 집, 교회 및 여학교 등 세 곳에서 회합을 가져 Y 창설의 취지와 조직 활동을 설명하곤 하였다.

해주엘 들렀을 때는 그곳에 선교사가 하나도 없어 결국 어느 여관엘 들게 되었는데 거기서 감기가 몹시 들었다. 한 곳에서 하루에 세 번씩이나 똑같은 모임을 갖는 강행군은 열이 사십 도나 되는 속에서도 계속되어 그해 12월엔 1차로 네 개 여학교와 네 지방 등 여덟 곳에 YWCA를 조직하고 YMCA 강당을 빌려 지방순회 보고회를 가졌다. 이렇게 해서 아무의 도움도 없이 순전히 우리 조선 여인들의 힘으로 YWCA를 시작을 하고 1924년에 세계 Y에 가입을 함으로써 한국 여성사에 놀라운 점프를 하였지만 어떻게 해나갈지를 몰라서 하와이 Y 총무로 오래 일해 와서 YWCA 사업에 능통해 있었던 황화수 양을 초청하려 했으나 여의치 않게 되자 우리 자체 내에서 지도자를 훈련하기로 하여 유능하고 덕이 있던 김성실 씨를 미국 YWCA에 연수보내기로 하였다. 이때 총무였던 유각경 씨와 나는 김성실 씨 미국 가는 여비를 주선하러 이왕비 친정댁이랑 민영훈 씨, 윤치호 씨 등을 방문하여 기부금 요청을 하였으며, 그 후 1927년 컬럼비아대학 유학시절엔 회관건축비를 미국 내 유지들에게 얻으러 다니기도 하였다. 나는 또 이중 서울 Y와 함께 지방 Y로서 제일 먼저 생긴 광주 YWCA는 광주가 나의 시집이기도 하여서 내가 직접 창설을 주도하였는데 세계 최초의 YWCA로서 세 여인이 모여 기도하는 가운데 이루어졌다는 영국 YWCA의 창설 역사를 따라, 양응도, 임자혜, 김함라 씨 등과 함께 한 달 동안의 기도를 통해 광주 YWCA를 창설하였고 그 후 해방될 때까지 무급총무로서 계속 일해 왔다.

이때 주로 한 사업이 야학이었는데, 부인들에게 한글교육을 시키는 것이었다. 그 당시 이 지방의 대부분의 중류 이상의 남자들은 서울이나 일본으로 유학을 가서 방학에만 집으로 내려오곤 하였는데 집에는 일찍 장가를 들어 데려온 처가 남편이 없는 시집살이 하며 애기 낳고 기르고 있었다. 이들은 남편 편지가 와도 대부분 읽지도 못하고, 따라서 답장도 못하는 일이 많아, 배웠다는 이들 남편들은 무식한 본처를 버리고 소위 신여성과 연애하는 풍조가 많았다. 그러므로 이들에게 글자를 읽고 쓸 수 있게 하는 일이 아주 시급했던 것이다. 이렇게 YWCA 활동을 하면서 수피아학교에서 가르치며 계속 광주에서 살고 있었는데 신사참배 문제로 선교사들의 교육 인퇴가 속속 이루어져 수피아여학교도 문을 닫게 되었고, 그 후 나는 신사참배, 창씨개명 등 문제로 세 번이나 일제 경찰에 붙들려갔다가 나중에는 내가 나오면 사람들을 선동한다고 트집 잡아 그들은 나를 삼 년 동안 교회마저 못 다니게 하였다.

그리하여 일제 말기에는 맨발 벗고 손수 농사일에만 전념하면서 책 다섯 권(번역 네 권 포함)을 준비하는 가운데 해방을 맞이하였다.

그동안 YWCA 안에는 훌륭한 지도자들이 많이 양성되고 배출되기도 하여서, 해방 후 나는 YWCA 일선에서는 물러나 광주 수피아여고와 정신여고 재건에 힘쓰게 되었다.

어떤 활동에서나 마찬가지겠지만 특히 단체를 움직이는 데는 예리한 기계와 같아서 방법을 안다는 것이 중요하다. 해방 후에는 미국 Y에서 오래 훈련받고 활동해 온 박에스더 씨가 우리 Y에 와서 한국 YWCA를 체계적인 운동체로 확고하게 서는 데에 큰 공헌을 하였다.

한국 YWCA를 창설하고 현재 연합회의 명예 연합위원 및 정신여고 명예교장, 명예이사장으로 있는 김필례 씨는 고혈압으로 밖의 활동은 하지 못하나 자신은 가만히 있지 못하는 성격이라며 요즈음은 신문과 책을 보는 외에 지난봄부터 매일 아침 집 앞을 깨끗이 쓰는 것이 중요한 소일거리라고 말한다. 처음에 시작할 때 아무도 대문 밖을 쓰는 사람이 없더니 요즈음에는 딴 이웃집에서도 더러 나와 쓰는 것을 보게 되어 기쁘다고.

「YWCA인물사 김필례 편: 일본 유학이 Y와의 인연 가져와」『한국 YWCA』 25-1, 1977년 1월. 34-37쪽.

민족의 수난과 여전도회

미국 북장로회에서 주최하는 세계여전도 4년 대회에 참석하기 위해 내가 한국을 떠난 때가 1950년 6월 3일 그러니까, 육이오동란이 일어나기 불과 이십여 일 전이었다. 이 대회에는 미국 연합 장로회 산하에 있는 칠십여 개국의 피선교국 대표들이 모였는데, 우리나라에서는 당시 대한예수교장로회 여전도대회 회장직을 맡고 있던 내가 한국 대표로 참석하게 되었다. 미국으로 떠날 때, 나는 무엇보다도 우리 여전도회의 활약상과 함께 한국 교회에 대한 바른 인식을 세계 교회에 심어 주리라는 포부에 가득 차 있었다. 과거 일제의 탄압과 해방 후 국토 양단의 불행 등 온갖 시련 속에서도 놀라운 발전과 성장을 보여준 한국 교회와, 그리고 여전도회의 활약은 실로 자랑할 만한 일이었기 때문이다.

그러나, 누가 알았으랴? 며칠이 지나지 않아 멀리 두고 온 내 나라에서 사변이 일어나리라는 것을, 약 일 개월 예정의 나의 도미와 육이오동란, 이 공교로운 사건이야말로 내 일생의 가장 충격적인 사태를 가져다주었다. 어느덧 십팔 년의 세월이 흘렀건만, 그때의 일을 회상할 때마다 나는 충격과 흥분에 사로잡히곤 한다.

회의 장소는 뉴저지 주의 오션클럽이라는 곳이었다. 칠십여 개국의 대표들이 일당에 모여 회의를 하는 도중 공산당원에게 암살당했다는 원일한• 선생의 자당의 추모회가 있었다. 나는 그때 그들 앞에 소복을 입고 나가서 추모사를 통해 한국인의 한 사람으로서 충심으로 용서를 빌었다.

회의가 끝난 뒤, 각국 대표들은 일 개월 예정으로 미국 각지를 순회하면서 강연을 하게 되었다. 나도 대회의 스케줄에 따라 이곳저곳을 다니면서 강연을 하던 도중 6월도 하순에 접어들어서 워싱턴에 들르게 되었다. 25일 일요일에는 어느 교회의 주일학교에서 강연을 하기 위해서였다. 이 날 강연 장소를 향하여 현관을 나서던 나는 방금 배달되어 현관에 떨어진 붉은 활자로 큼직하게 찍힌 타이틀을 보고 깜짝 놀라지 아니할 수가 없었다. 공산군의 남한 침입을 알리는 기사였다. 너무나 청천벽력 같은 이 소식에 순간 나는 눈앞이 캄캄해지는 것을 느꼈다. 마치 온몸에 전류가 흐르는 듯 걷잡을 수 없게 사지가 떨려 왔다.

전진戰塵에 휘말려 신음할 내 동족들, 내가 교장으로 봉직하면서 강당을 준공하고 떠나는 날 아침 첫 예배를 보고 온 정신여학교와 서울에 데려와 공부시키던 아이들, 광주에 계신 남편, 연로하신 시부모님의 운명이 번개처럼 눈앞을 스쳐갔다. 내가 떠나온 것이 몹시 후회되기도 했다. 이역만리에 떨어져 있는 몸이기에 마음은 더욱 안타까웠다. 마음을 좀처럼 가눌 수가 없었다. 그렇다고 강연을 포기하고 그대로 주저앉을 수는 없었다. 교회로 가서 마음을 진정시키기 위해 화장실에서 세수를 하였다. 조금은 진정이 되었다.

나는 드디어 연단에 올랐다. 미리 준비했던 강연 주제를 제쳐놓고 방금 접한 한국의 위기와 교회의 수난상을 저들에게 들려주었다. 너무 충격을 받은 나머지 어떻게 말했는지 자신도 알 수 없었으나 듣는 이마다 모두 경악을 금치 못하며 깊은 동정을 보내왔다. 강연을 마치고 나오자 어느 교포가 자기집으로 초대하였다. 서로 갑작스러운 우리나라의 슬픈 사태를 걱정하고 있는데 트루먼 대통령의 성명이 라디오에서 흘러나왔다. 북한 공산당의 침략 행위를 방관하지 않겠다는 내용의 성명이었다. 다소의

• 호러스 그랜트 언더우드(Harace Grant Underwood)의 한국식 이름이다.

안도감이 들기는 하였으나, 여전히 조바심은 가시지 않았다.

이럭저럭 예정했던 일 개월간의 순회강연도 끝나갈 무렵이었다. 선교회 본부에서는 한국 사태가 위태로우니 좀더 여기서 일하는 게 어떠하냐고 당분간 체류할 것을 권유해 왔다. 사실 이런 판국에 돌아온다고 해도 별 수는 없겠지만 계속 눌러 있다는 것도 결코 마음 편한 일은 못 되었다. 본국에 있는 식구를 생각하며 반액으로 구입할 수 있는 세일에서 물건을 골라서 손에 쥐었다가도 그들의 생사를 몰라서 놓아 버리고 놓아 버리고 하던 일이 아직도 가슴 아팠던 기억으로 생생하게 남아 있다. 이렇게 얼마 동안을 안절부절 못하다가 9월에 들어서면서부터는 이윽고 장기 체류를 결심하고 말았다.

여기에 남아서 보다 보람 있는 일을 해야겠다는 생각에서였다. 아니 이것이 어쩌면 하나님의 경륜인지도 모른다는 생각이 들었던 것이다. 이리하여 나는 다시 새로운 강연에 나서기로 작정했다. 한국의 사태를 보다 바르게 인식시키고, 한국전쟁에 대한 관심을 불러 일으켜야겠다는 사명감이 나로 하여금 새로운 결의와 용기를 가지고 일어서게 하였던 것이다.

먼저 강연 내용을 새로이 정리했다. 스케줄은 선교회에서 지정해 주었다.

강연은 물론 정연한 형식을 갖춘 것은 아니었다. 마구 터질 것만 같은 민족적인 울분과 비통한 심정에 싸여 있던 때라 그저 속에서 터져 나오는 진실한 호소를 그대로 토로했을 뿐이었다. 남북 분할의 원인이며 교회에 대한 가혹한 탄압을 감행하는 공산당의 생리며 이번 전쟁으로 해서 해방 후 우후죽순같이 활발한 기세로 일어났던 신흥 한국 교회의 처참한 수난상 등을 생생하게 들려주면서, 한편 국토 양단과 이 민족적 불행에 미국이 우방국으로서 책임을 통감해야 한다는 것을 또한 강조하기를 잊지 않았다. 그럴 때마다 청중들은 모두 공감의 눈물을 흘려 주곤 했다. 순회강연은 계속되었다. 그러다가 늘 궁금했던 고향 소식을 들은 것이 10월 어느 날이었다. 어느 선교사 편으로 전해온 소식은 9월 28일 새벽 광주에서 남편이 공산당에게 총살당했다는 비보였다.• 삼십여 회에 걸친 지금까지의 강연 중 가장 중요한 강연을 위하여 바로 출발하기 하루 앞둔 10월 어느 날이었다. 캐나다와 미국의 신교도 칠십 교파에서 삼천 명의 대표들이 모이는 대규모 신교도 대회에서 강연을 하게 되었던 것이다.

나는 남편이 참사되었다는 부음을 듣고는 식음을 전폐한 채 밤을 꼬박 새우며 지내었다. 타지에서 남편의 기막힌 부음을 듣고 달려가지도 못하는 처지가 더욱 서러웠다. 강연회에도 나가고 싶지 않았다. 과부가 된 주제에 강연이 다 무어냐 하는 자책감도 들었다. 그러나 속에서는 이성이 소리쳤다. 지금은 전시다. 예법 따위가 문제될 수 있겠느냐. 이럴 때일수록 할 일은 괴로워도 해야 한다. 그래야 너도 살고 민족도 산다.

나는 비장한 결의로 자신의 슬픔을 달래면서 대회장에 참석하기로 결심했다. 이미 대회에는 사전에 소개서를 통하여 나를 소개해 두었기 때문에 모두가 다 알고 있었다. 믿음이 탁월하고 인격이 고매한 여성 지도자라고 분에 넘친 찬사의 소개까지 곁들이고 있었다. 기왕 이렇게 된 바에야 어쩔 수 없는 일이 아닌가. 내가 여기서 쓰러져서는 안 된다. 그들은 믿음과 인격의 소유자로 소개하지 않았던가. 나는 나 혼자가 아니라 한국 여성, 아니 한국인의 한 사람으로 여기 선 것이다. 한국 사람의 이미지를 그들 앞에 흐려 놓아서는 안 된다. 나는 지금 민간 외교의 중대한 사명을 띠고 있는 게 아니냐? 더구나, 청중 가운데는 그들의 귀한 남편이나 자식을 한국전쟁에 바친 사람도 많을 터인데 남편이 참사를 당했다고 해서 그들 앞에서 쓰러진다면 그들은 얼마나 실망할 것이냐? 오히려, 그들에게 위로와 용기를 주어야 할 책임이 내게 있지 않느냐. 이런 생각들이 꼬리를 물고 일어나 나를 채찍질하였다. 나는 마침내 장도에 올랐다. 시

• 이 책에 실린 평전 「쉼 없는 열정: 나라, 신앙, 교육을 향한 김필례의 삶」 주 99번 참조.

카고에서 대회 장소인 신시내티 시로 가는 도중에도 십여 처에서 강연을 할 노정이었다. 극도로 긴장하고 지친 나머지 연단에 오를 때마다 다리가 후들거려서 몸을 제대로 가눌 수가 없었다. 목이 잠겨 무슨 말을 어떻게 해야 할지도 몰랐다. 그러나 나는 모든 것을 하나님께 의지하였다. "내 입을 하나님께서 주장하사 당신께서 하고 싶으신 말씀을 나로 하여금 말할 수 있게 해 주소서" 이렇게 기도했다. 사실, 그때에 무슨 얘기를 했는지 아직도 기억에 분명치 않다. 그러나 위대한 기적이 일어났다. 청중들은 내가 말할 때마다 모두 크게 감동하여 눈물을 흘리는 것을 나는 보았다. 그들은 나에게 물었다. "우리는 무엇을 했으면 좋겠느냐"고. 나는 대뜸 구호품을 보내 달라고 했다. 전시에 얼른 입을 수 있는 의류며 생필품이 당장 아쉬운 우리의 실정을 알기 때문이었다.

오하이오 주 신시내티 시에 도착하여 체중을 달아보니 며칠 새에 사 파운드나 줄었다. 여기서 세계의 언어를 간소화시켜 성인 교육에 크게 공헌했고 한때 한국에도 찾아와 쉬운 방법으로 한글 깨치기 운동을 벌였던 라벅 박사•를 만났다. 그분은 나에게 이젠 강연보다 좀더 구체적인 활동을 권하면서 이 모임(칠십 교파의 신교도대회)에서 결의해 가지고 미국 정부에 청원만 한다면 곧 배를 띄울 수 있을 것이라고 귀띔해 주었다. 배를 띄운다는 말은 지금 배에 산적해 있는 구호품이 무슨 사정에 걸려 출발을 못하고 묶여 있는데 그것을 한국으로 수송할 수 있다는 얘기였다.

나는 그 말을 듣고 서슴지 않고 대회에 다시 나가 호소하였다. 말할 수 있는 능력, 지혜를 하나님께 의탁하면서 진정 속에서 우러나오는 힘으로 호소했던 것이다. 그러자 모두 즉각 결의해 주었다.

이러한 일련의 일들이 인연이 되어 많은 친지들을 얻고 또 많은 도움도

• 세계 문맹퇴치 운동에 앞장섰던 미국의 선교사 프랭크 로바크(Frank C. Laubach, 1884-1970)를 가리킨다.

받으면서 근 일 년 남짓 열아홉 주를 누비며 지내다가 시카고를 떠나 귀국의 길에 오른 것이 1951년 7월 1일 곧 휴전회담이 시작되던 날이었다. 구호물자를 가지고 올 욕심으로 선편을 이용하여 왔기 때문에 부산에 당도한 것은 7월 15일이었다. 귀국한 뒤에 사귄 친지들로부터 또는 교회기관으로부터 보내온 성의 어린 원조는 일일이 다 들 수 없을 정도다. 그것으로 정신여학교 교직원들을 위시하여 동창생들 여러 친지들을 도울 수 있었다.

특히 여전도대회의 복구를 위해서 연합 장로회 선교 본부에서는 십 년 동안 순회 총무를 두는 데 재정적인 뒷바라지를 약속했다. 이리하여 이영숙 씨가 총무로 수고하게 되었으며 이것이 오늘의 여전도대회의 귀한 밑거름이 되었다.

인간이 자신의 약함을 절실히 느낄 때 하나님께서 가장 강하게 하시고 또 강하게 만든 그를 통하여 가장 큰일을 성취하심을 감사하며 영광을 돌리기를 마지아니한다. 급변해 가는 새 시대를 맞아 앞날의 대회를 이끌고 나아갈 역군들에게 나는 나의 십 년간 회장의 중직에서 항상 느끼며 깨달은 바 있었던 몇 가지의 말을 남겨 이 기념사를 끝맺으려고 한다.

첫째, 우리는 누구나 흔히 어떤 사업에 우리의 몸과 마음, 그리고 온갖 힘과 정성을 바쳤다면 바칠수록 이것은 내 기관이오 내 사업이라는 착각을 일으키기 쉬운 것이다. 그러나 우리 여전도대회의 일은 그 누가 맡아 해 왔든지 그 누구에게 맡겼든지 이 사업은 내 사업도 아니오 그 누구의 사업도 기관도 아니라 하나님의 기관이오 하나님의 사업이라는 것을 명심해 주기 바란다.

둘째, 분명 우리는 하나님의 기관에서 하나님의 역군으로 싸움을 입은 종으로서, 하나님이 임명하신 그 기간 동안 나의 지식과 재능으로 내 명예를 위해 일할 것이 아니라 항상 기도와 말씀 속에서 하나님의 지시와 뜻을 받아 최대의 활동과 봉사를 아끼지 말기를 바라 마지않는다.

셋째, 항상 내가 하나님의 기관에서 하나님의 일꾼이라는 자각 밑에서 죽도록 충성하며 온갖 정력을 기울일 때에는 반드시 하나님의 은총과 능력이 우리에게 크게 임하시게 될 것임으로 내가 약한 자 같으나 강한 자가 될 것이며 미련한 자 같으나 지혜로운 자가 될 것이다. 그리하여 우리는 하나님의 사업을 위한 그 어떤 한 목표 아래 대회, 각 연합회, 각지 회원들이 한덩어리가 되어 참된 역군으로 활동할 때 이 땅과 온 세계에 복음을 전하는 축복을 받게 될 것으로 믿는 바이다.

김필례(대회장), 「민족의 수난과 여전도회」『대한예수교 장로회 여전도대회 창립 40주년 기념 회보』, 1968년 8월.

『월례회 순서』를 속간하면서

돌아보면 간악한 일본의 학정 밑에서 파란 많은 세계 제이차대전을 겪는 동안 우리 동포는 손과 발을 얽매이어 서로 단결할 수가 없었고 눈과 입을 닫히어 서로 연락할 수가 없었던 괴로운 때가 있었던 것입니다. 그들의 사나운 눈초리를 피하여 그래도 계속해 오던 우리 여전도회 『월례회 순서』도 그때에 출간을 정지당하여 부득이 땅속으로 숨어들어 가는 수밖에 없었던 일이 생생하게 기억납니다.

살아계신 하나님께서는 우리 편이 되셔서 우리 민족의 억울함을 신원• 하심으로 해방의 기쁨을 주셨습니다. 그러나 우리 민족은 이 은혜를 갚을 줄 모를 뿐 아니라 이 민족적 대해방이 하나님의 선물인 것을 망각하고 서로들 자기의 애국적 행동을 내세우려고 하는 기운이 떠돌고만 있을 때 이 땅에는 또다시 육이오라는 상상 이상의 참화가 온 백성에게 돌연히 미치게 되었던 것입니다.

무자비한 모진 광풍에 겨우 생명만 건진 이 백성들이 차츰차츰 교회에 찾아 나오게 되었고 우리의 살길은 오직 주 예수 안에 있다는 것을 깨달은 청년들이 모두 교회의 활동을 기다리고 있는 이때를 당하여 우리 여전도회의 사명이 더욱 큰 것을 느끼지 않을 수 없습니다.

하나님이 주신 이 좋은 기회에 좀더 원만한 활동을 전개하려면 반드시

• 신원(伸冤): 가슴에 맺힌 원한을 풀어버림.

『월례회 순서』가 있어야 하겠다는 요청이 많아 여러 가지로 힘을 써 보았으나 구차한 우리네 살림살이가 펴이는 날이 없어 지금까지 미루어왔던 것입니다.

그러나 하나님의 특별하신 은사로 지금 우리가 기다리던 『월례회 순서』를 속간하게 된 것은 먼저 다 같이 하나님께 감사할 일이며 새로운 각오를 가져야 할 일입니다.

아무쪼록 복음을 땅끝까지 전하기를 원하는 심정으로 엮어진 이 『월례회 순서』 속에 하나님의 음성이 담기고 또한 하나님이 같이 역사하셔서 이 책을 대하는 전도회마다 큰 믿음을 얻고 많은 은혜와 축복을 받아 "너희는 먼저 그의 나라와 그의 의를 구하라" 하신 부탁을 온전히 이룰 수 있기를 바라는 바입니다.

끝으로 많은 설교를 마련해 주신 옥호열 부인•과 또한 김성무, 이영숙 양씨에게 감사를 드리며 특히 정신여자중고등학교 교목으로 계신 김성권 목사님께서 많은 시간과 노력을 기울여 이 책자를 내는 데 협력해 주신 것을 감사하여 마지않습니다.

김필례(여전도회전국연합대회 회장), 「『월례회 순서』를 속간하면서」 『월례회 순서 1957』, 대한예수교장로회 여전도회연합대회, 1956년 12월, 2-3쪽.

• 이 책에 실린 평전 「쉼 없는 열정: 나라, 신앙, 교육을 향한 김필례의 삶」 주 131번 참조.

신앙적 교육은 가정으로부터

「에베소서」 6장 1-4절

아이는 가정의 사진이라고 한 말씀을 생각합니다. 가정의 주부는 많은 책임을 지고 있으므로 항상 분주합니다. 부모님을 섬기는 일, 남편을 조력하는 일 등이 있지만 힘써 할 일 중에 자녀교육 문제가 중요하다고 생각됩니다.

오늘날의 가정은 옛날의 가정과 좀 달라 자녀교육을 전적으로 가정에서 훈련하지 않고 곳곳마다 학교와 종교교육을 위하여 주일학교를 하고 있습니다. 그러나 가정은 자녀들의 품성과 인격과 그리스도적 이상을 발전시키는 데 가장 큰 영향을 주는 곳이라는 점을 잊어서는 안 됩니다. 역사의 흐름 속에 빛나는 위인들의 모습을 보게 됩니다. 그들의 후막에 숨어서 위인을 만드신 분은 거의 귀한 어머니와 부인 들의 위력을 명백하게 볼 수 있습니다. 또한 신앙의 세계를 전망하여 볼 때 밤하늘에 반짝이는 별과 같이 믿음의 사람들의 배후에는 믿음과 정성을 다한 할머니 어머니 아내 들의 위대한 신앙이 그들의 바탕이 되고 있는 것을 수 없이 예를 들 수 있습니다.

성경말씀 중에서 자녀교육을 담당한 부모님에게 큰 감화를 준 아름다운 가정을 소개하고 싶습니다. 사무엘의 어머니 한나는 무자•함으로 심

• 무자(無子): 대를 이을 자식이 없음.

한 고민 가운데 하루는 마음에 크게 작정한 바 있어 성전에 올라가 하나님께 간절한 기도를 올리게 되었습니다. "만군의 여호와여, 주의 여종의 고통을 돌아보시고 나를 생각하시고 주의 여종을 잊지 아니하사 아들을 주시면 내가 그의 평생을 여호와께 드리고 삭도를 그 머리에 대지 아니하겠나이다"라고 기도를 드렸더니 하나님은 응답하사 아들 사무엘을 주셨을 때 한나는 맹세 기도한 대로 젖뗄 시기에 흠과 티가 없이 거룩히 구별하여 하나님께 바치기 위해 엘리 제사장 슬하에 갖다 맡겼습니다. 그러므로 사무엘은 이스라엘의 영적 지도자 대선지자가 되었던 것입니다.

신약성경 중에 청년 목회자 디모데에게 대 사도 바울은 그 유망한 젊은이의 인격과 신앙을 찬양하여 "네 정결한 양심과 네 속의 거짓이 없는 믿음은 외조모 로이스와 네 어머니 유니게 속에 있더니 네 속에도 있는 줄 안다"라고 칭찬한 말씀을 보아 부모는 유력한 자녀의 교사입니다. 부모는 자녀와 가장 밀접한 관계가 있고 또한 자녀는 누구보다도 부모를 의지하고 믿는 것입니다. 어머니 된 우리들은 명심하여 자녀들의 인격과 종교적 훈련을 시키는 데 가장 유리한 위치에 있습니다.

제 어머님께서 육 남매를 양육하시는 중 큰오빠가 십오 세 저는 돌 지난 막내딸인데 불행히도 아버지께서 돌아가시게 되었습니다. 어머님의 슬픔이란 말로 다할 수 없었으나 곧 교회생활을 시작할 수 있는 기회를 갖게 되었습니다. 그때부터 어머님은 가정의 모든 문제를 특히 자녀교육 문제를 하나님과 의논하기 시작하였습니다. 어떤 난제라도 기도로써 해결키 위해 산과 들을 개의치 않고 하나님은 살아계신 전능한 아버지로 믿는 생활이었습니다. 저는 그때 어린 까닭에 어머님께서 기도하러 가실 때마다 따라다녔습니다. 그때 받은 그 인상과 어머님의 모습은 영영 나의 머리 가운데서 사라질 줄을 모르며 마음속에 깊이 조각처럼 아로새겨져 있습니다.

나의 어머님의 생활관이란 기도 만능주의이며 신앙 제일주의였던 것을 시간과 공간을 초월하여 나의 영원한 상像처럼 남아 있습니다. 그러므로 나의 생활을 회고하여 볼 때 어려운 문제에 봉착할 때마다 하나님 아버지께 의논하는 일 즉 기도하는 일을 먼저 합니다. 그것은 어머니에게서 받은 교훈과 유일한 유산입니다. 이제 여러분 자녀교육 목표를 지식 연마에만 두어서는 안 될 줄 압니다.

이 시대 인간들이 흠모하는 민주주의 사상은 인간이 얼마나 존엄하다는 것을 강조하고 인격의 위대성을 가르치고 있거니와 성경은 민주주의보다 훨씬 앞서서 예수님의 지상명령은 외적 인간보다 내적 신앙의 인간을 즉 육보다 영의 사람을 중요하게 다루고 있는 것입니다. 하나님은 외모를 보시지 않고 중심을 보시며 형식적인 제사보다 상한 심령을 기뻐하신다는 말씀을 우리는 알고 있습니다. 예수님은 친히 소경된 바리새인아 너는 먼저 안을 깨끗이 하라고 하였으며 천국은 여기 있다 저기 있다 하지 말고 네 마음에 있다고 하였습니다. 우리 자녀들의 속사람인 인격완성에 있어서 그 목표와 이상적 형을 예수 그리스도에게 두도록 즉 그리스도의 마음을 품을 수 있도록 믿음의 모험을 주는 실천적 신앙의 부모들이 되어야 합니다. 끝으로 하나님이 주신 귀한 생명의 선물을 하나님의 형상의 가장 가까운 예술적 작품으로 만들어 내시도록 전력을 다하시며 항상 하나님의 것으로 생각하여 정성을 기울여 자녀들의 내적 생활에 있어서 불멸의 표상으로서 예수 그리스도를 지니도록 노력합시다.

우리 가정은 예수님이 계시는 궁전이 되어야 하며 우리는 자녀들의 좋은 표본이 되기 위해 경건한 가정예배 성경읽기 기도생활로 교육을 시켜 인격적 감화를 통해 실패 없는 가정생활의 주부가 되어 봅시다.

김필례, 「설교 5월: 신앙적 교육은 가정으로부터」 『월례회 인도 1961』, 대한예수교장로회 여전도대회, 1960년 12월, 41-43쪽.

예수의 어머니 마리아

「누가복음」 1장 26-38절

하나님께서는 온유하고 겸손하여 자기 자신에게는 어떠한 위험과 환란이 닥쳐오든지 하나님의 명령을 기쁘게 받들 각오를 가진 자를 택하셔서 그 뜻을 펴시는 데 사용하신다. 하나님께서 이 세상을 창조하신 이래 지금까지 계속해서 하시는 가장 중대한 사업은 죄 중에서 헤매는 모든 인류를 건져 내어 영생을 얻게 하시는 일이다. 구약시대를 통하여 여러 가지 방법을 사용하셨으나 그 뜻을 이루지 못하셨다. 그러므로 마침내 그 독생자를 사람의 형상으로 이 세상에 보내사 모든 인류의 죄를 짊어지시고 대신 죽으심으로써 그 목적을 달성시키려 하셨다. 이때 성모 마리아는 하나님이 독생자가 인생의 몸을 입으시고 이 세상에 탄생하시는 가장 중요한 역할을 담당해낸 여성이다.

천사 가브리엘의 선언

유대 국법에 간음한 여자는 돌로 쳐서 죽이는 법이 있었다. 그러므로 미혼의 처녀가 잉태하는 것은 사회적으로나 그 나라 법률로써 수치스럽고 위험하기 짝이 없는 일이었다. 당시에 마리아는 요셉이라는 청년과 약혼한 처지였다. 이미 약혼한 처녀의 신분으로서 잉태한다는 것은 그 약혼한 남자에게 어떠한 인상을 줄 것은 누구나가 너무 잘 알 수 있는 일이었다.

천사가 마리아에게 전능하신 하나님의 능력으로 하나님의 독생자께서 그 몸에서 탄생하실 것을 선언했을 때 단지 하나님의 뜻을 이루기 위하여 자기의 명예나 생명의 희생까지도 각오한 그는 단순히 "주의 계집 종이오니 말씀대로 이루어지이다"(「누가복음」 1장 36절)라고 승낙하여 하나님의 지시하신 뜻을 받들었다.

사가랴의 아내 엘리사벳 방문

그는 곧 산중에서 사는 사가랴의 아내 엘리사벳을 찾아가서 문안드리고 자기의 마음에 넘치는 기쁨과 감사의 뜻을 발표하였다. 이리하여 하나님의 특별하신 은총을 입은 이 두 여자들은 석 달 동안이나 같이 유하면서 자기들의 받은 바 하나님의 크신 은총을 찬송하는 중 그 마음과 정신을 거룩하게 보전하여 그 태중에서 육체적으로 성장하시는 하나님의 독생자 예수님을 정성스럽게 모시었다.(「누가복음」 1장 39-56절)

하나님의 돌보심

온갖 희생을 체념하고 하나님의 뜻을 받을 여종을 하나님께서는 잊지 아니하시고 그 사자를 약혼한 청년 요셉에게 보내서 요셉의 고민을 깨끗이 푸시고 우리 구주님의 탄생에 협력할 결심까지 하게 하셨다.(「마태복음」 1장 19-25절) 그리하여 마리아는 두려워했던 요셉의 양해와 보호 하에 해산할 때까지 그 몸을 깨끗이 보전할 수 있었고 해산할 때에나 애굽으로 피난 갈 때에도 요셉의 보호를 받을 수 있게 되었다.

예수님의 탄생

성모 마리아는 지존하신 성자 예수님을 낳을 때 자기 방 따뜻한 아랫목에서나 모든 위생시설이 갖추어진 병원에서 해산할 수 없이 되었다. 여관에서 그나마 방 한 칸도 얻지 못하여서 마구간에서 내어 두르는 말 머리를 피해가면서 그는 해산의 고통을 겪을 수밖에 없는 신세였었다. 만일 그 여관 주인이 마리아가 성모인 것을 알았던들 나시는 아기가 하나님의 지극하신 독생자이시며 우리의 중생을 죄에서 건지실 구주이신 줄 알았던들 그는 반드시 그 산모를 자기 방 아랫목에 모셨으리라. 그러나 마리아나 요셉은 호리•의 불평도 없이 그 불편하고 불결한 말구유에서 준비했던 정결한 강보를 펴고 성자 예수님을 조심스럽게 싸서 안았다. 이때에야 비로소 천사들이 외치는 찬송소리를 들은 들에서 양 치던 목자들이 달려와서 아기 예수님을 경배하고 동방에서 온 박사 일행도 값진 예물을 가지고 와서 정중한 인사를 드렸다. 이 광경을 목도한 여관 주인이며 주위의 인사들은 다 놀랐다. 그러나 이미 천사의 지시를 받은 바 있는 마리아와 요셉은 조금도 놀랄 것 없이 그들의 신념은 더욱 굳어져서 성자 예수님을 더욱 정성스럽게 모실 것을 결심하였다.(「누가복음」 2장 18-19절)

육신의 부모로서의 책임을 완수하고

예수님께서는 유대나라에서 탄생하신 것만큼 유대국 시민들이 지켜야 할 규례는 한 가지도 빼지 않고 다 지키도록 그 육신의 부모의 자격을 가진 요셉과 마리아는 전력을 기울였다. 즉 나신 지 팔 일 만에 할례를 받으시고 이름은 미리 지시된 대로 예수라 하였으며 육신의 부모에게 처음 난 아드님이신 만큼 율법에 의하여 주의 거룩한 자로서 인정되어 제물을 가지고 성전에 가서 하나님께 바치고 제사를 드리는 등 모든 범절을 갖추었다.

예수께서 열두 살 되셨을 때 그 부모가 유월절 지키러 예루살렘에 갈 때에 예수님도 모시고 갔다가 돌아가는 길에 예수님은 혼자 떨어지셔서 성전에서 여러 선생들과 같이 토론하시려고 그 부모들을 따라가시지 아

• 호리(毫釐): 자나 저울의 눈. 매우 적은 분량을 비유적으로 이르는 말.

니하셨다. 부모들이 가다가 예수님이 없으신 것을 알고 놀라서 다시 예루살렘으로 돌아가서 성전에서 예수님을 만나 그 부모가 책망하니까 예수님께서는 태연히 "내 아버지 집에 있어야 할 줄을 몰랐느냐"고 반문하시는 뜻을 그 부친은 깨닫지 못하였으나 성모 마리아는 이 일을 소홀이 여기지 아니하고 역시 신중히 여겨 마음속에 깊이 간직했다.(「누가복음」 2장 41-51절)

예수님의 첫째 이적

예수님께서 장성하셔서 사업을 하시기 시작하실 때에 일이었다. 갈릴리 가나에서 잔치가 있었는데 예수님과 그 모친 마리아도 거기 참석했다. 잔치가 한참 가경•에 이르렀을 때 포도주가 떨어져서 혼인 주인이 큰 곤란에 빠졌다. 대책을 얻지 못하여 애쓸 때 성모 마리아는 이 일을 자기 일이나 다름없이 골똘히 생각하던 끝에 자기 아들 예수님은 보통 인간이 아니라 전능하신 하나님의 아드님이신 점에 착안되었다. 그래서 곧 예수님께 그 곤란한 실정을 말씀드렸다.

그러나 예수님께서는 냉정하게 어머니라고도 안하고 "여자여 내가 무슨 상관이 있나이까? 내 때가 아직 이르지 못하였나이다" 하고 거절되고 말았다.

보통 어머니 같으면 노여운 생각 무색한 감정 등으로 자기가 그 아들에게 그 말한 것까지라도 후회했을 터인데도 불구하고 예수님께 대한 신뢰심을 그대로 가지고 하인들에게 가서 "너희에게 무슨 말씀을 하시든지 그대로 하라"고 일러두었으므로 예수님의 첫째번 이적은 가능하게 되어 그 잔치는 오히려 시작한 때보다도 더 풍부히 더 손님을 대접할 수 있었다.(「요한복음」 2장 3-10절) 이 장면을 볼지라도 성모 마리아는 그 잔치

• 가경(佳境): 한창 재미있는 판이나 고비.

에 참석하였던 손님들 중에 누구보다도 예수님을 잘 이해하였고 감정을 초월하여 온유 겸손한 마음씨로 성자이신 예수님을 든든히 믿고 이 잔치 주인을 난경에서 구출하는 일에 노력을 계속했다.

면회를 청하는 성모 마리아

그 후에 예수님께서 여러 곳으로 다니시면서 분주히 일하실 때 예수의 모친과 그 동생들이 예수를 만나려고 밖에서 기다렸다. 예수님께 그 말씀을 드리니까 만나 주시지는 아니하시고 "내 모친과 동생들은 곧 하나님의 말씀을 듣고 행하는 사람들이다"고 하셨다.(「누가복음」 8장 19-21절) 그 어머니와 동생들이 다 같이 와서 많은 사람들을 헤치고 들어가 면회를 청구한 것으로 반드시 그 가정 사정으로 급한 일이 있어서 장자 되시는 예수님을 꼭 만나야 할 필요가 있었을 줄로 추측된다. 그러나 예수님의 하늘나라 일을 앞에 세우신 뜻에 어머니로서 단번에 양보한 것을 볼 때 성모 마리아는 참으로 현명한 어머니인 동시에 철저한 신앙가로 인정된다.

십자가 곁에 선 성모 마리아

성경에 최후로 성모 마리아에 관하여 기록된 것은 예수님께서 십자가에 못박히실 때에 십자가 상에서 고통하시는 주님을 바라보면서 그 밑에 서 있는 성모 마리아이다. 예수께서는 이때에야 말로 그 형용치 못할 고통 중에서도 고난의 형틀에 달리신 아드님을 쳐다보면서 거의 실신 상태에 빠져 들어가는 어머님을 위로하시는 아드님으로서의 따뜻한 정을 표시하셨다. 곧 고통에 싸여서 쓰러져 가는 어머님을 그 사랑하시는 제자에게 부탁하신 것이다. 그래서 그날부터 성모 마리아는 자기 아들들도 있었건만 성자 예수님의 말씀대로 그 제자의 집에 가서 유하였다.(「요한복음」 19장 25-27절)

결론

성모 마리아는 본시 그 성격이 온유 겸손하고 품성이 고결하며 하나님을 가장 두려워하는 견고한 신앙과 맑은 양심의 소유자임으로 하나님이 특별히 택하신 바 되어 성모의 역할을 훌륭하게 해낸 여성이다. 물론 이 위대한 역할을 하는 동안 그는 다른 여자들이 당하지 않는 여러 가지 위험, 환란, 고통에 직면할 수밖에 없었다. 그가 천사의 선언으로 처녀의 신분으로서 수태를 각오했을 때의 놀라움, 고통, 마구간에서 해산하게 될 때의 초조감과 곤란, 예수께서 사형선고를 받으시고 십자가에 달리실 때의 천지가 무너지는 듯한 고통 등, 그의 당한 환란과 고생은 물론 다 형언할 수 없었으나 하나님께서는 그때마다 그를 안위, 장려 및 보호하시기를 잊지 아니하셨다. 그리하여 그는 이 세상을 구원하시는 사업에 중요한 역할을 해내었다. 우리도 성모 마리아와 같은 하나님의 지으신 인간인 동시에 여성임에 틀림없다, 이천 년 전에 성모 마리아가 돕던 구원의 사업은 이천 년이 지난 지금도 여전히 계속되고 있으며 우리를 죄에서 건지시기 위하여 십자가에 달리셨던 우리 구주께서는 여전히 우리의 협력을 요구하시고 계시다. 우리도 성모 마리아와 같이 온유, 겸손하고 하나님을 첫째로 공경하여 받들며 그 뜻을 이 땅 위에 펴기 위하여는 우리의 명예, 학식, 재산, 생명까지라도 바칠 것을 각오하고 언제나 준비태세를 취함으로써 이 위대한 구원의 사업에 이바지합시다.

김필례(본회 증경회장), 「설교 1월: 예수의 어머니 마리아」 『월례회 인도 1963』, 대한예수교장로회 여전도대회, 1962년 11월, 10-15쪽.

예수님의 부활

「마태복음」 28장 1-15절

만물이 소생하는 이 희망에 찬 봄철에 부활절을 맞이하여 여러분들과 같이 우리 주님의 부활하신 사실에 관하여 생각할 기회를 가지게 된 것을 감사합니다. 과연 우리 구주되시는 예수님께서는 십자가에 못박혀 죽으신 지 사흘 만에 다시 살아나셨습니다. 이 사실은 우연히 이루어진 것이 아니오 오래전부터 하나님의 예정하신 것이었습니다. 구약시대에도 여러 선지자들을 통하여 예언하셨고 예수님 자신께서도 죽으시기 전에 자기가 죽으신 지 사흘 만에 다시 사실 것을 말씀하신 일이 있었습니다. 죽은 사람이 다시 살아난 일은 우리가 성경에서 얼마든지 찾을 수 있습니다. 구약 「에스겔」에는 죽은 지 오래되어서 다 마른 뼈만 남았던 사람들도 하나님께서 에스겔으로 통하여 다시 살게 하신 일이 있습니다. 또 신약에도 죽은 지 나흘이나 되는 나사로를 예수님께서 다시 살게 하시고 죽어서 장사하러 가는 과부의 아들도 살게 하셨으며 고맙게도 예수님과 그 제자들이 죽은 사람을 다시 살리심을 얼마든지 신약에서 찾아낼 수 있으므로 예수님께서 부활하신 것을 믿는 것은 그리 어려운 일은 아닙니다. 예수님께서 십자가에 못박혀 죽으신 후에 예수님을 죽인 대제사장과 바리새교인들은 사실 예수님의 예언 곧 죽으신 지 사흘 만에 다시 살아나실 것을 두려워했습니다.

그러므로 그들이 빌라도에게 가서 예수님의 무덤을 굳게 닫고 인봉케

한 후에 파수병들로 삼 일간 주야로 파수 보게 할 것을 요청했습니다. 그들의 생각에는 혹시 예수님의 예언으로 응하게 하기 위하여 그 제자들이 밤에 와서 예수님의 시체를 도적질하여 갈까 염려했던 까닭입니다. 그럼 이 일로 인하여 우리 주님의 부활하신 사실은 더욱 분명히 증명되었습니다. 다시 말하면 예수님의 부활은 그 제자나 예수님을 믿는 자들에게 의해서만 증명된 것이 아니라 그 원수인 바리새교인들과 제사장들이 보낸 파수병들이 주님께서 부활하실 때에 큰 지진이 난 것, 천사들이 하늘에서 내려와서 인봉한 무덤 문을 굴려 낸 것, 파수꾼들 자신이 너무 놀라서 기절했던 사실들을 자기들을 보낸 이들에게 가서 보고한 일입니다. 다시 살아나신 예수님께서는 막달라 마리아에게 나타내신 것을 위시하여 그 제자들과 믿는 신도들에게 열 번이나 나타나시고 승천하신 후에도 하나님 우편에 앉아 계신 주님을 돌로 맞아 운명하려는 스데반이 본 일이 있으며 다메섹으로 가는 사울에게도 나타내신 것을 보면 모든 성경말씀을 하나님의 말씀으로 믿는 우리는 이 위대한 사실을 의심할 여지가 없습니다. 그러므로 우리 주님께서는 사실 죽으신 지 삼 일 만에 다시 살아나서 지금 하나님 우편에 앉아 계십니다. 또 그곳에서 우리를 위하여 기도하시고 계십니다. 이제 우리는 이 다시 사신 예수님을 우리 구주님으로 믿습니다. 동시에 우리도 우리 구주님처럼 죽었다가 다시 살 터이니 얼마나 기쁘고 감사한 일입니까.

우리는 해마다 이 경사스러운 부활절을 맞이하여 우리도 예수님처럼 부활할 것을 믿고 감사와 기쁨에 넘칩니다. 그러나 우리가 단순히 기뻐만 할 것이 아니라 신중히 생각해야 할 일이 있습니다.

그것은 곧 우리 주님께서 승천하실 때에 그 제자들에게 명령하신 것이 두 가지가 있는데 첫째는 주님께서 가신 후에 성령이 임하실 터이니 예루살렘을 떠나지 말고 성신을 받을 때까지 기도하는 중에 기다리라고 하신 것이요 둘째는 성신의 능력을 받은 후에는 세상 끝까지 가서 이 구원의 복음을 전파하라고 하신 일입니다. 그러므로 우리도 부활절을 맞이하여 기도하는 중에 자기를 반성하여 모든 죄와 허물을 회개하여 자복하고 옛날 오순절 날에 제자들처럼 성신을 충만히 받도록 힘씁시다. 또 성신을 받은 제자들이 크신 능력으로 강하고 담대하게 구원의 복음으로 전한 것처럼 우리도 성신의 능력으로 의지하고 이 복된 소식을 전하는 데 전력으로 기울입시다.

김필례 선생(본회 증경회장), 「예수님의 부활」 『월례회 인도 1964』, 대한예수교장로회 여전도대회, 1963년 12월, 25-26쪽.

『성경사화집』 서문

내가 이 책•을 번역하는 중책을 맡은 이후에 이 중대한 사명에 대하여 스스로 무자격함을 절실히 느꼈습니다. 그러므로 이 책을 대할 때마다 붓을 들기 전에 반드시 전능하신 하나님 앞에서 무릎을 꿇고 나의 마음을 살펴 모든 죄를 주의 피로 깨끗이 씻어 주심으로써 맑은 심령으로 하나님을 대하며 성신의 지도하심을 입어 하나님께서 성경에 나타내신 모든 진리를 감하지도 말고 가하지도 말고 그대로 우리 반도 어린이들에게 전하게 하여 주시기를 구하였습니다.

그리하여 이 책을 번역하는 중 나 자신이 무한한 은혜와 계시를 받게 되었음을 감사하오며 동시에 하나님의 풍부하신 은혜와 축복이 읽는 이들의 위에 임하시기를 계속하여 기도하나이다.

이 책을 번역하는 동안에 원문의 내용을 항상 성경과 대조하는 중 성경과 상치되는 점이 몇 군데 있었으므로 저자의 승낙도 없이 성경에 기록된 대로 교정하였사오며 또 어떤 구절의 해석은 성경의 주석과 선진들의

• 『성경사화집』의 저자 찰스 포스터(Charles Foster)는 "이 책은 어린이들과 어머니들을 위하여 쓴 것인 만큼 그들이 성경의 뜻을 잘 깨달아 알도록 하기 위하여 글 뜻을 살리어 알기 쉬운 모양으로 고치어 쓴 것입니다. (…) 이 성경 사화는 성경이 아니요 또 성경을 대신하려는 책도 아닙니다. 다만 이 책은 읽는 이로 하여금 이 책을 읽는 중에 취미를 얻어 다시 성경 본문을 더 공부하고자 하는 의욕을 가지게 하는 데 이 책을 쓴 목적이 있습니다"라고 밝혔다. 『성경사화집』은 1940년 초판 출간시 『성경사화대집(聖經史話大集)』이 제목이었고 이후, 1949년 재판, 1950년 3판, 1957년 4판(수정판)을 발행하였다. 이 서문은 1957년 4판에 실린 글로 그 제목을 따랐다.

의향을 참조하는 중 다소 교정된 점도 있었습니다. 그 외에 진리의 해석을 좀더 명백케 하며 독자들의 인상을 좀더 깊게 하기 위하여 노력하는 중 원문에 없는 문구를 간혹 가하기도 하였습니다.

끝으로 여러 청년 남녀 친지들의 막대한 애호와 도우심으로 이 책의 번역이 완성되었음을 충심으로 감사하나이다.

1940년 4월 27일

김필례, 「서문」, 촬쓰 포스터 지음, 김필례 옮김, 『성경사화집』, 대한기독교서회, 1957(4판, 수정판).

합심한 네 전도인

> 수 일 후에 예수께서 다시 가버나움에 들어가시니 집에 계신 소문이 들린지라. 많은 사람이 모여서 문 앞에라도 용신할 수 없게 되었는데 예수께서 저희에게 도를 말씀하시더니 사람들이 한 중풍병자를 네 사람에게 메워 가지고 예수께로 올새 무리를 인하여 예수께 데려갈 수 없으므로 그 계신 곳의 지붕을 뜯어 구멍을 내고 중풍병자의 누운 상을 달아내리니. —「마가복음」 2장 1-5절

병원이 많고 좋은 약이 늘어가는 것을 보아서 병자가 많다고 하는 것을 자연히 알 수 있다. 속으로 아픈 병, 겉으로 나타나는 병 등 어른으로서 아파 보지 못한 사람은 한 사람도 없으리라고 생각한다.

누구나 다 병에 걸리는 것같이 영혼이 성한 자는 하나도 없다. "의인은 없나니 곧 한 사람도 없나니라" 하셨으니 병든 심령은 누구나 다 주님 앞으로 나와야 하는 것이다. 건강한 자에게는 의원이 쓸데없고 병든 자에게라야 쓰나니 내가 의인을 부르러 온 것이 아니오, 죄인을 불러 회개케 하러 하노라 하셨다. 그러나 이 음성을 듣지 못하는 곳에서 홀로 신음하는 반신불수에 걸린 사람들이 얼마나 많은지 그들에게 있어서 친절히 붙들어 주는 사람이 얼마나 고마운 은인인지 알 수 없다. 예수님 당시에 가버나움에 사는 열심 있는 네 형제가 중풍병으로 누워 있는 친구를 상채 메고 예수님께로 달려 나온 것은 얼마나 고마운 일인지 알 수 없다. 더욱

이 놀라운 것은 많은 사람들이 둘러싸여 용신•한 틈이 없는 것을 알자 지붕에 올라가 지붕을 뚫기를 서슴지 않았다. 물론 수리비를 변상할 것을 각오하고 다만 친구의 병이 낫고 구원 얻는 것만을 원했던 것이다. 이와 같이 우리도 전도할 때에 합심과 희생이 필요한 것이다.

합심

종이 한 장도 맞잡으면 가볍다는 말이 있거니와 무슨 일이든지 합심하면 혼자서 도저히 할 수 없는 일을 능히 이루어 놓을 수가 있다. 혼자서 어려운 일을 당하여 고통받는 사람을 그대로 버려두면 살아날 길이 막연하지만 여러 사람이 다 같이 조금씩만 힘을 합하여 도와주면 그에게는 희망이 있는 것이다. 하나님께서는 이와 같은 이치를 우리에게 알리시고자 유엔군을 보내시어 위기에 봉착한 한국을 구원하시고 합심협력을 모르고 분열을 좋아하는 이 백성에게 큰 각성을 주었던 것이다. 그런고로 이때야말로 남을 잘 도와주고 남이 잘 되도록 축원해주는 시대가 되어야 할 줄로 안다. "이웃 사랑하기를 네 몸같이 사랑하라" 하신 주님의 명령을 그대로 실천하여 전쟁으로 말미암아 많아진 이 강산의 죄악을 없이하는 데 합심하며 죄인을 이끌어 주님 앞으로 인도하는 데 협력해야만 할 것이다. 네 사람이 합심하여 상을 메고 나갈 때만 중풍병자에게 희망이 있었던 것처럼 우리가 합심 전도할 때에만 이 강산에 희망이 있는 것이다.

희생

자기 발로 걸어갈 수 없는 사람을 메고 가려면 그만큼 힘이 들고 희생이 필요한 것이다. 자동차가 굴러가려면 그 속에서 휘발유가 희생되어야 하

• 용신(容身): 겨우 무릎이나 움직일 수 있을 정도로 장소가 매우 비좁음.

고 구루마를 끌려면 끄는 사람의 이마와 등에서 희생의 땀이 흘러야 하는 법이다. 한 배고픈 자에게는 나의 먹을 음식을 주므로 내 배가 고픈 법이고, 사막에서 목마른 자에게 물을 마시우기 위하여 낙타는 뱃속에 들어 있는 물주머니를 내주고 그 몸은 찢겨 사막에 묻혀야 하는 것이다.

주님은 세상에 오셔서 죄악의 권세를 깨뜨리고 죄인을 구원하시기 위하여 자기의 몸을 십자가에 못박게 하시고 보배로운 피를 흘려주셨다. 주님은 죽을 수밖에 없는 우리들을 위해 생명까지 내어주는 희생을 하신 분이다. 우리도 나아가 전도할 때에 어떠한 희생이든지 아끼지 말아야 할 것이다.

결론

만약에 중풍병자를 메고 가던 네 사람 중에서 한 사람이라도 중도에서 낙심했다면 그 병자는 영영 살아날 희망이 없었을 것이다. 그러나 그들이 모든 수고와 고생을 생각지 않고 병자를 메고 가는 임무를 완수하였으므로 천하보다 귀한 생명을 구했던 것이다. 우리도 이 네 전도인과 같이 서로 합심하여 어떠한 희생이 닥쳐오더라도 개의치 아니하고 죄인을 주님 앞으로 인도하는 일에 열심을 다해야 할 것이다.

金弼禮(전 정신학원 이사장),「合心한 네 傳道人」,
한국기독교선교100주년기념대설교전집출판위원회,『대설교전집』12, 박문출판사, 1974, 154-155쪽.

참다운 인격을 위하여

주입적 교육의 폐해

교사는 사람 본위로 채용하고 학생은 열쇠 꾸러미를 차 보라

지금 조선여자 교육계로 말씀하면 서울은 말할 것도 없거니와 시골이라도 간 곳마다 여학교가 없는 곳이 없고 우연만한• 지방이면 유치원까지 있게 된 형편이니까 여자의 교육이 필요하고 필요하지 않다는 데 대하여는 다시 말할 여지가 없을 줄로 생각합니다. 그러니까 지금 내가 말씀하려는 것은 직접으로 여자교육계에 있는 한 사람으로서 이때의 우리 조선 여자교육에 대한 의견을 말씀하려 하나 그중에도 고등보통학교 정도의 생도를 표준으로 하려 합니다. 그런데 이렇게 말씀하면 혹시 학생들의 노여움을 사게 될는지도 모르겠습니다. 내가 생각하는 바를 그대로 말씀하면, 지금으로부터 칠팔 년 전 학생들과 지금 학생들을 비교해 보면 지금 학생이 그때 학생을 따르지 못할 점이 많으리라고 생각합니다. 어떠한 의미로는 소학교 교육이 좋지 못하여져 가는 데에도 한 가지 원인이 있을지도 모르겠습니다. 첫째는 소화력 즉 배워서 깨달아 가지고 내 머리에 넣는 힘이 적고, 둘째로는 연구하는 힘이 적습니다. 그것은 지금 교육이 생도 스스로 연구하고 깨달을 만한 기회와 여유를 주어서 정말 학문의 터를 잡도록 지도를 하지 못하고 선생이 덮어놓고 퍼부어 주는, 쉽게 말하면 주입적 경향이 현저하여지기 때문입니다. 그러나 지금 실행하

• 우연만한: 웬만한.

는 학제로 말하면 칠팔 년 전보다는 나아졌다고 생각합니다.

그때에는 남녀가 똑같은 학제 밑에서 배우게 되었으나 지금은 여자로서 필요한 과목을 넣어 가르치게 된 것입니다. 다시 말하자면 그때에는 가사家事라는 것은 전혀 배울 수가 없었습니다마는 지금은 침선과 음식에 관한 것은 물론이요, 자수와 편물이며 그 외에 여러 가지를 가르쳐 한 가정의 주부로서 실지에 응용할 만한 과정을 많이 배울 수가 있게 되었습니다. 그리고 교육 연한은 남자와 같이 오 년제로 하는 것이 우선 필요할 줄로 생각합니다.

그러나 선생을 채용하는 데에는 자격문제가 있는 까닭에 도리어 아름답지 못한 점이 많습니다. 대체로 보면 관청에서 규정한 자격이 없는 선생이라도 도리어 자격 있는 선생보다 실제에 나은 이가 매우 많은 줄로 생각합니다. 그 대신에 형식상 자격은 충분하여도 자격 없는 선생보다 실지에 못한 분도 없지 않다고 생각합니다. 만일 비례를 따져본다 하면 어떤 편이 더 많을지 실로 의문입니다. 그는 하여간 여기에서 생기는 폐해가 적지 않은 것이 무엇보다도 걱정거리입니다. 우선 교사를 채용하는 데에 진정한 인재를 골라 쓰기에 곤란이 생기고 또 요사이에 흔한 동맹휴학이라는 학교소동이 걸핏하면 일어나는 것이외다. 그야 만세 이후로 일반 사회경향이 달라지고 따라서 여자도 매우 깨어져서 그 반동으로 형형색색의 요구와 원인을 가진 일종 시위운동이라고 보겠지마는 한편으로는 확실히 교사의 자격문제로 말미암아 일어나는 것이 적지 않다고 생각합니다.

그 다음으로 지금 교육계의 또 한 가지 결점은 학생들이 스스로 연구하려 하여도 참고서가 없는 것입니다. 우리 학교만 그런지는 모릅니다. 여자고등보통학교 일이 학년 생도로서는 교과서도 떠듬거리는 터인데 교과서보다도 더 어려운 일본문 참고서를 읽기는 여간 힘들지 않을 것입니다. 그렇다고 지금 일어로 가르치는 것만 끔찍이 아는 때에 모두 번역을 해 가르칠 수도 없는 터이올시다. 하므로 어느 때까지 이러한 상태로 교육을 해나간다 하면 장차 어떠한 경우에 이를는지 모르겠습니다. 그중에도 일면으로는 공부하고 깨었다는 여자들의 기운은 점점 줄어가고 도덕적 양심은 나날이 퇴폐하여 가니 나중에는 무엇이 될 모양인지 참 한심합니다. 그러나 끔찍이 기쁜 일이 한…. [약 일곱 줄 신문훼손]

貞信女學校教務主任 金弼禮, 「注入的教育의 弊害: 교사는 사람 본위로 채용하고 학생은 열쇠꾸러미를 차 보라」『時代日報』, 1924년 3월 31일. 2면 3단.

밤하늘의 별

우리 교장 김필례 님은 민족의 별! 우리 민족의 어두운 시절, 그는 밤하늘에 빛나는 우리의 북극성, 이 기록은 그의 일본 유학 시절을 초기•한 것이다. —문책재 기자

나의 고향은 황해도 장연 송천이란 조그만 마을이다.

아버지의 얼굴을 본 기억은 전연 없고 대가족제도의 엄한 가정의 집 막내딸로 태어났다. 서북 지방은 기독교가 먼저 들어온 곳이었고 따라서 그곳 송천에 우리나라에서 제일 먼저 교회가 섰고 나는 그 교회 학교에 공부하러 다니는 어린 소녀 시절, 서울 가서 공부하시다 방학에 돌아오신 큰오빠를 따라 여름밤 시냇가에 나가곤 하였다. 사실 큰오빠께선 몹시 나를 귀여워 해주셨으나 나는 퍽이나 오빠가 어려웠었다. 오빠의 신만 보고도 나는 조심스러웠다. 반딧불이 날고 목메어 우는 물소리를 동무 삼아 그 몇 밤을 강가에서 말씀을 들었는지 모르겠다. 그때에 큰오빠께선 배재학당에 다니셨고 번화한 서울의 거리며 팽배하는 신사조에 관한 이야기를 하실 때 어린 나는 하늘 위에 깜박이는 별빛을 따라 한없이 꿈을 더듬는 소녀가 되었고 나도 공부를 하고 싶었다. 어린 마음에 무슨 확고한 이념이 서 있는 것도 아니었으나 그저 막연히 공부가 하고 싶었다.

• 초기(抄錄): 필요한 부분만을 뽑아서 적음.

여기에는 또 하나 원인이 있기도 하다. 내 큰형님께서 열일곱에 시집을 갔는데 친정에만 오면 울으셨다. 나도 열일곱 살이 되면 시집을 가야 하나? 그러고 저렇게 괴로워하고 눈물의 나날을 보내어야 하는가? 그러나 그것은 죽기만큼 싫었다. 나만은 시집을 안 가야지 하는 마음이 싹트기 시작했다. 그러려면 공부를 하자 이렇게 생각이 들 무렵 다행히 온 집안이 솔가•하여 서울로 이사를 가게 되었다.

글방에서 남복•하고 머리 끄덕이며 글자를 외우던 시골 소녀는 이제 한반도의 수도 서울에서 신학문 공부를 하게 되었으니 바로 정신학교에 입학한 것이다.

몇 번 월반을 하여 십육 세에 정신을 졸업했는데 그때 졸업생이라곤 두 명밖에 없었다. 그때에 미국을 다녀와서 최초의 여의사•로 세브란스에 계신 분이 있었다. 검은 가운! 세련된 눈매! 가벼운 걸음걸이! 조용한 태도! 정말 천사같이 우러러 보였고 선녀인 양 부러웠다.(그분은 신의경 동창의 이모이시다.)

미국을 갔다 오면 저렇게 될 수 있는가 보다, 나도 미국을 가자 이렇게 마음먹은 나는 그분에게 영어를 배우려 다녔던 것이다. 꿈과 이상과 희망과 그리고 오색 무지개로 아로새긴 소녀의 염원은 그리 쉽사리 이루어지지는 않았다.

미국을 가려고 백방 노력했으나 오빠가 막무가내다. 졸업을 하고 나는 할 수 없이 정신에서 일 년간 수학 선생으로 있었다. 아버지 없이 자란 내가 어찌 큰오빠의 명을 거역할 수 있었으랴?

오빠는 일본을 권했다. (그때 일본은 일청·일로 전쟁에 이기고 동양천지에선 신흥세력으로 일어나던 때다.) 나는 일본이 싫었다. 그러다가

• 솔가(率家): 온 집안 식구를 거느리고 가거나 옴.
• 남복(男服): 여자가 남자의 옷을 입음.
• 우리나라 최초의 여의사 박에스더(1877-1910)를 가리킨다.

먼저 일본 간 이혜경 씨의 서신을 보니 일본도 하 괜치않다•고 들어오라고 여러 번 연락이 왔고 또 그분의 귀국을 계기로 자세한 것을 듣고 나는 마침내 일본으로 공부 가기로 작정했던 것이다. 그때 일본 가는 것도 여의치 않아 일 년간을 정신 기숙사 옥상에서 밤이면 밤마다 간절히 기도를 올렸던 것이다. 하나님께선 응답하시어 그 다음해엔 가게 되었다.

일본 가면 '구두'를 신어야 한다, 양장을 하여야 한다고들 했다. 물론 나는 일본 의복을 입지 않으려니 불가부득 양장하는 수밖에 없으니 한국에서 양복을 지어 놓고 신을 맡겼다. 밤이면 달빛 아래 굽 높은 신과 양복을 입고 걸음 연습을 하는 것이었다. 남이 보지 않는 밤이건만 나는 처음 입는 양복과 처음 신는 양화에 웃음이 나고 부끄럽기가 한이 없었다. 그럴 때면 오빠는 뒤에서 부축도 하여 주었고 멀찍이 떨어져서 걸음걸이의 시정도 해주셨다. 지금 가만히 생각하면 웃음이 터져 나올 지경이다.

여하튼 나는 일본으로 갔다. 아직 한국은 일본에게 합방이 안 된 독립국인지라 외국 유학인 것이었다. 일본 말이라고는 한마디도 모르는 나는 이국만리에 아는 사람도 없고 쓸쓸하고 적적하기란 이루 말할 수가 없었다.

동경에서 나는 여자학원에 입학했는데 그 학교에는 한국인이 한 사람 있었다. 그는 함경도 태생 양승애라는 학생이었다. 언어와 풍속과 습성이 다른 이국땅에서 나는 믿는 곳이란 오직 양승애 씨뿐이었다. 그러나 그분은 전에 어디선가 기생으로 있었다고 했다. 그래 그런지 원 사람이라고 그럴 수가 있었는지 지금 생각해도 어처구니없는 일이었다.

한인이라곤 두 명밖에 없어서 학교에선 같은 방을 지정하여 주었다. 먼저 있었노라고 그러는지 텃세를 하는 셈인지 그는 사사건건에 욕을 했다. 밤이면 자리를 깔아 바쳐야 했고 양말을 빨아 올리고 그래도 그는 내게 몹시 굴었다. 나는 아무 말도 하기 싫었다.

• 괜치않다: '괜찮다'의 북한어.

같은 한인이고 동족이니 싫어도 그와 같이 다닐 수밖에 없었다. 나는 참기로 했다. 어떤 일이 있어도 참자. 이렇게 단단히 마음을 먹어도 속에서 치미는 화는 어찌할 수가 없었다. 하루는 나는 변소에 갔다. 변소간은 아무도 없었고 조용했다. 그래 나는 "별꼴 다 보겠네! 제가 무어게! 아이! 참!" 하고 혼자 그의 욕을 해보았다. 그래도 상대 없는 데서나마 대꾸를 하고 나니 좀 속이 후련했다. 방에 돌아왔을 때 마구 다지는• 그의 어투가 날카로웠다. 공교롭게 그도 변소에 왔다가 내 말소리를 들은 모양이었다. 여하튼 이런 눈물나는 환경 속에서 나는 공부에 전심전력을 다했다. 삼 년간을 그와 같은 방에 있었는데 남들은 그와 내가 퍽이나 사이가 좋은 줄 알았다. 나는 한 번도 그의 비난을 남에게 한 일이 없으니까 같은 동족의 욕을 일인에게 하고 싶지 않았다. 초기에 중국인 학생 네 명과 나는 일본어교본 2권까지를 특별강의를 같이 받았던 것이다.

그러나 3권부터 12권까지는 나 혼자 독학으로 끝마쳤다. 물론 그것은 지금 국민학교에서 배우는 심상 소학 일어 독본이었던 것이나 어려운 가운데서도 언제나 한국인이라는 것을 명심했다. 나 자신이야 아무것도 아니지만 내 배후에는 이천만의 동포가 있으니 나 혼자의 잘못이 조국의 오점이 될까 얼마나 저어했는지 몰랐다. 먼저 말한 양승애 씨가 그렇게 몹시 굴고 예의 없고 야비한 인간이었으나 나는 일체 그런 말을 다른 사람에게 말할 수가 없었다. 그 개인의 흠이요 욕이 아니라 내 나라 내 민족의 흠이요 욕이기 때문에 꾹 참기만 하였던 것이다.

나는 본시 너무나 귀하게 자랐고 고생을 몰랐고 남에게 성미를 잘 부렸다. 나 자신도 내 단점을 잘 알고 있다. 그러기에 꼭 고쳐서 보다 나은 사람이 되고자 비상한 각오를 했던 것이다. 사람의 버릇이란 그렇게 쉽사리 고쳐지는 것이 아니었다.

• 다지다: 뒷말이 없도록 단단히 강조하거나 확인하다.

여러 가지 어려움을 극복하고 참아가며 공부하는 나로서 어찌 자기 자신을 이기지 못하고 또 무엇을 하랴 싶어서 참고 또 참았다. 물론 공부도 긴요하다. 그러나 먼저 인간이 올바르게 된 연후에 참다운 인격을 갖춘 후에야 여타 것이 필요한 것이다.

그때 남들이 다 방학이라고 즐겁게 귀향할 때 나는 귀국하지 않았다. 나는 남보다 인격이 부족하다. 실력이 부족하다. 어떻게 해서라도 나는 남보다 나아야겠다. 무더운 일본의 여름을 여자기독교청년회에서 경영하는 기숙사에서 보냈는데 이 기숙사는 참으로 친절하고 환경도 썩 신성하였었다.

그래서 나는 훗날 귀국하면 나도 우리나라에 여자기독교청년회를 설시•하고 이같이 좋은 기숙사를 우리 한국 학생을 위하여 세우기로 결심하였다.

점점 말도 통할 수 있었고 생활에도 익숙해 갔다. 세월은 흘렀다. 내가 일본에 머무른 지 삼 년 만에 고국에 돌아왔다. 그때는 어느 정도 학교생활에 자리가 잡혔을 때였다.

나이로 보면 스무 살 전후이니 자칫하면 사회풍조에 휩쓸리기 쉬운 때며 부화경박•에 빠지기 쉬운 시기인 줄 안다. 그러나 나라가 망하고 민족이 위기에 처해 있을 때 어찌 일신의 안락만을 취할 수 있었겠는가?

여하튼 경부선을 타고 서울에 도착하여 집이라고 찾아갔을 때 감개무량한 것은 이루 말할 수가 없었다. 오빠 올케 조카들 반갑게 맞아 주는 정다운 얼굴 얼굴들!

일본 유학을 하고 돌아온 여자는 어떤 여자일까 하고 남들은 호기심을 가지고 보는 듯했다.

• 설시(設施): 시설. 시행할 일을 계획함.
• 부화경박(附和輕薄): 경솔하게 남의 의견에 따르고 언행이 신중하지 못하고 가벼움.

처음에 올케는 놀랐다. 성미를 잘 부리던 나! 성을 곧잘 내는 나인 줄을 올케는 잘 알고 있었다. 그러던 내가 여하한 일이 있어도 참고 또 참고! 한 번도 성을 내는 일이 없으니…. 두고 보아야 시종이 여일하니• 올케는 오는 사람 보는 사람을 붙잡고 시누이 자랑이었다. 일본 교육이 이처럼 효과적이니 또 보내야겠다고 말하곤 했다.

항용• 세상엔 올케와 시누이 사이란 그리 좋지 못한 것이 보통이요 은일 중 적대하는 것이 사실이다. 올케도 여자가 유학은 무슨 유학하고 속으로 못마땅했을지도 모른다.

하여간 일본 유학은 사람을 그렇게 변하게 하는가 하고 경탄하는 눈치들이었으나 내 자신이야 얼마나 조심하고 주의하고 삼가고 그리고 참고 해서 그전 성미를 부리지 않으려고 애쓴 것에 불과하다. 그리고 동경의 양승애 씨의 덕임을 알게 되었다. 그때는 고통이고 분했으나 결국은 내 좋지 못한 성격을 고치기 위한 주님의 섭리였던 것을 깨닫게 되었다. 타산지석으로 자기의 옥을 간다는 옛말이 있는데 양승애 씨는 내 인격을 닦는 데 여간만 도움이 된 것이 아니다. 생각하면 고마운 분이다.

방학이 끝나고 나는 다시 동경으로 들어갔다. 내가 일본 유학으로 떠나던 해에 우리 조국은 소위 일본의 '보호국'이 되었고 그때로부터 사 년째 되던 융희• 4년에 마침내 '합방'이 되고 말았다. 그해 9월 초에 학교로 돌아가니까 교감 선생님이 미소가 만면하여 악수를 하자고 손을 내밀면서 "형제여, 이제부터는 우리가 참 형제가 되었구려" 하는 인사에 원통하고 분한 생각이 심장을 꿰뚫는 듯, 그러나 '두고 보시오. 우리나라가 반드시 다시 일어날 것을!' 속으로 부르짖는 순간 흐르던 눈물은 어느덧 그쳐

• 시종(始終)이 여일(如一)하다: 처음부터 끝까지 한결같다.

• 항용(恒用): 흔히 늘.

• 융희(隆熙): 조선의 마지막 임금인 순종 때의 연호. 대한제국의 마지막 연호이기도 하다.

버렸다.

기울어져 가는 조국의 참상을 볼 때에 어떻게 하면 내 나라를 구해낼까 하는 애절한 염원이 가슴에 가득하게 되었다. 먼저 신지식을 터득하고 그리고 남과 어깨를 겨누고 나가보자 이렇게 각오하고 실력양성에 전심전력을 다했다. 하루에 세 시간씩 피아노를 연습하였다. 그리고 밤새워 독서를 했다. 또 미국 유학에 대한 꿈을 저버릴 수 없어 나는 특히 영어공부에 주력하여 책을 읽어도 주로 원서로 읽기로 했다. 처음에는 제대로 말도 못하던 나는 한 번 월반을 하였다.

그동안 나는 한인 교회에 가서 피아노 반주도 하고 가끔 독창도 하였다. 우리 유학생들 간에 나는 간간 화제에 오르곤 했다. 그것이 그리 싫지는 않았으나 편지가 잇따라 오는 데는 난처했다.

기숙사 사감에게 처리를 일임하는 것이 원칙이었으나 한국 남학생들은 나라가 망하는데 여학생들에게 편지질이나 하고 있다는 말을 듣게 하고 싶지가 않았다. 한 달에도 수십 통씩 편지요 소포가 왔으나 나는 뜯어보지 않고 하나하나 반송하였다. 어떤 날 사감은 "긴 상은 웬 소포가 그리 많이 오느냐"고 말하기도 했다.

나는 그런 것을 받을 필요도 없었고 받고 싶은 마음도 없었다. 그래서 사감 선생에게 그 처리를 의뢰했다.

이처럼 팔 년에 걸친 유학시절에 별별 유혹이 다 나를 포위했었으나 하나님의 보호 아래 나는 조금도 곁눈을 팔 줄을 몰랐다. 그리고 나는 생각했다. 나는 다 쓰러진 본국으로 돌아가서 내가 아는 대로 우리 동포를 가르치고 깨우치자. 그것이 내 사명이요 임무다.

그래서 나는 선생이 될 것을 결심했다. 내가 아는 것을 동족에게 안 깨우치고 배길 수가 없었다. 이것은 나의 신념이요, 생리가 되고 말았다. 내가 공부를 마치고 귀국하던 해 내 나이 스물넷이요, 일본 공부 팔 년만이었다.

일본 유학 팔 년간을 회고하면서 나는 무엇이 혹은 무슨 능력이 이 무능한 나를 보호하여 사방에서 물밀 듯 모여들어 계속적으로 나를 습격한 모든 유혹, 시련, 곤란을 시종여일하게 물리쳐 무사히 귀국할 수 있게 하였을까? 하고 깊은 사색에 잠기게 된다. 어려서부터 오늘까지 내가 믿고 의지하고 어려운 일이 있을 적마다 기도하면 응낙하시고 지도하여 주시는 하나님의 능력, 보호, 지도가 계셨음이요, 또한 나라와 동포를 사랑하는 그 정신이 항상 내 생활을 의지하여 주었음을 발견케 된다. 이 두 지침이 없었던들 나의 오늘이 어찌 있을 수 있으랴?

김필례, 「밤하늘의 별」 『정신』(교지) 8, 1958년, 16-21쪽.

칠십일 주년을 맞으며

주님의 축복 아래서 정신이 이룩되고 자란 지 어언 칠십일 년! 그동안 많은 파란곡절을 겪었으나 이제 만세 반석 위에 굳건히 서게 된 것을 하나님께 먼저 감사를 올리는 바이다.

금년은 특별히 과학관이 건축되고 온실이 생기고 운동하는 학생들이 우승을 하여 대외적으로 이름을 날리고 하니 그저 대견하고 고마울 따름이다.

그러나 우리는 외형적인 발전과 명성과 찬사에 만족할 수는 없는 것이다. 보다 더 내면적인 면, 정신적인 면, 인격적인 면에 충실을 기하여 참 사람이 되고 완전한 인격자가 되어야 하겠다. 그러자면 무엇보다도 우리 학생은 개개인이 다 주님의 발자취를 따르는 사람이 되고 주님의 정신을 체득하고 주님의 뜻을 받들어 살고 생활하는 사람이 되어야겠다. 그리고 자기의 맡은 바 일을 충실히 하여 이 나라 이 민족의 일원으로서 부끄러움이 없는 시민이 되고 나아가서 민족의 빛이 되고 봉사자가 되어 주기를 바라 마지않는다. 이것이 우리 학교의 근본정신이요, 이제까지 실천해 온 고귀한 길인 것이다.

이번 문예반에서 교지를 발간한다 하니 또한 치하하는 바이며 우리 학도에게 밝은 빛이 되어 주고 지침이 되어 주기를 부탁한다.

마지막 더 말하고 싶은 것은 여러 학생들이 여러 선배들의 빛나는 애국심을 체받아• 정말 하늘에 우러르고 땅에 굽어 조금도 부끄러움 없는 학생들이 되어 칠십여 년의 역사와 전통을 빛내는 여러분이 되기를 바란다.

정신송

태양이 여위던 비바람 속에
세월은 형극과 더불어 흘렀다

정신貞信은
들산의 백화白樺
외오 지닌 그 뜻이 여향 높았고
고산 높은 봉우리 닦은 기품이
겨레의 그 안속에 살아 있었다
걸어온 자취는 고난에 차도
칠십여 성상 인내로웠다

조국에의 구름이 걷히운 아침
정신貞信의 참 그 뜻은
이 강산 이 민족의 빛이 되리라

김필례(교장), 「卷頭辭: 七十一주년을 맞으며」『정신』(교지) 8, 1958년, 14-15쪽.

• 체(體)받다 : 행동, 문장, 그림, 글씨 등의 본보기를 그대로 따라 닮아가다.

졸업학년 제씨들에게

해마다 졸업 학년의 도의道義 과목을 맡고 있던 본인으로서 지면을 통해서나마 여러분께 말할 기회를 다시 가지게 된 것이 무한 기쁘다. 국가고시를 앞둔 제씨들은 요사이 잠시도 쉬지 못하고 촌음을 다투어 가면서 학업연구에 몰두할 줄로 생각한다.

원컨대 여러분들의 노력의 밑바탕이 되는 건강이 양호하고 두뇌가 더욱 명석해짐으로 제씨 각자의 소원이 성취되기를 빌어 마지않는다. 이미 여러 선생님들의 간곡하신 지도하에 모든 준비는 착착 진행되고 있는 줄로 생각되나 평소에 생각하던바, 몇 가지 이 기회에 적어 보려한다.

전공과목 선택

사람은 누구나 다른 동물과 같지 아니하여 이성과 감성과 지능을 가지고 태어났고 또 하나님과 통할 수 있는 영혼을 가지고 있다. 동시에 이 네 개 요소의 귀중한 소질을 소유한 인생은 다른 동물에게 부여되지 아니한 중대한 의무를 지게 되어 있다. 그 의무란 곧 위로 하나님을 받들어 섬기며 그를 기쁘시게 하고 또 그 영광을 드러내어 아래로는 인류와 동포를 섬기는 일이다. 그러므로 인간이 하나님을 섬기고 그 영광을 드러내어 국가와 사회를 위하여 봉사한 일이 있다면 이것은 무슨 공을 쌓는 일이 아니오 마땅히 해야 할 의무를 완수한 것 외에는 아무 것도 아니다.

이 같은 중책을 완수하기 위하여는 반드시 준비 기간이 필요한데 즉 여러분은 지금 그 준비 기간에 처하여 가장 현명한 선택을 하여야 할 중대한 시기에 처하여 있다. 즉 앞으로 여러분 각자의 활동은 대개가 지금 선택하는 부문을 통하여 행하여 질 것이기 때문이다.

사람의 성공은 반드시 대학을 나와야만 이루어지는 것은 아니다. 이왕 대학에 진학하려는 이들은 반드시 자기가 자신을 가지고 또 가장 흥미를 느끼는 부분을 택하여야 성공의 가능성이 가장 풍부하게 내포되는 까닭이다. 대저 성공이란 그리 쉬운 일이 아니므로 사람마다 성공을 하고 싶기는 하나 성공을 동경하는 사람마다가 성공을 가져오지는 못한다. 대소사를 막론하고 성공은 오직 누가 알아주든지 오직 그 일에 심신 전체를 기울여 끝까지 끊임없는 노력을 계속하는 자에게 오는 승리의 월계관이다. 인간에게 아무리 확고한 이성과 강한 의지력이 부여되어 있다 할지라도 인생을 통하여 심신 전체를 바쳐서 백절불굴•하는 노력을 계속하는 일은 그 자신이 자신과 취미를 가진 부문이 아니면 도저히 불가능한 일이다.

그러면 그 사업을 위한 준비 즉 그 전공과목 역시 자기가 가장 자신 있고 취미 있는 과목을 선택해야 한다. 또 그 외에는 이 세대 혹은 우리나라에서 가장 요구되는 부분도 참작하여야 한다. 친구가 진학을 하니까 나도 아무 과에라도 막연히 들어가야겠다는 생각은 말아야겠다. 왜냐하면 자신이 취미를 가진 일에만 심신 전체를 기울여 무한정한 시간을 바칠 수 있기 때문이다.

올바른 인생관

고3 제씨들이 과연 무엇을 위하여 그처럼 힘든 고투를 계속하여 학문을 닦고 인격을 수양하며 신앙을 쌓기 위하여 힘씀은 결국 가장 효과적인

• 백절불굴(百折不屈): 어떠한 난관에도 굽히지 않음.

생활을 영위하기 위하여 일 것이다. 소위 효과적이고 가치 있는 생활이란 무엇을 의미하나? 과연 여러분이 흠모하고 우러러보는 위인 혹은 영웅이란 어떠한 인물들인가? 무엇이 그를 영웅의 반열에 올려놓았나? 결국 그들은 그 시대 그 나라 그 사회 및 그 기관에게 가장 필요한 것을 부여한 것으로서 영웅의 반열에 들어서게 된 것이다. 첫째로 우리 구주 예수님의 일생을 바라보자. 주님께서는 독생자이신 신분으로 십자가에서 죽으셨다. 주님께서는 물론 이 세상에 오신 목적이 섬김을 받으려 하는 자기 중심의 생을 위함이 아니라 섬기려 하고 우리를 위하여 목숨을 바쳐서 우리를 죄 가운데서 구속하시려는 자기를 희생하여 인간을 구원해 내시는 이타주의를 취하신 것이었다. 물론 예수님은 신이시므로 하나님의 독생자로서 이 같은 위대한 일을 이루신 것이다. 우리와 같은 인간으로 태어난 여러 영웅 열사들을 살펴볼 때에 그들도 모두 그 나라를 위하여 일생을 바치고 혹은 목숨까지 바친 이들이다. 혹은 천신만고하여 얻은 발명 발견 창설 창작 및 혁신들을 통하여 국가 사회 및 단체에 도움을 제공한 분들이다. 하나님께서 특별히 택하심을 입은 여러분들은 과연 무엇을 위하여 단 하나밖에 없는 일생을 보내고자 하나? 자신의 명예? 출세? 재산? 세력? 아니라, 하나님께서 여러분을 택하신 목적은 자기 자신의 영달을 위함이 아니오 오직 하나님을 섬기고 또 하나님께서 사랑하시는 인류를 섬기게 함을 위함이시다.

정신을 나서려는 여러분은 이제 엄숙히 자기 자신의 몸, 지식, 마음, 이상 그 위에 전부를 다 하나님의 제단에 바치자. 옛날 저 유대 갈릴리 해변에서 생선 두 마리와 떡 다섯 덩이를 가졌던 소년과 같이 예수님께 바친 바 된 두 마리의 생선과 다섯 덩이의 떡은 주님의 축복을 한 번 받은 후 얼마나 어마어마한 일을 하고도 그 남은 부스러기가 얼마였던가! 여러분은 너무나 잘 아는 사실이 아닌가?

이제 여러분은 현명한 선택을 하여 최선의 노력을 다하여 착실한 준비를 갖춘 후에 오로지 우리를 이 세상에 보내신 하나님과 및 사랑하시는 인류를 위하여 각각 그 일생을 바치자. 반드시 마지막 날까지 우리 주님께서 동행하시리라.

김필례(전 교장, 재단 상무이사), 「졸업학년 제씨들에게」 『정신』(교지) 12, 1962년, 16-18쪽.

성공하는 길

내 일생에 제일 재미났고 보람 있었던 일은 정신학교에서 한 일이라고 나 자신은 자부하고 있다. 전심전력을 기울여 여러 고난과 난경을 극복함에 있어서 온갖 노력을 바쳤다.

그중에서도 고3 학생들에게 도의道義를 가르치는 일은 가장 나의 보람 있는 일 중의 으뜸이라 해야 할 것이었다. 도의 시간에 교단에 섰을 때와 또는 도의를 가르치는 일로 인해 고3 학생들을 개인별로 접촉할 수 있었다는 일로써, 특히 개인접촉을 통해 나의 교육이념과 포부를 전달하여 교육하는 일이다. 그리하여 학생들은 고3에서 우리 정신학교의 이념을 확고히 받아들이는 것이었다.

이따금 선교사들과 만나서 "학교가 커짐으로 학교 이념이 달라질 듯하다"는 선교사들의 염려를 왕왕 받았었다. 학생의 수효가 이천 명이 넘으니 학교의 이념인 기독교 교육이 미처 전부에게 전달 못될 듯한 선교사들의 염려도 일리가 있는 일이 아닐 수 없었다.

그러나 나는 "개인 접촉과 일기日記 등을 통해서 우리 정신여학교가 본시부터 가지고 있는 기독교 이념은 잘 전달되고 실천되었다. 물론 성경 과목과 생활지도면들에서 항상 교육하고 있었고, 그러고도 내 자신이 지도하여 개인 접촉을 통해 잘 전달되고 있다"는 말을 선교사들께 말했다.

그러나 내가 학교직장에서 물러나게 되면서부터는 이 기회를 가지지 못하게 되었었다. 그러므로 이번 『정신』 교지 제13호를 통해 여러 학생들, 특히 고3 학생들에게 나의 이념을 전달할 수 있는 기회가 다시 있게 됨을 아주 기쁘게 생각한다.

학생들이, 특히 고3 학생들이 가장 긴요하게 생각하는 건 대학에 들어가는 문제라 보는데, 실제로 학생들은 온갖 지혜를 총 집중해서 대학입시에 노력하고 있을 것이다.

거기에 대해서 첫째로 생각해 보자.

지금 우리나라 대학생 수와 대학의 수효는 인구의 비례로 볼 때 세계적으로 우수한 편인 데 비해서 우리나라 국민경제와 생활수준을 볼 때에 정반대적으로 경제상황이 빈약하고 지극히 낮은 편이다.

그렇다면 대학을 많이 갈수록 대학생 수는 많이 남아나게 되어 국민 경제생활과 밸런스가 맞지 않고, 대학을 졸업한 학생 수가 늘어만 가고 아주 기현상이 될 것이다. 대학을 졸업하고도 취직 못한 대학 졸업생의 실업자 수가 불어만 갈 것은 자명한 일이다.

이런 현상을 똑똑히 아는 학생일 것 같으면 참으로 자신이 대학에 가야만 되겠는가? 즉 꼭 필요해서 대학을 수업하려는지? 그렇지 않으면 남이 가니까 나도 간다는 바람이 불어서 가는지? 좀 생각해 보아야 할 일이 아닐까? 하는 일이다.

반드시 진리탐구에 대한 욕구가 진심에서 우러나서 이념을 발휘하고 그 이념을 행동과 사업으로 표현하기 위해서는 대학을 꼭 통과해야만 될 수 있는 경우와 입장일 때 그 학생만이 가는 것을 좋다고 보아야 할 것으로 나는 안다.

그렇지 못할 때, 즉 남에게 지기 싫다는 일시적 체면이랄까 또는 바람이 불어 간다면 우선 학교나 학부형에게 너무나 큰 부담을 주는 일이 될 것이고 국가에서 경제상 큰 부담이 된다는 것을 똑똑히 알아야 할 것이다. 그렇다면 자신이 잘 생각하여 재고할 것이고, 학부형도, 학교도 다시 재고할 일인 것이다. 결국 대부분의 여자는 가정에 들어갈 것은 물론인데 억지로 대학만 꼭 가자는 것은 재고할 수도 있지 않을까?

대학은 특히 소명심이 강하고 필요한 사람만이 가는 데 반해 그냥 경쟁심으로 간다는 일은 그만둠이 좋다. 고등학교의 실력만 가지고도 자기가 자기를 계속 교육하면 넉넉히 사회에서 살아갈 수 있을 것으로 본다. 대학생도 고등학교만 나온 사람과 같이 자기가 자기를 스스로 항상 교육하지 않으면 뒤떨어진다. 학문은 발전하여 나날이 달라지니까 그냥 가만있으면 케케묵게 된다. 뒤떨어져서 낙오자가 되어 버린다.

어떤 영국인이 우리나라에 와서 군인으로 여러 해를 살다 간 후 나에게 편지를 해온 일이 있다. "나는 고등학교를 마치고 군대에 들어갔었는데 군대 내에서는 더 이상의 지식과 학문이 필요치 않았었으나 제대를 하게 되니 생활상 필요해서 이제사(오십 세 이상) 대학에 입학함을 시작한다"는 것이었다.

이 편지를 받고 나는 깊이 생각하게 되었다.

학생들 특히 고3 학생들도 깊이 생각해서 자신의 생활상 꼭 필요할 때 그 필요에 따라 필요한 사람만 대학에 간다면 학부형이나 기타 모든 가족이나 또는 국가의 일이 덜어질 것으로 안다.

학생들은 잘 생각해서 꼭 필요에 있어서 입학하겠다는 이들에게 다음과 같은 것을 말하고 싶다.

첫째 과科를 택하는 데 있어서 가장 깊은 관심과 생각을 철저히 할 것이다. (다음과 같이 생각하고 결정해라.)

ㄱ. 가장 취미를 가진 과목

ㄴ. 가장 잘 할 수 있는 과목

ㄷ. 셋째는 그 시대에 그 나라가 가장 요구하는 과목

이상과 같이 과목을 택했으면 그 다음엔 그 과목을 살릴 수 있는 대학을 선정할 것이다. 무턱대고 권위 있는 대학에 가야 한다는 나쁜 재래식 관념은 버리고 그 과목을 살리는 대학이라면 제 삼류 대학이라도 서슴지 말고 선택함이 좋다.

극친한 친구가 소질에 맞지 않는 과목과 대학을 택했다 하더라도 자신은 별개체이니까 친구와 같이 따를 수는 없다.

또 흔히는 부모가 취미를 가진 과목, 부모가 하던 과목을 부모나 가족이 요구한다. 부모와 같은 소질이 있다면 몰라도 아무리 자식일지라도 부모와 같지 않을 수도 있다.

어렸을 때, 즉 고3에서 대학 갈 때에 잘못 택해서 자기의 소질을 버리고 공부해서 실패하는 일은 얼마든지 많다.

의사가 의사를 못 해 먹겠다고 상업하는 사람을 보았다. 또 의사가 아들도 딸도 의학공부를 시키고 있다. 만일 그들의 취미와 소질에 맞지 않는 경우에는 그 일을 평생 하자면 그 얼마나 고통스러울 것이겠는가.

그러니까 전공과목은 그 사람의 소질과 취미대로 선택해야 한다.

전공하는 과목은 일꾼이 가진 기구라고 할까 무기라고 할까, 즉 도구와도 같아서 자기가 일생에 할 사업의 또 그 도구가 되어야 한다.

도구는 사람이 가지고 써야 한다. 도구에게 사람이 사용당하면 안 된다.

도구만이 따로 있을 때도 안 된다.

또한 비인격적인 사람이 도구를 사용하면 아주 엉뚱한 악의 결과를 가져 오게 된다. 사람이 도구를 가져야 한다는 것이다. 그것은 도덕면 인격면이 갖추어진 사람을 말한다.

도덕면 인격면은 돌보지 않고 집어치워 두고, 어떻게 해서라도 공부에만 치우치는 이가 성공하는 것 같게 보이나, 학문을 사용하는 즉 기구를 사용하는 인간발전에 있어서는 크게 주의해서 인격을 아울러 길러야 사회에 폐가 끼쳐지지 않는다. 건강과 인격이라는 것을 내버려 두었다가 갑자기 필요할 때만 쓰려면 그때는 이미 안 된다.

마치 인간은 그릇과 같고 학문은 그 그릇에(인간에게) 담기는 물건과 같다.

만약 그릇에 금이 가든가 파괴되었다면 그 그릇에 담긴 물건은 못 쓰게 될 것이니까 그릇(인간)은 언제든지 튼튼하게 해두지 않으면 안 된다.

그 인간, 사람, 사람다운 사람이 되려면 우선 몸 건강한 사람이 되고 몸이 건강해야 생각도 바로 할 수 있고 몸이 건강해야 노력도 계속할 수 있고 몸이 건강해야 인내도 할 수 있고 그리고 또 타인을 동정할 수도 있다.

이제 여러 학생들은 건강이 어떠한가? 만일 건강치 못하면 의사에게 진찰을 받아 치료해야 하고 약을 써서 하루속히 고쳐야 한다.

그런데 공부만 하려고 약을 먹으면서까지 자지 않고 공부하면 시험에 나갈 때는 건강에 틈이 가서 실패하는 것을 나는 많이 보았다. 잘 시간은 자고, 공부할 시간에만 공부해야 할 것이다.

그 다음은 인격 문제인데 인격이 없는 사람이 박사학위까지 받았다는 사람을 두고 생각해 보기로 하자.

박사가 못되어 있는 인격자와 비교해 보자.

그를 여러분은 너무 잘 알고 있지 않느냐? 학자가 없어서 또는 박사 학위를 받은 사람이 부족해서 지금 이렇게 곤란한 것은 아니지 않느냐?

물론 학창시절에는 흔히들 생에 대한 바른 생활 관념을 가지고 누구보다도 올바른 생활을 하면서 어떠한 처지에서라도 누구보다도 국가를 위해서 혹은 개인적으로나 단체적으로나 필요한 사업을 하겠다고 결심을 하고 그 목표를 달성하기 위해서 학문을 닦을 줄 안다. 그러나 그들이 학창을 일단 나와서 어떠한 요직에 앉으면 또는 어떠한 세월이 경과되면 자기가 어릴 적에 품었던 이념이 흩어지고 그 대중을 위하는 대아가 축소돼서 소아를 본위로 하는 일로 변하기 때문에 그런 이들이 어떠한 부분에라도 지도자가 될 때 그 사업은 발전하지 못하고 자기만 부귀영화를 누리는 만큼 그 밑에 있는 사람들은 곤란에 빠져야 하는 것이 아니더냐?

제3공화국을 건설하려는 이 마당에서는 얼마나 마음이 바르고 민족만을 위하는, 끝까지 처음 이념을 견지해 나갈 수 있는 지도자가 갈망되는 것이다. 지금 이 시대 제3공화국을 건설하려는 학생들은 특히 고3은 자극을 받아야 한다.

삼백육십사 명의 졸업생 예정자 여러분들은, 한 사람도 빠짐없이 우리 삼천만 민중이 갈망하는 인격자가, 즉 지도자가 되고 싶지 않은가. 우리 배달민족은 그런 지도자를 지금 갈망하고 있다.

그런데 인격은 일조일석에 이루어지는 것이 아니다. 오랜 세월을 두고 자기 자신이 스스로 꾸준히 노력하는 데에서만 이루어지는 것이다.

인격 수양에 관심을 한 달 동안 가졌다가 한 달 동안 안 가지고 한다면 진보 발달은 없고 오히려 퇴보될 수도 있다. 즉 꾸준히 계속해야만 되는 것이다. 마치 짐차를 끌고 언덕을 올라가는 것과 같다. 중간쯤 올라가서 짐차를 놓아 버리면 짐차가 그 자리에 있지 않고 차는 미끄러져 아래 바닥으로 내려간다. 언덕 위에까지 끌고 올라가서 차를 놓아야 그 차는 그 언덕 위에 있게 된다.

또 인격 수양은 학생 시절뿐만 아니고 청장년 노년에까지 걸쳐서, 죽는 그 시간까지 조심하고 반성하고 나쁜 습관을 꾸준히 고치는 일로 계속 노력해야 할 것이다. 십 년 정도 노력해서 어떤 좋은 일을 하고 한 달 동안 그만두면 십 년의 공적은 다 무너지고 만다. 그러니까 여러분은 시험 준비에 기막히게 바쁜 것이야말로, 시험을 앞에 둔 여러분만이 아는 고생이겠으나 학문보다도 더 중요한 이 인격 수양을 아울러 노력해 나가야 한다.

지금뿐이 아니고, 대학에 가서도 가정에 가서도 계속 노력해 사업을 진행할 때도 역시 그렇게 해야 하고, 길이 순조로워서 성공할 때도, 인격을 수양해야 하고, 사업의 실패와 함께 친우들의 배반이 있을 때라도 꼭 인정만은 계속 배양해야 한다.

이제 든든한 몸과 고결한 인격을 갖췄다고 보자.

학식도 넉넉히 닦았다고 보자. 이제 막 사업에 착수할 입장이라 보자. 만반에 준비를 갖추어 가지고 직장에 당장 나섰다 하자.

이때에 가장 중요하게 생각할 일이 있다.

사람의 일생이란 것은 집을 짓는 것과 같다 할 것이다.

집은 기초를 하고 그 위에 벽돌 하나하나를 쌓아 올리는 것이다. 맨 처음에 터를 잘 잡고 그 기초를 팔 때부터 잘 파야 한다. 잘 판 자리에 기초를 시멘트나 모래자갈을 잘 섞어서 잘 박아야 한다. 벽돌도 한 개라도 부서질 것을 넣어 튼튼치 못할 기초에 들어가면 지상의 건물은 아주 위험한 것이다.

건물을 짓는 데 기초부터 하나하나가 그 규격에 다 맞는 것이 들어가야 되는 것처럼 사람의 사업도 그때그때의 현재에 주어진 기회를 자기의 전력과 정성을 기울여서 충실하게 노력해야 한다. 인간의 일생은 크게 비유해서 현재를 모아 놓은 것밖에 없다. 다음의 현재와 또 현재를 모아 놓은 것이 즉 일생이다. 단단하고 아름다운 벽돌을, 맞는 자리에 든든하게 쌓아올린 것처럼 인간의 생활도 자기에게 부여된 그 현재의 기회를 착실하게 정성 들여 사용한 그것에 있다. 갑이라는 자리에서 을이라는 더 높은 자리에 있게 됨도 갑의 자리라는 현재에서 충성했기는 때문이다. 그러니까 현재는 중요한 것이다.

강한 의무감을 가지고 자기의 책임만 다하는 것도 귀하고 좋다. 그러나 참으로 하나님을 위해서 국가와 민족을 위해서 살려고 하는 사람은 자기의 의무만 다해선 그 이상의 것이 길러지지 않는다.

그 이상의 기관이나 사업을 발전시키려고 해야 할 텐데 그런 의욕 있는 사람은 무슨 일이든지 할 일이 있을 때 기회를 만들어 무조건 무보수로 그 일에 정성을 쏟아야 한다.

이제 농부가 농사를 하는 일에서 곡식을 기른다든가 꽃을 기른다든가 그보다 더한 어린 애기를 기르는 어머니를 보면 의무만 다해서는 도저히 잘 길러지지 않는다.

언제든지 치밀한 관찰을 가지고 자기의 사업을 살리고 자기가 할 만한 일이 있으면 언제든지 자기가 나가서 해야 한다. 그것을 일생을 통해서 해야 한다.

검은 마음을 가지고 남의 것을 뺏지 않아도, 자연 의식주는 이런 의로운 자에겐 충족히 따른다. 그런 사람은 취직할 수도 있고 이렇게 하는 사람이야말로 그 육신은 이 세상에서 떠나야 할는지 모르나 그 사람만큼은 영원히 산다. 자기가 해 놓은 사업을 통해서 멸망하지 않고 영원히 산다. 자기가 해 놓은 사업을 통해서 멸망하지 않고 영원히 살 수 있는 것이다.

워싱턴을 보아도 그 해 놓은 일로 그는 영원히 살고 있지 않더냐?

김필례(재단이사장 겸 명예교장), 「成功하는 길」『정신』(교지) 13, 1963년, 17-22쪽.

주인의 마음을 가지자

오늘 10월의 푸른 하늘 밑에서 우리는 정신의 일흔여섯번째 생일을 맞게 되었다

어제도, 오늘도, 내일도 정신과 함께 자라고 또한 함께 자라날 정신의 딸들을 나는 지금 대견스러히 바라보며 한 가정에서 뻗어 나와 온 세계를 두 어깨에 짊어질 그들에게 지면을 통해나마 몇 가지 부탁하고자 한다.

먼저 여러분은 남의 세계를 생각하기 전에 자기 마음의 주인이 되어야 할 것이다. 주인의 마음이란 첫째로, 사랑하는 마음인 것이다. 예수님께선 우리의 주인이시다. 그러기에 그는 우리를 사랑하셔서 우리의 모든 죄를 당신의 피로 대신하시고 사하게 하여주시지 않았는가? 우리의 선열들 일제의 극악한 압박 밑에서도 그들에게는 우리나라를 진정으로 사랑하는 주인의 마음이 계셨기 때문에 모든 부귀와 영화를 버리고 오직 내 나라를 찾으려고 고귀한 피를 흘리신 것이다. 이제 우리에게 사랑하는 주인의 마음이 있다면 어떻게 교정에 떨어진 한 조각의 휴지를 지나칠 수 있으며 교실 안에 정돈된 하나의 책상이라도 소홀이 할 수 있겠는가?

다음으로 책임감을 갖는다는 것이다. 자기 일을 남이 무어라 말하기 전에 먼저 자신이 처리할 수 있어야 할 것이다.

우리 집에는 국민학교 1학년과 3학년짜리 어린이가 있는데 1학년 애는 학교에 갔다 와도 언제나 "숙제 했니?" 하고 물어야만 그제야 생각난

듯이 책상 앞에 앉고 하지만 큰아이는 언제나 학교만 갔다 오면 책상 앞에 앉아 누가 뭐래도 숙제는 마치고야 책상을 뜨곤 하는 것을 볼 수 있는데 이것은 그 아이가 자기 마음의 주인이 되었기 때문일 것이다.

교문에서 규율부의 주의를 듣는 학생들을 본 일이 더러 있었다. 머리를 이렇게 하라. 교복을 깨끗이 입어라. 이 얼마나 여학생으로서 창피한 노릇이냐? 이것은 결코 자기 자신에 대한 책임감을 지닌 주인의 마음이 아닌 것이다.

또 공부시간에 충실치 못한 학생이 있다 하자. 이것은 자기의 시간과 모든 것을 낭비하는 얼마나 어리석은 주인이 될 것이냐? 아니 주인이 아니라 자기의 일순의 그릇된 감정의 노예가 되는 것이다. 노예의 마음 이것은 사랑도 없으며 책임감도 없고 또한 모든 일에 대한 즐거움도 없는 공허한 마음일 것이다.

해방 후 나는 그 당시 미군정 고문으로 계시던 닥터 존슨 댁을 방문한 일이 있었다. 그때 나는 그분에게 우리나라와 일본에 대한 인상을 물었는데 그분은 "일본인은 무척 부지런하고 깨끗한 민족이고 한국은 착한 백성이긴 하나 결코 부지런한 백성은 못된다"고 말씀하신 것을 기억하고 있다. 우리나라 사람들이 다른 나라 사람들에 비해 머리가 나쁘거나 지혜가 모자라는 것은 결코 아니라고 믿는다. 그러면 무엇 때문에 우리는 빈곤과 무지에서 허덕여야만 할까? 그것은 다른 어떤 사람의 탓이 아닌 바로 이 땅 위에 살고 있는 우리들 모두의 탓인 것이다. 우리 스스로가 사랑할 수 있고 책임감을 가진 주인의 마음을 갖지 못해 게을러진 때문이다. 그러므로 우리가 넉넉한 삶을 유지하려면 나 자신이 부지런할 수 있도록 노력해야만 한다.

마지막으로 작은 일에서부터 충실하라는 것이다. 교정에 떨어진 한 조각의 휴지를 줍지 않는, 자기 책임인 한 장의 마루를 빛나게 닦아 놓지 못하는 사람이 어떻게 학교를 떠나 사회에 나가서 큰일을 할 수 있겠는가?

물론 이런 일들은 대수롭지 않은 작은 일이다. 그러나 문제는 이 작은 일들을 처리하는 여러분의 태도에 있다. 이 작은 일들을 위와 같이 제대로 처리하지 못한다면 우리 학교 사회는 명랑성과 정돈성을 잃고 혼돈과 무질서 속에서 불유쾌한 생활이 계속될 것이다.

이와 같이 여러분 각자가 사랑하고 작은 일에서부터 충실히 책임을 이행하는 주인의 마음을 가지고 가정에서 출발하여 온 세계를 훌륭히 이끌어 나갈 때 비로소 정신의 칠십육 년이라는 역사는 여러분과 함께 더욱 빛날 것이다.

김필례(명예교장, 재단이사장), 「주인의 마음을 가지자」『정신』(신문) 19, 1963년 10월 19일, 3쪽.

사랑할 수 있는 사람이 되자

본교의 이 경사스러운 날을 맞이하여 만장하신 학부형님들, 졸업생 제씨 및 여러 귀빈들께서 다망하심에도 불구하시고 이처럼 다수 참석하여 주심으로써 이 자리를 더욱 빛나게 하여 주심을 감사하여 마지않습니다.

사랑하는 졸업생 여러분! 여러분께 삼가 만공의 치하를 드립니다. 여러분이 걸어온 과거 혹은 삼 년, 혹은 육 년을 회고할진대 그동안 여러분은 갖은 장애와 곤란을 용감스럽게 꾸준히 물리쳐 가면서 분투와 노력을 계속한 결과 오늘의 월계관을 차지할 수 있게 되었습니다.

그러나 이 성스러운 자리에 앉으신 졸업생 여러분! 어떠한 성공이든지 결단코 혼자서는 이룩할 수 없다는 사실을 잊어서는 안되겠습니다. 지금 여러분의 이 성공은 여러분을 낳아서 기르시고 오늘까지 여러분께 모든 필요한 것을 극력 수응하여 주신 부모님, 여러분의 성장과 발전을 위하여 지도와 교훈을 아끼지 아니하신 스승님들, 또 수많은 학생들 중에서 여러분을 택하여 뽑으셔 이 정신의 우리 안에 모으심으로 하나님을 아버지로, 예수님을 자기 구주로 찾게 하신 하나님의 은혜가 여러분과 함께 하지 않으셨던들 어찌 오늘의 이 성공을 바랄 수 있겠습니까? 이제 바라는 것은 오늘의 영광으로서 그칠 것이 아니라 중학교를 졸업한 분들은 고등학교로, 고등학교를 마치신 이들은 각자의 소원의 대학으로 다 진학할 수 있는 행운이 따르기를 빌어 마지않습니다.

그러나 내가 지금 바라는 것은 그보다 훨씬 근본적인 중요한 과제입니다. 그것은 곧 여러분이 사랑할 수 있는 사람이 되는 것입니다. 학문은 있든지, 없든지 여러분은 먼저 사랑할 수 있는 사람이 되어야 하겠습니다. 학문이 아무리 높을지라도 사랑할 수 없는 인간이라면 아무데도 소용되지 못하기 때문입니다. 우리 학교 교훈 제삼항의 '희생적 봉사'는 사랑할 수 있는 자에게서만 기대할 수 있습니다. 하나님의 사랑이나 어머님의 사랑은 대가를 요구하지 않는 사랑입니다. 그리스어로 '아가페'라고 하는—이러한 사랑을 할 수 있는 사람이야말로 '희생적 봉사'를 할 수 있고 또 하지 않고는 견디지 못하는 것입니다.

사랑하는 여러분! 부모에게 효도하고 형제 우애하며 친구의 신의를 지키고 모교를 사랑하고 자기 나라, 한 핏줄기를 이어받은 동포를 사랑하며 세계의 전 인류를 사랑할 수 있어야 하겠습니다.

바야흐로 지금은 우리 배달민족에게는 크나큰 과제가 주어지고 있습니다. 우리 십팔 년간이나 갖은 노력과 고생을 다해가면서 이 문제를 풀려고 애를 썼으나 아직도 풀지 못하고 있습니다. 전 세계는 우리를 주목하여 보고 있음에도 불구하고 우리는 일보도 나아가지 못하고 있으니 창피스럽고 답답하여 견딜 수 없는 지경입니다. 이것은 정부만이 책임질 것도 아니요, 백성만이 책임질 것도 아닙니다. 관민이 다 같이 책임을 져야 하는 것입니다. 그것은 곧, 졸업생 여러분들도 다 알고 답답히 여기는 우리나라의 통일된 완전 독립과 진정한 민주국가, 즉 안심하고 편히 살 수 있는 나라를 만드는 일인 것입니다.

일제시대에는 오로지 해방만을 애타게 바랐고 또 이 해방을 위하여 나라를 진정으로 사랑하던 수많은 사람들은 자기의 생명을 초개같이 내어 던졌었습니다. 마침내 해방이 되자, 일은 다 이루어진 줄 알고 기뻐 날뛰었으나 정작 해방이 된 후에야말로 진정한 애국자가 더욱 필요했습니다. 불행히도 이때부터 자기 자신의 이익과 부귀만을 탐하는 이기주의자가 머리를 들기 시작한 탓으로 혁명을 거듭하고 몇 번이나 제도를 바꾸었으나 희생자만 냈을 뿐, 아직까지는 어렇다 할 성과를 보지 못한 채 백성은 허덕이고만 있고 동시에 우리 배달민족은 전 세계 앞에 무력, 무능한 민족으로밖에 보이지 않게 되었습니다.

이제 그 원인은 나라를 참으로 사랑하는 사람이 독립 운동 당시부터 많이 있다면 이 민족의 살길은 문제가 되지 않을 것입니다. 비단 국가뿐 아니라 어떤 사업체를 막론하고 그 사업체를 자기 자신보다 더 사랑할 수 있는 이야말로 훌륭한 성공을 볼 수 있을 것입니다. 그러나 이런 사람이 이처럼 요구되는 지금에 있어서 진실로 그 같은 인물을 찾기란 어렵게 되었습니다.

졸업생 여러분은 한 분도 빠짐없이 꼭 이런 사람, 즉 **사랑할 수 있는 사람**, 다시 말하면 '희생적 봉사'를 할 수 있는 사람이 되어 주십시오. 모든 사람이 자신의 부귀영화를 붙잡으려고 달음질치는 이때에 사랑하는 여러분만은 반드시 여러분을 구원하시려고 십자가에 달리신 우리 구주 예수님을 똑똑히 바라보면서 자기를 버리고 남을 사랑하며 남의 행복을 위하여 '희생적 봉사'를 할 수 있는 사람이 되어 주시기를 바랍니다. 이것을 위하여 하나님께서는 수많은 학생들 중에서 여러분을 택하여 이 학교로 인도하셨습니다. 아아! 지금 이 자리에서 한번 다시 결심하십시오. 그리고 이 귀중한 결심을 하나님께 바쳐서 인치심•을 받으십시오. 자, 이제부터는 하나님을 의지하고 용기 있게 나갑시다. 하나님께서 반드시 끝까지 같이하시며 맡기신 그 사명을 완수할 수 있는 용기와 지혜와 능력을 주시리이다.

"밀알 하나가 땅에 떨어져 죽지 아니하면 그대로 있고 죽으면 많은 열

• 인치심: 성령으로 거듭나 하나님의 자녀가 되는 확인표.

매를 맺나니라." —「요한복음」12장 24절

김필례(명예교장, 재단이사장),「사랑할 수 있는 사람이 되자」『정신』(신문) 20, 1964년 1월 24일, 3쪽.

교풍을 확립하자
창립 이념을 구현하도록

올해로 우리 학교는 창립 칠십구 주년을 맞이합니다.

근 팔십 개 성상星霜[•]이라면 우리나라의 학교 역사로 보면 결코 짧은 세월이 아닙니다. 정신학교와 더불어 지금까지 살아온 나로서는 이날을 맞이할 때마다 감개무량하기 이를 데 없습니다.

험준한 가시밭길을 헤치면서 걸어 온 지난날의 정신학교의 모습을 되돌아보고, 또 오늘의 정신학교를 바라볼 때 떠오르는 상념이 한두 가지가 아닙니다. 그러나 오늘 여기서는 이것들을 다 끄집어내어 말할 수가 없고, 다만 이날을 맞이하여 여러분과 더불어 간곡한 심정으로 다짐해 두고 싶은 것만을 말해 볼까 합니다.

사학私學은 사학으로서의 존재 의미가 있어야 할 것입니다. 그러면 우리 학교는 사학으로서 어떠한 이념과 목적을 내세우고 있는가? 그것은 우리 학교의 교훈이 잘 대변해 주고 있습니다. '굳건한 믿음' '고결한 인격' '희생적 봉사.' 한마디로 말하면 '그리스도적 인격'을 이룩하는 데 있습니다. 이것은 실로 창립 당시부터의 변함없는 일관된 이념인 것입니다. 그러므로, 이것이 한갓 구호에 그친다면 우리 학교는 사학으로서의 존재 의미를 잃어버리는 것이 됩니다.

• 성상: 한해 동안의 세월. 햇수를 비유적으로 나타내는 단위.

그런 점에서 나는 오늘 창립 기념일을 맞이하면서 무엇보다도 우리 학교의 교육 이념을 진지하게 되새기는 기회가 될 것을 바라 마지않습니다. 우리는 고도로 발달한 오늘의 과학과 학문에서 뒤떨어져서는 안 되겠습니다. 그러나, 신앙의 토대 없이 지식만으로 쌓아 올린 학문이 그 얼마나 무의미하고, 또 위험한 것인가를 알아야 하겠습니다. 신앙 없는 지식은 마치 나침판 없는 배와 같아서 인류의 앞날을 그릇된 길로 인도하기 쉽습니다. 오늘날 과학이 발달할 대로 발달했으면서도 인류가 점점 어려운 위기에 다가서고 있는 것은 무슨 이유이겠습니까? 과학이나 지식, 그 자체가 나빠서가 아니라 거기에 신앙과 윤리가 뒷받침하고 있지 않기 때문입니다.

우리는 먼저 신앙이란 토대 위에 지식을 쌓아야 하겠습니다. 신앙이란 토대가 무너질 때 그것은 모래 위에 세운 집과 다를 바가 없습니다. 그것은 이미 생명이 없는 지식이요, 생명이 없는 지식은 있으나마나 한 것입니다. 신앙이란 터전 위에 쌓아 올린 지식이라야 진정으로 산지식이 되는 것입니다. 또 그러할 때 우리는 온전한 인격을 갖출 수 있습니다. 요새 흔히 주체성이란 말을 쓰거니와 우리가 바람직한 주체성이란 바로 이러한 인격인 것입니다. 이렇게 신앙으로써 자신을 가다듬은 사람은 가만히 앉아 있을 수만은 없습니다. 아니, 그런 인격은 그의 행동으로써 나타나고 또 증명이 되는 법입니다.

우리는 사랑을 말하기는 쉽습니다. 그리고 의식적으로 어느 정도는 행할 수가 있습니다. 그러나 그것은 마치 꽃병에 꽂은 꽃과 같아서 오래가지 못하고 곧 시들어 버립니다. 꽃병의 꽃이 땅에 뿌리를 박지 못하고 있듯이 인격에 뿌리박지 못한 행동이기 때문입니다. 그러나, 우리가 그리스도의 인격을 우리 자신 속에 갖추어 가질 때, 우리는 스스로 나아가 사랑을 실천하는 사람이 될 수 있습니다. 그 사랑은 곧 이웃을 위한 희생적 봉사입니다. 그것은 참된 인격의 값진 열매인 것입니다. 우리 학교를 나온 사람들 가운데는 그러한 귀한 열매들이 헤일 수 없을 이만큼 많습니다. 그러나 한편으로는 날이 감에 따라 그러한 숭고한 교육 이념을 소홀히 하는 듯한 면도 없지 않습니다. 지금은 옛날과는 사정이 달라 매우 개방적이지만, 그렇다고 우리 학교의 이념마저 소홀히 할 수는 없습니다. 오히려, 누가 시키거나 이끌지 않아도 자율적으로 정신학교의 학생된 본분을 다하는 자주적인 기풍을 이 기회에 확고히 다짐하기를 바랍니다.

김필례(이사장), 「교풍을 확립하자」『정신』(신문) 37, 1966년 10월 20일, 4쪽.

설립이념 되새겨 믿음 위에 지식을

유서 깊은 우리 학교는 올해로써 팔십 주년을 맞이하게 되었습니다.

팔십 개 성상이라고 하면 우리나라 신교육사상 최초로 깃발을 들고 험준한 조건들과 싸워 가면서 여성교육을 맡아 온 바입니다. 이 정신학교와 더불어 지금까지 고락을 같이하며 살아온 나로서는 이 뜻깊은 날을 맞이할 적마다 감개무량하기 이를 데 없습니다. 고난과 역경을 극복하고 장족의 발걸음으로 걸어온 지난날의 정신학교의 모습을 되돌아보고, 또 오늘의 발전한 정신학교를 바라볼 때 그 슬프고 억울했던 과거가 기쁘고 즐거움으로 승화되어 대견할 뿐입니다. 이 자리에서는 그 피맺힌 과거를 돌이켜 이야기하는 것보다, 다만 이 기쁜 날을 맞이하여 내가 이 학교에 대해서 소원하는 바를 말씀드리려고 합니다.

이 학교는 팔십 년간을 지내오는 동안 독립운동, 신사참배 반대 등 일제에 항거함으로써, 몇 번이나 없어질 뻔한 고비를 넘겼습니다. 그러나, 어려운 때마다 하나님의 특별하신 가호로 좋은 지도자를 택해 주시고 위기를 모면하게 하시어 오히려 하나님의 영광을 나타내 왔습니다. 그러므로 나는 이 학교가 하나님의 뜻을 드러내시고자 하는 기관으로 세워진 것을 확실히 믿습니다.

설립 동기가 그리스도의 정신에서였고 과거를 보호해 주신 것과 같이 앞으로도 이 국가와 민족이 존재하는 한 이 학교는 영원불멸의 자세로 서서 바람직한 일꾼을 길러내는 데 정진할 것입니다.

여기에 우리 학교의 존재 이유가 있고, 또 우리 학교에 특별히 주어진 사명이 있는 것입니다. 우리 학교는 날로 눈부신 발전을 거듭하는 현대 과학과 지식에 조금도 뒤떨어져서는 안 되겠지만, 그보다 앞서서 그리스도의 정신으로 인격을 연마하여 우리 학교의 전통적인 교육 이념을 이지러뜨리는 일이 없도록 해야겠습니다. '믿음 위에 지식'을 더하여, 그저 자신의 영달을 위해서 배우는 것이 아니라, 이웃과 사회에 봉사하기 위하여, 하나님께 영광을 돌리기 위하여 배우는 숭고한 진리의 동산으로 가꾸어 나가야 하겠습니다. 이리하여, 이 사회와 민족을 진리에로 인도하는 빛의 구실을, 어지러운 현실을 정화시키는 소금의 구실을 다하는 봉사의 학문을 더욱 체현하는 우리 학교가 되어야 하겠습니다.

그래서 하나님의 사랑과 크신 뜻을 지상에 널리 펴고, 지금의 우리들로는 상상도 못할 만큼 날로날로 발전하여 이 국가와 민족에게 유익되어 번영을 가져와야겠고, 위로는 하나님의 영광을 크게 드러내는 기관으로 사용되어지기를 충심으로 바랍니다.

이 학교의 끊임없는 발전을 위해 물심양면으로 도와 온 북장로교 미국 연합선교회 한국선교부와 대한예수교장로회, 그리고 동창회, 그밖에 본교를 성원해 주시는 여러분들께 심심한 감사를 드리며 더욱더 하나님의 축복이 임하시기를 기원하면서 기념사를 대신합니다.

김필례(이사장), 「설립이념 되새겨 믿음 위에 지식을」 『정신』(신문) 51, 1967년 10월 20일, 4쪽.

확실한 목적의식을 갖자

우리 정신학원에서 학업을 마치고 교문을 나서게 된 졸업생 여러분의 앞길에 먼저 하나님의 축복이 같이하기를 간절히 비는 바입니다. 졸업생 여러분은 그동안 정신학원의 식구로서 생활하여 왔습니다. 그동안은 여러분 각자의 일생을 통하여 가장 귀중한 시기였습니다. 어른들의 그늘에서 행동하고 자라던 어린 시절에 교문을 들어서서 이제는 어느덧 세상을 분별할 줄도 알고 자신을 어거할• 줄도 아는 어엿한 인격을 형성하기에 이르렀습니다. 그러므로, 여러분은 어디를 가나 정신의 딸이요, 정신학교는 또한 바로 여러분의 것이기도 합니다. 여러분 한 사람 한 사람의 처신과 활동은 그대로 모교의 명예와 직접 이어지는 것입니다. 그러면, 모교를 나서는 여러분이 해야 할 일은 무엇이겠습니까? 여러분은 그동안 많은 것을 배우고, 또한 얻은 줄 압니다. 국가와 사회에 이바지할 중견 시민으로서 갖추어야 할 학문과 지식도 쌓았을 줄 압니다. 이리하여, 앞으로 상급학교에 진학하여 학문을 더욱 연마할 사람도 있겠고, 바로 사회에 진출하는 사람도 있을 줄 압니다. 그러나, 여러분은 정신학교에서 그러한 지식보다도, 학문보다도 더 소중한 '정신'을 유산으로 이어받았습니다. 그것은 다른 말로 가치관이라고 해도 좋겠습니다. 내가 무엇을 위해서 여기 있으며, 무엇을 위해서 배우고, 또 살아가는가, 그리고 무엇을

• 어거(馭車)하다: 수레를 메운 소나 말을 부리어 몰다. 거느리어 바른길로 나가게 하다.

해야 하며, 또 무엇을 할 수 있는가. 이런 물음에 분명하고도 확실한 대답을 던질 수 있는 마음의 자세를 말하는 것입니다. 과연 여러분의 선배들은 오랜 역사를 거쳐 오는 동안에 그때그때의 우리나라의 형편과 처지에 따라 여러 가지 모양으로 우리 학교의 정신을 실천함으로써 이를 훌륭히 입증해 주었습니다. 그러한 정신의 기초는 말할 것도 없이 그리스도인 것입니다. 그리스도 안에서 생각하고, 그리스도 안에서 행하여, 항상 자기보다 그리스도를 더 높이 내세우는 이 생활 원리 위에 여러분은 자신을 형성해 나가야 하고 이를 실천으로 옮김으로써 그 가치(존재 이유)를 살려가야 하겠습니다. 물론 지식도 중요하고 학문도 필요한 것입니다. 그러나, 그것을 컨트롤하는 생활 원리, 즉 목적의식이 없다면, 그것은 무익한 것이 되고 맙니다. 또, 그 목적의식이 바르지 못하다면 그것은 무서운 결과를 가져올 수도 있습니다. 그리스도 안에서 그 정신을 이어받은 우리는 오늘의 우리 사회가 우리에게 무엇을 요구하며 또 우리는 무엇을 할 수 있는가를 찾아 우리가 해야 할 바 목적의식을 뚜렷이 설정해야 하겠습니다. 지금 우리 사회는 여러분이 보고 듣는 대로 어지러운 혼란에 싸여 있습니다. 게다가 수많은 우리의 동족이 가난과 병고에 허덕이고 있습니다. 이와 같이 어두운 사회, 썩어가는 사회에 우리가 나가서 해야 할 일은 너무나 명백합니다. 어둠을 밝히는 '빛'의 구실을, 썩어가는 사회의 부패를 막는 '소금'의 구실을 해야 한다는 일입니다. 그러나, 이것은 결코 쉬운 일이 아닌 줄 압니다. 우리를 둘러싸고 있는 주위에는 우리의 이런 일을 저해하고 또 배척하는 일이 너무나 많으리라는 것을 각오해야 될 줄 압니다. 그러므로 우리는 목적의식을 뚜렷이 가짐과 동시에 신앙적인 인격으로서의 자신을 굳세게 지켜 나가는 주체 의식을 확고히 지녀서 누가 시키든 말든 또 위험과 유혹이 따르든 말든 동요하지 말고 자기의 존재 이유를 살려 나가야 하겠습니다. 이 사회에, 아니 내 가장 가까운 이웃에서부터 자기의 능력을 필요로 하는 일이 무엇인가를 찾아서 그리스도의 정신과 그 사랑을 실천에 옮김으로써 눈에 잘 보이지는 않으나, 길이 보람 있는 자취를 남겨 놓아야겠습니다. 여러분은 무엇보다 이 일을 위해서 지금까지 배우고, 또 지금 교문을 나서는 것입니다. 어디를 가나 '정신의 얼'을 고이 지켜나가기를 간곡히 당부하면서 고사•를 대신합니다.

김필례(이사장), 「확실한 목적의식을 갖자」『정신』(신문) 54, 1968년 1월 26일, 6쪽.

• 고사(告詞, 告辭): 축하, 훈시의 말.

높은 이상으로 인격을 다듬어 가자

새로 입학한 여러분들의 활짝 핀 얼굴을 대할 때, 우리 정신학원에는 다시 새로운 생기가 넘쳐흐르는 것 같습니다. 여러 가지 어려움을 이기고 정신학교 학생으로서 새로운 배움의 첫발을 내딛는 여러분의 자랑스러운 모습을 볼 때, 또한 흐뭇한 마음이 듭니다.

이제 여러분은 팔십 년이 넘은 우리 학교의 전통을 이으면서 앞으로 수년간에 걸친 배움의 길을 향해 섰습니다. 그동안 여러분이 해야 할 일은 말하지 않아도 여러분 자신이 더욱 잘 알고 있을 줄 압니다. 부모님을 비롯하여 여러분을 아껴 주시는 고마운 분들의 기대에 어긋나지 않도록, 그리고 여러분 자신을 위해서 힘써 배우고 익히는 일일 것입니다. 이것은 여러분이 마땅히 해야 할 일이며, 여기에서 결코 남에게 뒤지는 일이 있어서는 안되겠습니다. 그러나 그것만이 해야 할 일의 전부라고 생각해서는 잘못입니다. '배움'이란 것은 무엇을 위한 한갓 수단이지, 그것 자체가 목적이 될 수는 없습니다. 배우기 위해서 배우는 것은 결코 아닐 것입니다.

무엇을 위해서 — 그렇습니다. 사람은 저마다 무엇을 위해서 살아가고 있습니다. 그것을 우리는 희망이라고도 하고 이상理想이라고도 합니다. 새로운 배움의 길에 들어선 여러분에게 먼저 당부하고 싶은 것은 무엇을 위해서 배우느냐? 하는 물음에 분명한 답변을 내릴 수 있는 확신을 가져달라는 것입니다. 물론, 사람마다 그가 찾아 구하는 이상은 한결같지 않습니다. 무엇을 구하느냐, 무엇을 이상으로 삼느냐, 이에 따라서 그 사람의 값어치가 매겨지는 것입니다. 그가 아무리 풍부한 지식을 쌓았다 하더라도, 그가 품은 이상이 낮거나 천스러운 것이면, 그 사람의 삶의 값어치도 그만큼 떨어질 것입니다. 어떤 사람은 돈을 많이 벌거나, 출세를 해서 유명해지거나 하는 것을 이상으로 삼을는지 모릅니다. 또, 여러분 가운데는 좋은 상급학교에 진학하는 것을 가장 중요한 희망으로 여길 사람이 있을지 모릅니다. 그러나 이런 것을 탐내는 것은 욕망이라고 할지언정 이상이라고 부르지는 않습니다. 이상이란 물질적인 욕망을 넘어선, 그보다 더 높고 귀한 가치를 구하는 것을 이르는 것입니다.

흔히 말하기를 이상의 표준은 '참'과 '착함'과 '아름다움', 즉 진선미眞善美에 있다고 합니다. 과연, 이러한 삶의 가치를 이룩하려는 것이 이상을 찾아 구하는 생활임에 틀림없습니다. 이것이 바른 삶의 태도이며, 또한 이것이 자기의 생각과 행동을 통하여 나타날 때, 바람직한 인격이 이루어지는 것입니다. 그러나, 이것만으로는 최선의 인격을 바랄 수 없습니다. 최선의 인격이란, '참'과 '착함'과 '아름다움'이 하나로 뭉쳐진 그런 것이라야 합니다. 그러면, 그것을 하나로 뭉치게 하는 힘의 근원은 어디 있을까요? 그것은 그리스도를 본받는 신앙의 생활입니다. 진정한 '참'과 '착함'과 '아름다움'은 그리스도 안에서만이 완전히 하나로 통일되어 이루어질 수 있습니다. 우리가 배우는 것이 '사람다운 사람'이 되는 데 있을진대 배움만을 주장삼을 것이 아니라, 위에서 말한 참다운 인격을 살려 나가기 위해서 힘써 배워야 하겠습니다. 여러분 가운데는 아직도 그리스도를 모르는 사람이 많을 줄 압니다. 그래서 참된 인격이 어떤 것인가를 미처 모르는 사람도 많을 것입니다. 그러나 하루하루 지내는 동안에 마침내 그 진리를 깨닫게 될 것으로 믿습니다. 이리하여, 여러분의 이상을 그리는 시선은 날로 높은 데로 향하게 될 것입니다.

이상이 없는 곳에 성실한 노력이 있을 수 없고, 삶의 참된 보람을 발견할 수 없는 것은 빤한 이치입니다. 눈앞의 현실에만 사로잡힌 사람에게는 아무런 발전도 없습니다. 그렇다고 현실을 무시하라는 것은 아닙니다. 현실을 무시한 이상은 이상이 아니라 오히려 공상인 것입니다. 높은 이상을 찾아 구하기 위해서는 자기가 처한 현실을 똑바로 볼 줄 알고, 거기서 자기가 할 일을 찾고, 그리고 거기에 최선을 다해야 하는 것입니다. 그럼으로써, 잘못된 것을 바르게 고쳐, 보다 나은 내일로 이끌어 가는 생활이 바로 이상을 찾아 구하는 생활입니다. 이것은 하루아침에 될 일이 아니라, 오랜 세월을 두고 매일매일 작은 일에서부터, 마치 집을 지을 때 벽돌을 하나하나 쌓아 올리듯이 하나하나 자기의 이상에 맞도록 힘써 나가는 꾸준한 노력을 통해서만이 이루어질 수 있는 것입니다. 아무쪼록 정신의 새 식구가 된 여러분은 몇 해 후에 교문을 나설 때는 조국과 민족을 향해서 가장 소중한 것을 이바지할 수 있는 '사람다운 사람'—고상한 이상으로 닦인 인격의 소유자가 되어 나갈 수 있도록 지금부터 마음 깊이 다짐해 주기 바라는 바입니다.

김필례(이사장), 「높은 이상으로 인격을 다듬어 가자」 『정신』(신문) 55, 1968년 3월 5일, 5쪽.

희생적 봉사의 미덕을
모교의 전통을 오늘에 되살리자

공사다망하심에도 불구하시고 만장하신 귀빈들과 학부형님들 및 동창들께서 이처럼 많이 참석하시어 이 자리를 빛내 주심을 감사하여 마지아니합니다.

사랑하는 졸업생 여러분! 여러분께 삼가 만강의 치하를 드립니다. 여러분이 걸어 온 지나간 삼 년 혹은 육 년을 회고할진대 그동안 여러분은 갖은 장애와 고난을 용감스럽게 꾸준히 물리쳐 가면서 분투와 노력으로 계속한 결과 오늘의 월계관을 차지할 수 있게 되었습니다.

그러나, 어떠한 성공이든지 결단코 혼자서는 이룩할 수 없다는 사실을 잊어서는 안되겠습니다. 지금 여러분의 이 성공은 여러분을 낳아서 기르시고 오늘까지 여러분에게 필요한 모든 것을 수응하여 주신 부모님, 여러분의 성장과 발전을 위하여 지도와 교훈을 아끼지 아니하신 스승님들, 또 수많은 학생들 중에서 여러분을 택하여 이 정신의 울타리 안에 모으심으로 하나님을 아버지로, 예수님을 자기의 구주로 찾게 하신 하나님의 은혜가 여러분과 함께하지 않으셨던들 어찌 오늘의 이 성공을 바랄 수 있었겠습니까? 이제 바라는 것은 오늘의 영광으로서만 그칠 것이 아니라, 여러분 각자의 소원대로 혹은 직장 혹은 대학으로 전진할 수 있는 행운이 따르기를 빌어 마지않습니다.

그러나 내가 지금 바라는 것은 그보다 훨씬 더 근본적이고, 더 중요한 과제입니다. 위에 말씀한 바와 같이 여러분들의 성공은 과연 하나님, 부모님 및 스승님들의 은혜와 자신들의 꾸준한 분투와 노력으로써 이루어진 것인즉, 인간은 학식이 높을수록 빚을 많이 진 사람이 되는 것입니다. 무릇 채무라는 것은 반드시 갚아야 하는 의무가 따르는 것입니다. 첫째는 하나님께, 둘째는 그 부모와 스승들에게, 또한 그 조국과 민족에게, 나아가서는 전 인류에게 빚을 졌으니 반드시 갚아야겠습니다. 이제 여러분들이 빚을 갚는 방법은 곧 자기의 소유한 건강, 신앙, 인격 및 학식을 합쳐서 먼저 하나님께 바치고 또, 이 민족과 조국에 바치는 일입니다. 그리하여, 하나님의 뜻에 따라 이 나라 이 민족에게 가장 요구되는 것을 제공하는 것입니다.

사랑하는 졸업생 여러분! 눈을 들어 우리 사랑하는 조국의 현 실태를 자세히 살펴봅시다. 사실 우리 선열들은 이 조국의 자유와 해방을 위하여 그 귀중한 목숨을 초개같이 내어던진 분들이 그 얼마나 많습니까? 자유를 얻은 지 이미 이십여 성상이건마는 이 나라가 지금도 이처럼 비참한 처지를 면치 못하여 이 민족은 날이 갈수록 무직자의 수효가 늘고 생활이 곤궁하여 감은 무슨 연고입니까? 각계각층을 망라하여 그 지도적 자리에 앉은 이들의 정신적 자세가 똑바로 잡혔다고 봅니까? 신문 3면에 채워지는 기사는 세월이 흐를수록 너무도 비참하여 가니 배달의 피를 이어받은 자로서는 비관치 아니 할 수 없습니다. 사실 우리나라는 큰 병에 걸려서 그 생명이 위독합니다.

이제 굳건한 신앙의 토대 위에 쌓아 올린 고결한 인격을 가지고 희생적 봉사를 각자의 생의 목표로 삼고 정신의 교문을 나서는 삼백육십사 명의 졸업생 제위는 날로 썩어가는 우리 조국을 똑바로 진단해 봅시다. 그리고 이런 나라는 어떠한 일꾼이라야만 소생시킬 수 있는가를 살펴봅시다. 과연 우리 사회는 유능하고 충성스러운 일꾼이 절실히 요구됩니다. 여러분! 하나님이 특별히 택하여 세우신 여러분은, 이 민족을 도탄 속에서 구출하고 또 이 나라를 강하고 부하게 쌓아올릴 수 있는, 유능하고 그 임무에 충성할 수 있는 일꾼이 되어주십시오. 삼백육십사 명의 새 일꾼들이여! 이 민족을 자기보다 더 사랑하고 나라를 자기의 생명보다 더 귀중히 여기는 참다운 일꾼이 되어 주십시오. 여러분들 중에는 대학에 진학하려는 분들이 절대 다수이시고, 또는 직장으로 나가실 분들도 계시겠지요. 그러나 진학하고 못하는 것이 그리 큰 관심거리는 아닙니다. 단지 그 생활의 목표가 어디 있으며, 그 생활 자체가 건실한가 안 한가를 좀더 엄숙히 반성해 볼 필요가 있다고 생각합니다. 또 그가 착수한 사업에 충실하여 계속적으로 전력을 기울이고 있는가를 검토하는 것이 무엇보다도 필요하다고 생각합니다. 그러므로 올바른 정신으로 자기 임무에 전력을 기울이는 고교 졸업생이 사리사욕에 도취된 학사나 박사보다 얼마나 더 요구되는지 알 수 없습니다. 여러분은 이 중대한 사업을 어찌 소수의 우리가 해낼 수 있겠느냐고 비관 마십시오. 단 한 명의 하나님을 두려워하고, 나라를 사랑하는 여자가 자기 조국을 원수의 손에서 구출한 역사를 기억하실 줄 압니다. 여러분은 삼백육십사 명이라는 엄청난 수효가 아닙니까? 그러므로, 여러분은 정신의 교문을 나서기 전에 지금 이 자리에서 엄숙히 자신을 반성하여 바른 정신을 찾아가지고 출발합시다.

이와 같은 중요한 시기에는 반드시 우리의 구주님을 바라보게 됩니다. 우리 중생을 멸망에서 구출하시기 위하여 만왕의 왕좌를 버리시고 누추한 마구간에서 탄생하신 주, 지치고 연약하신 몸에 수치스럽고 무거운 십자가를 지시고 저 험한 골고다 산길로 사형장을 향하여 한 걸음 한 걸음 발길을 옮기시는 주님, 여러분과 나를 구속하시기 위하여 수치와 고통의 십자가에 달려 귀중한 피를 흘리시는 내 주님, 여러분의 주님을 경건히 바라봅시다. 이제 우리도 암흑에서, 도탄 중에서 헤매며, 신음하는 우리 동족을, 전 인류를 구출하기 위하여 자신의 모든 부귀영화를 우리 주님처럼 버리고, 단지 우리에게 맡기시는 임무에 충실하여 어떠한 위험과 고난이 우리를 위협하든지 끝까지 주님을 바라보며 앞으로 전진합시다. 그리하여, 우리 주님께서 찾으시는, 우리 민족이 요구하는 유능하고 성실한 일꾼이 되도록 힘써 나아갑시다.

> "한 알의 밀알이 땅에 떨어져서 죽지 안 하면 한 알 그대로 있고, 죽으면 많은 열매를 맺나니라." —「요한복음」 12장 24절

김필례(이사장), 「희생적 봉사의 미덕을」 『정신』(신문) 70, 71, 1969년 1월 15일, 4-5쪽.

언제까지나 정신 학교와 같이 살아가시길
근속 표창 선생님들에게 드리는 글

창립 기념일을 맞이하는 오늘, 나는 무엇보다도 근속 이십 년을 맞으시는 이귀남 교감 선생님과 김상권 선생님, 그리고 근속 십 년을 맞으시는 유재구 선생님, 백형옥 선생님, 문석희 선생님, 최희주 선생님과 심광순 씨를 표창하게 된 것을 가장 큰 영광이요, 기쁨이라고 생각합니다. 먼저 그 여러 선생님들께 마음으로부터의 축하의 꽃다발을 올립니다.

근속 이십 년을 맞으시는 두 분 선생님은 모두 인재난이 격심하던 우리 학교의 재건 초기에 들어오셔서 오늘의 정신학교를 쌓아올리는 데 주춧돌이 되고, 밑거름이 되어 주신 분들로서 이분들의 근속 이십 년은 특별한 의의가 있습니다. 특히 이귀남 교감 선생님은 본교의 재단을 결성하는 데 숨은 산파역을 맡아 주셨으며, 김상권 선생님은 당시 물상 교사가 드물던 때에 젊고 유능한 물상 교사로 부임하셔서, 재미있는 교수법을 통해 학생들에게 강한 인상을 심어 오셨습니다.

그밖에 십 년 근속을 맞으시는 네 분 선생님들도 모두 맡은 바 전공분야에서 손색없는 역량과 풍부한 경험을 통해서 학생들의 실력향상과 학교 발전에 귀중한 소임을 수행함으로써 저마다의 위치를 굳혀 오셨습니다. 그리고 심광순 씨 또한 묵묵히 맡은 바 소임을 충실하게 이행해 오셨습니다.

흔히 직장 경력이 오 년 이상이면 착실한 사람이라는 정평이 따릅니다.

그렇다면, 십 년 근속이면 사회적으로도 큰 관록이라고 아니할 수 없습니다. 그것도 다른 직업이 아닌, 바로 인간의 자질을 계발하고, 인격을 지적으로, 도덕적으로, 신앙적으로 완성시켜 나가는, 이 교육이라는 신성한 직업인만큼 그 관록은 더욱 보람된 것이 아닐 수 없습니다.

인생은 칠팔십을 산다고 하지만, 실제로 활동할 수 있는 기간은 그 반밖에 안 됩니다. 그중에서 가장 귀중한 시기는 말할 것도 없이 젊은 시절의 활동기간입니다. 이러한 시기를 정신학교를 위해 열과 성을 기울이며 살아오신 일곱 분은 이제 그 생애와 정신학교는 떼놓을 수 없는 인연으로 얽혀져 있습니다.

오늘 표창을 받으시는 여러 선생님들은 우리 학교에 대해서나 학생들에 대해서나 누구보다도 잘 알고 계시며, 또 잘 아시기 때문에 누구보다도 깊은 애착을 느끼시리라고 믿습니다. 따라서 지금까지의 경험과 능력을 토대로 하여 앞으로 계속 머물러 수고해 주신다면 더욱 바람직한 빛나는 업적을 남기리라 믿으며, 또 그렇게 해 주시기를 부탁하는 바입니다. 다른 재산은 다 없어질 때가 있으나, 길이 없어지지 않고 남아 후세에 계승될 교육의 신성한 보람을 위해서 계속 정진하시기를 바라며, 하나님의 축복이 항상 같이하시기를 빌면서 이에 축하의 뜻을 표합니다.

김필례(이사장), 「언제까지나 정신 학교와 같이 살아가시길」 『정신』(신문) 86, 87, 1969년 10월 20일, 7쪽.

언제나 최선을 다하자

학창시절은 인생의 준비과정입니다

여러분이 이 정든 정신여중 교정을 떠난다니 아쉬움과 함께 축하를 드립니다.

여러분!

사람이 왜 이 세상에 왔는지 아십니까? 물론 부모가 낳았으니까 이 세상에 나온 것이지만 우리 인간은 하나님이 목적이 있어서 세상에 보내신 것입니다. 우리는 가끔 세상에 태어난 것을 후회하고 있습니다. 학교에서 선생님께 꾸중듣고 집에서 부모님께 싫은 소리를 들으면 모든 것이 싫어집니다. 그런데 사람이 이 세상에 난 것은 우연이 아니고 하나님의 뜻입니다. 그런데 사람에게는 자유라는 것이 있습니다. 하나님은 우리를 목적이 있어서 보내셨지만 사람에게는 자유라는 것이 있어서 좋은 반면에 나쁜 면도 있습니다. 그 자유를 살려서 하나님을 따라가면 잘 성공합니다. 그러나 그 자유를 마음대로 누리고 하나님의 말씀을 따르지 아니하면 안 됩니다. 짐승은 줄로 매어 기르지만 사람은 그렇게 하지 못하니 사람 다루기가 가장 어려운 일입니다.

사람의 모든 일은 자기 자신에 달렸습니다. 하나님의 뜻을 잘 순종하고 따라가려면 자기 발전과 소질을 살려서 노력하면 훌륭한 사람이 됩니다. 그러나 그렇지 않고 자기 마음대로 행동하면 아주 좋지 못한 사람이 됩니다. 그러니까 그 사람의 자유가 얼마나 큰 것인가를 알 수 있습니다.

사람은 사실 일하기 싫고 공부하기도 싫고 놀고 싶고 잠도 오래 자고 싶습니다. 좋은 일은 하기 싫고 편한 일만 하고 싶으니 사람은 언제나 조심해야 합니다.

어떤 사람이 성공하느냐? 한마디로 하나님의 목적지에 나아가는 자가 성공하기 마련입니다. 그것은 어려운 일입니다. 열심히 해야 얻어지는 것입니다. 지금 학창시절은 인생의 준비입니다. 준비를 잘해야 생활해 나아가는 데 성공을 할 수 있습니다. 사람의 성공은 자기가 노력해야 합니다. 그러니까 자기 자신의 타고난 소질을 발휘하여 하나님의 뜻을 받아 노력하면 성공합니다. 건강한 몸과 건전한 정신으로 하루하루를 꾸준히 생활해 나가야 합니다. 그리고 언제 어디서나 더 잘해 달라고 기도해야 합니다. 열심히 일하고 기도하는 사람은 자기의 능력에 하나님의 능력이 가해서 초인간적 능력이 납니다. 나는 팔십 년이라는 긴 인생을 보냈습니다. 나는 그 긴 세월 속에서 얻은 것은 사람이 힘껏 노력하면 하나님께서 도와주신다는 것을 알았습니다.

졸업생 여러분! 그리고 재학생 여러분! 내가 하고 싶은 말은 사람이 성공하려면 먼저 사람다워야 한다고 말하고 싶습니다. 우리는 인격을 갖추고 인간성을 갖춘 사람이 돼야 합니다. 남을 눌러서는 안 됩니다. 게을러서도 거짓말을 해서도 안 됩니다. 지금 세계 어떤 나라보다도 우리나라 사람이 대학에 많이 들어가려고 하고 있습니다. 남녀를 불구하고 다 대학을 거쳐야 한다고 생각하고 있습니다. 왜 그렇게 생각하고 있을까요? 인간으로서의 지식을 배우기 위한 것입니다. 그러나 인간성과 인격은 배울 수 없습니다. 지식이 많은 박사보다는 참된 인간성을 가진 사람이 참인간이요, 참사람입니다. 지금 사회는 사기, 절도, 폭력에 가득 차 있습니다. 왜? 인간성을 갖추지 못했기 때문입니다. 우리나라 사람이 좀더 정직하고 부지런하면 더 잘 살 수 있습니다. 성공의 비결이라면 힘껏 노력해야 합니다. 게을러서는 안 됩니다. 3대 교장 선생님 도티 여사는 언제나 이렇게 말했습니다. "언제나 최선을 다하자." 이 말을 저는 여러분께 드리고 또 부탁하고 싶은 말입니다.

여러분!

졸업하는 여러 학생들에게 이 교정을 나가더라도 더 짙은 신앙을 갖고 힘껏 도덕을 수양하기를 바랍니다.

김필례(전 이사장),「언제나 최선을 다하자」『정신』(중, 신문) 118, 1975 년 1월 11일, 5쪽.

목련장木蓮章을 받고서

교장 선생님, 교사 여러분, 동창 제씨, 학생 여러분들께서 이 귀중한 기회를 만들어 주신 은혜에 감사드리오며 동시에 오늘의 이 감당할 수 없는 모든 영광을, 어렸을 때부터 택하셔서 캄캄한 시대에 교육을 받게 하시고 무능한 저에게 사업을 맡기시고 또 맡기신 사업을 해낼 능력을 주신 하나님께 영광을 돌려 마지않습니다. 또 저를 공부시켜 주신 부모님, 형제, 스승님께 감사드려 마지않습니다.

친애하는 학생 여러분!

도대체 위대한 인물이란 어떠한 자를 칭하는 것입니까? 즉 남을 어려운 가운데서 구출하고 그 사회, 그 국가, 혹은 인류를 도탄 중에서 건져낸 사람이 아니고 무엇이겠습니까?

여러분들께서도 부디 힘차게 신앙과 지식을 쌓고 인격을 닦아서 개인과 민족을 위하여 힘껏 노력하시기 바랍니다. 하나님께서는 자신이 힘껏 노력하는 사람을 택하십니다. 그 택하심을 입은 이에게 사업을 맡기시고, 또 동시에 맡은 사업을 감당할 수 있는 능력을 부여하십니다. 이러한 사람들은 죽어도 그가 해놓은 업적을 통하여 영원히 살 수 있는 것입니다. 그 예로는 우리 세종대왕, 이순신, 안중근, 또 우리의 동창 김마리아, 이외에 그 수를 헤아릴 수 없이 많은 것을 여러분께서도 짐작하십니다. 부디 여러분들도 무어든지 하기 싫은 일을, 마음을 이기고, 무엇이든지 하기 싫은 마음, 사업이든지, 공부든지, 일이든지 하기 싫은 마음을 이

겨야 됩니다. 이기고, 힘차게 신앙과 지식을 쌓고, 인격을 연마해서 하나님의 택하심을 입어 그 시대에 필요한 사업을 만드심을 보시기 바랍니다. 그리고 한평생 일하시는 역군이 되어서 죽어도 죽지 아니하고, 그가 해놓은 업적을 통하여 영원히 살기 바라 마지않습니다.

인간에게는 무한한 가능성이 내포되어 가지고 있습니다. 여러분 각자에게도 무한한 가능성이 내포되어 가지고 있는 것을 아셔요. 단지 그가 하느냐, 안 하느냐에 있단 말씀예요. 또 하기 싫은 그런 나쁜 생각도 내포되어 가지고 있습니다. 하기 싫은, 그 괴로움으로 이끄는 그것을 잊어버려야겠어요. 남이 논다고 나도 놀아서는 안 됩니다. 노는 사람은 하나님께서 택하지 않으셔요. 그 사람에 져서는 안 됩니다. 여러분 보람차게 살고, 영원히 사시고, 인간에게 도움이 되고 싶거든 이제부터라도 깊이 결심하세요. 모든 게으른 사람을 내가 이겨버리리라! 나는 힘차게 이 시간을 아껴서 일하며, 공부한다. 그래서 하나님이 모든 것을 갖춰 주셨을 때에 하나님께서 나를 택하시는 사람이 되겠다. 내게 일을 맡기시는 사람이 되겠다. 그때는 하나님께서 그 일을 해나가는 능력을 꼭 부여하셨으니까 그로 항상 무엇이든지, 무슨 일을 하든지 하나님께 기도해야 됩니다. 하나님은 자기가 최선을 다하고, 하나님께 기도하고, 능력을 구하는 사람에게 그 길을 환하게 트시고, 때때로 어렵고 캄캄한 때도 있지마는 하나님께서 능히 성공하게 해 주실 것을, 여러분은 이 시간에 깊이 깨달으시고 인제 앞으로는 전과 달리 모든 학생들 다 열심으로 무슨 일이든지 하셔서 성공하시기 바라 마지않습니다. 감사합니다.

김필례(명예 이사장), 「목련장을 받고서」 『정신』(교지) 15, 1972년, 30-31쪽.

한국 여성의 현실과 가능성

지난 십 년 동안의 한국여성의 발전

한국에서는 지난 십 년간 여성이 권리와 자유를 찾기 시작했고 사회 활동이 시작되었습니다.

첫째로 여성들은 교육받을 권리를 찾았습니다. 예전의 한국 부모들은 아들에 대해서는 교육할 의무가 있다고 생각했지만, 딸은 학교에 보내지 않았습니다. 그러나 지금의 부모들은 딸도 교육시킬 의무가 있다는 것을 깨닫기 시작했습니다. 십 년 전에 초등학교의 여학생 수는 3,886명, 중학교의 여학생 수는 291명에 불과했지만, 1922년에는 각각 142,816명과 3,284명에 이르렀습니다.

둘째로 여성들은 결혼과 관련하여 새로운 자유를 얻게 되었습니다. 십 년 전만해도 여성은 부모님께 맹목적으로 복종하고 결혼에 관해 자신의 소리를 내지 못했습니다. 여성은 시부모님이나 친정 부모님 앞에서 남편과 대화할 수 없었으며, 아이를 낳기 전까지는 다른 사람들 앞에서도 남편과 이야기를 나누지 못했습니다. 오늘날은 약혼자는 물론 약혼하지 않은 사람과도 자유롭게 대화할 수 있습니다. 여성은 이제 약혼에 관해서 자신의 의견을 말할 수 있고 구혼자에게 편지를 보낼 수도 있습니다. 심지어 비기독교 가정과 교육받지 못한 계층의 사람들도 결혼에 대해 여성 본인의 동의를 구하게 되었습니다. 더 나아가 여성이 결혼을 하지 않을 수 있는 권리를 인정받게 되었습니다. 이것이야말로 여성이 찾은 자유 중 가장 큰 것인데, 몇 년 전까지만 해도 여성이 이십오 세가 되도록 결혼하지 않는다는 것은 불가능했기 때문입니다. 잘 교육받고 능력 있는 여성이 대중 앞에 나오는 것을 기대할 수 없었으며, 만약 나왔다면 심한 비판을 받았을 것입니다.

고부관계에서도 매우 큰 변화가 있었습니다. 이전에는 시어머니는 안주인이었고, 며느리는 무임금의 종신노예였습니다. 요즈음은 며느리가 새로운 가정에서 재량권을 가지고 가정의 문제를 함께 의논하는 그 집안의 안주인이 되었습니다.

아이들의 교육문제에 관해서 어머니는 자신의 소리를 내지 못했습니다. 아직은 불완전하지만 자신의 의견을 표현할 수 있게 되었습니다.

또한 물건의 구매에서도, 남성들은 직접 물건을 사러가는 대신 가정주부들이 물건을 살 수 있도록 허용합니다.

사회적 교류에서도 십 년간 결정적인 진전이 있었습니다. 십 년 전 서울의 많은 미혼여성들은 머리에 쓰개치마를 둘렀고 기혼여성들은 장옷을 썼습니다. 낮에도 거리를 다니는 것이 자유롭지 않았고 여행할 때는 가마를 타야 했습니다. 자신을 가리지 않고 다니는 여성은 비난의 대상으로 주목을 받았습니다. 이제는 오히려 옛 풍습을 따르는 사람을 주목하게 되지 않습니까! 이젠 시골에서도 젊은 여성들의 머리와 몸을 덮었던 넓은 삿갓은 더 이상 쓰지 않습니다. 여성은 이웃에 있는 친구를 방문하는 것조차 허용되지 않았습니다. 이제는 전국 어디라도 다닐 수 있습니다. 이것은 현저한 발전입니다.

공공 집회에서 남성과 여성을 분리시키던 커튼은 없어졌으며, 연사는 청중의 두 부분을 다 보기 위해 더 이상 연단의 끝에서 끝으로 걷지 않아도 됩니다. 뿐만 아니라 혼성합창단이 매우 일반화되었고 여성들도 혼성의 청중들을 대상으로 연설할 수 있게 되었습니다.

현대의 한국 여성들은 많은 교육 사업에 관심을 가지고 있습니다. 도시와 농촌의 여성들은 야간학교와 유치원 운영을 전적으로 책임지고 있으며 몇 개의 주간학교에도 참여하고 있습니다.

십 년 전에는 초등학교에서조차 여교사를 채용하는 것이 어려웠습니다. 이제는 중학교에서도 채용이 가능해졌지만, 아직 수요가 공급보다 더 많습니다. 일부 여학교의 경우 한문 선생님만 남자 교사들입니다.

십 년 전 한 한국 여의사가 죽었는데, 후임자가 없었습니다. 소수의 간호사만 있었고 산파가 없었습니다. 지금은 몇 명의 여성 의사들과 젊은 간호사들이 협회에서 잘 연결되어 있습니다. 십 년 전에는 과부나 극빈자만이 간호사가 되었으나 이제 지원자는 초등학교 교육을 이수하여야 하고 일부 간호학교는 중등교육 수료를 요구하고 있습니다.

지난 십 년 동안 사업과 상거래에서 여성의 역할은 다른 어떤 분야보다도 획기적인 변화가 있었습니다. 이전의 여성들은 쇼핑하러 나가는 것조차 허락되지 않았지만 지금은 여성들이 운영하는 대형 상점들이 몇 곳 있습니다. 또한 여성 은행직원이 여러 명 있으며, 많은 여성들이 경영학 코스를 밟고 있습니다. 여성 신문기자는 급격히 증가했으며 많은 여성들이 공장에도 채용되고 있습니다.

또한 정치적으로도 현대 한국여성들은 절박한 관심을 가지고 정치 문제에 관련된 제반 상황들에 결합되어 있습니다.

십 년 전 교회에서 여성의 사역은 주로 몇몇 뛰어난 여성 선교사의 손에 달려 있었습니다. 지금 교회 대부분의 사업은 한국여성이 주도하고 있으며 교회 예산에서 절대적인 몫을 책임지고 있습니다. 성경 교육수준도 여성이 훨씬 더 높으며, 여성 집사와 주일학교 교사들은 업무를 효율적으로 수행하고 있습니다.

지난 십 년 동안의 여성계의 성장은 한국여성의 사회적 발전을 보여줍니다. 십 년 전만해도 여성계는 존재하지 않았습니다. 올해는 오십팔 개 기관이 공식 등록되어, 정부의 주목을 받을 만큼 더욱 활발하고 중요한 활동을 했습니다. 주목할 만한 특징은 YWCA 아래 많은 조직들이 연결되어 있다는 것입니다. 이러한 다양한 조직을 통해 여성들도 자신들의 책임을 깨닫고 자신의 바람과 욕구를 실현하게 될 것입니다. 그렇게 함으로써 한국여성은 세계에서 자리매김을 할 수 있습니다.

과거 십 년 동안은 한국 여성계의 '유아기'라 할 수 있었습니다. 향후 십 년 동안은 어떤 성장 가능성이 그 앞에 놓여 있을까요? 지혜와 외형이 성장하고 하나님과 사람의 사랑을 받을 수 있도록 진심으로 기도합니다.

Mrs. Choi Pil Ley, "The Development of Korean Women during the Past Ten Years". *The Korea Mission Field*. 19-11, November, 1923. pp.222-223. (영어 원문은 이 책의 부록에 수록되어 있다.)

무용한 수고를 덜자
밥 먹는 시간의 일정과 밥과 반찬을 한 그릇에

어떠한 의미로 부활된 우리네에게는 남보다 백배 잘살고자 하는 요구와 노력이 있어야 합니다. 그리하는 데는 무엇보다도 가정의 내조가 가장 필요한 줄로 압니다. 그러나 오늘날 우리네의 가정에서는 주부 이하 안식구들은 과연 하는 것이 무엇이오니까. 가지가지로 멸시와 사역을 받는 중 가장 억울한 것은 집안 식구들이 어른으로부터 아이까지 밥 먹는 시간이 일정하지 못한 결과 아침부터 밤중까지 밥상 차려내다가 세월을 보내고 마는 것이 아니오니까. 될 수 있는 대로는 일정한 시간에 한가족이 함께 모여 밥을 먹게 하는 것이 좋겠습니다. 한집안 식구가 가장 평화히 안락하게 한상머리에서 밥을 먹게 되면 집안에 일도 줄고 음식을 한 그릇에 담아 놓고 돌려가며 덜어 먹으면 남는 것은 언제든지 숫것•이 되지 않습니까. 일본 밥통은 냄새도 나고 식기도 하겠지만 조선 큰 합에 밥을 담아서 아랫목에 묻어두면 언제든지 더운 숫밥이 끊이지 않을 것이올시다.

金弼禮 女史談,「生活改善의 第一步로 새해부터 우리 朝鮮人이 實行할 새 決心: 無用한 수고를 덜자」『東亞日報』, 1924년 1월 1일, 2면 6단.

• 숫것: 손대지 않은, 변하지 않은 본디의 것.

가사과家事科를 존중하라
급무急務는 여자전문학교

몽매夢寐에도 그립던 삼천리 근화원槿花園아! (2)
해외 객창客窓•에서 형설공螢雪功• 닦다가 귀국 후 초춘初春 맞는 명여류名女流

불과 삼 년 만에 돌아온 나로서 무슨 특별한 감상이 있겠습니까. 그러나 사별삼일士別三日에 괄목상대刮目相對•라는 말과 같이 그 동안 정신계로나 물질계로나 많은 변동이 있으니만큼 고국에 돌아와서 첫해를 맞이하는 나에게 소소한 남다른 회포도 있으려니와 외국에서 본 바 느낀 바를 가지고 조선사회에 희망하는 바도 있는 것은 사실입니다.

내가 교육자인 그만큼 나는 귀국하는 첫길로 즉시 교육제도가 얼마나 향상되었는가를 관찰하지 않을 수 없었습니다. 내가 공부한 미국에서는 그래도 학교 선생, 더욱이 중등 정도 여학교 선생은 거반 다 여자올시다. 조선에서는 이와 반대로 가사, 재봉, 수예 등을 가르치는 선생 외에는 여자가 매우 드뭅니다. 그런데 여자의 중등교육을 전부 남자에게 위임을

• 객창: 나그네가 거처하는 방. 객지에서의 생활.
• 형설공: 고생하면서 부지런히 공부하는 태도.
• 사별삼일에 괄목상대: 사흘만에 만나더라도 선비는 눈에 띌 정도로 학식이 달라져 있어야 한다는 뜻.

시키면 반드시 불편한 점이 많은 것이올시다.

그 원인이 무엇이냐 하면 예를 들어 말하자면 수신修身이나 생리生理 같은 과정은 남자가 가르치기에 곤란한 일이 적지 않은 것입니다. 구체적으로 말하자면 정조貞操 문제 같은 것이나 요사이 한참 고조高調하는 성교육 같은 것은 남녀가 마주 앉아 적나라하게 이야기하기 어려운 것이 아닙니까? 만약 말하기 어려운 점까지 말하게 된다면 벌써 그들에게는 예의가 없어지고 도덕이 어그러지기 쉽습니다. 이것은 고의로 되는 것이 아니라 첫째, 남녀가 같이 앉아 그런 말을 하게 된다면 먼저 흥분이 되는 까닭이올시다. 그러므로 아무리 적나라한 말을 하여도 서로 하등의 감각도 받지 아니할 여자가 가르쳐야만 되겠습니다. 그뿐만 아니라 중등학교를 마치게 되는 때에는 누구나 자기의 장래 방침을 부모와 선생에게 의논할 수밖에 없습니다. 슬하에서 교육받던 생도의 앞길을 지도하는 점에도 남녀 선생의 차이가 생기리라고 나는 생각합니다. 현재 조선사회가 남자 중심인 만큼 남자들은 자기들의 편리한 대로 여자들을 이용하고자 하는 그 견지에서 자연히 지도하게 되는 것이올시다. 그러므로 나는 무엇보다도 조선에 여자대학이 있어서 중등 교원을 많이 양성하여야겠다는 것입니다. 왜 하필 우리나라에 여자대학이 있어야만 되겠느냐 하면 첫째는 조선의 경제 상태로 보든지 아직까지 봉건적 사상을 그대로 지키고 있는 사람이 대다수를 점령하는 것으로 보든지 남자보다도 여자의 외국유학이 훨씬 더 어려운 것은 사실입니다. 그러나 우리나라에 여자대학이 있으면 여자가 전문교육을 받기가 지금보다 용이하게 될 줄 압니다.

둘째는 나이 어려서 외국에 가게 되면 원 없이 부모의 구속을 받지 않는 것만 좋게 여기고 자유자재로 지내게 되는 것이올시다. 사람은 환경의 지배를 받기 쉬우므로 어느덧 생활이 방종하여져서 잘못하면 타락하는 지경에까지 이릅니다. 이 두 가지 원인으로 보아 조선 안에 여자대학이 있어야만 될 필요를 절실히 느낍니다. 그리고 전문교육 중에도 가사과를 공부하는 이가 많기를 바랍니다. 조선 여성들은 가사과라면 시시부시한 것으로만 아는 폐단이 있어서 외국에 가서 전문학교를 마치고 오는 이들 중에도 가사과를 공부한 이가 매우 적습니다. 따라서 시골학교에서는 가사 교사를 구하기가 무엇보다도 극난합니다. 이것은 대단히 큰 유감이라고 나는 생각합니다. 여자가 가사에 대한 공부를 하는 것이 왜 시시부시 하겠습니까. 살림살이 안 하는 집이 어디 있으며, 살림살이 안 하는 사람이 어디 있겠습니까? 조선 여성의 과거생활을 돌아보면 살림살이는 과연 고역이었습니다. 문화가 발달된 현대에 있는 여성으로서 생활의 개량을 도모하고 가정을 보다 더 재미있고 보다 더 훌륭하게 만들면 살림살이가 고역은 고사하고 얼마나 행복을 느끼는 고상한 직업이 될는지 모를 것이올시다. 나는 여자가 가사를 처리하고 한 집안의 주인이 되어 남편의 사업이나 자녀의 학업에 둘도 없는 원동력이 되는 것을 영광스러운 천직으로 알지 않을 수 없습니다.

미국서는 가사과를 대단히 존중히 여겨서 가사과를 공부한 이에게도 학박사學博士의 위를 줍니다. 그립던 내 땅에 돌아와서 첫해를 맞는 나로서 가장 희망하는 바는 조선에 완전한 전문학교가 생기게 되고 따라서 가사과를 공부하는 이가 많아지는 것입니다.

김필례, 「家事科를 尊重하라: 急務는 女子專門學校」(夢寐에도 그립던 삼천리 槿花園아! 2: 해외 客窓에서 螢雪功 닦다가 귀국 후 初春 맞는 名女流), 『朝鮮日報』, 1928년 1월 4일, 7면 1단.

『성교육』 서언

이제 본서를 출간함에 제하여 필자는 무한한 희망과 공포를 느낀다. 비록 이 책의 페이지 수가 적고 내용이 빈약할지라도 모든 번민과 고통 중에서 헤매는 무수한 청년남녀에게 조그마한 도움이라도 되기를 바라는 동시에 아직 성교육이 우리 사회에 새 문제이니만큼 독자 제씨에게 어떠한 인상과 영향을 끼칠 것이 문제이다. 단지 본 문제를 취급하시는 지도자 제씨의 철저한 지식과 진정한 동정이 성性의 오묘한 이치를 연구하는 청년 제씨의 신중한 태도와 협동되어 행복한 생활의 길이 독자 제씨들 앞에 전개되기를 빌 따름이다.

근자에 신문이나 잡지상에서 간간 이 문제를 보는 바이나 우리나라에서 본 문제가 아직도 연령이 적으니만큼 이 문제에 대한 이해의 정도가 의문이므로 금번에는 성에 대한 세밀한 성명이나 성기관의 단면도斷面圖 같은 것도 약하였으나 일반 사회의 충분한 양해를 기다려 본서를 다시 증정 출간하여 독자 제씨의 요구에 만분의 일이라도 응코자 한다.

끝으로 본서의 「화류병花柳病」 장은 필자의 부군 최영욱 씨의 집필인 것과 여러 친지들이 유조有助한 서적을 널리 구하여 본서 저작에 막대한 도움을 주신 후의와 본서를 한글로 교정하여 주신 오천영 선생의 수고를 충심으로 감사하기 마지아니한다.

1935년 2월 25일

저자 씀

金弼禮, 「서언」 『性敎育』, 조선예수교서회, 1935.
(『성교육』은 이 책 부록에 전체 영인되어 있다.)

옛 친구의 기쁨

『새가정』이 창간된다는 것은 옛 친구를 다시 만나는 기쁨처럼 즐거움을 금할 수 없다. 왜냐면 나는 사변 전에 『기독교가정』의 애독자였기 때문이다. 이 『새가정』이 반드시 그 후신은 아니겠지만 정든 벗을 새로 대하는 기쁨이다. 여러 독자도 그러하리라고 믿는다.

참혹한 육이오의 파괴와 인명의 손실은 얼마나 우리들의 많은 아름다운 소산을 박탈했었던가. 그러나 우리는 이제 환도와 함께 하나둘씩 그 보배들을 다시 찾고 만나고 이룩하게 되는 중에 『새가정』의 창간이야말로 그 중에 가장 귀한 것의 하나이다.

『새가정』이 앞으로 하나님의 뜻 안에서 그 능력을 함께한 역사가 이루어져서 그것이 단지 여러 신자의 가정에 그리고 일반 가정을 빛나게 하여줄 수 있으리라고 믿어 마지않는다.

따라서 이 귀한 일을 위해 애쓰는 여러분의 건투를 빌며 동역자로서 애써 주는 이들이 많이 일어나기를 빌어 마지않는다.

김필례(정신여고교장), 「옛 친구의 기쁨」 『새가정』 1-1, 1953년 12월, 1쪽.

가정과 청결

가정은 우리의 유일한 안식처이다. 여기에서 우리는 피로를 회복하며 자녀 양육은 물론 온 가족의 건강을 보장해 나간다.

반드시 건전한 정신을 기대하기 위해서는 건강한 육체가 요구된다는 사실과 같이 우선 건강을 위해서는 편히 쉬고 유쾌히 즐겨야 하는 것이다. 여기에 또 그것을 위해서는 청결이라는 조건이 빠질 수 없다는 것은 너무나 잘 아는 사실이다.

청결은 문화의 특색의 하나이며 그것을 보아서도 그 나라의 문명 정도를 알 수 있는 것이다.

누구나 깨끗한 정돈된 가정이나 도로 건물 속에서는 존경을 느낄 수 있고 유쾌한 마음과 안심을 느낄 수 있다.

다시 우리의 집안을 살펴보자! 언제 누가 오나 부끄럽지 않게 깨끗하게 정돈되어 있는지…. 우리나라의 살림집은 외국과 같이 손님이 바로 들어갈 수 있는 응접실을 구비하고 있는 집이 소수인 원인도 있지마는 갑자기 우리의 가정에 외국인을 모실 경우(우리나라 손님을 모실 때도 같지만)에는 '그 집은 깨끗하게 치우고 있는지…' 하고 항상 염려되는 것이다. 사실 몇 번이고 그들에게 면괴面愧•를 당하였는지 모른다.

체면유지를 위해서만이 아니더라도 가정은 항상 청결해야 된다. 살림

• 면괴: 낯을 들고 대하기에 부끄러움.

살이의 청결성에서 그 가정의 주부의 교양을 여실히 느낄 수 있으며 존경할 수 있는 것이다.

더구나 여름에는 모기나 파리를 없애는 일(운동)은 절대로 곤란한 일은 아니다. 강제적인 DDT 오일(기름)이나 피레도링• 같은 소독약을 안가安價•로 그 동리에서 공동구입하여서 먼저 가정 내의 청결로부터 바깥 주위의 청결에 유의하여 청결한 살기 좋은 우리의 동리를 만들기에 노력해야겠다.

파리는 불결한 곳의 필연적인 산물인 동시에 사방으로 세균을 매개하여 병을 전파하는 것이다.

깨끗한 곳을 남성들은 무의식중 갈망한다. 항상 청결감을 남편에게 주어야겠다. 또 자녀 교육에도 깨끗한 가정 학교에서 자라난 자녀가 깨끗한 가정을 만드는 것이다.

건강을 위해서도 체면을 위해서도 안식할 만한 어디서 보든지 문명인다운 청결한 즐거운 가정을 만들자!

우리나라 사람들은 일반적으로 무엇이나 함부로 하는 습관이 있다. 예를 들면 여름에 차미•나 수박을 먹다가 씨를 방안이나 마루에나 마당에 함부로 던진다든지, 가을에는 밤껍질을 아무데나 버리는 일 등…. 아이들은 이런 것을 보고 그대로 모방하는 것이다. 어릴 때부터 부정한 것을 한곳에 모두었다가 버리는 습관, 가구 같은 것을 정돈하는 습관을 무의식중에 길러주어야 한다.

- 밥상은 상보를 만들어 상이 더럽지 않게 헤쳐진 음식물을 받게 하자. 만일 밥상 같은 것이 눅눅해지면 햇볕에 쪼여야 한다.

• 피레스로이드(pyrethroid): 가정용으로 많이 사용되는 살충제의 일종.
• 안가: 싼값.
• 차미: 참외의 충청도 말.

• 폐물은 쌓아두지 말고 버려야 하는 것은 물론이려니와 쓰레기 같은 것을 부엌 구석이나 방안 구석에 두어서는 안 된다. 동리의 청소과에 부탁해서 자주 폐물을 가져가도록 해야 되며 방안의 소쿠리(먼지 담는 그릇)는 손쉽게 정리할 수 있는 곳에 놓고 마당의 쓰레기통도 사과나 미깡•의 궤짝 같은 것에 콜타르coal-tar를 바르든가 석유관石油罐에 칠을 하여 조그마하게 보기 좋게 만들어 한곳에 모아 버린다면 마당도 매일매일 쓸지 않아도 될 것이다. 물론 뚜껑을 닫아야 하는 것을 잊어서는 안 된다.
• 여름 음식물은 (냉장고가 있으면 더 좋지만) 철사 망으로 된 찬장에 넣어두는 것이 좋을 것이다.
• 행주나 걸레는 마른 것, 젖은 것 두 개씩을 써야 하며 쓴 후에는 항상 빨아서 말리었다 써야 한다.
• 특히 수저는 마른 행주로 잘 닦아서 곽이나 찬장서랍에 넣어 둘 것이다. 일주일에 한 번씩은 닦아서 일광에 말리어야 한다.
• 특히 수채나 변소는 자주 소독약을 뿌려 파리가 끓이지 않게 할 것이다. 파리는 어두운 속에서는 절대 살 수 없으니까 변기에 뚜껑을 하는 것이 필요하다. 변소의 창은 금망으로 만드는 것이 좋다.

청결은 가정의 내부에서 시작되어 내부에서 그쳐서는 안 된다.

부산에 피난 갔던 사람은 누구나 용두산 빽빽이 들어선 하꼬방• 동네의 불결함을 보았을 것이다. 우리 학교를 찾아오려면 이 거리를 지나와야 했는데 어떤 외국인 손님이 이런 말을 한 일이 있다. "얼마나 더러운가 하고 하꼬방 속을 들여다봤더니 깨끗하게 치운 방 안이 많아요. 한국 사

• 미깡: 감귤.
• 하꼬방: 판잣집.

람은 확실히 문명인입니다. 우리 같으면 전란과 궁핍에 어쩔 줄을 모를 텐데 참 놀랐습니다" 하고 칭찬하는 말을 들은 일이 있다. 내부만이 아니라 외부까지 청결하게 하자! 한 사람 한 사람이 공동심을 길러 공중도덕을 지키는 국민이 되어야겠다.

먼저 남편과 아이들이 마음껏 즐길 수 있는 청결한 가정을 만들자.

실로 청결로부터 다른 나라들과 어깨를 겨눌 수 있는, 얼굴을 들 수 있는 문명한 나라를 건설할 수 있는 것이다.

김필례(정신여고 교장),「家庭과 淸潔」『새가정』1-7, 1954년 7월, 50-55쪽.

고부姑婦간의 대화
시어머니 입장에서

옛날부터 며느리는 벙어리 삼 년, 귀머거리 삼 년, 장님 삼 년 하고 나면 시집살이가 한결 수월해진다는 말이 있듯이 우리나라의 여성들은 전근대적인 희생을 숙명으로 여기면서 살아왔다.

시집 부모와 남편과 자식의 틈바구니에서 자신의 모든 생을 바쳐 가면서 눈물조차 흘릴 줄 몰랐던 지난날의 여자들과 활달하게 자기를 발전시켜 가는 현대여성들을 비교하면 우선 많은 감회가 앞선다.

그러나 사회구조가 복잡하고 다원화해질수록 집안에서의 생활보다는 밖에서의 활동이 더욱 사람들을 얽매어 놓는데, 여기에서 '가정은 있으나 대화를 잃어버린' 주인공들이 불행하게 생겨나고 있는 것이다.

인간관계의 가장 핵심이 되는 가족들끼리도 대화가 없다는 것은 얼마나 서글픈 사실일까….

혈연으로 맺어진 가족성원이 모두 합심해서 공통된 화제와 협조로 서로를 존중해 나갈 때 비로소 그 사회 내부도 따스한 유대감정으로 부풀게 될 것이다.

내가 여기서 말하고 싶은 것은 가장 문제를 많이 내포해 왔고 앞으로도 끝없을 시어머니와 며느리 사이의 미묘한 갈등에 대해서이다. 한 가정의 파탄이 되는 이혼의 원인이 고부관계의 미묘한 갈등에 의해 생기는 경우도 적지 않은데 그 근본적인 원인은 무엇일까?

현재 우리나라의 가족제도를 보면 조금씩 변형되고는 있으나 아직도 대가족제의 불합리적인 현상이 많은 모순을 담고서도 유지되고 있다.

시부모와 남편과 아내와 자식의 삼대가 어울려 사는 이 공동운명체 속에서 가장 큰 문젯거리는 역시 세대에서 오는 시대감각의 차이와 개인의사의 존중일 것이다. 더구나 갓 결혼해서 전혀 생소한 시댁식구들과 생활을 같이해야 되는 며느리는 많은 어려움에 봉착해야 된다. 여지껏 자기가 자유롭게 살아왔던 친정을 떠나 새로운 환경에 뛰어드니 잘 아는 사람이라곤 남편뿐이지 모두 다 낯설 것이다.

사는 방법으로부터 서로의 취미와 기호 모두가 익혀지지 않은 것뿐이므로 다소의 불평스럽고 불만이 되더라도, 최선을 다해 그 환경에 적응하도록 인내하여야 된다.

그리고 시어머니로서도 며느리를 맞아들인 날은 아주 기쁜 법이다. 자기가 정성을 다해 기른 장성한 아들이 그 반려자를 맞을 때의 대견함은 아무데도 비할 수 없는 것이다. 그러나 아들은 결혼하고 나선 어머니를 향한 뿌듯한 마음은 항상 가지고 있지만 아무래도 자기 부인에게 모든 애정이 기울어지고, 어렸을 때처럼 어머니를 따르는 일이 차츰 없어져 간다.

여기에서 적지 않은 시어머니들이 며느리에게 일종의 질투를 느끼고, 며느리의 일거일동을 감시하거나 밉게 보려고 하고, 그 감정은 점점 커져서 나중에는 자기 아들에게 며느리의 흉을 보게 되어 가정 분위기는 온통 어둡게 흐려질 경우가 있다.

이런 때일수록 며느리와 아들은 냉정히 이성을 잃지 말고 분별력 있는 언어와 행동을 취해야 된다. 며느리는 더욱더 시어머니에게 자질구레한 것까지 신경을 써 가며 시어머니가 언제나 기쁘고 건강하고 마음을 편히 갖도록 보살피는 것을 의무로 여기고 최선을 다해야 한다.

무슨 일을 하든지 숨기지 말고 모두 소탈하게 얘기하고, 의논하고, 외출을 했을 경우에는 조그마한 물건이라도 시어머니를 즐겁게 할 수 있는 것을 사들고 온다든지, 어딜 갔다 와서는 자초지종을 얘기하여 시어머니를 외롭지 않게 해드려야 한다.

시어머니 역시 며느리에 대한 기대를 너무 크게 갖지 말고 예전에 자기가 시집살이하던 것을 연상해 가며 아직 세상에 미숙한 며느리에 대해 관용을 베풀어야 될 것이다. 아들에게 향하는 모성애처럼 무조건하고 너그러운 사랑의 힘으로 며느리의 결함을 메꿔 주며, 아들에게도 어렸을 때와 마찬가지로 무조건한 사랑을 베풀면 그 가정은 원만하고 훌륭하게 가꿔지는 것이다.

내가 아는 한 부인은 몇십 년 전에 시집살이하던 때의 일을 이렇게 말하고 있다.

"아무래도 자기 혈육이 아닌 남과 생활을 같이하자니 난관이 하나둘이 아니죠. 그러나 아무리 괴로운 일이 닥쳐도 함부로 행동하지 않고 그 순간만 참으면 됩니다. 그리고 주님을 믿고, 기도하고, 성경을 읽는 가운데 모든 일을 처리할 수 있었고 기쁜 맘으로 일하곤 했답니다."

그 부인은 당시 일본에 유학해서 소위 말하는 신교육을 받고 돌아온 분이었다.

봉건적인 사고방식과 폐쇄된 편견만이 고집되던 시절(특히 여자에 대해선 더욱), 광주에서 신혼살림을 했다. 남자도 하기 어려운 것을 여자가 더구나 일본까지 가서 공부하고 왔기 때문에 이 마을 저 마을에서의 많은 주시와 구설로 시집살이를 시작했다.

처음에는 그렇게 공부하고 나온 여자가 어떻게 시집살이를 평범한 여자들처럼 치루겠는가 하고 말이 많았으나 여사의 마음 밑바닥엔 불길처럼 타오르는 지표가 하나 있었다.

무지한 광주 여자들에게 어떻게 하면 교육의 문을 열어줄 수 있는가 하고 날마다 고심했고, 더욱더 자신의 처신을 신중히 했다. 이렇게 해서 완전한 신뢰감과 성실을 주위에 펼쳐 주고 설득하여 시집살이를 하면서 야학문도 열게 되었다. 그때 졸업식엔 삼백여 명의 학생과 더불어 도지사도 참석하는 등 우리 여성 계몽운동에 커다란 의의를 남겨 주었다 한다.

그저 공경하며 정성하는 마음으로 시부모를 대하다 보니 효부라는 칭찬이 자자해졌고, 틈 있는 대로 교육에 쏟은 열의가 많은 참여자를 얻었으니 얼마나 훌륭한 인고忍苦가 있었을까….

옛날에는 부모가 택해 준 사람과 결혼을 함으로써 전혀 모르는 남자 또는 여자와 직접 살게 되어 많은 부작용이 일어나곤 했으나, 요즘에는 많은 남녀들이 서로가 자유롭게 사귀면서 그 성격의 조화 등 여러 가지를 염두에 둬가면서 자유선택을 한다.

자기가 택한 반려자와 같이 살면서 며느리는 시어머니와 설령 맞지 않는다 하더라도 자기가 가장 소중히 여기는 남편을 키워 준 분으로서 섬기고 존경해야 할 것이다.

그리고 요즘엔 학사 며느리도 많아지고 있으며, 교육은 생활의 준비이니까 자기들이 학교에서 배우고 닦은 학문과 교양을 실생활에 들어가서는 직접 활용하여 슬기로운 주부, 효부가 되기를 노력하고 있다.

시집살이라는 제도에 얽매이지 않고 도의적으로나 인간적으로라도 모든 면에서 소홀하지 않는 정성을 보이며 늘 성경을 읽고 기도를 하며 찬미를 해나가는 중에 참된 생활을 자기가 누릴 수 있는 것이다.

부단한 노력을 아끼지 않고 나가는 중에 시집 식구들과는 보이지 않던 담이 무너지고 신뢰와 우애로 뭉쳐진 진짜 가족의 유대가 생기게 된다.

외국의 경우처럼 철저한 사회보장제도와 개인주의가 합리화되었으면 몰라도 우리의 여건이 아직도 대가족제도를 벗어나지 못하는 한, 며느리는 며느리로서, 시어머니는 시어머니로서 서로를 존중하고 인내하며 이해를 쏟아 살다보면 깊은 정이 들어 화평한 가정이 될 것이다.

무조건한 사랑의 힘으로 며느리의 결함을 너그럽게 감싸 주는 시어머니의 관용과 자기를 항상 반성하며 자기가 선택한 환경에 적응을 길러나가는 며느리의 현명이 일치될 때 비로소 시어머니와 며느리 사이에 닫혀 있던 대화의 문은 열리게 되는 것이다.

김필례(정신여자중고등학교 이사장), 「고부(姑婦)간의 대화」 『새가정』 160, 1968년 5월, 32-35쪽.

도와주며 사는 나라

어려서부터 박애의 정신 길러주어야

일 년에 한 번 '유엔 데이UN Day'를 맞을 때라야 새삼스레 세계 인류 중의 하나인 나를 생각하게 된다. 좁은 땅덩어리 속에서 옹색하게 살아왔기 때문에 남을 생각하기에는 그렇게도 인색해졌을까?

점점 자라고 더 많이 배울수록 남을 도와주려는 의욕은 사라지고 '나'만을 도사리게 되어 형성되는 살벌한 분위기는 누가 책임을 져야할 것인가?

남의 도움을 당연하게 받아들이는 무력한 사람은 말할 것도 없으려니와 남을 도울 수 있는 은혜를 받고도 도울 줄 모르는 사람을 볼 때 나는 안타까움을 금할 길 없다. 내가 아는 이 중에 일찍이 남편을 여의고 아이들을 키우며 살아온 이가 있다. 그가 어떤 고생을 했던 간에 어쨌든 그에게는 현재 많은 재산이 있다. 그가 자기 재산을 어떻게 쓰던지 상관할 바는 아니지만 내 나름으로는 그것으로 자그맣게나마 유익하게 써주기를 은근히 바랐었다. 그러나 그는 요즈음 거의 산 하나가 되다시피 한 커다란 땅을 사서 자신이 묻힐 산소를 꾸미기에 열중해 있다고 들었다. 그와 나의 물질에 대한 가치관은 다르다 할지라도 썩어질 육신이 묻힐 곳을 아무리 화려하게 꾸민다 한들 무슨 소용이 있겠는가? 차라리 유능한 청년 하나를 키워내는 것이 그가 더 오래 기억되는 일이 되지 않을까?

나는 그에게서 만족한 웃음을 한 번도 보지 못했다. 항상 불안하고 초조하며 앉으면 불평만 늘어놓는 것이 그의 습관이 되고 말았다. 그러한 그를 볼 때마다 나는 '이기'라고 하는 것이 얼마나 인간을 불행하게 하며 그릇되게 하는가를 절실히 느끼게 된다. 이와는 대조되는 이야기를 하나 하자.

1950년 한국전쟁이 발발했을 때 나는 미국에 머무르게 되었었다. 나 자신으로도 비참한 일을 당한 고국의 동포들을 생각할 때 참을 수 없었지만 그곳 미국 선교부의 요청으로 각 주를 순회하며 강연을 하게 되었다. 그래서 강연 후에 나온 헌금으로 동포들을 도울 수 있었기에 나는 피곤한 줄도 모르고 시골이며 도시며를 가리지 않고 청하는 곳마다 다니기를 19주나 다닌 적이 있었다. 가는 곳곳에서 눈물겨운 성원을 얻었지만 아직도 잊혀지지 않는 두 가지 일이 있다.

한번은 어느 유치원에서 나를 청한다고 했다. 허락은 하고서도 염려가 되는 것이 겨우 너덧 살 난 아이들에게 무슨 이야기를 할 것인가 하는 것과 그들이 헌금을 할 수 있을까 하는 것이었다. 그런대로 내가 유치원에 도착하자 단정한 옷차림을 한 아이들과 보모들과 그리고 두어 명의 자모가 나를 기다리고 있었다.

내 예상과는 달리 그들은 모두 무엇인가를 소중히 가지고 있었다. 내가 그들 앞에 서자마자 앞에 앉았던 사내아이가 아장아장 걸어 나오더니 내 손에 무언가를 쥐어주는 것이었다. 그것은 쇠로 만든 말발굽이었다. 내가 의아해하자 그는 잘 돌아가지도 않는 혀로 설명했다. "이건 행운의 말굽이에요. 한국은 전쟁을 한다지요? 이 말발굽을 미세스 최가 가지면 한국에 행운이 올 거예요."

나는 그 아이에게서 가장 귀한 재산인 행운의 말굽을 받아들고 눈시울이 뜨거워졌고 그것을 꼭 쥐고 그들에게 한국전쟁과 그 또래 아이들이 많이 고아가 되었다고 쉽게 이야기해 주었다.

그러자 중간쯤에서 어떤 여자 아이가 손을 반짝 쳐들고 일어섰다.

"나도 그 아이들 중 하나를 돕고 싶어요. 그리고 내가 돕는 아이는 내 동생이에요. 이걸로 꼭 나만한 여자아이를 도와주셔요." 그러면서 종이에 겹겹이 싼 일 달러짜리 은돈을 소중히 바치는 것이었다. 그 바치는 태도가 어떻게 정중하고 귀여웠던지 그때의 모습을 나는 지금까지도 잊을 수가 없다.

그는 설명을 계속했다.

"이건 엄마 아빠의 심부름을 할 때마다 일 전씩 번 것을 모았다가 오늘 바꾼 거예요. 난 이제 한푼도 없어요. 하지만 자꾸자꾸 심부름해서 또 벌겠어요. 그래야 한국의 내 동생을 도울 수 있지 않아요?" 이 천진하고 어린 인류애에 나는 그만 목이 메고 말았다. 그 뒤로 앉아 있던 꼬마들이 모두 저희들의 전 재산을 공손히 바치고 돌아갔다. 나는 그들의 이름을 모두 적고 그 헌금은 대구의 어느 고아원으로 보냈었다.

또 한번은 제약회사가 많아서 십리 밖에서도 약냄새가 난다는 미시간 주에 들렀을 때다. 어느 큰 제약회사에서 강연을 하게 되었다. 내가 그 장소에 들어섰을 때 어른들 틈에 끼어 있는 아홉 살쯤 되어 보이는 여자아이를 발견했다.

내가 그에게 시선을 주자 옆에 있던 사람이 그 소녀가 '세브란스병원'의 창설자인 에이비슨 박사의 증손녀라고 가르쳐 주었다. 그리고 미국의 어린이들은 외국에서 손님이 왔을 때 직접 그분의 이야기를 들려주도록 초대하기도 하고 그렇지 못할 경우에는 어머니가 강연 장소라도 데리고 나와서 세계에의 관심을 키워준다는 것을 덧붙여 말해 주었다.

거기서도 나는 역시 한국전쟁과 동포들의 실정을 호소하는 수밖에 없었다.

내 강연이 끝나갈 때 그 소녀가 어머니의 귀에 뭔가를 속삭이더니 말이 끝나자 그 어머니가 조심스럽게 손을 들고 말했다. "저희 아이가 한국의 형제를 한 명이라도 돕고 싶답니다. 그래서 그동안 모아두었던 저금통을 가지고 왔는데 바치고 싶어하니까 받아주세요."

나는 그제야 소녀의 손에 들린 저금통을 보았다. 두꺼운 종이로 만든 동그란 저금통이었다. 그 저금통에 돈을 넣을 때마다 얼마나 헤어보고 싶었으며 만져보긴들 얼마나 했을 것인가? 그것을 송두리째 증조부가 일생을 바친 그 민족을 위하여 바치는 그 정성을 나는 뜨거운 눈물과 함께 받았다. 그 후로 미국의 각 가정을 유심히 살펴보았지만 거의가 어렸을 때부터 세계를 인식시키고 세계의 어느 곳에서 불행한 일이 일어날 때면 '내'가 도와준다는 마음을 넣어주기에 노력하고 있는 것이었다. 그들은 철이 들면서부터 '내'가 해야 할 일을 찾고 무슨 일이든 남을 돕는 일이라면 '내'가 해야 될 줄로 알고 커가는 것이다. 어려서부터의 이런 사랑의 교육이 역사가 짧은 미국을 세계 제일의 국가로 만들고 남을 도우며 사는 복된 나라로 만들지 않았던가?

우리는 '대한민국'의 한 사람이지만 그들은 어려서부터 '세계'의 한 사람으로 활동하게 되는 것이다. 어린이들도 세계의 여러 나라에 깊은 관심을 보이며 그들은 '미국'이라는 말보다도 세계라는 말을 더 많이 쓰고 있다. 생각해 보면 한국 아이들이라고 그런 마음을 가지지 말란 법은 없다. 오히려 어렵게 자란 아이들이기에 남을 동정하는 마음이 더 많을지 모른다. 아니 그것보다도 우리도 지극한 사랑을 보여준 선조들이 있지 않은가? 꽃 같은 나이로 나라를 위해 싸우다 순국한 '김마리아'나 이등박문•을 죽이고 자신도 처형당한 '안중근' 의사는 왜 하필이면 그들이 그런 십자가를 져야 했던가? 나라를 건지는 일을 '내 사명'으로 알았던 저들의 조국에의 사랑 때문이 아니었던가? 우리 주위에는 체면과 이기로 단단히 뭉쳐진 기성인들이 어린이들의 조그만 동정을 꺾는 일이 허다하다. 거지가 왔을 때 어린이들은 제가 먼저 뭐든 갖다주려고 하며 동네의 가

• 이등박문(伊藤博文): 이토 히로부미.

옆은 친구를 위해 제가 먹을 것도 먹지 않고 두었다가 갖다주려고 한다. 그럴 때 어머니들은 소리를 질러가며 그들을 막은 일은 없었던가?

남을 돕는 박애의 정신을 케케묵은 기성인들에게서는 기대할 수 없다.

그 마음이 백지 같은 어린이들에서부터 우러나와야 하는 것이다. 그리고 그렇게 교육하여 기르는 일은 어른들이 해야 한다. 우선 가정에서 형제가 아플 때 동정하고 간호해주는 습관을 붙여주고 시시때때로 변하는 세계의 움직임을 알기 쉽게 들려주자. 우리도 남을 도와주며 살아야 한다고 가르치고 몸소 실천해 보이자. 어렸을 때부터 남을 돕는 습관이 되지 않는 한 아무리 오래 산다 해도 복된 나라를 이룰 수 없을 것이다.

어려운 사람은 '내'가 도와야 한다는 인류에의 책임을 느끼게 해 주고 넓은 안목으로 세계를 내다보는 것이 생활화될 때 비로소 우리도 남을 도우며 살게 되는 것이다.

우리들이 잘못 쌓은 각박한 세정世情을 우리 자녀들이 허물고 웃음을 심을 수 있게 열심히 기도하고 열심히 가르치자.

능력 주시는 자 안에서 행치 못할 일은 없는 것이다.

김필례(정신여자중고등학교 이사장), 「도와주며 사는 나라」 『새가정』 142, 1966년 10월, 10-13쪽.

이상을 향하여 달음질쳤던 격동의 시대

내가 자라날 때

동네에서 한 오 리쯤 나가면 수평면이 하얗게 빛나는 바다가 보이는 언덕이 있는데 왠지 나는 그 언덕에서 혼자 흥얼대며 놀기를 좋아했다. 증조부 김 판서가 장안에서 세력이 다해 그 아들 삼형제 분이 조선 말기 와중의 난을 피하여 땅이나 파면서 조용히 여생을 보내자고 굳게 결의한 나머지 가산을 정리하여 황해도 장연군 대구면 송천리에 낙향해서 서해안까지 오 리나 되는 땅을 샀다. 동학란이 봉기되는 두어 해 전 나는 거기에서 태어났다. 김 판서 댁이라고 불리우는 우리 집이 있는 동네는 전부가 우리의 소작농들이었고 밑에서 부리는 종들 집안이었다. 하루는 또 그 언덕을 가려고 대문을 나섰다.

"아이고 작은 아씨. 밤새 안녕히 주무셨습니까?"

수염이 하얗게 센 할아버지가 허리를 굽히며 절을 하였다. 나는 어린 마음에도 송구스러워 얼른 어머니에게 달려갔다.

"엄마, 엄마, 수염이 하얀 할아버지가 날 보고 절해."

어쩔 줄 모르는 나에게 어머니는 나의 머리를 쓰다듬으며,

"그래? 그래, 안됐구나. 언젠가는 양반들에게 화가 미칠 거야. 새로운 시대가 닥쳐오고 말거야."

그렇게 말씀하시던 어머니는 비교적 개화한 분이셨다. 그래서 내가 여섯 살 되던 해에 우리 집안 딸들도 서당에 다니게 되었는데 나는 좋아서

어쩔 줄 몰랐었다. 서당에서는 주로 한문을 배웠는데 사내애들과 일렬로 죽 늘어앉은 앞쪽에 늙은 선생이 긴 대나무 회초리를 들고 앉아서 엄한 눈초리로 지켜보고 있었다. 전날에 배운 한자를 못 읽으면 사내애라 앞에서 종아리를 걷어 부치고 매를 맞아야 했기 때문에 그것도 창피스러웠거니와 왠지 신기한 글을 배운다는 마음에서 열심히 공부하였다. 그때부터 나는 매일 언덕에 나가서 새하얗게 빛나던 수평선 저 너머를 생각했듯이 일본 아니 미국까지 가서 공부해야겠다는 굳은 결심을 하고 있었다.

그즈음 송천리에 선교사들이 자주 왔다. 지금 연세대학교 도서관장인 언더우드(원한경) 박사의 조부(H. G. Underwood), 조모 되는 분과 처녀인 채로 온 미스 화이팅이라는 여자였는데 미스 화이팅 혼자 또는 언더우드 박사 내외분까지 세 사람이 동반할 때도 있었다. 그중에서도 미스 화이팅은 나를 무척 귀여워도 해주고 나를 위해 기도를 해주기도 했는데 그녀는 나이가 많았어도 미혼이었다. 거기서 내가 느낀 점이 있었다. 언더우드 박사 내외분의 금슬도 좋았거니와 미스 화이팅과는 서로 공경하는 사이였다. 특히 여자로서 언더우드 부인은 남편에게 극진히 대접받고 과년해서 쭈글쭈글한 미스 화이팅도 언더우드 내외분에게 극진한 대우를 받는 점이었다. 그들의 언행은 퍽 자유스러웠으며 서로가 거침이 없는 귀족적인 점이었다. 그런데 언니네들은 그렇지를 못했다. 시집가서도 전부가 종노릇을 했고 올케들을 보아도 집안은 부유했지만 종과 같이 일을 했다. 여자는 마치 남자의 노예와 비슷했다. 집안에서는 내가 십칠 세만 차면 시집보낸다 했다. 나는 언니들 같이 시집을 가서 남자의 종노릇을 하기 싫었다. 죽어라고 열심히 공부했다. 그래서 나도 공부만 하면 혼인도 않고 저렇게 미스 화이팅 같이 대우도 받지 않을까, 여자로서의 멍에를 벗어버리지 않을까 하고 생각하게 되었다.

나의 꿈 정신학교

넷째 오빠가 막 장가를 들고 사랑에서 할일없이 빈둥빈둥 놀고 있었다. 하루는 선교사들이 맏오빠를 찾아왔다. 내가 돌이 되기 전 아버님이 돌아가셨기 때문에 집안에서는 맏오빠가 대종大宗이었다.

"저 청년은 참으로 똑똑해 보이고 유망해 보이는데 공부 좀 안 시키겠습니까. 서울로 보내서…."

선교사가 넷째 오빠를 가리키며 말을 꺼내자마자 맏오빠는 선뜻 승낙을 해버렸다. 삼대째 벼슬을 않으면 다시 상놈이 된다고 셋째 오빠가 과거 길에 올라 진사 급제를 하고서 낙향길에서 장질부사로 객사를 한 것이 맏오빠에겐 한이 맺혔던 모양이었다. 우선 숙식은 언더우드 박사 자택으로 정하겠다는 언약을 받고 넷째 오빠는 상경했다. 배재학교를 다닌 얼마 후 넷째 오빠는 세브란스의 전신인 제중원濟衆院을 설립하는 닥터 에이비슨O. R. Avison의 통역관으로 뽑혀 일하게 되었다. 학생이자, 선생이자, 통역도 하고 여러모로 의학 서적도 번역하였는데 자리가 잡히게 되자 남은 식구들 모두 서울로 옮기게 해 주었다. 정든 송천리를 떠나가는 애환도 있었지만 서울에 가서 새로운 신식 학교에 입학할 것을 생각할 때에는 희망과 용기로 용솟음 쳐지고 있었다.

1902년 내 나이 열한 살 때였다. 정신학교—학생이 통틀어 열세 명밖에 없었다. 내가 입학할 때 우리 집안에서 대거 여섯 명이나 정신에 들어갔는데 지금 현존해 계시는 김규식金奎植 박사 부인 되는 김순애金淳愛 언니와 조카뻘 되는 김마리아金瑪利亞 형제 세 명, 그리고 서울여대 학장 고황경高凰京 박사 어머님(둘째 오빠 맏딸)이 있었다. 그 외에 다니고 있던 학생으로는 모두 길에서 불러들인 아이들뿐이었다. 왜냐하면 유교사상으로 양갓집에서는 자식들을 신식학교에 보내기를 꺼려했던 것이다.

나는 거기에서 또 열심히 공부했다. 그것은 두 가지의 원대한 목표가 있었기 때문이었다. 첫째는 여자 노예제도를 벗어나기 위함이었고, 둘째는 외국까지 가서 학문을 연구해야겠다는 신념 때문이었다. 그때 학생들은 나라에 대한 관심이 퍽 높았다. 러일전쟁이 터지고 있었는데 러시아는 서양이고 일본은 동양 사람이니 그래도 같은 황색인종끼리의 문제 해결이 더 쉽지 않겠느냐고 일본이 이기기를 기원들 했다. 학과가 끝나면 애들은 저마다 모여서 수군수군했는데 결국은 다락이나 골방에 가서 "일본이 이겨 주십사, 그래야 우리나라도 삽니다" 하고 기도를 하는 것이었다. 그러나 막상 일본이 전쟁에 승리하자 보호국 문제가 대두되고 더욱 심한 무력적 강압이 이루어졌다. 나와 애들은 말할 수 없는 비애를 느끼고 있었다. 통분해서 교실 벽에 머리를 쿵쿵 찧는 애들도 있었다. 그때의 나의 성질은 매우 극성스러워서 누구에게든지 지기를 싫어했고 밤을 새워서라도 글을 읽어서 가르치는 서양 선생을 놀라게 할 때도 있었다.

마침내 나는 정신학교를 졸업하게 되었다. 1907년 십육 세가 되던 해, 정신학교 제1회 졸업생이었다. 졸업생은 단 두 명뿐이었다.

졸업 후 잠시 동안 나는 서울역 앞에 있었던 세브란스병원에서 넷째 오빠의 일을 돕고 있었다. 그 당시의 세브란스와 서울역 사이에는 배수가 잘 되지 않아 장마로 인한 물이 개천을 이루고 있었다. 1907년 7월 31일 일본은 전격적으로 조선 군대를 해산시켰는데 서울을 지키던 조선 시위대는 곳곳에서 일본군에 항거하다 패배하고 있었다. 세브란스 앞으로 흐르는 장마들은 들것에 실려 오는 부상병들이 흘리는 피로 하여금 시뻘건 피바다가 되어버렸다. 날마다 들어오는 부상병으로 병원은 초만원이 되고 일손이 모자라게 되자 넷째 오빠는 나에게 간호를 하라고 했다. 그 말을 들은 어머니는 다 큰 여자가 무슨 짓이냐고 극구 만류하였다. 나는 부상병의 아우성과 신음소리를 그대로 볼 수만은 없었다. 나는 어머니에게 조용히 이야기했다. 영국의 귀족 출신이면서도 피비린내 나는 크리미아 전쟁에 뛰어들어 전쟁의 부상자들을 간호한 나이팅게일의 숭고한 인간애를 보기로 들었다. 어머니는 결국 승낙하시고 말았다. 군인들은 입술이 하얗게 질리며 죽어가고 있었다. 그들은 숨이 넘어가는 마지막 순간까지도 목메어 대한제국 만세를 부르고 있었다. 나는 죽어가는 군인들의 시트 위에 죽는 자의 동료들과 같이 엎드려 감동적으로 울음을 터뜨릴 때가 한두 번이 아니었다. 그들의 애국심은 나의 가슴에 퍽 크나큰 충격을 주었다.

동경 유학 시절

도처에서 소규모의 싸움이 발발하고 있었지만 세브란스병원 뒤 남산의 단풍은 아름답게만 물들어가고 있었다. 어느 날 석양이 질 무렵 넷째 오빠가 헐레벌떡 뛰어왔다.

"필례야, 짐 꾸려야겠다. 국비생이 되었다구. 일본으로 가는 거야."

나는 와락 오빠의 품에 안기면서 울음을 터뜨렸다. 나의 꿈, 나의 소망인 일본 유학, 더 학문을 연구해야겠다는 결심의 열매가 맺힌 것이었다. 그러나 나의 가슴엔 또 하나의 아픔이 물결처럼 출렁이고 그 아픔 뒤에 긴장되어 오는 엄연한 사실에 놀라고 있었다. 세브란스 병동을 가득 채웠던 시위대 부상병들, 그들이 외치고 간 조국과 그들이 울부짖던 항일의 몸부림. 조국과 전우애에 불타던 모습들. 그리고 눈물로 얼룩졌던 나의 가운. 지워지지 않는 영상이 떠오르면 두 주먹이 나도 모르게 쥐어지는 것이었다. 적과 싸우려면 적을 알아야 했다. 그래서 나는 일본을 서슴없이 택하였던 것이다. 바로 십팔 세 되던 9월이었다. 나는 동경 여자학원 2학년으로 입학하게 됐다.

미션계 학교로서 교수는 대개가 서양인들이었다. 나는 전공을 역사로 택했다. 역사를 택한 것은 우연한 것이 아님은 명백했다. 왜 우리나라는 일본의 속국이 되었나, 그들은 작은 섬나라 왜인이지만 무혈전쟁으로 우리나라를 보호국으로 만들었고 우리는 왜 크나큰 다툼 없이 남의 보호를 받게 되었나, 그네들은 대체 어떤 국민들일까, 어떻게 생활하고 어떻게 배우며, 꿈이 무엇이며, 나라는 국민에게 국민은 나라에게 어떠한 도리를 하는 것일까, 과연 일본의 국민성은 어떤 것일까, 하는 문제였다. 필경은 국민성이 다르기 때문에 또는 국민성이 개화되지 못했기 때문에 우리 조국은 뼈아픈 곤욕을 당하고 있을 것이다. 그러면 그들의 국민성은 어떤 것일까, 연구해 보고 싶었다. 연구해 보고 좋은 점, 훌륭한 점이 있으면 모조리 가져오고 싶었다. 배워 오고 싶었다. 거기엔 역사의 연구가 첩경인 것 같았다. 그래서 나는 전공과목을 서슴없이 역사로 택했던 것이다.

동경 여자학원은 중등부와 대학부가 있었으며 외국 유학생반과 일본학교로 구분되어 있었다. 사실 역사 연구를 전반적으로 교수하는 곳은 일본학교였지만 유학생들의 첫 코스가 교양 과정이었으므로 나는 상해에서 온 네 여학생들과 영어, 성경, 지리, 역사 또는 영문법 등을 주로 배웠다. 제일 애로였던 것은 일본어를 몰랐기 때문에 당하는 어색함이었다. 다음해 4월부터 일본학교에 들어갔는데 그저 일본말의 소리를 듣고 책에서 그 말을 찾으려면 책장이 넘겨지고 마는 상태였으며 "긴 상" 하고 부르면 아닌 밤중의 홍두깨 모양 놀란 눈을 하곤 했었다. 게다가 키는 크고 나이도 많아 맨 뒤에 앉아 있었는데 "긴 상" 하고 호명이 있은 뒤 교과서 낭독을 지시받았을 때는 얼굴이 홍당무가 되면서 울먹이기 일쑤였기 때문에 나의 별명은 울보로 통했다.

여름 방학이 되었을 때 나는 어머니가 보고 싶어 미칠 지경이었다. 하지만 오빠가 무서워서 귀국하지를 못했다. 왜냐하면 오빠가 일본말 통역을 시키면서 배운 것이 무엇이냐고 물을 때는 앞이 캄캄해질 것이라는 생각에서였다. 그래서 방학 동안을 폐문한 학교 기숙사를 떠나 일본 YWCA 기숙사로 갔다. 기숙하는 사람들은 대개가 시골에서 갓 올라온 처녀애들이거나 직업여성들이었다. 거기서는 나에게 정말 고맙게 대해 주었는데 일본말을 모르는 나에게 말도 천천히 알아듣게 가르쳐 줬을 뿐 아니라 침략 제국주의적인 일본인 자신의 비평에서부터 인간이 나아갈 올바른 길, 또는 하느님에로 바르게 인도되는 일에까지 자상하고도 성스러운 언행으로 깨우침을 주었다. 내가 거기서 느낀 점은 나도 우리나라에 나가면 꼭 이러한 YWCA를 세워보리라고 굳게 마음먹곤 했었다.

동경 여자학원 내 일본학교에 들어간 그 이듬해 나는 대학부에서 전수하게 되었고 학생 YWCA 부회장을 맡기도 하고 세례도 받았다. 대학부 학생이 무려 사백 명이나 되었는데 그 숫자는 당시만 하더라도 엄청난 학생 수였다. 나는 항상 한복을 단정스레 입고 다녔다. 사백 명 중 유독 나 혼자만의 조선옷이었기 때문에 일본인 학생들의 눈총을 받기도 했다. 그러기에 항상 언행에 조심스러워야 했고, 또 한국 사람으로서의 긍지와 자부심을 살려야겠기에 나 자신이 그들보다 뛰어나길 노력했다.

1909년 10월 26일 오전 9시 하얼빈 역에서 한국 침략의 원흉이며 일정계의 거물 이등박문이 안중근 의사에게 저격을 당한 뒤 "바까나 야츠!(망할 자식)"라고 하면서 죽었던 의거가 일어났다. 국수國讐 저격에 성공한 안중근 의사는 목이 터져라고 대한 만세를 불렀고 "이등伊藤은 죽었는가?" 하고 확인한 뒤 "하늘이여 마침내 포악한 자는 죽었습니다. 감사합니다" 하면서 가슴에 십자를 그었다고 했다.

나는 그 일이 있은 다음 날 아침 식당엘 내려갔는데 일본인 학생들이 얼굴이 새빨개져서 나를 노려보았다. 나는 영문도 몰라 어리둥절했으나 곧 그 뜻을 알 수 있었다. "조선 흉한이 우리 이토 히로부미를 죽였다"라는 것이었다. 나는 식사도 할 생각도 없이 어두컴컴한 다락방에 돌아와 하느님께 무릎을 꿇고 감사의 기도를 했다. 가슴에 충만한 기쁨을 안고.

"오! 하나님 감사합니다. 제 민족에게 부디 광명을 주옵소서."

나의 학창 시절에 있어서 잊을 수 없는 '세키 야스코'라는 친구가 있었다. 눈이 서글서글하고 키가 작아 예쁘장한 여학생이었는데 나에게 더할

수 없이 잘 대해주었다. 일본 애들은 한 번 마음 주기 시작하면 불과 같은 성질을 가지고 있었다. 연해• "긴 상, 긴 상" 하면서 붙어 다녔다. 그때 마침 조카 김마리아가 내가 있는 학교로 유학 와서 의사소통이 되고 '세키야스코'가 있어 비교적 안락한 학교생활을 할 수 있었다. 나는 키가 커서 농구를 잘했는데 남에게 지기 싫어하는 성질이어서 혹 우리 편이나 내가 졌을 때는 김필례가 진 것이 아니고 내 나라 내 조국이 졌다는 생각을 가졌었고 공부 또한 내 개인의 문제를 떠나 한국민이라는 대의를 저버린 적이 없었기 때문에 자주 월반을 하게끔 되었다.

동경 여자학원에 유학한 지 삼 년 만에 나는 잠시 귀국했다. 넷째 오빠 김필순은 항상 쫓기는 몸이었다. 1910년 한일합방이 되고 도산 안창호 선생 등이 주동이 되어 총독 데라우치寺內正毅 암살 음모를 꾸민 105인사건에 관련되었기 때문이었다. 항일 투쟁에 가산까지 탕진되고 마침내는 일경 등살에 몸져눕게 되었는데도 나를 위해 부산까지 마중 나와 주었다. 그때 처음으로 라이스 카레를 오빠가 사주었는데 그렇게 맛있을 수가 없었고 지금도 라이스 카레만 보면 그때의 넷째 오빠의 얼굴이 선해서 눈시울을 적시게 된다. 귀국 후 남산 밑 세브란스병원 옆에 있었던 집에서 넷째 오빠의 병간호를 보다가 다시 도일할 기회가 생기게 되었다. 좀더 배워야겠고 좀더 노력해야겠다는 악착같은 미련이 있었던 때문이었다. 모교인 정신학교의 기금과 동경 유학 동창회 회비로 학비 조달이 되었다. 그때 재일 유학생 수는 육백여 명 정도 되었다. 나는 그중의 유일한 여학생이었으므로 남학생들로부터의 팬 레터나 구애의 편지가 여간 많지 않았다.

그러나 나는 그것을 거들떠보지도 않았다. 오직 공부에만, 오직 조국에 나가서 새로운 횃불로 일하기 위한 일념이었기 때문이었다. 하나 우

• 연해(連一): 끊임없이 거듭.

리나라 유학생들의 그러한 행동을 나는 탓하지도 않고 기숙사 사감에게 알리려는 생각도 없었다. 왜냐하면 다 같은 한국 사람이었기 때문에 일본인 사감 또는 일본인에게 말하고 싶지 않았기 때문이었다.

꿈을 키우고

이십사 세 되던 해 나는 유학을 마치고 한국으로 나왔다. 올드미스였다. 밖에만 나가면 동네 사람들이 쳐다들 보고 깜짝깜짝 놀라는 그러한 시대였었다. 나의 마음에는 여러 가지 설계와 희망에 넘치고 있었지만 우선 모교인 정신학교에서 교편을 잡았다. 선생을 하면서 나는 서서히 꿈을 펼치기 시작했다. 우선 연동교회 전도회를 조직하고 야학을 세워 삼백 명이나 되는 애들을 가르치기 시작했다. 하나 거기에서 내 꿈을 펼치기에는 여자 몸 혼자로서는 무리라는 마음을 먹기 시작했다. 어릴 때의 결심이었던 여자 노예 해방은 일단 성공한 셈이었고 외국 유학까지 가서 열심히 공부한 나머지였으므로 반석 위에 세워질 집이었으나 마땅한 대들보가 없는 지경이었다. 마침 오빠도 돌아가시고 나를 돌보아 줄 측근은 오직 어머님뿐이었으므로 모녀의 힘으로선 어떠한 일을 하기에는 미흡했다. 그 후 곧 나는 결혼을 했다. 결혼 생활은 전남 광주에서 하게 되었는데, 정신학교를 떠나 수피아여학교에서 교편을 잡게 되었다. 나는 그곳에서 십이 년 동안을 지냈고 야학을 조직하기도 했다.

새로운 횃불

수피아여학교 재직 시 중국 북경에서 열린 세계 YMCA 총회•에 고 김활란 박사와 함께 대표로 참석하게 되었다. 1920년에 미국에서 대표들이 나와 서울에 YWCA를 세우고자 했으나 그 당시는 일제시대였으므로 서

• 세계기독교연합청년회.

울에 세워지더라도 일본 동경 YWCA 지부로 호칭이 되기 때문에 우리는 반대했었다. 우리들 자신이 직접 세계연맹에 한국 대표 자격으로 가입하고 싶었기 때문이었다. 마침 그때 수원 제암교회 학살 사건이 일어났을 때였다. 1922년 상해 임시정부에서 북경대회에 참석한 우리들에게 여운형 씨를 보냈다. 내용인즉 수원 제암교회의 학살 사건을 범세계적으로 폭로시켜 달라는 부탁 말씀이었다.

마침 중국 정부에서 세계대회 참석자 대표를 초대하였다. 나는 그때를 놓칠세라 일본 대표이며 일본 YWCA 총무로 있던 가와이 미치코에게 은근한 협박을 가했다. 그 협박은 제암사건을 폭로시키겠다는 것이었다. 그 말을 들은 가와이 미치코는 몸을 부들부들 떨면서 세계연맹 본부에 한국 스스로의 가입을 승낙한다는 서신을 띄우겠다고 허락하고 말았다.

"우리는 이 길로 달려가서 우리 자신의 YWCA를 서울에 조직하겠습니다. 영연방인 인도나 호주, 캐나다 등도 개인 자격으로 세계연맹에 가입한 증거도 있으니 우리 조선도 조선 YWCA로 가입해야 되겠습니다."

나는 그길로 달려 나와 조선 YWCA를 조직하였고 조선 YWCA 총무로 있으면서 창립을 보았다. 1922년 가을이었으니까 지금 오십 주년을 넘게 된다.

열아홉 살 때 동경 여자학원 유학 시절, 일본 YWCA 기숙사에서 지낼 때의 결심과 오직 조국의 새로운 횃불이 되겠다는 각오가 결실을 본 것이었다.

그 뒤 미국에까지 들어가서 공부를 더하고 고국에 돌아와 수피아학교에서 교직생활을 하면서 학교를 재건하고 또 모교인 정신학교를 일으키기도 하면서 풍진을 살아왔다. 오직 나의 꿈, 나의 사랑인 정신학교의 교장으로 재직하다가 61년도 이사장직을 맡았으며 오늘에 이르렀는데, 나는 항상 다음과 같은 생각을 가지고 있다.

여성은 오직 배워야 한다. 많은 책을 읽고 많은 지식을 받아들여 여성으로서의 마땅한 도리를 다해야 한다. 가정에서는 정숙하고 사회에서는 활달한 여성이어야 하며 무엇보다도 후세에 부끄럽지 않는 사람이어야 한다. 부모의 생활은 자식의 교과서요, 나라는 국민의 교과서다. 지금도 그 많은 사기 행각, 잘 살면 더 잘 살려고 온전한 노력 외의 사악한 사기 행각은 근절되어야 한다. 거짓말 않는 사람이어야겠다.

일본 동경 여자학원, 미국 아그네스스콧여자대학, 미국 컬럼비아 대학원 졸업. 정신여자중고등학교장, 광주 수피아여학교장, 학교법인 정신학원 이사장, 중국 북경 세계기독교학생대회 한국대표, 미국 프린스턴 국제기독교학생대회 한국대표, 전남 애국부인회 창설 취임(1945), 미국북장로교 여신도회 4년 대회 한국대표.

김필례,「이상을 향하여 다름질쳤던 격동(激動)의 시대」, 신서출판사편집부 편,『회상의 학창시절: 女流21人集』, 신서출판사, 1973, 182-195쪽.

육십 년 전의 여학생 시절

정신 팔십 년의 생일을 계기로 김필례 여사에게 듣는다

이화, 배화와 더불어 여성사학의 요람이었던 '정신'이 22일로 여든번째 생일을 맞았다.

1887년 미국 북장로회에 의해 연동여학교로 창립•, 1907년 이십 년 만에 한국 여성으론 최초로 그 첫 졸업생을 냈다.

1회 졸업생 열세 명 중 1등으로 졸업했던 김필례 여사(75)는 현재 정신학교 재단이사장으로 있다.

육십여 년 전의 여학생살이를 김 여사에게 들어보았다.

학생 전원이 학교에서 무료로 먹고 자고 배웠었다.

학교 기숙사는 침실이요, 식당이요, 또 교실이었던 것이다.

아침에 일어나면 교장 선생님께 한국식 큰절을 했다. 김 여사가 입학했던 1902년, 당시 교장이던 수전 도티 여사(3대)는 "학교는 우리가 세웠지만, 배우는 너희들은 너희 풍속대로 하라"면서 꼭꼭 큰절을 하게 했다고 한다.

"짧은 통치마를 입은 건 훨씬 뒤의 일이지, 나 다닐 땐 긴치마를 입고 쓰개치마까지 썼었어." 그 긴치마는 모두 통일된 빛깔도 아니었다. 학생 멋대로 입게 했던 것이다. 체육 시간에도 운동복이 따로 없고 긴치마 그

• 1887년 정동여학교로 창립되었고 이후 연동여학교가 되는데, 당시 오기로 보인다.

대로였다. 그 옷을 입고서 두 줄로 죽 늘어서서 '여우잡기'도 했고 행진도 했다. 쉬는 시간엔 극성스럽게도 나무에도 오르고 학교 담도 탔다고 김 여사는 옛일을 되새긴다.

역사 지리 과학 수학 영어 등 지금처럼 과목이 분류돼 있었지만, 주로 성경을 외는 데 시간을 보냈다. 과학은 세브란스의학교에 가서 의학도들과 함께 배웠다.

일요일 교회에 갈 때면 쓰개치마를 쓰고 줄을 지어 행진했다. 지나가는 사람들이 모두 눈여겨 바라보면서 '예수쟁이' '천주쟁이'라고 큰 소리로 놀려대곤 했다.

시험은 지금 대학처럼 논설체.

하지만 지금 학생들처럼 노상 공부에 여념이 없는 건 아니었다.

바로 손위 언니가 고 김규식 박사의 미망인인 김순애 여사.

큰오빠의 막내딸인 김마리아 여사도 함께 학교를 다녀(4회 졸업) 집안에서 숙질간에 다섯 명이 그 당시 정신학교엘 다녔다. 김마리아는 태평로에 소상塑像•이 세워졌었던 독립투사다.

"요즘은 남자를 고르는 데 여자가 너무 활동적인 때도 있던데…" 모든 면에서 여성이 활동적이어야 될 것 같다면서 "일 해봤더니 남자도 별거 아니야" 하고 말을 마무렸다.

「60年前의 女學生時節: 貞信 80年의 生日을 契機로 金弼禮 女史에게 듣는다」『朝鮮日報』, 1967년 9월 24일, 5면 6단.

• 소상: 흙으로 빚어 만든 형상.

친애하는 오지마大島 선생께

대한민국 서울특별시[1]
1975년 12월 5일

선생께서 보내주신 편지는 11월 15일 잘 받았습니다. 곧바로 답신을 드려야 했습니다만, 고혈압으로 건강상태가 좋지 못하여 죄송하게 되었습니다. 저는 십 년 넘게 이 병으로 고생하고 있습니다. 처음에는 누군가에게 대필을 부탁할까도 생각했었는데 직접 쓰기로 했습니다. 병상에 누워 있으면서 제 마음은 언제나 사랑하는 모교 여자학원에 가 있었습니다. 이토록 늦어진 점 부디 용서해 주십시오.

선생의 편지를 받았을 때, 저는 나의 기도가 응답을 받았다고 생각했습니다. 저는 이제 나이 많은(84세) 늙은이라서 저 세상으로 불려가기 전에 해야 할 일들을 생각해 왔습니다. 그 중 하나가 여자학원에 편지를 써서, 재학 중 저를 위해 애써 주셨던 일들에 대해 감사의 인사를 표하는 것이었습니다. 저는 예전 주소는 기억하고 있지만 지금 주소는 잘 모르고, 어떻게 해야 알 수 있는지조차도 가늠하지 못하고 있었습니다. 이제야 겨우 그것을 알게 되었습니다. 얼마나 다행스런 일인지 모릅니다.

저는 1951년 7월 일본에 들렀습니다. 1950년 6월 미국에서 열린 국제회의에 참석하고, 귀국하는 도중이었습니다. 그때 회의 직후에 육이오전쟁이 발발하여 전쟁이 끝날 때까지 저는 미국에 체류할 수밖에 없었습니다. 전쟁 통에, 1950년 9월의 일입니다만, 저의 남편이 공산군에게 사살되었습니다. 여자학원은 이십육 년만에 갔는데 굉장히 많은 변화가 있더군요. (졸업 후) 다시 방문한 것은 1925년의 일로, 미국에 있는 대학에 입학하기 위한 증명서를 발급받기 위해서였습니다.

그런데, 당시 제가 아는 선생님은 한 분뿐이었습니다. 그분은 타니오카谷岡 선생님이었습니다. 그날은 비가 내리고 있었고, 상당히 연세가 드셨음에도 아주 친절하게 건물 여기저기를 안내해 주셨던 기억은 잊을래야 잊을 수가 없습니다. 타니오카 선생님은 여전히 건재하시지요?[2]

제가 말씀드릴 것이 있는데, 그 전에 먼저 선생의 질문[3]에 답을 드리는 것이 좋을 것 같습니다.

질문 1 : 『한국여성운동사』[4]에, 1922년 YWCA총무로 김필레金畢禮라고 하는 이름이 나오는데요, 이 이름이 김필례金弼禮의 다른 철자입니까?

답 : 네, 맞습니다. 저는 1922년 6월에 제1회 회의에서 창립 당시 초대 총무로 임명되었습니다.

질문 2 : 선생님의 이름과 김마리아 씨의 이름은 『여자학원 80년사』에 나오는데요, 동창회 명부는 찾을 수가 없더군요. 재학 중의 일이라든가, 동급생 이름 등을 알려주십시오.

답 : 저는 1908년 9월에 여자학원에 입학, 1916년 6월에 졸업하였습니다. 여자학원은 고등학교뿐만이 아니라, 5년제 본과(고등학교)와 3년제 고등과(칼리지) 과정으로 되어 있습니다. 오전수업(다섯 시간)은 '영어학'이라고 하여 전부 영어로, 오후는 '일본학'으로 모든 교과 과정을 일본어로 수업받았습니다. 저는 정신여학교를 졸업하고 여자학원으로 갔지만, 여자학원의 표준이 높아서 영어는 본과2

년으로 입학이 허가되기는 하였으나, 일본어가 부족했기 때문에 다음해 일본학 1년생으로 입학하기까지 기다리지 않으면 안 되었습니다. 고등과에서 우리 반은 소인원으로 스무 명 미만이었습니다. 지금도 동급생들 얼굴은 기억하고 있는데, 이름은 까맣게 잊어버려서 무척이나 아쉽습니다.

동급생 중에, 키가 작은 친구가 있었는데 마치 열 살 정도로밖에 보이지 않았지만 우리 반에서 가장 머리가 좋은 친구였습니다. 이 친구는 졸업식 때, 우리 반을 대표해서 본인이 작성한 영문 답사를 낭독하였습니다. 그 친구의 이름은 이토 치요코伊藤千代子라고 합니다. 가와이 아이코(カワイ·アイコ, 음독) 씨는 북쪽 어느 지역에서 온 친구였습니다. 다카하시高橋 씨는 홋카이도에서, 그리고 이시츠카 미치코石塚みち子 씨는 매우 밝고 기품 있는 친구였습니다. 그 외 다른 친구들은 다 잊어버려서 너무 안타깝네요.

질문 3 : 여자학원 동창회 명부에, 1919년 졸업생으로 한소제韓小済라는 이름이 나옵니다. 『한국여성운동사』에도 그 이름이 있습니다만[6], 자세한 내용은 적혀 있지 않습니다. 지금 그분은 어찌 지내시는지요?

답 : 한소제 씨가 여자학원에 있던 때 일은 기억나지 않는데 아마도 제가 졸업하고 난 후일 겁니다. 졸업했다고 해도 그것은 본과에 불과합니다. 그녀는 동경여자의전을 나온 MD(의학박사)이기 때문입니다. 그녀도, 그녀의 남편 신 씨도 그리스도교계에서 독실한 지도자입니다. 한국에서는 의사를 했었는데 미국 로스엔젤레스로 가고 나서는 어찌 되었는지 잘 모르겠습니다.

그러면 제가 오랫동안 전하고 싶었던 것을 말씀드리겠습니다. 저는 일생동안 다섯 군데 학교를 다녔습니다. 두 곳은 한국, 한 곳은 일본, 그리고 나머지 두 곳은 미국입니다. 가끔 생각합니다만, 어느 학교가 현재 김필례[7]의 교육, 혹은 인간형성에 가장 크게 영향을 끼쳤을까 하는 점입니다. 그것은 바로 여자학원이라고 말씀드리고 싶습니다. 물론, 가장 오랜 기간이었고, 그 시기는 인격과 개성을 형성하는 데 가장 영향이 컸던 것은 분명합니다.

미국에서는, 조지아 주 아그네스스콧대학에 일 년 반 있었습니다. 이곳은 남부에서 가장 좋은 여자대학으로 알려진 곳입니다. 그리고, 세계적으로 유명한 컬럼비아대학에서는 일 년간 대학원에 재학하였습니다. 의심할 여지없이 지식에 있어서는 수많은 훌륭한 교수님들이 계셨습니다만, 인격형성, 인생의 목적, 그밖의 것에 대해서 훌륭한 선생님은 그다지 많지 않았습니다. (그에 비해서) 우리들의 교장, 야지마矢島 선생님은 매우 훌륭한 분이셨습니다.

이토록 훌륭한 교장 선생님이 계셨다는 것은 저에게 대단한 행운이었다고 생각합니다. 선생님은 저를 무척이나 배려해 주셨고, 바쁘신 가운데도 선생님 방으로 저를 불러서, 개인적인 이야기를 나눌 기회를 자주자주 만들어 주셨습니다. 선생님의 살가운 말씀은 깊은 애정과 지혜로 넘쳤습니다. 그리고, 그 외 일본인과 선교사 중에 매우 훌륭한 선생님들이 많이 계셨습니다. 여자학원은 인격을 닦는 것만이 아니라, 지식에 있어서도 아주 좋은 학교였습니다. 아그네스스콧대학에서도 컬럼비아대학에서도 저는 영어로는 전혀 곤란을 겪지 않았습니다만, 다른 외국에서 온 학생들은 영어 때문에 힘들어 했습니다.

또 한 가지, 제가 꼭 감사드려야 할 일이 있습니다. 1914년 6월에 저는 경제적인 문제에 직면했습니다. 그때까지 줄곧 저를 지원해 주던 오빠가 독립운동에 관련되어, 만주로 도피할 수밖에 없게 되었습니다. 고등과를 졸업하기 위해서 저는 아직 이 년이나 과정이 남아 있었습니다.

그때까지 외국인이나 혼혈인 학생이, 오후 수업을 받은 사람이 없었기 때문에, 저는 전 과정을 마치고 졸업할 최초의 외국인이었던 것입니다. 학교에서는 저에게 이 년간 수업을 마치고 졸업할 수 있도록 장학금을 마련해 주었습니다. 이 얼마나 놀라운 구원의 은총이란 말입니까.

여자학원에서 이 년간은 저에게 황금기였습니다. 장학금 외에도 학교는 저를 위해서 피아노 레슨을 할 수 있도록 장려하여 다섯 명의 학생을 돌보게 하고는, 그 대신 영화음악전문학교라고 하는 대학에서 피아노를 배울 수 있도록 등록하는 것까지 배려해 주셨습니다. 그밖에도 맥도널드 선생님이 저에게 성악을 레슨해 주셨습니다. 저는 다른 학생들보다 특별히 목소리가 좋다고 생각하지 않았는데, 학교에서 저만이 이처럼 굉장한 기회를 부여 받았습니다. 맥도널드 선생님은, 본과, 고등과의 성가대 연습의 책임 등을 제가 하도록 해 주셨습니다. 그리고 본 무대 전에 두세 번 노래하는 것을 지켜보실 정도(저에게 완전 맡겨주셨어요)였습니다. 지금까지도 이상하다고 여겨집니다만, 모두가 어째서 조용히, 그리고 (저에 대해서) 고분고분 따라주었을까요? 만약 지금 똑같은 일을 했다면 분명 모두가 시끌시끌 스트라이크가 생겼겠지요. "His eye is on the sparrow…"[8]의 노래는 맥도널드 선생님이 저에게 처음으로 성악 레슨을 해 주신 독창곡인데 나중에 예배당에서 열린 음악회에서 노래하도록 추천해 주셨습니다. 이 수년간을 통해서 은총이 가득하신 주님은 분명히 제 곁에 함께 계셨습니다. 그리고 모든 위험으로부터 지켜주시고, 주님의 전능한 힘으로, 주를 섬기며, 모든 이들에게 봉사할 수 있도록 해주셨던 것입니다.

오지마 선생, 김마리아와 제가 친척인 것을 모르셨나요? 그녀는 제 큰오빠의 셋째 딸이고, 저는 아홉 남매 중 막내입니다. 그녀는 감옥에서 무시무시한 경험을 했는데, 가와무레(カワムレ, 음독) 판사는 그녀에게 사형선고를 하지 않았습니다. 그나마 다행이었지요. 그녀는 오 년간 중노동만 했습니다. 나중에 그녀는 미국으로 유학가서 학위를 취득해 귀국하

고, 1944년 죽기 전까지[9] 성서학교에서 근무했습니다. 우리들이 너무나도 애석해 하는 것은, 그녀가 사랑하는 조국의 해방을 보지 못했다는 것입니다. 온 국민이 그녀를 한국의 위대한 국민의 한 사람으로 기억하고 있습니다. 최근, 서울에 있는 출판사에서[10] 한국의 열다섯 명의 위인을 선정하여 그들의 전기를 금년 중에 출판할 예정으로 되어 있습니다. 그녀가 열다섯 명 위인 중 단 한 명의 여성이라는 점은 오지마 선생에게도 자랑스러운 일이 아니겠습니까. 책이 출판되어 입수되는 대로 보내드리겠습니다. 그 책을 읽으면 그녀에 대한 모든 것을 자세하게 알 수 있을 것입니다.

그리고 제 사진을 한 장 동봉합니다. 꽤 오래 전에 찍은 것인데, 이보다 더 나은 것이 없어서 죄송합니다.

오지마 선생, 다시 한번 진심으로 감사의 인사를 드리며, 나의 사랑하는 동창생이 나를 위해서 친절을 베풀어 주신 일은 잊을 수 없을 것입니다. 우리의 은총이신 주님이 선생님과 선생님의 학교에 강림하시어 커다란 은혜를 베푸시고, 특히 이 크리스마스 시즌을 맞아 풍성한 축복을 내려주시기를 기원합니다.

감사의 마음을 전하며 당신의 김필례

추신: 이 편지는 5일 처음 쓰기 시작했는데, 그로부터 오랫동안 아무것도 할 수가 없어서 오늘 22일이 되도록 시간이 걸렸습니다.

일본 편집자 주註

1. 김필례의 주소: 대한민국 서울특별시 성북구 안암동5가 103-148.
2. 타니오카 사다코谷岡貞子 학감, 1961년 1월 6일 서거.

3. 1975년 11월 7일자, 오지마 고이치大島孝一로부터 받은 질문항목을 게재하다. 이하 동문.
4. 정요섭 저, 『한국여성운동사』 일본어 번역본이 고려서림에서 출판되었다.
5. 김필례 씨는 현재는 정신여자고등학교의 이사장으로 있다고 전해진다. 김마리아도 그학교 졸업생으로 여자학원으로 유학할 때까지 교사로 있었다.
6. 조선여자흥학회를 주재했던 역대인물 중 김마리아 이름과 함께 열기되어 있다.
7. 원문 Pilley Kim Choi.
8. 『여자학원 80년사』에 야마타니 묘코 씨의 발언으로 기록되어 있다.
9. 『한국여성운동사』에 따르면, 1945년 3월 13일 평양병원에서 서거한 것으로 되어있다.•
10. 『위대한 한국인』, 태극출판사.

일본어 번역: 이충호, 이선화
이 편지는 1975년 김필례 선생이 모교 동경 여자학원 오지마 원장에게 보낸 것이다. 오지마 선생은 1966년부터 1980년까지 원장으로 재임하면서 졸업생 김필례와 김마리아를 높이 평가하고 학생지도에 자주 인용했다. 동경 여자학원 자료실에 보관된 이 문서는 김필례의 편지를 입력하고 주석을 달아 정리해 둔 것으로, 2019년 2월 7일 학교법인 정신학원 이사회가 여자학원을 방문했을 때 전달받아 여기 수록하게 되었다. 정식으로 출판된 적은 없으며 친필원문은 남아 있지 않은 것으로 확인되었다.

• 김마리아는 1944년 사망한 것이 맞으며, 일본 편집자의 오기로 보인다.

김마리아

김마리아란 이름은 우리 민족 수난사상 민족혼으로 핀 한 떨기 꽃이다.

나라가 기울어져 가는 불행한 시대에 태어난 그는 먼저 조국의 비운을 깨달았다. 그러나, 그는 이 땅에 태어난 것을 슬퍼하기에 앞서, 자신이 무엇을 해야 할 것인지를 깨달았다. 조국의 독립을 위하여 몸을 바친 그의 생애는, 그대로 우리 민족의 뼈저린 수난의 자취라고 할 수 있을 것이다.

독실한 기독교 신자인 양친의 슬하에서 자란 그는 남보다 일찍 애국 정신에 눈을 뜨게 되어, 우리 민족을 위해 희생하겠다는 신념을 더욱 굳건히 했다. 그는 열다섯 살 때 서울 정신여학교에 입학하여, 규율이 엄격한 기숙사 생활을 통해서 차차 고결한 성품을 길렀다.

이 무렵, 마침 우리의 국권을 되찾기 위하여 여러 학생의 아버지, 오빠들은 독립 운동에 가담하였다가 타국으로 멀리 망명의 길을 떠나는 일들이 많아졌다. 기숙사 안의 학생들은 그들의 안녕과 조국의 독립을 위하여 며칠 밤을 꼬박 새우며 하나님께 기도를 드리는 것이 일쑤였다.

여학교를 졸업한 후 그는 동경으로 유학을 갔다. 1919년 2월 8일, 유학생들은 친목회라는 모임으로 가장하여 비밀집회를 가졌다. 간다神田[1]에 있는 YMCA 회관에 재일조선청년독립단[2]의 단원들인 유학생 수백 명이 모였는데, 여자로서는 김마리아와 그밖에 몇 명이 참가했다. 대회 대표가 독립선언서의 전문을 감격에 찬 어조로 낭독하자, 대회에 모인 사람들은 "대한 독립 만세!"를 소리 높이 외쳤다. 이것이 발각되어, 김마리아는 동지들과 함께 잡혀 문초를 받았다. 그 뒤 석방되자, 비밀리에 독립선언문을 여러 통 복사하여, 허리춤에 감추어 가지고 한국으로 돌아왔다.

부산에 도착한 그는, 우리나라 부인들이 시급히 할 일은 독립 운동이라고 외쳤다. 다시 과일 장수로 변장을 하고 대구와 광주 등지로 다니며, 부산에서처럼 동지들을 모아 독립선언서를 설명한 후, 독립 운동에 가세할 것을 당부했다.

고향집 골방에서 작은고모와 남몰래 독립선언서를 새로 등사하여, 그것을 품안에 깊숙이 간직하고, "대학 졸업장을 타느니보다 내 나라를 찾는 것이 급선무가 아니겠어요?"라고 감격어린 말로 인사를 하고는 서울로 향하였다.

동지들을 모아, 일어날 것을 먼저 동기동창들에게 알려 주니, 곧장 연락이 닿아, 애국 운동에 열성이 컸던 동창과 선후배들이 세브란스병원으로 모여들었다. 한편으로는 이화학당 출신과 다른 여성 단체의 동지들이 모여, 쾌히 김마리아의 뜻에 적극 호응할 것을 약속했다. 모든 동지들은 김마리아의 지시에 따라, 맡은 고장으로 떠났다. 김마리아는 황해도 각지에 독립선언서를 나누어 주며 독립 운동 모의를 하고 상경했다.

독립 만세를 부른 학생 주동자 이아주 외의 십여 명이 경찰에 체포된 뒤, 교사로 봉직하고 있던 김마리아도 곧 체포되었다. 그러나, 김마리아만은 일본 동경에서 이팔독립선언 때 선봉에 섰던, 사상이 불온한 전과자라고 하여 경찰서에서 왜성대倭城臺[3]로 넘겨졌다.

"네가 김마리아냐?"

"그래요."

"천왕 폐하를 모른다 했지?"

"천황은 당신들의 천황이지, 우리들은 모르오."

가혹한 고문으로 몸은 비록 피투성이가 되고 기운은 지칠 대로 지쳤으나, 그의 애국심은 구름 사이로 비치는 햇살처럼 강렬했고, 가슴 깊이 사무친 각오는 변함이 없었다.

'죽은 김마리아의 시체를 서대문 밖 솔밭에 버렸더라'는 풍설은 한때 서울 장안에 퍼졌다.

모진 고문으로 인하여 불치의 병을 얻어 가출옥된 김마리아를 위로한다는 모임이 1919년 10월 19일, 천미례 교장 사택 2층에서 벌어졌다. 실은, 전국의 각종 애국 부인회를 통합하는 회였다. 이 회의 이름을 대한민국애국부인회라고 정했다. 회장에는 김마리아가 만장일치로 선출되었고, 그 밑에 부회장직과 총무부, 재무부, 적십자부, 결사대, 서기부 등의 부서를 두었다.

지부는 평양을 비롯한 전국 열일곱 개 도시와 간도에까지 뻗치었다. 하와이는 이혜련에게 부탁하기로 했다.

그리고, 본부와 지부의 도장을 새기고, 또 '愛成'이란 도장까지 고안해 새겨, 신임장으로 '애성' 도장을 찍은 비단 조각을 표지로 몸에 지니고 연락하게 했다.

김마리아는

"옛날에 이르기를 '나라 사랑하기를 내 집 사랑하듯 하라' 하였거니와, 내 집을 사랑하지 않으면 내 집이 완전할 수 없는 것처럼, 국민이 제 나라를 사랑하지 아니하면 그 나라를 보전할 수 없는 것은, 아무리 어리석은 사람이라도 알 수 있을 것이다. 우리 부인들도 국민의 한 구성 분자다. 빼앗긴 인권을 찾고, 빼앗긴 국권을 회복할 최대의 목적을 향해서 우리 부인들에게는 오직 전진만이 있을 뿐이요, 추호의 후퇴도 용허할 수 없다"는 내용의 취지서와 회칙을 만들어 각지의 지부로 발송했다.

그 뒤, 대한애국부인회의 간부들은 하와이와 국내에서 애국금을 거두어 상하이 대한민국임시정부에 보내며 크게 활약하던 중 11월 28일 일제히 체포당했으며, 대구로 압송된 뒤에도 감옥에서 찬송가를 부르고 기도를 하며 굽히지 않고 투쟁했다.

그러나, 가장 절친한 친구 한 사람의 배신으로 모두가 체포되었다는 사실을 안 김마리아는, 피로 멍든 육체의 고통과 아울러 마음의 고통을 견디어낼 힘이 없어져서 드디어 쓰러지고 말았다.

김마리아의 신음 소리는 감방 안의 모든 동포들을 울렸고, 그 소문은 한국 각지에 퍼져, 나라를 사랑하는 애국 부인들의 눈물을 자아내게 했다.

오 년 징역을 구형하는 법정에서, 검사는 다음과 같이 말했다.

"김마리아는 천재적 재질을 지니고, 본직本職에게 일본 연호를 모른다 하면서 서기西紀로 답변할 뿐만 아니라, 당연히 한국 여자로 제 나라를 찾는 것이 마땅하지 않으냐고 한 것으로 보아, 어김없이 나라의 적이다."

모진 고문에 시달린 김마리아는 마침내 좋아도 웃고 싫어도 웃는 병까지 얻게 되었다. 극도로 심신이 쇠약해져 사경에 이른 김마리아에게 형 집행 정지 처분이 내렸다. 석방된 김마리아는 한적한 곳에 가서 요양함이 좋겠다 하여, 성북동 어느 농가에 간다 하고 떠난 후, 홀연히 자취를 감춰 버렸다. 이 사실을 안 당국은 급히 재수감 명령을 내렸다. 그러나 그것은 "상하이 도착, 김마리아"라는 전보를 김마리아가 담당 검사 앞으로 보낸 뒤였다.

김마리아는 상하이 대한민국임시정부에서 황해도 대의원 일을 맡아보면서 애국운동에 온 힘을 기울였다. 이리하여, 김마리아는 당시의 애국 투사들과 온 국민에게 희망의 빛을 환히 비추어 주었던 것이다.

김마리아는 갔으나, 우리 겨레에게 독립 정신을 불어 넣어 준 애국 투사로서의 불사조가 되어 우리 가슴속에 영원히 살아 있을 것이다.

주註

1. 일본 동경에 있는 동네 이름.

2. 이광수李光洙를 비롯한 여러 한국 유학생이 주동이 되어 이팔독립운

동을 일으킨 독립 단체.

3. 일제 때의 총독부, 경무총감부가 있던 곳.

김필례, 「VI. 일기와 전기: 3. 김마리아」, 문교부, 『중학 국어』 III-II, 대한교과서주식회사, 1970, 19-24쪽.

삼가 겐소 여사 영전에

진주 같은 열매들의 추수는 시작되었으니 부디 안식하소서

존경하는 겐소 여사! 당신께서 이미 떠나시고 유명을 달리한 오늘에도 내 가슴속에 의젓이 살아 계심은 어이한 사연이옵니까? 눈을 감아도 삼삼하고 길을 걷다가도 문득 당신이 맞은 편에서 걸어오시는 것 같은 착각을 느끼옴은 부질없는 일이어야만 하겠습니까?

겐소 여사여! 당신이 태어나신 곳은 이 나라에서도 수륙만리 머나먼 이방 미국 아이오와 주 디모인Des Moines이었습니다. 1882년 4월 5일에 그곳에서 고고•의 소리를 지를 때부터 이미 하나님께서는 당신의 전 생애를 이 나라의 빛으로 불사르게 마련하셨습니다. 그러기에 당신은 여선교사로서 1908년 동양의 일우•인 이 강토에 찾아오신 이래로 1956년까지 사십팔 년이란 장구한 세월을 한국 민족과 더불어 살아오신 것이 아니옵니까? 참으로 당신께서는 여명기의 한국, 그리고 일제 암흑기의 질곡을 거쳐, 해방의 기쁨도, 육이오동란의 가슴 아픈 비극도 몸소 겪으신 분이었습니다. 반세기 동안이나 한국 역사의 회오리바람 속에서 이 겨레를 섬기는 등대수燈臺守였고, 응시하는 목격자이시었습니다.

겐소 여사여! 당신은 '정신여학교'의 교장으로 '여자기독교청년회' 초

• 고고(呱呱). 아이가 세상에 나오면서 처음 우는 울음소리.

• 일우(一隅): 한쪽 구석, 또는 한 모퉁이.

창기의 협찬자로 '계명협회'의 협동총무로, 복음전도를 위한 선교사로 주야를 가리지 아니하시고 꽃다운 청춘과 온갖 정성을 기울이셨습니다. 아니 그보다도 당신은 빈한한 자에게는 많은 사재로 장학금도 대어 주시었으며, 외로운 자에게는 사랑스런 어머니가 되어 주시기도 하였습니다. 아아, 지금 이 시간에도 자애로 넘친 당신의 모습이 떠오릅니다. 가지가지의 생전에 말씀하시고 실행하시던 일들이 살아 있는 교훈으로 저희들을 불러일으키시는 것을 느끼옵니다.

존경하는 겐소 여사여! 당신은 언제나 장래를 내다보는 선견지명을 지니시었기에 다른 선교사들이 이해하지 못하는 일들과, 이 나라의 젊은이들의 심정을 공명정대하게 이해하시고 공명추진해 주시었습니다. 그럴 때마다 어려운 고비가 당신 앞에 닥쳐왔으나 끝끝내 당신은 굽히지 아니하실 뿐만 아니라 이 겨레의 행복과 발전을 위하여 찾아드는 고난을 달게 받으셨습니다.

상한 갈대도 꺾지 아니하시고 꺼져가는 등불도 끄지 아니하시는 주님의 마음을 진정 당신만은 지니고 계셨기에 당신은 몸이 허약한 자를 집으로 불러다가 영양 있는 음식을 손수 차려주시었고, 사고무친四顧無親하여 의지할 곳 없는 자를 데려다가 당신의 침상에 눕혔던 것이 아니옵니까?

겐소 여사여! 한국 사람들의 어머니가 되시겠다고 하시던 겐소 여사여!

그때가 바로 이 겨레로서는 일찍이 겪어본 일이 없던 육이오의 참극이 벌어진 때였습니다. 당신은 미국으로 가서 계시면서도 항상 한국에 있는 우리 동포들을 잊을 수가 없다고 하시면서 초조해하시던 모습이 잊히지 않사옵니다.

"커피나 밀크를 마시는 것은 안 된다. 티茶로서도 나는 족하다" 하시면서 의복과 음식을 절약하시면서 한국으로 구호품을 보내시던 당신의 그 마음씨를 대할 때 어찌 벅차오르는 가슴의 뜨거움을 억제할 수 있었겠습니까? 당신이야말로 이 겨레를 위하여 의식衣食은 빈민처럼, 자선은 풍부하게 하시는 분이셨습니다.

그리스도의 사도이신 겐소 여사여! 당신은 칠순노구로 정년이 되시자 귀국하시어서는 잠시도 쉬지 않고 각처로 다니시며 한국을 위하여 강연하시다가 '디모인'에서는 졸도까지 하시었습니다. 그래도 당신은 강연을 중단하시지 않으시다가 버지니아 주 '알링턴'에서 맏따님의 간병을 받으시며 영면하셨으니 1956년 6월 27일, 아아, 6월은 또 하나 이 겨레에서 슬픔의 달이 되었습니다.

하늘에 빛나던 당신의 별이 마침내 유성과 같이 꺼지었으나 아아, 겐소 여사여! 이 땅의 우리들 가슴속에 꺼지지 않는 당신의 별이 반짝임은 또 어이한 일이옵니까? 이는 마땅히 당신이 피땀으로 뿌린 씨들이 당신의 눈물과 사랑으로 무성하게 가지를 뻗치어 마침내 가지마다 열매를 맺힌 보람이 아니고 무엇이겠습니까?

겐소 여사여! 주님의 동산지기었던 여사여! 이제 당신은 참 쉴 곳을 얻으셨으니 고이 쉬소서. 당신이 씨를 뿌린 동산 한국에서 이미 진주 같은 열매들의 추수는 시작되었으니 부디 안식하소서. 당신이 생전에 소원하시던 뜻대로 1957년 8월 16일 이 나라 서울로 모시었고 당신의 부군과 아드님이 묻히신 '양화도' 가족 묘지에 안장하게 되었으니 기뻐하소서.

존경하는 겐소 여사여! 당신이 거닐던 정신여학교의 후정에서는 이 밤에도 귀뚜라미 우는 소리가 한결 구슬픈 심사를 자아내어 주옵기에 당신의 마음을 숨쉬며 창문을 열어 하늘을 우러르오니 부디 조응하소서.

중추월 이십일

김필례 삼가 분향

고 겐소 여사 약력 중에서

一, 여사께서는 1882년 4월 5일 북미합중국 아이오와 주 디모인에서 출생.

一, 1908년 성경학교를 수료하시고 동년 11월 한국 파견 선교사로 단신 내한하시다.

一, 1909년 겐소 선교사와 결혼.

一, 동년 정신여학교 교장으로 취임.

붙임: 부군 되시는 고 겐소 선교사 한국선교는 1908년년부터 1950년까지로 육이오 당시 귀국 도중 일본서 객사, 유해는 역시 양화도에 이미 누워 있는 그의 아들과 함께 묻히셨다.

김필례, 「삼가 껜소 여사 영전에」 『새가정』, 4-10, 1957년 10월, 44-45쪽.

나의 각경 형!

일찍이 동경 여자학원 문과를 졸업하고 시내 정신여학교에서 학생을 가르치며 한편으로 저술과 번역에 힘을 쓰던 김필례 여사의 소식을 전합니다. 그는 작년 12월 23일에 학교에서 그대로 행장을 묶어 가지고 자기의 남편이 가 있는 미국 땅을 밟게 되었습니다. 그는 즉시 '디케이터Decatur'에 있는 아그네스스콧대학에 입학하여 서양문학 서양역사를 공부하는 중이올시다. 그가 자기의 가장 사랑하는 친구 유각경 여사에게 보낸 편지를 소개하여 그의 학교생활을 알려드리겠습니다.

나의 각경 형! 모국을 등지고 정든 친구의 손목을 뿌리치고 망망한 대양을 건너 알지 못하는 곳을 향하여 떠난 지 수개월이 지나도록 일자의 소식이 묘연한 형을 야속히도 생각하였으나 그 후 즉시 형의 글월을 받고 야속하던 심사를 다 풀어버렸습니다. 그동안 모시고 거느리고 형체 안강하시다함은 감사하오며 여자청년회사업도 날로 확장하여 가는 듯 모든 짐을 형께 맡기고 염치없이 떠나온 동생은 미안한 중 감사하기 끝이 없습니다.

나는 전번 편지에도 말씀드린 바와 같이 길에서 심한 수질•을 한 후에 이곳에 도착되자 곧 입학하여 공부하는 중 너무 갑자기 모든 생활을 바꾸게 된 까닭인지 몇 달 동안은 정신을 차릴 수 없더니 이제는 차차 정돈

• 수질(水疾): 뱃멀미.

이 되어가는 듯하고 학과도 일본서 하던 것과는 비교할 수도 없이 어렵더니 이제는 공부에 좀 꾀가 나는 듯합니다. 과정이 매일 보통 오륙십 페이지씩 되고 어떤 때는 책 한 권을 다하게도 됩니다. 그러나 재미는 퍽 있습니다. 특별히 역사는 근세사인데 십구세기에 각국서 ○○운동을 일으키던 그때의 형편이므로 너무도 현재 우리 처지와 비슷하여 도서실에서 책을 보다가 혹은 눈물을 흘리기도 하고 혹은 바깥을 내다보면서 정신없이 우리 조선의 장래를 그림 그리고 있을 때가 많게 됩니다. (중략)

나는 여기 와서 십 년이나 십오 년쯤 젊어진 것 같습니다. 자연히 이십여 세 된 아이들과 같이 먹고 같이 놀고 같이 공부하며 피차에 이름을 부르면서 지나게 되는 터인즉 어떤 때는 좀 우습기도 하여요. 선생들과 학생들이 매우 친절하고 또 무슨 방면으로든지 나를 많이 도우려 하는 그 호의를 나는 가슴 깊이 감사를 느끼고 있습니다. 학자는 매삭 평균 미화 칠십 불은 가져야 됩니다. 형이여! 이곳 와서 본즉 참으로 너무 생활이 자유롭고 풍부하고 편리하여 우리 조선 형제들의 그 고생스러운 살림살이를 늘 생각하고 눈물짓게 됩니다. 이곳서는 흑노黑奴들까지라도 비단 버선이 아니면 신지를 못할 것으로 아는구려! 그러나 나는 고독한 생활을 합니다. 누가 나의 포부를 알며 누가 나의 목적과 이상을 알아주리까? 그네들은 너무 호강스러운 경우에 있으니까….

형이여! 부대• 우리 조선을 위하여 일 많이 하십시오. (필례)

「외국에 노는 신녀성(三): 지식을 구하야 미국에서 대학 문학을 배호는 김필례씨」 『朝鮮日報』, 1925년 5월 19일, 3면 1단. (매체에 수록된 제목은 출처와 같지만, 여기서는 글의 내용을 고려해 편지글 첫 문장을 제목으로 삼아 넣었다.)

• 부대: '부디'의 방언.

유각경 선생 추도사

고 유각경兪珏卿 선생께서는 1892년 6월 14일 서울 종로구 계동에서 유성준兪星濬 씨의 장녀로 태어나서 그 칠십여 성상星霜을 통하여 이 땅에 밤하늘을 오롯이 비추어 오시다가 이제 우리들의 애끊는 애도 속에 선생은 가시었습니다.

우리는 우리 민족의 머리 위에 크게 빛나던 또 하나의 별을 잃어버린 통한을 금할 바 없습니다. 우리는 그와 함께 이 땅의 근대사와 더불어 개막된 파란 많던 민족의 수난사를 통하여 여성의 몸으로 할 수 있는 가장 보람된 업적을 새삼 되새기지 않을 수 없습니다.

선생은 일찍이 정신여학교를 졸업하시고 중국 북경 협화대학교協和大學校 사범과를 졸업하신 후 모교로 돌아와 교편을 잡으심으로 그 인생은 출발하셨습니다.

1925년 경성안국유치원京城安國幼稚園을 설립하신 것을 비롯하여 육영사업에 큰 공헌을 남기시는 한편, YWCA 연합회 회장으로 또는 총무로 한국 YWCA 성장에 산파적인 역할을 하여 여성운동에 앞장을 서셨습니다.

또한 1935년에는 조선여자기독교절제회 회장으로서 피선, 37년에는 미국에서 개최된 기독교절제회 세계대회에 한국대표로 참석하여 국제무대에서 한국여성의 활약상을 보이셨습니다.

그뿐 아니라 대한애국부인회 부회장으로 독립운동에도 혁혁한 공적을 쌓으셨고 1947년에는 대한적십자사의 창립과 함께 집행위원으로 오늘날의 대한적십자사의 터전을 닦으셨고, 이어 서울 YWCA 회장 및 종신이사, 대한부인회총본부 부회장, 대한적십자사 부총재, 대한민국 사회부 부녀국장, 대한민국 감찰위원, 대한부인회총본부 부총재, 한정협회韓丁協會 이사, 전국여성단체연맹 부회장, 구舊 왕실재산처리위원王室財産處理委員, 대한적십자사 중앙집행위원 부총재, 삼일정신앙양회 위원, 정신학원재단 이사, 구舊 자유당自由黨 중앙위원. 유네스코 한국위원회 문화분과위원, 서울여자대학교 기성회위원, 자유당중앙당 무임소부장, 아세아반공연맹한국본부 이사, 순국열사유가족 심사위원, 정부통령선거대책위원회 부위원장, 기독교가정협회 이사, 대한부인회총본부 최고위원 재선, 한국통일촉진총연맹 부위원장, 세종대왕기념사업회 부회장을 역임하시면서 우리나라의 여성운동, 사회사업, 정치활동, 교육사업을 통하여 각 방면에 걸쳐 실로 초인적인 정력과 굳건한 기백으로써 탁월한 지도자적 기량을 유감없이 발휘하셨습니다.

이리하여 선생은 대한 YWCA 창립자로 삼십 주년 근속자 표창, 팔일오광복 십 주년 부녀운동 및 사회공공사업 공로표창 등에서 포상을 받으셨습니다.

이렇듯 선생은 전 생애를 통하여 나를 버리고 민족과 나라를 위하여 당신이 가지신 모든 것을 바친 희생적 산 표본으로서 그 이름은 민족의 기억 속에 길이 살아 우리의 정신精神을 다스려 줄 것으로 믿습니다.

1917년 선생께서는 고 이해영李海永 씨와 결혼하시와 슬하에 2남 2녀를 두시고 향년 칠십오 세로 1966년 9월 7일 오후 3시 50분 우리 곁에서 잠드셨습니다.

1966년 9월 9일 김필례

김필례, 「유각경 선생 추도사」, 하은주 · 김선영 공저, 『여성해방운동의 선구자 유각경』, 명미디어, 2016, 166-167쪽.

여성계의 별이 또 졌습니다
이아주 여사의 영전에

사랑하던 이아주 여사! 당신이 세상을 떴다니 이게 참말이요…. 엊그제 칠순 잔치를 맞아, 아들딸들로부터 선물을 잔뜩 받았다고 우리 안암동 집에 와서 그 시원스럽고 정정한 모습으로 자랑하지 않았소…? 이게 웬 일이요.

사람 하나 낳았다 가는 것은 구름 한 조각 떴다 사라지는 것과 매한 가지라고 옛 사람들은 말했지만 우리 이아주 여사 나보다 먼저 저승에 간 것 얼마나 애달프고 슬픈지 가슴 막혀 이루 다 말할 수 없소이다.

오늘 아침, 나도 혈압이 높아서 누워 있었는데 우리 정신학교 동창회장 신의경 여사가 헐레벌떡 달려오질 않았겠소?

"김 선생님, 우리 이아주 여사가 돌아가셨어요"라고 던지길래 "아이구, 나보다 먼저…"라고 받아 놓고는 같이 설움에 복받쳐 울었었다오.

나는 고쳐 생각했소이다. 만나면 헤어지는 것, 살만큼 살았을 적에 가는 것이 인생이라는 것, 그것이 진리라는 것을 내 인생 칠순 반에 비로소 터득했소이다.

사랑하던 이아주 여사! 우리 그 어려운 시절 국정을 맡아 요리하던 전 부통령 인촌 김성수 선생의 훌륭하던 반려자, 삼일민족독립운동의 선봉에 섰던 젊은 여성의 지도자! 9남 4녀의 자애로운 어머니! 나는 슬퍼 그대 영전에 한없이 곡하오이다.

이 여사는 나와는 사제지간입니다. 평안도 강계 태생의 한국 전형적인 미인이었습니다. 기미삼일운동이 있기 이 년 전, 그러니깐 1917년 나는 그때 정신여학교에서 역사와 도덕을 가르치고 있었는데, 얼굴은 보름달 같이 훤한 게 눈이 반짝반짝 빛나고 말씨 또한 또박또박 조리가 선 웬 소녀 하나가 찾아와 정신학교 입학을 간청하는 것이었습니다. 말인즉 "일본 사람들의 학정•을 보고만 있을 수 없다. 여자도 공부를 해야 된다. 강계가 집인데 부모님 몰래 공부하러 서울로 왔다. 이제 노비도 떨어졌다"는 간명한 내용이었습니다. 나는 당장 정신학교장께 의논해서 교비생校費生으로 입학시켰었습니다. 몸가짐이나 머리 쓰는 게 보통 학생들과는 다르다고 당시 루이스 선교사 교장이 교비생 입학을 허가했습니다. 입학해서는 줄곧 우등에다 모범생인가 하면 월반까지 했습니다.

그러나 이듬해 나는 혼인해서 부군 따라 광주光州로 갔습니다. 그런데 삼일독립운동 이듬해 1920년 내 부군과 잘 아는 사이인 인촌 김성수 선생이 부랴부랴 광주로 와서는 이아주 여사와의 혼연婚緣을 맺어달라는 거였어요. 내 부군은 의사였는데 인촌이 아주 병실 하나를 차지하고 요샛말로 한 열흘 '농성'을 벌였답니다. 스승이 제자에 대해 마땅한 혼처를 소개하는 일이 도리인 것도 같아 나는 발 벗고 나섰습니다. 그러나 그때는 이미 이 여사가 삼일운동 때 정신학교 학생들을 이끌고 만세시위를 하다 서대문형무소에 수감, 육 개월의 옥고를 치르다 임파선염으로 병보석되어 강계 고향에 가 있었던 때였습니다.

인촌 선생이 중간에 실토했지만 이 여사가 재판정에서 보인 한국여성의 기개 때문에 결국 이 여사는 인촌 선생의 영원한 반려가 되었던 것입니다.

사랑하던 이아주 여사. 나는 그대 가버린 뒤 이런 이야길 서슴지 않고

• 학정(虐政): 포학하고 가혹한 정치.

하지만 당신이야말로 양처에 현모요, 나라와 사회를 염려한 여성이었소. 인촌 선생이 먼저 별세하신 뒤 당신은 동아일보사와 고려대학교와 중앙중고등학교가 잘 되어나가는 것을 얼마나 걱정하고 또 잘 되어나가니 얼마나 기뻐했소. 우리 집에 오면 맨 그 얘기, 인촌 묘소는 거의 매일 찾아다니면서 당신이 가꾸지 않았소.

외국 손님들이 오면 우리 민족의 힘으로 만든 최초의 대학 고려대학교를 보자는 청에 당신은 얼마나 좋아했소. 앞장서서 안내하던 모습 내 앞에 아직도 선하오. 내가 "고려대학교도 동아일보도 중앙학교도 모두 일류"라고 하면 "선생님, 정말 그럽니까"고 좋아하던 모습 그립소.

이 여사. 나보다 앞서 갔지만 하나도 염려 말고 고이 잠드시오. 남아 있는 우리들이 또 후진들이 힘자라는 데까지 돌보아 드리리다.

이 여사는 "남북통일이 언제나 됩니까?"고 또 몇 번이나 이야기했소. 하루빨리 통일이 되어서 한 백성이 다 같이 의좋게 살면서 부강한 조국을 이뤄야 한다고 강조하던 것을 다시 생각하오. 민족과 함께 살던 인촌 선생 따라 이 여사도 민족을 생각하다 간 것을 우리 모두 상기하고 있소.

슬픕니다. 우리 사랑하던 큰 여성 한 분이 유명을 달리했습니다. 여성계의 별 하나가 또 졌습니다.

가신 길 고이 복 받으소서.

1968년 9월 11일

김필례(정신학원 이사장), 「女性界의 별이 또 졌습니다: 李娥珠女史의 靈前에」 『東亞日報』, 1968년 9월 12일, 4면 1단.

김필례를 기억하다

나라와 교육에 헌신하며
여성 교육의 새벽별
가족에게 베푼 사랑
추모의 시

나라와 교육에 헌신하며

김필례를 기억하는 이들이 지난날 남긴 글,
또는 이 책을 위해 새로 쓴 글을 한자리에 모았다.
활동가로서의 면모를 회고하는 글, 제자로서
스승을 추억하는 글, 가족으로서 그를 그리는 글,
추모의 시, 이렇게 네 그룹으로 나누어 엮고,
그 안에서는 글쓴이 이름의 가나다 순으로
수록했다.

앞서 발표된 글을 재수록한 경우 출처와 연도를
해당 글 각주로 밝혔고, 나머지는 모두
이 책 발간에 맞춰 새로 쓴 글이다.

글쓴이의 주관적 견해를 담고 있어 일부 글은
편집위원회의 견해와 다를 수 있음을 밝힌다.

예수 닮은 지도력

강교자

전 한국 YWCA연합회 회장. 제2대 김필례선생기념사업회 회장.

'기념하다'는 의미는 '잊지 않고 깊이 생각하다. 즉 기리다'는 뜻이다.

김필례선생님기념사업회는 김필례 선생님을 잊지 않고 기리기 위한 사업을 하는 모임이다. 왜 우리는 선생님을 기념하기 원하는가? 무엇을 잊지 않고 기려야 하는가? 한 세기 전의 선생님의 생각과 행적이 오늘까지도 기억되며 기려지기 원하는 이유는 무엇일까? 더 나아가 내일의 삶 속에서도 기억되고 기려지기를 바라는 목적은 무엇일까? 현 시점에서 무엇을 어떻게 하는 것이 선생님을 바르게 기억하며 진심으로 기리는 길일까? 오늘 현실에서 이 목적은 진정 중요하고 필요한 것인가? 창립 초기 김필례선생님기념사업회 책임을 맡았던 오 년 동안 스스로 계속 되물었던 질문이며 또한 그 책임을 감당하게 된 동기라 하겠다.

반백 년 가까운 세월을 선생님께서 창립하신 YWCA 가족으로 활동하며 YWCA 창립정신과 정체성을 지키는 것은 선생님의 후배인 YWCA 지도력들의 긍지요, 사명감이며 자랑이었다. 또한 기독교 중등 여성교육기관의 교사로 또 교장으로 섬기는 기회를 허락받았던 기회와 내가 속해 있는 대한예수교장로회(통합측) 여전도회 역사에도 또렷하며 찬란한 선생님 삶의 영향력은 길이 기억하고 기려야 하는 특별한 관심과 어떤 책임감마저 느끼게 해 주었다.

정신에서 선생님께 직접 배웠던 제자들과 후배들의 헌신적인 사랑과 그리움은 교육자로서의 선생님의 인격과 삶의 면모를 세세하게 느끼게 해 주는 좋은 자산이다. 선생님의 신앙과 정신, 열정과 헌신적인 섬김을 계승해 온 YWCA 후배들의 대사회활동은 선생님의 지도력, 즉 영향력을 증명해 주는 열매이다. 이 둘이 주축이 되어 기념사업회는 정신 터전에서 시작되었다.

역사, History는 His Story이다. 개인, 조직, 그리고 국가의 역사도 하나님께서 그들과 함께, 그 안에서 어떤 일을 펼치셨는지에 대한 이야기이다. 김필례 선생님의 삶의 자취는 선생님의 삶을 통하여 펼치신 하나님의 이야기이다. 그래서 매우 감동적이며, 교훈적이다. 이스라엘 백성들이 요단강을 마른 땅처럼 건넌 후에 여호수아는 요단강물에서 열두 개의 돌을 취하여 길갈에서 기념비를 세우고 이렇게 말했다.

> 훗날 너희의 후손들이 이 돌들이 무엇이냐고 묻거든 이스라엘이 요단을 발을 적시지 않고 건넌 일을 기념하는 것이라고 일러 주어라. 우리 하나님 여호와께서 홍해를 마른 땅처럼 건너게 하신 것처럼 우리 앞의 요단 물을 말리시어 우리로 건너게 해 주신 것이다.
> ―「여호수아」 4장 20-23절

기념사업회의 목적도 또한 이 기념문고 발간의 목적도 마찬가지라고 믿는다. 우리 후손들에게 김필례 선생님의 삶을 통하여 하나님께서 행하신 놀라운 일을 알리고 기념하며, 선생님의 철저하신 신앙의 길과 신앙 실천의 길, 즉 평생을 사랑과 겸손으로 이웃과 민족을 섬기신 기독교 지도력을 배우고 따라 실천할 수 있게 하는 것이다. 그러나 극히 아쉽게도 나 자신이 선생님과의 직접적인 만남이나 관계를 통한 개인적인 교제경험이 없기에 홍승표 박사님의 논문 「김필례의 생애: YWCA 창설 및 발전과정에서의 김필례의 활동과 공헌을 중심으로」를 읽고 내가 느낀 것을 여기에 적어보려고 한다.

YWCA의 최초 발기인이자, 창립 멤버였음에도 불구하고, 선생님은 연합회나 광주 YWCA 회장 명단에서 찾을 수 없다. 회장이 아닌 총무와 순회강연자로서 직접 뛰면서 YWCA의 설립과정에 실질적으로 헌신했기 때문이다. 다른 지도력을 앞세우며 자신은 뒤에서 실제적으로 봉사하고 실천하는 지도력은 여전도회전국연합회나 서울여자대학 창립 과정에서도 볼 수 있다.

물론 이후에 김필례가 더이상 서울에서의 YWCA 활동에 전념할 수 없었던 미국 유학(1925-1927)이나 귀국 이후 광주에서의 활동 등과 같은 개인 사정이 있긴 하였으나, 그가 초기 YWCA 창설과 발전과정에 기여한 숨은 리더십과 공로는 최선을 다하여 부르심에 헌신한 후에도 "우리는 무익한 종이니이다. 그저 할 일을 하였을 뿐입니다"(「누가복음」 17장 10절)라고 고백하는 신실한 종, 오늘 우리 시대에 필요한 그리스도인의 '섬김의 지도력'을 보여준다. 선생님의 지도력은 예수를 닮은 철저하게 섬기는 종의 모습으로 더욱 진한 감동을 준다.

YWCA 연합회가 조직된 후, 선생님은 광주지역에 내려가 호남지역에서의 기독교운동과 민족운동, 교육운동이 활발하게 전개될 수 있도록 자신의 실력과 재능을 지역사회를 위해 헌신한 것은 그의 지역사랑 정신을 말해 준다. 하나님께서 허락하신 자신의 모든 지식, 재능과 기회를 자신의 명예와 부귀를 얻는 데 사용하지 않고 어려움에 처한 가족친지와 제자들을 위해 나누고 베풀었다. 눈물을 글썽이며 김필례 교장 선생님 때문에 배움의 기회를 가질 수 있었다고 하는 제자들의 고백은 여전히 감동적이다. 그래서 그의 삶은 늘 단순하고 소박했다. 물질적 풍요 속에서도 정신적, 영적 빈곤함에 허덕이며 사는 현대인들에게 주는 커다란 메시지, 자신의 유익이 아닌, 이웃의 유익을 위하여 헌신하신 선생님의 이타적인 지도력은 이기적인 지도력에 지쳐 있는 우리에게 새 소망을 준다.

엄격한 장로교의 신앙적 모범을 보여주면서 평생을 절제와 겸양의 미덕을 보여주신 선생님은 YWCA의 사십오 년을 회상하면서 YWCA가 세월의 변화 속에서도 기독교 신앙의 근본정신과 목적을 잃지 않기를 바란다고 당부하고 있다.

> 눈부시게 발전하는 YWCA의 활동을 눈여겨보면서 제가 다만 바라는 것은 이런 여러 가지 지식을 전달하는 데만 그치지 말고 반드시 이 활동을 통하여 YWCA의 근본 목적 곧 우리 구주를 그들에게 소개하고 자기들의 살길을 찾고 근처의 교회의 교인이 되게 하는 데까지 그들을 돌보아 주는 것을 잊지 말아 달라는 것입니다. 세대가 변천하고 그 변천에 따라 YWCA 사업의 종류도 변해 갈 줄 믿습니다. 그러나 변해서는 안 되는 것은 YWCA의 근본 목적인 것입니다. 은혜로우신 하나님께서 우리 배달민족이 가장 어려운 형편에 처해 있을 때, 이 귀중한 기관을 우리에게 주시고 우리와 동행하시므로 오늘의 YWCA를 보게 하셨으니, 구주께서 재림하시는 날까지 YWCA와 같이하시고 축복하심으로 처음부터 이 기관을 이루고자 하시는 뜻을 이루시기를 진심으로 빌어 마지않습니다.

YWCA 설립 사십오 년이 지난 후, 당부의 말씀을 통하여 선생님께서는 YWCA가 끝까지 지켜야 할 가장 중요한 목적, '세우신 분의 뜻을 이루어드리는 것'임을 강조하신다. 이 당부의 말씀은 또한 일평생 실천하신 그 지도력의 원천이 무엇인지를 가르쳐 주신다. 철저한 기독교 신앙에서 비롯한 지도력이다. 겸손과 이타적인 헌신의 지도력, 실천하는 섬김의 지도력은 결국 철저한 기독교 신앙으로만 꽃피울 수 있는 것이 아닌가? 감히 선생님의 그처럼 위대하신 지도력은 기독교 신앙 실천지도력, 즉 예수 닮은 지도력이라 말하고 싶다.

어두운 일제강점기 시대에 전심을 다하여 설립하신 YWCA. 어두운 시대의 가장 큰 희생자들인 여성들에게 희망과 기회를 주기 위하여 희생적인 수고로 세우신 YWCA. 먼저 받은 자답게 아직 받지 못한 이웃들에게 횃불을 비춰라! 하시는 부르심에 혼신의 헌신을 다하여 세우신 YWCA.

"다음 마을로 가자!"(「마가복음」 1장 38절) 하시는 명령에 철저하게 순종하시며 선생님 생애의 다음 마을 '정신' 교육의 현장에서 큰 업적을 남기신, 사랑하며 존경하는 위대한 선배시며 스승이신 김필례 선생님의 예수 닮은 지도력에 고개를 숙이게 된다.

그렇다면 우리가 잊지 않고 기리고, 또한 계승해야 하는 선생님의 삶은 철저한 기독교 신앙, 내 삶의 주인이신 하나님의 뜻을 이루어 드리는 데 철저하게 헌신하는 신앙을 떠나서는 불가능한 것이다. 우리 기념사업회가 절대로 놓쳐서는 안 되는 핵심이다. 이 기념집의 발간이 여호수아가 길갈에 세웠던 기념비의 역할을 감당할 수 있기를 기도드린다.

교육자로서의 희망과 격려

김선태

실로암안과 병원장, 실로암시각장애인복지회 이사장.

그 나라가 발전된 나라인가, 아니면 발전하지 못한 나라인가는 배출된 인물이 많은가 적은가를 통해 알 수 있다. 뛰어난 인물이 많은 나라는 문화인의 나라이고 성숙한 나라라고 할 수 있다.

일제로부터 나라를 되찾기 위해서 생명을 걸고 삼일운동을 했던 김마리아 열사는 크고 위대한 여성이었다. 삶의 자리는 달랐지만 김필례 선생님도 조카인 김마리아 열사와 더불어 백 년에 한 번 나올까 말까 한 뛰어나신 분이다. 그녀는 신앙인으로서, 학자로서, 여성계 지도자로서 대한민국 교계와 사회에 아침 태양과 같은 훌륭한 분이다.

김필례 선생님과의 개인적인 만남은 그리 많지 않았다. 주로 스쳐가면서 많이 뵈었다. 선생님은 나와 마주칠 때마다 손 내밀어 악수를 청하고 인사를 해주셨다. 나는 대학교와 신학교를 졸업하고 미국으로 유학할 계획을 하였지만 장학금을 받지 못하여 대신 성경을 가르치는 학교의 교목으로 가고자 했다. 그래서 한경직 목사님과 마포삼열(새뮤얼 모펫) 선교사님과 곽안련(앨런 클라크) 선교사님의 추천을 받아서 정신여고와 몇몇 기독교 학교에 이력서를 냈다. 그리고 얼마 후에 정신여고에서 면접을 보러 오라는 답변이 왔다.

며칠 후 김필례 선생님과 마주앉아서 면접을 보게 되었다. 선생님은 나에게 "내 생에 있어 이렇게 훌륭한 분들의 추천을 받은 분은 김선태 전도사님이 처음입니다. 학벌도 훌륭하고 추천해 주신 분들도 훌륭합니다. 그러나 문제가 있습니다. 전도사님이 앞을 보지 못하시는데 어떻게 칠판에 판서를 하겠습니까? 그리고 학생들이 수업시간에 조는지 안 조는지 어떻게 아시겠습니까? 여러모로 봤을 때 전도사님은 훌륭합니다만 어떻게 도와드려야겠습니까?"라고 하셨다.

김필례 선생님의 말씀을 듣고 보니 틀린 말은 아니었다. 그러시면서 나에게 "안과에 가셔서 눈 수술을 받아 밝은 눈을 가지실 수 있다면, 또 그래서 우리 학교의 교목으로 오실 수 있으시다면 얼마나 좋을까요…. 내 살아생전에 꼭 우리 학교에 오셨으면 좋겠습니다"라고 희망을 주시고 격려해 주시는 것이었다.

그때 김필례 선생님은 천사같이 아름답고 선하시고 인격적이시고 깊은 신앙을 가지신 분이라는 것을 알게 되었고 지금까지도 정신여고를 갈 때마다 김필례 선생님이 생각이 나고 그리워진다. 선생님이 사심 없이 주님의 영광을 위해 그리고 정신여고를 위해 삶을 바치셨기에 정신여고는 지금의 훌륭한 학교가 될 수 있었다. 선생님의 아름다운 이 마음과 정신이 앞으로도 계속해서 빛나기를 나는 바란다.

홰나무를 붙들고 우시던 모습•

김종희

전 『새가정』 주간, 제7대 정신여자중고등학교 총동문회장.
정신여자고등학교 제17회, 1925년 졸업.

선생님!

얼마 전부터 선생님 뵈오러 가야겠다고 벼르면서 못 가고 있던 중, 청천에 벽력같이 뜻밖에 영원히 떠나가셨다는 슬픈 소식을 듣사오니 생전에 좀더 자주 찾아뵙지 못한 일 죄송하고 한스러운 마음 금할 길 없습니다.

일생을 한국 여성의 교육과 기독교 여성 지도에 바치신 정열과 성의의 공적은 이 나라 교육계와 여성계에서 길이 빛날 것입니다. 그 오랜 세월, 그 많은 일을 하시는 중에 당하신 그 어렵고 힘든 일들, 그 험난한 고비들을 당해 보지 않은 사람으로는 아무도 상상할 수 없는 일들을 선생님께서는 오직 하나님을 믿고 의지하는 그 신앙으로 다 이기시고 매진하셨습니다.

한국에 여자기독청년회YWCA를 창설하시고 여러 지방을 순회하며 여성들을 계몽하실 때의 그 어려움, 일제 말기에 폐허가 된 것이나 다름없는 모교에 해방 후 동창회의 간청으로 오셔서 모교 재건에 심혈을 기울여 일하시던 그때의 어려움, 험하게 찌든 마룻바닥을 손수 닦으며 선생님을 모셔온 선배 동창생 여러분들이 경제적으로 모교 재건을 돕고자 하는 마음 애타게 간절하여 가난한 주머니를 털기도 했으나 손이 비었던 그때 그 형편에 학교장 책임을 맡으셨던 선생님의 고통을 누가 상상인들 할 수 있었겠습니까? 그래도 선생님께서는 눈물의 기도와 믿음으로 하나님께서 주신 사명으로 알고 끝까지 책임을 다하셨습니다.

그렇게 피땀 흘려 재건하신 모교가 선생님과 동창생들의 뜻과는 정반

• '김종희 「김필례 선생님 영전에」 『새가정』 328, 1983년 9월, pp.100-101'을 재수록했다.

대로 인간폭풍을 만나 그 역사적인 터전에서 떠나게 될 때 선생님께서는 독립선언문과 독립운동 관계 서류들과 태극기가 일본의 잔인한 탄압으로 묻혔던 백 년을 바라보는 홰나무를 붙들고 슬피 우셨습니다. 아직 살아 있는 저희들 마음속엔 역사의 터전을 떠난 그 슬픔이 그대로 스미어 듭니다.

선생님께서는 기독교 문서사업에도 큰 공헌을 하셨습니다. 우리나라에 여성을 위한 기독교 서적이 거의 없던 그 옛날에 좋은 기독교 서적들을 번역해 젊은 여성들, 여학생들이 읽고 신앙의 성장에 큰 도움을 받게 하셨습니다. 또한 한국에서 오직 하나인 기독교 가정잡지 월간『새가정』창간 당시부터 편집위원으로 또 운영위원으로 오랫동안 계속 봉사하셨습니다.

선생님께서 "하나님께서 우리를 통해 일하신다. 그러므로 우리는 생수를 전해주는 수도관의 역할을 해야 한다"고 정신학교 역사의 터전, 그 푸른 잔디밭 위에서 어느 여름 저녁 예배시간에 말씀하시던 기억이 아직도 생생합니다. 선생님께서는 일생을 정직하게 사셨습니다. "학생들에게 정직하라고 가르치는 나 자신이 정직해야 한다"고 말씀하시고 그대로 실행하셨습니다. 선생님께서는 부지런하셨습니다. 노년에 그 불편하신 몸으로도 집안에서 손수하실 수 있는 일은 기쁜 마음으로 하셨습니다. 대문 밖의 청소까지 매일 아침 친히 하셔서 동네사람들도 감탄했다고 들었습니다.

그렇게 부지런하시던 선생님께서 최근 낙상하신 후로는 일 년 반 넘어 자유로 기동하실 수 없이 누워 계시다가 이렇게 떠나가시니 그간의 불편함과 고통이 얼마나 심하셨을까 누가 상상인들 할 수 있겠습니까? 선생님께서는 오직 믿음으로 아무 원망도 불평도 없이 참고 견디시다가 이제 고통도 눈물도 없는 그곳에서 영원한 안식을 얻으신 줄 믿고 저희들의 부질없는 눈물을 거두려고 합니다.

1983년 7월 30일 문하생 김종희 드림.

여전도회 재건과 여성교육운동

김희원

대한예수교장로회 여전도회전국연합회 제35대 회장, 전 사무처장.

대한예수교장로회 여전도회에 몸담고 있는 본인은 아쉽게도 김필례 회장님을 뵌 적이 없다. 다만 그 명성과 업적을 수시로 접하면서 존경과 감사의 마음을 가진 후배의 한 사람으로 김필례 선생님을 기리고자 한다.

김필례 선생님은 유능한 행정가로서 대한예수교장로회 여전도회전국연합회가 김마리아 선생님(1934-1938년, 제7-10대 회장)이 부회장이셨던 1941년 일제의 신사참배를 거부하고 폐회한 것을 재건 확장하셨다. 선생님은 유창한 영어실력으로 1920년 내한한 미국 남장로교 여전도회 총무 윈스브로우 여사의 통역을 맡으셨다가 미국 유학 제의를 받으셨다. 미국 남장로교 여전도회 후원으로 유학을 하신 선생님은 여전도회에 대한 교육을 받고 실습을 통해 필요한 지식과 능력을 습득한 후 1927년 귀국하여 연동교회의 여전도회 회장직을 자청하여 맡아 십 년간 헌신봉사하면서 그 시대의 모범적인 여전도회로 발전시키셨다.

본회 제 17-20대 회장을 역임한 김필례 선생님은 1950년에 여전도회전국연합회 회장에 피선되어 1958년까지 열정적으로 그 직임을 감당하셨다. 육이오를 전후하여 선생님은 더욱 활동에 박차를 가하셨으며 1950년 미국 북장로교 여전도회 대회에 한국대표로 참석하시던 중 육이오전쟁과 부군 사망의 비보를 접하고서도 애써 마음을 가다듬고 강연을 계속하셨다고 한다. 선생님은 귀국하셨을 때 한국 여전도회의 재건을 위해 미국 장로교 여전도회로부터 총무 월급 십 년분을 약속받으시고 우선 일 년분을 받아 귀국한 뒤 전국을 돌며 다시 여전도회를 재조직하고 역사적 자료 확충 및 조직의 통일과 확대 강화를 이루신 공로자시다.

1950년대는 매우 혼란한 시기였다. 일제강점기의 압제에서 겨우 벗어나자 공산당의 남침으로 사회, 경제 각 분야의 기반이 확고하지 않은 상황이라 여전도회원들에게 역사의식과 선교정신을 불러일으키는 일이 무엇보다 중요했다. 이에 선생님은 여전도회의 자료집이 부족한 것을 절감하시고 1956년 『월례회 인도』를 집필 속간하셨다.(1956년 속간 당시에는 『월례회 순서』가 제목이었고, 이후 『월례회 인도』로 제호가 바뀌었다.) 『월례회 인도』는 여전도회마다 모두 사용하므로 지금까지 여전도회의 이념과 전통, 역사를 이어주고 이어받는 매개체의 역할을 하고 있다. 선생님이 힘쓰신 성과로 오늘도 우리 여전도회원들에게 자긍심을 갖게 하는 자료로 남아있다.

여전도회는 1898년 2월 평양 널다리골교회에서 이신행 여사를 중심으로 설립되었고 여전도회전국연합회가 1928년도에 발족되면서 본 교단 산하에 기독교 여자대학 설립의 필요성을 절감하게 되었다. 김필례 선생님은 정신여자중고등학교를 발전시키시는 한편 대한예수교장로회 산하 기독교 여자대학으로서 서울여자대학교가 탄생하는 데에도 핵심적 역할을 수행하셨다. 그래서 선생님은 본 교단 총회에 여자대학 설립을 건의하고 설립위원회를 조직하여 그 위원장으로 활약하셨다. 1958년 여전도회전국연합회가 솔선하여 건축기금으로 일천만 환 모금을 시작하였고 본 교단 총회의 약 칠백여 평의 대지를 기증받아서 1959년에 공릉동 126번지(현 태릉 서울여자대학교 소재지)에서 1961년에 개교하게 되었다. 기독교 신앙을 건학이념으로 하며 지·덕·체를 교훈으로 창설된 서울여대는 우리나라의 수많은 여성 지도자를 배출하였다. 김필례 선생님의 고귀하고 끈질긴 여성 지도자 양성의 큰 비전이 실현되어 오늘의 기독교 여자대학의 면모를 고루 갖춘 대학으로 자리매김하였음이 자랑스러우며, 하나님께 귀한 지도자 주심을 감사하지 아니할 수 없다.

이렇게 귀한 선배이시며 스승으로 여전도회를 육성 발전하게 하신 김필례 선생님의 여성운동과 여성교육에 대한 노력의 결실로 현재 여전도회가 오늘날 한국교회와 세계교회에서 여성선교단체로 우뚝 선 것은 자타가 공인하는 바이다. 여전도회는 현재 칠십 개 연합회에 백삼십만 회원에 이른다. 지교회로는 사천사백여 교회에 여전도회가 활동하고 있다. 사십오 개국 칠십여 선교지에 선교사를 파송하고 후원하고 있고 삼십오년 전통의 계속교육원에서는 사천여 명의 졸업생을 배출하였다.

여성으로서 실천한 항일독립운동

박용옥

삼일여성동지회 명예회장. 성신여자대학교 명예교수.

교육자 김필례 선생이 처음으로 신교육을 받았던 곳은 우리나라 최초의 민족주의적 기독교인 소래교회 부설 신식학교였다. 선생은 언니들과 조카인 김마리아의 자매들과 신앙을 키우고 근대 교육을 접하면서 전통적 여성의 삶보다는 새 사회가 요구하는 능력 있는 독립적 삶의 가치를 알게 되었다. 이 교회학교의 이국보 선생은 선생을 장차 이 나라의 미래를 이끌어갈 인물로 보았다. 그리하여 선생의 어머니에게 "이 아이는 장차 큰 인물이 될 것이니 음식 바느질 등을 애써 가르치려 하지 말고 이 아이가 장차 해야 할 일을 하도록 시간을 주십시오"라고 했다. 이국보 선생의 판단대로 선생은 여성교육의 선구자로서 교육의 기회를 갖지 못한 부녀들을 이끌어 가르쳤고, 또한 여성들도 국제 사회의 일원으로서 활동하고 살아야 한다는 큰 뜻을 품고 YWCA를 창립하였다.

선생 집안의 두 과부인 어머니 안성은과 큰 올케(김몽은, 김마리아의 어머니)의 진취적이고 개방적인 정신은 김씨 집안을 일으키는 원동력이었다는 점에 우리는 주목해야 한다. 여러 자녀들은 고루한 관습대로 기르지 않고 시대를 뛰어넘는 개척자적인 진취성으로 자녀들을 지도 교육하였다. 이들은 남편이 분가하자 곧 따로 분가하여 자녀들과 독립된 생활을 하면서 자녀들을 한결같이 위기의 시대를 이끄는 훌륭한 인물들로 키웠다.

또한 오빠 김필순은 국권회복운동으로서 신민회 조직에 적극 참여하며 신민회 사업을 논의하였다. 오빠들이 운영하던 김형제상회 2층은 독립운동 동지들이 모여 구국을 논의하는 아지트로서 항일민족지도자들이 연일 모여 독립방략을 논의한 곳이었다.

서울 연동여학교(정신여학교의 전신)로 진학한 선생은 이미 어려서부터 오빠들과 그 동지들의 구국독립운동을 보아 왔던 터라 나라가 자주독립하기 위해서는 국민, 특히 부녀자들이 동등한 국민으로서의 의무와 책임을 다하는 실력을 가져야 한다고 신념했다. 막내 조카 김마리아도 선생과 같은 생각을 가지고 있어 그들은 자신들이 이 일을 위해 자신의 자질을 먼저 연마해서 암매한 부녀자들을 가르치고 이끌어 국력을 키우겠다고 다짐하면서 자신들을 연마했다.

1907년 군대 강제해산을 둘러싼 한일병간 전투가 치열하던 날 선생은 위험하다고 말하는 윤오 오빠의 만류를 뿌리치고 빗속을 뚫고 제중원으로 달려갔다. 선생의 오빠 필순은 어머니에게 동생을 비롯한 집안 여자들을 저 귀중하고 위대한 장병을 돌보게 해야 한다고 어머니 안 씨를 설득했다. 그러나 양가 규수들을 어찌 남정네 치료를 하게 할 수 있느냐며 극구 반대를 하였다. 필순은 다시 "저들이 쓰러져가는 나라를 일으켜 세우려다 저 지경이 되었는데 이럴 때 희생적으로 나서는 게 그리스도의 참 사랑을 실천하는 일입니다"라고 역설하자 어머니는 마음을 열고 집안 처녀들 모두가 부상병을 간호하는 것을 허락하였다. 그리하여 선생은 오빠와 조카들(함라, 미렴, 마리아)과 열흘 동안 병원에서 부상병 간호를 했다.

당시 연동여학교 학생들도 자진하여 부상병 간병에 참여하였다. 여학생들의 옷이 핏물로 얼룩졌으나 이를 상관치 않은 채 정성을 다하여 부상 장병들을 간호하는 여학생들의 의거에 감복하여 부상병들이 눈물을 뿌리며 치사했다. 당시 『대한매일신보』는 이들 광경을 기사로 보도하였다. 여성들의 부상병 간호를 통하여 오백 년간 바뀔 수 없는 철칙으로 지켜졌던 남녀 구별관을 일시에 무너트리고 우리 사회를 한 단계 전진할 수 있게 하였던 것은 여성들의 꿋꿋한 독립정신 실천성 때문이었다.

연동여학교 졸업 후 더 높은 수준의 공부를 해야겠다는 생각에 일본 유학을 준비하던 선생은 자신의 유학이 개인의 영달을 위한 것이 아니라 조국의 독립을 위한 것이라는 소명 의식을 깊이 갖게 되었다. 새로운 학문과 문물을 빨리 익혀 우리 동포들을 무지몽매에서 깨우쳐 나라의 힘을 키우는 일이 자신이 해야 할 독립운동이라는 각오를 다진 것이다.

선생은 1908년 8월에 우리나라 여성으로는 처음인 관비유학생에 선발되어 일본 동경 여자학원에 유학하였다. 1915년 4월 3일 동경의 여자 유학생 십여 명이 모여 동경여자친목회를 조직하고 선생을 회장으로 임명했다. 이 친목회는 단순한 친목회가 아니라 한국여성계의 광명이 되어 스웨덴의 여성해방론자 엘렌 케이와 같은 이상적 부인의 삶을 창조하는 데 목적을 두었다. 이 친목회가 조직된 다음 달인 5월에 본교 루이스 교장의 추천을 받은 조카 김마리아가 동경 여자학원으로 유학을 왔으며 고모가 회장으로 활동하는 이 친목회에 가입 활동하였다. 이처럼 선생에게 마리아는 동지적 관계였다.

선생의 오빠 김필순은 105인사건에 연루 인물로 수배되고 있어 이동녕, 이회영 등이 활동하고 있던 서간도 통화현通化縣으로 망명하여 병원을 개업하고 이상촌 건설과 독립군 양성 계획에 착수하고 있었다. 필순은 자신이 계획한 사업을 추진하기 위하여 동지가 필요하였다. 동경 유학 중인 선생이라면 훌륭한 동지가 될 수 있어 자신의 가족들을 데리고 통화현으로 오라고 기별을 하였다. 선생은 오빠의 독립운동에 참여하고자 귀국하였다. 어머니 안씨가 학업을 먼저 마쳐야 한다며 강력히 반대하여 순애언니가 오빠의 가족들을 데리고 서간도 통화현으로 떠났다.

필순은 1916년쯤에 다시 몽골 접경지인 흑룡강성의 치치하얼로 이동하여 백삼십여 리가 넘는 광대한 토지를 매입하였다. 그리고 빈민 농가 서른 가구를 집단 이주시켜 농사를 짓게 하는 등 이상촌 건설과 독립군 양성 작업에 착수하고 이 사업들을 위하여 형 윤오와 어머니도 오게 했다. 이상촌 사업에 손이 모자란 필순은 선생이 세브란스 출신 의사와 결혼한 것을 알고 선생에게 치치하얼로 들어와 함께 일할 것을 권유하였다.

전에 학업 중단을 반대한 어머니의 만류로 뜻을 이루지 못한 신혼의 선생은 남편과 같이 오빠의 독립운동에 동참하고자 치치하얼로 갔다. 오빠의 환영을 받으며 남편 최영욱은 병원 일을 하고, 선생은 주로 농사짓는 농민 동포들의 무지를 일깨우는 일을 열심히 하였다. 그런데 선생은 첫 아이를 임신하였다. 오빠와 남편과 가족들 모두가 기뻐하였으나 선생은 심한 입덧으로 계속 구토를 하며 음식을 거의 먹지 못해 몸이 날로 쇠약해져 마침내 병석에 눕게 되었다. 선생 내외는 하는 수 없이 짐을 싸서 독립운동의 현장을 떠나 시어머니가 계신 광주로 돌아왔다.

그런데 선생이 산달이 가까워 한참 몸이 무거운 1919년 2월 중순경에 뜻밖에 일본 여자로 변장한 조카 김마리아와 순애 언니와 구례 언니의 남편 서병호가 선생을 방문했다. 그들은 모두 국내 독립만세 운동을 위해 귀국 활동하는 임무를 띠고 비밀리에 귀국한 것이었다. 선생은 마리아에게 "너 학교는 어떻게 하고? 2월이면 졸업이잖아"라고 다그쳤다. 마리아는 고모에게 "나라도 없는 마당에 졸업장은 해서 무얼 해요?"라고 당차게 답했다. 선생은 여성 교육 계몽 사업이 곧 독립운동이라고 생각했던 데서 나온 말이었다. 그러나 마리아는 부녀자도 남자와 똑같이 독립전쟁까지도 참여하여야 한다는 보다 적극적인 독립운동정신을 가슴에 품고 있었다.

선생은 마리아가 기모노 허리띠 속에 숨겨온 이팔독립선언서를 남편의 병원인 서석의원 지하실에서 밤새 복사하게 하였다. 마리아는 복사한 이팔독립선언서를 광주의 병원 교회 학교 등에 배포하고는 서울로 갔다. 이팔독립선언서가 거대한 삼일운동을 촉발시키는 데 얼마큼 영향을 주었는지 확실한 연구가 없어 자세히 알 수는 없으나 광주 삼일운동에는 적지 않은 영향을 주었던 것을 알 수 있다. 3월 10일 광주 양미리 일대의 만세시위로 체포된 구속자들의 재판문에서 이팔독립선언서에 대하여 언급되고 있다.

만삭인 선생은 삼일만세시위가 천지를 진동하던 3월 25일에 첫 아들 제화齊華를 출산하였다. 그러나 제화는 만 한 살도 되기 전인 이듬해 정월에 뇌막염으로 사망하였다. 아들을 잃고 남편마저 미국유학을 떠나 혼자가 된 선생은 새로운 의지를 세우고 광주에서 여성 교육 계몽운동으로 야학을 열어 배움에서 소외된 부녀들을 일깨우는 사회교육운동을 펼쳤다. 시어머니의 간섭과 제지는 다소 있었지만 비교적 자유롭게 활동할 수 있는 현실에서 그가 학창시절부터 꿈꾸어 왔던 또 하나의 독립운동에 정열을 쏟았다. 1922년 4월에는 북경 청화대학에서 개최된 세계기독학생대회에 김활란과 함께 조선 대표로 참여하였다. 선생은 동경 유학시절부터 YWCA 운동에 깊은 관심을 가지고 있었다. 당시 우리나라에는 YMCA는 창립 활동되고 있었던 터였다. 선생은 YWCA 야말로 암매한 우리의 여성사회를 깨우치고 발전시킬 수 있는 여성사회 단체라 여겨 북경에서 귀국하는 대로 김활란과 함께 YWCA 창립운동에 착수하였다.

선생과 마리아는 같은 뜻을 가지고 독립을 향해 매진하였으나 같은 공간 같은 시간을 나누는 일은 쉽지 않았다. 선생과 마리아의 마지막 만남은 1940년 정월 선생 어머니의 장례식에서였다. 당시 마리아의 건강이 많이 나빠 보여 마리아에게 병원 진찰을 받고 광주에서 요양할 것을 권유했으나 이를 마다하고 원산으로 돌아간 지 사 년 만에 조카의 부음을 받게 된 것이다. 조국의 독립을 위해 한생을 불살랐던 마리아를 생각하면 선생에겐 여러 회한이 남았을 것이다.

선생은 그 뒤로 전문 여성 교육자의 길에 매진하다가 1983년 구십이 세를 일기로 천상으로 가셨다. 이 두 여성의 정신은 한국근대사에 길이 남을 것이다.

나는 중등교육 전공자입니다

이기서

전 정신여자중학교 교사. 전 고려대학교 명예교수.
(전 정신여자중학교 교사, 김영채 공동집필.)

1977년 6월 무덥던 여름날 고려대학교에 재직 중이던 내게 한 통의 전화가 걸려왔다. 바쁜 일이 없으면 학교 후문 근처 김필례 선생님 댁에 들러달라는 전언이었다. 급히 가 본 선생님 자택에는 당시 정신여자고등학교 교장 이연옥 선생님과 몇몇 동문들이 모여 있었다. 그들은 김필례 선생님의 생애를 기록으로 남겨두어야겠다는 데에 뜻을 모으고 선생님과도 이미 상의를 마친 채 내가 도착하기를 기다리고 있었다. 내게 필자가 되어줄 것을 부탁하시는 선생님 말씀에는 거역할 수 없는 진실함과 진지함, 그리고 엄숙함이 있었다. 당시 수업 준비 등 여러 사정으로 시간에 쫓기는 상황이었지만 선생님의 기록을 쓰겠다고 대답했던 이유는 선생님의 간곡한 부탁 때문만은 아니었다. 그보다는 오히려 선생님에 대한 존경의 마음이 컸고 또 한 생애를 묵묵히 행동에 옮긴 이 드문 실천적 교육자의 기록을 지금 남겨두지 않는다면 아무도 모르게 영원히 묻혀 버리고 말 것이라는 우려가 더 컸다.

나는 1967년부터 1972년까지 정신여중 교사로 재직하면서 당시 이사장이셨던 김필례 선생님을 곁에서 뵈었다. 정신여중에 부임하자마자 내가 처음 담당해야 했던 일은 '게시교육'이었다. '게시교육'은 교실 게시판뿐 아니라 교사의 복도, 현관 등 공용공간에 커다란 게시공간을 만들고 거기에 공지사항, 교육적 내용, 예술적 성과들을 집대성한 것인데 나는 담당교사가 되어 미술반 학생들과 함께 전 교정을 다니며 작업을 진행했었다. 우리 모두의 헌신적 노력 덕분에 내가 담당했던 해에 장학사 평가에서 최고점을 받았던 일은 아주 행복한 기억으로 남아 있다.

아름답게 잘 가꾸어진 연지동 교정은 내게 옛 중학교 교정을 떠올리게 해주었다. 나는 김필례 선생님께 중학생이던 내 눈에 비쳤던 당시 중학교 교정이 얼마나 아름다웠던지, 봄이면 떨어진 꽃잎을 가을이면 푹신하게 쌓인 낙엽을 밟고 지나던 길과 학창시절의 일들이 아직도 생생하게 떠오른다고 말씀드린 적이 있었다. 그때 선생님께서는 이 선생의 중학교 교육이 무척 성공적인 것 같다는 생각이 든다고 하셨다. 중학생 때 기억이 이렇게 소중하게 남아 인생에서 중요한 위치를 차지하는 것을 보니 중등교육이 얼마나 중요한지 새삼 절감하게 되신다는 것이었다. 학생들이 중등교육과정을 통해 배울 수 있고 또 반드시 배워야 할 것들이 있다고, 중등교육의 가치를 강조하시는 선생님의 말씀을 들으며 나도 깊이 공감했었다.

주변을 돌아보면 교육을 초등교육, 중등교육, 고등교육으로 나누고 더 높은 단계의 교육이 더 우월하다는 편견을 가진 이들과 마주칠 때가 있다. 중고등학교 교장을 담당하던 교육자들이 대학을 세우면 학장으로 취임하는 일도 적지 않았고, 중등교육을 담당하던 중고등학교 교사가 고등교육을 담당하는 대학교 교수로 가게 되면 마치 영전을 한 듯이 바라보는 시선들도 낯설지 않다. 하지만 이러한 시각과는 조금 다르게 초등교육, 중등교육, 고등교육은 어느 한 분야가 우월한 것이 아니며 각 분야 모두 나름의 가치를 갖고 있음을 강조하고 평생 실천하신 교육자가 바로 김필례 선생님이셨다.

"나는 중등교육 전공자입니다." 김필례 선생님께서는 스스로 중등교육의 전공자임을 강조하고 중등교육의 중요성을 역설하셨다. 선생님께서는 우리 민족이 어려운 상황에 놓이게 된 이유를 질문 받으실 때마다 교육이 제대로 이루어지지 않았기 때문이라고 늘 말씀하셨다. 조카 김마리아가 독립운동을 위해 일본 유학을 접고 광주 선생님께 왔을 때 우선 학업을 마치도록 권유하신 일화는 이러한 선생님의 신념을 잘 보여주고 있다. 일제강점기, 여러 어려움을 무릅쓰고 낮에는 수피아여학교 교사로 학생들을 가르치시고 밤에는 교육에서 소외된 여성들을 위해 야학을 열며 교육을 이어가셨던 행보도 같은 맥락에 놓여 있다.

교육 가운데서도 선생님께서 주목하신 분야는 중등교육이었다. 선생님께서는 미국 컬럼비아대학 대학원에서 중등교육 행정을 전공하셨고 늘 중등교육에 헌신할 것을 다짐하셨다. 모 여성교육자가 고등교육으로 옮기기를 권유했을 때에도 모든 사람이 다 고등교육만을 지향한다면 중등교육은 누가 담당할 것이냐고 하시고 배운 것을 실행에 옮기려면 중등교육에 몸 바치는 길밖에 없다고 말씀하셨다고 들었다. 장로교 교단 최초의 여성대학으로 서울여자대학이 탄생하는 데 실질적 산파 역할을 담당하셨음에도, 서울여대 학장직을 끝내 고사하신 일 역시 중등교육 전공자로 남고자 하신 선생님의 신념 때문이 아니었을까 짐작해 본다.

1983년 선생님이 떠나시고 오 년 만에 빛을 보게 된 『교육의 길 신앙의 길: 김필례 그 사랑과 실천』은 선생님께서 구술하신 내용을 정리한 것이다. 나는 1977년 6월 16일부터 선생님을 찾아뵙고 녹음과 메모를 작성한 다음 원고가 정리되는 대로 선생님께 가져다 드리곤 했다. 선생님께서는 녹음하지 말라고 하셨지만 도저히 메모만으로 방대한 내용을 다 정리할 수 없었던 나는 녹음을 할 수 밖에 없었다. 선생님께서는 녹음하는 줄 아시면서도 모르는 척 덮어주셨던 듯싶다. 그렇게 선생님의 감수를 받으며 원고를 마무리하기까지 육 개월 남짓 걸렸던 것으로 기억한다. 원고는 이렇게 비교적 단기간에 완성되었으나 이후 간행작업이 순조롭지 않아 선생님 생전에 이 책을 보지 못하신 일은 깊은 아쉬움으로 남아 있다.

면담을 위해 찾아뵐 때마다 선생님께서는 한복을 곱게 입으시고, 앞에는 내가 말씀을 받아 적을 수 있도록 작은 상을 펴 놓으신 채 꼿꼿하게 앉아 계셨다. 작은 상 위에는 차를 정갈하게 준비해 놓으시고 내가 앉을 자리에는 방석을 놓아 두셨다. 이렇듯 아흔 노령의 선생님께서는 한 치의 빈틈없이 만반의 준비를 갖추고 나를 기다리고 계셨던 것이다. 원고를 검토하실 때 선생님께서는 조금이라도 과장이 섞이는 것을 매우 싫어하셨다. 선생님께서 직접 생애를 글로 남기기로 결심하신 데에는, 사정을 잘 모르는 사람들이 자칫 선생님의 생애를 과장 미화하지 않도록 미리 점검하고 싶으셨던 마음이 가장 크게 작용하지 않았을까 싶다.

별첨으로 실린 「선생의 교육사상: 실행하는 여성 교육의 표본」은 1985년 교육주보사출판부가 펴낸 『스승의 길: 교사용』에 실렸던 「실행하는 여성교육의 표본: 김필례」를 다시 게재한 것이다. 이 책은 제2편에서 영원한 스승이라는 제목으로 이승훈, 안창호, 김교신, 남궁억, 조동식, 장리욱, 김필례, 강성갑 일곱 분의 교육자를 소개했다. 처음 서울시교육위원회에서 김필례 선생님이 훌륭한 교육자에 선정되셨으니 선생님에 대한 글을 맡아달라고 연락이 왔을 때, 나는 언제나 숨어서 묵묵히 일해 오신 선생님의 평생 노력이 이렇게 인정받았다는 사실에 무척 기뻤다. 그래서 선생님께서 친히 당신의 교육사상을 정리된 글로 남기신 것은 없지만 선생님의 생애와 가르치심을 통하여 교육사상을 썼다. 나는 선생님의 교육사상이 더 많은 독자와 만났으면 하는 마음으로 이 글을 『교육의 길 신앙의 길』에 별첨으로 재수록했다.

그리고 『교육의 길 신앙의 길』에 실린 사진들은 언더우드 부인(Lillias S. Horton Underwood)의 저서와 『YWCA 50년사』(1976)에서 찾은 자료들이고, 책 말미 세 편의 편지들은 『정신 75년사』(1962)에 수록된 글을 다시 게재하였음을 밝혀둔다.

안암동의 낡은 이층집에서 아드님 가족과 기거하시던 선생님은 겨울이면 가족들의 신발을 당신 방에 신문지를 깔고 따뜻하게 덥혀 놓았다가 문틈으로 내다보시며 나가는 가족들의 신발을 꺼내주곤 하셨다. 이제는 그런 사소한 일 말고는 당신이 주변을 챙길 수 있는 일이 별로 없다고 안타까워하시던 선생님의 모습이 아직도 눈에 선하다.

이후 선생님은 안암동에서 개나리아파트로 옮겨 말년을 보내셨는데 스승의 날이면 동창회를 중심으로 지인들이 꽃과 음식을 가지고 방문했다. 그 시절에 뵌 선생님의 모습에서는 어쩔 수 없는 세월의 무상함이 느껴졌다. 학교에서 근무하실 때 항상 당당하고 장학사 앞에서도 오히려 호령하며 선생님들의 편을 들어주던 그 모습 대신, 많이 작고 쇠약해진 모습으로 우리 앞에 계신 상황이 낯설기까지 했다. 당신 수입의 대부분을 장학금으로 내놓고 사택에서 기거하시다가 은퇴하여 개인 재산이라고는 집 한 채 없으셨던 선생님의 지나치게 검소한 생활도 마음 한 구석을 쓸쓸하게 했다. 열정적인 교육활동가로 활약하면서 호랑이라는 별명으로도 불리셨지만, 한편으로 여성의 본분과 가족에 대한 헌신을 강조하고 실천한 선생님은 그렇게 조용히 한 가정의 어머니로, 할머니로 여생을 보내셨다.

여성 선각자의 삶

이배용

이화여자대학교 제13대 총장. 한국학중앙연구원 16대 원장. 제2대 국가브랜드 위원장.

나는 미국 선교사 스크랜튼 선생이 설립한 이화여중에 입학하면서 기독교 신앙을 갖게 되었다. 그 후 이화여고, 이화여대를 거치면서 교수도 하고 총장도 역임하면서 특별히 깨달은 것이 두 가지 있다.

첫째는 하나님께서 역사해 주신 여성교육을 통해 신앙의 길을 걷게 된 감사의 깨달음이고 둘째는 우리 여성들이 그동안 가보지 않았던 여성교육의 길을 굳건히 닦아 놓은 여성 선각자들에 대한 감사이다.

동양 격언에 물을 마실 때는 우물을 판 사람의 공로를 잊으면 안 된다는 말이 있다. 이 땅에 여성교육의 우물을 판 공로자들을 우리는 기억해야 한다. 그리고 뒤따라오는 후배들에게 그 고귀한 정신을 이어주어야 한다.

바로 그중 대표적인 인물이 김필례 선생이라고 생각한다.

한국 여성사의 관점에서 볼 때 김필례의 가장 큰 역사적 공헌은 YWCA의 창립이다. 선교사들이 세운 서울의 연동여학교(후에 정신여학교)의 제1회 졸업생인 김필례는 1908년 일본 동경 여자학원으로 유학을 떠나게 되었다.

이후 약 팔 년간의 일본유학생활에서 김필례는 YWCA라는 국제 여성단체를 알게 되었다. 겨울방학을 YWCA 숙소에서 보내면서 그는 YWCA가 성경의 말씀을 이론적으로 가르치는 데서 나아가 생활과 삶 속에서 실천하고 있는 점을 보고 감탄하였으며, 귀국하면 조선에도 꼭 YWCA 설립할 것을 다짐했다. 첫번째 노력으로 1920년 YWCA 세계부에 도움을 요청해서 이들이 조선에 와서 정신여학교 선교사였던 겐소 Mabel M. Genso의 집에 머물면서 여성지도자들을 만나 YWCA 설립의 필요성을 강조했으나 별 성과가 없었다.

두번째로 1921년 당시 정신여학교 교장 루이스에게 부탁하자 이화학당의 아펜젤러를 소개해 주어 그를 찾아갔더니 김활란을 추천했다. 결국 김활란과 함께 1922년 3월, 남녀 유지 삼십 여 명을 모아 제1차 발기회를 열게 되었다. 이때 4월에 북경 청화대학에서 열리는 세계기독학생대회에 장로교를 대표해서 김필례, 감리교를 대표해서 김활란을 보내는 것으로 결정되었고, 돌아온 다음 제2차 발기회를 열었다. 이어 하령회를 열었고, 전국적으로 지방조직과 모금 활동을 펼쳤다.

1923년 8월 18일 협성여자성경학원에서 총회를 열고, 다섯 개 도시 열한 개 학교 대표가 모인 가운데, 조선 YWCA가 창립되었다. 1924년 5월에는 세계 YWCA 임원회에서 개척 회원국으로 승인을 받았다. 우리나라에서 설립된 단체로는 최초로 국제단체에 가입하는 단체로 기록되었다. 또한 1928년에는 인도에서 개최된 세계기독교학생대회에 한국 대표로 참가한 바 있었다. 1930년에 세계 YWCA 정회원국이 되었다. 김필례는 YWCA 초대 순회총무로서 전국 열일곱 곳을 순회 강연하면서 지방조직을 만들었다. 실제로 광주 YWCA의 창설자였다.

또 하나 김필례의 역사적 공헌은 여학교 설립과 교육자로서의 사명과 실천이었다. 일본 유학시 김필례는 "나의 배움을 통해 우리 동포에게 골고루 나누어 주어야겠다"는 결심을 했다. 이를 귀국 후 실천에 옮겼다. 시어머니를 봉양하는 고된 일상 속에서도 야학을 통해 광주의 여성들에게 교육의 기회를 제공한 것은 이 실천의 좋은 예라 할 수 있다.

광주 야학뿐만 아니라 광주의 수피아여학교, 서울의 정신여학교, 그리고 후에는 서울여자대학에서 교사, 교장, 이사장 등 여러 직책을 맡아 여성교육에 앞장섰다. 수피아여학교의 학생들은 개화한 집안의 딸이지만 몹시 가난하거나 혹은 신체장애 학생이 많았다. 신체장애 학생의 입학을 놓고 교사들의 반대에 부딪혔을 때, 김필례는 교장에게 수피아여학교는 기독교의 선교목적으로 세워진 학교로 하나님은 항상 약자의 편에 서 계신다는 진정한 믿음으로 간곡히 설득하여 불구 학생을 받아들이게 하였다.

기독교 정신에 입각한 여성교육을 평생 동안 실천해 온 김필례 선생의 선각자적 삶을 몇 가지로 요약하며 이 짧은 글을 마치고자 한다. 첫째, 성실과 사랑과 배려로 일관된 삶을 살아간 참된 신앙인이었다. 그로 인해 많은 기독교 여성지도자들이 배출되었다. 둘째, 당면한 시대적 과제를 철저히 준수한 민족적 사명의 지도자였다. 한국 YWCA를 창설하여 여성들의 네트워크를 만들어 암울했던 일제시대에 희망의 등불을 밝혔다. 셋째, 여성교육기관의 교육자로서 때로는 행정가로서 미래세대를 키우는 데 온갖 정성을 쏟아 훌륭한 인재로 키워내어 대한민국의 성장에 크나큰 공헌을 했다.

사랑과 헌신의 리더십•

이연옥

대한예수회여전도회 전국연합회 명예회장.
전 서울여자대학교 이사장. 전 정신여자중고등학교 교장.

평양에서 태어나 황해도 황주군 연봉리에서 자란 나는 평양여자신학교를 다니다가 1948년 서울로 와서 남산의 장로회신학교 본과에 등록했다. 그 후 육이오전쟁과 고된 피난살이를 겪고 1953년 장로회신학교 본과를 졸업한 다음 대구 서문교회와 경북고등성경학교의 청빙을 받았다. 주일에는 교육전도사로서 서문교회를 섬겼고 주중에는 교사로서 경북고등성경학교에서 성경과목을 가르쳤다. 주일에는 교회에서 학생들을

• 이 글은 구술 자서전 「나의 삶, 하나님이 인도하신 인생길」(임희국 책임집필, 『향유 가득한 옥합: 여성 지도자 이연옥』, 여전도회연합회 출판사업회 간행, 두란노, 2011. pp. 28-119) 중에서 김필례 선생과 관련된 내용을 발췌, 편집한 것이다.

가르치고 주중에는 학교에서 가르치며 부지런히 일하는 가운데 배움에 대한 나의 열정이 계속 타올랐고 미국으로 유학 가서 좀더 배우며 공부하고 싶었다. 유학 준비를 위하여 한 주간에 하루도 쉬는 날 없이 바쁘게 일해야 했지만 일반 대학에 편입하기로 했다. 내가 신학교의 본과를 졸업했으므로 대학 3학년에 편입할 수가 있었다. 나는 1955년 경북대학교 문리과대학 사학과에 편입했다.

1957년 경북대 사학과를 졸업한 나는 대구에서 교회전도사로 일하고 고등성경학교의 교사로서 가르치는 일에 만족하였다. 언젠가 미국 유학의 길이 열리는 날이 오기를 기대하며 하루하루 열심히 살았다. 그런데 어느 날 서울 노량진교회 이필숙 전도사가 나에게 얼른 서울로 올라오라는 전보를 보냈다. 그는 나보다 나이는 한두 살 아래였지만 신학교 삼 년 선배였는데 아마도 주선애 선생과 동기였을 것이다. 나는 근무하는 고등성경학교의 교장 노일연 선교사에게 출장 허락을 받아서 곧장 서울행 기차를 탔다. 노량진 교회 사택에 도착하니 이 전도사가 나를 기다리고 있었다. 우리는 간략하게 인사를 나눈 뒤 용건부터 이야기했다. 이 전도사는 나더러 정신여자중고등학교 교장 김필례 선생님을 만나 보라고 했다. 뜻밖의 말에 나는 무슨 일로 만나라는 것인지 몹시 궁금했다.

이 전도사의 설명을 들어보니 정신여자중고등학교에서 성경을 가르칠 교역자를 교장 선생님이 물색하고 있고 지금까지는 목사님이 학생들에게 성경을 가르쳤는데 이제는 여성 교역자에게 성경교육을 맡기고 싶다는 것이 교장 선생님의 입장이라는 것이었다. 그런데 여성 교역자에게 성경교육을 맡긴다면 목사가 항상 성경을 가르쳐 오던 학교의 전통을 깨트려야 했다. 이때만 해도 내가 속한 장로교회 교단은 여성 교역자에게 목사안수를 주지 않았다.

김필례 교장 선생님은 학교의 전통을 부분적으로 어겨서라도 여성 교역자를 교목실로 모시려는 굳은 의지를 갖고 계셨다. 그래서 김 교장선생님은 장로회신학교 학장인 계일승 박사에게 여성 졸업생 한 분을 추천해 달라고 의뢰했다. 그러자 선뜻 학장님이 '졸업생 이연옥'을 소개했다는 것이다. 그 추천을 받아들인 김필례 교장이 내가 어디에 있는지 수소문한 끝에 이필숙 전도사를 통해 나에게 연락해 온 것이었다. 여기까지가 이필숙 전도사의 설명이었다.

설명을 들은 나는 즉각 거절한다는 의사를 표명했다. "나에게 정신학교로 갈 이유가 없는 것 같습니다. 나는 지금 일하고 있는 대구에서 만족스럽게 지내고 있고 그곳에 있다가 미국으로 유학 가는 길이 열리면 떠날 계획입니다. 그래서 내가 대구를 떠나 서울로 이사 갈 이유가 전혀 없으니 나는 김필례 교장을 만나보지 않겠습니다." 그러나 이 전도사는 내 생각을 돌려 놓고자 했다. "아니, 이렇게 좋은 기회가 주어졌을 때 서울로 올라와야지! 정신여자중고등학교는 전교생이 천오백 명이라고요! 대구의 고등성경학교의 전교생은 고작해야 이백 명에 불과하지 않아요? 이것만 비교해 보아도 서울로 올라올 이유가 충분히 있어요." 그러나 나는 다시 말했다. "아니에요. 이 전도사님. 숫자를 들이대며 비교가 되느니 안 되느니 말하지 마세요. 나는 이백 명으로 만족하니까. 내게는 숫자의 적고 많음이 별 의미가 없어요. 좌우지간 난 이번에 김필례 교장을 만나지 않겠어요." 그렇게 서로 말을 주고받다가 이것이 언쟁이 되고 결국은 큰 소리로 다투게 되었다.

대구에 그냥 남아 있겠다는 나의 의지를 이 전도사에게 확실하게 밝힌 다음 나는 서울로 올라온 김에 종로서적에 들러 책을 사기로 했다. 노량진교회 근처에서 종로로 가는 전차가 있어서 우리 둘이 종로행 전차를 탔다. 전차 안에서도 우리는 계속 싸우다시피 자기 입장을 내세웠다. 그렇게 한참 입씨름에 열중하다 보니 어느새 전차가 종로서적 근처 정류장을 지나쳤고 원남동 근방까지 이르게 되었다. 그런데 정신여자중고등학교가 바로 그 근처에 있었다. 상황이 이렇게 되니까 이 전도사가 또다시 나를 졸랐다. "이게 다 하나님 뜻 아니겠어요?" 하더니 김필례 교장을 만나자는 것이었다. 내 대답이 곱게 나올 리가 없었다. "별걸 다 갖고 하나님 뜻이라고 하네요. 우리가 미처 내려야 할 정류장에 내리지 못한 것뿐인데, 전차 타고 어데로 잘못 가서 도착하면 그게 다 하나님 뜻인가요?" 그렇게 다투다가 이 전도사의 제안을 끝내 거절하지 못하고 정신여자중고등학교 교정으로 들어섰다. 그리고 교장실을 찾아갔다. 처음 뵙는 김필례 교장 선생님 앞인지라 매우 긴장되고 조심스러웠으나 내 입장은 확고했기에 "교장 선생님, 저를 데려올 생각은 하지 마십시오. 저는 대구를 떠날 이유가 전혀 없습니다"라고 말씀드렸다. 그러자 김 교장 선생님이 내 손을 덥석 잡으며 "이 선생님, 기도해 보실 수는 있지 않습니까? 두 주간만 기도해 보세요"라고 말씀하셨다. 이 말씀이 나를 당황스럽게 하면서도 약간의 감동을 주었다. 내가 교장 선생님께 예의에 벗어날 정도로 생뚱맞게 말씀드렸는데도 그분은 나에게 환한 미소로 응하며 기도해 보라고 하시니 조금 어리둥절하기까지 했다.

나는 다시 대구로 내려왔다. 노일연 선교사에게 서울 다녀온 이야기를 말씀드렸더니 그분이 매우 합리적인 충고를 해 주셨다. "이 선생, 정신여고에서 일하는 것이 우리 학교에서 근무하는 것보다 좋은지 나쁜지는 일단 유보해 놓고 생각해 보세요. 당신이 미국 유학을 계획하고 있는데 입국 허가 비자를 내어 주는 미국 대사관이 서울에 있으니까, 대구에 있는 것보다는 서울에 있는 것이 더 낫지 않겠습니까?" 대구에서 서울 한번 가려면 많은 경비와 시간을 들여야 하므로, 미국 대사관이 있는 서울에 살며 유학 수속을 밟는 것이 더 낫다는 충고였다.

그런데 문제는 내가 이미 김필례 교장 선생님께 그 학교로 전근가지 않겠다고 분명히 대답했다는 점이었다. 이 점에 관하여도 노일연 선교사가 충고해 주셨다. 내가 그 학교의 청빙을 받은 것은 김필례 교장이 계일승 학장에게 여성 졸업생을 추천해 달라고 해서 이루어진 것이므로, 아직도 계일승 학장의 추천이 그대로 살아 있으니 내가 김필례 교장에게 드린 말씀에 전혀 구애받을 필요가 없다고 말씀하셨다. 그제야 내 마음이 움직이기 시작했다. 나는 경북고등성경학교와 서문교회를 사직하고 대구를 떠났다.

1958년 정신여자중고등학교에 부임하면서 나의 서울 생활이 시작되었다. 이후 수년 동안 교목으로 교역했는데 이 무렵에 교장 김필례 선생님은 자신이 은퇴한 이후에 누구를 자신의 후임자로 세울 것인가 숙고하셨던 것 같다. 그러면서 점차 나에게 관심을 갖게 되신 것 같다. 그러나 나는 교장 선생님과 마주 앉아 이야기한 적도 없었고 밥 한 그릇 같이 먹을 기회도 없었다. 나는 교장 선생님이 왠지 어려운 분으로 느껴져서 그분을 슬슬 피해 다니곤 했다. 그분은 자신이 은퇴하게 되면 고등학교 교장에 남자 선생님을 세우고 중학교 교장에 여자 선생님을 세우고자 계획하셨다. 그중 중학교 교장으로 나를 세우고자 하셨다. 한번은 김필례 선생님이 나를 부르셔서 찾아뵈었더니 그분 말씀이 "우리 이사회에서 당신이 공부하고(미국 유학) 나오면 교장으로 세우려고 한다"고 하셨다. 이렇게 김필례 선생님의 격려와 권유로 나는 유학을 떠나게 되었다.

1961년 웨스트민스터신학교가 나의 입학을 허락하면서 장학금도 지급하겠다고 알려왔는데 그 장학금으로 등록금은 해결될 수 있었으나 기숙사비는 나 스스로 해결해야 했다. 나는 근무하는 정신여자중학교에 미국 유학을 떠난다고 보고했고 수차례 송별회를 치르면서 세브란스병원에서 가슴 엑스레이 사진촬영을 했다. 그런데 사진 판독 결과 폐결핵을 앓은 흔적이 발견되어 당장 유학을 떠날 수 없게 되었다. 육 개월 뒤에 다시 엑스레이 사진 촬영을 하고 이전에 찍은 사진과 비교해서 양자가 동일하면 병을 앓고 지나간 흔적임이 증빙되어 그때서야 미국에 입국할 수 있다는 것이었다. 참으로 참담한 소식이었고 하늘이 무너지는 좌절감에 깊은 우울감 속으로 빠져들었다. 그러면서 도미유학 송별회를 몇 차례나 열어 준 선생님들과 학교에 얼마나 미안했는지 모른다. 울면서 작별인사를 나눈 학생들의 얼굴이 번갈아 떠오르면서 창피하다는 생각도 들었다. 이 일을 어떻게 수습해야 할지 정말 난감했다.

고민에 고민을 거듭한 끝에 김필례 교장 선생님을 찾아뵙고 자초지종을 말씀드렸다. 내 사정을 다 들으신 교장 선생님은 아주 시원하게 말씀하셨다. "(다시 엑스레이 사진 촬영할 때까지) 육 개월 동안 학생들을 더 가르치세요." 교장 선생님은 나의 무거운 고민을 한 마디 말씀으로 가볍게 만들어 주셨고 내 무거운 짐을 가볍게 지고 가도록 해주셨다. 의기소침하여 심리적으로 침체된 상태에 빠진 나를 따뜻하게 배려해 주신 분은 바로 김필례 교장 선생님이었다. 미국 유학을 새로이 준비하는 차원에서 영어를 개인지도 받으라고 안내해 주시기도 했다. 학교 근처에 선교사 가정 대여섯 세대가 살고 있었는데 그중 옥호열 선교사 부인에게서 영어를 배우게 되었다. 그러다가 이웃에 사는 선교사 부인들과 사귀게 되었고 그들은 내가 영어를 배우게 된 사정을 자연스럽게 알게 되었다. 그중 한 선교사 부인이 자신의 모교 입학을 주선해 준 덕에 나는 리치먼드에 있는 장로교 소속 기독교교육대학원의 입학허가서와 전액 장학금을 받게 되었다. 등록금과 기숙사비를 받게 되었고 게다가 매달 용돈 삼십 달러도 받게 되었다. 전액 장학금과 좀더 갈고 닦은 영어 실력에 건강에도 아무런 문제가 없으니 이전보다 훨씬 더 나은 조건으로 미국유학을 떠나게 된 것이다.

1964년 5월 18일 나는 리치먼드 장로교 기독교교육대학원을 졸업했다. 졸업식을 눈앞에 둔 시점에서 한국의 서울여자대학이 나를 청빙하고자 연락을 해 왔다. 교목실의 교목으로 오라는 청빙이었다. 이때 정신학원의 김필례 선생님도 나에게 청빙관련 연락을 주셨다. 그동안 김 선생님은 정신학원의 이사장이 되셨다. 김필례 선생님의 말씀에 따르면, 이사회가 나를 교장으로 추대하려 한다는 것과 교장으로 일하려면 중등교육 행정학 석사학위가 필요하니 그 과정까지 다 마친 다음에 귀국하라고 권면해 주셨다.

정신여자중고등학교의 교장이 되는 것은 나에게는 정말 뜻밖의 기쁨이고 희망찬 장래를 밝혀주는 일이었다. 더욱이 이사장 김필례 선생님이 나를 밀어 주신다는 점이 참으로 든든하고 감사한 일이었다. 그러나 그것을 위하여 유학생활을 더 연장해야 한다면 선생님의 권면을 사양하고 싶은 것이 솔직한 심정이었다. 지금까지 고생한 것으로도 유학생활을 할 만큼 충분히 했다고 보는데 그 고생을 한 번 더 해야 한단 말인가? 내가 적지 않은 나이에 미국 유학 온 만학도로서 짧은 영어로 수업을 듣고 학기말 보고서를 작성하고 학위를 받기까지 얼마나 죽을 고생을 했는지 모른다. 그렇지만 김필례 선생님의 권면 쪽으로 사리판단의 무게중심을 두려 했던 나는 하나님의 인도하심을 의지하며 기도하기 시작했다. 장래 문제를 놓고 진지하게 생각하며 깊이 기도한 끝에 김필례 선생님의 말씀에 순종하기로 했다.

그러나 그렇게 순종하기로 결단한 이후 나는 미국에서 한 번 더 학위 과정의 험한 가시밭길을 헤쳐 나가야 했고 가파른 산도 넘어야 했다. 그런데 이번에도 김필례 선생님이 도움을 주셨다. 노스캐롤라이나 주립대학을 추천해 주시며 그 대학의 대학원으로 가서 중등교육행정학 석사 과정에 입학하여 계속 공부할 수 있도록 해 주신 것이다. 또 장학금은 미국 친구에게 부탁해 보겠다고 하셨다. 1964년도에 한국 정부가 화폐개혁을 단행했는데 이로 말미암아 해외송금이 불가능한 상황이 되었다. 때문에 한국에서 나의 장학금을 모금하는 일은 도무지 엄두조차 내지 못할 형편이었다. 노스캐롤라이나 주립대학교의 사범대학 입학허가서가 나왔다. 그 대학에서 교육행정학 석사 학위를 받기까지 약 일 년 동안 드는 비용은 일만 달러 정도였다. 이렇게 어마어마한 재정을 내 힘으로 감당하기가 불가능했으므로 장학금 받을 길이 어디에 있는지 여러 군데 알아보며 기도했다. 기도하는 중에 노스캐롤라이나 주립대학교 총장님을 만나 뵙고서 내 사정을 말씀드리고 장학금을 부탁드려야겠다는 생각이 떠올라 총장님 면담을 신청했다.

면담 당일 나는 총장님의 집무실로 들어갔는데 그분은 이미 한국 관련 자료를 다 모아서 검토해 놓으셨다. 화폐개혁에 관한 자료도 책상 위에 놓여 있었다. 나는 총장님께 이 대학에서 교육행정학 석사 학위를 받게 되면 대한민국 서울의 정신학원에서 교장으로 일하게 될 것이며 현재 한국은 화폐개혁 때문에 재정형편이 아주 어렵거니와 해외송금도 불가능하다고 설명해 드렸다. 얼마 뒤 총장실에서 장학금 문제가 해결되었다는 소식을 전해 주었다. 석사과정에서 중등교육행정학을 전공한 나는 두 학기를 공부하고 그 이전에 미리 서머스쿨을 다닌 것이 참작되어 1965년 6월에 졸업했다.

나는 미국 유학을 마치고 귀국하여 정신여자고등학교의 교목실, 교감, 그리고 정신여자중학교에서 교장으로 일했다. 정신여자중고등학교의 교사로서 맡은 업무에 익숙해지면서 교장 김필례 선생님의 인품에 감화를 받았고 그러면서 그분에게서 아주 귀중한 리더십을 배웠다. 그분의 별명은 '호랑이 교장 선생님'이었다. 아마도 학교 구성원 모두가 그분의 엄격하고 공정한 행정업무를 경험하고 그분을 어려워하면서도 존경하였기에 그런 별명이 붙은 것 같다. 그러나 그분을 가까이서 뵈면서 다정다감한 분이라는 점을 알았다. 김필례 교장 선생님의 행정력은 항상 학생 한 사람 한 사람에게 지극한 관심으로 사랑을 베풀고 학교 건물 구석구석을 돌아보며 교정이 풀 한 포기까지 아끼고 돌보는 데서 비롯되었다. 이와 관련하여 내가 기억하고 있는 몇몇 일화가 있다.

퇴근 시간에 교목실의 문을 열고 복도로 나서면 거의 날마다 교장 선생님이 교장실 책상에 앉아 타이프를 두드리고 계셨다. 김필례 교장 선생님은 영어를 무척 잘 하셨는데 그것도 고급 영어로 미국의 여러 친구들에게 보낼 영문편지를 타이핑하셨다. 처음에는 그분이 누구에게 어떤 내용으로 편지를 쓰는지 몰랐는데 나중에 가서야 가정 형편이 어려운 학생을 위해 미국 친구들에게 장학금을 요청하는 편지글을 쓰시는 것을 알게 되었다.

교장 선생님은 각반 담임 선생님께 등록금을 내지 못한 학생들의 명단을 파악해서 제출하라고 하셨다. 그러면 전교의 각 교실마다 미등록 학생들의 명단이 작성되어 교장실로 보고되었다. 교장 선생님은 이렇게 보고된 학생들의 가정 형편을 낱낱이 파악하였고 그 학생들 중에서 장학금이 꼭 필요한 아이들을 선별하고 그들을 위해 영문으로 장학 추천서를 타이핑하셨다. 이렇게 학생들을 성실하게 사랑하는 김필례 선생님에게서 나는 커다란 감동을 받았다.

한번은 내가 중학교 1학년 학급 담임이었을 때 방과 후 청소당번이 교실청소를 다했는지 점검하려고 교목실을 나와 복도로 걸어갔다. 그런데 어느 어른 한 분이 바닥에 엎드려 손수건 같은 천으로 무언가 열심히 문지르며 닦고 있었다. 복도 창문으로 들어오는 햇살 때문에 얼굴이 잘 보이지 않았는데 가까이 다가가 보니 그 어른은 바로 교장 선생님이셨다. 복도 시멘트 바닥에 잉크가 쏟아져 사방으로 튄 잉크 얼룩을 김필례 선생님이 손수건으로 닦아내고 계셨던 것이다. 알고 보니 중학교 1학년 학생이 잉크병을 들고 가다가 복도에 떨어뜨린 것이었다. 교장 선생님은 그 학생을 꾸짖으며 혼내는 대신에 자신이 복도에 엎드려 잉크를 닦아내셨다. 그 모습을 본 나는 나도 모르게 저절로 입술에서 기도가 새어 나왔다. "하나님, 학교를 저렇게 사랑하시는 교장 선생님처럼 저도 저런 사랑을 쏟을 수 있는 직장을 허락해 주시면 참 감사하겠습니다."

김필례 교장 선생님은 학생들의 입 안으로 들어가는 음식과 몸에서 소화되어 몸 밖으로 내보내는 배설을 매우 중요하게 관리하셨다. 즉, 마실 물 관리와 화장실 관리가 교장의 가장 중요한 업무라고 생각하신 것이다. 매일 아침 전교생에게 학교에서 보리차를 제공했다. 그러려면 근무자들이 이른 아침까지 거의 밤샘으로 엄청난 양의 보리차를 끓여 놓아야 했다. 그리고 각 교실의 주번 학생은 등교한 직후 주전자를 가져와서 보리차를 배급받아가야 했다. 보리차 끓이기와 배급은 이렇게 매일 아침마다 반복되는 학교의 큰 행사였다.

아침 6시 50분에 출근한 김필례 교장 선생님은 가장 먼저 보리차를 점검하셨다. 근무자들이 가마솥을 깨끗하게 청소하고 나서 보리차를 끓였는지 알아보려고 보리 알갱이 상태를 손으로 만져 확인하고 냄새까지 맡아보며 꼼꼼하게 살펴보셨다. 차 끓이는 직원들이 만에 하나라도 소홀히 다룬 점을 발견하게 되면 그 자리에서 당장 그들을 혼내고 야단치셨다. 그렇게 세심하게 보리차 상태를 점검하는 까닭은 마실 물의 위생상태가 학생들의 건강에 직결되기 때문이었다. 같은 양식으로, 김필례 교장 선생님은 화장실을 점검하셨다. 또한 학교의 교정을 아름다운 꽃동산으로 가꾸고자 하셨다. 시간 나는 대로 정원의 나무를 손질하고 용인 직원들과 함께 부지런히 학교의 본관과 부속건물을 점검하고 살펴보셨다.

김필례 교장 선생님의 성실성은 채플시간에서도 확인되었다. 중학교는 학년별로 각각 예배를 드렸는데 꼭 같은 예배순서에 꼭 같은 설교가 세 번 반복되었다. 교장 선생님은 세 번의 예배 가운데서 한 번만 적당히 골라서 참석하시면 되는데 꼬박꼬박 한 번도 빠트리지 않고 세 번의 예배시간에 모두 참석하셨다. 직원 조회시간에도 말씀을 무척 아끼셨다. 웬만한 일은 교감의 손에서 처리되도록 하셨고 꼭 필요한 경우에만 간결하고도 품위 있게 말씀하셨다. 김필례 교장 선생님의 이러한 리더십은 수년 뒤 내가 이 학교의 교장으로 근무할 때 업무의 모본이 되었다.

김필례 선생님은 지난날 내가 교목실의 평교사로 재직했을 때는 아주 엄격하셔서 마주 앉아 있기조차 조심스럽고 두렵게 느껴졌던 분이었는데, 내가 교장으로서 이사장이신 그분을 모시게 되니 '모성애'가 정말 남다른 분이라는 사실을 깨닫게 되었다. 예전에 먼발치에서 막연하게 알고 있었던 '호랑이 교장' 김필례 선생님이 아니라 어머니의 사랑이 철철 흘러넘치는 이사장님이셨던 것이다. 한번은 이사장님이 나를 부르셨다. 이 분은 거의 매일 학교에 출근하셨다. 교장실은 2층에 있었고 이사장실은 1층에 있었다. 이분이 나에게 전교 학생의 건강검진을 실시해보라고 말씀하셨다. 그 당시 우리나라의 경제 사정은 보릿고개를 간신히 극복해 가는 초창기 산업화 시대였고, 사는 형편이 어려운 가정에서 영양실조로 말미암아 폐결핵에 감염되는 학생들이 적지 않았다. 그래서 중학교 전체 약 이천백 명 학생의 건강을 검진하면서 가슴 엑스레이 사진촬영을 실시했다. 그 결과 폐결핵환자 스물여덟 명이 발견되었다. 그러자 이사장 김필례 선생님은 미국의 친구들과 지인들에게 도움을 부탁하는 편지를 보냈고, 얼마 후에 미국에서 파스라 불리는 결핵약이 속속 도착했다. 그런데 이 약이 위장을 상하게 하므로 위장 보호약을 김 이사장님이 개인 돈을 들여서 구입하셨다. 그러고 나서 스물여덟 명 학생의 학부모 한 분 한 분을 이사장실로 오게 하여 약을 건네주며 어떻게 복용하는지 설명하셨다.

나는 그분 곁에서 이 과정을 낱낱이 지켜보면서 학생 사랑이란 과연 무엇이며 또 어떻게 해야 하는지 깨달으며 배워 나갔다. 같은 양식으로, 김 이사장님은 학생체벌을 절대로 못하게 금지시켰다. 체육시간에 담당 선생님이 학생을 체벌했다가 큰일이 일어난 적이 있었던 것이다. 학생을 체벌한 체육 선생님에게 당장 시말서를 쓰게 하고, 다시는 아이들을 구타하고 때리지 못하게 하셨다.

김필례 선생님은 선생님들에게도 큰 관심과 사랑으로 대하셨다. 당시만 해도 미국에서 들어오는 구호물자가 많았는데, 김 선생님은 소위 '구제품' 양복을 한아름 구해 와서 교무실에 갖다 놓고 선생님들이 각자 몸치수대로 골라 입게 하셨다. 많은 교사들이 '호랑이' 김필례 선생님을 무섭다고 어려워했고 선생님은 추호의 거짓 없이 오직 진실함으로 학교를 운영하셨다. 특히 김 선생님은 시간 엄수를 중요하게 여기셨기에 시간 관념이 희박한 교사들에게 엄격하셨고 교사로서 실력이 부족한 교사들에게 꾸준한 '교사 계속교육'을 강조하셨다. 영어 교사를 위해서 일주일에 두 번 미국 선교사를 모시고 영어회화 특별반을 운영하여 영어 교사들에게 '계속 교육'을 실시하시기도 하셨다.[1]

정신여자중학교의 교장을 맡게 되었을 때 이 학교의 이사장 김필례 선생님의 강력한 권유로 여전도회 활동에 발을 들어놓게 되었다. 교장으로서 이사장님의 권면을 가볍게 듣고 허투루 넘어갈 수 없는 노릇이었다. 김필례 선생님은 "교장은 지역사회에 봉사하는 것이 원칙이니 여전도회에 나가서 봉사하시지요"라고 하셨다. 이때 나의 대답은 이러했다. "이사장님, 지금 제가 교장 노릇을 처음 하다 보니 업무에 좀더 익숙해져야 하겠습니다. 그러고 나서 여전도회에 나가서 봉사하면 안 되겠습니까?" 그러자 김필례 선생님은 포기하지 않고 계속 권유하셨다. "여전도회가 늘 나오라고 재촉하는 것도 아닌데 웬만하면 봉사하시지요."

김필례 선생님은 여전도회가 장로교회 교단(통합)에 속한 여성 단체이고 또 정신학원은 그 교단에 속한 유일한 여자중등학교인데 이 학교의 여성 교장은 여성단체를 잘 섬겨야 한다는 이유를 들어 강조하셨다. 처음 한동안은 이 말씀이 나에게 별로 와닿지 않았다. 그저 한쪽 귀로 듣고 다른 한쪽 위로 흘려버리듯 건성건성 지나쳤다. 나는 영락교회 여전도회의 회원이기는 해도 월례회에 참석해 본 일이 없었다. 회비는 꼬박꼬박 냈지만 어쩌다가 마주치는 회원 권사님들이 월례회에 참석하라고 붙잡으면 웃음으로 대답하고 살며시 빠져나오곤 했다. 그런데 김필례 선생님이 계속 나를 만날 때마다 물어보시는 것이었다. "이 교장, 여전도회 봉사하십니까?" 횟수가 거듭되면서 내 마음이 조금씩 움직이기 시작했다. 그러나 여전도회에 관심을 갖게 된 변화는 아니었고 다만 이사장님의 말씀을 거역하고 있다는 점이 마음에 부담으로 작용하기 시작한 것이었다.

여태까지 이사장님의 말씀을 한 번도 거역해 본 적이 없었던 내가 이제라도 영락교회 여전도회의 월례회에 일 년에 한두 번이라도 참석해야 되지 않겠는가 싶었다. 이리하여 김필례 선생님께 떠밀려서 나는 여전도회 모임에 발을 들여놓게 되었다.

김필례 선생님이 이렇듯 나에게 여전도회 활동을 간곡하게 권하시는 이유를 알아보았다. 이를 통해 나는 김필례 선생님이 1950년대에 여전도회연합회에서 회장으로 십여 년 동안 봉사하신 사실을 알게 되었다. 그것도 정신여고 교장으로 일하시면서 말이다. 이 어른이 1950년 육이오전쟁 이후 십 년 동안에 장로교회의 교단이 세 차례나 분열된 어려운 상황에서 힘겹게 유지되던 여전도회를 탁월한 지도력으로 잘 이끄셨는데, 그 점이 비로소 내 눈에 들어왔다. 그리고 어느 날 여전도회 회원들의 헌신적 자세가 눈에 들어오기 시작했다. 어떤 회원이든 모두 자발적으로 나서서 여전도회를 위해 헌신했다. 이렇게 헌신하는 자세는 하루아침에 되는 것이 아니라 훈련을 통해 쌓여 온 것이고 또 이러한 헌신이 여전도회의 전통으로 내려오는 것임을 깨달아 알게 되었다. 이때부터 여전도회가 나에게 '아름다운 단체'로 나타났다. 김필례 선생님도 이제부터는 아름다운 여전도회 선배로 보이기 시작했다. 그래서 지금 생각해보면 "어쩌면 이렇게 좋은 선배님들을 만났던가!" 하고 감탄하며 참으로 행복해진다. 만일 내가 여전도회 활동을 하지 않았더라면 내 인생에서 저렇게 아름다운 여성들을 결코 만날 수 없었을 것이다.

주註

1. 이연옥(주변인들의 증언, 1993년 기록),『여전도회 100년사』, 여전도회전국연합회 출판사업회, 신앙과지성사, 1998. pp.579-580.

김필례와 전창신

이화옥

제23대 삼일여성동지회 회장. 전창신의 자부.

김필례 선생님은 여성교육가이시며 참 종교인으로서 사회적 공헌을 크게 한 분이다. 하지만 그분이 펼치신 '남을 섬기는 종의 도'는 흔적 없이 묻힐 것 같아 안타깝다. 그분은 평생을 남을 미워할 줄 모르고 사리사욕을 떠나 자기의 가진 모든 것을 다른 사람들과 나누며 하느님 말씀대로 사셨다. 선생님께서는 학교와 교회의 일 외에 야학까지 하시며 교육을 받은 신여성임에도 가정주부로서의 모범을 보이기 위해 자신을 희생하셨다. 김필례 선생님은 자청하여 까다로운 홀 시어머님을 모시며 침모가 있어도 시어머님 치마저고리는 손수 지어드렸다. 십오 년간을 계속 시어머님 간병을 하며 보약을 달여드렸는데 물자가 귀했던 당시라 직접 양봉까지 하셔서 벌에 쏘이기도 하셨다.

서울에 올라가서 언더우드 선교사의 지도하에 배제학당을 졸업하고 미국 선교사 앨런 박사를 돕다가 한국 최초의 의사가 되신 김필순 오빠가 105인사건에 연루되어 중국 치치하얼에서 이상촌 건설과 독립군 양성에 주력하다가 콜레라로 사망하셨다는 소식이 왔다. 당시 구례 언니와 남편 서병호, 순애 언니와 남편 김규식 박사는 중국 상해에서 독립운동을 하고 계실 때여서 남편 최영욱 박사는 어머님을 광주로 모시자고 했다. 시댁 근처에 집을 얻어 사람을 두고 어머님을 광주로 모셔 온 선생님은 수피아여학교에 출근하실 때 어머님께 인사만 드릴 정도로 바쁘셨으나 어머님께서 폐렴으로 병세가 악화되어 대소변을 가리지 못하시게 되자 어머님께서 적시는 이부자리를 손수 냇가에서 빨래하고 화롯불에 말리면서까지 시중을 드셨다. 일제 말기에는 광주에서 손수 밭도 매고 목화도 따는 노동을 하셨다. 당신의 육체적 안위보다는 당면한 문제 해결이 선생님 생활의 우선순위를 차지했던 것이다.

여기에 삼일운동 당시 함흥학생운동 주모자 42인이었던 전창신 여사의 자서전 『작은 불꽃』에 담긴 사연을 옮겨 보기로 하자. 두 분은 광주에서 만나기 전에는 서로 모르는 남남이었음이 확실하다.

전창신의 남편 김주 목사가 1943년 7월경 가택수색을 온 십여 명의 고등계 형사들에게 끌려갔다. 다음 해 1월에 '신사참배 반대' 죄로 일 년 육 개월 형을 받고 광주형무소에 있다는 연락이 왔다. 초행인 광주에 도착한 전창신은 김필례 선생님의 안내로 친동생 전종휘 박사의 동기생인 광주 형무소 의무감 최석채 박사 사무실로 찾아가서 남편과의 면회를 부탁했다. 김주 목사는 처음에는 위독했으나 좀 나으셨다는 최 박사님의 위로를 받으며 김필례 선생님 댁에서 하룻밤을 묵었다. 다음 날 전창신 여사가 새벽같이 감방에 가서 기다리는데 귀만 벌쭉 나오고 모습이 앙상한 목불인견의 남자가 간수에게 끌려 나왔다. 사람이 바뀐 줄 알고 "나를 알아보겠소?" 하고 물으니 그는 고개를 끄떡이며 얼굴을 실룩거리는데 목소리가 나지 않아 애를 쓰는 것을 보다 못해 창신이 아이들 얘기를 꺼내는데 면회시간이 끝났다. 다시 김필례 선생님 댁으로 돌아왔는데 밤사이 김주 목사께서 돌아가실 것만 같아 우는 창신을 김필례 선생님께서는 몸을 생각하라고 밥상을 밀어주시며 다독거리셨다. 창신은 밥상을 거두고 잠자리를 펴시는 김필례 선생님을 넋없이 바라보다가 그분의 손이 매우 거치신 것에 놀랐다. 다음날 일찍 형무소에 가서 애걸복걸하면서 온 수단을 동원하여 면회에 성공했다. 그러나 끝내 남편의 목소리를 듣지 못하고 헤어졌다. 출감 후 들으니 여수경찰서에서 십칠 일 동안 물, 전기, 비행기, 고춧가루, 재우지 않는 고문 등 온갖 고문을 받았고, 의자에 묶어 놓고 무릎 아래 다리뼈를 몹시 때리니 혀가 목구멍으로 홀쩍 넘어가면서 정신을 잃었는데 깨어난 후 목소리는 다시 나오지 않더라는 것이었다.

당시는 모든 물자가 귀한 때라 가을에 다시 갈 때 함흥사과를 들고 갔으나 김필례 선생님께서는 밤새 화덕을 달구어 과자를 구우시느라 한잠도 못 주무시는 것이 곁에서 보기에 고맙고 그 은혜를 어찌 갚을지 죄송할 뿐이었다. 해뜨기 전에 창신이 말리는데도 불구하시고 산을 넘어 젊은 간수 집까지 따라 오셔서 수없이 절을 하시며 손수 만든 과자와 음식을 김 목사에게 전해달라고 절을 수없이 하시며 부탁하시는 선생님의 지극하신 모습에 간수도 쩔쩔매며 염려 마시라고 하였다. 그해 봄 3월에 서울에서 거행된 조카 김마리아 열사의 장례식에 거동이 불편하셔서 참석을 못하셨다는 사실을 필자가 책에서 읽었을 때 그분의 희생정신의 척도를 짐작할 것 같았다.

1945년 8월 4일, 김필례 선생님 댁에 가서 하룻밤을 보내고 아침 일찍부터 광주형무소 앞에서 비행기 폭격을 피하며 대문이 열릴 때마다 안을 들여다보던 창신은 해가 지도록 남편이 나오지 않아 얼굴을 무릎 위에 올려놓고 흐느끼고 있는데 "내가 나왔소" 하는 소리에 고개를 드니 홑바지를 입은 조그만 늙은이가 앞에 서 있었다. 남편은 비전향자라 청주에 있는 구치소로 옮기려고 출옥을 시키지 않고 해가 저물기를 기다리던 중 비행기 폭격이 너무 심하여 운송을 포기하고 석방을 했다는 것이었다. 곧 김필례 선생님 댁으로 가자 선생님은 종일 기다리셨는데 늦어서 걱정했다고 말씀하시며 차려 놓은 밥상을 들여오셨다. 김주 목사로서는 이년만에 처음 드시는 성찬이었다. 마련해 주신 거처에서 하룻밤을 지내고 창신은 김주 목사를 부축하고 함흥행 열차에 몸을 실었다. 김필례 선생님의 보살핌이 아니었다면 다 죽어가는 김주 목사가 출옥해서 함흥 집으로 돌아가실 수 있었을까?

이 밖에는 김필례, 전창신, 김주 목사 세 분의 개인적 관계를 알 수 있는 자료를 구할 수가 없다. 더욱이 해방 전까지는 김주 목사님이 서울에서

연희전문을 다니신 것과 예수교 총회로부터 전남순천지방에 시국관계로 문을 닫은 교회들 문을 다시 열고 유지하도록 당국과 절충하는 임무로 1943년 4월에 순천에 가셨다가 6월에 돌아오신 일을 빼 놓고는 부부가 계속 함흥에 사셨으니 세 분이 만날 기회가 없었을 것이다. 그러나 김필례 선생님과 전창신 여사의 운명이 바뀔 기회는 있었다. 두 분의 생애를 엿보기로 하자.

1891년 12월에 김필례 선생님이 태어난 황해도 소래마을은 열강들이 이 땅에 공식적으로 기독교 선교를 허락받기 전에 최초의 교회를 세운 자생적 신앙 공동체였다. 1878년 서경조, 서상륜 형제가 관광차 청국에 갔다가 스코틀랜드인 존 맥킨타이어John McIntyre 목사의 조선어 교사 이웅찬과 성경을 번역하는 최성균의 인도로 맥킨타이어 목사가 이끄는 주일 예배에 참석했다가 합석한 청나라 사람들의 겸손하고 친절한 태도에 감명을 받아 이들은 기독교에 관심을 갖게 되었고 기독교 전파를 위하여 기독교 전도에 적합한 소래마을로 이주하였다. 1879년에 스코틀랜드 선교사 존 로스John Ross와 존 맥킨타이어 밑에서 한국 세례교인들이 번역한 성서가 소래마을에 배포되었다. 성경을 통해 직접 복음을 받아들인 소래마을에는 하느님만이 영원하시고 절대적이시며 그 앞에는 모두가 한 자녀일 뿐, 양반, 상놈, 남녀 차별이 없다는 것을 알게 되었고 이처럼 민중적이며 민족적인 성격을 띤 자생적 기독교 공동단체는 마을 사람이 총동원하여 기독교를 활발하게 전파하였다. 당시의 청일전쟁으로 일본 군대가 진주했을 때나 동학군과 관군이 접전했을 때 피란처로 적격이었던 소래마을에는 피난민이 몰려 들어왔고 기독교는 그들의 구원의 길이 되었다. 초기의 독립 선교사인 매켄지W. J. McKenzie 목사는 1893년 한국교회의 요람이라고 할 소래마을에 와서 고난받는 한국인들과 똑같이 생활하며 그들에게 신앙을 전하려고 혼신을 다하여 토착 교회형성을 위해 노력하였다. 자연스럽게 예배당으로 사용하던 서경조의 집이 팔십 명으로 교인수가 갑자기 늘어나 좁아지자 주민들은 교회당의 필요성을 느끼게 됐고 드디어 1895년에 마을 사람들이 자력으로 세운 한국 최초의 여덟 칸 기와집 교회가 소래마을에 들어서게 된다. 그런 와중에 과로와 풍토병으로 매켄지 목사가 1895년 6월 23일에 별세하자 목자를 잃은 소래 교인들이 캐나다 장로교선교회에 목사님 한 분을 요청하는 서한을 보낸다. 1895년 12월 26일 진정서를 받은 캐나다 해외선교위원회는 1898년에 한국 선교에 착수하여 소래마을에 선교 사업을 열기로 했으나 그곳은 선교하기에 너무 좁은 지역이고 이미 미국 장로교회가 발판을 놓은 후여서 1893년 미국 북장로교회와 남장로교회가 맺은 선교지 분할 협정에 따라 캐나다 장로교회는 함경남도와 함경북도에서 선교 사업을 시작하기로 결정을 보았다. 만일 캐나다 선교회가 예정했던 소래마을을 선교지로 삼았다면 김필례 선생님께서 캐나다 선교부가 설립한 여학교를 졸업하시고 선교부의 장학금으로 동양영화학원에 가셨을 가능성도 보이지 않는가? 1897년 기독교가 전파된 소래마을에서는 신학문의 필요성을 인식하고 두 오빠 김윤방, 김윤오와 서상륜, 서경조 형제가 주동이 되어 소래교회에 교회학교 형식으로 병설한 송천학교를 설립했다.

한편 1901년에 함북 용대에서 태어난 전창신 선생님은 서울 오산중학교를 졸업하고 돌아온 아버님이 지은 서당에서 천자문을 배우셨다. 을사조약 후 해삼위의 신한촌으로 망명한 아버님의 지시로 캐나다 해외선교부가 성진과 함흥에 설립한 보신여학교와 함흥 영생여학교를 졸업하셨는데 공교롭게도 원래 소래마을로 파견됐던 캐나다 선교부가 함경도로 선교구역을 바꿔 세운 학교들이다. 캐나다 선교부는 함흥 영생여학교 맥애천McEachern 교장이 본국으로 송환될 때에 대비하여 1918년 전창신이 졸업한 해에 곧 본교 선생으로 특채하고 1919년에 일본으로 유학을 보내어 일본 교원자격증을 획득하고 와서 맥 교장의 뒤를 잇게 할 계획이었다. 그러나 1919년 함흥학생운동 주모자에 속한 전창신은 밤새 기숙사 학생을 동원하여 태극기를 만들고 교육에 헌신하는 것이 더 애국하는 길이라고 만세 운동 참가를 말리시는 맥 교장의 읍소를 물리치고 학생들과 함흥 시내를 돌며 만세를 부른 죄로 아홉 달의 옥고를 치르고 불령선인이 되어 유학길도 막혔다. 그 뒤에 맥 교장의 노력으로 창신은 복역 후 1920년에 동경에 있는 동양영화학원 입학하여 1921년에 졸업하고 귀국하였다. 맥 교장은 창신이 동경에서 공부하는 동안 안식년으로 캐나다로 귀국하여 영생여학교 건축기금 확보에 기대 외의 성과를 올리고 창신이 귀국할 즈음에는 새로운 교사, 운동장 건축으로 열을 올리고 있었으며 함흥학생운동 42인 중 하나이며 연대 문과 출신인 김기섭 씨가 맥 교장의 참모로 활약하고 있었다. 창신은 맥 교장의 중매로 1924년 4월에 김기섭 씨와 결혼했다. 맥 교장은 캐나다에서 면사포까지 부쳐다가 결혼식을 올려 주고 금강산 신혼여행비까지 부담했다. 그러나 창신도 첫딸을 잃고 1929년에 남편은 평양신학교에 입학하여 떠나버리고 끝내 왜정 하에서 교사허가증이 발부되지 않아서 맥 교장의 아량으로 임시교사의 자격으로 박봉 생활에 쪼들렸으며 부모가 모두 불령선인이라서 공립학교에도 보내지 못하는 아이들 다섯을 먹여 살리기에 급급했다. 목사 안수를 받은 남편은 이름을 김주로 바꿨는데 일제의 감시로 목회를 하기가 힘들었으며 1941년에 맥 교장이 본국에 가기도 전에 전창신 선생은 영생여고를 떠나야 했다. 1943년부터 1945년까지 창신이 가장 힘들 때 도움을 준 김필례 선생님은 구세주와 같은 분이셨다. 해방이 되어 남하한 전창신 선생님은 대한부인회 간사로 있다가 대한민국 초대 여자경찰간부 후보생으로 지원하여 최초의 여자경찰관으로서 여권향상운동으로 축첩•자 소굴인 대한민국 국회를 끈질기게 드나드시며 간통죄를 통과시키는 데 성공했고 육이오전쟁 중 인천여자경찰 서장으로서 후퇴와 수복 당시 인천

• 축첩(蓄妾): 첩을 둠.

항에 몰려든 피난민과 전쟁고아 수습에 공헌했다. 평생을 하느님의 종으로 살아가신 전창신 선생님은 1958년에 한국의 초대 여성 장로가 되었고 1965년에 성지순례를 마치시고 제8대 삼일여성동지회 회장을 지냈다. 한때 남하한 영생여고 동창들의 힘으로 남산에 모교인 함흥영생여학교 복구를 시도한 적이 있으나 역부족으로 학교는 다른 재단에 흡수된 것으로 알고 있다.

따뜻한 배려

이혜석

전 정신여자중고등학교 교사.

나는 무용과목을 가르치며 연지동에서 잠실까지 신앙을 키우며 김필례 교장님을 모시고 정다운 선생님들과 같이 사랑하는 제자들을 교육하며 정말 행복한 생활을 했다.

내가 처음 뵌 김 교장님은 너무 엄격하시고 고매한 인격을 지니신 분으로 가까이 가기엔 좀 조심스러웠다. 그런데 어느 날, 교장실로 오라는 연락이 왔다. 나는 가슴이 두근두근했다. 무엇을 잘못한 것일까 하고 긴장이 되었다. 그러면서 잔뜩 긴장한 모습으로 교장실 문을 노크하고 조심조심 들어갔다. 교장 선생님께서는 뜻밖에 다정한 목소리로 앉으라고 하시며 칭찬도 하시고 격려도 해 주셨다.

말씀 내용은 다음과 같다. 당신이 잘 아시는 미국 여선교사님이 계신데 그분이 말하기를, 선교사는 그 나라 사람들을 사랑하고 이해해야 하고, 말과 행동이 일치해야 하기 때문에 아무리 열악한 환경에서라도 그 나라 사람과 똑같이 생활해야 한다. 그래서 나는 음식도 한국 사람같이 김치, 깍두기, 고추장, 된장 등 익숙하지 않은 한국음식을 먹고 한국의 농촌 가정에서 가마니를 깔고 자며 신발도 한국 사람이 신고 있는 검정 고무신을 신고 열심히 전도하면서 봉사를 많이 했다고 하셨다. 김필례 선생님은 그분이 너무 열심히 일하다 몸도 돌보지 않고 무리를 해서 건강을 해치고 젊은 나이에 세상을 떠났다는 말씀을 하시며, 이 선생이 열심히 하는 건 교사로서 바람직한 일이지만 일과 휴식을 적절히 안배하면서 해야지 건강이 나빠지면 안 된다고 걱정을 하시는 데 나는 마음에 큰 감동을 받았다. 네, 감사합니다 하고 교장실 밖으로 나왔다.

나는 무용반을 맡아서 매해 개교기념발표회를 해야 했기 때문에 정규 일과가 끝나면 무용실에 모여서 밤 아홉 시까지 연습을 했었다. 그런데 가을에 발표회를 하려면 기초훈련을 많이 해야 하기 때문에 월수금에는 한국무용 기초를, 화목토에는 외국무용의 기본훈련을 했었다. 집에 가면 열 시쯤 되는데 다섯 살, 세 살 딸 둘이 대문 앞에 쪼그리고 앉아 있었다. 아이들을 보니 마음이 아팠지만 나는 의무가 제일 우선이라는 생각을 늘 하고 있었기 때문에 정말 즐거운 마음으로 열심히 했다. 그렇게 안 하면 발표회 때 작품을 안무하기 어려웠고 내 욕심에는 좀 수준 높은 무용을 선보이고 싶었기 때문이었다. 그런데 교장 선생님의 다정한 말씀을 들으니 감사한 마음에 많은 감동을 받았다. 그리고 학생들에게도 너무 많은 시간을 지나치게 침범하는 것이 아닌지 다시 생각하게 되었다.

그리고 어느 해인가 또 교장실로 오라는 연락이 왔다. 조심조심 노크하고 들어가서 말씀을 들으니 청와대에서 초청장이 왔는데 여교사 한 명씩 모든 중고교 교사들이 모인다고 하시며 거기에 이 선생이 갔으면 좋겠다고 하셨다. 나는 많은 여교사님이 있는데 나에게 이런 기회를 주시는 것에 새삼 감사드렸다.

일주일 후에 머리단장, 옷단장에 신경을 쓰고 정해진 시간보다 약 삼십 분 전에 도착해서 초청장을 보이고 입장을 했다. 그날의 주관은 고 육영수 여사였다. 각 학교에서 한 명씩 여교사만 모였는데 강당이 꽉 찼다.

육 여사는 선생님들이 교육계의 현장에서 수고 많이 하신다며 감사와 격려를 하시고 건의 사항을 말씀하면 참고하겠다고 하셨다. 몇 명이 손을 들고 이야기를 했다.

교육현장에서 겪는 여교사들의 불편한 점, 예를 들어 휴게실이 부족한 점, 가정과 직장생활의 힘든 점 등등 많은 이야기들을 했다. 나도 호기심이 발동해 손을 들고 자리에서 일어나서 질문을 했다. 따님 근혜 양은 전자공학과에 다닌다는 이야기를 들었는데 누구하고 상담했느냐고 물었더니 본인이 가겠다고 해서 간 거지 아무도 전자공학과 갈 줄은 몰랐다고 하셨다. 하여간 그날 많은 여교사들과 담소하며 좋은 분위기에서 잘 준비된 저녁 식사를 하고 난 후, 청와대 구석구석을 안내원을 따라 구경하고 저녁 늦게 집으로 돌아왔다. 많은 여교사들 중에 하필 나를 청와대 초청에 보내심에 황송하고 마음 따뜻이 배려하심에 감사하고 있다.

또한 무용반 반장이었던 이성여 선생(당시 고2)에게 장학금도 주시고 많이 칭찬하셨다. 복도에서 어쩌다 성여를 만나면 단정하고 예의 바름이 남달랐다고 하시며, 성여 만나는 날은 반갑고 기쁜 날이고 소화도 잘 되는 날이라고 하셨다. 소녀시절에 단아한 그 모습 그 마음씨 변함없이 지금도 계속 스승과 제자로서 사랑을 이어가고 있다.

자랑스러운 교장 선생님이셨던 김필례 선생님. 정신학교를 발전하게 하시고 여전도회 연합회장으로 굳건한 믿음을 심어주신 교장님의 삶은 늘 우리 마음속에 잊을 수 없는 푯대로 기억되고 있다.

지금 하늘나라에서 안식하고 계실 김필례 교장 선생님 늘 존경합니다. 우리나라의 대표 여성 지도자로 자랑스럽고 사랑합니다.

제자들도 늘 사랑하고 주님의 축복이 함께하시기를 기도합니다.

교사의 기도

장영옥

전 초등학교 교사.

나는 1970년 초등학교 교사를 시작으로 아이들과 함께 희로애락을 통해 하나님을 바라보게 된 평교사였습니다. 금년 6월 우연히 이해순 권사님의(정신여고총동창회 제17대 회장) 코칭센터에서 『2013년 김필례 선생 연구』라는 제목의 얇은 책자를 발견하고 집에 가져와 탐독한 나는, 몇 가지에 놀라고 분개하게 되었습니다.

첫째, 나름 한국 사회에서 좋은 대학이라고 일컫는 서울교육대학을 졸업한 교사로서 김필례 선생님을 몰랐다는 것이고, 둘째는 YWCA 회원으로서 한국 YWCA가 일본 식민 질곡의 시대에 자립으로 설치되었다는 걸 몰랐다는 것이며, 셋째는 크리스천으로서 삶의 변화를 주지 못하는 종교는 쓸모없는 것이라는 사실도 모른 채 신앙의 정체성을 위해 고민하고 있다는 것입니다.

내가 교사의 덕목을 배운 대상은 우리나라에서는 이황과 도산 안창호 선생님이셨고, 그밖에는 외국인인 페스탈로치, 피아제, 프뢰벨, 몬테소리입니다. 우리 역사에서 일본 강점기 시대에 조국에 대한 궐기와 애정과 미래에 대한 교육적 열망이 얼마나 강력했을까를 떠올릴 수 있음에도 그 시대의 스토리텔링이 지금의 교육대학에서는 왜 막혀 있을까? 왜 내게는 전달되지 않았을까? 식민사관에 젖은 교육과정일까? 서구화, 산업화에 초점을 둔 가치관일까? 진심어린 삶의 DNA가, 다음 세대를 위한 민족적인 정체성은 어디 있을까?

21세기의 한국의 위상은 20세기의 초라하고 무지했던 한국의 처지를 각 분야에서의 개혁의 결과로 일궈낸 것입니다. 그러나 21세기의 한국은 백 년 전 이 땅에 불어닥친 위기 때만큼 위험합니다. 사회적 이념적 분열의 거짓 이슈들, 어려운 수학 공부, 높은 영어 교육 열기에 우리 후배들은 대부분 배움의 현기증으로 생동감과 신명의 진정한 지식 세계를 멀리하고 자신을 불태울 열정을 낭비하고 있습니다.

지금 나에게도 전해집니다. 김필례 선생님의 교육 실천의 원동력이 되어준 하나님을 다시 새롭게 바라봅니다. 항상 내가 주체가 되어 하나님을 찾았습니다. 내 것을 지키고 내 것으로 나아가려고 무수히 하나님의 은혜를 기다렸습니다. 문득 "내 은혜가 네게 족하다" 하시고 이미 선한 것을 보여주셨다고 하시면서 나를 경계하시는 하나님을 바라보게 되었습니다. 진정한 교육이 필요한 시대의 외침에 김필례 선생님을 큰 도구로 사용하고 계시는 것을 저는 진심으로 감사드리며 이렇게 교사의 기도를 드립니다.

이 땅의 청소년들이 아픕니다. 지금 폐쇄적 환경에서 유아시절을 시작으로 청소년들이 골방 같은 곳에서 집단적으로 인위적인 틀로 짜인 교육과정 안에서 성장하고 있습니다. 하나님! 하나님의 드넓은 세상을 보여주소서! 대한민국은 우리가 당연시 여기는 교육제도의 불합리한 가치관 속에서, 아이들이 무서운 어른들이 되어가는 사회적 병을 앓고 있습니다. 교사로서 학부모로서 우리 아이들이 이 지경인데도 아무 행동도 취하지 못함을 애통해하고, 더 나아지기 위해 노력함에도 되는 일이 없음을 통곡합니다. 하나님의 기적이 이 땅에 이르도록 게으르고 이기적인 혼령들은 태우시고, 좋은 영의 지체들이 하나님께로 향하여 교육의 미션이 실행될 수 있게 우리의 것을 사용하여 주옵소서. 김필례 선생님께서 복의 통로로 자신을 내놓으신 삶을 우리로 하여금 뒤따르게 축복하시옵소서. 지금도 동역자를 찾고 계시는 하나님께 우리나라 교사들의 새로워진 영들이 모여들어 우리나라 교육현장을 변화시킬 성령감동이 우리 아이들 구령사업에 곧 쓰여지길 기도합니다. 우리나라 대한민국의 지고한 문화가 세계로 퍼지는 한류의 원동력이 되시는 하나님! 한류를 감당할 이 땅의 교사들의 영혼을 축복하옵소서. 곳곳에서 하나님이 새롭게 발견되도록 교사정신을 일깨우소서. 필요한 때 준비된 사람을 통해 하나님의 계획을 이루시는 하나님을 기억합니다. 1900년 김필례 선생님의 교육여정에 이정표가 된 엘렌 케이를 통해 유럽에도 교육개혁이 시작 되었습니다. 제가 곧 그 자리에 있어야 하는 부름을 못 들은 척 말게 하옵소서! 교사인 우리를 돌보소서! 우리를 사용하옵소서!

나의 롤 모델, 나의 멘토•

주선애

장로회신학대학교 명예교수. 김필례선생기념사업회 초대회장.

2010년 12월 20일, 서울 명동 한국 YWCA 강당에서는 김필례선생기념사업회 창립총회가 열렸다. 한국 YWCA의 창립자이자 정신학원의 기틀을 마련한 김필례 선생님의 탄생 백이십 주년을 앞두고 선생님의 정신을 계승하기 위한 기념사업회가 조직된 것이다.

김필례 선생님은 여성들의 문맹퇴치를 위해 야학을 세워 운영했고, 여성교육기관 설립을 위해 노력했으며, 한국 YWCA 창립멤버로 여성들의 지위향상과 삶의 질 향상을 위한 일에도 적극적으로 헌신했던 분이다. 굶주린 어린 학생들과 여성들에게 자신이 가진 모든 것을 베푸셨던 선생님의 뜻을 이어받아, 기념사업회는 훌륭한 여성 지도자와 교육자가 많이 배출될 수 있도록 인성교육과 장학사업에 주력하는 한편 선생님의 기념문집 등을 발간하여 선생님의 교육철학을 알리는 작업을 추진하기로 했다.

이 귀한 자리에서 나는 초대회장이라는 막중한 책임을 지게 되었다. 나

• 이 글은 필자의 요청을 받아, 편집위원회가 자서전 '주선애, 『주님과 한평생: 주선애 회고록』, 두란노서원, 2011'과 신문보도, 인터뷰 기사 등을 참고하여 엮은 것이다.

는 내일모레면 아흔인데 이제 다 벗어놓아야 하는 때가 아닐까, 지금 이렇게 새 직책을 갖는 것이 경우에 어긋나는 것 같다는 생각이 들어 극구 사의를 표명했다. 하지만 후배들의 요청이 이어졌고 결국 나는 여전도회를 함께 이끌면서 김필례 선생님께 받은 사랑과 가르침에 조금이라도 보답하고자 하는 마음으로 참여하기로 결심했다.

나는 회장 인사말을 통해, 김필례 선생님은 1919년 독립운동이 좌절되고 어쩔 줄 몰라 할 때 1922년 여성운동의 기치를 들고 YWCA를 시작하셨고 육이오전쟁 이후 여성들이 방향을 잃고 있을 때 새 용기를 가지고 여성 · 여전도회 운동을 시작한 분이라는 점을 강조했다. 그러한 만큼 정신적인 지주를 잃고 혼란스러운 이때 선생님을 모델로 삼아 새롭게 여성운동, 교육운동을 일으켜야 한다고 제안했다.

여전도회 활동을 통해 김필례 선생님께 특별한 가르침을 받은 내가 선생님을 처음 뵌 것은 서울여자대학의 학장을 의논하는 자리에서였다. 대다수의 사람들은 정신여고 교장이신 김필례 선생님을 학장으로 모시고자 했다. 그러나 선생님은 완강하게 사양하시면서 "나는 중고등학교를 떠날 수 없습니다. 중고등학교가 저의 사명입니다" 하시며 이화대학 사회학과에 계신 고황경 박사님을 강력하게 추천하셨고 결국 고황경 박사님이 학장으로 취임하셨다.

그 다음 여전도회에서 김필례 선생님을 다시 뵙게 되었다. 우리 한국 여전도회는 정신여학교 교장이신 김필례 회장께서 17대부터 20대까지 이끄셨다. 김필례 회장님은 일정 말기 신사참배문제로 여전도회를 모으지 못했고 다시 육이오전쟁을 겪으면서 폐허화되었던 여전도회전국연합회를 재건 발전시키셨다. 미국에서 체류하시는 동안에 육이오전쟁이 발발하자 미국에서 순회여행을 하시면서 한국을 알리는 귀한 사명을 감당하셨다. 그래서 미국 선교부와 긴밀한 연락을 갖고 있어서 여전도회 전국연합회에서 폴듀 대회 체험담을 보고하도록 하셨다. 미국 장로교 선교부 장학생으로서 장로교 여성대회인 폴듀 대회에 참석했었던 나는 기쁜 마음으로 응답했다. 그 대회는 여성대표들이 전국적으로 약 오천 명이 모여 향후 삼 년 동안 활동할 방향을 결정하고 배우는 중대한 회의였다. 여전도회전국연합회에 한 번도 참석해 본 일이 없던 나는 폴듀 대회를 경험하며 큰 감명을 받았고 한국여성운동의 꿈과 방향을 생각해 보게 되었다. 그러나 나는 여전도회 역할, 특히 회장이 된다는 생각은 꿈도 꾸지 못했었다. 그런데 그 다음날 내가 여전도회 회장으로 절대 다수의 표를 받아 선택받았다.

나는 두려움에 떨면서 사양했다. 정말 경험이 하나도 없는 사람이 어떻게 이 전국적인 대회를 맡을 수 있겠느냐고 사양했다. 그러나 받아들여지지 않았고 서른다섯 살의 나이에 회장이 되었다. 임원들은 모두 오십대 이상이었는데 나를 무척 아껴주셨고 사랑해주셨다. 또한 젊은 내 친구 이필숙 전도사를 총무로 택해 주셨다. 이런 일은 교회 안에서 별로 볼 수 없었던 일인데 어떻게 젊은이를 모험적으로 세우셨는가 하는 것을 때때로 생각해보곤 한다. 김필례 회장님께서 여전도회를 젊은이에게 맡겨 시대를 이끌어 가도록 해보신다는 의도를 갖고 모험을 하신 것이 아닐까 짐작해본다.

1959년 9월 대한예수교장로회 제44회 총회가 대전중앙교회에서 열렸다. 여전도회 총회장은 방청으로 참가하게 되어 있을 뿐 아니라 총회에 여전도회 총회보고를 할 의무가 있었다. 나는 이필숙 총무와 함께 참석했다. 총회 방청하는 것도 처음이었다.

개회예배가 끝나고 회원 점명을 하고 있었다. 그런데 누군가가 회장을 부르기 시작하더니 언성이 높아지면서 싸움이 벌어졌다. 회의 장소인 대전중앙교회 목사님은 나가라고 소리를 지르셨다. 금방 휴회가 되어 버렸다.

이것이 소위 말하는 복음주의운동과 교회일치운동(에큐메니칼

Ecumenical 운동)의 분쟁과 분열이었다. 생전 처음 당하는 분쟁이었다. 너무 떨리고 무서워서 우리는 아무 말도 못하고 눈물을 흘리며 돌아왔다. 뒤이어 에큐메니칼 운동은 서울 연동교회에서 모이고 복음주의운동은 승동교회에서 각각 모였는데 우리는 어디에도 갈 수가 없었다. "하나님! 이 일을 어찌 하오리까?"라고 부르짖을 뿐이었다.

이것은 나 개인의 일이 아니었다. 우리 여전도회 회원들에게 앞으로 닥칠 분쟁과 분열을 상상해보니 기가 막혔다. 어느 편으로도 갈 수가 없었다. 나와 총무는 김필례 회장님 댁을 찾아갔다. 김 회장님은 차분하게 한참 생각하시더니 말씀하셨다.

"우선 갈라지지 않도록 기도하고 노력하되 최선을 다해야 할 것입니다. 수년 전 기독교장로교와 예수교장로교가 싸울 때 여성들이 끼어들어 개교회에서 더 흉악해졌지요. 또 다시 그런 일이 생기면 안 될 거예요."

쌍방이 다시 교회 화평위원회를 조직하여 분열을 막자는 노력을 기울여보았다. 우리 여전도회 임원들이 모여 교회 분열을 막고 평화 합동을 위한 기도회를 하기로 하고 전국의 연합회 임원들에게 편지를 보냈다. 분열을 막으려는 우리들의 노력에 대해서 공격이 들어왔다. 두 입장 사이에서 중보를 한다는 것은 어느 한편을 지지하는 것보다 훨씬 어렵다는 것을 체험했다. 총회에서도 여러 차례 모임을 갖고 힘썼으나 결국은 예수교장로회 통합 측과 예수교장로회 합동 측 두 교단으로 나뉘고 말았다. 우리 여전도회도 평화로운 분열을 겪었다. 합동은 이루어지지 않았으나 하나님께서 우리들의 노력을 귀히 보시리라 믿고 기다렸다.

돌아보면 여전도회나 총회가 어려울 때마다 김필례 선생님께 달려갔던 기억이 생생하다. 김필례 선생님은 내가 어려운 고비에 놓일 때마다 내게 큰 힘을 주셨던 나의 멘토셨던 것이다. 앞으로도 김필례선생기념사업회가 선생님의 뜻을 잘 이어나갈 수 있기를 간절히 바란다.

배우면 달라야 한다, 믿으면 달라야 한다!

한영수

한국 YWCA 연합회 회장.

한국 YWCA 연합회 회관 벽면에는 백여 년 전 한국 YWCA를 창설하신 김필례, 김활란, 유각경 세 분의 여성선각자를 형상화한 부조상이 있다. 가끔 그 앞에 잠시 멈추어 서서 우리는 그분들이 꿈꾸셨던 세상을 이루기 위해 제대로 가고 있는지 생각해 보곤 한다. 특별히 김필례 선생님은 올곧은 교육자로서 많은 제자들을 이 땅에 배출해내셨다. 선생님이, '오늘', '이 땅 한반도'에 살고 있는 '우리들'에게로 오신다면 어떤 말씀을 하실까?

선생님이 떠나신 지 벌써 삼십사 년의 세월이 흘러, 선생님의 목소리를 직접 들을 수 없고 그 온화한 미소와 손짓을 볼 수 없는 지금, 우리는 선생님의 말씀을 되새김으로써 우리가 어디에, 왜, 무엇을 위해 존재하는지 알 수 있다. 선생님은 '오늘', '이 땅 한반도'에 살고 있는 '우리들'에게 온화하지만 강력한 의지에 찬 눈빛으로 말씀하고 계신다. "배우면 달라야 한다, 믿으면 달라야 한다"고.

우리는 선생님이 세우신 학교들에서, 또 이후 그 학교들을 본받아 생겨난 많은 학교들에서 가르침을 받았다. 남성들에게는 너무나 당연하게 주어졌던 배움의 기회가 여성들에게 당연하게 주어지는 데까지는 참으로 많은 시간이 필요했고, 남성들만 배우던 지식들을 여성들이 배우는 데까지는 김필례 선생님을 비롯한 수많은 선배님들의 노력이 더해져야 했다. 우리는 배움의 자리에서 "배우면 달라야 한다"는 선생님의 말씀을 다시 새겨본다. 우리 여성들이 배움으로써 무엇이 달라졌는가? 그동안 사회의 요구에 맞춰 키워져 왔던 능력과 소질을 이제는 자신이 진정 하고 싶은 일들을 찾고 그것을 실현시킬 수 있는 역량으로 길러왔으며, '여성친화'라는 명목으로 제한된 분야의 지식과 기술을 중심으로 배워오다가,

아직 한계가 있긴 하지만, 모든 분야의 지식과 기술을 배우고 성장하고 있다. 아울러 선생님이 살아오신 그 시대의 여성들처럼 여전히 배움의 기회를 박탈당한 사람들에게 가해지는 차별과 배제, 소외를 단호히 거부하고 없애기 위해 노력할 뿐 아니라, 누구나 무엇이든지 원하는 것을 배워 자신의 꿈을 펼치고 공동체에서 민주시민으로서 당당히 함께 살 수 있는 기회를 가지는 사회를 이루기 위해 노력하고 있다. 이것이야말로 "배우면 달라야 한다"는 선생님의 요청에 응답하는 길임을 믿는다.

또한 기독여성으로서의 정체성을 가진 우리들은 "믿음으로써 무엇이 달라졌는가"를 끊임없이 상고해야 한다. 남한 인구의 반이 소위 '믿는' 사람이라고 하는데, 믿음을 가진 우리는 어떻게 살고 있는가? 우리는 탐욕과 거짓을 일삼는 일상으로부터 우리 자신을 지키고, 다음 세대들에게 경쟁과 다툼보다는 협력과 화해를 가르쳐야 한다. 이 땅 한반도는 물론이고 북녘이나 세계 곳곳에서 무거운 짐을 지고 굶주리고 있는 사람들과 먹을 것을 나누어야 한다. 이유 없이 다른 이들을 혐오하고 증오하는 사람들에게 미움받는 그들도 하나님의 형상을 닮은 소중한 존재라는 점을 알게 해야 한다. 핍박과 박해와 고통을 피해 우리를 찾아온 낯선 이들에게 마실 물과 누울 자리를 내어주어야 한다. 이 또한 "믿으면 달라야 한다"는 선생님의 요청에 응답하는 길이기에.

우리가 해야 할 이러한 당연한 일을 하는 데에도 버거움을 느낄 때가 많다. 그럴 때마다 선생님이 조선의 이름으로 세계 YWCA 회원국으로 가입을 하고자 뜨겁게 기도하고 결단하고 당당하게 이루어낸 그 순간을 떠올려본다. 신사참배를 거부하고 옥고를 치르시던 그때, 학교가 폐교된 후 목화밭을 가꾸시던 그때, 홰나무 앞에서 기도하시던 그때의 선생님을 다시 되새겨본다. 선생님은 배우신 분으로서, 믿는 분으로서, 자신의 말씀처럼 분명 다른 삶의 모습을 보여주셨다.

2019년은 삼일운동이 일어난 지 백 주년이고, 2022년이면 한국 YWCA

창립 백 주년을 맞이한다. 선생님이 그렇게도 바라셨던 독립과 교육 위에 세워진 든든한 받침돌들이 우리가 딛고 있는 이 땅 한반도, 오늘의 삶의 기반이라면, 오늘도 우리는 "배워서 다른, 믿어서 다른" 삶들을 계속 살아냄으로써 정의, 평화, 창조질서의 보전이 이루어지는 세상을 이어나가려 한다. 끝날까지!

김필례 여사에게

정신여자중고등학교 개교 칠십오 주년을 축하하며•

마고 루이스Margo L. Lewis

선교사. 전 정신여학교 교장(9대).

정신여학교 창립 칠십오 주년을 맞이하여 교직원 전원, 동창생, 이사회원들에게 충심으로 축하를 드립니다.

정말 나는 지난 수년 동안에 정신여학교가 괄목할 만한 발전을 한 데 대하여 놀라움과 기쁨을 금할 수 없습니다. 훌륭한 설비를 갖춘 많은 새 건물을 사진으로 볼 때 그러한 훌륭한 업적을 이루어 놓은 여러분들을 축하하여 마지않습니다.

언제나 다름없이 신앙으로 감화하고 가르치는 것을 크게 강조하고 있는 정신여학교를 생각하고 기뻐합니다.

• 전 정신여학교 교장이었던 매티 밀러와 마고 루이스, 그리고 교사를 지낸 릴리언 밀러가 작성한 이어지는 세 통의 편지는 정신여자중고등학교 개교 칠십오 주년을 맞이하여 당시 재단 이사장인 김필례 선생에게 보내 온 편지이다. 필자들은 역대 정신여학교 교장과 교사로 재직했으며, 특히 선생과는 각별한 친분이 있었던 분들이다.(이기서, 『교육의 길 신앙의 길: 김필례 그 사랑과 실천』. 북산책, 2012. p.298) 편지의 내용은 『정신 75년사』(김영삼, 계문출판사, 1962. pp.380-384)의 내용을 재수록하였다. 원문에는 매티 밀러를 E. H. Miller로 기재하였으나 E. H. Miller의 부인 즉 매티 밀러의 오기이므로 본 글에서는 정정하였다.

지식을 이웃과 나누게 하는 하나님의 능력이 따르지 않을 때 그 지식은 선한 것이 되지 못하며 널리 사람을 감화할 수 없기 때문입니다.

창립 기념행사에 직접 참석하지 못할지라도 영적으로 여러분들과 같이할 수 있음을 기뻐하며, 앞으로 오는 여러 해 동안도 더욱 큰 발전과 훌륭한 성공이 있을 것을 믿습니다.

우리 하나님 아버지께서 과거와 다름없이 앞으로도 모든 일에 날로날로 여러분들에게 은혜를 더욱 내려 주시기를 빕니다.

정신여학교의 발전 과정에서 보면 지극히 적은 것이지마는 제가 한동안 맡아 할 수 있었던 것은 제게 큰 영광이었습니다.

김필례 여사에게

릴리언 밀러Lillian D. Miller, 천미례

선교사. 전 정신여학교 교사.

반가운 당신의 편지를 받고서 여간 기쁘지 아니하였습니다. 정말 우리가 만난 후 아주 오래 되었습니다. 그러나 그동안 당신은 항상 나의 생각과 기도 속에 기억되고 있었습니다. 당신의 편지를 받았을 때 처음으로 한국에서 지내던 몇 해 동안과 정신여학교의 직원 및 학생들과 가졌던 그 잊을 수 없는 그리스도 안에서의 친교의 추억이 되살아왔습니다.

내가 서투른 한국말로 허둥지둥했고 또한 실수도 많이 하였는데도 여러분들 모두 그동안 꾸준히 견디어 주셨습니다. 내가 가르쳤다기보다 오히려 여러 모로 더 많은 것을 여러분들에게서 배웠던 것이며, 한국에서 그와 같이 이해심이 있는 친구들을 주신 것에 대하여 아버지 하나님께 항상 감사해 왔습니다.

정신여학교가 그렇게도 크게 발전한 것은 실로 놀라운 일이며, 그 업적은 오로지 당신을 비롯하여 그밖에 많은 친구들의 끊임없는 노력과 믿음의 기념비로서 길이 남을 것입니다. 내가 정신에서 지낸 것은 1916년부터 1920년 사이의 짧은 기간이었습니다. 그동안은 국가적 위기의 몇 해이었으며 마침내 그것은 삼일독립운동으로 그 절정을 이루었습니다. 이 불안한 시기에 어찌할 수 없이 고향으로 돌아간 학생들이 많았기 때문에 학생 수는 불과 백 명으로 줄어들었습니다. 그러나 학교가 폐교된 것은 결코 아니었습니다. 만세운동이 있은 후 나는 우리 학생들 가운데에 경찰서에 연행된 소녀들을 보았고 후에 서대문형무소에 그들을 찾아가기도 했습니다. 몇 달 후에는 대구형무소에 여러 번 찾아가게 되었는데 거기에서 우리의 훌륭한 선생님들 가운데 세 분이 모두 삼 년의 징역 언도를 받았었습니다. 그분들을 만날 때마다 항상 깊은 감명을 받았던 것입니다. 불평의 말 한마디도 없이 오히려 기쁘게 믿음의 증인이 되어, 수감되어 있는 믿지 않는 사람들에게 복음을 전하는 기회로 삼았었습니다. 그분들은 감방 밖에 있는 우리들보다 근심이 덜한 듯이 보였습니다.

이 시기는 우리 주님의 놀라우신 보호와 확실한 인도의 역사에 찬 때였습니다.

우리 주님께서는 그 여러 해 동안 축복을 내리사 이제는 이천 명 이상의 학생과 훌륭한 건물과 시설을 갖춘 학교로 만들어 주셨습니다.

나이 예순 살 이상의 사람들은 적극적인 봉사를 할 수 없게 되었다는 소식을 듣고 심히 걱정했습니다. 그 연령층은 경력과 경험이 풍부하여 학교에 귀중한 존재이기 때문입니다. 그러나 "하나님께서 그리스도 예수 안에 있는 그의 풍성하심으로 너희의 모든 부족함을 채워주시리라"는 말씀과 "주님을 사랑하는 자에게 모든 것이 협동하여 선을 이룬다"고 하는 말씀으로 약속된 대로 앞으로 여러 해 동안 정신여학교는 소녀들을 주님의 사업에 몸 바칠 수 있도록 교육할 것을 믿습니다. 당신의 충분한 그 역량으로 재단 사업의 분야에서 당신의 일을 계속할 수 있는 지혜와 힘을 가지실 것을 나는 기도하고 있습니다. 제75회 개교 기념식에 참석할 수 없는 것이 매우 애석하오나 다만 영광스러운 행사가 되기를 기도합니다.

1950년 한국을 떠난 후 나는 일본에서 이 년 동안 시모노세키에 있는 바이코여학교에서 교편생활을 하였으며 주말은 시모노세키에서부터 후쿠오카에 있는 한국인 교회에서 지냈습니다. 그것은 정말 보람 있는 경험이었으며, 1952년 은퇴의 날이 왔을 때 막상 떠나기가 쉬운 일이 아니었습니다. 중국에서 여러 해 동안 선교사로 있었던 내 여동생 제니는 나와 함께 살고 있습니다. 이곳은 아름다운 도시이며 이천 명 이상의 교인을 가진 매우 훌륭한 교회가 있습니다. 부인회의 활동이 활발하며 그들 중에는 당신을 기억하고 있는 사람이 많습니다. 우리 집에는 아름다운 꽃밭이 있어 지금 장미가 곱게 피어 있습니다. 또 귤나무가 두 그루 있어서 맛있는 과일도 따먹습니다.

에드워드 밀러 씨 가족은 우리 집에서 멀지 않은 곳에 살고 있습니다. 매티 밀러 부인은 건강이 좋지 못하며 눈이 점점 멀어가고 있습니다. 평양에서 여러 해 동안 선교사업을 하였던 라이너R. O. Reiner 목사 가족도 멀지 않은 곳에 살고 계십니다.

저는 캘리포니아에서 구 년간 살고 있는 동안에 자주 마고 루이스와 많은 두아르테Duarte의 한국 선교사들을 만났습니다.

주님께서 풍성한 복을 내리사 당신을 계속해서 그의 영광을 위해 쓰시기를 빕니다. 옛날의 나의 모든 친구들에게 안부 전해 주십시오.

1962년 4월 30일

사랑하는 김필례 여사에게

정신여자중고등학교 개교 칠십오 주년을 축하하며

매티 밀러Mattie H. Miller

선교사. 전 정신학교 교장(5대, 8대).

릴리언 밀러 부인을 통해서 받은 편지를 방금 읽었습니다. 지난 여러 해 동안 정신여학교와 그 모든 충실하고 헌신적인 선생님들을 통해서 하나님께서 크게 역사하신 것을 생각하니 내 마음은 기쁨과 감사에 가득 찹니다. 우리가 봉직하던 때는 연약한 갓난아이이던 정신여학교가 한국의 여성들을 위해 일하는 강한 거인이 되었음을 압니다. 이 학교에서 가르침을 받은 수많은 한국 소녀들이 온 나라에 흩어져 어느 곳에 있든지 기독교 가정을 이루고 기독교적 지도자가 되어 그들의 자녀를 그리스도의 사람으로 기르고 있음을 생각하는 것이 나의 기쁨이 됩니다.

처음부터 정신은 굳건한 기독교 정신에 투철해 왔습니다. 이것은 초창기의 선생님들 그 가운데서도 특히 신마리아 선생의 강하고 깊은 믿음의 생활에 힘입은 바가 컸었습니다. 신 선생은 내가 아는 가장 은혜와 능력에 넘친 기독교 여성 중의 한 분이었습니다. 그는 정신여학교에 영구한 감화를 주었는데 지금도 그 감화는 계속되고 있으리라 확신합니다.

사랑하는 김 여사! 당신이 재정상으로 학교 운영에 크게 도움이 되는 빌딩과 대지의 힘든 사업을 현명하게 꾸려 나가고 계신 것을 알고 기뻐하는 바입니다. 또한 당신은 기도하는 사람이며 지난날의 당신의 공로가 기도의 힘이었음을 압니다. 나도 자주 당신의 일을 위해서 기도하고 있습니다. 앓았던 감기도 진즉 나으시고 지금은 건강한 몸이 되어 이번에 거행할 창립 기념행사를 위해 더 수고하실 일들을 능히 감당하실 것을 원하고 기도하고 있습니다.

사랑하는 김 여사!

내 남편과 나는 많이 늙어서 육신이 매우 약해졌습니다. 그는 동맥경화증이 있어서 식사 후에 반드시 누워야 하며 또한 우리들은 다 백내장이 있어 거의 소경이 되었습니다. 이 편지에도 많은 오자가 있을 것이나 고치지 못하오니 용서하시기 바랍니다. 우리는 두아르테에 자리가 나면 거기로 옮겨갈 계획입니다. 거기에는 마고 루이스와 에드나 로렌스 여사들이 살고 있다는 것을 아마 아시겠지요. 거기에는 그밖에 선교사로 지냈던 분들이 열 분이나 살고 있습니다. 우리는 거기에 가면 이곳 산타바바라보다 보호를 더 잘 받을 것입니다. 우리는 당신을 늘 기억하며 또한 이 해의 학교 행사를 귀히 생각하겠습니다. 하나님께서 축복하시고 지켜주시기를 빕니다.

여성 교육의 새벽별

의무가 제일 먼저

김안순

정신여자고등학교 제39회, 1952년 졸업.

육이오동란 전, 한국이 아주 가난했던 시절 정신학교에 다니던 때를 생각하면 항상 김필례 선생님이 떠오른다. 선생님은 훌륭하신 교육자로 예수님 사랑을 가르쳐 주시고 인생의 도리와 의무를 가르쳐 주신 고마우신 선생님이셨다.

나는 어린 시절 부모를 따라 삼팔선을 넘어온 피난민이어서 약 일 년간 학교에 다니지 못하고 있는 중, 베다니교회(현 영락교회)에서 광고가 있었다. 일제시대 신사참배 거부로 폐교되었던 정신학교가 복교되어 학생을 모집한다는 광고였다. 종로구 연지동에 있는 정신학교를 찾아가서 원서를 내고 시험을 봤다. 모집 학급수는 1학년 두 학급, 2학년 한 학급이었고 나는 2학년에 입학을 했다.

입학식을 하고 보니 오랫동안 비어 있던 교사라 교실과 복도에는 먼지가 많이 쌓여 있어 전교생이 며칠간 청소를 하고 그 위에 양초 칠을 해서 교실과 복도는 어느 정도 깨끗해졌다. 그 때를 생각하면 청소가 매우 힘들었던 기억이 난다.

2학년에는 피난 온 친구들이 나를 포함해 열다섯 명가량 있었다. 한참 먹어야 할 나이인 열네다섯 살 나이인 우리들은 배고픔과 열등감에 젖어 있었다. 방과 후 교실청소를 할 때마다 식은땀이 나고, 집으로 돌아갈 때는 현기증이 나던 그때가 잊혀지지 않는다. 그 당시 우리는 도시락을 가져가지 못했는데 김필례 선생님은 점심시간이면 교실을 돌아다니시곤 했다. 지금 생각하면 선생님은 도시락 못 가져오는 학생을 점검하신 것 같다. 얼마 후 교탁 위에 우유가 가득 찬 들통과 대접 몇 개가 놓였다. 선생님은 또 순방하시며 도시락 못 가져온 학생은 나와서 마시라고 했다.

그러나 부끄러워 나가지 않으면 선생님께서는 "너희들 영양실조 되면 뇌가 자라질 못해. 뇌가 자라지 못하면 장차 아무 일도 못하지"라고 말씀하셨다. 용기 있는 친구 몇몇 나가면 줄이 세워지고 들통은 다 비어지곤 했다. 철없는 우리들은 선생님 말씀을 잔소리로 들었지만 지금 생각하면 얼마나 훌륭한 사랑을 베푼 선생님이셨는지…. 우리는 그 사랑을 잊지 못한다. 얼마 후 알게 되었는데 선생님께서는 우리들을 위해 미군부대에서 우유를 구해 오시곤 했다고 한다.

어느 해 12월 초였을 것이다. 월요일 조회를 항상 운동장에서 했는데 그때마다 외투를 벗고 나가야 했다. 그런데 하루는 조회 때 모두 외투를 입고 나가라는 담임 선생님 말씀을 반장이 전했다. 외투 있는 친구들은 좋아했지만 나를 포함한 외투 없는 친구들은 그런 지시가 별로 즐거울 게 없었다. 그때 선생님은 무엇인가를 기록하셨는데 교실로 돌아오니 뜻밖에도 교탁위에 알록달록 예쁜 코트들이 놓여 있었고 담임 선생님께서 외투가 없는 학생들의 이름을 부르며 외투를 하나씩 나누어 주셨다. 나는 자주색 체크무늬가 있는 감색 외투를 받았다. 소매는 좀 길었지만 정말로 기뻤다. 내 여든 평생에 좋았던 기억 열 가지를 나열하라면 그때가 으뜸이라고 하겠다. 이것 또한 추위에 떨며 학교에 다니는 우리를 위해 김필례 선생님께서 미국 구제품을 얻어 오신 것이었다.

선생님께서는 일주일에 한 시간씩 수업을 맡아 우리들에게 삶에 유익한 말씀을 하시곤 했는데 내가 가장 기억나는 말씀은 "의무가 제일 먼저"였다. 이 말을 흑판에 쓰시며 해 주신 말씀이 오랜 세월 내 삶을 지탱하는 교훈이 되어 내가 인격적으로 남의 지탄을 받지 않는 삶을 살 수 있었다.

세상 사람들이 지도상에 한국이 어디 있는지도 잘 모르던 시절에 선생님은 미국 컬럼비아대학에 유학하셨는데 유학 시절 말씀도 자주 하셨다. 기억나는 말씀에는 독일 유학생들의 생활습성을 말씀해 주시며 독일 여성을 본받아야 국가가 부유한 나라가 된다며 독일 여성의 절약, 검소, 부지런함, 학업의 열성 등을 말씀하시곤 했다. 사과 한 개 수확하는 데 일 년이 걸린다며 독일 여성은 사과를 먹어도 씨만 남길 정도로 다 먹는다고 하셨다. 독일 여성의 그와 같은 근검절약의 생활태도가 오늘날 독일을 저렇게 부강하게 만들지 않았을까 생각하며 선생님이 해 주신 말씀을 내 인생의 교훈으로 삼고 있다. 육이오동란으로 서울의 모든 학교는 휴교가 되고 피난길 정착하는 곳에서 학교를 다녀야 했다. 우리 가족은 대전 근교에 정착하여 나는 대전여고를 다니고 졸업하게 되었다. 대전여고에서는 피난민 졸업생에게는 피난 전 다니던 학교의 졸업장과 대전여고 졸업장 가운데 하나를 양자택일하라는 배려가 있어 나는 정신학교의 졸업장을 받기로 하고 수료증과 성적표만 받고 졸업을 했다. 그 당시 정신학교는 부산에서 개교를 했다는 소식은 들었지만 부산으로 갈 형편은 아니었다.

얼마 후 전쟁이 끝나 정신학교도 서울로 오게 되어 졸업장을 받으러 연지동 학교로 갔다. 그때 나는 대학교 1학년이었다. 교장실로 들어가니 선생님은 나를 알아보지 못하시며 어떻게 왔냐고 하시어 대전여고에서의 일을 말씀을 드리며 "지금은 S대학생입니다"라고 말씀드리니 무척 기뻐하시며 당시 교감 선생님이신 박희경 선생님을 불러 "얘가 졸업장 받으러 왔어요. 그리고 S대생이래요" 하시며 졸업장을 만들라고 하셨다. 교감 선생님은 나를 알아보시고 공부 잘했구나 하시며 졸업장을 만들러 가셨다. 잠시 후 나는 교장 선생님을 따라 교무실로 가서 영광스럽게도 모든 선생님들의 박수를 받으며 교장 선생님께서 직접 낭독하시는 졸업장을 받았다. 지금 생각하면 김필례 선생님의 학생에 대한 크신 배려가 참으로 고맙다. 그분은 정말 훌륭한 교육자셨다.

정신학교 2학년 때부터 지금까지 육십칠 년간 살아오면서 기쁠 때나 힘들 때나 김필례 선생님의 가르침 덕에 인생을 소홀히 살지 않았다. 처해 있는 환경에서 의무이행을 첫째로 알고 최선을 다하고자 하는 나의 인생철학은 선생님이 나에게 가르쳐 주신 교훈이었다고 생각하면서 생전에 자주 찾아뵙지 못한 안타까움과 죄송함에 젖는다.

본받아야 할 인격•

김영순

정신여자고등학교 제9회, 1922년 졸업. 대한민국 애국부인회 서기.

김필례 교장의 훌륭한 성격을 제가 아는 대로 소개하고자 합니다.

시어머니께 효부올시다. 시모님께 공대한 것은 물론이고 한 예를 들면 그 큰 집과 전답을 다 그대로 가지고 마음대로 하시라고 자기는 몸만을 나오셨습니다. 시모는 그곳에서 따님과 같이 사시면서 고춧가루나 깨나 얼마씩 해 보내면 받아쓰시고 그도 안 해 보내도 말씀이 없습니다.

방학마다 가 보시고 병환 나셨다고 편지 오면 곧 가서 응급치료 해 드리고 오십니다. 그 시모님은 며느리라고 아니하고 아들이라 한답니다. 시골 계실 때에는 밭도 매시고 농사도 하시고 면화도 따시고 또 선생 노릇도 하시고 교장 노릇도 하셨습니다. 광주 가면 그 칭찬과 명성이 자자합니다.

일가친척을 먼저 돌아보고 부모 없는 조카들 공부시켜 미국까지 보내어 공부시킨 집도 있고 시집편이나 친정편이 다 없다고 사정하면 자기 못 먹어도 다 도와줍니다. 학교 교장으로 계실 때에 대학시험을 앞두면 없는 집 아이가 얼굴빛만 나빠도 보약을 먹여주고 주사를 맞게 해 주어 원기를 도와 시험을 잘 치르게 하는 것을 볼 때 과연 교장은 어머니의 심정과 자격까지 있다고 생각하고 그 진정한 사랑을 탄복하였습니다.

• 이 글은 '김영삼,『정신 75년사』, 계문출판사, 1962. pp. 379-380'에 실린 김영순의 글 전문을 재수록한 것이다.

또 자기가 담당하여 대학을 시키는 학생도 몇 명 있고 외국에 소개해서 등록금 얻어준 학생이 대여섯 명 있는 줄 압니다. 그것은 자기 돈 주는 것보다 더 어렵습니다. 소개 편지도 써야 하고 매달 보고해야 하고 시험마다 성적표 해 보내야 하고 한 자리라도 떨어질까 염려하시며 고생하십니다. 그래서 그는 지금까지 집 한 칸 없이 반찬 없는 진지를 잡수시며 빈궁한 생활을 하십니다.

그는 가정을 잘 처리하고 일가친척을 잘 돌아보아 형제우애하고 진정 학교를 자기 목숨보다 더 사랑해서 처음 아무것도 없는 데 들어오셔서 학교를 이렇게 만들어 놓으셨으니 무슨 고생이야 아니 하셨겠습니까. 선생들에 월급 지불할 때가 되면 삼청동 형님 댁에 의논하러 다니실 때 울면서 다니셨습니다. 학교 담을 쌓을 때부터 강당 짓고 과학관 짓고 하실 때에 도시락을 싸 가지고 다니면서 시간이 있는 대로 나가서 감독하시고 벽돌 하나 놓는 것까지라도 돌보시고 얼굴과 손등이 까맣게 그을리도록 고생하셨습니다. 진실한 신앙심과 굳은 결심으로 희생봉사 하셨으니 참 애국자요 우리가 본받을 만한 훌륭한 인격이라고 생각합니다.

꼭 필요한 존재

남춘길

정신여자고등학교 제46회, 1959년 졸업. 제19대 정신여자중고등학교 총동문회장.

선생님의 가르침 앞에 서면 한없이 작아지는 내 모습이 보인다.

"언제 어디서나 꼭 필요한 존재가 되어야 한다. 그리하면 너는 네 삶의 승리자가 될 것이다." 졸업식 날 내 손을 잡으시고 선생님께서 해 주신 말씀이다. 지금까지 살아오면서 항상 나를 붙들어 준 큰 가르침이었다.

있으나 마나 한 희미한 존재가 된 것 같아 수많은 밤을 지새운 적도 있었다. 살아 있어 해가 되는 존재, 있으나 마나 한 존재, 꼭 필요한 존재. 나는 어느 부류일까? 희미한 존재로 살아 왔으니 있으나 마나 한 존재임이 분명하다는 결론에 다다르고 보면 그렇게 한심할 수가 없었다. 선생님이 내게 일러주신 말씀은 힘이 되라는 격려의 뜻이었고 쓸모 있는 인간이 되어 주기를 바라셨던 스승의 따뜻한 사랑이었지만 내게는 큰 숙제이기도 했다.

어머니가 갑자기 쓰러져 우리들 곁을 떠나가신 후, 지독한 우울증으로 살아갈 의욕을 잃었을 때, 주님의 옷자락을 겨우 잡고, 비로소 무릎 꿇어 고백했다. 그리고 깨달았다. 선생님이 내게 원하셨던 것은 내가 서 있는 자리에서 내 모습 그대로 작은 자를 돌보고 섬기는 삶이라는 것을!

덜 익은 열매처럼 떫은 자존심으로 훌륭한 것만 바라보고 싶었던 미숙함이 자신을 들볶아 평범한 소시민으로서의 자신의 삶에 대한 감사마저 놓치고 있었던 것이다.

소중한 내 가정에서 아내로, 두 아이의 엄마로 최선을 다해 살아가는 모습은 얼마나 절실하게 필요한 존재인가. 열심히 살아가는 가정들이 모여 사회를 이루고, 성실한 사회가 건전한 국가를 이루어 나간다는 이 평범한 진리 앞에 고개가 숙여졌다.

운명의 신 '모이라이'는 각자에게 맞는 삶의 몫을 주었다는 어렸을 때 읽었던 책 내용이 새삼 생각이 났다.

검은색 통치마에 흰 저고리를 입으시고 복도에서나, 운동장에서나 항상 떨어진 휴지를 주우시던 교장 선생님. 따뜻하고 부드러웠던 내면은 안으로 감추신 채, 근엄하고 올곧으셨던 선생님을 우리 모두는 가까이 다가가기를 어려워했고, 존경하는 마음조차도 표현하지 못하였다. 물론 나도 마찬가지였다.

그렇게 멀리서만 바라보던 선생님을 가까이 대하게 된 일이 있었다. 중학교 3학년 때, 맹장 수술로 오랫동안 입원한 적이 있었다. 그때 교장 선생님이 나의 병실로 찾아 주셨다. 인상이 좋은 미군 장성과 함께. 아마도 그 미 장성은 내게 장학금을 주신 분이 아니었을까 생각된다. 선생님께서는 병상에 홀로 누워 있는 내 이마도 짚어 보시고, 머리칼도 쓸어주시며 내게 다정하게 몇 가지를 물어보셨다. 선생님이 찾아 주신 것만으로도 감사했었는데, 그 감사함과 황송함은 두고두고 잊혀지지 않는 눈물겨움이었다. 학교의 행정적인 일만으로도, 전국 여전도회 일로도 한국 전쟁의 참상을 해외에 알려 후원을 받아내셨던 바쁜 일정 속에서도 어린 학생 한 명을 위하여 시간을 내주신 선생님의 사랑과 섬김의 가르침은 지금까지도 교훈이 되어 내 마음 안에 아름답게 자리하고 있다. 그때 선물로 주셨던 초콜릿은 담겨진 예쁜 상자부터 얼마나 고급스럽고 맛있었는지 지금 생각만 해도 침이 꼴깍 넘어간다. 밀가루 과자조차도 흔하지 않던 시절, 입원 환자들과 골고루 나누어 먹은 초콜릿은 나를 단박에 유명 인사로 만들어 주었었다.

맹장염이야 초기에 수술하면 어려운 병도 아닌데 참기 대장인 내 성품 때문에 맹장이 터져서 복막염이 되었던 것이다. 먹고 살기조차 힘든 생활인데, 아프기조차 해 엄마를 힘들게 할 순 없다는 생각으로 안 아픈 척한 것이 엄마를 더 힘들게 만든 결과가 되었다. 죽음 직전에 한 수술로, 위험한 고비는 넘겼으나, 수술 자리를 닫지 못하고 거즈를 배안 가득히 채웠다가 하루에 한 번씩 불순물로 가득 찬 거즈를 갈아낼 때 그 통증은 말로 표현할 수가 없었다. 나보다도 의료진들이 더 긴장하고 걱정을 하다가 환자인 내가 잘 참아 준 탓에 의료진들이 더 고마워하였다. 우수 환자로 표창도 받고, 입원비도 병원 혜택으로 해결해 준 마당에 귀하고 맛있는 초콜릿 잔치까지 열었으니, 분에 넘치는 찬사와 더불어 유명해졌었다. 사십일이 넘는 병원 생활이 지겹기는커녕, 퇴원하기가 싫을 정도였다.

그 후로도 선생님이 어렵기는 마찬가지였다. 이따금씩 복도에서 뵐 때면 "너 얼굴이 너무 희구나. 건강해야지." 웃자란 코스모스처럼 가냘프게 보이는 내가 걱정이 되셨던 모양이다. 고교 2학년 때는 경기여고 졸업생들이 만든 '원광회'라는 장학회에 추천도 해 주셔서 색다른 경험과 함께 이 년 동안 장학금을 받았다.

고교 도덕 시간에는 교장 선생님께서 친히 수업을 맡아, 믿음과 삶의 자세에 대하여 가르쳐 주셨다. 일기장을 제출토록 하셨는데 어려움이 있는 제자들에겐 위로의 글을 써주시곤 했다. 나는 마음 안에 간직된 무거운 과제는 아무리 존경하는 선생님이라도, 엄마에게도 비밀이어야 할 것 같은 소녀적 결벽 때문에 진짜 속마음을 일기장에 쓰진 않았다. 참으로 어리석은 마음가짐이었다.

한 알의 밀알이 땅에 떨어져 죽지 아니하면 한 알 그대로 있고 죽으면 많은 열매를 맺는다는 성경말씀대로 실천하신 선생님의 생애는, 우리들 모두에게 참으로 큰 산이었다.

신사참배 거부로 폐교 당한 정신학원을, 전국여전도회를 재건하고, YWCA를 설립하신 큰 발자취는 물론, 수많은 제자들에게 삶의 길을 열고 가르침을 주신 선생님의 사랑은, 이름 없이 빛도 없이 작아진 제자들까지도 일으켜 세우는 아름다운 향기로 퍼져 나갈 것이다.

수피아여중이 받은 축복

박은희

수피아여자중학교 1945년 복교 후 제1회 졸업.

전라남도 광주 수피아여중은 신사참배를 거부했다는 이유로 폐교가 되었다가 팔 년 뒤 1945년 8월 15일 광복 후 복교, 1945년 12월에 신입생을 모집해 개교했다.

그 당시 광주에는 일본인 여학교가 하나, 그리고 한국인 여학교가 하나 있을 뿐이었다. 일제하에서 교육의 기회가 없었던 소녀들이 각 지방으로부터 모였고 나이도 삼 년 정도 각기 다른 아흔네 명 정도의 학생은 A, B 두 반으로 수업을 시작했다.

선생님도 모자라고, 교과서도 없이 선생님들이 손으로 밀어 만든 인쇄물로 난생 처음 한글로 공부를 시작했다. 개교는 했지만 본교 건물은 미군들이 사용하고 있어 승일남학교 별관을 임시 교실로 빌려 이 년 동안 사용했다.

그때 우리에게 행운이 왔다. 일본 동경 여자학원과 미국 아그네스스콧 대학을 졸업하고 컬럼비아대학에서 석사학위를 받은, 그 당시에는 아주 드문 인재이신 김필례 교장님을 모시는 축복을 받았다. 선생님의 부군인 최 박사님은 유명한 의사로 광복 후 전라남도 도지사가 되셨다. 김필례 교장 선생님은 주둔군 미군 고문으로 있으면서 교장직을 맡으셨다.

그때 선생님은 전교생에게 가죽 구두와 스타킹을 나누어 주셨다. 아마도 미국으로부터의 원조 물건이었다고 기억한다. 덕분에 난생 처음 구두를 신어 보게 되었다.

선생님은 시골 소녀들에게 현모양처가 되라고 자주 말씀하셨고, 기숙사 마당에 탁구대를 놓고 와이셔츠 다리는 법, 양복 얼룩 처리하는 법, 간장과 된장 담그는 법을 가르쳐 주셨다. 그리고 카레 라이스라는 것을 처음 만들어 보고 그 맛에 행복했었다.

1946-1947년, 한국은 혼란의 시기였다. 학생들은 좌우로 갈라져 신탁통치 반대와 찬성으로 학교가 요동했다. 좌파 학생들은 선생님을 괴롭혔다. 선생님의 저고리 소매를 잡아채 소매가 터지는 일도 있었다. 그러나 선생님은 아무 말씀이 없으셨다. 얼마나 가슴이 아팠을까 상상이 된다.

이런 가운데 나는 송정리에서 광주까지 십이 킬로미터를 기차로 통학 중이었다. 어느 날 동맹파업으로 기차가 멈추는 일이 있었다. 집에 돌아갈 길이 막막했던 하교 후, 승일학교 교무실 앞 복도에 그림이 전시되어 있어 돌아보고 있는데 미술 선생님이 교무실에도 그림이 있으니 들어가서 봐도 된다고 하셨다.

따라 들어가서 십 분가량 구경하고 나왔는데 교장 선생님이 교장실 창문으로 보시고 나를 불러 꾸중하시며, 젊은 남자 선생을 따라 들어가면 어떻게 하냐며 여자는 자기 몸은 항상 스스로 지켜야 한다 하셨다.

야단을 맞고 집에 돌아가는데, 기차는 파업 중이었고 그 시대에는 버스라는 것도 없었으므로 화물 트럭이나 화물 오토바이를 얻어 타는 방법밖에 없었다.

여학생 세 명이 화물 오토바이를 간신히 얻어 타고 출발했는데, 십 분만에 작은 개울 다리에서 다리 밑으로 전복되어 나는 중상을 당했고 두 여학생은 귀가했는데 후에 전남고녀생은 머리 타박상으로 숨졌다.

지나가던 미군 트럭이 나를 병원으로 옮겼고, 학교에 연락이 되어 교장 선생님이 광주역전 외과병원에 오셨다. 선생님은 한 시간 전에 야단쳐서 보낸 학생이 사경을 헤매는 모습에 가슴이 아프다고 간호사에게 말씀하셨다고 한다. 의식이 돌아온 후에야 들은 이야기다.

부모님께 연락이 힘들어 선생님이 대신 이틀 동안 밤을 새우셨다. 그 은혜에 감사 인사나마 할 기회를 잃은 것은, 사 개월의 병원 생활 후 복교하니 선생님은 정신여고로 떠나시고 새 교장 선생님이 와 계셨기 때문이었다.

그 후 다시 만나 뵐 기회 없이 살다가 오십오 년을 같이 살던 동반자를 먼저 보내고 장남집 근처에 이사 와서 애들하고 같이 나가게 된 교회가 주님의교회였다. 정신여고 채플에서 예배를 보았는데 건물 입구 동판에 김필례기념관이라고 새겨져 있는 것을 보며 얼마나 반가웠는지 가슴이 뜨거워졌다.

너는 나의 소망이다

방영자

정신여자고등학교 제47회, 1960년 졸업. 통일주체국민회의 대의원.
제11대 정신여자중고등학교 총동문회장.

나는 열세 살에 평택 고향을 떠나 서울로 유학하여 정신여중에 다녔다. 고등학생 때부터는 철이 들었고 학교의 행사(사경회)에 참석하면서 기독교인이 되기로 결심하고 신앙심이 생기기 시작했다. 나의 나 된 것은 물론 하나님의 은혜지만 고2 때 교장 선생님의 강의에 많은 은혜를 받고 새로 태어난 기분이 들었다. 정신여자중고등학교를 졸업한 것은 내게 큰 행운이고 축복이었다. 지금 일흔을 훨씬 넘긴 할머니가 되어서도 여전히 자랑스럽다.

고등학교 2학년 때부터 매주 교장 선생님의 특별한 강의가 있었다. 늘 장미꽃 화분을 들고 들어오셨다. 꽃은 어떻게 피고 열매를 맺는지 자세한 말씀으로 설명하기가 어려우셨던 것이다. 지금 같으면 실제 영상을 보여주며 교육시켰겠지만, 여성들이 어떻게 생활하고 결혼하고 좋은 가정을 이루어가는지 그 과정에 대해 성교육을 시키고 또 여러 면으로 교양강좌를 하셨다. 얼마 지나서는 모든 학생들이 숙제라며 매일 일기를 쓰고 다음 시간에는 가져오면 읽어본 후 나누어주고 다시 검토해 주는 번거로운 과정을 거치셨다. 처음에는 깜빡 잊고 못 썼다가 다음 날 선생님 시간이 있는 날 한꺼번에 사흘치를 다 쓰고 버젓이 내기도 했는데 선생님 성의에 너무 죄송해서 진심을 다해 꼬박꼬박 매일같이 그날의 느낌, 일어난 일들, 나의 생각들을 써서 제출했다. 일기 밑에 선생님의 생각이 한 줄씩 써 있더니 차츰 세 줄도 써 주셨다. 다른 친구들도 똑같은가 슬쩍 들여다보니 나만큼 많이 써 주신 친구는 없었던 것 같았다.

중학교 때는 교장 선생님이 아주 무섭고 어려운 어른으로 혹시 복도에서 마주치기라도 하면 고개만 까딱하고 한쪽으로 멀리 떨어지듯 급히 걸어가곤 했는데 일기를 쓰면서부터는 너무 다른 분으로, 감동까지 받는 인자하신 할머니 같은 분으로 내 마음자리를 차지하셨다. 내 일기장에 써주시는 선생님의 감상문이 차츰 길어지면서 선생님은 나에게 이 세상 누구보다도 존경하고 사랑하는 어른으로, 나라와 민족과 학교와 제자들을 극진히 사랑하시는 분으로 마음속에 자리매김했다. 우리 교장 선생님이 자랑스러웠고 나는 행복했다.

고3 어느 날 담임 선생님이 내게 교장 선생님이 부르시니 얼른 교장실에 가 보라고 하셨다. 담임 선생님도 나도 무슨 잘못을 저지르지 않았는지 걱정이 되었다. 하지만 교장 선생님은 웃으며 나를 맞아주셨다. 열심히 공부 잘하고 있는지 묻고는 다음과 같이 말씀하셨다. "나는 자주 네 생각을 했단다. 너는 나의 소망이란다. 내가 힘들게 학교 운영을 하면서 견디고 꿋꿋이 이겨 온 것은 바로 너 같은 제자를 키우기 위해서였다. 너를 알고 나서는 내 꿈이 이루어진 느낌이야. 희망이 있어." 너무나 과분한 말씀을 하시니 긴장도 되고 걱정도 되었다.

선생님은 학교를 운영하시기에 힘드셨던 여러 일들도 말씀해 주셨다. 일제강점기에 겪은 여러 가지 고초, YWCA 창설, 과학관 건축, 육이오 때 미국의 열아홉 개 주를 돌며 전쟁의 참상을 알리고 모은 구제품을 배편으로 고국에 보낸 추억 등. 그때부터 구제품들이 우리나라에 쏟아져 들어왔었다.

그리고 일제강점기에 일본군에게 빼앗겼던 연지동 학교 건물을 되찾고 아기 엄마가 된 졸업생들과 함께 건물을 청소하고 재건하던 과정, 선생님들의 월급을 충당 못해 돈을 꾸러 가셨다가 눈이 쌓인 언덕에서 미끄러지는 사고를 당하곤 그냥 이대로 죽었으면 좋겠다는 생각을 했다는 말씀. 평범한 나를 너무 모르시는 듯하여 부담스럽기도 하였으나, 아무 말 못했다. 아무튼 훗날 실망시켜드리지는 않아야겠다는 다짐을 했다.

고3 대학지원 원서를 쓸 무렵 교장 선생님이 정신여자대학을 세우신다는 소문이 돌아 의견들이 분분했다. 교장 선생님은 충분히 해내실 거라고 우리는 믿었다. 교장 선생님은 사택도 밀고 정구장도 밀고 그 자리에 과학관을 세워 전국에서 유일하게 최첨단의 과학기재를 들여놓고 영어공부도 직접 원어민의 발음을 들으면서 할 수 있게 해주셨던 분이다. 그래서 교장 선생님의 뜻을 따라가겠다고 마음을 정한 친구들도 많았다. 다음해 서울여자대학이 출범하면서 교장 선생님이 계획하셨던 정신여자대학의 청사진을 대신했다.

나는 대학을 졸업하고 무작정 평택에 내려와 임마누엘고등공민학교(중학과정)를 세워 가난한 농촌 어린이들의 교육을 시작했다. 어느 날 기별도 없이 선생님이 기사와 비서를 데리고 방문하셨다. 기뻐하고 격려해주시는 말씀을 들으며 몸 둘 바를 몰랐다. 차로 오 분 거리에 대규모의 미군부대가 있었다. 선생님은 미군부대에 군목이 있을 터이니 만나 보자고 하셨다. 내가 마침 군목을 알고 있다고 하니 무조건 빨리 만나 보자고 하셨다. 부대에 방문하니 군목은 반가워하며 사령관도 함께 만나자고 하였다. 두 분 미군장교는 교장 선생님의 너무나 유창한 영어 실력에 깜짝 놀랐다. 미국에서 컬럼비아대학을 졸업하고 지금은 나의 모교 이사장님이라고 설명을 하니 반가워했다. 선생님이 나를 기대하는 제자라고 말씀하시며 어려운 교육사업에 수고가 많으니 관심을 가져주기 바란다고 하시자 그들은 물론이라고 대답했고 이후 더 가까이 지내면서 도움을 받게 되었다.

선생님께서 예기치 못하게 학교에서 물러나시게 된 일이 있었다. 평택집에 내려와 일하고 있을 때인데 선생님이 부르셔서 자택으로 찾아뵈었다. 선생님은 힘들게 "네가 박희경 교장 선생에게 부탁 좀 해 주렴. 옛날처럼 너희들에게 일기를 쓰게 했던 것처럼 다시 그 교육을 시키고 싶구나. 그래서 너 같은 후배 학생들을 키워낼 수 있게 도와줘야겠다. 박 교장도 이해하고 승낙할 거야" 하셨다. 즉시 박 교장님께 선생님을 부탁했다. 박 교장은 아무 조건 없이 즉시 허락했다. 기뻐하시던 모습! 그렇게 가르치기를 소원하시고 그만큼 사랑하셨던 것이다.

어찌 다 선생님을 표현할 수 있을까! 학교와 제자들을 생명처럼 사랑하셨던 스승 김필례 선생님! 그 파란만장의 세월! 배신과 억울함, 죽을 만큼 고통스러웠던 삶의 여정을 묵묵히 감내하셨다.

2018년 5월, 십 년 만에 모교를 방문했다. 전에는 잠실이 새로 개발되는 지역으로 고층 아파트가 몇 군데 섰을 뿐 학교도 변두리에 새로 생긴 건물인 양 학교다운 모습이 없었다. 그런데 이번에 가 보니 내 눈을 의심할 만큼 학교의 모습은 변해 있었다. 근사하게 변해 있는 건물을 둘러보고 한참이나 어리둥절 서 있었다. 재잘대는 학생들이 양쪽 건물을 뛰어다니며 장난을 치고 있었다. 마냥 즐겁고 행복해 보였다.

양쪽 건물에 김마리아 열사의 흉상과 김필례 이사장님의 흉상이 옛날 모습 그대로 학교를 지키듯 나를 바라보고 계셨다. 열사님께는 목례만 올리고 선생님 앞에 가서는 뜨거운 눈물까지 떨어트리고 나도 모르게 중얼거렸다. 결국 선생님이 이기셨습니다. 어디에 있든 정신학교는 '굳건한 믿음, 고결한 인격, 희생적 봉사'의 교훈을 받들고 영원할 것입니다. 마음 놓으시고 천국에서 편히 쉬십시오. 저렇게 발랄하고 씩씩한 제자들이 가득 차 있는 한 이제는 누가 어쩌지 못할 것입니다.

놀라운 또 한 가지 사실은 정신 주변에 그렇게 아름답고 멋진 공원이 마치 정신학교의 캠퍼스처럼 위치하고 있었다. 걸으면서 또 앉아서 나무들을 올려다 보다가 감사가 절로 나왔다. 그러니 우리는 행복하고 감사만 하자. 그리고 다 용서하자. 가장 많이 고초를 당하셨던 김필례 이사장님도 그러라고, 다 용서해 주라고 하실 것이다.

큰 나무도 작은 새싹부터

백혜숙

정신여자고등학교 제41회, 1954년 졸업.

삼팔도선 이북에서 자유를 찾아 서울에 왔을 때는 열세 살이었는데, 한경직 목사님께서 피난민을 위해 군용천막을 마련해 주셔서 영락교회에서 살았습니다. 일 년이 지났는데 천사 같은 친구가 나타나 저를 정신여중으로 인도했습니다. 전차표 두 장과 연필도 그 친구가 주었습니다. 정신여중에서는 "입학성적이 우수한 학생은 배울 기회를 줘야 한다"는 김필례 선생님의 방침에 따라 저를 외상으로 공부시켜 주었습니다. 나중에 어머님의 말씀에 따르면 1학기의 성적이 반에서 3등 이내에 들지 못하면 처음 입학할 때의 입학금과 강당건축을 위한 기부금 전부를 다 지불하는 조건이었다고 합니다.

저는 아무 것도 모른 채 결석도 안하고 공부를 시작했습니다. 우리 반 친구들은 다 명랑하고, 예쁘고, 친절했습니다.

1학년 1학기가 끝나는 날.

이게 웬일입니까!

담임 선생님께서 "우리 반 1등은 백혜숙"이라고 하시는 순간 저는 꿈만 같았고, 반 전체 친구들도 다 놀라서 저에게 축하를 아끼지 않았습니다. 그 후부터 각 과목 선생님들께서도 저에게 하나라도 더 질문하시고 칭찬도 많이 해 주셨습니다. 상급생들도 그 사실을 듣고 저를 찾아와서 'S동생'까지 삼아 주었습니다. 그래서 소심했던 저의 성격이 그때부터 할 수 있다는 자신감이 생겨 확 바뀌었습니다.

저는 지금의 시간제 아르바이트에 해당하는 학교 판매부에서 일을 하면서 반에서는 실행위원도 하고 성경공부도 잘했습니다. 저는 그렇게 전액장학금 학생이 되었습니다. 또 그 당시 영어 선생님은 방학 때마다 저를 선생님 댁으로 따로 불러 영어를 가르쳐 주신 참 스승이었습니다.

김필례 교장 선생님이 배움의 기회를 주시지 않았다면 지금 제가 무엇이 되었을지 생각도 할 수 없습니다.

아무리 큰 나무라도 작은 새싹으로부터 자라게 되는 것 같이 어린 새싹을 고이 키워 주셨으니 무한 감사합니다. 오늘날까지도 정신여중에서 배운 기독교적 교훈인 '굳건한 믿음, 고결한 인격, 희생적 봉사'가 오늘의 저를 큰 나무로 있게 했다고 생각합니다.

여든 평생을 사는 동안, 모든 순간이 축복과 은혜 또한 기도의 응답이었습니다. 인자한 어머님의 모습 같은 김필례 교장 선생님의 모습은 영원히 잊지 못할 것입니다.

내가 행복해 보이느냐

이건숙

정신여자고등학교 제46회, 1959년 졸업. 소설가.

내가 정신여학교에 다니던 시절. 목요일 아침은 모두 일찍 학교에 온다. 교실에 들어서면 열심히 일기를 쓰느라고 조용하다. 발랄한 십대들의 재깔거리는 소리는 사라지고 삭삭 글씨 쓰는 소리만 교실에 가득하다. 그날 첫 시간이 김필례 교장 선생님의 도덕 시간이기 때문이다. 일기가 아니라 모두 주기를 쓰고 있는 참이다. 서로 펜을 바꾸면서 써서 한 번에 썼다는 사실을 숨기려는 꼼수도 부렸다. 일기를 매주일 걷어다가 선생님이 하나씩 꼼꼼하게 읽고는 붉은 펜으로 틀린 표현을 고쳐도 주고 어째서 성경말씀이나 신앙생활에 관한 기록이 없느냐고 반문하는 꾸지람도 일기 말미에 표시해 놓았다.

내가 소설을 쓰게 된 것은 아마도 제복을 입었던 그 시절 김필례 교장 선생님의 도덕시간에 훈련된 주기 때문이 아닌가 하고 늘 생각한다.

그날도 어김없이 모두 조용히 마지막 수업에 제출할 일기를 주기로 쓰고 있었다. 고등학교 3학년 마지막 도덕 수업이다. 숨 가쁘게 일주일 일기를 한꺼번에 쓰고 숨을 돌리며 강단에 올라서는 교장 선생님의 얼굴을 주시했다. 언제나 변함없는 얼굴이다. 입술에 루주도 칠하지 아니한 화장기 없는 얼굴에 검은 테 안경, 머리는 뒤에 동그랗게 틀어 핀을 찌르고 복이 많은 오뚝 도톰한 코에 위엄이 서렸다. 선생님은 이상할 만큼 조용히 교실 안을 휘둘러보고 침묵하셨다. 우리는 드디어 마지막 수업에 일기가 아닌 주기를 쓴 사실이 탄로가 났구나 하는 마음에 모두 긴장했다.

그런 분위기를 깨고 그분은 우리에게 예상치 아니한 질문을 던졌다.

"너희들 눈에 내가 행복해 보이느냐?"

우리 모두는 당황했다. 우리가 존경하고 우러러보는 교장 선생님의 행복을 우리에게 질문하다니! 우리 주변의 여성들 중에 이런 분은 한 분뿐이 아닌가. 그 당시 가기 어려운 미국에 유학하여 학위를 가졌고 여성교육에 헌신하는 놀라운 분이 아닌가!

우리 모두는 용기를 내서 선생님은 세상에서 제일 행복한 분이라고 외쳤다. 그러자 그분은 우리를 쭉 훑어보시고는 머리를 흔들었다.

"너희들은 모두 결혼한 뒤에 가정을 천국으로 가꾸어라. 그게 여자에게는 행복한 길이다."

우리는 모두 놀란 표정을 감추고 선생님의 얼굴을 응시했다. 소문으로 주워들은 말들이 떠올랐기 때문이다. 남편이 바람둥이라고 하더라. 지금 기르는 딸은 친딸이 아니고 그렇고 그런 여자가 낳은 아이라더라 하고 모두 수군거렸던 소문 말이다.

당시엔 그 갑작스런 말씀을 잘 이해하지 못했지만, 활동가로서 치열하게 살아온 당신의 삶에 대한 고달픈 심경과 함께 가정에 충실하며 그 소중함을 알고 지킬 줄 아는 사람도 중요하다는 숨은 뜻을 나중에 알게 되었다. 졸업 후 만난 동창들을 보니, 사회에 직접 진출하여 중요한 역할을 하는 사람도 있지만, 장로의 부인이 되었거나 권사, 아니면 목사의 아내가 되어 숨어서도 가정과 교회, 사회, 나아가서 국가에 봉사하는 숨은 헌신자들도 많았기 때문이다. 물론 알려진 배우도 있고 정치가도 있으며 예술가들도 정신은 많이 배출했다. 그러나 착실한 주부로, 어머니로, 한 가정의 아내로 굳건하게 가정을 지키며, 그 각자의 한계 속에서도 김필례 교장 선생님의 뜻을 잊지 않고 살아갔다고 생각한다.

종로5가의 역사가 깃든 교정은 늘 내 영혼에 깊이 각인되어 있다. 그 이유는 바로 김필례 교장 선생님 덕이다. 어느 땐가 일찍 등교하다 보니 이슬이 자욱이 내리는 안개 낀 새벽이었다. 발등을 덮는 긴 한복 차림의 선생님이 홀로 예배당 건물의 모퉁이를 붙들고 기도하시던 모습이 나를 뭉클하게 만들었다. 그 모습의 교장 선생님은 내 인생의 어려운 역경에 항상 나와 함께하였다.

내 나이 팔순이 내일모레지만 그분은 내 영혼 속에 꿈 많고 특출한 여성으로, 내 인생의 모델로 우뚝 서 있다.

한 알의 밀알

이미자

정신여자고등학교 제49회, 1962년 졸업. 전 정신여자중고등학교 교장.
제22대 정신여자중고등학교 총동문회장.

"한 알의 밀이 땅에 떨어져 죽지 아니하면 한 알 그대로 있고 죽으면 많은 열매를 맺느니라." —「요한복음」 12장 24절

몇 달 전 국회회관 회의실에서 순국열사 김마리아선생기념사업회 정기총회와 이사회가 열리던 날, 회장의 선임을 놓고 많은 갈등과 망설임 속

에 힘겨워 한 적이 있었다. 이젠 나이도 건강도 환경도 능력도 힘겨운 시점이기에 사양을 거듭할 수밖에 없었다. 1956년 정신여중에 입학해 1962년 정신여고를 졸업할 때까지 육 년간 교장실의 문을 열고 들어서면 보이는 맞은 편 벽면의 액자 속 「요한복음」 12장 24절의 말씀. 아마도 그것이 육십 년 간 늘 마음속에 남아 내 삶의 원동력이 되었던 듯하다. 김필례 교장 선생님의 생활철학인 이 말씀이 순간적으로 되뇌어지며 순종하라는 목소리가 스쳐 지나갔다. 지금까지 살아오며 받았던 가르침의 은혜, 지나온 세월 동안 받았던 축복의 은혜에 감사하며, 결국 순종하는 마음으로 어렵게 회장 수락을 했다.

요사이 지나온 날들의 추억이 무척이나 애틋하게 되살아나는 까닭은 왜일까? 학창시절의 온갖 희로애락의 기억들, 늘 바쁘다는 핑계로 그동안 잊고 살았던 지난날들을 돌이켜보면, 그 가운데서도 축복받은 날들이 많았음을 새삼 떠올리게 된다. 사십 년간 모교 교사에서 교장의 임기를 마치고 은퇴하기까지, 그 후 총동문회회장을 맡아 소명을 다하기까지 헌신적이고 적극적으로 봉사할 수 있었던 것은 학창시절 굳건한 믿음 안에서 하나님의 사랑으로 이끌어주신 김필례 교장 선생님의 가르침 덕분이었다고 믿는다.

고3 특별 도의 시간, 수업시간에 들어오셔서 일기 쓰기를 권하시고 한 명 한 명의 일기를 직접 읽고 다정한 코멘트를 적어 주셨던 엄하면서도 엄마 같은 인자한 선생님. 미국 북장로교에서 파송된 선교사에 의해 세워진 정신여학교는 늘 하나님 말씀이 진리임을 강조했다. 또한 직접 제정한 '굳건한 믿음, 고결한 인격, 희생적 봉사'의 교훈을 몸소 실천한 선생님 덕분에 그 정신이 유지되었다. 우리 학교는 일제강점기에 신사참배를 거부하여 한때 폐교를 당하기도 했을 만큼 애국애족의 정신과 정의감 역시 중요시했다.

청소시간이면 우리는 늘 마룻바닥으로 된 교실과 복도 및 강당 바닥을 물청소가 아닌 마른 손걸레와 왁스를 발라 큰 차돌로 윤이 나게 닦아야 했지만, 그래도 당시에 힘들게 느껴지지 않았던 것은 학교를 가꾸는 보람과 기쁨은 물론, 늘 순회하며 칭찬을 아끼지 않으셨던 다정한 교장 선생님의 격려 때문이었던 것 같다.

나는 집안 사정으로 등록금을 제때 내지 못해 책가방 들고 교실에서 쫓겨나 복도에서 눈물 흘리던 시절도 있었고, 어린 마음에 자존심도 몹시 상하여 상처받고 슬픈 마음이 쌓이기도 했지만, 그 어려움을 극복해 낼 힘을 선생님께 얻었다고 생각한다. 대학 시절 아르바이트를 마치고 피곤한 몸으로 집에 들어설 때, 오히려 노심초사하실 부모님의 마음을 편안하게 해드리기 위해 미소 지으며 들어갈 수 있었던 힘도 마찬가지였다.

육이오동란을 겪은 후라 우리나라가 경제적으로 매우 어렵던 시절, 우리 정신은 전국적으로 학업성적도 손꼽히는 실력을 인정받았을 뿐만 아니라 운동부(탁구, 농구, 배구)도 대회에 나가기만 하면 전국에서 늘 우승권에 들었지만 우리의 홍보 부족으로 잘 알려지지 않음이 안타까웠다. 그래서 교장 선생님께 건의를 해 보았지만 번번이 내적으로 충실한 것이 중요하다고 늘 강조하셨다.

한국 YWCA 창설자이시고 서울여자대학 설립의 산파역할을 하셨음에도 중등교육의 중요성을 강조하시며 학장직을 사양하셨다. 이렇듯 양심적이고 뛰어난 능력을 지닌 참된 여성 중등교육자이시며 격변하는 사회변동 속에서도 오로지 교육과 신앙의 길만을 걸어오시며, 여성들에 대한 이해와 포용이 어려웠던 시기에 한국여성의 갈 길을 밝히신 여성 계몽자였던 것이다.

나약하고 부족한 나를 오늘의 나로 만들어 주심은, 학창시절 늘 하나님의 말씀과 사랑 안에서 기독교의 진리와 민족교육을 일깨우고 삶의 지혜와 믿음과 솔선수범함을 가르쳐 주신 김필례 교장 선생님 덕분이다. "한 알의 밀이 땅에 떨어져 죽지 아니하면 한 알 그대로 있고 죽으면 많은 열매를 맺느니라"는 말씀을 다시 한 번 묵상해 본다.

여성 교육의 새벽별

이복희

서울 YWCA 이사. 정신여자중학교 제66회, 1979년 졸업.

1977년 중학교 2학년 시절, 나는 여느 여자아이들처럼 문학소녀가 되어 정신여자중학교 교정에서 시와 편지를 써서 친구들과 주고받으며 우정을 다짐했고, 문예반에서 배웠던 김소월 시인의 「초혼」을 집에 와서 단숨에 외웠던 기억이 난다. 그러던 어느 날 초저녁부터 읽기 시작한 심훈의 『상록수』를 밤이 깊도록 손에서 놓지 못하고 계속 읽다가 하도 많이 울어서 눈물이 귓바퀴를 타고 고랑이 되어 먹먹해지고, 코는 탁탁 막혀서 숨을 쉴 수가 없어서 벌떡 일어나 앉았던 기억이 지금도 생생하다.

바로 그 소설의 여주인공을 YWCA 농촌계몽사업의 일환으로 수원의 샘골로 파견된 회원 최용신을 모델로 했다는 사실을 읽으며(이기서, 『교육의 길 신앙의 길: 김필례 그 사랑과 실천』), 암흑의 시대를 새벽별과 같이 살다 가신 김필례 선생께서 그토록 염원하셨고 함께 힘을 모아 만드신 YWCA에 지금 내가 있다는 사실에 전율이 느껴졌다. 서울 YWCA에서 뵐 때마다 김필례 선생님 이야기를 전하며 귀한 책까지 챙겨주셨던 윤현숙 회장님의 마음을 이제야 이해할 수 있겠다.

김필례 선생은 구한말로부터 일제식민통치시대, 조국 광복에 이어 육이오동란 그리고 남북분단의 시기, 이렇게 격변하는 사회 속에서 오직 '교육'과 '신앙'의 길만을 걸으신 분이다.

빼앗긴 국권을 회복하려면 나라의 힘을 길러야 하며, 나라의 힘을 기르는 길은 첫째도 교육이요, 둘째도 교육이라는 신념을 가진 그는 여성

교육에 대한 이해가 전혀 없던 시대에 중등교육뿐 아니라 야학을 통하여 부녀자들을 교육하고, 윤락여성과 전과자들을 위한 직업교육을 실시하였다. 그것은 여성교육을 참다운 자녀교육으로까지 발전시킬 수 있다고 생각했기 때문이며, 따라서 그에게 무엇보다도 큰 사회교육활동은 YWCA의 창립이었다.

1967년, 선생님께서 YWCA 창립을 돌이켜보며 남기신 말씀을 여기에 옮겨 적으며 그 의미를 다시 한번 되새겨 본다.

> 세대가 변천하고 그 변천에 따라 YWCA 사업의 종류도 변해 갈 줄 믿습니다. 그러나 변해서는 안 되는 것은 YWCA의 근본 목적인 것입니다. 은혜로우신 하나님께서 우리 배달민족이 가장 어려운 형편에 처해 있을 때, 이 귀중한 기관을 우리에게 주시고 우리와 동행하시므로 오늘의 YWCA를 보게 하셨으니, 구주께서 재림하시는 날까지 YWCA와 같이하시고 축복하심으로 처음부터 이 기관이 이루고자 하시는 뜻을 이루시기를 진심으로 빌어 마지않습니다.

한 가지 부탁

장춘자

정신여자고등학교 제49회, 1962년 졸업. 재미 간호사. 선교사.

학교에서 육 년간 뵈어 온 교장님은 항상 긴 회색치마와 흰색 저고리의 한복을 입으신 위엄과 정중함이 넘치는 어려운 분으로 생각되었다. 고3 도덕 시간에는 선생님께서 졸업생들에게 꼭 필요한 말씀을 많이 해 주셨는데 지금가지 내 머릿속에 남아 있는 말씀은 "혹시 어려운 가정형편상 동생들의 대학학업을 위해 자신의 대학진학을 포기하는 어리석음의 결단을 하지 말라"는 것이었다. 이 말씀은 나만을 위해서만 살라는 뜻이 전혀 아니라고 생각된다.

졸업한 몇 년 후 지금의 중앙의료원인 메디컬센터에서 간호사로 근무할 때 아마 종합검진 차 우리병원에 입원하신 것으로 생각되는데, 이때 선생님 병실로 찾아가서 나의 소개를 드리며 인사했더니 아주 반가워하시며 따뜻하게 맞아주셨다. 선생님과 단둘이 만나 뵙는 흥분과 감사의 짧은 시간이 지금도 가끔 생각나곤 한다.

그 후 팔 년이 지난 1973년 한국을 떠난 지 오 년 만에 서울에 왔을 때 선생님 댁을 방문해서 큰절을 올린 후 손수 준비해 주신 커피를 마시면서 기쁨의 재회를 했다. 여러 가지 말씀을 많이 해 주시는 중 나에게 한 가지 부탁을 하셨다. "미국에서 유익한 많은 것들을 배우고 터득해서 꼭 모국에 돌아와서 한국 사람들을 위해 일해야 된다." 난 그 말씀에 선뜻 "네"라고 대답을 못하고 고개만 조금 끄덕일 수밖에 없었다. 하지만 나름대로 그 부탁을 조금이라도 들어드려야겠다는 마음으로 육체적 정신적 아픔을 갖고 병원을 찾는 많은 환자들에게 최선을 다해 대한민국과 정신의 장한 딸로서 간호사 근무에 임했다. 선생님과의 마지막 만남 이후 지금까지 그 부탁을 이행하지 못한 죄송한 마음이 여전히 마음 한구석에 자리하고 있음을 지금 이 글을 통해 고백해 본다.

나무가 어떻게 느꼈을까?

전려숙

정신여자고등학교 제49회, 1962년 졸업. 미육군대령 퇴역 의사.

중학교에 막 입학했던 1956년 봄이었다. 학교 뒷마당에는 따뜻한 봄 햇살 아래 개나리가 화창하게 피어 있었다. 쉬는 시간에는 뒷마당에 모여 친구들과 오순도순 이야기를 하면서 짧은 휴식을 즐기곤 했는데 교장 선생님께서도 가끔 뒷마당에 나와 우리들을 살펴보곤 하셨다.

항상 한복을 곱게 입고 머리를 단정히 쪽진 모습의 선생님은 인자하면서도 위엄 있는 미소를 지닌 분이셨다. 그날은 무슨 일인지 교장 선생님께서 내 앞에서 걸음을 멈추셨다. 그리고 낮은 목소리로 조용히 나의 이름을 물으시고는 내 앞에 떨어져 있는 개나리 잎사귀를 하나 집어서 내게 보여 주셨다. 친구들과 이야기하면서 무심코 따서 땅에 떨어뜨린 햇잎사귀였다. 교장 선생님께서는 "나무가 어떻게 느꼈을까?"라고 내게 물으셨다. 나는 너무나 당황하고 긴장한 나머지 궁지에 몰린 기분으로 머리를 숙인 채 아무 말도 못했던 것 같다.

이후로 나는 '나무가 어떻게 느꼈을까?' '남이 어떻게 느꼈을까?'라는 생각을 종종 하게 된다. 또한 나의 무심한 행동이 다른 사람에게 나쁜 영향을 끼치지는 않았을까 생각한다. 그리고 지금 나 자신이 교장 선생님께서 강조하셨던 '다른 사람을 위하고 배려할 줄 아는 사람'으로 살고 있는지 종종 생각해 보곤 한다.

거의 육십 년이 지난 오늘날에도 그 옛날, 중학교 1학년 때 교정 뒷마당에서 물으신 그 말씀은 지금도 생생하게 내 귓가에 남아, 소아정신과 전문의로서 활동을 하며, 의과대학에서 제자들을 가르치기도 했던 지난 사십칠 년간 나는 나의 제자들에게 다른 사람을 배려할 수 있는 사람이 되라는 선생님의 교훈을 전하고 있다.

고등학교를 졸업할 무렵에 나는 교장 선생님의 또 다른 면을 몸소 경험하게 되었다. 당시 나의 부모님께서는 경제적으로 어려운 고비를 당하셨다. 고등학교 졸업성적이 일등이었고 내가 원하던 의과대학에 합격하기는 했으나, 입학하기 위한 등록금을 낼 형편이 못되었다. 가정 형편상 대학교를 포기하고 여섯 형제의 맏이로서 가정을 도와야 한다는 주위의 권유도 있었다. 이때, 교장 선생님께서는 이런 형편에 있는 나의 처지를 어떻게 아시고는 미국 교회 재단 여러 군데에 편지를 써 주셔서 나로 하여금 늦게나마 등록할 수 있게 해 주시고 의과대학 재학 육 년 동안 장학금을 받을 수 있도록 주선해 주셨다. 덕분에 사랑으로 격려하고 배려해 주시는 인자한 교장 선생님을 의과대학 육 년 동안 학기말마다 뵐 수 있었다.

교장 선생님께서는 만날 때마다 그 당시에는 여학생이 별로 없던 남녀 공학의 의과대학에서 받을 수밖에 없는 남녀차별, 그리고 여러 가지 유혹 속에서 경쟁해야 하는 어려운 점을 아시고 항상 격려의 말씀을 잊지 않으셨다.

교장 선생님께서는 한 인간으로서 사회에 공헌할 수 있고 남을 배려하며 하나님을 빛나게 할 수 있는 길을 실질적으로 보여주셨다. 스트레스를 해소하고 최상의 상태에서 사회생활을 하는 방법으로, 스스로 할 수 있는 지압, 긴장해소법 등을 손수 보여주시기까지 했다. 한편으로는 화목하고 평화로운 가정을 이루는 것도 중요하다고 강조하셨다. 몸소 전인교육의 면면을 보여주신 것이다. 지금도 그때 가르쳐 주신 자기 관리법, 공적인 일과 사적인 생활의 균형을 이루면서 삶의 목적을 세워 지속적으로 노력을 해야 한다고 하시던 가르침을 잊을 수가 없다.

교장 선생님은 세대를 앞서 간 전인교육의 참 교육자이시며 참 기독교인이셨다. 한 학생, 한 학생마다의 사정을 돌아보시고 기회가 생길 때마다 전인교육을 위하여 온 정력과 사랑과 신앙을 제자들에게 일생 동안 쏟아부으셨다. 위엄 있고 엄격하셨지만 한편으로는 인자하시며 사랑이 가득하셨던 할머님 같은 분이시기도 하다.

지난 세월을 돌아보면 내 일생에서 제일 큰 은인이시며 내 삶을 인도해 주신 목자이신 것이다. 나는 교장 선생님의 교훈과 베푸신 사랑의 일부라도 실행에 옮기는 것이 선생님의 은혜에 보답하는 것이라 믿고 나 자신뿐 아니라, 나의 제자들, 병원 직원들에게도 본을 보이고자 노력하고 있다. 교장 선생님과 가까이 함께할 수 있었던 것은 그만큼 큰 축복이었다.

잊혀지지 않는 말씀

정명숙

정신여자고등학교 제41회, 1954년 졸업.
전 정신여자중고등학교 교사. 전 원광대학교 교수.

이미 하늘나라에 계신 김필례 교장 선생님! 지금 높으신 곳에서 저를 내려다보고 계시겠지요. 돌아가시던 해 봄, 강남의 개나리 아파트, 요새 수준으로 보면 서민들의 임대아파트 수준의 작은 아파트였던 듯합니다. 그 아파트 작은 방에서 요를 깔고 앉아 계시면서 저를 맞아주셨지요. 정신이 하나도 흐트러지지 아니하시고 저를 대해 주시던 기억이 납니다. 그때가 구십삼 세였다니. (『교육의 길, 신앙의 길』을 읽고 알게 된 사실입니다.) 선생님께서는 거동이 불편하셔서 움직이는 일조차 힘이 드신 듯 보였지만 생각에 오류 하나 없이 확실하게 대화를 나눌 수 있었습니다. 그리고 잊혀지지 않는 말씀 중에 "아깝다, 결혼을 했으면 그 좋은 머리를 이을 자손이 있었을 텐데…"라고 하신 말씀을 기억하고 있습니다. 하지만 실은 제가 그렇게 머리가 좋지도 않습니다.

제가 처음 선생님을 뵌 것은 1948년 늦은 봄이었습니다. 5월인지 6월인지는 확실치 않지만, 저는 월남 가족 딸의 한 사람으로 아버지를 따라, 아버지 친구 되시는 어떤 장로님의 소개로 정신여중에 갔습니다. 아직도 헐리지 않고 있는 세브란스관 2층, 운동장이 내려다보이는 넓은 방이 응접실이었는데 박희경 교감 선생님께서 저희 일행을 맞아주셨습니다. 4월에 학기가 시작된 지 한참 지난 후라 편입을 하려면 시험을 보아야 하고 또 편입생은 학교 재정상 기부금도 내야 한다고 하셨습니다. 소개해 주셨던 장로님께서 아버지는 교육열이 높은 분이지만 부유하지는 않으시다고 고무신을 신고 있는 것을 보시라고 했던 기억이 납니다. 수학과 영어시험을 보았는데 수학은 무엇이었든지 기억도 안 날 만큼 잘 모르는 문제였습니다. 그리고 어떤 선생님께서 교무실로 데려가시더니 『딕슨 4』라고 쓰인 책을 꺼내서 첫 페이지를 읽으라고 하셨습니다. 제가 줄줄 읽었더니 무슨 뜻인지 아느냐고 해서 이것은 연필입니다, 저것은 책입니다, 그것은 공책입니다 하고 대답했더니 참 잘한다고 칭찬을 하셨습니다. 그래서 최소한의 기부금을 내고 영어시험을 잘 보고 해서 1학년 3반에 들어가게 되었습니다. 당시에는 성적순으로 반을 나누었고 보통 편입생들은 1반으로 배정되었습니다. 그런데 제가 상위 삼분의 일이 배정받는 3반이 되었다는 사실은 정말 기쁜 일이 아닐 수 없었습니다.

제가 영어를 잘 할 수 있었던 사정을 설명해 본다면, 해방되던 해 1945년 봄 저희 식구들은 만주에서 고모댁이 있던 평안북도 정주군에 있는 안흥면이라는 곳으로 이사했습니다. 그곳에서 다시 만주로 가신 아버지를 이 년 동안 기다렸는데 이북 중학교에서는 해방 직후라서 러시아어가 아닌 영어를 가르쳤습니다. 아버지께서 학교를 다니되 다른 공부는 다 헛것이요 영어만 진짜라고 항상 강조하셨기 때문에 영어를 열심히 공부했습니다. 지금 생각하면 발음이 엉터리였지만 나름 영어를 잘 할 수밖에 없었습니다.

아버지는 만주에 있던 재산을 정리하셔서 미리 친척 편에 서울로 보내신 다음 평안북도로 오셔서 가족들을 데리고 월남하셨기 때문에 우리 가족은 다른 월남가족들에 비해 덜 궁색하게 지낼 수 있었습니다. 아버지께서는 많은 가족을 안전하게 함께 데리고 오시느라 동부전선의 산꼭대기 삼팔선 경계선에 이르기까지 반년은 걸렸던 것 같습니다. 도중에 좀 긴 시간 머무르게 될 때마다 철없는 저는 학교에 보내달라고 울고불고 했던 기억이 납니다. 덕분에 우리 가족은 여덟 식구나 되었지만 이산가족을 만들지 않았고, 항상 많은 식구가 움직이느라 숙식의 어려움이 많긴 했어도 마음의 상처는 없이 무사히 서울로 올 수 있었습니다.

정신여중 학생이 되어 보니 김필례 교장 선생님께서는 음악교육에 관심을 많이 가지고 계셨습니다. 그래서 저는 그 어려운 시기에도 피아노 레슨을 받았고 콩쿠르에서 상도 타 왔던 것으로 기억합니다. 음악을 담당하던 장수철 선생님은 철저하셔서 그저 가사를 읽고 멜로디를 붙여서 가르치는 데 그치지 않고 꼭 먼저 계이름으로 음정을 익혀서 노래를 부르게 지도하셨습니다. 그래서 저는 음악이 전공이 아니라도 여전히 악보를 보면 노래를 부를 수 있고 악보를 보아야 노래를 할 수 있습니다.

돌아가신 지도 삽십 년이 넘은 지금에야 김필례 교장 선생님께서 음악 전문교육도 받으셨다는 것을 알았지만 지금 생각하니 음악교육에도 남다르셨던 것 같습니다. 선생님은 신앙과 인격을 갖춘 사회봉사를 할 수 있는 사람을 키우는 데 중점을 두셨지만, 그 못지않게 음악, 미술과 같이 예술분야에서도 많은 관심과 지식과 이해가 높으셨던 분이었습니다. 그리고 훗날 저와 같은 사람에게도 은혜를 베풀어 사 년 동안 한 번도 등록금 걱정하지 않고 대학을 다닐 수 있게 해 주신 것을 보면 과학에도 관심과 이해가 깊으셨던 듯싶습니다. 제 삶을 돌이켜보면 때로 선생님의 가르침을 잊고 잘못을 범하기도 했지만 또 어떤 면에서는 선생님의 가르침을 무의식 속에서 실천하며 살아왔던 시간이 아니었나 싶습니다.

세 번의 만남

정혜순

정신여자고등학교 제54회, 1967년 졸업. 전 정신여자중학교 교장.

첫번째의 만남. 철모르던 시절 정신여자중학교가 어디에 있는지도 모르던 내가 한강 다리를 건너 종로에 있는 정신여중에 입학하게 되었다. 입학식 날 처음으로 교장 선생님을 멀리서 뵐 수 있었다. 그 당시만 해도 여자 교장 선생님은 많이 없던 시절이다. 기억으로는 엄하시고 목소리가 카랑카랑하셨던 것 같다. 과학관에서 수업을 할 때면 손수 다니시면서 복도에 있는 창문을 열어 환기를 해 주곤 하셨다. 고무신을 신으셨는지 전혀 소리 없이 다니시는 것이 신기했다.

그때는 4월에 입학을 하였는데 입학 후 한 달 남짓 지난 5월 16일 오전 수업 중 담임 선생님께서 몇 명 학생의 이름을 부르시며 책가방을 싸가지고 나오라고 하셨다. 그중에 나도 포함되어 있었다. 복도로 나가 보니 영등포에 살고 있는 친구들이었다. 선생님께서는 집으로 가라고 하시는 것이었다. 깜짝 놀라서 어떻게 해야 할지 영문을 몰라 어리둥절하고 있는데 복도를 지나가시던 김필례 교장 선생님께서 괜찮으니 걱정하지 말고 선생님 말씀대로 하라고 우리의 마음을 달래 주셨다. 나중에 알고 보니 그날 한강다리를 건너서 등하교하는, 집이 먼 학생들은 집에 가기가 어려울 것 같아 학생들을 미리 하교시켜 주셨던가 보다. 김필례 교장 선생님께서는 학생들 편에서 하나하나를 살펴주시는 분이셨다.

두번째의 만남. 고등학교 3학년 때는 선생님께서 정신학원 이사장님으로 계시면서 고등학교 졸업반 학생들의 각 교실에 들어와 특강을 하셨다. 그때만 해도 졸업 후 사회로 나가 취직하는 학생들이 있어 지금처럼 모두 대학 진학을 하지는 않았다. 가정 형편이 어려운 친구들은 대부분 취직하는 경우가 많았다. 특강시간에는 생활 예절교육을 비롯하여 남녀교제, 가치관, 생활방식을 구체적으로 말씀해 주셨다. 지금 생각하면 이사장님께서 직접 교실에 들어오셔서 학생들에게 강의하시고 한 학생 한 학생의 질문을 받아 주시는 것은 상상도 할 수 없는 일이었다. 말씀 한 마디 한 마디에 힘이 있게, 열정을 다해 말씀하시고, 예를 들어 자세하게 설명하시던 모습이 지금도 눈에 선하다.

세번째의 만남. 대학교를 졸업한 후 정신여중에 교사로 부임하게 되었을 때였다. 다른 사람들보다 비교적 어렵지 않게 당시 이연옥 교장 선생님께서 나를 불러 주셨다. 순위고사 제도도 없었고, 사범대학이 아니면 교직과목을 이수한 후에 교생실습을 거쳐 2급 교사 자격증을 받을 수 있었던 시대였다. 모교에 취직했다고 부러워하는 친구들도 많았다. 약학과 졸업한 친한 친구가 너는 가정과를 나와서 모교에서 후배들을 가르칠 수 있어서 참 좋겠다며, 자신은 교사가 되고 싶어도 할 수 없다고 하던 말이 지금도 생각이 난다.

정신여중 교사로 결정이 되자 내 중학교 1학년 시절 담임이셨던 정명숙 선생님은 먼저 김필례 이사장님께 인사를 드려야 한다고 하셨다. 김필례 선생님은 교사의 사명, 교사의 몸가짐을 강조하셨다. 짧은 시간이었지만 나의 인생의 지표가 될 만큼 귀한 말씀들이었다.

해가 갈수록 그리워지는 스승

조복남

수피아여자중학교 졸업. 전 광주 YWCA 이사. 전 전남여자고등학교 교장.

며칠 전 YWCA에서 김필례 교장 선생님에 대한 추억이나 일화가 있으면 써달라는 연락이 왔다. 교장 선생님과 함께 또는 동시대에 활동하시던 많은 여성 지도자들이 이미 크게 각광받아 하늘의 별처럼 반짝이는데도, 이제껏 아무렇지도 않게 묻혀 가던 교장 선생님의 위업이 이제야 좀 알려지려나 하는 기대에 반갑기는 하였으나 선뜻 대답하기는 어려웠다. 학생 중에는 나보다 훨씬 더 잘 선생님의 진실한 모습을 전할 수 있는 인재들이 많음을 알기 때문이다. 하나 칠십 년 전의 이야기라 뿔뿔이 헤어진 친구들 연락할 길도 없으니 그저 교장 선생님께 누가 되지 않았으면 하는 작은 바람으로 이 글을 적으려 한다.

내가 교장 선생님의 성함을 처음 들은 것은 1945년 가을이었다. 광복은 되었으나 정국이 하 수선해 나라의 앞길이 막막할 때 "도대체 이 나라

꼴이 어찌 되려고" 하시면서 신문을 펴 드시던 어머니가 느닷없이 "김필례 씨가 교장이라면 보내야지" 하신 것이다. 내용인즉 수피아여학교의 신입생 모집 광고를 보셨는데, 다른 것은 따질 것 없고, 김필례 교장의 인품 하나 믿고 막내를 맡겨야겠다는 말씀이었다. 뒤에 알게 된 바로는 어머니가 젊었을 적에 여전도회나 부인회 등의 활동을 교장 선생님과 함께 하신 일이 있어 그분의 인품에 매료되셨던 것으로, 당시의 나는 어머니의 이 결정으로 이름도 분위기도 설디 선 사립 미션스쿨 수피아의 학생이 되었던 것이다.

입학식이 있던 날 교장 선생님은, 멋진 양장을 하고 계실 것이라는 나의 예상과는 달리, 발목까지 닿는 긴 통치마에 저고리를 받쳐 입고 단에 오르셨다. 옆 가르마에 양머리 쪽을 하신 지극히 평범한 차림을 하고 계셨지만, 가는 금속 테의 안경 너머로 보이는 지성적인 눈빛은 미소를 띠고 계셨음에도 마주치게 되면 멈추어 서서 옷매무새를 고쳐야 할 것 같은 위엄이 있었다. 무섭게 느껴졌던 것이다. 그래서 나는 어머니의 '엄嚴자慈'를 겸하셨다는 설유에도 불구하고, 가급적이면 교장 선생님과 마주치는 일이 없도록 주의하며 학교생활을 시작하였다. 그런데 얼마 되지도 않아 그 무서운 교장실에서 호출이 왔다. 당시 학교에 있던, 달랑 한 대의 피아노로 개인 교습을 시작하게 되어 희망원을 받고 있었는데, 나는 어머니의 분부를 어기고 그것을 제출하지 않았다. 교장 선생님이 그 일을 확인하고 부르신 것이다. "너의 어머님이 널 꼭 넣어달라고 부탁하셨었는데…?" 잔뜩 무안해서 힘없이 귀가한 나에게 이 말을 들으신 어머니는 "우연히 길에서 만나 그런 기회가 생기면 좀 챙겨달라고 지나간 말로 했을 뿐인데. 역시 김필례 씨다" 하고 감탄하셨다. 이 일로 해서 훗날 어머니께 전해진 교장 선생님의 나에 대한 평은 "형님 막둥이는 형님과 달라요"였다. 이래서 나는 더욱더 교장 선생님을 피해 다니게 됐다.

얼마 후 무서운 추위가 닥쳐왔다. 쌓인 눈이 비에 녹다가 그대로 얼어 길이 유리판처럼 반짝이는 어느 날 아침 등굣길에서 나는 교문을 향하여 길을 건너다가 그대로 길에 나뒹그러졌다. 그 순간 달려오던 미군 트럭이 아슬아슬하게 급정거해 주어서 나는 무사했으나 수피아 학생이 차에 치었다는 소문이 순식간에 퍼져 사람들이 모여들었다. 누군가의 부축을 받아 일어서는데 "아가 고맙다"를 연발하며 안아 주는 사람이 있었다. 교장 선생님이셨다. 학생이 차에 치였다는 소식에 버선발로 길에까지 뛰어나오신 것이다. 아무런 훈계 없이 그저 무사한 것만을 고마워하시는 교장 선생님의 자애로운 눈을 바라보면서 교장 선생님을 무서운 분이라고만 생각했던 내가 한없이 부끄러워졌다.

당시는 광복 직후의 혼란기였으니 개설 초기의 학교에서는 교사 수급도 어려웠을 것이다. 그래서였을까! 교사의 결원이 있을 때마다 교장 선생님이 들어오셨다. 그 하나가 성경 시간이다. 교목이 부임하기까지의 몇 시간 동안 문답식으로 성경 공부를 시켜주셨는데 지금까지도 생생하게 기억되는 것은 "어찌하여 형제의 눈 속에 있는 티는 보고 네 눈 속에 있는 들보는 깨닫지 못하느냐"와 "구제를 하려거든 오른손이 하는 일을 왼손이 모르게 하라"를 설명하셨던 부분이다. 특히 후자에 대하여는 어찌나 엄히 훈계하셨던지 지금도 귀에 쟁쟁하거니와 교장 선생님의 그 많은 업적들이 지금껏 묻혀만 있던 것은 바로 당신이 이것을 철저히 실천했기 때문이 아닌가 싶다.

어느 날 선생님은 우리에게 '세상에서 가장 불쌍한 사람'은 누구냐고 물으셨다. 우리들은 거의 '나라가 없는 사람'이라고 대답했다. 왜냐면 그간에 해주신 모든 말씀들, 그것이 여성교육, 양성평등, 가정의 평화 등 어느 영역에 관한 것이든 그 궁극은 애국이었기 때문에 선생님이 원하시는 답을 찾기가 어렵지 않았던 것이다. 선생님은 웃으시면서 "힘없는 나라 사람도 마찬가지란다" 하셨다. 그리고 이어서 미국에서 강연하실 때 한국을 폄하하던 청중 하나를 질타하셨다는 이야기를 하시면서 우리는 오랜 역사를 지닌 문화민족이니 긍지를 가지고 당당하게 살아나가 다른 나라를 도와주면서 살만한 힘을 기르자고 말씀하셨다. 힘있는 나라, 곧 자주력 있는 국가 건설이 선생님의 한결같은 화두였다.

그 시절은 미국의 원조 밀가루로 끼니를 때우던 시절이기도 했다. "추잉검 기브 미"를 외치며 미군 차량을 뒤쫓아 다니던 아이들도 있었다. 자연히 거리에는 미군과 그 가족들의 모습이 보이기 시작했고, 머지않아 그들과 닮아가는 모습과 행동을 하는 사람들이 나타났다. 말하자면 지아이GI 문화가 여과 없이 스며들면서 우리의 미풍양속이 무너져 내릴 듯한 위기감마저 들 정도였다. 교장 선생님은 이 점을 심히 염려하셨다. 그래서 기회가 있을 때마다 "저것은 미국의 상류 문화가 아니다. 저급한 지아이 문화를 선진국의 문화로 알고 받아들이면 안 된다"고 누누이 타이르셨다. 그뿐 아니라 지나가는 미군병사를 바라보면서 "저 애들은 몸집이 커서 그렇지 아직 어린 사람들이다. 한참 부모 밑에서 배워야 할 아이들이 저렇게 외국에 와서 막살고 있으니 앞날이 어찌될까 걱정스럽다"고 염려하시기도 했다.

미군 이야기를 하다 보니 또 하나 생각나는 이야기가 있다. 조금 꺼려지는 일이지만 그 무렵 우리나라에는 이가 많아 미군 위생병이 민가를 방문해 분무기로 디디티DDT를 살포한 일도 있을 정도였다. 광주에 있던 미군 주둔지는 수피아여학교가 임시교사로 쓰고 있던 숭일중학교 건물과는 도보로 십 분 이내이니 미군들의 동정이 눈에 자주 띄었을 터였다. 김필례 선생님이 어느 날 어머니에게 귓속말을 하시더란다. 어느 독실한 가정에 간청을 해서 세탁소를 열게 하고, 미군 책임자에게 그 세탁소만 이용하도록 지정하게 했다는 것이다. "미군들이 아무 데나 세탁을 맡겼다가 이라도 보면 우리를 야만족이라고 할 것 아니유." 교장 선생님의 애국애족은 이론이 아니라 합리적인 실천이었던 것이다.

또 하나 잊지 못할 일이 있었다. 해방 직후의 우리 사회는 이념 투쟁이 심한 때였다. 학교도 예외가 아니라서 선전물 등을 소지했던 학생들도 있었던 모양이다. 어느 날 오전 교장 선생님도 출타 중이시라는데 형사로 보이는 남자들이 들어와 몇몇 학생들의 소지품을 조사하더니 그 중 몇 학생을 연행해 가버렸다. 온 학교가 겁에 질려 수업도 진행되는 둥 마는 둥 허둥대고 있는데, 소식을 접한 교장 선생님이 경찰서에 가서 학생들을 모두 데리고 오셨다. 우르르 마중 나와 수고하셨다고 말씀드리는 선생님들에게 교장 선생님은 평온한 얼굴로 "교장 동의 없이 교내의 학생을 연행할 수 없다는 것을 그 사람들도 알고 있습디다"라고 대답하셨다. 보지는 않았지만 교장 선생님은 해박한 법 지식과 정연한 논리로 그들을 설득했을 것이다.

이렇게 적어 가다 보니 한이 없겠다. 교장 선생님이 수피아에 재임하신 기간이 일 년에 불과했음을 감안할 때 나는 유난히 교장 선생님에 관한 기억이 많다. 그리고 그 기억의 하나하나는 나의 교직 사십여 년에 늘 지침서가 되어 주었다. 하나 여기서는 그만 줄이고 교장 선생님이 입학 초에 우리에게 전해 주신 당신의 좌우명을 당신이 적고 번역하신 대로 소개하는 것으로 이 글을 마치려 한다.

> 너의 최선을 다하라.
> 너의 지극한 최선을 다하라.
> 그리고 이를 매일 반복하라.

무언의 교훈

조규혜

수피아 여자중학교 졸업. 전 광주 YWCA 회장.

광주의 수피아여학교는 1908년 경 미국 선교사들에 의해 시작되어 잘 발전해 오던 중 1937년 9월 일제강점기 하에 신사참배 반대로 학교 문을 닫았고, 1945년 해방이 되자 김필례 선생님과 조아라 동창회장과 동창들의 뜨거운 모교 사랑으로 그해 1945년 12월 5일 복교되었다. 여러 가지 사정으로 진학을 못했던 우리는 이 이상 기쁘고 다행한 일이 또 있었겠는가마는 꼭 그렇지만은 않았다.

당시 우익 좌익 논쟁이 우리 나이에는 너무나 치열했던 생각이 난다. 이러한 와중에도 김필례 교장 선생님의 말씀은 우리에게 참으로 약이 되었다. 특히나 수신(공민) 시간에 교장 선생님이 교실에 오셔서 가르치신 말씀 중에 "낙심할 만할 때 낙심하지 아니하면 반듯이 성공이 온다." "최선을 다하라. 너의 최선을 다하라. 너의 지극한 최선을 다하라. 이를 매일 매일 반복하라"가 가장 기억에 남는다. 평생을 두고 간직하고 있는 말씀들이다.

1학년 말인가 2학년 초쯤 될까 우리 가정에 어려운 일이 생겨서 학교를 못 가게 되었다. 할 수 없이 나는 순종하는 마음으로 교장 선생님께 찾아가 이 사정을 말씀드렸다. 우리 집을 아시는 터라 "너희 집이 그렇게 어렵게 됐니?" 하시더니 "공부할 길을 열어 주겠으니 낙심하지 말고 열심히 하라"고 말씀하셨다. 그리고 또 수예품 자료를 샀느냐고 물으시더니 육백오십 환(단위는 확실치 않음)을 주셨고 나는 이 돈을 받아 봉황새 수베개 수예품을 사 가지고 돌아와 일기에 기록하고 첫 월급 받으면 선생님께 갚으려니 눈물로 기록했건만 후일 내가 선생님께 갚은 것은 돈이 아니었다. 못할 공부를 시켜주셨는데 내가 하나님의 일꾼이 되는 것만이 선생님과 하나님께 은혜 갚는 일이라 결심하게 되었다.

김필례 교장님은 바로 매점을 열어 우리 네 명을 교비생(학교에서 학비를 내주는 학생)으로 하신 후 이어서 양재부를 설치하여 아홉 명이 또 교비생이 되어 열세 명이 무사히 졸업하게 되었다.

김필례 교장님은 참 교육자시다.

선생님 책상 위에는 편지지와 봉투가 놓여 있어 틈만 나면 친지들에게 편지하여 장학금을 얻어줌이 얼마나 많았던가? 선생님의 애국심, 신앙, 인격 그 고귀한 정열은 우리가 배우고 싶어 하는 무언의 교훈이다.

나는 그간에 수피아여중을 졸업하고 사범학교를 나와 광주에서 초등학교 이 년간을 근무하고 조아라 총무님을 따라 광주 YWCA에서 근무하고 있었는데, 김필례 교장 선생님이 우리 회관에 들르신 적이 있었다. 내 사무실도 살짝이 들르셨다. "너 Y에서 일 잘하고 있는 것 내가 기쁘다만 대학 공부를 할 생각은 없니? 네 고모 때만 해도 대학을 안 나와도 지도자를 할 수 있었지만 앞으로는 대학을 해야 할 것인데."

선생님과는 서울로 갈 기초 합의가 되었었다. 그 후 광주 Y에서는 일을 하면서 대학을 광주에서 다니도록 이사회에서 합의를 해 주어서 선생님의 동기 부여로 나는 대학을 나올 수가 있었다.

그 후 내가 결혼을 하게 되어 선생님께 인사를 드리러 갔는데 선생님께서 사 주셨던 봉황새 수베개를 잘 만들어 갖다드렸다. 얼마 후에 병문안 드리러 다시 갔을 때 선생님이 그 베개를 베고 계셔서 내 마음은 한없이 기뻤다.

선생님에 대한 이야기는 한이 없지만 중요한 이야기가 하나가 있다.

우리가 수피아여중 2학년 때 선생님은 서울 정신여고로 가시게 되었다. 김복실, 윤순정, 나는 유임운동을 꾸미기 위해 소풍가는 날 각각이 이유를 대고 소풍을 안 가고 김복실의 기숙사에서 머리를 맞대고 고민하였다. 결국 그 다음날 당장 셋이 직원실에 불려가서 조행품행점수에 모두

'을'을 맞았다.

이 일이 우리에겐 김필례 교장님을 더욱 기리는 하나의 큰 추억이 되기도 하였다. 또 우리 수피아에는 구 동창과 신 동창이 있다. 김필례 교장님의 가르침을 더 많이 받았을 구 동창들이 우리는 부럽기도 하였다. 그런데 구 동창 중에는 선생님의 뒤를 이을 선생님의 수제자 조아라가 있음이 참으로 기쁘고 자랑스럽기도 하다.

김필례 선생님께서는 당시의 봉건시대로부터 평생을 여성교육에 공헌하셨을 뿐 아니라 1922년에 김활란, 유각경 씨와 함께 우리나라에 YWCA여자기독교청년회를 창설하셨다. 또 부인조력회 즉 지금의 여전도회도 전국을 순회하며 설립한 역사적 선구자이시다.

결혼 후 광주에서 사셨던 덕분에 광주 YWCA 역시 같은 해 선생님께서 창립하셨다. 1922년부터 1938년까지 선생님께서 이끌어 오셨고, 광주 YWCA 역시 신사참배 문제로 해방되기까지 문을 닫았다. 1945년 해방이 되자 바로 광주 YWCA는 재건예배와 함께 총회를 열어 총무에 김필례, 간사에 조아라가 임명되어 눈부신 활동이 시작되었다. 그러나 아쉽게도 1947년에 정신여고 교장으로 가시게 되어 조아라가 총무로, 선생님의 뒤를 이어가게 되었다. 조아라는 1947년부터 1973년까지 총무로, 1973년부터 1982년까지 회장을 두 번하고, 그 후에는 명예회장으로 2003년 소천하시기까지 광주 YWCA에서 여성, 인권, 사회복지, 정의와 민주화를 위해 평생을 바쳤다.

나는 그간에 1952년부터 1966년까지 광주 YWCA 간사로 조아라 총무님과 함께 고락을 같이했으며 그 후에는 Y 볼런티어로 육십여 년간 오늘에 이르렀고 지난 2012년에는 한국 YWCA 창립 구십 주년 전국회원대회에서 'YWCA 육십 년 봉사상'을 나 한 사람이 받았다. 이것도 김필례 은사님의 은혜라는 것을 감격스러운 마음으로 보고드리고자 한다.

김필례 선생님과 나는 열대여섯 살 차이여서 아쉬움이 있지만, 조아라

회장님과는 (실은 나의 고모님이시지만) YWCA를 통해서 육십여 년간의 생애를 함께하였다. 그러니 조아라 회장님이 진정으로 존경하는 은사님인 김필례 선생님을 나는 함께 배우는 셈이다.

광주 YWCA에서는 창립자이신 김필례 선생님과 공로자인 조아라 선생님의 사진을 나란히 걸어놓고 두 분의 삶을 우리의 멘토로 마음에 모시고 살고 있다.

빛바랜 앨범을 넘기며

조영희

정신여자고등학교 제44회, 1957년 졸업.

연못골 정신의 둥지를 떠나 졸업을 한 지 어언 오십여 년의 시간이 흐른 지금 그 세월 속에 묻힌 존경하는 고 김필례 교장 선생님의 교훈의 발자취를 더듬어 추억이란 그릇에 담아보려 하니 새삼 가슴이 찡하고 선생님의 고결한 인격이 밀려와 마음이 따뜻해지는군요.

돌아보니 선생님은 늘 흰색 저고리에 검은색 계열의 통치마로 매무새가 무척이나 아름다우셨고 단아하게 빗어 올리신 머리가 참 잘 어울리셨습니다.

저는 졸업 후 '정신여고 구십 주년 개교기념일'에 모교를 방문해서 선생님을 가까이서 뵙고 인사드린 것이 마지막이 되고 말았습니다. 척박한 삶으로 참 못나고 부끄러웠던 내 모습에 많이 화가 나고 숨어버리고 싶었던 그때 그 마음을 고백할 수 있어 지금은 행복합니다.

그때 선생님은 뜻밖에도 너무나 작아져 계셨습니다. 제 기억 속의 선생님은 아주 크신 분이셨는데…. 수십 년 세월의 무게를 이고 오신 연륜만큼이나 많이 수척해지셨고 고단해 보이셨지만 여전히 총기와 인자와 자비로 가득한 눈빛으로 저희들을 맞아 주셨습니다. 언제 뵈어도 한결같이 당당하고 빈틈없이 근엄하고 곧아 보이시던 분이라 참 많은 아쉬움이 밀려와 마음이 시렸습니다. 흐르는 세월의 섭리 속에 다 맡기고 내려놓으시면서 녹아내린 그 모습에서 다시 한번 인생의 덧없음에 마음이 쓸쓸하고 아팠습니다.

선생님은 저희가 고3 때 한 주에 한 번씩 특강을 해 주셨습니다. 성경적 지침서를 토대로 저희들이 졸업 후 세상에 나가서 겪어낼 일상의 필요를 채워 주시려고 온갖 수고의 진액을 쏟아내셨던 아주 특별하고 멋진 강의였습니다. 저희에게 철저한 국가관과 민족애를 심어 주시려고 심혈을 기울이고 채찍질하셨습니다. 소중한 가르침이었습니다.

그리고 선생님께서 삼일운동에 동참하시어 깜깜한 밤중에 독립운동 전단지를 돌리시던 그때 그 상황 정경 등을 사연으로 토해내실 땐 저는 마치 살아있는 유관순 언니를 보는 듯한 강한 감동을 받곤 했습니다.

지금까지도 선생님은 애국하는 여전사이시고 열정적이고 도전적이고 진정으로 학교를 사랑한 정의의 사도의 모습으로 자리하고 계십니다. 그리고 선생님이 정해 주신 정신학교의 교훈이 저의 삶 속에서 순간순간 고비고비마다 엄중한 채찍이 되어 주었음에 감사하고 있습니다. '굳건한 믿음, 고결한 인격, 희생적 봉사.' 정신학원은 무엇보다도 하나님을 믿는 믿음 안에서 기초가 되었고 주님의 인격을 닮아서 나라에서, 사회에서, 가정에서 헌신하며 희생으로 봉사하는 예수사랑이 뿌리임을 증거하는 교훈이기에 자랑스럽고 더 큰 가치를 느끼게 합니다.

이제는 인생의 종점을 눈앞에 둔 늙은 선배로서 동문의 한 사람으로서 사랑하는 정신의 딸들에게 세상에서 존귀하게 쓰임받기를 소망해 봅니다. 여러 가지 사회악으로 온 세상이 병들고 오염되어 가고 있는 이 어두운 세상을 밝히는 빛이 되어 주세요. 예수님 인격을 닮아 작은 예수로 성화되어 썩어 가는 세상 풍조를 믿음의 백신으로 정화시키는 소금이 되어 주세요. 어느 곳에서나 참된 그리스도인으로 눈부신 역사를 일으켜 세상을 열어가는 아름다운 주인공들이 되어 주세요.

아직 이루시지 못한 하나님의 뜻

최성이

정신여자중학교 제63회, 1976년 졸업. 정신여자고등학교 교장.

세월이 아무리 많이 흘러도 잊혀지지 않고, 더욱 또렷이 기억되는 삶의 장면들이 있습니다. 제게는 1973년 중학교 1학년 때, 김필례 선생님 댁을 방문했던 것이 그런 기억 중의 한 부분입니다.

중학교를 입학하면서, 저는 장학금을 받게 되었습니다. 선교사님들이 보내준 것이었는데, 저를 후원해 주신 분은 번즈Burns라는 분이셨습니다. 전교생이 모인 조회 자리에서, 당시 이연옥 교장 선생님께서 장학증서를 수여하시며, 기증자를 '빤쓰'라고 발음하시는 바람에, 저는 순식간에 전교에서 유명한 학생이 되었습니다. 지나갈 때마다, "저기 빤쓰장학금 받은 친구가 간다"라는, 선배 언니들과 친구들의 말들을 들으며 생활했습니다. 감사한 것은, 제게는 오히려 그런 지적들이 제가 유명인사가 된 양, 기분이 나쁘지 않았고, 그저 학교가 좋아서 학교 일과가 끝난 이후에도, 많은 시간을 학교에서 즐겁게 생활했던 것 같습니다.

선생님 댁에 인사를 가게 되었습니다. 학교 한켠에 심어놓았던 컴프리(변비로 고생하시던 선생님을 위해 제자들이 심은 것이라고 합니다)를 따가지고, 선생님 한 분과 언니들과 종암동 댁을 향했습니다. 집에 들어섰을 때, 대청마루에, 흰 모시 한복을 입으신, 자그마한 어르신이 앉아계셨습니다. 언니들과 저는 쭉 둘러앉았고, 선생님은 저희들에게 여러 말씀을 해주셨습니다. 철이 없던 저는, 다리가 저려서 자세를 이리저리 바꾸며, '왜 그렇게 길게 말씀을 하시는지?', '언니들은 어쩌면 저렇게 해바라기처럼 선생님의 말씀에 주목하는지?' 생각하며, 얼른 말씀이 끝나기만을 기다렸던 것 같습니다. 드디어 말씀을 끝내시고 선생님은 저희들에게 모두 손을 잡으라고 하신 후 기도를 해주셨습니다. 선생님과의 처음이자 마지막인 만남은 이렇게 끝났습니다. 그런데 사십여 년이 지난 지금도, 그렇게 불편하다고 집중하지 못하고 들었음에도 불구하고, 주신 말씀과 기도가 기억되는 것은 웬일입니까? "여성이 교육을 잘 받아야 한다," "여성 교육이 잘 되어야 나라가 잘 된다," "여기 모인 이 학생들이 잘 교육을 받고, 쓰임받는 학생들이 되기를 바란다"는 축복의 기도 말씀이 시간이 지날수록 제게는 더욱 또렷한 기억으로 떠오릅니다.

얼마 전, 노래선교단 오십 회 합숙 훈련 중에 가족 초청 음악회가 있었습니다. 우연히 학부모님 중의 한 분과 대화를 하게 되었는데, 이렇게 말씀하셨습니다. 본인은 광주 수피아여고를 나왔고, 김필례 선생님과 김마리아 선생님은 당신 학교의 원조 어르신들이라고 여겨 자부심을 갖고 있었는데, 정신여고에 와 보니 이 학교가 더 먼저라는 것을 알고 섭섭하기도 하고 놀랍기도 하다고 하셨습니다. 그 만남 이후, 저는 김필례 선생님의 전기를 다시 읽어보았습니다. "배웠다면 그리고 예수를 믿는다면 달라야 하는 것은 당연하지 않은가?"라고 말씀하시며, 정말 삶으로, 혼신의 힘을 다해서 교육과 신앙의 길을 보여주신 선생님. 도저히 발뒤꿈치도 따라갈 수 없는 부족함을 뼈저리게 느끼며, 무척 많이 그립습니다. 이 민족을 너무도 사랑하셔서, 김필례 선생님과 같은 훌륭한 분을 사용하셔서, 정신학교와 수피아여고, YWCA, 서울여자대학 등등, 여성 교육을 향한 하나님의 뜻을 드러내 주심을 감사드립니다.

제가 학교에 부임했던 첫해 여름, 소천하신 선생님의 영결예배가 교정에서 있었던 기억이 있습니다. 이미 이루셨고, 아직 이루시지 못한 하나님의 뜻을 정신동문과 후배 교사들과 학생들에게 부탁하고 계실 선생님의 마음을 다시 떠올립니다. '굳건한 믿음, 고결한 인격, 희생적 봉사' 이런 삶을 살아내야 한다고, 이런 삶을 후배들에게 전해야 한다고, 간곡히 전하시는 선생님의 말씀을 이 시간 마음속에 깊이 새깁니다.

그분은

최정순

정신여자고등학교 제51회, 1964년 졸업.

그분은 이 시대, 이 땅의, 우리의 영원한 스승입니다. 그분은 일찍이 암울했던 나라의 어려움 가운데에서도 묵묵히 미래의 소망을 갖고 여성 교육을 위해 조국의 미래를 준비한 선각자였습니다.

그분은 오직 암흑 같던 어두움의 현실에서도 갈팡질팡, 우왕좌왕, 흔들리지 않으셨습니다. 하나님을 향한 신앙의 푯대로 꿋꿋하셨습니다. 그분은 나의 어린 시절 중학교 1학년 때에 교장님이셨습니다. 회색 치마저고리에 고무신으로 단아하고 늘 과묵해 보이시는 큰분이셨습니다.

중학교 1학년 1반 우리 반은 교장실과 같은 건물 같은 층에 있어 교장실 특별구역 청소담당이었습니다. 어느 날, 교장실 청소 당번이 되어 조심스레 교장실에 들어섰습니다. 마침 교장님은 안 계셨습니다. 온통 신기하고 호기심에 차 교장실 하나하나 눈여겨보고 있었습니다.

그때 벽에 걸린 성경말씀 "내가 진실로 진실로 네게 이르노니 한 알의 밀이 땅에 떨어져 죽지 아니하면 한 알 그대로 있고 죽으면 많은 열매를 맺느니라."(「요한복음」 12장 24절) 아! 성경에 이런 말씀이 있었네! 어린 가슴에 들어온 이 성경 말씀은 평생 잊을 수 없는 좌우명이 되었습니다. 죽자, 내가 한 알의 밀이 되는 거야. 그래야 곳곳에 많은 열매를 거둘 수 있는 거야.

어린 시절 육 년간 정신여중, 정신여고에서 그분의 가르침은 여러 선생님들을 통하여 충분히 신앙으로, 인격으로, 삶으로 전해졌습니다. 작은 가슴에서 신앙은 굳게 자리잡아 갔습니다. 그래야지 고결한 인격자로 그분처럼 되는 거야. 그리고 학교와 나라, 가정을 위해 희생하며 봉사해야지 다짐하고 또 다짐했습니다.

드디어 대학을 나와 보성여고에 국어 선생으로 단상에 섰습니다. 첫 여름방학이 되었습니다. 기독교 학교인 보성여고에도 농촌 봉사대가 있었습니다. 난 기쁨으로 자원하여 학생들을 인솔하고 충청도, 강원도, 경상도, 전라도… 농촌을 다니며 거의 방학 때마다 빠짐없이 전국을 누비기 시작했습니다. 학생들 지도교사가 되어 시골 교회, 교사가 없는 교회마다 우리 학생들과 함께 봉사하는 기쁨은 무어라 감사할 수 없을 만큼 보람되었습니다. 단지 나만 그러했겠습니까?

그분은 수많은 제자들에게 정신을 통해 나라 안팎에서 공동체의 영향을 끼치는 행동하는 신앙인들로 키워내셨습니다. 그분의 신앙은, 그분의 인격은, 그분의 가르침은, 그분의 영향력은 지금도 계속되고 있습니다. 그분은, 정신의 얼과 정신의 기틀을 세우신 그분은 오늘도 쉬지 않고 계속되는 우리 정신과 이 땅의 미래이십니다. 그분은 이 찬란한 조국 대한민국의 영원한 애국자, 영원한 교육자, 영원한 스승 김필례 선생이십니다.

가족에게 베푼 사랑

다시 듣고 싶은 할머니의 꾸중

김윤영

김필례의 오빠 김필순의 손녀. 정신여자고등학교 제53회, 1966년 졸업.

지금까지 살아오면서 만날 수 있었던 많은 사람들 가운데서 가장 존경하는 분을 꼽으라면 나는 서슴지 않고 내 고모할머님이신 김필례 할머니를 꼽는다. 그분은 내 삶에 가장 많은 영향력을 주셨기 때문이다. 할머니의 모교이자 나의 모교인 정신여자중학교와 고등학교의 교장과 이사장을 지내셨던 그분의 사회적 위치 때문이 아니라 싫든 좋든 가까이서 그분의 생활을 뵐 수 있었던 나는 신실하고 순수한 성경적 삶을 그분에게서 보았기 때문이다.

할머니에 대한 내 기억은 두려움으로 시작된다. 부산 피난 시절, 아버지가 지휘하시던 피난 교회의 허술한 마룻바닥(내 기억엔 마룻바닥인데 나보다 네 살 위인 언니는 흙바닥이었다고 한다)을 예배시간에 뛰어다닌 것이 할머니의 노여움을 사게 되었다.

네다섯 살 정도의 약간은 귀여운 구석도 있었던 고집쟁이 계집애가 성가대 지휘자의 딸이었기 때문이었을까. 모두들 매번 눈감아 주셨지만 모처럼 함께 예배를 드리시던 할머니께는 결코 용서할 수 없는 버릇없는 행동이었던 것이다. 물론 어린 나보다는 가정교육을 그 따위로 시킨 어머니께 불호령이 떨어졌고 병적인 결벽증과 자존심을 가지셨던 어머니께 나는 호되게 얻어맞았다. 그 후로 할머니가 오신다고 하면 이불 속으로 숨어버렸고 커서도 명절 때마다 할머니 댁에 가는 게 너무 싫어서 전날부터 심통을 부리고 울었던 기억이 지금도 생생하다.

내가 중학교에 입학했을 때 교장이셨던 할머니는 한 달 만에 일어난 사일구혁명 후, 이사장으로 물러나셔서 내가 고등학교와 대학교를 졸업할 때까지 그 직에 계시다가 은퇴하셨는데 여고 삼 년 동안 할머니를 가까이서 뵙고 이야기를 나눌 수 있었고 많은 사랑과 교훈을 받았다.

그때 할머니께서 바쁜 교장직보다 조금은 더 시간을 내실 수 있는 이사장직에 계셨던 것이 나에게는 참 다행한 일이었다. 왜냐하면 그때 할머니를 가까이서 뵙지 못했다면 그분은 내게 엄격하고 무서운 분으로만 남아 있었을 테니까.

고지식하기만 하고 돈과는 거리가 먼 아버지와 나와 특히 사이가 좋지 않았던 새어머니 밑에서 대학에 진학할 엄두도 낼 수 없었던 내게 대학에 가서 학비 걱정하지 않고 하고 싶은 공부를 할 수 있도록 구체적이고 현실적인 길을 열어 주신 분이 할머니셨다.

도서실에서 늦게까지 공부하고 나면 배고플 거라고 연지동 옛 정신여고 앞 골목에 있던 만두집 '신라의 달밤' 아저씨한테 얼마큼씩 돈을 맡겨 놓으셨던 할머니는 내게 돈을 직접 주시면 다른 데 써버리고 굶을 것이란 염려에서 절대로 돈으로 내주지 말라고 신신당부하셨지만 나는 늘 그 돈을 강제로 돌려받아서 '미성년 관람불가' 영화를 보러 다녔던 나쁜 손녀였다.

내가 새어머니와 사이가 좋지 않은 것을 아셨지만 나중에 내가 어른이 된 후에 집안 어른에게서 들었다 일체 묻지 않으시고 가끔 점심시간에 이사장실로 부르셔서 가지고 오신 도시락을 주시면서 먹으라고 하셨다.

"나는 좀 전에 손님하고 식사했어야" 늘 이러시면서….

집안에 교육에 뜻을 둔 사람이 없다고 섭섭해 하시던 할머니는 내가 대학 4학년 때 모교에서의 교생실습 점수가 좋다고 기뻐하셨고 국어교사가 되었을 때 참 좋아하셨다. 그리고 다른 사람들 앞에서 부르실 때면 언제나 "김 선생" 하셨다. 그러나 삼 년의 짧은 교직생활로 학교를 떠난 후, 복직을 못하게 되어 할머니의 기대를 저버린 나는 지금도 죄송하기만 하다.

내가 미국으로 이민 온 다음 해, 할머니는 주님 곁으로 가셨다. 훨씬 나중에 뒤늦게 생각지도 않았던 (지금은 하나님의 계획이셨다고 믿지만)

공부를 하게 되고 신학교에서 첫 강의를 하게 되었을 때 제일 먼저 할머니가 떠오르면서 가슴이 먹먹했다. 평생 교육자셨던 당신의 뒤를 이어주기를 은근히 기대하셨으므로 생존해 계셨더라면 누구보다도 기뻐하고 격려해 주셨을 것이다.

할머니께 은혜를 많이 입었던 교사 한 분이 어떤 일로 할머니께 큰소리로 대드는 것을 목격한 적이 있다. 그 견디기 힘든 시간 내내 할머니는 아무 말씀도 없이 눈을 감고 계셨다. 어떻게 저 선생님이 할머니께 저럴 수가 있을까? 다른 사람은 몰라도 저분만은 그러면 안 되는데…. 흥분하여 펄펄 뛰는 나를 오히려 달래셨다.

"저분의 입장에서는 그럴 수도 있는 거 아냐? 사람은 상대편 입장이 되어 봐야 하는 거여. 너는 내 입장만 생각하니 화가 나는 게야."

"할머니는 분하지도 않으세요?" 울음까지 터뜨리는 내게 웃어 보이시던 그 모습을 지금도 잊을 수 없다.

"분할 일이 뭬 있었냐? 그럴 수도 있다고 생각혀."

할머니는 이런 분이셨다. 그 후로도 많은 오해와 비난을 받으시기도 했지만 한 번도 맞서서 대응하신 적이 없으셨다고 들었다. 할머니의 이런 모습은 성질 급하고 다혈질인 내게 혈기 부릴 일이 생길 때마다 교훈으로 다가왔다.

졸업반에게 들려주시던 할머니의 특강은 당신의 외국 유학 시절의 이야기로 재미있게 시작됐는데 외국 유학이 많지 않던 당시로서는 흥미진진한 주제였다. 그 얘기를 통해서 하나님이 주신 여자만의 권리와 의무를 새로운 시작으로 접근한 한 선각자의 모습을 볼 수 있었다.

엄하시지만 따뜻하셨던 할머니의 삶은 내 삶의 본보기가 되었지만 부끄럽게도 나는 할머니처럼 살지 못했다. 수많은 실수와 시행착오 속에서 어느새 은퇴를 하게 된 지금, 나는 할머니의 꾸중을 실컷 듣고 싶다. 그리고 할머니께 안겨서 엉엉 울고 싶다.

기도의 열매

김윤주

김필례의 오빠 김필순의 손녀. 정신여자고등학교 제49회, 1962년 졸업.

김필례 교장 선생님께서는 나의 친정아버님의 막내 고모셨다. 내가 할머님을 처음 뵌 기억은 부산 피난시절이었다. 우리 가족이 모두 그 당시 한국의 슈바이처라고 불리던 이일선 목사님이 담임 목사로 있는 교회를 다녔는데, 주일마다 뵙게 되는 할머님은 어렵고 무서웠다.

그 다음으로는 정신여중에 입학한 연고로 거의 매일 뵙다시피 하며 육 년을 지냈다. 매일 아침 기도회와 조회시간에 다른 학생들과 함께 훈사나 설교를 듣는 시간에 멀리서 뵙는 근엄하신 교장 선생님이셨다. 혹시라도 교정이나 복도에서라도 뵙게 되면 나는 허리 굽혀 깍듯이 인사드렸고 할머님께서는 누구에게나 하듯이 말씀 없이 목례로만 인사를 받아주곤 하셨다.

육 년의 학창생활 동안에 사적으로 나를 교장실로 부르신 것은 지금 기억으로 다섯 번이 되지 못하는 것 같다. 서너 번은 "운동화를 하얗게 빨아 신어라. 교복 깃을 빳빳하게 다려서 써라" 등등의 꾸중을 들은 것 같고 단 한 번 피아노를 배우고 싶으냐고 물으신 적이 있다. 어떻게 내 마음을 아셨을까 의아해 하며 그렇다고 하니까 레슨비를 내어 주시겠다고 남궁요안나 선생님께 배우기 시작하라고 하셨다. 이것이 유일한 사적인 배려이셨고 만남이었다.

그러나 진정한 할머님과의 만남은 내가 정신여고를 졸업한 후부터였다. 이상하게도 할머님께서는 연말연시가 되면 나를 불러 데리고 주무시며 낮에는 세배 오시는 손님들 대접을 하라 하셨다. 며느님도 있고 심부름하는 사람도 있었는데 왜 하필 나를 부르시나 하며 원망스럽기도 하고 귀찮기도 하였다. 그러나 할머님이 부르시니까 어김없이 할머님 댁에서 이 주 지내기를 삼 년 동안 하였던 것 같다.

이 기간은 나에게는 정말 많은 것을 배우고 할머님의 진가를 발견하는 귀한 시간이었다. 하루는 구멍이 난 내복을 꺼내시며 기우라고 하셨다. 새로 선물 받으신 내복이 많은데 왜 이렇게 낡도록 입으시냐고 여쭈어보는 나에게 "더러운 옷을 입는 것은 부끄러운 일이나 낡은 것 기워 입는 것은 괜찮다"고 대답하시었는데 이 말씀은 지금까지도 내 허영심을 제어하는 좌우명이다.

세배를 오시는 분들도 참 다양했다. 나이 많은 친구 분들부터, 젊은 제자 분들, 부자, 가난한 분, 지위가 높은 분 낮은 분, 정말 많은 손님들이 오시는데 할머님께서는 누구에게나 한결같이 정중하고 친절하게 대하셨다. 언제나 크림과 설탕 그릇도 가득 채우고, 찻잔도 따끈하게 데워진 정성스런 다과상으로 대접하시길 원하셨다. 특별히 어려워 보이는 분들에게는 빈손으로 보내지 않고 적절한 것을 꼭 선물하셨다. 나는 선물 들어온 새 내복들을 왜 입지 않고 모아두시는지 그때야 알았다.

그리고 틈틈이 집안 이야기를 들려주셨다. 할머니께는 오빠가 되는 나의 할아버지께서 당신을 동경 유학 보내시기 위하여 어떻게 하셨다는 것, 나의 친할머니께서는 시누이들께 얼마나 잘 하셨는지, 나의 친정아버지가 어려서 얼마나 귀여웠고 총명하셨는지 등등, 시간 가는 줄 모르고 들려주셨고, 그 옛날 한국여성 최초로 미국 유학하시던 이야기를 하시며, 내 장래의 계획을 물으시고 은근히 서울여대 가기를 권유하신 것도 이때였다.

서울여대를 향한 할머님의 사랑과 기대는 특별한 것이었다. 장로교 계통의 여자대학을 설립하시기 위하여 미국의 북장로교단의 교회들을 순회하시며 모금운동을 하셨고, 당신의 모교였던 아그네스스콧대학을 모델로 하여, 서울여대를 엘리트 양성을 위한 스몰 칼리지로 시작하신 사실과 함께 서울여대의 특수성을 설명하여 주셨다. 결국 나는 그해 서울여대를 입학하였고, 서울여대 졸업생이 된 것을 언제나 감사하고 있다.

그 당시 여든이 넘으신 할머님께서는 매일 경건의 시간을 가지시는데 영어 성경을 한국어로 번역하는 필독을 하고 계셨다. 그때는 깨닫지 못했지만 할머님께서 매일 아침 나를 위하여 기도하셨으리라 생각하니 감사하다. 내가 서울여대를 졸업하고 미국 유학까지 오게 된 것은 모두 할머님의 기도의 열매라 생각된다.

할머님께서는 나의 할머님이시기 전에 인생의 선배이고 스승님이시다. 내가 부족해서 가르쳐주신 모든 말씀들을 지키지 못하고 살지만, 그래도 가끔 요즘 세상에 듣기 어려운 말씀들을 되새기면 혼자 엄숙해지기도 한다.

"사람이 들어갈 때보다 나올 때에는 그곳이 더 좋은 곳이 되어 있어야 합니다."

한 등잔불 아래서

김혜진

김필례의 언니 김구례의 외손녀. 정신여자중학교 제40회, 1953년 졸업.
정신여자고등학교 제43회, 1956년 졸업.

1950년 한국전쟁 때 저의 이모할머니인 교장 할머니는 미국에 계셨습니다. 우리는 전쟁 때문에 모두 부산으로 피난 갔습니다. 교장 할머니가 미국에서 귀국하신 후, 부산에 계신 형부 서병호 장로님(김구례 여사의 남편, 후에 경신중고등학교 교장이 되심) 댁에서 우리와 같이 당분간 사시게 되었습니다. 그때 저의 추억에 의하면 교장 할머니와 저는 매일 아침 학교에 같이 다녔습니다. 그때 같이 걸으면서 저한테 하신 말씀 가운데 늘 생각나는 것은 "정신학교를 잊어서는 안 되고 나중에 학교를 도와야 한다"는 말씀이었습니다. 저는 그 말씀대로 실천하지 못하여 늘 마음에 걸립니다. 저녁이면 교장 할머니, 제 오빠와 저는 등잔불 아래 한 밥상에 앉았습니다. 그리고 할머니는 학교 업무를 보시고 우리는 숙제를 하곤 하였습니다. 저의 사촌 동생인 서원석(새문안교회 원로 장로)도 같이 살았는데, 그가 다섯 살 때 교장 할머니께서 글을 쓰고 있는 상에 잉크병을 쏟아 너무 겁이 났다고 합니다. 그런데 엄하고 무서운 줄로만 알던 할머니는 괜찮다고 하시면서 오히려 위로해 주시던 기억이 난다고 합니다.

부산 피란 시절, 마땅한 장소가 없어서 많은 학교들은 당분간 산에서 공부하게 되었습니다. 아침에 한 장소에 선생님들과 학생들이 다 모인 후에 각 학년마다 칠판을 들고 산으로 올라가서 칠판은 낮은 곳에 있는 나무에 기대어 놓고 선생님은 가르치시고 우리는 경사진 높은 곳에 앉아서 강의를 들었습니다. 그런데 산에 매일 같은 곳에 앉다 보니 왼손에 비해 오른손이 햇빛을 많이 받아 탔습니다. 그 다음에는 용두동에 임시로 지은 하꼬방(판잣집) 교회(신광교회)를 빌려서 반마다 칸막이를 치고 공부했습니다. 부산에서 중학교 다닐 때 불편한 것은 적지 않게 있었지만 좋은 추억도 많이 있습니다. 학생 수가 적어서 분위기가 아늑했던 것 같습니다. 전쟁 후에 우리는 서울의 연지동 본교로 돌아왔습니다.

할머니로부터 들은 이야기와 할머니에 대한 몇 가지 내용을 적어 보겠습니다. 교장 할머니(정신 1회)께서 열 살 때 열네 살인 언니 김순애(정신 3회, 김규식 박사 부인)와 같이 정신학교에 입학했습니다. 기숙사에 살면서 순애 언니는 동생을 살펴 주어야 했습니다. 그중의 한 가지는 언니가 동생의 옷까지 만들어야 했습니다. 할머니께서는 언니가 자기의 옷 때문에 수고와 애쓰시는 것을 보고 그것이 미안하고 싫었다고 합니다. 그래서 자기 혼자 저고리를 만들어 보는 데 무척 고생하셨다고 합니다.

교장 선생님은 예절 바르고 친절하고 인정이 많고 자상하신 분이었습니다. 또 용감하고 엄하고 무슨 일을 해도 철저하게 끝까지 완성해야 되는 분이셨습니다. 이러한 성품으로 선생님은 일생동안 많은 업적을 남기셨습니다. 우리에게 교육적, 신앙적, 도덕적으로 최선을 다하도록 집중하게 하셨으며 지금 우리가 그 영향을 받고 살고 있습니다. 또 많은 사람들을 도와주셨고 특히 정신학교의 어려운 학생들을 성심껏 도와주셨습니다. 그리고 훌륭한 지도자로서 1922년 YWCA를 창립하셨고 교장 선생님의 직분을 오랫동안 정성껏 감당하셨습니다. 이 모든 사명을 그 홀로 하신 것이 아니라 항상 하나님과 함께 계셔서 인도하시는 대로 이렇게 많은 일을 하셨다고 믿습니다.

집안에 전해 내려오는 이야기

박규원

김필례의 오빠 김필순의 외증손녀. 소설가.

"필순 오라버니께. 필순 오라버니, 제가 늦었지만 결혼을 하게 되었습니다. 상대는 세브란스를 6회로 졸업한 최영욱이란 사람입니다. 제가 광주기독병원에서 비색증 수술을 받을 때 세브란스의학전문학교 학생으로 실습을 나와 있었는데 그때 저를 많이 돌봐주어서 알게 되었죠. 그 후 안 만나다가 광주기독병원에서 근무하게 된 그 사람이 정식으로 청혼을 해왔어요. 어머니가 아주 마음에 들어 적극적으로 결혼을 재촉하시고 또 제가 앞으로 하려고 하는 교육, 사회, 교회사업 같은 일들을 잘 이해해 줄 만한 사람이라 사료되어 결혼하기로 결정하였습니다. 오빠가 곁에 계셨으면 얼마나 든든했을까요…. 저희는 6월 20일 이명혁 목사님을 주례로 모시고 연동교회에서 올리기로 하였습니다."

"필례야, 축하한다! 내가 네 결혼식에 참석치 못하는 것이 너무나 아쉽구나. 또 세브란스 출신 의사와 결혼하게 되었다니 반갑구나. 오랫동안 외국서 힘들게 공부하고 돌아와 교육에 힘쓰고 있는 네가 대견스럽다. 나는 요즘 네가 이 년 전에 다녀간 치치하얼의 농장이 어느 정도 궤도에 올라 박차를 가하고 있단다. 농장의 규모도 넓혔고 같이 일할 동지들도 생겼다. 이제야 말로 네가 결혼을 했으니 둘이 와서 이곳 농장에서 같이 일해 보는 것이 어떻겠니? 이곳 농장식구들도 늘어나고 애들도 크는데 교육을 시킬만한 사람을 구하는 것이 어렵구나. 너는 어렸을 때부터 총명해 일본서 교육을 받고 또 국내에 들어와 정신여학교에서 가르쳐 본 경험도 있으니 이제 이곳 이상촌에서 나와 함께 새로운 날들을 만들어 보면 어떻겠느냐. 남편도 이곳에 와서 도와주면 여긴 아주 활기가 돌 것이다…."

치치하얼 용강현 홍양향 '고려촌'(대구전자, 大溝甸子)에 있는 '김필순 농장'에 도착한 신혼부부는 김필순의 뜨거운 환영을 받는다. 가보니 그곳엔 이 년 전 여름에 다녀왔을 때보다 모든 것이 달라졌다. 예전보다 농장 땅도 엄청 늘었고 옛날 길림성 산림경비대장이었다는 중국인 지주 조좌향과 새로 대구전자에서 이십오 방(일 방은 사십오 상, 일 상은 이천 평)의 황무지를 불하받아 개간을 하고 있었다. 또 한쪽에선 젊은이들이 군사훈련을 받고 있었다. 김필순은 십 방을 소유하고 있었다. 김필례가 보기에 오빠 김필순은 이 농장을 운영해 우선 자립을 하고 독립군에게 자금을 제공하며 이주 한인의 아이들을 교육시켜 훌륭한 독립투사로 키우려고 했다. 그래서 독립전쟁에 대비하려는 것이다. 김필례는 오빠 김필순에게 어려서부터 받은 아버지 같은 사랑과 지원에 보답을 하려는 마음으로 농민교육에 정성을 다했다. 한국인으로서의 역사관을 자라나는 새싹들에게 확실히 심어주고 구한국 군대 해산 당시에 한국 군인들이 어떻게 당했는지를 직접 간호하면서 겪은 일들을 통해 얘기해 주면서 우리가 힘이 있어야 비로소 우리 생명과 가족과 나라를 지킬 수 있다고 가르쳤다. 모두들 눈을 빛내며 열심히 공부하고 서로 용기를 북돋워 주었다.

그러던 중 신혼의 김필례는 임신을 하게 되어 심한 입덧으로 건강을 잃게 된다. 낯선 나라의 농장에서 살아서인지 음식이 안 맞아 물도 다 토해버릴 정도로 심한 입덧으로 고생하자 김필순과 최영욱은 보다 못해 아기를 유산시키고 엄마를 살리기로 하고 약을 복용시켰는데 그것마저 뜻대로 안 되어 김필례는 아예 자리에 눕게 되고 말았다. 그런 날이 계속 되자 최영욱은 시름에 잠겨 자신도 모르게 고향의 어머니를 입에 올리게 되었다. 김필례는 남편이 고향을 그리워하는 것을 알아채고 시어머니를 모시고 광주에 가서 살겠다고 얘기한다. 그제서야 최영욱이 내놓은 편지를 보니, 집안 친척이 최씨집 토지를 팔아 가로채버려서 시어머니가 종일 방안에 누워 괴로워하고 있다는 소식으로, 주위의 교인들이 답답해서 전해준 편지였다. 김필례 부부는 광주로 돌아오게 되고 안채는 살림집으로 쓰고 바깥채는 병원을 차릴 수 있는 집을 빌렸다. 그 비용은 치치하얼을 떠나올 때 김필순이 준 것이었다. 이때 오빠 김필순은 부부를 떠나보내며 항상 배우기를 그치지 말고 기회가 있을 때마다 공부를 더 할 수 있으면 더 해 많은 사람들을 깨우치게 돕고 의술을 베풀며 살라고 말해 주었다. 최영욱 박사는 서석의원을 열고 열심히 일하여 병원이 하루가 다르게 성장했다. 조부 때 가지고 있던 만큼의 토지도 다시 사들이게 되었다.

이 이야기 속 김필례 외증조할머니는 저의 어머니 김윤옥(김필순 의사의 손녀)과 친하셨습니다. 김필례 할머니는 태어난 지 두 달만에 아버지께서 돌아가셔서 김필순 오라버니를 아버지처럼 의지하고 자랐고 김필순 외증조할아버지는 필례가 제일 머리가 좋다고 공부를 계속 시켜야 한다며 꾸준히 용기를 북돋우며 생활비를 보내어 학업을 도왔습니다. 우리나라 최초의 국비 외국유학생으로 일본 유학을 다녀온 후로도 미국으로 또 공부를 계속할 것을 권했으며 나중엔 한국에 YWCA를 세우고 종교지도자, 교육자, 사회활동가로 사신 할머니지만 직접 만나 뵈면 엄청 얌전하고 겸손하신 분이라 저절로 부드러운 미소가 지어지는 천상 여자셨습니다. 반면에 언니 김순애 외증조할머니는 천하의 사내대장부도 따라가기 힘든, 정말 대장부스타일이셨지요. 그러나 부군 김규식 할아버지 앞에서는 어찌나 얌전하고 내조를 극진히 잘하셨던지 참 보기가 좋았다고 합니다. 저는 김순애 할머니는 많이 뵈었지만 김규식 할아버지는 1950년 전쟁 때 납북되셔서 뵌 적이 없습니다. 얘기만 많이 들었습니다.

중국서 김필순 외증조할아버지의 아들 영화배우 김염이 왕런메이와 결혼해 시댁 식구들인 김규식, 김순애, 김구례, 서병호씨 댁에 인사를 왔을 때의 일입니다. 두 자매는 불란서 조계지에서 가까이 살았습니다. 시댁 식구와 이야기를 나누다가 식사시간이 되어 모두 같이 식탁에 둘러앉았는데 새색씨인 왕런메이가 김염의 고모부인 김규식 박사에게 물수건을 드리면서 공손히 두 손으로 드리지 않고 공중으로 휙 던져 드렸답니다. 여자들이 너무 놀라서 큰일났다, 이 일을 어떡하나 하고 서로 쳐다보았는데 김규식 박사가 허어참! 하하하 웃으시며 그냥 넘어가시더랍니다. 여자들은 그때서야 긴장을 풀고 숨을 내쉬며 그 상황을 넘어갔다고 하구요. 그만큼 모두 김규식 박사를 어려워하고 존중했다고 합니다.

김필순 외증조할아버지는 삼일독립선언 이후 파리강화회의와 연동해 한국이 독립선언 이후 대한민국임시정부가 바로 탄생했고 이를 국제사회에 알리는데 김규식, 김필순 두 분이 적극 활동하셨습니다. 1919년 4월경 조선인 김동우가 치치하얼 기독교교사로 초빙되어 김필순 집에서 편의상 동거했습니다. 미국 워싱턴의 김규식이 파리에 제출할 청원서 및 각서를 비밀리에 김필순에게 송부했었고 김동우가 이 우편물을 발견하고 일본 측에 제보했던 것입니다. 일제는 삼일운동 이후 독립선언을 적극적으로 해외에 알리면서 통화와 치치하얼에서 이상촌을 세우고 생계회를 만들어 장기적으로 독립운동기지를 병행 건설하려 했던 김필순 할아버지의 활동을 막기 위해 일본 특무요원을 의사로 가장시켜 치치하얼 북제진료소로 보냅니다. 우유에 독을 넣어 수술이 끝난 김필순 할아버지에게 친절한 배려인척 간호원을 통해 드시게 하고는 곧 몸이 나빠져 퇴근한 김필순 할아버지에게 다음날 왕진을 가서 하얀 알약을 물에 개서 다시 먹이고 배에 뜨거운 찜질을 시켜 확실히 죽게 만들고는 사라집니다.

식구들은 이틀 만에 급작히 돌아가신 김필순 할아버지에 대해 콜레라로 돌아가셨다고 주위에 알리며 식구들이 더 이상 피해를 당하지 않도록 자식들에게도 숨깁니다. 어머니와 아내의 생각이었지요. 아이들이 십대라 혹 일본경찰서에 가 왜 우리 아버지가 죽었는지 따지기라도 하면 자식들도 살아남지 못할 것이라 판단했기 때문입니다. 소식을 들은 김필례 할머니와 최영욱 박사가 치치하얼에 갔는데 최 박사는 처가 식구들을 모두 광주로 데려오자고 했으나 김필례 할머니는 시댁 식구들의 눈치도 보이고 해서 김필순 할아버지의 큰아들 김영과 친정어머니만 데려오기로 합니다. 큰아들을 의사로 만들면 이 집안을 다시 일으킬 것이라고 생각했던 것입니다.

김필례 할머니는 김필순 오라버니 사후 그의 큰아들 김영에게 학비를 대서 의사로 만들었습니다. 세브란스에 입학시키려 했으나 김필순 할아버지께서 한국에 계실 때 독립운동을 많이 해 불령선인의 자식이라는 이유, 일어로 수업해 알아들을 수 없을 것이란 이유를 들어 불가 판정을 내려 산동의대와 봉천의대 병원을 수료하고 한국 세브란스에 1929년부터 1931년까지 산부인과와 외과 수련을 받았습니다. 인기가 좋았던 김영 할아버지는 병원잡지에도 기사가 실리셨고 수술을 잘하셨는데, 에이비슨 선생께서 김영 할아버지가 수술하는 모습을 보시고는 고개를 끄덕하며 뒷짐을 지고 흐뭇한 표정을 지으셨다 합니다. 김영 할아버지는 그 후 간도 용정에 캐나다선교회가 지은 제창병원의 원장으로 근무하셨습니다. 그곳은 조계지역이라 4개 국어를 구사하시는 김영 할아버지는 최적임자셨지요. 그러나 김영 할아버지는 서른여섯 살에 갑자기 돌아가셨습니다.

김필례 외증조할머니께서 김필순, 김영 두 분이 이리 일찍 돌아가실 줄 어찌 아셨겠습니까! 그렇게 유능했던 의사 2대가 일찍 돌아가시자 김필례 할머니는 할 수 없이 남겨진 다섯 남매를 도울 수밖에 없게 되셨습니다. 큰아들 김윤국은 아버지가 돌아가시자 한국으로 와 학교를 다니다 방학 때 김필례, 최영욱 박사가 계신 광주에 내려가서 지냈는데 최영욱 박사가 가만히 살펴보니 김윤국이 너무 몸이 약하고 알레르기도 있고 기관지도 약하고 해서 김필례 할머니에게 "저 아이는 자기 집에 보내면 곧 죽는다" 하시며 여러 치료를 해 주었고 학교도 광주에서 다니게 해 주셨습니다.

김필례 할머니는 쑥으로 피부찜질을 해 주시고 이불도 피부에 좋은 감으로 만들어 덮어 주시고 약한 몸에 맞게 여러 가지를 신경 써 주셔서 김윤국 외삼촌은 자신의 어머니 집에서보다 김필례 고모할머니 댁에서 더 적합한 보살핌 속에 학교에 다녔습니다. 김윤국 외삼촌이 돌아가시기 팔개월 전쯤 한국에 오셔서 옛날 얘기를 해 주시며 자신이 미국에 유학 가기 전 김필례 할머니 요청으로 정신여중고에서 영어를 조금 가르친 적이 있다고 하셨습니다. "윤국아, 너는 영어를 잘하니 미국 가기 전 우리 학교 학생들을 좀 가르치거라." 외삼촌은 영어를 가르치는 젊은 남자 선생님으로 인기가 많았다고 합니다. 그렇듯 김필례 할머니는 김필순 할아버지의 큰아들 김영의 다섯 자식들을 신경을 써주셨습니다. 5월이 되어 굴비철이 되면 광주에서 영광굴비도 보내주시고 육이오전쟁 때는 김필례 할머니가 미국교회에 한국에 보낼 구호품을 요청해서 전쟁기간과 그 후에 많은 사람들이 그 혜택을 받았다고 합니다. 저희 어머니도 김필례 할머니가 주신 세일러복 교복을 입고 학교에 다녔는데 구호품이라 색깔이 친구들과 달랐던 것으로 기억하십니다.

저희 셋째 외삼촌 김영국이 1935년 생이신데 열 살 때쯤 국민학교 3학년 여름방학에 광주의 김필례 할머니 댁에 가서 며칠 지낼 때의 일입니다. 김필례 할머니께서 외삼촌에게 큰 대두병을 주시며 언덕 위에 가서 우유를 좀 짜오너라 하셨답니다. 할머니는 남편 최영욱 박사를 위해 소도 키우고 우유도 직접 짜 드렸습니다. 무척 바쁜 학교생활과 광주의 여성을 계몽시키는 일에 심혈을 기울이면서도 별의별 일을 다 직접 하시면서 시댁 식구와 남편을 공양하셨습니다.

외삼촌이 보니 최영욱 박사가 미국서 먹던 시리얼을 먹고 싶다고 하셨는지 가마솥에 쌀알을 하나하나 튀겨 시리얼처럼 만들어, 짜온 우유에 띄워드렸다고 합니다. 또 시어머니를 위해 직접 양봉까지 해서 벌에 쏘이면서까지 꿀을 뜨셨다고 하지요. 시어머니 한복과 남편 옷도 직접 지어 드렸는데 얼마나 고단하셨을지 감탄스럽습니다. 김필례 할머니의 모친 되시는 안성은 여사가 최초의 여자 전도사이면서도 딸들을 어찌나 얌전히 가르치셨는지 믿어지지 않을 정도로 세 자매가 모두 남편들을 잘 섬기셨습니다. 김필례 할머니는 정말 인간이 맞나 싶을 정도로 모범적인 면이 많으셨지요. 여담으로 당시 열 살쯤 되었던 외삼촌은 언덕에서 우유를 짜서 대두병에 담아 들고 오는 길에 배가 고프면 병을 들어 한 모금씩 마시면서 갖고 오셨다고 합니다.

김필례 할머니는 말년에 점점 노쇠해지시면서도 주위 사람들을 귀찮게 안 하면서 자신이 견딜 수 있는 데까지 견디려고 무척 노력하셨습니다. 저의 어머니 김윤옥에게 한번은 "내가 어제는 몸이 너무 안 좋아 방을 빼빼빼빼 돌았단다. 운동을 하면 조금 몸이 나아지는 것 같아서…. 약을 먹는 것보다 몸을 움직이면 좋다고 들었거든…" 하고 말씀하신 적도 있었다고 합니다. 절약에 관해서는 정말 철저하셨는데, 방에 두신 휴지를 너무 아껴 쓰시느라, 쓰고 또 쓰고 하셔서 어느 날 목화솜처럼 변해버린 것을 보고 저의 어머니가 놀라신 적도 있다고 합니다. 왜 이렇게까지 하시냐고 여쭈었더니 우리나라에 나무가 귀한데 아껴 써야지 하시더랍니다.

지금까지 제가 어렸을 때부터 보고 들었던 이야기들을 정리해 보았습니다. 이 추억들이 김필례 할머니의 삶을 기억하는 데 조금이라도 도움이 되었으면 하는 마음으로 글을 마칩니다.

어머니의 일상생활•

이순빈

김필례의 자부.

어머니의 일생을 보면 참 훌륭한 분이라는 생각이 듭니다.

어머니는 하나님을 위해서 여전도회와 학교 일에 일생을 바치셨습니다. 제가 결혼한 지 삼십여 년이 되었는데 탁월하신 어머니를 따라가기가 참 어렵습니다. 공과 사가 분명하시면서도 가정에서는 잔정이 많으십니다. 장성한 아들의 식사까지 신경쓰십니다.

그러나 교장 직을 하시던 분이라 참 엄하십니다. 어찌 보면 가정생활도 학교생활의 연장 같고 훈육주임같이 엄격하십니다.

어머니는 친정어머님의 영향을 많이 받으신 것 같습니다.

일선에서 물러나신 때가 팔십사 세경이 됩니다. 학교와 여전도회는 당

• 이글은 며느리, 주변인들의 증언, 1983년 기록을 담은 책 '이연옥, 『여전도회 100년사』, 여전도회 전국연합회 출판사업회, 신앙과지성사, 1998. pp.578-579'에 실린 내용을 옮긴 것이다.

신의 몸보다 더 아끼신 것 같습니다. 월급을 받으셔도 생활비 얼마 주고는 전부 장학생에게 지급하시는 등 남을 돕는 일에 전부 쓰시고 물질에 전혀 사심이 없으십니다.

학교 과학관을 지을 때에도 담당 경찰관이 "빌딩 하나 샀지요?"라는 말을 했는데 사실은 십 원 한 장도 부정을 모르시는 분입니다.

지금도 외국 사람이 전화하면 영어로 유창하게 받으시는 것을 뵐 때 참 훌륭하시다는 생각이 듭니다.

아이들이 말하기를 할머니는 교장인데 우리는 왜 이렇게 가난하냐고 하지만, 돈이 적어도 남에게 안 빌리고 남을 도와주면서 재미있게 삽니다. 이런 어머니의 정신이 참 훌륭하십니다.

교장 직에 계실 때도 '기지' 양복을 입으시고 양단 옷은 안 입으셨습니다. 양말도 면으로 된 양말만 신으셨기에 매일 기워댔습니다. 지금도 개척교회에서 봉사하시는데 아무래도 어머니의 영향력은 일하는 곳에서 살아나는 것 같습니다.

어머니의 일상생활은 적당한 운동, 적당한 음식, 수면, 예배 생활 등을 규칙적으로 하는 것입니다. 그런 면도 범인과 다른 것 같습니다.

너는 조선 지도를 등에 업고 다닌다는 사실을 명심하라!

최협

김필례의 부군 최영욱의 형 최흥종 목사의 손자. 전남대 연구석좌교수. 광주 YMCA 재단이사장.

김필례 교장 선생님은 나에게 종조모님이 되신다. 사회적으로 당신은 선구적 교육자, 기독교지도자, YWCA 활동가 등으로 사회적으로 우리가 쉽게 범접할 수 없는 위치에 계신 분이셨지만, 우리 가족에게는 가정에서 몸소 실천함으로써 많은 가르침을 베풀어주신 집안의 자상한 어른으로 기억된다.

김필례 할머님께서 나의 할아버님 오방五放 최흥종 목사의 동생 최영욱 박사와 결혼식을 올리고 광주로 오신 해가 1918년이었다. 오방 할아버님은 1908년 선교사 포사이스에 감화되어 예수님을 믿게 되면서 나환자 구제 사업을 시작으로, 그 후에는 삼일독립운동에 참여하여 일 년 사 개월 수감되고, 1920년대 초반에는 시베리아 선교사로, 후반에는 제주도 목회, 1930년대에는 빈민운동 등등으로, 그의 호 오방이 말해주듯, 모든 것을 버리고 가족을 떠나 사셨다. 할아버님이 떠난 빈자리를 종조부모님께서 메꿔 주시지 않았더라면 우리 집안은 어떠했을까? 1918년 나의 부친 최득은의 나이는 열 살이었다. 이때 부친의 교육을 담당해 주신 분이 종조모님으로 아버님께서는 덕분에 평양 숭실전문학교까지 학업을 마칠 수 있었다 한다. 숭실전문 졸업 후 아버님은 광주 수피아여학교에서 할머님과 함께 근무하기도 했고, 결혼 후 어머님께서는 김필례 할머님을 시어머니처럼 옆에서 모시며 많은 것을 배웠다는 말을 여러분들로부터 누누이 들었다. 일상에서의 근검절약, 독실한 신앙생활, 자녀에 대한 교육열이 그러한 배움이었다. 경제적으로 어려운 여건이었지만 부모님이 우리 칠남매 모두를 대학까지 교육시키는 엄청난 고생을 감수하신 것도 따져보면 김필례 할머님의 가르침이 바탕이 되었을 터이다. 그런 저런 연유로 우리는 세대 차이 때문에 종조부모님과 함께 살지는 않았지만 직간접적으로 종조부모님의 영향을 받고 자란 셈이다.

나의 출생 년도가 1947년인데 내가 칠남매의 막내로 태어나자 아버님께서는 가족을 위해 보다 큰 사업을 시작하시겠다고 서울로 이주를 단행하셨다. 그해는 김필례 할머님께서 정신여학교 교장으로 부임하셔서 서울로 올라가신 해이기도 하다. 서울에서의 우리 집은 정신여학교 부근 연지동이었다고 하는데 나는 나이가 너무 어린 때라 기억이 거의 없다. 추측컨대 학교 관사에 계시던 교장 할머님을 자주 뵈었을지도 모르겠다. 그런데 육이오전쟁이 발발하자 우리는 피난을 못해 서울에 남아 고역을 치루고 그 이듬해 일사후퇴 때 다시 광주로 돌아왔고, 피난민 신세가 된 우리 가족은 비교적 큰 터에 별채 건물을 거느린 종조부님의 양림동 집에 얹혀 살며 일 년 이상 머물렀던 같다. 그런데 신기하게도 그때의 무거운 집안 분위기와, 종조부님의 영정사진, 분향내음, 김필례 할머님의 어두운 얼굴 같은 영상들이 어린 가슴에 파편처럼 단편적인 기억으로 남아 있다. 이러한 희미한 기억 조각들의 의미를 알게 된 것은 물론 내가 나이가 든 한참 후의 일이다. 즉 육이오 발발 몇 주 전 김필례 할머님은 미국 북장로교 여신도 4년 대회 참석차 미국으로 떠나셨고, 광주에서 서석의원을 개원하고 계시던 종조부님 최영욱 박사는 피난을 가시라는 주위의 권고에, “부끄러운 삶을 살지 않은” 당신이 피신할 이유가 없다며 광주를 떠나지 않으셨다. 그러나 예상과는 달리 7월 말 인민군이 광주에 진입한 후 얼마 뒤 뚜렷한 이유도 없이 형무소에 구금되었고, 9월 28일 인천상륙작전의 소식이 들려오자 당황한 좌익들의 동요 속에 그날 수많은 수감자들과 함께 영문도 모른 채 처형되는 비극을 맞았다. 뒤늦게 부산으로 귀국한 김필례 할머님은 그 소식을 접하고 얼마나 놀라고 분노하고 황당하셨을까? 듣기로 당신께서는 울분을 표하거나 원망대신 고독한 침묵으로 일관하셨다고 한다. 그러한 내면의 성숙한 강인함이 아마도 김필례 할머님께서 일생을 통하여 담당했던 교육과 사회활동에서 변함없는 정신적 바탕과 추진력의 원천이었으리라는 생각을 해 본다. 다만 내 어린 기억에는 그 이듬해인가 묘소를 정비하고 비석을 세울 때 아버님을 따라 나섰던 황량한 야산에서 서성대던 광경이 하나의 빛바랜 그림처럼 뇌리에 남아 있을 뿐이다.

그 이후 김필례 할머님께서는 매년 성묘를 위해 광주에 오셨다. 시간이 맞으면 나도 부모님을 따라 역으로 마중을 나갔고, 집에 머무시는 동안 옆에 앉아 말씀을 들었다. 회색빛 한복에 쪽진 머리는 돌아가실 때까지 한 번도 변함이 없었으며, 당신의 몸에 배인 근검, 절약, 성실, 정직, 봉사의 정신을 언제나 주위에 나누어 주셨다. 내가 태어날 때의 잊지 못할 이야기로 환하게 웃은 적도 있다. 딸만 줄줄이 낳다가 아들이라는 소식을 듣고 종조부님께서 너무 기뻐 정신없이 뛰어 오시느라 모자가 벗겨져 날아간 줄도 모르고 달려오셨다는 것이다. 김필례 할머님께서 광주를 자주 오신 반면 나는 서울의 교장 할머님 댁은 아버님을 따라 몇 차례만 가 뵈었다. 을지로4가쯤으로 기억한다.

1964년 내가 서울로 올라가 대학입학시험을 볼 때에는 손수 점심시간에 교문 앞에서 기다리셨다가 설렁탕을 사주셨던 따스함을 잊지 못한다. 입학한 대학이 동숭동에 위치한 서울문리대였기에 대학 재학시절에는 종로5가에서 버스를 갈아타거나 할 때 시간이 나면 정신여고를 불쑥 들리곤 했다. 그 시기에는 김필례 할머님께서 교장에서 재단이사장으로 물러나셔서 시간적 여유가 있으셨는지 대체로 집무실에 계셨고, 말주변이 없는 나는 그저 간단히 인사만 드리고 나오곤 했는데, 많은 경우 객지에서 고생한다고 격려하며 비타민 같은 작은 선물을 꼭 챙겨주시는 영락없이 자상한 할머님이셨다. 1970년 말 미국 유학을 떠나며 인사를 드리러 갔을 때는 오랜 시간 나를 붙들고 앉아 많은 조언을 해 주셨다. 그때 주신 말씀은 아직도 머리에 깊게 각인되어 있다. "협아, 네가 외국에 가면 너는 항상 조선 지도를 너의 등에 업고 다닌다는 사실을 명심하여라." 구체적으로는, 생활하면서 그리고 외국인들을 만나면 지켜야 할 여러 가지 사항들을 당신의 경험을 토대로 말씀해 주셨다. 예컨대 세수할 때는 물을 틀어놓고 하지 말고 필요한 만큼만 받아서 하고, 목욕 후 욕조는 머리카락이 없도록 깨끗이 청소하여 뒷사람들에게 불편함이 없도록 하며, 방에서 나갈 때는 반드시 전등 끄는 것을 잊지 말라. 이러한 세세한 일상의 행동 하나하나가 남의 모범이 되도록 하는 것이 존경의 시작임을 누누이 강조하셨다. 이러한 기본적인 예의와 타인에 대한 배려심이 없이 책에 있는 지식만 습득하는 것은 공허한 교육이 될 수 있다는 교장 할머님의 가르침은 나의 유학생활 내내 지켜야 할 지침이 되었고, 그 조선 지도는 아직까지도 나의 등에 붙어 있다는 생각이다.

내가 유학을 간 대학이 우연찮게도 종조부님인 최영욱 박사가 1922년에 일 년간 수학하셨던 켄터키주립대학이었다. 종조부님은 켄터키주립대학에서 일 년간 영문과에서 영어공부를 하고 에모리대학 의과대학으로 가셨다. 그래서 대학 학적과에 조회를 했더니 이름은 확인해 주었는데, 성적표를 떼어 볼 수 있는지 물어보니 이는 개인정보이기 때문에 내가 그의 가족원이라는 증명서를 한국에서 받아 와야 한다고 해 성적확인은 할 수 없었다. 다만 내 생각에는 종조부님은 세브란스 재학 시 언제나 성실했고 병을 앓아 시험을 망친 한 차례를 빼고는 성적이 항상 일등이었다는 말씀을 믿기에 켄터키주립대학에서도 잘해내셨음을 의심하지 않는다. 그러했기에 김필례 할머님의 큰오빠인 세브란스의전 제1회 졸업생 김필순 선생이 여동생과의 결혼을 흔쾌히 받아들이고, 결혼 후 광주 제중병원에 근무하던 최영욱 후배를 자신이 있던 중국으로 건너와 같이 일하자고 했던 것이 아닐까?

김필례 할머님은 컬럼비아대학에서 수학하셨는데 몇 년 전에는 미국으로 이민을 가서 살고 있는 조카가 이메일을 보내왔다. 자신의 딸이 이제 대학 진학을 하는데 컬럼비아대학에 지원서를 낸다는 것이다. 그런데 아이비리그 대학은 선대에 같은 대학을 다닌 것이 긍정적으로 받아들여지므로 김필례 할머님의 컬럼비아대학 졸업년도와 사진자료 같은 것이 있으면 알려주라는 글이었다. 그래서 졸업년도와 사진자료를 보내주었고, 그러한 사실을 자기소개서에 잘 반영시켜 좋은 결과를 얻는 경험을 했다. 컬럼비아대학의 입장에서도 그 옛날 1920년대에 동방의 조용한 아침의 나라에서, 그것도 여성이, 먼 나라에 건너와 공부를 했다는 사실에 놀라고, 그 후 백 년 가까운 시간이 흘러 이제 그의 증손녀가 대를 이어 같은 대학에 지원을 했다는 사실에 또 한 번 놀라며 반가워했다고 한다. 물론 조카 아이의 딸이 학업이나 과외활동에 두각을 나타내지 않았으면 컬럼비아대학 지원 자체가 어려웠겠지만, 나의 그리운 종조모님이 오랜 시간의 간극을 넘어 여전히 우리에게 선한 영향을 미치고 있음을 느낀다. 여성 교육의 선구자이자, 자신을 낮춰 어두운 곳을 비추려 노력했던 독실한 크리스천이었으며, 무엇보다 가정을 소중히 돌보셨던 종조모님의 선한 의지를 우리도 계승할 수 있기를 바랄 뿐이다.

추모의 시

영원한 우리의 스승

김덕영

정신여자고등학교 제45회, 1958년 졸업.

하나님께서 우리 인간들을 독수리 날개 품에 품어 주심같이
우리 김필례 교장 선생님은
우리 정신의 딸들을 하나하나 품에 안아 주시고
기도해 주시고 어루만져 주신
영원한 우리의 스승,
따뜻한 사랑이 넘치는 분이셨기에
잊을 수가 없습니다.

한 알의 밀알이 땅에 떨어져
썩지 아니하면 한 알 그대로 있고
썩으면 많은 열매를 맺는다는 귀한 진리의 말씀을
우리 정신의 딸들이라면
마음속 깊이 박히도록 해주신 귀한 말씀을
잊지 않을 것입니다.
부담 없이 만나 뵐 수 있을 할머님 같은 포근한 분이셨기에
잊을 수가 없습니다.

거목(巨木)

고 김필례 선생님을 추모하며

김상수

전 정신여자중학교 교사. 목사.

저 산의 늘 푸른 그 나무
세상의 모진 비바람 이겨내고
말씀의 이슬과 단비 받아
하늘과 땅 사이에 생명의 기운
힘차게 내뻗다.

이제 정해진 때 되어
그 커다란 몸 땅에 뉘었어도,
이어지는 뭇 생명 키우기 위해
또 다른 꽃 열매 피우고 맺기 위해
기름진 흙 되어 길이 남으리!

김필례를 만납시다

윤동재

정신여자중학교 교사. 시인.

조선 최초의 교회 소래교회
황해도 장연 소래교회 어린 성도
조선 최초의 여성 국비 유학생
조선 YWCA 창설자
서울여자대학교 설립자
김필례를 만납시다

정신여자중고등학교 졸업
일본 동경 여자학원 미국 아그네스스콧대학 졸업
미국 컬럼비아대학 대학원 교육행정 전공
광주 수피아여고 서울 정신여자중고등학교 교장
학교법인 정신학원 이사장
김필례를 만납시다

애국지사 김마리아의 고모
조선 최초 양의 김필순의 누이
상해 임시정부 내무의원 서병호의 아내 김구례의 동생
중경 임시정부 부주석 김규식의 아내 김순애의 동생
전남 지사 최영욱의 아내
김필례를 만납시다

우리나라 기독교 교육의 선구자

우리나라 전인교육의 개척자
우리나라 중등교육의 선도자
교육의 길 신앙의 길을 온몸으로 연
믿음 소망 사랑으로 올곧게 연
김필례를 만납시다

우리의 오늘이 힘들어
도움을 얻고 싶은가
김필례를 만납시다
우리의 내일이 걱정스러워
빛을 찾고 싶은가
김필례를 만납시다

나의 백합화 그대여

이해순

정신여자고등학교 제44회, 1957년 졸업. 제17대 정신여자중고등학교 총동문회장.

나의 백합화
그대여
나의 샘터
꿈속의 어머님
나의 백합화
마음의 고향

세월이 가면 갈수록
진하게 느껴지는
애틋한 사랑
관용의 도가니에서
알뜰한 양육을…
믿음의 길 걸어가신

그대는 나의 백합화
나의 모델링
삶의 목적을
생활로 보여주신
교육의 실천가
민족의 고통을
애달프게 보시고
몸소 실천하신

우리의 스승

나의 백합화

특별기고

광산 김씨 문중의 이야기

서원석

김필례의 광주 시절

차종순

광산 김씨 문중의 이야기

서원석

1872년, 스코틀랜드에서 중국으로 파송된 존 로스John Ross 선교사는 한국인 번역자들과 협력하여 1882년, 최초의 한글성서 『예수셩교 누가복음젼셔』를 출간했다. 번역자 중의 한 사람인 서상륜이 출간된 쪽복음 등, 기독교문서 오백 부를 가지고 1882년 10월 6일, 로스 선교사의 집을 출발하여 조선으로 향했다.

중국과 조선의 국경인 의주에서 검사관에게 성경책이 발각되어 모두 압수당했으나 마음씨가 착한 검사관의 도움으로 성경책을 돌려받았다. 그러나 이웃 주민들이 서상륜과 서경조가 중국에서 외국 사람을 자주 만난다는 소문을 알고 이를 고발하겠다고 협박하여 당숙이 사는 황해도로 피난을 가게 되었다.

1883년, 황해도 소래로 온 서상륜과 서경조는 기독교의 복음을 열심히 전했다. 집성촌을 이루고 있는 광산 김씨의 호응으로 온 동네 오십팔 세대 가운데 오십 세대가 예수를 믿는 놀라운 일이 벌어져 한국 최초의 자생교회인 소래교회(송천교회로도 불리움)가 설립되기에 이르렀다.

이는 조선 땅에 외국인 선교사인 앨런 의사가 입국한 1884년보다 이른 일이며 첫 목사선교사인 언더우드와 아펜젤러가 입국한 1885년보다도 이 년이나 빠른 역사를 이룬 것으로, 외국인 선교사가 입국하기 전에 성경이 번역되고 복음이 전해지고 교회가 세워진 세계선교역사에 유례가 없는 귀한 신앙적 유산을 가지게 된 것이다.

서상륜徐相崙(1848-1926)은 평생을 평신도로서 복음을 전파하고 수많은 교회를 세우는 전도자의 삶을 살았고 동생 서경조徐景祚(1852-1938)는 1907년, 장로교 최초의 목사로 안수 받고 목회했으며 그의 둘째 아들인 서병호를 광산 김씨의 장녀인 김구례(김필례의 큰언니)와 혼인시켜 광산 김씨와 사돈관계를 맺었다.

기독교를 일찍 받아들인 광산 김씨의 일가는 기독교와 함께 신교육과 신문화를 배우고 개화기에 지도자적 훈련을 받았다. 그러나 일제의 핍박이 시작되면서 기독교의 가르침은 가정의 안위와 번창보다는 나라와 민족의 장래를 염려하는 의식을 가지게 했고 급기야는 교회와 나라를 위해 개인의 명예와 물질 그리고 온몸을 희생하는 헌신의 길을 걷게 했다. 신교육을 받는 기쁨과 자긍심도 잠깐이고 곧 망명의 길로, 일본 경찰로부터 쫓기는 암울한 시대를 겪으며 온 가족이 황해도 장연을 떠나 뿔뿔이 흩어지게 되었다.

김필순(김필례의 오빠)은 제중원의학교 졸업생(1기)으로 의학서 번역, 강의, 진료 등으로 그의 공적을 인정받고 세브란스병원을 이끌어갈 인재였으나 안창호, 노백린, 이갑, 유길준 등과 함께 구국활동을 하다가 신민회와 관련하여 '105인사건'으로 1911년 중국으로 망명, 활동 중 끝내 중국 치치하얼에서 1919년 독살당했다.

서병호(김구례의 남편)는 경신학교 1회 졸업생으로 교육계에서 활동하다가 언더우드 선교사로부터 미국유학을 권유받았으나 이를 거절하고 중국 망명의 길을 떠나 신한청년당 조직, 김규식의 파리강화회의 파견, 임시정부 참여, 삼일운동의 견인 역할 등, 힘든 여정을 겪어야 했다.

김순애(김필례의 작은언니)는 정신학교 졸업 후, 부산 초량소학교 교사로 근무 중 사택에서 학생들에게 한국역사를 가르치다가 일경에 쫓겨 김필순이 있는 통화현으로 망명, 중국에서 김규식과 결혼하여 남편과 함께 기나긴 고난의 세월을 보내야 했다.

김필례는 최영욱과 결혼 후, 신혼 때 김필순의 권유로 중국 치치하얼에서 최영욱은 의사로서 병원을 돕고 김필례는 교육에 전념했다. 한국으로 돌아온 김필례는 조카 김마리아를 위하여 온갖 위험을 무릅쓰고 헌신적으로 뒷바라지를 했다.

이렇듯 당시에는 감히 상상도 못하는 최고의 교육을 받고 지도자의 자격을 갖추었으나 나라에 닥친 어두운 운명의 역사 속에서 희생의 길을 걸을 수밖에 없었고 민족운동과 계몽운동에 투신했다. 지금도 그 후손들은 미국에서, 중국에서, 북한에서 흩어져 살고 있으며 경제적인 어려움은 당연한 것으로 알고 살아왔다.

광산 김씨의 일가에는 삼 대에 걸쳐 국가로부터 인정받은 독립유공자가 일곱 명, 의사가 일곱 명, 교육자는 십여 명에 이르고 그 외에도 나라와 사회를 위하여 많은 지도자를 배출했다.

광산 김씨 가문의 세대별 인물의 흔적을 살펴보자.

1세대

김성섬

김성섬의 조부는 판서 벼슬에 이르렀으나 부패한 조정에 회의를 느끼고 낙향하여 황해도 장연군 대구면 송천리에 자리를 잡음. 서상륜과 서경조의 전도를 받아 우리나라 첫 교회인 소래교회의 큰 후원자로서 기독교 교육과 문화의 첫 열매를 맺은 가문을 이룸. 첫째 부인은 현풍 곽씨이며 사별 후 안성은과 재혼함.

안성은

김성섬의 두번째 부인으로 서상륜, 서경조의 전도를 받아 개신교 초기의 여자 권서勸書(전도부인, 여전도사)로 사역, 황해도 일대의 복음화에 전도부인으로 크게 기여함.

2세대

김윤오

김성섬의 차남으로, 진취적이며 활동적이고 개방적인 성격을 지님. 언더우드 목사로부터 소래교회 집사의 직분을 받고 성실한 신앙생활로 황해도 일대에서 전도사업에 매진함. 김구, 안창호, 이동휘, 노백린 등과 우의를 다지며 서울에서 '김형제 상회'를 운영하면서 국권회복운동에 전념함. 구국계몽단체인 서우학회를 설립하고 초등교육의 중요성을 알리고 실질적으로 사립학교 교원을 양성함. 이 계몽운동은 서부학회(총무 역임)와 신민회로 계승되어 '어가동도御駕東渡'(이완용 등이 고종에게 일본에 건너가 헤이그 밀사사건을 사죄하라고 한 일) 저지 등, 국가의 중대사에 참여함.

김필순

김성섬의 4남으로, 소래에서 한학을 공부하였고 언더우드 선교사의 배려로 배재학당에서 사 년 학업을 마치고 1908년 제중원의학교를 1회로 졸업함. 의학교에서 의학서 번역, 진료, 통역, 강의, 병원운영 등 다양하게 활동하여 세브란스병원의 차기 책임자로 인정받음. 동생들의 교육에 물심양면으로 지원을 아끼지 않음. 안창호와 함께 항일비밀결사인 신민회에 가입하여 활동하다가 1911년, 105인사건으로 연루되어 중국으로 망명하여 통화에서 개원하고 이상촌 설립을 추진함. 병원수입을 독립군 군자금으로 기부하는 등, 독립운동에 참여하다가 일본의 압박이 심해져 몽골 근처의 치치하얼로 도피, 조선인 이상촌을 건설하기 시작함. 1919년, 일본의 특무요원으로 보이는 일본인 의사에 의해 독살당함. 건국훈장 애족장.

서병호

김성섬의 장녀인 김구례의 부군으로, 장로교 최초의 목사인 서경조 목사의 차남으로 소래에서 태어남. 경신학교를 1회로 졸업하고 해서제일학교, 대성학교, 경신학교에서 교편을 잡음. 1914년, 중국으로 망명해 남경 금릉대학에서 수학함. 동서인 김규식과 신한청년당을 조직하고 당수로 활동하며 김규식을 파리강화회의에 파송함. 상해 대한민국임시정부 제헌의정원, 내무위원으로 활약하면서 국내에 잠입하여 독립자금 모금에 전력함. 대한적십자회를 창설하고 남화학원을 설립함. 광복 후 귀국하여 새문안교회 장로, 경신학교 이사장, 대한 YMCA 전시대책위원장, 맹인협회 농아협회 이사장을 역임함. 1953년 경신학교 교장에 취임하며 기독교학교연합회를 조직함. 건국훈장 애국장.

김순애

김성섬의 2녀로, 소래에서 태어나 정신여학교를 졸업(3회)하고 부산 초량소학교 교사로 재직 중 집에서 비밀리에 학생들에게 한국 역사를 가르치다 발각되어 위협을 느끼고 오빠 김필순이 활동하고 있는 중국 통화현으로 망명함. 남경으로 이주하여 명덕여자학원에서 수학 중 김규식을 만나 결혼함. 1918년, 형부인 서병호와 김규식과 함께 신한청년당을 조직하여 김규식을 파리강화회의에 파견하기로 하고 이를 뒷받침하기 위하여 혼신의 노력을 다함. 상해에서 대한애국부인회를 조직하여 회장으로, 서울과 평양에서 조직된 애국부인회와 협력하여 독립자금을 모금하여 지원하고 독립운동 가족을 뒷바라지함. 대한적십자사 이사로 활동하고 부속 간호학교를 설립함. 상해 한인여자청년동맹의 간부로 활약하고 중경에서 한국애국부인회 재건대회를 개최하고 전후 한국을 독립시키기 위해 국제 감시 하에 두기로 한 워싱턴회담에 반대하여 재중국자유한인 대회를 개최함. 광복 후 귀국하여 정신여자중고등학교 이사장을 역임함. 건국훈장 독립장.

김규식

김순애의 부군으로, 여섯 살에 고아가 되어 언더우드 선교사의 보살핌으로 성장하였으며 역시 언더우드의 주선으로 미국 로어노크대학교에서 수학 후 프린스턴대학교 대학원에서 석사학위를 받음. 귀국하여 YMCA 교사, 경신학교 학감, 연희전문학교 강사를 역임함. 1910년 새문안교회에서 장로로 봉사하고 일본의 교회 탄압이 시작되자 1913년 중국으로 망명함. 1906년 조은수와 결혼하나 십일 년 만에 사별하고 1919년 김순애와 재혼함. 1918년 서병호와 함께 신한청년단을 결성하고 다음해 파리강화회의에 한국대표로 참석하여 「한국민족의 주장」 「한국의 독립과 평화」 등 선언서를 작성, 배포함. 미국으로 건너가 1919년 통합임시정부의 학무총장으로 선임되어 중국으로 돌아와 국민대표회의를 소집하고 임시정부의 재건을 애썼으나 그 뜻을 이루지 못함. 1923년, 로어노크대학에서 명예법학박사 학위를 받고 상해 복단대학, 동방대학, 천진 북양대학, 남경 중앙정치학원, 사천대학에서 교수로 활동함. 1935년 민족혁명당을 창당하여 주석이 되었고, 1942년 임시정부 국무위원이 됨. 광복 후 귀국하여 민주의원 부의장, 미소공동위원회 한국 대표를 역임하고 좌우합작 준비 작업을 추진, 김구와 남북협상을 펼쳤으나 성과를 얻지 못함. 한국전쟁 중 납북당함. 건국훈장 대한민국장.

김필례

김성섬의 3녀로, 소래에서 태어나 정신여학교(1회)를 졸업하고 일본 동경 여자학원 중등부, 고등부를 졸업하고 미국 아그네스스콧대학에서 학사를, 컬럼비아대학에서 석사학위를 받음. 1916년, 정신여중 교사, 교감을 역임하고 김활란과 함께 한국 YWCA를 창설하고 총무로 활약함. 1927년 여성운동 단체인 근우회를 조직함. 세 차례에 걸쳐 WSCF(세계기독교학생대회)에 참석하여 활발하게 활동함. 광복 후 광주 수피아여학교와 정신여학교에서 교장을 역임하였으며, 서울여자대학교 설립에 기반을 마련하였음. 1950년 대한예수교장로회 여전도회전국연합회 회장을 역임하고 1962년 정신학원 이사장과 명예이사장을 역임함. 국민훈장 모란장.

최영욱

김필례의 부군으로, 최학신의 아들로 광주에서 태어나 세브란스의학교를 6회로 졸업함. 1918년 결혼 후 처남인 김필순의 권유로 중국 치치하얼로 이주하여 병원에서 활동함. 미국으로 유학을 떠나 캐나다 토론토대학을 졸업함.• 귀국 후 제중병원장을 역임함. 광복 후 전라남도 도지사, 호남신문사 사장을 역임하고 한국전쟁 중 북한군에 의해 투옥되었다가 사망함.

3세대

남궁혁

김윤방(김성섬의 큰아들)의 큰사위(첫째 딸 김함라의 남편)로, 배재학당과 평양신학교를 졸업하고 미국 프린스턴신학교에 입학한 후 1927년, 유니온신학교에서 한국 최초의 신학박사 학위를 받음. 귀국하여 평양신학교 최초의 한국인 교수로 후학을 가르치다가 신사참배 거부로 폐교되

• 김필례의 회고록에 의하면, 최영욱은 미국으로 건너가 켄터키주립대학 의학부를 마치고 1926년에는 에모리대학에서 박사학위를 받았다.(이기서, 『교육의 길 신앙의 길』, p.125.)

자 중국으로 망명하여 해방을 맞음. 귀국하여 군정청에서 근무하다 한국전쟁 중 납북당함.

김마리아

김윤방의 3녀로, 정신여학교 졸업 후 수피아여학교, 정신여학교에서 교사를 역임함. 1915년, 동경 여자학원에 입학하여 수학 중 동경유학생 독립단에 참여, 이팔독립운동에 적극 가담함. 이팔독립운동의 선언문을 휴대하고 귀국하여 삼일운동 준비에 참여하고 삼일운동이 벌어지자 일경에 체포, 구금됨. 출옥 후 대한애국부인회 회장으로, 임시정부 군자금 모금, 독립선언문 배포 등 활발한 활동을 전개하다 이를 탐지한 일경에 체포되어 모진 고문을 받고 병보석으로 석방됨. 병약하여 해변에서 휴양 중 중국 상해로 탈출, 고모부인 서병호, 김규식과 함께 임시정부에서 활동하다가 남경 금릉대학에서 수학하고 국민대표회의에 대한애국부인회 대표로 참가하여 활동함. 병 치료차 미국으로 건너가 미네소타 주 파크대학에서 문학부를, 시카고대학에서 사회학을, 뉴욕 비브리칼신학교에서 신학을 공부하고 귀국하여 원산 마르타윌슨신학교에서 교수로 근무 중, 고문의 여독으로 1944년 오십삼 세의 나이로 별세함. 건국훈장 독립장.

고명우

김윤오의 큰사위로, 소래 출신으로 기독교를 일찍 받아들임. 경신학당을 졸업하고 1913년, 세브란스의학교를 3회로 졸업함. 미국 롱아일랜드의과대학에서 의학박사 학위를 받고 귀국하여 모교에서 후학을 가르치고 병원을 개원함. 한국전쟁 때에 남대문교회 성도들과 함께 납북당함.

김덕봉(김영)

김필순의 장남으로, 세브란스의학교에 입학하려 하였으나 총독부의 반대로 이루지 못하고 중국 봉천의대 졸업 후 세브란스에서 수련을 받음. 중국 간도 요정의 제창병원 원장으로 활동함.

김덕호

김필순의 2남으로, 중국 변방 치치하얼에서 의사로 활동함.

김덕린(김염)

김필순의 3남으로, 105인사건으로 가족과 함께 중국으로 망명함. 아버지가 독살당하자 상해로 이주하여 고학하며 힘겨운 삶을 이어가다가 영화감독의 발탁으로 「도화읍혈기」「야초한화」 등 사십 편의 영화에 출연하면서 유명배우가 됨. 모택동으로부터 '국가 일급배우'의 칭호를 받았으나 끝내 공산당에 가입하지 않아 문화혁명 시 수용소에서 중노동으로 고생하다가 1983년 상해에서 생을 마감함.

김용재

서병호의 차녀 서옥윤의 두번째 부군으로, 전남 담양 출신임. 1919년, 삼일운동에 가담한 후 만주로 망명하여 1920년, 흑룡강성에서 애국청년혈성단에 가입하여 서무부장으로 활동하다가 남경으로 옮겨 의열단에 가입하고 중경의 황포군관학교를 제4기로 졸업하여 중국군 고급장교를 지냄. 1935년, 민족혁명단에 가입하여 활동하고 1940년, 조선의용대 전방공작대원으로 활동하다가 한국광복군에 편입되어 초모공작 및 대적선전공작, 적의 정보수집, 신임대원에 대한 교육 등으로 활동함. 해방 후 귀국하지 못하고 상해에서 순국함. 건국훈장 독립장.

서재현

서병호의 장남으로, 소래에서 태어나 서울 배재소학교, YMCA영어전문학교를 졸업하고 가족과 함께 중국으로 망명하여 상해 국립동제대학 중학부와 공학원을 졸업함. 재학 중 일본 상품 불매운동 등, 항일시위에 적극 참여함. 상해한인청년당 창립에 참여하여 당헌, 당규, 선언문을 작성하고 민족혁명당에 가입하여 감찰위원으로 활동함. 부친 서병호와 이모부 김규식의 생활비를 상당 기간 부담함. 광복 후 귀국하여 해군에 입대하여 진해 해군공창장(준장)으로 근무하고 후에 강원산업, 이천전기 등 한국 기계공업 분야의 발전에 기여함. 건국훈장 애국장, 금성충무무공훈장, 은성을지무공훈장.

김진동

김규식의 차남으로, 1941년, 한국광복군 제3지대 지하요원으로 지내다가 1944년, 대한민국임시정부 부주석인 김규식의 비서관이 됨. 1946년, 좌우합작위원회 영어담당 비서관으로 있다가 1948년, 남북협상 때에는 김규식을 비서로서 수행함. 뛰어난 영어실력으로 일본 재팬타임스 체육부장, 제6대 한국영어신문사 국장을 지냄. 1961년, 국가재건최고회의 운영위원회 자문위원을 맡았으며 중화민국 정부의 공보부에서 근무함.

김우애

김규식의 3녀로, 중국에서 태어남. 중국에서 유년시절을 보내고 광복 후 귀국하여 미국으로 유학, 웨슬리대학교, 미시간대학교에서 화학을 전공함. 한국인 최초로 미국 예일대학교 교수를 역임하고 약리학과 연구원으로 근무함.

윤부병

김성섬의 4녀인 김노득의 딸 양종신의 부군으로, 만주 건국대학을 졸업하여 의사가 됨. 결혼 후 사회사업에 심혈을 기울임. 호남의원 원장으로,

이리시 초대교육위원으로, 제1대 통일주체국민회의 대의원으로, 이리기독교방송국 초대국장으로, 전북지구 라이온스클럽 총재로, 대한적십자사 전북지사장으로 지역사회 발전에 다양한 활동을 함.

4세대

고황경

고명우의 차녀로, 경기여고와 일본 동지사대학을 졸업 후 미국 미시간주립대학에서 경제학, 사회학을 전공하고 철학박사 학위를 받음. 귀국하여 이화여대 교수로, 경기여고 교장으로 봉직하다가 1961년 서울여자대학 초대총장이 됨. 대한어머니회 회장, 대한걸스카웃연합회 회장, 유엔총회 한국대표, 세계장로교대회 한국대표 등 다양한 활동을 함. 일제강점기에 조선총독부의 조선부인문제연구회에 가담하고 총독부의 방송선전협의회에 협력하는 등, 친일단체 활동에 참여함.

서경석

서재현의 차남으로, 서울공대를 졸업하고 기독교 계열의 반정부 민주화운동단체인 민청학련의 활동을 주도적으로 이끌며 사회주의 체제에 심취함. 수차례의 옥고를 치루고 장로회신학대학교 대학원에서 청강생으로 수학하다가 미국 프린스턴신학대학에서 학사를, 유니온신학대학에서 석사학위를 받고 미국 장로교 목사 안수를 받음. 귀국 후 기독교사회문제연구원 원장을 거쳐 서구의 복지국가를 꿈꾸며 경제정의실천시민연합을 창설하고 시민운동을 시작함. 공명선거, 북한동포돕기 등 다양한 활동을 함. 서울조선족교회를 창립하고 목회하며 복지전문기관인 '나눔과 기쁨'을 설립 운영함.

광산 김씨 계보도

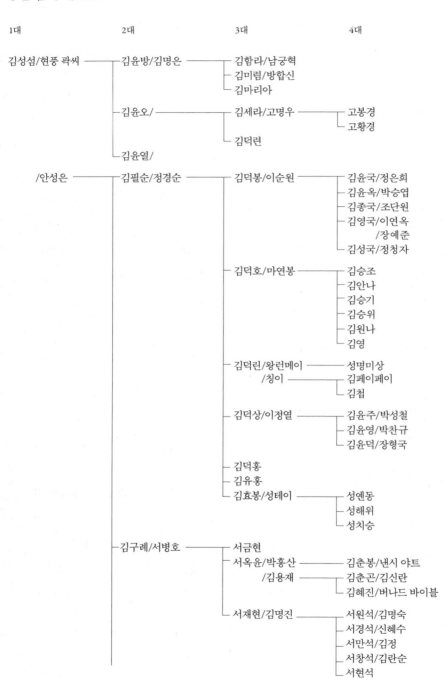

1대 → 2대 → 3대 → 4대

- 김성섭/현풍 곽씨
  - 김윤방/김명은
    - 김함라/남궁혁
    - 김미렴/방합신
    - 김마리아
  - 김윤오/
    - 김세라/고명우
      - 고봉경
      - 고황경
    - 김덕련
  - 김윤열/
- /안성은
  - 김필순/정경순
    - 김덕봉/이순원
      - 김윤국/정은희
      - 김윤옥/박승엽
      - 김종국/조단원
      - 김영국/이연옥 /장예준
      - 김성국/정청자
    - 김덕호/마연봉
      - 김승조
      - 김안나
      - 김승기
      - 김승위
      - 김원나
      - 김영
    - 김덕린/왕런메이
      - 성명미상
    - 김덕린/칭이
      - 김페이페이
      - 김첩
    - 김덕상/이정열
      - 김윤주/박성철
      - 김윤영/박찬규
      - 김윤덕/장형국
    - 김덕홍
    - 김유홍
    - 김효봉/성테이
      - 성옌동
      - 성해위
      - 성치승
  - 김구례/서병호
    - 서금현
    - 서옥윤/박홍산
      - 김춘봉/낸시 야트
    - 서옥윤/김용재
      - 김춘곤/김신란
      - 김혜진/버나드 바이블
    - 서재현/김명진
      - 서원석/김명숙
      - 서경석/신혜수
      - 서만석/김정
      - 서창석/김란순
      - 서현석

1대 2대 3대 4대

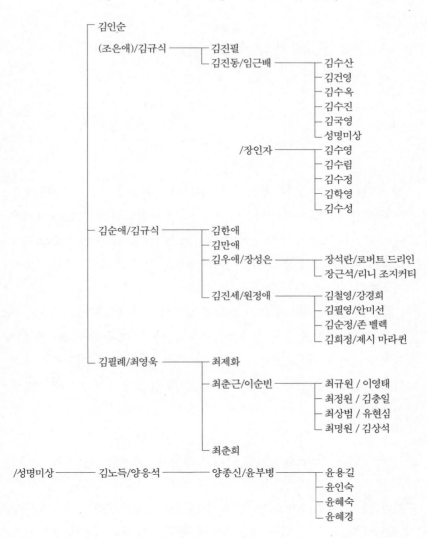

- /성명미상
  - 김인순
  - (조은애)/김규식
    - 김진필
    - 김진동/임근배
      - 김수산
      - 김건영
      - 김수옥
      - 김수진
      - 김국영
      - 성명미상
    - /장인자
      - 김수영
      - 김수림
      - 김수정
      - 김학영
      - 김수성
  - 김순애/김규식
    - 김한애
    - 김만애
    - 김우애/장성은
      - 장석란/로버트 드리인
      - 장근석/리니 조지커티
    - 김진세/원정애
      - 김철영/강경희
      - 김필영/안미선
      - 김순정/존 벨렉
      - 김희정/제시 마라퀸
  - 김필례/최영욱
    - 최제화
    - 최춘근/이순빈
      - 최규원 / 이영태
      - 최정원 / 김충일
      - 최상범 / 유현심
      - 최명원 / 김상석
    - 최춘희
  - 김노득/양응석
    - 양종신/윤부병
      - 윤용길
      - 윤인숙
      - 윤혜숙
      - 윤혜경

서원석은 김필례의 언니 김구례의 손자로, 새문안교회 원로장로이다.
이 글은 김필례기념사업회가 주최하고 한국 YWCA연합회가 주관한 '김필례 리더십 연구 발표회'(2013년 7월 17일, 김마리아회관 애니앨러스홀)에서 발표한 「광산 김씨 문중의 역할과 역사적 기여」(『김필례 선생 연구: 페미니즘 교육 형성을 중심으로』, 2013 김필례 리더십 연구 발표회 자료집, 김필례선생기념사업회, 2013)의 내용을 정리한 것이다.

김필례의 광주 시절

차종순

김필례(1891-1983)는 한국 여성운동사에서 큰 인물이지만, 삶과 활동에 대해 크게 알려지지 않았으며, 광주光州에서 살았던 시절(1918-1947)에 대해서는 더더욱 알려지지 않았다. 물론 김필례에 대한 글들과 기록영상이 드물게 있지만 그 내용면에서 정확한 기록보다는 구전과 구술에 기초한다는 아쉬움이 있다.

필자는 전승에 있는 구전과 면담을 완전히 제외시키지 않으면서도 이것들을 뒷받침할 수 있는 구체적인 기록들, 특히 「미국 남장로교 한국선교회의 회의록」과 「보고서」, 「광주 수피아여학교 학적부」, 「오방 최흥종 목사의 생애와 사상」, 『광주시사』 등의 기록들을 통해서 정리해 보려고 한다.

김필례가 최영욱을 만나기까지

김필례의 구술을 토대로 한 『교육의 길 신앙의 길』[1]은 광주 기간(1918-1947)에 대해 일관성이 부족한 편이다. 특히 초기 정착 과정에 관한 기록들 가운데 선교사들의 기록과 불일치하는 부분을 정리해 봄으로써 독자

1. 이기서, 『교육의 길 신앙의 길: 김필례 그 사랑과 실천』, 북산책, 2012.

들에게 도움을 주려고 한다.

첫째는 김필례의 친정어머니 안성은이 선교사 조지아나 화이팅Georgiana Whiting(1869-1952)의 개인적인 복음 선교사로 황해도에서 십 년 동안 활동하다가, 화이팅이 오웬과 결혼 후 광주에 거주하기 시작했다는 부분이다.

화이팅은 1895년 4월 7일 한국에 도착 후,[2] 서울 제중원과 여자병원의 의사, 그리고 왕비의 주치의를 담당하다가 1900년 12월 12일 목포 선교부의 의사 오웬Clement C. Owen과 결혼해, 목포에 거주했다. 오웬 부부는 1904년 12월 20일 이후부터 유진 벨 가족과 함께 광주선교부로 이주해 지내다가, 1909년 4월 3일 남편이 죽은 후 오웬 부인은 선교사 직을 유지했으며, 1923년에 귀국하고, 1950년 2년 1월 콜로라도 주 덴버에서 사망했다.[3]

둘째는 김필례와 최영욱과의 결혼이다. 이 부분은 최영욱의 의학공부 시작, 선교회의 학자금 융자, 취직과 관련이 있다. 최영욱의 형 최흥종(당시 집사)은 광주기독병원 윌슨Robert M. Wilson의 조수(의료 훈련생) 겸 한국어 선생이었다. 오웬이 사망하던 날, 그를 치료하기 위해 목포에서 광주로 오던 의사 포사이스William H. Forsythe가 여자 나환자를 데리고 오던 모습에서 최흥종은 거듭남을 경험하고, 의료 훈련생을 포기하고, 윌슨의

---

2. 화이팅 선교사는 북장로교 간호사 제이콥슨(Anna P. Jacobson) 그리고 남장로교의 유진 벨(Eugene Bell) 부부와 함께 같은 배(Oceanic)를 타고 한국에 도착했다. 따라서 오웬과 화이팅의 결혼은 벨 부부의 중매가 크게 작용했을 것으로 본다.

3. 무엇보다도 먼저 의사 선교사 화이팅이 전도부인(안성은)을 개인적으로 후원하면서 복음선교를 실시했다는 내용은 당시 업무 분장이 명확한 선교사 사회에서 허용되지 않는 사항이다. 둘째, 비밀리에 혹은 동료 복음선교사들의 묵인 아래 진행했다고 할지라도 '십 년'은 아니다.(위의 본문 참조). 셋째, 화이팅이 오웬과 결혼한 후 광주까지 따라왔다고 하지만, 이 가능성도 전혀 없다. 왜냐하면 미국 남장로교 한국선교회 제19차(1910년) 연례대회에서 광주선교부는 "육 년 전에 선교부가 시작했을 때에 (…) 지역의 회중은 마흔 명이었으며, 이 가운데에서 기독교인은 목포교회에서 세례받은 세 명뿐이었다"고 보고했기 때문이다.

앞마당에 몰려든 나환자들을 돌보기 시작하다가, 급기야 봉선동에 있는 땅 천 평을 기증해 광주기독병원 부설 '광주나병원'을 시작하는 결정적인 계기를 제공했다. 이를 고맙게 여긴 윌슨은 최흥종(당시 장로)의 빈자리에 동생 최영욱을 발탁했다.[4]

미국 남장로교 한국선교회는 1911년에 각 선교부 선교병원에서 의료훈련생을 훈련받는 조수들 가운데에서 우수자를 선발해 세브란스의학전문학교에 보내어 의사로 양성키로 결정했으며, 이 가운데 한 사람이 최영욱이었다.

> 광주 최영욱과 노응철을 의학생으로 승인한다…. 우리는 광주의 최영욱과 노응철, 전주의 이수동과 박채신, 목포의 최기훈을 서울 의과학생으로 보내기로 추천한다.[5]

최영욱은 1912년 9월 학기부터 서울 세브란스 부설 의과학교에서 공부하기 시작했으며, 1916년 5월에 졸업하고, 1917년 가을부터는 광주기독병원에서 의사로 재직하기 시작한다. 이 부분은 최영욱, 김필례 부부의 삶에서 매우 중요하므로 선교사들의 자료를 직접 인용해 본다.

미국 남장로교 한국선교회는 1916년 6월 22일부터 28일까지 개최된 제25회 회의에서 "윌슨은 순천으로 가서 의료사역을 일시적으로 담당하며, 리딩햄은 목포를 직접 책임으로 관할하면서도 광주의 나병원과 병원을 감독한다…. 졸업생으로 면허증을 가진 한국인 의사를 구해 광주의 사역을 감독하게 한다"라고 결정했다.[6]

---

4. 필자는 최영욱, 김필례 부부가 형의 식구들을 지속적으로 돌본 것은, 형의 추천(은혜)으로 의사가 된 데 대한 보답이었을 것으로 생각한다.

5. *Minutes of the Twentieth Annual Meeting of the Southern Presbyterian Mission in Korea*, 1911. p.53; *Minutes of the Twenty First Annual Meeting of the Southern Presbyterian Mission in Korea*, 1912. p.45. (이하 이 글 본문에 인용된 영어 문헌의 한국어 번역은 모두 필자가 함.)

이 결정에 따라 구한 한국인 의사가 누구일까? 1917년 6월에 진행한 제26회 회의에서는 최영욱을 광주 제중원의 한국인 의사로 채용하기로 결정했다.

> 한국 의사의 급여에 관한 선교회의 규칙을 정하기에 앞서서 최영욱과 계약을 맺기로 했다.[7]

그러나 윌슨은 순천으로 가지 않고,[8] 광주에 있으면서 목포 병원을 한 주에 한 번씩 주기적으로 방문했으며, 공석 시간에는 "한국인 의사의 지원을 받는다"라고 했다. 이 결정을 통해 최영욱은 1918년에도 광주 기독병원에서 근무하고 있었음을 알 수 있다.[9]

그렇다면 최영욱과 김필례는 언제, 어떻게 만났을까? 김필례는 "기독교 신자들은 할인을 받을 수 있는 광주기독병원에서 수술을 받았다. 그런데 이 병원에는 세브란스의학전문학교 학생으로 실습을 나와 있는 최영욱이라는 젊은이가 있었다. 그의 전문분야는 내과였으나 선생이 입원하고 있던 병실에도 자주 드나들면서 돌보아주었다"[10]라고 기억한다. 김필례가 기억하는 동경 여자학원 3학년은 고등과를 의미하므로 1915년이다. 그리고 "광주에서 수술받고"에 대해 박규원 작가는 「김필순 일가

6. *Minutes of the Twenty Fifth Annual Meeting of the Southern Presbyterian Mission in Korea,* 1916, p.67. 이는 순천선교부 의사로 재직하던 티몬스 의사(Dr. Timmons)가 1916년에 안식년으로 귀국하고 또한 목포 선교부 의사 리딩햄(Dr. Leadingham)도 1918년에 안식년으로 귀국했기 때문에 내려진 결정이다.
7. *Minutes of the Twenty Sixth Annual Meeting of the Southern Presbyterian Mission in Korea,* 1917, p.55.
8. *Minutes of the Twenty Seventh Annual Meeting of the Southern Presbyterian Mission in Korea,* 1918, p.41. 왜냐하면 로저스 의사(Dr. Rogers)가 부임했기 때문이다.
9. 미국 남장로교 한국선교회 회의록은 1917-1919년까지 광주기독병원의 한국인 의사는 한 명으로 보고한다.
10. 이기서, 앞의 책, p.95.

의 이야기」에서 이렇게 밝힌다.

> 문: 두 분(최영욱, 김필례)도 어떻게 맺어졌는지 궁금하네요. 최영욱 선생이 세브란스를 나오고 나서 만나신 건가요?
> 답: 최영욱 선생이 세브란스병원에 있을 때에 김필례 여사가 병원에 입원했대요. 그러다가 최영욱 선생이 김필례를 좋아하게 되어서.[11]

필자는 박규원 작가의 기록이 더 신빙성이 있다고 본다. 왜냐하면 이 시기에 김필례의 어머니 안성은이 광주에 거주할 수 있는 가능성이 없다고 보기 때문이다.

결혼과 내몽고 치치하얼齊齊合軍 체류까지

1915년 여름 방학기간으로부터 서로 알게 된 김필례와 최영욱은 잠시 헤어졌다가 김필례가 동경 여자학원을 1916년 3월에 졸업하고 1916년 4월에 정신여학교에 교사로 부임함으로써 가까워질 수 있었다. 최영욱은 억지로라도 틈을 내서 서울행 기차를 탔으며 자주 만났으며 드디어 두 사람은 결혼에 이르게 되었다. 김필례는 이렇게 기억한다.

> (…) 선생은 어머니 안 씨의 간곡한 권유도 있고 최영욱을 정식으로 만나 보니 과연 사람됨이 (…) 그와 결혼하기로 결심했다. (…) 1918년 6월 20일 이명혁 목사의 주례로 최영욱과 연동교회에서 결혼식을 올리고 (…).[12]

---

11. 김필순 선생의 외증손녀 박규원 작가 인터뷰인 「김필순 일가의 이야기」(『연세의사학』 21권 1호, 2018, p.93) 중에서.
12. 이기서, 앞의 책, pp.94-97.

여러 자료를 통해서 볼 때, 최영욱과 김필례의 결혼은 광주의 터줏대감격인 탐진 최씨 가문의 행사는 아니었다.[13] 결혼식을 치른 장소가 서울이고 또한 연동교회라는 사실이 이러한 해석에 이르게 한다. 이 결혼은 최영욱의 김필례에 대한 사랑의 표현이었다.

최영욱의 이러한 태도는 어머니 공말자에게는 참으로 거슬리는 모습이었다. 공말자는 외로운 사람이었다. 최학신과 결혼할 때에 전 남편에게서 낳은 딸을 데리고 와서 이름을 최영온崔泳瑥으로 개명시켜 최학신의 호적에 입적시키고, 1893년에 정해업과 결혼시킴으로써 근심을 하나 덜어낼 수 있었다.

그렇지만 정작 근심은 아들 최영욱에게서 일어났다. 공말자는 어디에 내놓아도 자랑스러운 아들에게 딱 어울리는 아내라고 뿌듯하게 여기고, 주위의 부러움을 받았고, 이것을 은근히 즐기는 편이었다. 그런데 그 아들이 결혼 후 함께 살지 않고 며느리의 친정 오빠 김필순이 경영하는 이상촌과 그곳의 병원으로, 그것도 한국이 아닌 중국 내몽고 치치하얼로 떠난다는 사실을 시어머니가 받아들이고 또한 허락할 수 있었을까? 김필례는 시어머니가 치치하얼로 떠날 때 서울 용산역까지 따라와 "가서 우리나라를 위해 좋은 일 많이 해라"라고 하면서 전송해 주었다고 기억한다.[14]

필자는 치치하얼으로의 이주가 김필례가 결혼을 허락하기까지 가장 큰 고민이었다고 생각한다. 김필례에게 치치하얼은 단순하게 오빠 김필순[15]의 부름에 순종하는 차원이 아니라 나라 사랑과 신앙의 표상이었다.

---

13. 두 사람의 결혼식에 광주에서는 시어머니 공 씨와 시숙 최흥종 목사가 참석했다. 위의 책, p.97.
14. 위의 책, p.98.
15. 김필순은 1911년 105인사건으로 만주로 도피해 이동녕(李東寧), 전병현(全秉鉉) 등과 함께 서간도 지역의 독립운동기지 개척에 힘썼다. 그 후 내몽고 치치하얼에 수십만 평의 토지를 매입하고 이곳에 백여 호의 한인들을 이주시켜 무관학교를 설립하고 독립운동의 후방 기지로 개척하고자 했다. 그곳 치치하얼에서 의료업에 종사하던 중, 1919년 9월 1일 일본인 조수가 주는 우유

김필례의 이러한 생각에 최영욱은 연애하던 시절에 동의했고 치치하얼은 김필례와 최영욱에게 공동의 목표를 실행할 수 있는 공간이 되어 결혼이라는 문턱을 넘을 수 있게 했다.

치치하얼은 이상이었고 광주는 현실이었다. 두 사람은 현실을 버리고 이상을 따라 떠났다. 그럴지라도 최영욱에게는 해결해야 할 두 가지 숙제가 있었다.

첫번째 숙제는 어머니, 가족, 아들 등의 단어들이다. 특히 어머니였다. 최영욱에게 어머니는 성 어거스틴St. Augustine의 어머니 모니카Monica와 같다고 본다. 자기에게 온갖 기대를 갖고서 아버지의 죽음 이후 더욱더 가까이 있으려는 어머니 모니카를 떠나 어거스틴이 로마로 갔듯이 최영욱은 치치하얼로 갔다.[16]

두번째 숙제는, 선교사와 선교회였다. 최영욱은 1917년부터 광주기독병원 의사로 재직 중이었으므로, 선교사들의 배신감과[17] 선교회에 진 채무와 의무 근무기간 문제를 어떻게 해결했을까?[18] 최영욱이 1919년 다시 광주로 왔을 때 기독병원에 의사로 복직되었으며,[19] 또한 1920년 4월에 미국으로 유학 차 떠날 때에 다시 장학금 융자혜택을 받은 사실과 1927년부터 광주기독병원의 의사로 다시 채용된 것으로 보아서, 사표를 내지

를 먹고 순국했다.

16. 어거스틴, 선한용 역, 『성 어거스틴의 고백록』, 대학기독교서회, 1990, pp.145-146.

17. 장로교(미국 남북, 호주, 캐나다 장로교회) 선교협의회는 1893년 1월에 선교원칙 10조항 속에 '비정치-엄정중립'(strict neutrality and non-interference)을 포함시킨 이래, 1984년 선교활동 중단 시까지 변경시키지 않았으며, 또한 선교 동역자들과 한국인 협력자들에게도 철저하게 요구했다.

18. 의학생으로 피추천된 사람은, 해마다 오십 달러까지 장학금을 받을 수 있으며, 지불이행을 확약하는 '약속어음'을 제출해야 했다. 또한 의학교 공부를 마친 후에는 약속어음에 따라 현금으로 환금하거나 아니면 임금의 절반에 해당하는 근무(service)를 한다는 조건이었다.

19. 이렇게 볼 수 있는 근거는 미국 남장로교 한국선교회 연례회의록에서 1917년, 1918년, 1919년 다 같이 광주기독병원의 한국인 의사(native physician)가 한 명으로 기록된 데서 찾을 수 있다.

않고 떠난 것으로 짐작해 볼 수 있다.

그렇다면 최영욱, 김필례 부부가 광주에서 서울을 거쳐 치치하얼로 떠난 시기는 언제였을까? 1918년 10월 말쯤이었을 것으로 추측된다. 왜냐하면 시숙 최흥종의 큰딸 최숙이가 1918년 10월 19일 강순명과 결혼했기 때문이다. 형 최흥종의 주선으로 의사가 된 최영욱 부부가 조카의 결혼식에 참석했을 것으로 보이기 때문이다.

어렵사리 온갖 부담을 떨쳐버리고 최영욱과 김필례 부부는 치치하얼에 도착했다. 최영욱은 김필순의 병원 일을 주로 돕고 김필례는 그곳에 있는 우리 동포들의 교육에 힘썼다. 활동 중에 김필례는 임신으로 인한 입덧으로 건강이 악화되었고[20] 최영욱에게는 광주 교인들이 보낸 편지가 도착했다. 그 편지에는 "공 씨가 식음을 더러 거부하기도 하고 문을 걸어 잠그고 하루 종일 방 안에 드러누워 있기도 하면서 불편한 심기를 보여주고 있다"는 내용이 들어 있었다. 편지를 읽은 최영욱, 김필례 부부는 광주로 돌아가기로 결심했다.[21]

최영욱, 김필례 부부는 광주로 되돌아 온 직후에 조카 김마리아의 방문을 받았다. 1919년 2월 20일 즈음에 일본에서 입국한 김마리아에게는 일본 동경에서 가져 온 이팔독립선언서가 있었다. 최영욱과 김필례 부부는 치치하얼에서 이루지 못한 애국의 꿈을 조카가 가져온 독립선언서를 등사기로 다량 인쇄한 후, 서울로 반입시키는 일에 협력함으로써 어느 정도 보상받을 수 있었다.

20. 박규원, 「김필순 일가의 이야기」 『연세의사학』 21-1, 2018.
21. "편지를 읽고 난 선생은 (…) 여보 광주로 가요 지금 당장 광주로 가요 어머님께서 이렇게 섭섭하게 여기고 계시는 줄을 몰랐어요 (…) 김필순은 알뜰히 짐을 꾸려주었다. 그리고 선생 부부에게 돈도 얼마만큼 주었다."(이기서, 앞의 책, p.100).

아들의 죽음과 유학길에 남편 최영욱

김필례는 1919년 3월 25일 아들 '제화'를 낳았다. 당시로서는 만 스물여덟 살의 노산이었다. 그러나 아들이었고 기쁨은 컸고 시어머니와 남편에게도 그리고 친정 식구들에게도 좋은 소식이었다. 1919년 3월부터 연말까지 김필례는 아들을 키우느라고 정신없었다.

그런데 하나님은 두 사람의 아들을 1920년 추운 겨울 정월에, 채 한 돌을 맞이하기도 전에 하늘나라로 데려가셨다. 김필례뿐 아니라 시어머니와 최영욱에게도 참으로 큰 시련이었다.

김필례는 남편 최영욱이 "아이가 죽은 후 병원에는 아예 나가지 않고, 집 안에만 틀어박혀 있으면서 방문을 걸어 잠그고 (…) 가족들과 이야기도 하지 않고 (…) 그는 말을 잃어버린 사람 같았다. 한 달 가량을 그렇게 지내더니 (…) 미국 유학의 길을 떠나고 말았다"라고 기억한다.[22] 왜 최영욱은 미국으로의 유학을 결정했을까?

첫째는, 최영욱은 미국 유학이라는 도피-기제escape mechanism로서 가족 내 힘든 현실에서 벗어나려고 한 것이 아닐까 생각해 본다. 둘째는, 뇌막염으로 죽은 아들을 살려내지 못한 데 따른 의사로서의 자괴감, 실력의 부족함을 뼈저리게 느꼈을 것이다. 그리하여 이 기회에 실력을 더 확충시킴으로써 실력과 능력을 갖춘 의사로 재도약하고 싶었을 수 있다고 본다.

최영욱은 미국으로 유학을 떠나기까지의 결단과 여기에 필요한 경비를 어떻게 조달했을까? 미국 남장로교 한국선교회는 1924년 6월에 개최한 제33회 회의에서 최영욱과 오긍선 박사 아들 오한영의 대학원 교육에 관해 언급한다.

---

22. 위의 책, p.175.

의료위원회 보고

8. 우리는 실행위원회에게 남장로교 의료선교사연합회 앞으로 미국에서 대학원 과정에 있는 두 의사 최영욱과 오한영을 돌보아주고 또한 경비를 부담해해 주도록 요청해 줄 것을 청원합니다. 그렇게 되면 이들이 돌아와서 우리들의 의료사역을 지원하게 될 것입니다.

9. 이들 의사들과 계약을 맺음으로써 이들이 선교회에서 일하면서 일년에 천팔백 엔 혹은 그 이하를 받으며 (…) 그들이 받는 급여에서 우리에게 진 부채 오백 엔을 차감하는 조건으로 하기 바랍니다. 그들이 본 선교회를 위한 봉사를 중단하는 그날이 이 어음증서의 지불기한이 되며 또한 일시불로 지불해야 합니다.[23]

최영욱은 어느 대학으로 진학했을까? 그 답은 김필례의 회고록에서 '켄터키주립대학 의학부'라고 밝혀져 있다.[24]

김필례의 사회활동과 미국 유학

김필례는 남편이 미국으로 떠난 후 본인이 미국으로 유학가기까지 만 오년을 여성의 지위향상을 위한 사회운동에 전념했다. 그러나 이러한 활동에는 선결되어야 할 문제가 있었다. 첫번째는 시어머니의 봉양문제, 두번째는 경제적 지원을 받는 일이었다.

시어머니 공말자 봉양

시어머니 봉양은 시가의 서열에 따라 손위 큰시숙 최흥종 내외가 맡아야

23. *Minutes of the Thirty Third Annual Meeting of the Southern Presbyterian Mission in Korea,* 1924, p.55.
24. 이기서, 앞의 책, p.125. 켄터키주립대학은 오긍선 박사가 교육받은 대학이고, 또한 오긍선 박사를 교육시킨 알렉산더 의사(Dr. Alexander)의 후원을 받을 수 있는 곳이었다.

했었다. 그렇지만 최흥종은 삼일만세운동 사건에 연루되어 대구형무소에서 복역 중에 있었고, 공말자는 친손자의 사망 이후 딸과 사위(최영온, 정해업) 그리고 외손자 외손녀들에게 더 정을 쏟으면서 자주 집을 떠나곤 했다. 실제로 정해업 부부는 1913년 이후로 1920년 초반까지는 광주 인근의 화순 능주 효천면 주월리에서 농사지으면서 살았다.

친정 식구들을 통한 위로

아이는 세상을 떠나고, 남편은 미국으로, 시어머니는 친딸 집으로 다니던 이 시기에 김필례에게 도움을 주고 말상대가 되어주었던 사람은 누구였을까? 시가 쪽보다는 친정 쪽 가족들이 있었다. 이 즈음에서 김함라, 남궁혁과 김마리아 그리고 김노득, 양응수와 양응도에 관한 이야기를 하려고 한다.

광주 양림교회는 1921년 9월부터 1922년 4월까지 팔 개월이라는 짧은 기간에 두 명의 담임목사가 교체되었다. 김필례의 조카사위 남궁혁은 1921년 6월에 전남노회에서 목사임직을 받고 담임목사로 광주 양림교회에 부임했다. 목사 남궁혁과 사모 김함라는 광주 YWCA 조직과 활동에 큰 도움을 줄 수 있었는데, 그 이유는 광주 양림교회 초기 여성 신도들이 핵심 회원들이 되었기 때문이다.

김필례는 또 다른 조카 김마리아가 마음에 걸렸다. 김마리아는 '삼일만세운동'과 '대한애국부인회' 사건으로 일제에게 모진 고문을 당해 건강을 잃은 상태에 있었다. 당시 일제의 감시를 받았던 김마리아는 한국에서 치료조차 제대로 받을 수 없는 상황이었다. 김필례는 남궁혁을 설득하면서 미국으로 유학 차 떠날 것을 종용했으나, 남궁혁에게는 일곱 자녀들이 있었다. 남궁혁은 영적 스승인 프레스턴John F. Preston(변요한) 선교사에게 이 고민을 털어놓기 위해 순천행 버스에 올랐다.

버스는 길을 벗어나 이백 피트 넘는 골짜기로 굴렀으며, 여덟 명은 차 밖으로 굴러 나갔고… 남궁혁에게는 미국에서 공부하면 평양신학교 교수직을 주겠다는 제의가 있었다. 그렇지만 가족으로 인해 이 제의를 거절할 단계에 있었으나 그가 엎어진 차 밑에서 기어 나오는 순간에 이 기적은 그에게 또 다른 특별한 목적이 있음을 의미하였다.[25]

버스사고에서 목숨을 건진 남궁혁은 유학을 결심했으며, 그의 유학에 따른 경비는 순천선교부에서 사역 후 미국에서 목회 중인 프랫Charles H. Pratt(안채윤) 목사가 담당했다. 남궁혁은 1922년 4월 29일, 윌슨 의사와 함께 러시안 프린세스 호를 타고 출항했다. 미국 프린스턴 신학교에 입학한 남궁혁은 즉각적으로 처제 김마리아를 초청했다. 이 부분을 이덕주 교수는『한국교회 처음 여성들』에서 자세하게 말한다.

김마리아는 서울 삼일만세운동으로 수감되어 1919년 10월 19일 출옥 받았지만, 그녀의 몸은 '뼛속에 고름이 생기는 유양돌기염'과 '상악골 농축병' 등으로 만신창이였다. (…) 1920년 7월 20일에 맥큔G. S. McCune 선교사의 주선으로 상해를 거쳐 남경대학에 적을 두고 병치료와 독립 운동에 전념했다. 그러던 중 미국에 있는 형부 남궁혁 목사로부터 연락이 왔고, 1923년에 미국으로 가서 파크 칼리지Park College에 입학 사회학을 전공했다.[26]

두번째 친정 식구는 남궁혁이 미국으로 떠난 후 양림교회에 담임목사로 부임한 목사 김창국과 사모 양응도였다. 양응도는 김필례 둘째 언니 김노득의 남편 목사 양응수의 여동생이었다. 김필례와 양응도는 황해도

25. 차종순,『양림교회 100년사』, 제1권, pp.250-251에서 재인용.(Robert Knox, Meet My Friend-Namjung Hyuk, *The Korea Mission Field*, 9, 1928, p.210.)
26. 이덕주,「조선의 누이: 김마리아」『한국교회 처음 여성들』, 기독교문사, pp.155-158.

출신으로 고향도 같고 인척이면서 제반 면에서 생각이 같고 말이 통해, 1922년 11월 광주 YWCA를 함께 조직할 수 있었다. 광주 YWCA 회장은 양응도가 맡고 총무는 김필례가 맡았다.

시숙 최흥종의 후원 아래 진행된 사회 활동

친정 식구들뿐만 아니라 시숙 최흥종 목사도 큰 마음의 동지와 같았다. 김필례는 시숙 최흥종과 광주 북문밖교회를 통해 광주의 선진 · 지식인 · 기독교인들과 가깝게 지내면서, 광주의 시민사회 활동, 광주와 서울을 비롯한 전국 도시에 YWCA 설립, 여성의 사회적 지위향상 등에 참여했다.

최흥종의 관심은 모든 계층의 모든 사람들이었다면 김필례의 관심은 성인 여성들에게 초점이 맞추어져 있었다. 그리하여 김필례는 광주 양림교회, 북문밖교회, 서현교회에 출석하는 여성들을 중심으로 1921년 7월 30일에 '광주부인회'를 조직하는 데 앞장섰으며, 시숙 최흥종과 조카 사위 남궁혁 그리고 선교사 부인들의 협력이 큰 도움이 되었다.

> 1921년 7월 30일 광주 '홍학관'에서 '광주부인회' 조직이 있었고, 최흥종 목사는 석진형, 홍우종, 남궁혁과 함께 고문으로 참석했으며, 회장에서 홍선경, 부회장은 홍은희, 총무 김필례였다.[27]

최흥종을 비롯한 여러 젊은 선각자들이 중심이 되어 광주 시민사회가 어느 정도 자리를 잡아가는 듯하자, 최흥종은 오래전부터 꿈꾸던 시베리아 선교사를 자원했다. 최흥종은 1921년 9월에 총회로부터 그리고 10월에 전남노회로부터 허락을 받아 '시베리아 선교사'로 부임해 1923년 10월까지 재직했다.[28]

---

27. 박선홍, 『광주 1백년』, 심미안, 2012, pp.159-160.
28. 최흥종 목사는 선교사직을 마치고 광주로 돌아오면서 현지 협력자였던 김창호 전도사를 데리

최홍종이 1921년 1월부터 광주 북문밖교회 담임목사로 재직했을 때 녹스Robert Knox 선교사가 공동담임목사co-pastor였으며, 녹스의 부인은 김필례를 가까이 했다. 그리고 광주선교부의 선교사 부인들의 중재로 얻게 된 일자리는 재정적으로 큰 도움이 되었다. 1921년 제30차 미국 남장로교 한국선교회는 김필례를 언급한다.

> 재정위원회 보고
> 추천
> (9) 광주 선교부에서 김필례를 녹스 부인의 개인비서로 고용하겠다는 요구에 대하여는 예산에서 급여를 제공한다는 조건으로 허락해 광주 선교부로 되돌려 보낸다.[29]

1921년 6월 이후 김필례는 광주선교부 소속 녹스 부인의 개인비서로서 양림동 선교부에 출근해 개인전도와 편지쓰기 등의 일을 처리했다. 김필례의 재능을 알아본 광주선교부는 1921년 9월 서울에서 회집한 임시회의에서 다음과 같이 결정했다.

> 다음과 같이 결정한다
> (…) 김필례는 1921년 가을 학기동안 서울 언어학교Seoul Language School에 등록하고, 경비는 선교회에서 담당하며, 선교사 어학선생 항목에서 지출하기로 한다.[30]

왜 이러한 훈련이 필요했는가? 선교사 부인들과 독신 여성 선교사에

고 왔으며, 둘째 사위(최소희의 남편)로 삼았다.

29. *Minutes of the Thirtieth Annual Meeting of the Southern Presbyterian Mission in Korea,* 1921, p.49.

30. 위의 책, 1921, p.64.

게 여성 어학선생의 필요성은 긴급하게 요구되는 현안 가운데 하나였다. 이 부분을 1911년에 베너블Venable 부인은 아주 잘 묘사했다.

> 관리하기에 곤란한 대상물로서 (…) 외국인의 인내심을 시험하는 것처럼 느껴지는 어려운 것이 한국의 말pony이라고 한다면, 그것(말)과 동일한 어려움을 주는 대상은 한국 말을 가르치는 선생들이다. (…) 양반층으로부터 뽑힌 사람들로서 (…) 그 당시의 언어 문화에 따라 중국어를 배웠던 분들로서 (…) 구어체 한국어를 가르치기보다는 중국식-한국어를 가르치려고 애를 쓸 것이다. (…) 그 선생은 학생(선교사)에게 문법적인 체계에 대해서는 아무런 개념도 주지 않을 것이다. (…) 여기에, 우리 부인네들은 (한국 말)을 배우는 어려움과 더불어 (…) 가르치는 선생들이 다 남자라는 어려움이 추가됨으로써, 우리 여성들은 (한국의) 여자들 사이에서 주로 여성들과 대화를 나누어야 하기 때문에 선생(남자)들로부터 배운 말의 형식에 따른 상당한 어려움을 겪게 된다.[31]

따라서 김필례를 어학선생으로, 특히 여성 선교사의 어학선생으로 훈련시켜 채용하는 것은 매우 효과적인 대처였다고 말할 수 있다. 그리고 1922년 제31차 선교사 연례대회에서 "김필례의 급여 인상에 관한 논의"를 시작해,[32] "김필례의 급여 인상은 금년에 문서 비서literary assistant로 고용한다는 조건으로 광주선교부의 자체 예산에서 지급토록 한다"라고 결정했다.[33]

그리고 이 결정은 무엇을 의미하는가? 김필례는 최소한 1921년 9월부

31. Virginia Jones Venable, *The Missionary, Teachers and Language Study in Korea*, Feb. 1911, pp.79-80.
32. *Minutes of the Thirty First Annual Meeting of the Southern Presbyterian Mission in Korea,* 1922, p.14.
33. 위의 책, p.54.

터 11월까지 서울에 머무를 수 있었다는 것이다. 즉 김필례는 서울과 지방을 다니면서 전국적인 YWCA 조직을 구축할 수 있는 활동시간과 위치에 있었다. 이 시기에 이어서 김필례는 다음과 같은 활동의 결실을 맺는다.

1922년 3월 한국 YWCA 제1차 발기회 주관.
1922년 4월 북경 세계기독학생 총회 참석.
1922년 4월 한국 YWCA 제2차 발기회 주관.
1922년 6월 광주선교부 문서 작성 비서 채용. 선교회는 김필례의 급여 인상 논의함.
1922년 6월 13일 한국 YWCA 제1회 하령회.
1922년 9-11월 서울 어학훈련원에서 선교회 후원금을 받아 공부함.
1922년 10월 한국 YWCA 규칙 기초안 작성.
1922년 11월 광주 YWCA 설립.(회장: 양응도/총무: 김필례)
1922년 11-12월 YWCA 지방조직을 위한 전국순회강연.

이렇게 사회운동에 앞장섰던 김필례는 개화여성으로서 여성의 사회적 지위향상을 꾀하는 글을 1923년 10월호 『Korea Mission Field』에 게재하기도 했다.[34]

김필례는 1920년부터 1922년까지 새롭게 바뀌어가는 한국사회에서 여성의 사회적 지위향상을 위해 앞장선 여성운동가로 지냈다. 이렇게 만 삼 년 동안 활동하다가 1923년 4월 정신여학교 교감 및 교무주임으로 부

---

34. Mrs. Choi, Pilley, The Development of Korean Women during the Past Ten Years, *The Korea Mission Field*, October, 1923, pp.222-223.

름을 받았다.

정신여학교의 교장 루이스Margo Lee Lewis(손진주)[35]가 학생들의 배척으로 위치가 난감한 상황을 맞이했다. 그 상황에서 언더우드 2세(원한경)의 추천에 따라 '구원투수'로 부름을 받은 사람이 김필례였다. 김필례는 학생들과 교사들 그리고 교장 루이스와의 사이에서 막힘이 없도록 최선을 다했다. 김필례는 일 년 육 개월 정도의 재직기간을 잘 마치고,[36] 1925년 1월에는 미국 유학의 길에 올랐다.

미국에서의 김필례와 최영욱의 귀국

최영욱이 미국에서 배우는 동안 남궁혁과 김마리아가 미국에 오게 되고 뒤이어 아내 김필례도 미국 유학 기회를 얻었다. 김필례는 광주 선교부 여성들(선교사 부인과 독신 여성선교사)의 후원 아래 미국 남장로교 여전도회 연합회의 장학금으로 아그네스스콧대학에서[37] 1925년 1월부터 1926년 5월까지 교육과정을 마치고 학위를 수여받았다.

이 무렵 남편 최영욱은 미국 남장로교 해외선교국 의료분과위원회 회의에 참석할 수 있는 자격을 부여받은 상태였다.[38] 이어서 미국 남장로교 한국선교회는 제35-38차 회의에 이르는 과정에서 최영욱, 김필례 부부

35. 루이스 교장은 미국 북장로교 교사 선교사로 1908년에 부임해 일제에 의해 강제로 추방되기까지 1912-1938년 동안 정신여학교에서, 그리고 1939-1942년 동안 세브란스병원 전도사로 사역했다.

36. 이기서, 앞의 책, pp.160-170.

37. 김필례가 아그네스스콧대학을 택한 이유는 미국 남장로교 여성 선교사들이 졸업한 학교이기도 하지만, 남편이 재학 중인 에모리대학과, 조카 김마리아가 공부하는 파크칼리지와 같이 조지아 주 애틀란타에 위치했기 때문이다.

38. *Minutes of the Thirty Fifth Annual Meeting of the Southern Presbyterian Mission in Korea,* 1927, 2쪽에는, (미국 남장로교 총회 사무소가 있는) 테네시 주 내슈빌로부터 최영욱은 의료분과 위원회와 공천위원회에 다 같이 참여하고 있다는 전보가 도착했다고 기록되어 있다.

의 자리에 관한 논의도 곁들였다.

최영욱과 광주기독병원 대리 원장

대전제는 광주기독병원 부설 나병원을 여수로 이전하는 데 따른 후임 책임자 선정과 인준에 따르는 인사조치였다.

첫째는, 광주기독병원의 원장 윌슨이 여수로 자리를 옮겨가는 데 동의해 공석이 될 경우 광주기독병원을 이끌어 갈 의사로 한국인 의사 최영욱을 채용한다는 것이었다. 왜냐하면 의사 선교사 지망생이 없고 또한 미국의 경제위기로 선교활동이 재정적으로 압박을 받았기 때문이다. 둘째는 윌슨 원장이 광주기독병원장직을 지속하려 한다면 최영욱을 여수 나병원으로 혹은 목포 프렌치병원으로 보내는 문제를 결정해야 했기 때문이다. 1927년 3월 29일에 회집한 임시회는 회의록에 '수납한 문서'의 목록을 열거한다.

> 1. 미국 선교본부로부터 광주의 나병원을 옮기는 문제의 상황에 관해
> 12. 에비슨으로부터 최영욱의 자리 배치에 관해 [39]

위의 주제에 대해 논의하고서 "최영욱과 김필례의 자리배치에 관한 사항은 윌슨이 나병원 사역을 사임하는 것을 고려할 때까지 잠정적으로 보류하기로 한다"라고 결정내렸다.[40] 아마도 이 시기는 윌슨 의사에게는 가족과 자녀들 그리고 자신의 앞날에 관한 중대한 결정을 내려야 하는 절박한 기도와 시련의 시기였을 것이다.

1928년 6월에 회집한 제37차 연례대회에서 윌슨은 '여수애양원'으로

---

39. *Minutes of the Thirty Fifth Interim Meeting of the Southern Presbyterian Mission in Korea,* 1927, pp.103-104.
40. 위의 책, p.107.

자리를 옮기기로 결단한다.[41] 남은 과제는 윌슨 의사가 떠난 광주기독병원은 누가 책임을 맡느냐였다. 제37차 연례대회에서 최영욱 임명을 재차 확인했다.

> 의료위원회 보고
> 2. 우리는 광주선교부에서 해외 선교부의 의료위원회가 최영욱과 논의한 대로 제출한 제안서를 승인하며, 의료사역에 관해 상호 논의한 초안을 승인하며, 또한 광주선교부가 그 제안대로 병원의 운영과 의료사역의 감독권을 가지고 행할 수 있도록 권한을 허락한다.[42]

일련의 미국 남장로교 한국선교회 결의에 따라 최영욱은 광주기독병원으로, 김필례는 수피아학교로 출근하게 되었다. 그러다가 미국 남장로교 한국선교회는 1929년 6월에 회집한 제38차 선교사 연례대회에서 이렇게 결정한다.

> 브랜드 의사Lewis C. Brand에게 1930년 9월 1일까지 군산과 전주병원을 맡기기로 (⋯).[43]

다시 말해 브랜드 의사는 1930년 9월 이후부터는 광주기독병원 원장직을 맡게 된다는 것을 의미한다.[44] 이 결정은 최영욱에게 자신의 거취를 결정하라는 말로 해석할 수 있었다. 그리하여 최영욱은 광주기독병원의

---

41. *Minutes of the Thirty Seventh Annual Meeting of the Southern Presbyterian Mission in Korea,* 1928, p.26.
42. 위의 책, p.39.
43. *Minutes of the Thirty Eighth Annual Meeting of the Southern Presbyterian Mission in Korea,* 1929. p.42.
44. *Minutes of the Thirty Ninth Annual Meeting of the Southern Presbyterian Mission in Korea*, 1930. p.25.

의사(대리원장)직을 사임하고 개업의가 되었다. 이때가 언제인가? 브랜드 의사가 광주기독병원 원장으로 부임한 후, 즉 1930년 후반 혹은 1931년 초반이었다. 그리고 병원의 이름은 '서석의원'이었다.

수피아여학교 교감 김필례

김필례는 어떠했는가? 1927년 3월 29일 광주에서 소집한 제35회 회의의 연속선상에 있는 임시회에서 이렇게 결론을 내린다.

> 김필례는 광주여학교로 보내며, 그녀의 급여는 윈스브로우Windsborough 부인을 통한 부인조력회Women's Auxiliary로부터 지원받는 조건이다. 그리고 김필례의 자리 배치는 연례대회에서… 김필례의 급여에 관한 사항은 총무가 윈스브로우 부인과 논의하겠다는 동의가 있었다.[45]

미국 남장로교 한국선교회가 김필례를 택한 이유는 무엇인가? 그동안 수피아여학교 교장을 맡았던 마틴Margaret Glasgow Martin(마정원)이 건강 문제로 1926년 7월에 교장직을 사임하고 미국으로 귀국하고, 뒤를 이어서 여성선교사 루트Florence E. Root(유화례)가 1927년 1월 11일에 광주에 도착했으나 아직까지는 교장 직을 맡아서 학교를 운영할 상황이 아니었기 때문이다.

이 공백을 미국 남장로교 한국선교회는 목포 선교부 소속 커밍D. J. Cumming(김아각) 선교사에게 광주여학교의 교장 직까지 맡겨서 임시변통으로 삼으려 했으나,[46] 커밍의 실거주는 목포였고, 광주는 방문하는 곳이었다. 그리하여 광주의 남학교와 여학교를 감독할 수 있는 현지 책임

---

45. *Minutes of the Thirty Fifth Interim Meeting of the Southern Presbyterian Mission in Korea*, 1927, p.110.
46. *Minutes of the Thirty Fifth Annual Meeting of the Southern Presbyterian Mission in Korea*, 1926, p.24.

자가 필요했고, 그 사람이 김필례였던 것이다.

한국과 광주 수피아여학교를 알아가게 됨으로써 루트는 김필례와 호흡을 맞추었으나 악재가 발생했다. 루트 교장의 어머니가 위독하고 또한 자신의 건강까지 악화됨으로써 루트는 1931년 9월 1일부터 안식년에 들어가지 않을 수 없었다.[47] 루트의 공백기간을 광주선교부의 녹스 부인과 도슨Dodson 선교사와 커밍Cumming 선교사가 1931-1932년도 교장 직을 또 맡으면서 임시변통으로 운영했다. 루트 교장이 안식년을 마치고 한국으로 나옴으로써 1933년도부터 학교는 정상을 찾았다. 교장 루트와 교감 김필례가 이끌었던 1933-1937년까지의 수피아여학교는 개교 이래 절정기를 이루었다.[48]

이 기간은 한국사회와 교회에게는 일제의 영적인 탄압이 가해지던 가장 어려운 시기이면도 동시에 영적으로 가장 힘이 있었고, 국가에 대한 애국심도 가장 뜨거웠던 시기였다. 일제의 신사참배 강요에 맞서서 학교를 폐교하기에 이른 과정을 루트 교장의 글을 통해 확인해 본다.

> 1935년 처음 신사참배를 하라고 했을 때에 별것이 아닌 것으로 생각했었다. (…) 1936년 9월에 광주 중앙국민학교에 (명령에 따라) 1학년 한 학급을 데리고 갔는데 (…) 만주사건 오 주년 기념식에서 죽은 사람들을 위한 제사를 지냈다. (…) 나는 학생들을 데리고 학교로 돌아왔다.[49]

일제는 교감 김필례를 비롯한 한국인 교사들을, 특히 루트 교장을 일

---

47. 미국에 계신 어머니가 임종에 가까워졌다는 오빠의 편지를 받았으며, 본인도 또한 건강이 악화된 상태에 있었다. 루트 선교사는 어머니의 장례를 마치고, 컬럼비아대학 대학원에서 교육학 석사학위를 취득하고, 1933년에 한국으로 왔다.
48. 박애순(독립유공자), 조아라(광주 YWCA 재창건), 오경심(음악가) 등 그밖에 수많은 여전도사, 목회자 등이 배출되었다.
49. 유화례, 「그때 이야기」 461, 『전남매일신문』, 1975년 5월 9일.

본인 교사를 통해 설득시키려 했다. 루트는 타협하지 않았다. 1937년 2월에 개최한 선교사 회의의 내용을 루트 교장은 이렇게 적는다.

> 가장 큰 것은 교육을 받고 있는 믿는 사람에게 신사참배란 있을 수 없다는 결정이었다. (…) 억지로 하게 했을 때에는 폐교할 것을 결의사항으로 했다. (…) 나는 영문으로 프린트된 결의사항 서류뭉치를 들고 광주로 왔다. (…) 번역은 당시 영어에 능통한 김필례 선생이 맡았다. (…) 회의의 결정사항을 김필례 선생이 엄숙하면서도 천천히 읽어 내려갔다. (…)[50]

선생과 학생들은 폐교를 놓고 찬성과 반대쪽으로 나뉘었으나, 1937년 9월 6일 미국 남장로교 한국선교회 소속 모든 선교학교들은 신사참배 강요에 응할 수 없다는 굳은 결의로 '자진 폐교'에 이르렀다. 이로써 김필례는 남편의 병원 일과 집안 내의 일에 전념하게 되었다. 그렇지만 김필례는 함께했던 학생들을 잊을 수 없었다.

김필례는 형부 양응수의 딸 양종신과 시숙 최흥종의 다섯째 딸 최경희의 입학에 따른 신원보증자로 이름을 남기고 있다. 당시 함께했던 교사들로는 차경수, 김명신, 차문걸 선생 등이 있었다. 광주 수피아여학교에는 개교 이래 도산 안창호 선생의 특강, 학생들의 연극「열세집」「반일회班日會」등의 주요 행사들이 있었다.

일제 말엽부터 해방과 한국전쟁까지

최영욱은 서석의원을 세우고, 광주 시민사회의 지도자로 자리를 굳혔으

50. 유화례,「그때 이야기」462,『전남매일신문』, 1975년 5월 10일.

나 시숙 최흥종은 1935년 2월에 사망통지서를 칠십여 지인들에게 보내고, 무등산 산기슭 '증심사' 아래에 있는 '석아정'으로 은거했다.

그 사이에 최영욱, 김필례 집안에는 여러 가정사가 있었다. 최흥종의 큰딸 최숙이가 사망하고(1934년), 김필례의 친정 어머니 안성은이 사망하고(1940년), 조카 김마리아가 사망했다(1944년). 최영욱 김필례 부부는 양자(최춘근, 1929년생)를 맞아들였으며 최영욱은 혼외자(최춘희, 1934년생)를 보았다. 이런 환경 속에서 김필례는 자신에게 맡겨진 일에 더욱 열심히 전념했다.

일제는 1937년 중일전쟁을 일으킨 이래 참을 수 없는 압박을 한국인들에게, 특히 한국교회와 교인들에게 가했다. 일제는 1938년 9월 조선예수교장로회가 총회에서 신사참배를 가결시킨 이후 선교사들에게 한국에서 철수하라는 명령을 내렸다. 선교사들은 1940년까지 대다수 본국으로 귀환했으며, 남았던 선교사들도 1941년에 이르러 그리고 마지막으로 탈마지John V. N. Talmage 목사는 일본의 스파이라는 의혹으로 광주 경찰서에 백 일 구금된 후 1942년 4월에 철수했다.

이 시기에 한국교회와 교인들에게 가해졌던 끔찍한 박해는 차마 입으로 다 밝힐 수 없지만, 함석헌 선생의 표현대로 "해방은 도둑과 같이" 왔다. 해방 이후 삼팔선을 기점으로 신탁통치가 이루어졌으며, 1945년 9월에 미군정청 군인·행정관들은 광주로 진입하고, '미군정 자문위원회'를 조직했다. 최흥종을 위원장으로, 서민호, 최성준, 김필례가 위원으로 위촉받았다. 최영욱은 전라남도 초대 도지사를, 김필례는 통역관을 맡았다.

윌슨은 미군정청 산하에 군의관(소령)으로 징집되어 한국 내에 흩어진 나환자를 본래의 집단치료소로 재집결시키고 치료에 전념하는 임무를 맡았다. 윌슨은 이 일에 당시 미해군 군의관으로 복무 중인 아들 존John도 참여시켰다. 최흥종은 윌슨의 도움을 받아 나환자 보호와 치료를,

김필례는 수피아여학교 재건에 앞장섰다. 이 부분을 커밍(김아각) 목사는 1946년 7월 16일 보고서에 기록했다.

> 1946년 7월 16일, 나는 최 의사와 필례 선생을 보러 갔다. (…) 필례 선생은 남학교의 일부를 빌려서 수피아여학교를 재건했다.[51]

1948년 8월 15일 대한민국 제1공화국이 시작했으나 1950년 한국전쟁이 발발하고 북한군은 7월 23일 광주에 진입했다. 북한군은 최영욱을 광주형무소에 수감시켰으나 최흥종 목사의 체면을 보아서 목숨은 유지시키고 있다가, 9월 28일 새벽에 철수하면서 최영욱을 사살한 후 떠났다.

차종순은 호남신학대학교 총장으로, 전국신학대학협의회 회장을 역임했다.

---

51. D. J. Cumming, "Korea Now," *The Presbyterian Survey*, November, 1946, p.479.

부록

시대가 기록한 김필례
영문 글 및 일문 편지 원문
『성교육』 영인
김필례 연보
참고문헌

시대가 기록한 김필례

김필례의 활동 및 행적을 기록한 다른 이들의 글 중에서,
그의 저술을 보완할 수 있는 것들을 모았다.
이로써 선생의 삶을 보다 상세히 복원하고자 했다.

세계기독청년연합회에 조선여자대표로

김활란 김필례 두 여사가 조선 측 여자대표로 북경에 건너가

『每日申報』, 1922년 3월 29일, 3면 3단.

여자는 사회의 절대적 요소이며 사회를 위하여 절대의 책임과 의무를 차지하고 있는 것이다. 그러나 사회문명의 가치가 작았을 태고시대에는 여자의 책임과 의무가 사회를 위하여 직접으로 발휘되지 못하고 간접이었다. 말하면 여자는 가정에서만 희생이 되었지마는 문명의 정도가 향상됨을 따라서 여자의 책임과 의무도 그전보다 일층 무겁게 되어 온 세계에서는 여자의 활동이 많았으나 조선여자들은 요사이에야 겨우 구속의 껍질을 벗어나서 여자 사회를 발전시키는 데 대하여 활동하는 모양인데 조선 여자의 실력으로 조직된 교육기관은 겨우 힘없고 빈약한 여자교육회 하나였으므로 항상 유감으로 생각하던 유지 신여자들은 작년에 열린 일요학교대회에 각 지방에서 기독교 대표자가 모인 것을 기회로 하여 여자교육회를 청하여 조선남자 기독교청년회는 있지마는 여자의 자체로 경영하는 여자청년회가 없은즉 이번에 전도의 여자가 다 같이 모인 이 기회를 이용하여 원만한 해결을 얻고자 여러 가지로 협의도 하고 의견도 서로 토론하였던바 무엇보다도 금전 문제에 대하여는 부족하나마 우리의 자신력으로 푼푼전전이 모아서 할까 또는 서양 사람의 원조를 받는 것이 좋을까 다만 의견만 서로 통하고 헤어진 이래 별로 협의할 기회가 없었더니 마침내 북경에 이번에 열리는 세계기독교청년연합회에 남자 측에서는 기독교 대표로 몇 사람이 당선되었으나 여자는 아직까지 기독교라는 기관이 없으므로 기독교 명칭 아래에 출석하지를 못하고 종교 측 학교 중 중등 이상 교육을 하는 이화학당의 김활란 양과 정신여학교에 김필례 여사 두 명이 조선여자대표로 참석하게 된 데 대하여 어떠한 욕망을 가지고 가는 것이 합당할까 또는 다녀 나와서는 여하한 방침을 가지고 여자기독교를 조직할까 하는 데 대하여 재작 27일 오후 세시경에 동 교육회관으로 회원 몇 명이 모여서 협의한 결과 욕망에 대하여는 사회측과 종교측 두 가지가 더욱 적당할 듯하며 또 기독교조직은 회가 완전히 성립되기 전 조선여자의 실력이 다소간 양성될 때까지는 미국 본부의 원조를 받되 동회 권리에 대하여는 절대로 간섭지 아니하기로 결정되어 일로부터 착착 실행될 터인데 임시로 선정된 회장과 및 서기급 위원은 아래와 같더라. 회장은 유각경 여사, 위원은 김미리사, 김필례, 방신영, 김살로메, 김경숙 등이라더라.

팔백 명의 각국 대표

여섯 반에 나누어 여러 가지를 의논하고 희망도 제출하였다
북경北京 갔다 온 김활란 양孃 담談

『每日申報』, 1922년 4월 22일, 3면 5단.

지난번에 북경에 열린 세계기독교학생동맹 제11회 대회에 조선여자대표로 김필례 여사와 이화학당에서 현시 교편을 잡고 있는 김활란 양이 들어갔다 함은 일찍이 본지에 보도된 바와 같거니와 그 후 다녀온 데 대하여 그곳 상황이라든지 또는 감상을 듣기 위하여 이화학당으로 김활란 양을 방문한즉 동 양은 아직도 북경에서 세계 사람들과 악수 경례하며 활발한 기색으로 회석에 앉아 당당한 의견을 주장하던 용감스럽고 활발한 빛이 남아 있는 듯한 자못 씩씩한 음성에 미소를 띠우며 그동안 일주일이나 학교 사무가 밀려온 것을 처리하기에 너무 분망하여 벌써 온 지가 삼사 일이 되지만은 정신이 정돈이 못되었으므로 원만한 대답을 하여드릴 수는 없으나 대강 요점만 잠깐 말씀할 것 같으면 우선 이곳서 출발하기는 임의 정한 날짜에 출발하지를 못하고 4월 1일에 김필례 여사와 같이 경성을 떠나 북경에 도착한즉 동 회의 위원이 마침 정거장에 나와 주었으므로 아무것도 모르는 우리는 그 사람의 지도에 따라 바로 성화관으로 들어가서 그 이튿날은 서른네 나라에서 온 대표자 팔백여 명과 초대식이 있었고 동일 밤부터에야 비로소 대회가 개최되어 그날 밤은 동회 회장 목덕 박사의 간단한 개회식이 있었을 뿐이요 그 이튿날부터는 팔백 명의 대표자를 여섯 반으로 나누어서 제일반은 국제 문제와 그리스도교의 관계, 둘째는 사회문제, 셋째는 현대 학생에게 그리스도교를 어떻게 전할까 하는 문제 이외에 교회에 대한 학생의 책임 또는 세계학생동맹회를 어떠한 방침 아래에 하여야 완전할까 하는 데 대하여 각기 학사 박사의 간곡한 강연이 있은 후에는 약 칠 분 동안 이 시간으로 각국 대표자의 희망과 혹은 의견을 제출하였는바 조선사람 대표로는 청년회 총무 신흥우 씨의 극히 간단한 희망이 있었습니다. 그리고 나의 감상으로 말하면 무엇보다도 서로 얼굴도 모르고 언어도 다른 여러 나라 사람들과 같은 자리에서 통일한 정신을 가지게 된 데 대하여 또는 암매한 우리 조선 여자로서 그러한 자리에 어렵지 않게 참석하게 됨에 대하여는 어떻다고 발표할 수 없는 감상이 일어났습니다. 그리고 세계대표자 중 조선여자는 더욱 환영하며 만족한 사랑을 받았다고 말하더라.

풍기혁신風氣革新의 제일착으로 창기폐멸娼妓廢滅의 신운동

기독교인과 전문학생들이 중심이 되어 노력하려 한다 '혁청단革淸團'의 기치하에

『每日申報』, 1923년 12월 17일, 3면 4단.

기보旣報: 감리교회의 유지들과 선교사들이 정동 일본 기독교청년회관에 모여 공창폐지운동에 관한 실행방법을 토의하고 당국자에 교섭을 개시한 한편으로 리문안 중앙예배당 청년들 사이에서 그 운동의 필요를 여실히 깨닫고 서로 의논이 분분한 중에 있었다.

요사이에는 그 의논이 점점 구체화하여 15일 밤 일곱시 반경에 중앙예배당 안 유치원 교실에서 세브란스의원 오긍선, 정신여학교 김필례(여자), 중앙청년회 홍병선, 중앙예배당 김창준 씨 등 외 기타 유지 청년 등 약 삼십 명이 모여 공사창폐지운동에 대한 발기인 총회를 개최하고 개회 벽두에 김창준 씨로부터 그 실제 운동에 대한 이상으로 먼저 널리 선전하여 단원을 많이 모집하고 또는 직업소개소를 설치하여 마굴에서 벗어나오는 여자로 하여금 취직할 곳을 알선하여 주며 한편으로는 동정금을 모집하여 돈에 몸이 팔려 있는 가련한 여자들을 속량하여 주되 이 모든 일은 당국자와 항상 연락관계를 맺어야 할 것이며, 그 다음으로 기생, 밀매음, 색주가들에 대하여는 경찰당국과 협력하여 거주제한을 하거나 또는 기거에 출입하는 청년들과 방탕한 사람들을 간곡히 옳은 길로 인도하여 자연히 그 사회가 소멸케 하도록 하자는 것을 연설하여 만장의 박수를 받은 후에 의사를 진행하여 회의 이름을 혁청단이라 결정하고 "일반사회의 풍기개선을 목적한 후 그 실행의 제일보로 공사창폐지운동을 시작하자"는 선언을 가결하고 규칙제정위원으로 이상수 씨 외 네 사람을 공천한 후 동단의 창립총회는 래• 21일 오후 일곱시에 중앙예배당에서 일반적으로 개최하기를 결정하고 동 열시경에 폐회하였는데 이로써 공사창폐지운동에 관한 선전포고의 제일발을 놓게 되었더라.

• 래(來): 오는.

『성공의 일기』 서문

김원근, 「서문」, 엘리자베스 프렌티스Elizabeth Prentess 저, 김필례 역, 『셩공의 일긔』, 조선예수교서회, 1924.

태서•의 과학적 문명과 물질적 문명이 동양으로 물결같이 점점 밀려오므로 우리 민족사회의 사조가 또한 때때로 변하며 나날이 새로워 간다. 따라서 이상적으로 가정의 성공을 얻고자 하는 이가 많다. 그 이상적 가정이라 함은 무엇이뇨. 대개 가정교육을 향상 발전시켜 자녀의 부량한 마음을 회개하여 구원을 얻게 함과, 주부의 중대한 책임을 실행하여 가정의 문명을 실현케 함과, 자녀의 혼인을 자유로 하여 실가•의 화락을 충만케 함이 곧 이상적 가정의 요소라 할지며, 또 이에 대한 성공을 요구하려면 한 집의 주부된 자— 이 세상 허영심은 다 버리고 번민과 고통을 다 참는 동안 자신은 희생적 생활을 하여야 될지니 이것이 곧 이상적 가정을 현상적으로 실행하는 비결이라 할지로다. 슬프다. 이 같은 이상을 실행하여 그 공을 성취하는 데 인도자가 없음을 우리는 항상 개탄하였더니 다행히 필례 최• 선생은 성격이 영혜하고• 학식이 섬부할• 뿐 아니라 근일 여자사회의 부패한 풍조를 만회하여 다시 문명한 지경에 함께 나아가려 하는 데 홀로 유지한 여사이다. 그럼으로 항상 가정에 법칙이 될 만한 일을 많이 듣기도 하고 모범이 될 만한 글을 많이 보기도 하였다. 그러나 동정의 감동을 얻지 못하였더니 근래에 미국 한 부인이 일생에 그 가정에서 경력한 사실을 저술한 책을 구하여 보았다. 그 글의 대지를 대강 말할진대 무릇 주부된 자— 중대한 책임을 실지로 행하여 가정의 문명한 모범을 이루게

• 태서(泰西): 서양을 예스럽게 이르는 말.
• 실가(室家): 집이나 가정을 이르는 말.
• 필례 최: 김필례를 가리키며, 당시 서양식으로 남편(최영욱) 성을 따라 쓰는 경우가 있었다.
• 영혜(穎慧)하다: 남보다 뛰어나고 슬기롭다.
• 섬부(贍富)하다: 넉넉하다 풍부하다.

한 것이다. 또 인도 정의를 감화적으로 설명하여 남의 부랑자제들로 하여금 그 글을 한번 보고 곧 자기의 죄과를 회개하여 사망에서 구원을 얻게 하였다. 또 혼인에 대하여 그 부모의 주권으로 하는 이보다 자유에 붙여 실가의 화락을 보전하는 것이 차라리 나은 줄로 인정하였다.

그러나 그 부인의 성품은 조급하고 예민하며 그 지아비는 점잖은 신사나 천성이 뚝뚝하고 냉담한데 가지에 그 시부와 시누이가 그 지아비에게 이간•을 붙여 그 부부간 정분을 떼려 하였다. 그러되 그 부인은 조금도 궁축하지• 않고 그런 일이 생길 때마다 그렇지 않은 이유를 분명히 설명하여 그 지아비가 의혹을 풀고 양해를 얻게 한다. 그럼으로 가족 사이에 화기가 다시 충만하고 부부 사이에 정의가 더욱 두터워져서 화락한 가정을 이루었다. 일로 보면 자기만 착하게 하는 것이 큰일이 아니라 제 몸을 착하게 한 후에 남까지 착하게 하여 구원을 얻게 하는 것이 가장 큰일인 줄로 생각하였다. 최 선생은 이 글을 보고 감탄함을 이기지 못하여 수고를 사양치 않고 심신을 허비하여 번역하였다. 누구나 이 글을 한번 보면 비록 목석의 마음이라도 감화를 받을 만치 저술하였다. 그런즉 이 글이 깨우치는 쇠북이 되며, 어두운 집에 등불이 되며, 후패•에 소금이 되며, 세계에 빛이 될 만하다. 그 노심함을• 다시 말하면 미국 모 부인이 그 글을 기록하여 여러 사람을 많이 구원한 아래 있지 아니하다. 일반 여자계는 현금에 유행하는 무용의 소설을 보면서 금 같은 광음을 허비하는 이보다 이 글을 보는 것이 신혼을 쌍방으로 구원하는 데 도움이 되며 또한 가정을 치리하는 데• 모범이 될 줄로 한다.

• 이간(離間) : 두 사람 사이에서 서로를 헐뜯어 관계가 멀어지게 함.
• 궁축(窮蹙)하다 : 생활이 어려워 집안에 들어앉아 있다.
• 후패(朽敗) : 썩어서 문드러짐.
• 노심(勞心)하다 : 마음으로 애를 쓰다.
• 치리(治理)하다 : 도맡아 다스리다.

계해 소설일•에 김원근은 상설헌賞雪軒에서 쓰노라

김필례 씨

「現下朝鮮女子界의 누구누구: 金弼禮氏」『신여성』, 1924년 2월호, 24-25쪽.

지금 사립정신여학교의 교무주임이십니다.

지금으로부터 서른세 해 전에 황해도 송화松禾에서 세상 구경을 처음 나오신 분인데 정신여학교의 제1회 졸업생이십니다. 그리고 동경에 건너가셔서 팔구 년 동안이나 계시다가 동경여자학원의 졸업을 하시고 돌아오시어서는 모교되는 정신학교의 선생님으로 얼마 동안 계시다가 스물여덟이 되셨을 때에 서울 남대문 밖 세브란스의학교에서 첫째로 우수한 졸업을 하신 최영욱崔永旭 씨와 결혼을 하시였습니다. 혼인하신 뒤로는 전라도 광주에 내려가셔서 시집살이를 하시다가 재작년에 사랑양반께서 미국유학을 가시니까 다시 서울로 오시어서 정신여학교의 교사로 오셨다가 지금의 지위를 차지하신 분입니다.

이분의 성격은 매우 결곡한• 편입니다. 외모의 인상과 같이 조금도 희미한 점이 없는 분입니다. 그 까닭에 첫번 교제에는 남에게 좋은 인상을 주지 못하는 일이 왕왕 있는 분입니다. 그러기에 요사이 항용 볼 수 있는 덤벙대는 여자가 아닌 것은 대번에 알아볼 수 있는 분입니다. 유감으로 여길 것을 찾으려면 여자로서 얼른 보아 다정다한多情多恨한• 분으로 보이지 않는 것일까요? 그렇지마는 이분에게는 이러한 이야기가 있습니다.

이분의 시어머님께서는 광주에서 아주 유명한 완고한 분이요 끔찍이

• 계해(癸亥) 소설(小雪) : 1923년 11월 22일 무렵.

• 결곡한: 얼굴 생김새나 마음씨가 깨끗하고 여무져서 빈틈이 없는.

• 다정다한한: 유난히 잘 느끼고 또 원한(怨恨)도 잘 가지는. 애틋한 정도 많고 한스러운 일도 많은.

엄격한 분으로서 학생며느리는 살림살이를 잘하지 못할 것이라고 학생며느리 얻는 것을 끔찍이 반대하시던 분이였다고 합니다. 이것을 들으신 며느님은 다만 당신의 시어머님뿐만 아니라 조선 구 가정에서는 뉘 집을 물론하고 학생며느리를 반대하는 것을 통분痛憤히 생각하시고 당신이 학생며느리가 이렇게 살림살이를 잘한다는 것의 보람•이 되시려는 뜻을 세우시고 이삼 년 동안을 별별 고생을 다 해 가면서 기어코 시어머님이 학생며느리 얻기를 선전하고 돌아다니실 만치 해 놓으셨다 합니다. 이 이야기를 들으면 얼른 보기에는 다정다한하지 못한 듯하나 그 실상은 그렇지 않다는 것이 알 수 있습니다. 그리고 의지가 얼마나 굳은 것을 알 수 있으며 얼마나 용진勇進하는 힘이 굳센 것을 알 수 있습니다.

지금 이분이 교수하시는 과목은 영어, 역사, 수신 등이며 일본말과 영어는 매우 능통하십니다. (W生)

업을 마친 김필례 씨

월급•하여 예정보다도 일 년을 일찍이

『朝鮮日報』, 1926년 5월 25일, 3면 2단.

일찍이 동경 여자학원 영문과를 졸업하고 시내 정신여학교에서 다년간 교편을 잡고 있던 김필례 씨는 1924년 12월 23일에 미국에 건너가 조지아 주 '디케이터'에 있는 아그네스스콧대학 역사과 이 학년에 입학하였는데 분투노력한 그의 공이 헛되지 아니하여 작년에 2학년에서 4학년으로 월반越班을 하게 되었으므로 그 학교에 입학한 지 만 일 년을 더 지나

• 보람: 다른 것과 구별하여 잊지 않기 위해 해 두는 표적.
• 월급(越級): 등급을 건너뜀.

지 못하는 금년 5월 25일에 졸업증서를 받게 되었다 한다.

생활교육의 터전, 서울여자대학

김윤혜, 『새가정』 168, 1969년 2월, 22-26쪽.

태릉의 우거진 송림 속에 다소곳이 자리잡은 서울여자대학을 방문하려고 종로5가에서 버스로 오십 분을 달렸다.

교문에서부터 시원히 뻗어 있는 길은 서울여자대학의 핵심이라고 할 수 있는 생활관으로 향한다. '특수생활교육'을 하고 있는 이곳에서 전 서울여대생은 최소한 이 년 이상의 실습을 거쳐 나가야 한다. 서울여대의 가장 큰 자랑이며 특색인 이 생활관 생활은 많은 학생들에게 엄격한 의미의 생활교육을 시켜주고 있다. 생활관 생활이 귀찮고 자율점수(생활관의 공동생활을 위하여 학생들 자치적으로 만들어진 규율)가 항상 따라다니는 것이 싫다는, 약간 본교의 교육이념을 파악하지 못한 듯한 학생이 더러 있기는 하지만 대부분의 졸업생들이나 4학년쯤 된 고학년에서는 "이제야 서울여대의 교육목표가 주고자 하는 것을 깨달았습니다. 사회에서 요구하는 인물이 무엇이며 어떻게 자라고 배워야 우리의 현실에 가장 필요한 일꾼이 된다는 것을 실제로 사회에 나와서 부딪혀 본 지금 우리는 더욱더 서울여자대학 출신임을 자부합니다"라고 말하고들 있다. 한방에 네 명씩 그것도 미우나 고우나 선택되는 대로 한 학기마다 바뀌는 방동무로 인해서 인간의 갈등을 경험하고 대인관계의 어려움을 극복하는 것을 실천해 볼 기회가 주어진다.

전교생 육백오십여 명 중 3학년까지는 생활관 생활을 거치느라고 오백여 명의 학생이 입사되어 있으며 나머지 4학년에서는 한 학기의 '가정관리실습'을 거쳐야 한다. 마치 비둘기장 같이 보이는 이십여 평의 실습

주택이 오밀조밀 모여 있다. 이 안에서 그들은 그야말로 착실한 여성으로서의 훈련을 받고 있는 듯이 보였다. 한 주택마다 네 개의 방과 부엌, 응접실, 목욕실을 구비하여 아홉 명의 학생이 살고 있다. 그중 한 사람은 호스트의 책임을 가지고 있으며 나머지 여덟 명이 일주일씩 순번제로 호스티스의 역할을 실습하고 또한 그들의 식사도 자기들끼리 해결한다. 일주일마다 열리는 주부회의와 가족회의에서 식단에 대한 건의에서부터 건물보수 문제나 손님 초대에 대한 모든 문제가 해결되어 가고 있다. 이름이 가정관리실습 주택이라고 하여 얼른 가정과 학생만 해당되는 듯한 느낌이 없지 않았으나 전 4학년은 누구나 이 코스의 학점이 나와야만 졸업을 하게 되어 있다.

서울여자대학생이 되면 꼭 거쳐야 하는 것은 비단 이 두 가지가 아니다. 남들은 통학으로 허비하는 시간을 이용하여 '야간 특별 교육활동 Evening Program' 시간을 두고서 걸 스카우트Girl Scout, 4H클럽, 와이틴Y-Teen 지도자훈련, 가정 간호 등을 전부 1, 2학년에서 필수과정으로 학습하도록 되어 있다고 한다.

우리나라 민족성 가운데 가장 약점이라고 할 수 있는 단체의식의 박약한 점이 새삼 깨달아지는 경우가 아직도 허다하다고 생각되는데 이러한 훈련은 꼭 필요한 것이라고 생각된다. 더욱이 여러 가지 훈련에서 주고자 하는 기본정신들은 여성에게 뿐만 아니라, 우리나라 전체의 젊은이들에게는 모두 염두에 두어야 할 중요한 정신이다.

3학년에서는 저녁 순서의 한 가지로 각 클럽활동을 하고 있다. 꽃꽂이, 독서회, 서예반, 대학생활연구반, 시사연구반, 영어회화반 등 자신이 원하는 부문에 들어서 활동하게 되어 있으며 1, 2학년에 한하여는 저녁시간을 이용해 어학실험실에서 낮에 학습한 영어를 복습하도록 하고 있다.

또 한 가지 서울여자대학의 특색이라고 할 수 있고 신기하게 느껴진 것은 누구나 자전거타기에 합격이 되어야만 한다. 사 년을 걸쳐서 아무 때고 자신이 있을 때 테스트를 받으면 되는데 이것은 자동차로는 해결할 수 없는 시골길, 복잡한 교통난, 모자라는 자동차 기름을 사용치 않으려는 뜻에서 또는 언제나 위급시에 대처할 수 있기 위해서 필수과목으로 훈련받도록 되어 있다. 서울여대를 방문하는 분들이 언제나 송림 사이를 유쾌하게 달리는 자전거 아가씨들을 만날 수 있는 것은 바로 이 때문이다.

아마도 서울여대에 속해 있는 사람들에게 제일 곤란한 질문은 "귀교의 특성이 무엇입니까" 하고 묻는 것일 것이다. 이러한 질문을 받게 되면 그들은 할말이 없어서가 아니라 무엇부터 이야기해야 좋을지 몰라서 어리둥절해지며 또한 모든 교육이 전부 특수 이념을 가지고 주어지는 타교에서 볼 수 없는 것이기 때문이리라.

대부분의 학교에서는 개교기념일 때나 특수한 좋은 계절이 되면 여왕을 뽑는다. 서울여대에서도 여왕을 뽑느냐는 물음에 또 한 가지 특수성을 띤 이야기를 소개받을 수 있었다. 그들은 어떤 외모의 아름다움이나 인기로써 여왕을 뽑는 것이 아니라 '미스 자율'이라고 불리울 벗을 투표하여 선택한다. 외모라는 것은 선천적으로 타고난 것이며 인간에게 공평한 노력에서 오는 대가라고는 할 수 없다. 그러나 얼마나 도덕적 생활을 착실히 하느냐, 얼마나 친구들에게 신의 있는 벗이냐, 얼마나 자기 자신의 생활에 충실할 수 있는가 하는 것은 누구나 노력하면 주어지는 것이다. 이런 의미에서 가장 뛰어나게 도덕적으로 훌륭한 친구를 뽑아서 표창한다는 것은 쉬운 일이 아니라고 설명하고 있다. 그러나 그중에도 대대로 선정된 미스 자율들은 그야말로 남이 알게 모르게 스스로 착실한 생활들을 해온 사람들로서 자세한 업적들을 살펴보면 쓰레기로 나오는 종이를 모아서 구호사업을 해 온 사람, 혹은 무슨 일이든지 남이 손대기 싫어하는 것을 솔선하여 처리하며 아무리 궂은일이라도 즐겁게 남이 손대기 전에 해치워 버리는 미행의 학생, 또는 모든 친구들에게 언제나 친절하고 모범이 되어 존경받고 사랑받는 학생으로서 자율점수 학점 등에 모두 수준 이상을 가지고 있는 사람들이라고 한다. 이러한 미스 자율의 선발은 전교생이 함께 생활하는 생활관 생활에서 거짓 없이 나타나는 학생들의 생의 태도로써 보다 가능할지도 모른다. 대관식이라고 할까 표창을 위한 굉장한 행사는 아직 없으며 이러한 것을 구태여 필요로 하고 있지 않아 미스 자율로 선정되는 학생이 스스로 그것을 바라지도 않으며 모든 허식을 일소하고 의례를 간소화하고 있는 지금 그들은 표창장을 수여받고 벗들로부터 오는 선물과 꽃다발을 수여하는 간단한 예배를 보는 것으로 만족하고 있다. 그러나 모든 경사스러운 행사가 닥치면 이 귀중한 친구를 소개하고 기회 있는 대로 미스 자율을 소개함에 인색하지 않고 있다 한다.

서울여자대학이 생활관 생활을 하는 만큼 학생들의 외부활동이 자유롭지 않기 때문에 매번 화요일 열한시가 되면 외부 인사를 모신 특별강좌가 개최된다. 학생들이 가장 흥미 있어 하고 또는 가장 필요하며 그때마다 꼭 들어야 할 내용으로 종교, 문학, 미술, 자연과학, 시사, 경제, 정치, 철학 등 모든 방면의 저명인사들의 말씀을 듣는 기회가 마련되어 있다. 칠 년 동안 너무도 많은 강사를 모시고 재미있고 유익한 강연들을 해왔겠지만 최근에 가장 인상 깊었던 것을 묻는다면 모 저명한 아나운서의 「언어의 예술」을 비롯하여 일본으로부터 초청된 히사무네 씨의 「입체농업경영」, 함석헌 씨의 「삶」, 학장님이신 고황경 박사의 「직장철학」 「제2경제」, 『죽으면 죽으리라』의 저자 안이숙 씨의 「죽으면 죽으리라」, 전혜성 박사의 「미국에서의 한국연구」 등 하나하나가 주옥같은 내용들을 들을 수 있다고 하며 이 시간은 교양을 위하여 빠질 수 없는 시간이어서 '화요강좌'에 대한 기대는 자못 크다고 자랑한다.

집회는 화요강좌뿐 아니라 이 학교의 가장 핵심인 종교교육을 위한 아침 기도회, 춘추 특별종교집회, 그 외에 특별 절기를 위한 예배가 있다.

아침 여덟시 반부터 아홉시까지 아담하게 꾸며진 예배실에서 전교수와 전교생이 모인 가운데 베풀어지는 아침기도회Morning Devotion에는 교수님들이 순번제로 돌아가시며 인도하고 맡고 계시다. 월요일 아침은 학장님, 금요일은 교목님으로 되어 있고 화, 수, 목은 각 교수님들이 참으로 진귀한, 그리고 학생들에게 가장 절실히 요구된다고 생각하는 문제로 약 십오 분간의 말씀을 들려주는 명상의 시간이다. 여기엔 어느 종교나 종파를 초월하여 모두 참석해야 하며 학교의 모든 일과는 이 예배로써 시작되는 것이다. 믿지 않는 학생들조차 처음엔 이 시간이 가장 흥미 없었다가도 차차 학년이 높아지면서 의미를 깨닫게 된다고 한다.

졸업생들에게 가장 추억으로 남는 것이 무엇이냐고 물으면 대부분이 아침기도회라고 대답을 할 정도이며 졸업생들은 누구나 이 시간을 다시 갖고 싶어 한다. 종교 교육, 그중에도 기독교 정신에 입각한 인격도야를 목적으로 세워진 곳에서 춘추로 특별 종교집회를 갖는다는 것은 지극히 타당하고 당연하다고 느껴진다. 모든 학과를 중단하고 이 일간 완전히 종교적 분위기에 들어가서 새벽기도회로부터 시작하여 두 차례의 예배, 질의시간, 종교음악감상, 종교서적읽기 등 이 기회는 믿지 않는 학생들에게 도움이 될 뿐더러 믿는 학생들은 더욱 신앙의 양식이 되는 기회인 것이다.

또 한 가지 서울여대에 속한 학생이면 다른 학교의 학생들이 하지 않는 것을 할 기회를 얻게 된다. 교육이념 자체가 '지·덕·술을 겸비한 여성지도자를 양성'하고자 하는 데 있느니 만큼 '현지작업'이라는 시간이 주어진다. 어느 학과나 어느 학년을 막론하고 이 현지작업 시간이 일주일에 두 시간 정도 주어지는데 주로 옥외 노동으로 모내기, 수림보존, 도로보수, 제초작업, 꽃밭가꾸기, 벽돌찍기, 간단한 기계다루기, 양계 등의 다양한 육체노동을 하게 되며 하기방학을 이용하여 4학년 전체는 농촌봉사활동을 일주일 내지 열흘간 하여야 한다. 못 하나 박는 것, 삽 하나 드는 것 모두가 실제로 해보지 않으면 안 되는 것은 물론이려니와 이를 실제로 해봄으로써 노동하는 이들의 노고를 체험하게 하고 근로의 귀중성을 깨닫게 되는 것이라고 한다. 이들이 이 현지작업 시간에 실제로 이루어 놓는 것의 대표적인 것이 농촌을 위한 개량주택이다. 손수 만든 벽돌로 학생들 스스로 못질을 하고 대패질을 해서 만든 이 주택을 보는 것은 서울여대의 자랑뿐 아니라 보는 이조차 흐뭇하게 느껴질 정도이다. 본관을 들어서면 즐비하게 진열된 우승컵들이 보이는데 그 중에서 가장 많은 소프트볼의 우승컵을 비롯하여 각종 심포지엄에서 획득한 것들이 자랑스럽게 놓여 있는데 그중에서도 농촌봉사활동을 하고서 받아온 여러 곳의 표창장, 감사장들은 이 현지작업의 훈련과 정신을 가장 뚜렷하게 설명해 주고 있다.

"민주국가 건설 초기에 강력한 도의정신과 기술을 구비한 지도자가 요구되는 실정에 비추어 재래의 대량 생산적이며 지적 편중인 대학교육을 지양하고 지적교육과 아울러 기독교정신에 입각한 도의실천교육 및 기술교육을 극히 선발받은 소수에게 균형있게 실시함으로써 출세주의, 성공주의, 간판주의를 떠나 동족과 인류의 행복을 위하여 자발적으로 수준 이하의 사회와 피폐된 농촌의 개척자로서 봉사할 수 있는 지·덕·술이 겸비된 여성지도자를 양성함에 있음"이라는 교육이념을 내세운 서울여자대학은 지금부터 사십여 년 전부터 현 정신여고 이사장이신 김필례 선생님을 중심으로 위의 교육이념을 가진 분들이 장로교 여자대학의 설립을 꿈꾸어 오다가 1957년 9월 24일 대한예수교장로회 42회 총회에서 서울여자대학 설립을 결의, 정관통과를 하였고, 1958년 4월 고황경 박사를 초대학장으로 선정하였으며 1958년 7월 22일 재단법인 정의학원의 인가가 났다고 한다. 1960년 12월 12일 문교부로부터 정규대학인가를 받았다. 개교 당시 구십여 명으로 시작한 이 대학은 천여 명의 기도회원과 국내외의 서울여대를 위하여 물심양면으로 협조하여 주는 분들로 인해서 지금은 육백오십 명의 학생을 가지고 있으며 가정과, 농촌과학과, 공예학과, 사회사업과, 식품가공학과, 식품영양학과, 영어영문학과로 나뉘어 있다.

또한 서울여자대학 부설국민학교로 화랑국민학교가 있다. 딱딱한 어른들만의 세계에 꼬마들이 부르는 동요들은 태릉을 한층 재미있는 곳으로 만든다고 말하고 있다. 해서 서울여자대학생은 귀여운 화랑국민학생을 남자친구로 삼아서 매일 귀염둥이 재미를 혼자 본다고 하며 기뻐한다.

방학을 앞두고 생활관 정리에 바쁜 손들이 청소에 분주하다. 무언가 열심히 일하고 있는 모습이 바로 서울여대의 강한 인상이었다. 대한민국의 서울여대생들의 생활 가운데 이러한 모든 여대생들의 생활을 대표한 아름다운 모습과 교가를 음미하면서 교문을 나섰다.

1. 한줄기 맑은 샘물 힘차게 솟으니 흐르는 곳곳마다 생명이 새롭다.
   후렴: 부르심 받은 우리 서울여자대학교는 겨레 섬길 참일꾼을 기르는 보금자리.
2. 산마다 욱은* 수풀들마다 꽃피며 묵은 밭 옥토됨은 내 손에 맡은 일.
3. 어둠에 빛이 되고 썩음 막는 소금되어 반석 위에 집 지움은 우리의 맡은 일.

한국 YWCA 창설자 김필례 선생

동경 유학 때 Y 창설 군혀, 순회총무로 지방조직에 힘써

『한국 YWCA』 179, 1982년 4월호, 18-19쪽.

"나는 길이 만들어진 곳으로 가지 않고 길이 없는 데로 가서 발자취를 남기리라."

• 욱은: 우거진.

이와 같이 충만된 정신으로 이 땅에 YWCA를 창설했던 세 주역 중에서 유일한 생존자인 김필례 선생은 누구보다도 감회 깊게 금년 한국 YWCA 창설 회갑을 맞이하고 있다.

김필례 선생은 국운이 바야흐로 기울어져 머지않아 일본 제국주의의 보호국이 되려 하는 구한국 말년인 1891년 11월 19일 황해도 소래에서 우리나라 첫번째 교회 여전도사가 된 어머니의 아홉 남매 중 막내로 태어났다. 개화기 여성 활동을 한 초대 여성 선각자들의 대부분이 기독교 가정에서 자라나 기독교계 학교의 교육을 받고 활동한 것으로 나타난 것과 마찬가지로 김필례 선생 또한 제2기 개화기 여성의 대표적인 가계에 속하고 있다. 그의 어머니가 우리나라 최초의 전도부인이었으며 그의 형제들인 김순애(김규식 박사 부인), 김노득(양 목사 부인), 김함라(남궁억 목사 부인), 김마리아(대한민국 애국부인회 회장) 그리고 오빠 김필순 씨 등 스스로 쟁쟁한 독립운동가였거나 독립운동가들의 부인들로서 한국 현대사에 잊을 수 없는 인물로 기록되고 있다.

이렇게 일찍부터 개척자적 분위기에서 자란 김필례 선생은 1907년 정신여학교를 제1회로 졸업한 후 계속 교사로 남아 수학을 가르치다가 1908년 관비유학생으로 뽑혀 일본 동경으로 유학을 갔다. 중국 학생 네 명과 함께 일본어 특별교육과 심상소학교 교본 전 열두 권을 마친 다음 1909년 4월 동경 여자학원에 입학하여 서양사를 공부하면서 처음으로 YWCA와 접하게 되었다. 팔 년의 유학기간 중 방학 때마다 기숙사가 폐관되면 학교 주선으로 YWCA 기숙사에 보내졌고, 아침저녁 기도를 통해 하나님을 가깝게 하였으며 좋은 것만 보면 내 조국에 가지고 나가야겠다는 생각을 갖게 되었다. 이런 가운데 학생 YWCA에 가입, 임원이 되었고 이 당시 일본 YWCA동맹 총무인 가와이의 "일본이 조선을 합병한 것은 잘못이다"라는 강연을 듣고 매우 감명을 받음과 동시에 '한국에 돌아가면 이렇게 양심적인 사람들이 하는 좋은 단체인 YWCA를 창설하리라'는 뜻을 가지게 된다. 그러다가 마침 데라우치 총독 암살음모사건으로 알려진 '선천 110인 사건' 때 학비조달을 해주던 오빠 김필순 씨가 연루되어 만주로 망명하게 되자 동경 여자학원 동창회와 동경유학생회의 장학금을 받아 학업을 끝마쳤다. 1916년 귀국하자 모교인 정신여학교에서 서양사를 가르치면서 YWCA 창설을 위한 방법과 동지를 찾기 시작하였다. 그 후 1918년 의사인 최영욱과 결혼하여 잠시 광주에 내려가 있던 김필례 선생은 1921년 남편이 도미 유학길에 오르게 되자 이제 본격적으로 Y 창설을 해야겠다고 생각하고 모교 교장인 미스 루이스를 찾아가 의논하였던바 당시 이화학당 당장인 아펜젤러를 소개받았다. 아펜젤러의 소개야말로 YWCA 창설의 또 하나의 주역인 김활란 박사와의 만남에 다리를 놓아주었던 것이다.

첫 번 하령회에서 「세계 여성들의 책임」을 강연하여 참가하였던 많은 여성들에게 깊은 감명을 주었던 아펜젤러는 "조선에서 YWCA를 창설한다는 것은 매우 기쁜 일이나 외국인이 앞에 나서면 좋지 않으니 우리 헬렌 선생을 데려가라"면서 김활란 박사를 소개하였다. 김필례 선생은 이미 1920년에 한국 Y 조직을 위해 내한하여 재경 여성지도자들과 만났던 미국 YWCA 외국부의 움직임이 있었으며 "나라도 일본의 식민지하에 있는데 Y 기관까지 일본 밑에 있게 되는 것은 싫다"고 하여 Y 창설 계획이 무산된 것을 듣고 있어서 YWCA 창설 준비를 하면서 '독립된 한국 Y'로서의 창설을 제일 염두에 두었다. 1922년 3월 북경 청화대학에서 열린 세계 기독교 학생대회에 신흥우, 이상재 씨 등 YMCA 대표들과 함께 역시 감리교의 대표로 뽑힌 김활란 박사와 같이 장로교의 대표로 파송된 김필례 선생은 육십여 개국에서 온 여러 선진된 나라의 YM/YW 대표들을 통해 새로운 전망과 비전을 배우는 한편 일본 Y 대표 가와이 미치코와 단독 회견하여 조선에 YWCA가 설립되는 경우 단독 가입 승인서를 첨부하여 줄 것을 요청하여 "최선을 다하겠다"는 약속을 받아냈다. 그 당시

인도, 캐나다는 영국의 속령이었으나 독립된 국가 단위로서 가입되어 있었다. 이 북경회의에의 김필례 선생의 참가는 한국 Y 창설에 있어서 물실호기•의 적시타였다. 이 회의의 주재자는 마침 김필례 선생이 평소부터 잘 알고 친교가 있던 모트 박사였고 일본 Y 대표 가와이 미치코는 김필례 선생의 일본 유학시절 일본 Y 총무로서 일본의 한국 강제합방을 비난하는 강연을 해서 김필례 선생에게 큰 감명을 주었고 Y 창설의 뜻을 굳히게 한 인연 있는 사람이었다.

북경회의에서 돌아온 김필례 선생은 김활란 박사, 유각경 씨 등과 함께 Y 창설의 필요성에 대한 긴급한 의견을 피력하여 1922년 6월 하령회를 모으고 한국 Y 창설을 했던 것이다.

전국의 각 여성계 대표 육십여 명이 모인 이 하령회의 전반 프로그램을 통해서 김필례 선생은 한국의 여성 활동을 새로운 시대 속으로 끌어들이는 선구적이고 놀라운 능력을 나타내었고 계속하여 순회총무로서 평양, 해주, 마산, 부산 등 전 조선 열일곱 곳, 열한 개 여학교를 찾아다니면서 지방 Y, 여학교 Y를 조직케 하는 한편, 광주에서는 영국에서 처음 Y가 창설됐을 때의 예를 따라 양응도, 김함라, 임자혜 등과 함께 한 달 동안의 기도회를 갖고 직접 Y 창설을 주도하여 초대총무로 오랫동안 노력하였다.

YWCA 창설의 큰 비전을 실현한 김필례 선생은 그 후 1927년 유학차 도미하여 컬럼비아대학에서 석사과정을 공부하면서 Y 연합회의 위촉을 받아 회관건립을 위한 기성회운동을 미국에서 펴 모금특별위원회를 조직하고 1차로 삼백 불을 모금하여 송금하는 한편 록펠러 재단에도 후원을 요청하였다. 그 후 1936년까지 연합위원으로, 광주 Y 총무로 수고를 하다가 해방 후에는 Y 안의 훌륭한 지도력에게 Y 일을 맡기고 Y 일선에서 물러나 광주 수피아여학교와 정신여학교 재건에 힘써 오랫동안 교장

• 물실호기(勿失好機): 좋은 기회를 놓지 아니함.

과 이사장을 역임하였다. 1972년 Y 창설 오십 주년 때 창설특별공로 표창과 정부의 국민훈장동백장을 수상하였고 현재도 연합회 최고령 명예연합위원으로 있는 김필례 선생의 일생은 YWCA 60년사와 여성교육사에 화려하게 점철되고 있다.

> 김필례 선생님은 현재 구십일 세의 고령과 고혈압으로 거의 밖의 활동을 하지 못하고 있다. 창설 회갑을 누구보다도 감회 깊게 맞고 있는 선생님을 찾아 선생님의 깊은 뜻과 Y에 바친 정신을 기리려 계획하였으나, 선생님의 뜻하지 아니한 낙상으로 실현되지 못하였다. 선생님의 빠른 쾌유를 빈다. —편집자

YWCA 창설자 김필례 여사 별세

『朝鮮日報』, 1983년 7월 31일, 11면 12단.

대한 YWCA의 창설자이며 한국 여성교육계의 선각자인 김필례 여사(정신학원 명예이사장)가 30일 오전 여섯시 오십오분 서울백병원에서 노환으로 별세했다. 향년 구십이 세.(관련기사 6면) 일본 동경 여자학원과 미국 컬럼비아대학원을 졸업한 김 여사는 고 김활란 여사와 함께 1922년에 YWCA를 창설했으며, 1916년 정신여중 교사를 시작으로 광주 수피아여고 교장, 정신여고 교장 등을 역임하면서 기독교와 여성계의 지도자로 활약해 왔다. 유족으로는 장남 최춘근 씨(56, 서울 청량고 교감)와 장녀 최춘희(50, 재미)가 있다.

영결식은 정신여고 학교장으로 8월 1일 오전 열시 서울 연동교회서 열린다. 장지는 경기도 양주군 장흥면 일영리 신세계공원묘지. 연락처 (567)5946.

일제하 YWCA 창설… 여성에 '독립혼' 고취

고 김필례 여사

『朝鮮日報』, 1983년 7월 31일, 6면.

"내가 YWCA를 세우겠다고 결심한 것은 십팔 세 때였어요. 그때 나는 일본의 YWCA 기숙사에서 공부를 했는데 일본에 대한 적개심을 억누르지 못하면서도 이곳에서 기독교적인 형제애를 느꼈던 것입니다."

구십이 세로 30일 세상을 떠난 김필례 여사(정신여고 명예이사장)는 삼십일 세 때 미국 유학 동창이었던 김활란 박사(전 이대총장)와 대한 YWCA를 조직했다.

1922년 4월 서울 한강에 배를 띄워놓고 당시 전국의 여성단체 대표 육십 명에게 김 여사가 Y의 필요성을 역설한 것은 지금 육십일 년 역사의 한국 여자기독교청년회의 가장 소중한 기록으로 남아 있다.

일본 YWCA 기숙사에서 결심한 그의 의지는 대한 Y를 설립 당시부터, 일본의 지부로 하라는 압력을 뿌리치고 자주적인 독립단체로 출발시키는 원동력이 됐고, 대한 Y가 일제하에서도 꿋꿋하게 버텨 내게 한 정신적 지주가 됐다.

황해도 장연長淵의 개화된 독실한 기독교 집안에서 태어난 김 여사는 "여성 기독교인은 언제나 사회와 교회 사이에서 초교파적으로 예수를 구주로 소개해야 한다"고 늘 역설해 왔다.

그는 이십오 세 때 서울 정신여중의 교사로 여성교육에 뛰어들었다. 그 후 구십이 세로 세상을 떠날 때까지 정신여고와 광주 수피아여고의 교사-교감-교장을 거치며 이사장으로까지 줄곧 기독교계 여학교의 살아 있는 역사로 일을 해 왔다.

조용하면서도 그러나 '정열가'라는 별명을 갖고 있는 성격. 그는 육십여 년 전 엄격한 시집살이를 하면서 사회활동을 해야 하는 '옛날 여성'의 수많은 일화를 지닌 선각자였다. 젊은 시절 시어머님 몰래 담을 뛰어넘어 야학의 여학생들을 가르쳤다는 이야기는 특히 유명하다.

김 여사는 이십팔 세 때 의사인 최영욱 씨(1889년 생)와 결혼했다. 전남도지사를 지낸 부군 최 씨는 육이오 때 괴뢰군에 희생당했다.

1남 1녀를 둔 김 여사는 말년에 고혈압으로 고생했는데 지난 일 년 반 동안 바깥 외출을 못했었다.

영문 글 및 일문 편지 원문

My Impressions of the International Student Conference

Mrs. Phyllis Kim Choi (Columbia University)

I want to say a few words of gratitude to those who made this wonderful conference possible, through their prayers, efforts, and gifts. You have given us an unusual opportunity of studying the Missionary enterprise from every angle most thoroughly, and to plan for the future of the work in a most scientific way. I do hope and pray that we may not disappoint all your efforts and expectations in the promotion of the Kingdom of God on this earth.

The princeton campus itself, with all its well-cared-for fresh green grass; old, old spreading oaks, and those noble gray stone buildings, extended their hearty welcome to us in all their solemnity and quietness, and made us feel physical rest, spiritual recreation.

During the discussion of Foreign Missions, I noticed the "Spirit of a New Era" in Christianity and its Missionary enterprise. The authority of the Missionaries over the nationals began to be shaken, and the future of the whole Mission work was in danger unless both the Mission Boards in the United States and the Missionaries out in the fields take a very decisive step in changing their methods. It was very interesting to watch the foreign and American students, those Missionaries from other lands, and those from Mission Boards in the United States. The students from abroad took a very critical attitude toward the Missionaries, criticising them frankly in a most open way. I got the impression that we were perfectly sincere in our hearts about what we said of the Missionaries and their work. With very little appreciation of their service in the past, we listed more defects of the Missionaries rather than the merits of their achievements. If this kind of procedure had taken place about ten or twenty years ago, their attitude should have been a different one, but now to my surprise all the American students and the people from the Boards, as well as the Missionaries were perfectly willing to hear what all we had to say about the workers and work out in the fields, trying to find out the best method for the work in the future.

While these criticisms were in progress I noticed that these attitudes of the foreign students were discouraging rather than encouraging to these Missionaries and the American students, who were planning to give their lives for this work. "What shall we do? If they feel so critical toward us, how can we meet their demands?"

In my opinion, of course, as we are all human, it is very hard for any of us to hear all these kinds of criticisms after our efforts and sacrifices, and it must have been even harder for those who were planning to go out to the field; but I and sure it would be the most invaluable help for their works in the future to have the knowledge of the opinions of the nationals.

I began to wonder what was the main cause of that kind of attitude of the foreign students, Was it because only the Orientals were ungrateful, while the Occidentals were kind, just and giving? Finally, I found there were many causes. The main one was the incomprehensible gulf between the "ideals of Christianity" and the practices of the "Christian nations." While the Missionaries went out and preached the idea of brotherhood of humanity in common Fatherhood of God, the governments of those Christian nations were the leading forces in realization of the selfish "Imperialism," exploiting those same people politically, industrially, and economically. In other words, the spirit of Christianity is doubtlessly sacrificial while the practices of those "Christians" are selfish.

If the causes were such, what would be the remedy of the situation in this crisis? First of all, every Christian needs a better knowledge of Christ and His ideals through a personal fellowship with Christ directly by more prayer and Bible study. Then the Christians should have a stronger influence over their governments by the practice of Christian principles in their daily lives, so that the legislation of the Christian nations may be directed along the Christian lines. This, I think, would be quite possible, as almost all the governments of the twentieth century are constitutional, with the provision of manhood suffrage, and even woman suffrage in some countries. In this case, where the majority of the population is "good Christian" the policy of the government should be directed along Christian lines.

In the second place, the Missionaries should take a little more cooperative attitude have been changing in a great degree recently. It is not the aim of the Missionary enterprise to train the national leaders and hand over their leadership as soon as possible with the spirit "He must increase, and I must decrease?"

Now in conclusion I want to say that if we want to make Christianity more effective and serviceable than ever before, all the Christians in this world should know Him better, through more prayer and careful Bible study. We Christians should practice the Christian ideals and principles in out daily lives; the Missionaries should take a more cooperative attitude with their spirit of service; and lastly, we foreign students should be rooted more firmly in Christianity, with better knowledge of Him and His principles, and we should dedicate ourselves more completely for His service before we go back to our home lands and take the leadership in Christian work.

Mrs. Phyllis Kim Choi, "My Impressions of the International Student Conference," *The Korean Student Bulletin*, 5-1, January. 1927. pp.103-104.
이 글은 본문에 한국어로 번역해 수록한「국제학생회의 참석 소감」의 영어 원문이다.

At Conferences in India

Mrs. C. I. Mclaren and Mrs. Pilley Kim Choi

Thinking they may be general interest the following notes of her visit to India last year, set down primarily for the information of those who by their prayers and gifts made that visit possible, have been contributed by Mrs. Pilley Kim Choi, of Kwangju, Korea's delegate to the W.S.C.F. General Committee Meeting at Mysore.

The Journey. Sailing from Kobe on November 1st by the P. & O. steamer Macedonia we were just two women in the second salon: I enjoyed several quiet talks. In Shanghai we were joined by the six Chinese delegates to the India conference. Going as we were to the same place and for the same purpose we became very good friends. In Hongkong we were warmly welcomed by the Y.M.C.A. and Y.W.C.A., whose guests we became; we were refreshed by the stability of the beds and the great friendliness. Coming from winter conditions in Korea I was struck by the greenness of the vegetation as of early fall. Thence on to Singapore where the heat was oppressive(silk dresses gone!) and tropical rain falling. I was interested to see the side-walks shaded by verandahs, and to make the acquaintance of tropical fruits: pawpaw, mangoes, custard-apples, green and yellow bananas, oranges and limes. Everywhere luxuriant and tender foliage abounded, with acres and acres of rubber and cocoanut plantations. They have wonderful roads in the British Empire and we found these here, but the influence of the Chinese civilization was also to be seen in the palatial residences of the Chinese merchant princes and in the road signs notices in Chinese characters. The condition of the natives struck me as depressed and miserable. The clothing of all ages and of both sexes, however, was conspicuously bright. Then on to Ceylon, where we were the guest of the Y.M.C.A. and of the christian College, where we spoke. Here were moist heat, ants, mosquitoes; wonderful foliage, rich and tender; rice in all stages, reaping and sowing going on at the same time; balmy breezes, gorgeous sunsets, easy and simple living conditions. One noticed the luxury and the finery of the dresses and jewelry of the women, money being invested in this way rather than in stocks, commerce or banks.

While foreign goods were expensive precious stones were very cheap. Both in Ceylon and later in India it seemed to me that there was a real danger of conceding to popular prejudice in religion and of surrendering the elements of our christian belief. For instance on visiting the Buddha's tooth temple in Kandy, I was overcome watching the worshippers, so pathetic in their devotion at this shrine. "Why do you sigh?" asked my companion. "If they worshipped the true God, how much better it would be." "Why, Mrs. Choi, do you think this worship will do them harm if they believe in what they worship?" I could not then or later in India bring myself to this opinion. The zeal to preach, to seek to turn such worshippers to serve the Living God, to know our Saviours who forgives sin and enables one to live a new life by His Spirit, was hot upon me. It did not seem to me that such religion was as good for its followers as our Christian faith is for us. I wanted to share my richer, purer religion that satisfies the longing soul.

Meeting Miss Maud Roydon was one of the unexpected pleasures of my time in Ceylon. She was lecturing on the subject "Can we set the world in order?" She urged the application of spiritual law in politics. I do not know how long it will be before this will come into practice but when it comes surely it will mean that God's will shall be done on earth as it is in heaven. The Buddhistic temples of Ceylon struck me as dirty and noisy. At last we arrived in India itself. Here one met a simplicity of living and a pride in the simplicity, as if one said, "Put back the clock and convert the world to a simple philosophy of life." If we enter an ordinary Indian house there is but one room for the family, and a general lack of hygiene in facing the problems of practical life. Liberality and tolerance in religion seemed too highly prized and practical application lacking. We visited the Madura temples at evening; the great tank to water, stagnant, impure; the crowd of bathers smearing themselves with ashes; the inscrutable or gross faces of the priests; an elephant looming in the shadows; left a series of indelible impressions.

The W.S.C.F. General Committee. We met at Mysore where we had many tokens of the Maharajah's interest and hospitality. We were one hundred and one delegates from twenty different nations, six from China, six from U.S.A., four from India, four from Australia, there from S. Africa, two from Japan, two from Canada, two from New Zealand, one from Korea and so on.

Among the subjects discussed were:

1. New China. The success of the Nationalist Government and the new scheme for the unification of China aroused deep interest and a very special welcome was accorded to the Chinese delegation.

2. Japan. Because of her imperialism Japan was not so warmly welcomed by Indians, still they looked up to her as a leader and showed themselves willing to learn from her.

3. South Africa. Max Yergan, a negro born and educated in America, who went to work in Africa, and two other Dutch delegates won great sympathy for the negroes. The whites feel they must safeguard their rights and conflict arising from rival interest; interracial conferences were advocated.

4. Central Europe. Here it was shown how religious differences make the members of the student body difficult to unite: the Roman Catholic and Greek faiths it was thought might be better represented on the W.S.C.F. Committee, in the executive and through the travelling secretaries.

5. Conditions in the Russian Students Movement. The Communistic Government being against individual confession of faith, this discussion

moved our hearts. "There is no place where God is so lonely as in Russia" quoted one. "I will go in there and proclaim the name of our Saviour" volunteered another.

While this was a Christian gathering, representatives of different faiths were invited to address us. The theme of all these seemed to be "We must seek, we must make content search, but we do not expect to reach the end of finding God." Contrast our experience: we are living with Him, they are searching for Him. Herein ours is the richer faith.

At the W.S.C.F. Conference in Peking in 1922 emphasis was on Nationalism ; at the Mysore Conference in 1929 a unique oneness of the nations transcending nationalism became apparent. Most of the delegates were thinking hard how to solve the problems presented as if they were their own. When the solution was difficult they read and prayed and sang, united in sympathy. The delegation was not politically powerful but it seemed as if it were born again in Christ, right in the Conference : each to go back to his own country with unmixed motives in a purely Christian spirit and with unselfish aim to work for and with the students of the respective countries, so that when these students take the leadership of those countries they may establish the Kingdom of God.

After the W.S.C.F. Conference some of us became the guests of the First Joint Conference (men and women) of India, Ceylon and Burma. Including seventy oversea delegates there were about six hundred present. This gave a great opportunity for presenting a world-wide outlook. The programme was well arranged, everything being directed towards one aim: to become better Christians. "That ye may be one." The nature of Christ, Regeneration in Christ, The Power of the Cross, The Task of the Christian Student, were among the subjects. At the beginning of the conference on noticed the diversity of language, races, customs, ideals, and thinking, but at the end we recognized that the conference had been a good melting pot, so that the many really became one in Christ.

Discussion was free and at times heated: a stirring moment was when a veteran missionary arose and began "We are surrounded by enemies...." "Stop right there," interjected a student from India, "I agree with the last speaker," cried a Chinese delegates. "We should not be unscientific, uneducated, illiberal; our work is to introduce Christ." At times the swing of the pendulum in reaction against an ungenerous attitude seemed to have been carried too far. Many of the men and women students made decisions for their life tasks. The address of a Brahmin pastor on " The Saviour on the Cross" left his hearers rapt and soaked and drowned in the subject. Other features were the request of the students for a closing meeting in which they might express their thanks and the outcast crowds, waiting, as it were, for the crumbs that fell from the table of blessing.

India surely subjects the missionary and the Christian faith to the harshest and most searching criticism. Most missionaries are trying hard to manifest Christ and Christian living according to the Indian demand. This means a tremendous sacrifice in living, in thinking, in personality, so that some looked as if they were dead in Christ. Numbers of the Indian Christian men and women gave on e the same impression. For that reason in this land of criticism and persecution towards Christianity, I should not be surprised to see the type of real Christians and Christianity which Christ had been seeking to produce.

At the Mysore Conference I was one of those chosen to visit some of the Indian Colleges in the interests of the W.S.C.F. This, however, I was unable to do owing to time limitations. But to a special request to visit Burma it was possible to agree as I could pick up the homeward boat at Singapore. In Burma I felt nearer and more at home racially, I was fascinated by the picturesque and dainty clothing, the scenery was richer and more picturesque and there was more prosperity. The Burmese are easy going, they live beauty and as Kipling says, "understand colour."

While in Burma I had the novel experience of addressing some theological students during my tour of the colleges.

Returning after seeing these nations and partaking in these discussions, I had twenty-five days on ship-board in which to turn over in my mind all these experiences and to think what we, what I, could do; what new light could be thrown on the problems of our Student Movement. And first it seemed we must have unmixed motives and an unselfish aim. Then we must produce in the nation men and women of this character. Also we must cultivate open mindedness. We must have done with the sin of those under subjection, whether individuals or nations, the great sin of murmuring and complaint. It accomplishes nothing, it is not patriotism. Real patriotism is something constructive that can promote well being or better the condition of the nation or increase the happiness of the individuals of the country. Where we are wrong we should self-examine: we have it in our power to correct ourselves. Real patriotism will concentrate on this. So what we need is Christ and Him alone, not many things, and for us to be His true and faithful servants to the end-I ask the readers of this article to pray for this.

Mrs. C. I. Mclaren and Mrs. Pilley Kim Choi, "At Conferences in India," *The Korea Mission Field*, 25-12, December, 1929. pp.245-247.
이 글은 본문에 한국어로 번역해 수록한「인도에서의 회의」의 영어 원문이다.

The Development of Korean Women during the Past Ten Years

Mrs. Choi Pilley

In Korea the past ten years have seen as it were, the birth of the rights, freedom and activities of woman.

First, they have obtained the right to an education. Old-time Korean parents considered that they were under an obligation to educate their sons, but to keep their daughters at home. Now they begin to realize their duty to educate their daughters also. Even ten years ago the number of girls in attendance at primary schools was only 3,886, those attending secondary schools 291; in 1922 there were 42,816 primary schools and 3284 secondary.

Second, in their marriage relationship women have a new liberty. Ten years ago outside of the capital a girl was expected blindly to obey her parents and to have no voice in her marriage arrangements. She was not permitted to speak to her husband before his or her parents, nor was she expected to converse with him before others until after the birth of a child. To-day she may speak freely with her betrothed, and indeed with one to whom she is not even engaged. She may now express her opinion with regard to the actual engagement, and may write to her suitor. Even in non-christian homes and among the uneducated the consent of the girl is now sought. Moreover the right of a girl to remain unmarried is recognized. This is perhaps the greatest freedom of all, since a few years ago the very existence of an unmarried girl of twenty-five would have been impossible. A girl, however well educated and competent, was not expected to appear in public, and if she did so it was in the face of severe criticism.

A great change has come into the relationship of mother and daughter-in-law, a very great change. Formerly the Mother-in-law was the mistress, the daughter-in-law the lifelong, unpaid slave. Now-a-days, a daughter-in-law, having reached years of discretion before she enters her new home, joins in the counsels of the home, and is its mistress.

With regard to the education of the children, the mother formerly had no voice; now, about this also she is permitted to express her opinion, though indeed as yet she has not exactly a free hand.

Again, in purchasing supplies, the men now permit the women of the household to make purchases instead of running out to buy things themselves.

Social intercourse has made a decided advance in ten years. Ten years ago most of the unmarried girls of the capital were still wearing skirts over their heads, the married women, cloaks; they were not free to go about the streets by day, and were expected to travel in sedan chairs. The uncovered women was the subject of insult and staring; to-day those who follow the old customs are those to be gazed upon! In the country the wide reed hats, which covered not only the heads but most of bodies of the young ladies, have fallen into disuse. A girl was scarcely permitted to visit her friend in the neighborhood; now she may undertake work which carries her throughout the country without reproach. This is a remarkable advance.

In public gathering the curtain which secluded the women has been done away with, and a speaker no longer has to walk from end to end of the platform to catch sight of both sections of his audience; not only so, but mixed choirs are very common, and women are encouraged to address mixed audiences.

Korean women are now interested in many educational projects. In both city and village Korean women are making themselves responsible for the entire running of night schools and kindergartens. They have undertaken also a few day schools.

Ten years ago it was very difficult to get women teachers even for primary schools; now they are available for secondary schools also, but the demand is greater than the supply. In some girl's primary schools the classical masters (old style Chinese scholars) are the only remaining male teachers.

Ten years ago the one Korean woman doctor had died and there were as yet no successors; there were but a few nurses, no maternity nurses. Now there are several woman doctors, and a fine band of young nurses linked together in an association. Then only widows or destitute people were available as nurses, now the applicants are expected to have completed a primary education and some nurses' training schools ask for secondary education.

Woman's part in business and commerce has had in the past ten years perhaps as radical a change as in any other field. Then women were not allowed even to go shopping. Now there are several large stores managed altogether by women, There are also several woman bank clerks, and a great number of girls are taking commercial courses. The increase in the number of women newspaper writers is remarkable. A large number of women and girls are employed in factories.

In politics, also, circumstances have combined of furnish modern Korean women with a poignant interest in political affairs.

Ten years ago women's work in the church was of necessity largely in the hands of the women missionaries, with whom were associated a few outstanding women. Now most of such church business is in Korean women's hands. These are making themselves responsible for a definite part of the church budget. The standard of education for Bible women is very much higher, and women deaconesses and Sunday school teachers are doing efficient work.

The growth of women's societies in the last ten tears indicates the social development of the Korean woman. Ten years ago women's societies did not exist. This year they are vigorous and important enough to have come to the notice of the government, where fifty-eight organizations are recorded. A notable feature is the linking together of a number of organizations under the Y.W.C.A. Through these various societies women are coming to realize their responsibilities and to fulfil their wishes and desires. Thus the Korean woman takes her place in the world.

The past ten years, then, may be regarded as the infancy of the Korean woman. What possibilities of growth lie before her in her next ten years? That she may increase in wisdom and stature and in favor with God and man is my sincere prayer.

Mrs. Choi Pilley, "The Development of Korean Women during the Past Ten Years," *The Korea Mission Field*, 19-11, November, 1923. pp.222-223.
이 글은 본문에 한국어로 번역해 수록한 「지난 십 년 동안의 한국여성의 발전」 영어 원문이다.

親愛なる大島先生

韓国ソウル特別市[1]
1975年12月5日

あなたのご親切なお手紙を11月15日にいただきました。すぐにお返事をさしあげるべきでしたのに、高血圧で具合が悪かったので申し訳ありません。私は10年以上もこの病気をわずらっています。はじめには、だれかに代筆を頼もうかとも思いましたが、自分で書くことにしました。病床に横たわっていながら、私の思いはいつも愛する母校女子学院の上にあるのです。こんなに遅くなったことをお許しください。

あなたのお手紙を手にしたとき、私の祈りが答えられた奇蹟かとおもいました。私はもう年老いて（84歳）いますので、召される前にすべきことを考えてきました。その一つに、女子学院に手紙を書いて、在学中私のためにしてくださったことに感謝の気持をあらわすことがあります。私は昔の宛先は記憶していますが、今のはわかりませんし、どうしたらわかるかも見当がつかないでいたのです。いまやっとそれがわかったのです。何というさいわいでしょう。

私は1951年7月に立ち寄りました。それは、1950年6月アメリカで開かれた国際会議に出席したのち、帰国する途中でした。ちょうどその会議の直後に朝鮮戦争が起こって、戦争が終わるままで私はアメリカに滞在しなければならなかったのです。戦争中、1950年9月のことですが、私の夫が共産軍に射殺されました。女子学院は26年ぶりで非常に大きく変わっていました。（卒業後）再び訪ねたのは1925年のことで、アメリカの大学に入学するための証明書をもらうためでした。ところで、その時私の知っている先生は一人だけでした。それは谷岡先生でした。その日は雨が降っていて、かなりのお年なのにご親切に建物をあちこち案内してくださったことを忘れることができません。谷岡先生はまだご存命でしょうか[2]。

私が申しあげたいことがありますが、その前にあなたの質問[3]に答えた方がよいと思います。

質問1:「韓国女性運動史」[4]に、1922年のYWCA総務に金畢禮という名前が出ていますが、これは金弼禮の別の書き方ですか。

答:はい、その通りです。私は1922年6月に、その第1回の会議で創立時の総務に任命されました。

質問2:あなたのお名前と金マリヤ氏のお名前は「女子学院80年史」に出てきますが、同窓会の名簿には見当たりません。在学中のこと、同級生の名前などをお知らせください。

答:私は1908年9月に女子学院に入学、1916年6月に卒業しました。女子学院は高等学校だけではなくて、5年制の本科(高等学校)と3年制の高等科(カレッジ)からなっていました。午前の授業(5時間)は「英学」といって全部英語で、午後は「日本学」でどの教科も日本語で教えられました。私は貞信(チュンシン)女学校[5]を卒業して女子学院に行きましたが、女子学院の標準が高くて英語は本科2年に入学が許されたものの、日本語ができなかったので翌年日本学の1年に入るまで待たなければなりませんでした。高等科では私のクラスは小人数で、20人以下でした。今でも同級生の顔はおぼえているのですが、名前はすっかり忘れてしまってとても残念です。

同級生の中に、背の低い娘がいて、まるで10歳にもならないほどに見えるのに、クラスの中でいちばん頭のよい人でした。この人は卒業式のとき、クラスを代表して自分で書いた英文の答辞を読みました。その人の名前は伊藤千代子とおっしゃいました。カワイ·アイコさん(音読)は北国のどこからか来た人でした。高橋さんは北海道から、そして石塚みち子さんは大変明るく気品の高い人でした。ほかの方々のことは忘れてしまって残念です。

質問3 : 女子学院同窓会の名簿に、1919年の卒業生に韓小済(ハン·ソジェ）という名前が出ています。「韓国女性運動史」の中にもその名前がありますが[6]、詳しいことは書いてありません。いまその方はどうしていらっしゃいますか。

答 : 韓小済さんが女子学院にいたときのことは覚えていませんから、私が出てからのちのはずです。卒業したとしてもそれは本科にちがいありません。彼女は東京女子医専を出たM.D.　だからです。彼女も、ご主人の申(シン、音読）さんも、キリスト教のしっかりした指導者です。韓国では医者をしていましたが、アメリカのロスアンジェルスにいらっしゃってからどうなったかわかりません。

それでは、私が長い間申しあげたいと願っていたことを申しあげましょう。私の生涯で5つの違った学校に通いました。2つは韓国、1つは日本、そしてあと2つはアメリカです。ときどき考えることですが、どの学校が現在の「金弼禮(崔)」(キム·ピレイ·チェ」[7]の教育あるいは人間形成にもっとも大きくあずかったのだろうかということです。それは女子学院だといいたいのです。もちろん、いちばん長い間だったことや、その時期は人格と個性を形成するのにいちばん大きかったことはたしかです。アメリカでは、ジョージア州のアグネス·スコット大学に1年半いました。これは、南部ではいいちばんよい女子大学だとされています。そして、世界的に有名なコロンビア大学で1年間、大学院に在学しました。疑いもなく、知識において数多くのすぐれたすばらしい教授はいましたが、人格の形成、人生の目的、その他においてすぐれた先生は、あまり多くありませんでした。(それにぐらべて）私たちの校長、矢島先生はすばらしい人物でした。このような校長先生がいらっしゃったことは、私のとって非常にさいわいだったとおもっています。先生は私のことを非常に配慮してくださって、お忙しい中でご自分の部屋に私をよびになって、個人的な話し合いをする機会をしばしば作ってくださいました。先生のやさしい言葉は同情と叡智に満ちていました。そして、ほかにも日本人や宣教師の中にすばらしい先生方がおおぜいいらっしゃいました。女子学院は人格を磨くばかりでなく、知識においてもよう学校でした。アグネス·スッコトでも、コロンビア大学でも、私は英語では何の困難も感じませんでしたが、ほかの外国からの学生たちは英語で苦しんでいました。

もう一つ、私は感謝しなければならないことがあります。1914年6月に、私は経済的な問題に直面しました。それまでずっと私を支えてくれていた兄が独立運動に関係して、満州に逃げなければならなくなったからです。私は高等科（全科）を卒業するために、もう2年いなければなりませんでした。それまで、外国人にも混血の生徒にも、午後の授業を受けた人はいなかったので、私は全科を卒業するはずの最初の外国人だったのです。学校では私に2年間、卒業するための奨学金を出してくださいました。それは何という救いでしょう。女子学院のこの2年間は、私にとっては黄金の年でした。奨学金のほかに、学校は私のためにピアノのレッスンを見るようにすすめて5人の生徒を世話して、その代りに英和学院というカレッジでピアノの勉強をするように登録の心配までしてくださいました。そのほかにマクドナルド先生が私に声楽のレッスンを見てくださいました。私はほかの生徒より格別声がよいとも思っていなかったのに、学校中で私だけがこのようなすばらしい機会を与えられたのです。マクドナルド先生は、本科、高等科の聖歌隊の練習の責任を私にもつようにおっしゃいました。そして本番前に2，3回歌うのをごらんになるくらい（私におまかせになったの）でした。いまでも不思議に思うのですが、皆がどうして静かに、そして（私に対して）従順だったのでしょうか。もしも、いま同じことをしたら、きっと皆が騒ぎ出してストライキになったでしょう。

"His eye is on the sparrow……"[8]の歌はマクドナルド先生が私に声楽のレッス

ンを見てくださった最初の独唱曲で、のちにチャベルで開かれた音楽会で歌うようにすすめられたのです。この数年間を通して、恵み深い主はたしかに私の身近にいらっしゃいました。そして、あらゆる危険から守り、主の全能の力によって主につかえ、主にある人々につかえることができるようにしてくださったのです。

大島先生、あなたは金マリヤと私が親類だということをご存じですか。彼女は私の長兄の三女で、私は私の家族の中で[9]人の兄弟姉妹の末っ子なのです。彼女は牢獄で恐ろしい経験をしましたが、カワムレ（音読）判事は彼女に死刑を宣告はしませんでした。まだましでした。彼女は5年の重労働だけでした。のちに彼女はアメリカ合衆国に留学して、学位をとって帰り、1944年に死ぬまで(9)聖書学校で働きました。私たちが皆で悲しんだことは、彼女は愛する国の解放を見ることができなかったということです。すべての国民が、彼女は韓国の偉大な市民の一人として考えています。最近、ソウルの出版社で[10]、韓国の15人の偉人を選び、その伝記を今年中に出版するはずになっております。彼女が15人の偉人のうち、ただ一人の女性であることは、あなたにとっても誇らしいことでありませんか。その本が手に入り次第お送りします。それを読めば、彼女のすべてが詳細にわたっておわかりになると思います。

ここに私の写真を同封します。ずいぶん前にとったものですが、これよりもよいのがなくてすみません。

大島先生、もう一度私の深甚の感謝を申しあげて、私の愛する同窓生が私のために親切にしてくださったことをおぼえたいと思います。私たちの恵の主が、あなたとあなたの学校にますます近くいらしゃって、大いな恵みにより、ことにこのクリスマスの季節にゆたかな祝福してくださるように。

感謝をもって、あなたの

金弼禮

二伸: この手紙は5日に書きはじめたのですが、それから長い間何にもすることができなくて、今日22日になるまでかかってしまいました。

註

1. 金弼禮氏の住所: 韓国ソウル特別市城北区安岩洞5街103-148

2. 谷岡貞子学監, 1961年1月6日逝去。

3. 1975年11月7日付, 大島孝一から照会した質問項目をかかげる。以下同じ。

4. 丁堯燮著「韓国女性運動史」, 日本語訳が高麗書林から出版されている

5. 金弼禮氏は, 現在の貞信女子中高等学校の理事長であったと伝えられている。金マリヤ（後出）もその卒業生で, 女子学院に留学するまでその教師であった。

6. 朝鮮女子興学会を主宰した歴代人物の中に金マリヤの名とともに列記してある。

7. 原文, Pilley Kim Choi

8. 「女子学院80年史」に山谷妙子氏の発言として記されている。

9. 「韓国女性運動史」によれば、1945年3月13日平壌の病院で逝去したとなっている。

10. 「偉大なる韓国人」太極出版社。

이 편지는 1975년 김필례 선생이 모교 동경 여자학원 오지마 원장에게 보낸 것으로, 학원 자료실에서 편지를 내용을 입력하고 주석을 달아 보관해 온 것이다.
본문에 한국어로 번역해 수록한「친애하는 오지마 선생께」의 일본어 원문이다.

『성교육』 영인

이 영인본은 김필례가 집필한
『성교육(性教育)』(조선예수교서회, 1935)의 전체를
한국학중앙연구원 한국학도서관의 소장자료
협조를 받아 수록한 것이다. 제한된 지면으로
원본 책 사이즈(128×183mm)에서 축소하여
두 면씩 펼친면으로 눕혀 수록했다.

性敎育
金弼禮 著
SEX EDUCATION FOR GIRLS
Mrs. Pilley Kim Choi

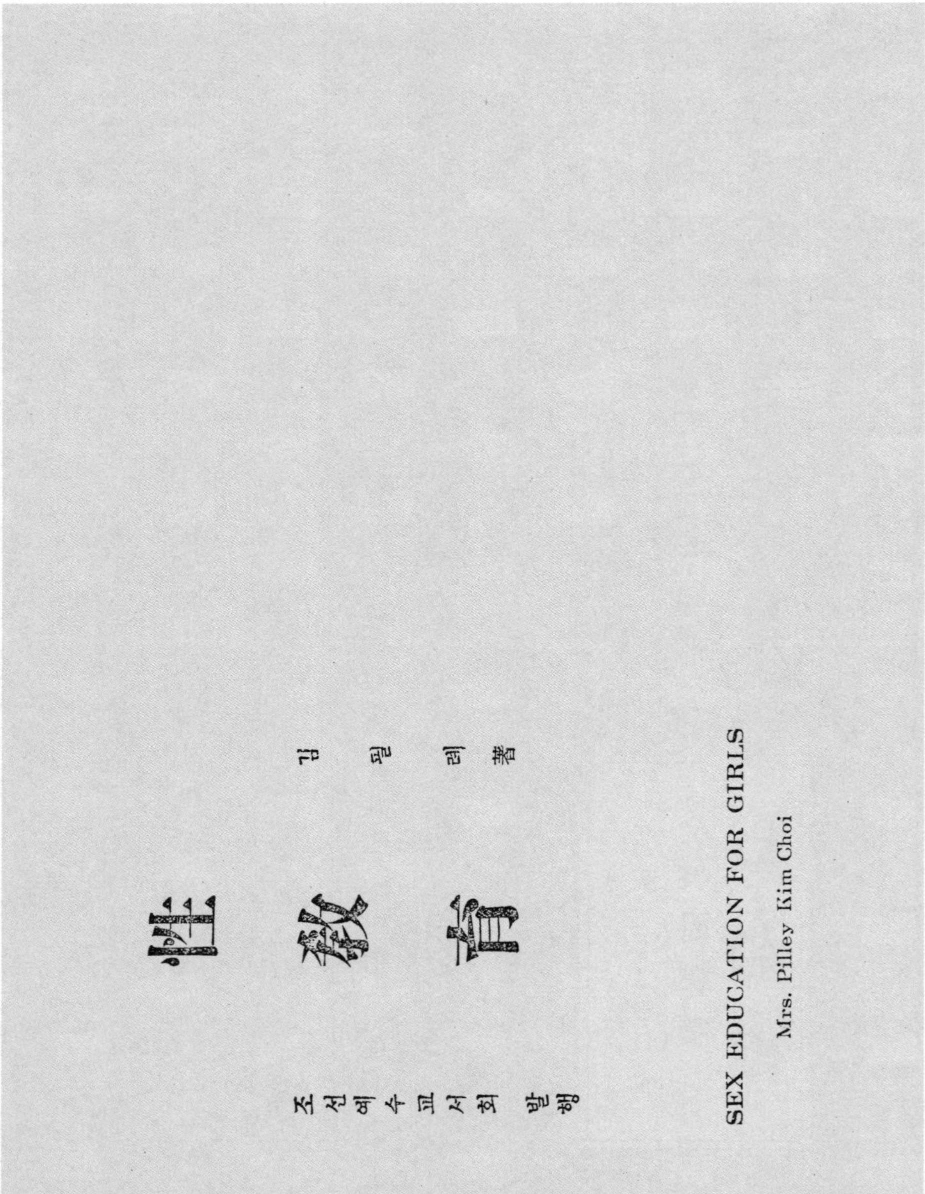
性教育
김필례 著
조선예수교서회 발행
SEX EDUCATION FOR GIRLS
Mrs. Pilley Kim Choi

SEX EDUCATION FOR GIRLS

by

MRS. PILLEY KIM CHOI

Price ... 25 Sen

THE CHRISTIAN LITERATURE SOCIETY
OF KOREA 1935
MM.

서 언

나는 김필례 녀사의 친구중에 한사람으로써 또한 본서의 목적 곧 성문제(性問題)를 과학적으로 해석하야 인류의 생활을 일층 더 행복케 하려는 뜻을 찬성하는 자중에 一인으로써 본서의 서언 쓸 용귀를 얻은 것이다。 어떤 문제는 어떠한 一개사회나 지방에 제한되기도 하나 성 문제만은 인종이나 신조(信條)나 지위나 학식이나 넌령이나 시대를 물론하고 성문제를 제하고는 이 모든 문제를 철저히 해결할수 없으니 성은 이 모든 큰 문제와 극히 밀접한 관계를 가지고 잇다고 생각한다。

인생도 다른 동물들과 같이 성적 긔능을 즐기는 동시에 다른 동물들이 가지지 못한 정신적 긔능을 가진것을 우리가 임의 인식하는 바이다。 그럼으로 동양 성현들은 三강五륜이라는 도덕의 긔초적 원측을 세워 사람이 능히 충(忠)하고 효(孝)하여 친(親)하고 별(別)하며 신(信)할수 잇는 정신적 본성을 가젓다는것을 주창하여 왓다。

이제 회상컨대 인류는 여러 세기를 망라하야 거의 다 인습적 사상(因襲的思想)을 맹목적으로 순응하여 나려온것이 사실이다。 그러나 현 세기는 소위 과학적 세기로써 모

서　　　언　　　　　　　　　　　　　　　　二

는 과학적 해석과 발명이 인생의 생활을 일변시키는것만큼 사람의 행동에도 과학적 기초를 좀더 사용함이 필요함을 느낀다。

그럼으로 본서는 인류 생활의 몇 가지의 진상을 들어 이것을 과학적으로 해석하야 청년제씨에게 제공함으로써 빈민과 고통중에 헤매이는 제군으로 하여금 명철한 판단력을 얻어 그 방황하는 생각을 바로잡고 틀리기 쉬운 언행을 지혜롭게 하려한다。원컨대 몇 청년간을 비밀리에 깊이 감초아 두었던 이 중대한 문제를 바로 해석함으로써 『조선』청년남녀들의 광명한 장래의 서광(曙光)이 빛최이기 바라며 이 젊은이들의 원만한 생활로 인하야 로년(老年)들의 여생(餘生)은 더욱 윤택하여지고 장차 이 반도에 태여날 무수한 남녀들에게 무궁한 행복이 림하기를 빈다。

一九三四年二月十九日

마　　　제　　　써　　　지

서　　　언

이제 본서를 출간함에 제하야 필자는 무한한 희망과 공포를 느낀다。 비록 이책의 페이지수가 적고 내용이 빈약할지라도 모든 빈민과 고통중에서 헤매는 무수한 청년남녀에게 조고마한 도음이라도 되기를 바라는동시에 아직 성교육이 우리 사회에 새문제인이 만큼 독자제씨에게 엇더한인상과 영향을 끼칠것이 문제이다。단지 본문제를 취급하시는 지도자 제씨의 철저한 지식과 진정한 동정이 성의 오묘한 리치를 연구하는 청년제씨의 신중한 태도와 협동되여 행복한 생활의 길이 독자 제씨들앞에 전개되기를 빌따름이다。

근자에 신문이나 잡지상에서 간간이 문제를 보는바이나。우리사회에서 본문제가 아직도 보편이 적은이만큼 이 문제에 대한 리해의 정도가 의문임으로 금번에는 성에대한 세밀한 설명이나 성기관의 단면도(斷面圖) 같은것도 략하엿으나 一반 사회의 충분한 량해를 기다려 본서를 다시 증정출간하야 독자제씨의 요구에 만분의일이라도 응코저한다。

끝으로 본서의「화류병」장은 필자의 부군 최영욱씨의 저필인것과 여러 친지들이 유조한 서적을 널히 구하여 본서저작에 막대한 도음을 주신후의와 본서를 한글로 교정하여주신 오천영선생의 수고를 충심으로 감사하기 마지 않니한다。

一九三五年二月廿五日　　　　　　　　저　　　자　　　告

목 차

성 교 육 (性敎育)

김 필 례 저

제1장 성교육의 필요

一반적 교육의 신제도가 설시된지 반세기도 되지 못한 이 땅에 있어서 아직 성 교육을 리해치못한다거나 혹은 그 필요를 인정치 안이한다고 그러케 그르다고만 하기가 어려운것이다。더욱 여러 천년간을 통하야 남녀七세(男女七歲)에 부동석(不同席)이라는 기빨아래서 남녀 교제를 엄금하여 오던 우리『조선』에서이랴 그런고로 이 성의 문제는 그윽한 비밀리에 깊이깊이 묻어두고 그 주위에는 풍속과 인습으로써 담을 높이높이 둘러 싸핫던것이다。

이제 만일 一반적 교육의 목적이 인류의 一반적 생활을 더욱 원만케 하며 모든 본능의 요구를 만족시킴에 있다고 할진대 모든 본능중에 가장 고귀하고도 가장 강한 성욕(性慾)을 교육이 어찌 무시할수 있으며 인습이나 풍속이 제아모리 강한 세력을 가젓다

제一장 성교육의필요 1

하기로서 이제 이 본능을 영구히 제어할수 있으랴 이제 한번 눈을 들어 사회상태를 살펴본다면 소위 절도자살, 음독자살, 민도자살, 서도살인, 방화등의 원인이 거의 이성의 문제에 관련하야 있는것을 볼수 있다. 근 반 만년을 두고 이 문제를 비밀에 부치며 이 본능을 눌러온 결과는 곧 전 민족의 도덕을 부패케하며 사회를 불정케하고 가정을 문허트리며 一신을 망케하는것 밖에 없었다.

一, 성욕의 존재를 시인(是認)할 리유

남녀를 물론하고 누구던지 다 각각 자기에게 성욕이 있음을 시인하여야 하겠다. 이 본능은 개인에 따라서 갑이 을보다 강할수도 있고 을이 갑보다 강할수도 있으며 혹은 성적 발표가 직접으로 나타나기도 하고 혹은 간접으로 작용되기도 한다. 그러나 실상 그원인은 다 성욕에서 비롯하는것이다. 그러하야 우리가 이 본능의 존재를 시인하고 보면 따라서 이 본능이 계속적으로 작용하는것을 부인할수 없을것이다.

그리고 흔히 보면 인생에게 성적 생활이 있은 연후에야 재산이나 명예나 지위이나 문벌이나가 행복될수 있을것이오 만일 그러치 못하면 이 모든것이 외모뿐이오 그 내부에 있어서는 불만과 비애의 생활에 지나지 못한다는것이다. 그러하야 남보기에는 퍽으나 행복한 남녀가 종종 자살을 계획, 혹은 실행함은 우리가 목도하는바가 안인가 이것이 곧 그 증거이다.

二, 성에 대한 태도

반 만년간이나 이 본능을 억제하며 성적 생활을 전부 극 비밀에 부처온 리유는 곧 성욕은 불결하고 위험한것으로 인정함에 있다. 식욕(食慾)이나 재욕(財慾)에 있어서 주리면 음식을 구하고 간난하면 재산을 모흐기 꾀하는것이 당연하다고 인정할진대 후손을 생산케하는 성욕은 그다지도 불결하다거나 위험하다는것이 무엇이랴 다만 그 본능을 정도로 작용시키고 못시키는데 도덕 문제가 붙는것뿐이다. 시장할 때에 정당한 방법으로 음식을 취함은 당연한 일이다. 식욕을 남용하야 어떤 음식점의 음식을 절취함은 사회의 대적인 동시에 부정한 일이며 따라서 이 사람은 도덕적으로 실패한 인물이라 하겠다. 그러나 성적으로도 이 방면에 대하야 상당한 지식과 수양을 받은후에 정당한 성적생활을 함에야 무슨 불결이나 위험이 있을 리유가 있으랴 단지 이에 대한 지식이 결괄하고 수양이 부족함으로 이 본능은 남용되고 이 방면의 생활은 실패되였다。그리하아 현하의 一반적 성적생활이 부패하고 문란된 상태에 잇는것은 결코 우리『조선』만이 안이오 전 세계의 모든 인류가 이같은 환경에 둘너 싸혀서 신음함은 사실이다。이만큼 중대 문제를 당면한 우리는 좀더 신중한 태도로 이 깁이깁이 감초여 잇는 성의문제를 연구하며 가르치고 배울필요를 절실히 느낀다。

三、성교육의 처리자

부모의 지식정도가 허락하는 가정에서는 그 부모가 성교육에 대한 一체사항을 다 처리함이 제一 적당할것이다。아희들이 三、四세 때부터 종종 성에 대한 질문을 발한다。이같은 질문이 잇을적마다 그 기회를 노치지 말고 극히 평범한 태도로 그 뭇는 말만을 명백히 대답하여 줄것이다。가령 네살된 아희가「엄마 나는 어데서 나왓어요」하면「엄마 배속에서 나왓단다」하는 말만을 평소에 말할때와 꼭 같은 어조로 대답할것이다。만일 더 계속하야 무르면 역시 처음과 같은 어조로 대답을 계속하되 묻는말 이외에는 더 설명치 안이함이 지혜로운 일인줄 안다。부모는 개인의 총명과 지력에 응하야 성교육이 진행

되여야 할것이나 대개 七、八세까지는 그 모친이 처리할것이오 그후부터는 남아이면 부친에게서 녀아이면 모친에게서 교육을 받음이 조흘것이다。

이 성교육은 어려서 부터 거긔 대한 의문이 자연히 이러나는 대로 받음이 가장 적당하겟으나 만일 가정의 형편이 이를 허락지안는 경우에는 학교에서 받아야만 할것이다。그러나 五、六十명의 생도가 출석된 교실에서 이 문제를 적당히 처리할만한 동성(同性)의 선생이 없는 경우에는 차라리 그만둠이 조흘가 한다。이 문제를 설명、혹은 토론할때에 얼굴을 붉힌다거나 어조와 태도를 변하야 어떠한 감정을 이르키게함은 절대로 금물이다。

부모된이는 반듯이 극히 주의하야 충분한 성교육을 그 자녀에게 주어야 하겟다。그러치 안으면 이에 대한 아동들의 호기심(好奇心)은 쉬지안코 활동하야 이 호기심을 만족시키고저 함으로 밧에 나가서 어떤 불결한 방법으로 위험한 습관을 얻을것이다。만일 부모가 그런것을 책망만 하면 아희들은 무색하야 그후부터는 이 문제를 영구히 부모에게서 감추고 말것이다。그리하야 마츰내 성에 대한 저들의 태도는 바르지 못하고 불결하며 그 지식은 불완전하게 되고 만다。그리하야 성에 대한 태도는 발서 틀려저서 성은

더러운것이며 성은 부끄러운것인줄로 알게되며 급기야 성적 생활을 시작할 때에는 원만한 생활을 이루지 못하게되여 인간의 모든 비극을 연출케 된다。자녀를 둔 부모,제자를 거느린 스승들은 한번 각성하야 저들에게 대한 의무를 다함으로써 제二세 국민의 장래를 광명케 할것이다。

제二장 사춘기(思春期)란 무엇인가

사춘기는 인종, 기후, 및 문명의 차이에 따라서 현저한 차이가 있는것이니 곧 외래의 영향이 큰것이다。그러하야 열대지방 인종은 온대나 한대지방 인종보다 속하고 구미 제국 사람은 동양 사람보다 속하며 같은나라 사람이라도 도시인은 농촌인보다 속한것이다。그런데 우리『조선』사람은 평균 만 十五세 이후가 된다。

이 사춘기야말로 인생의 一평생을 통하야 가장 중대한 시기임은 이때에 육체적으로 또는 정신적으로 충동을 받는것이 비상히 맹렬하고 뇌는 연착성(脈着性)이 풍부하야 신체 구조에 막대한 변화가 생기는 동시에 사물에 대하야 반항심, 호기심, 모방심, 질투심 이런것들이 극히 격렬하야 심리적으로도 막대한 변화를 이르킴으로 써이다。그런즉 부모된 사람이나 교육가된 선생들의 이에 대한 책임은 실로 중대하다。

이제 이 사춘기의 상태를 좀더 자세히 설명하기 위하야 신체적과 정신적 두 부분으로 나누어서 생각하려한다。

一, 신체적 징후(徵候)

이상에 말한바와 같이 이 시기에는 신체 구조(構造)에 큰 변화가 생기나니 곧 겨드랑이와 입설과 음부(陰部)에 털이 나고 전신에는 지방질(脂肪質)이 풍부하게되여 피부가 심히 윤택하고 어여쁘게되는 동시에 남녀의 특성을 발휘하게 된다。물론 태아(胎兒)때부터 남녀의 해부적(解剖的)구조는 판이할지라도 사춘기 이전까지는 그특성을 완전히 발휘하지 못하다가 이때부터야 비로소 남자는 음성이 우렁차지며 수염이 나고 녀자는 골반(骨盤)이 커지며 유방(乳房)이 때 속도로 발달된다。

이 시기를 당한 청년 남녀가 혹은 맹렬히 혹은 은근히 느끼는것은 성적 각성(覺醒)이다。이에 대한 리유를 자세히 설명하려면 모름직이 생식기에 대한 국부적 또는 해부적 설명이 있어야 할것이다。그런고로 이 성교육이 우리『조선』에 있어서 아직 충분한 리해를 갖지 못한이 만큼 이 부분에 대한 지식을 여러번 주지하였음에 불구하고 이에 대강이 몇가지를 설명하는데 독자 제씨 특히 아직 어린 학생들의 주의할바는 이러하다。

사람의 신체는 어느 부분을 물론하고 다 부모를 통하야 하나님께로 부터 받은 귀중한 선물이다。그럼으로 수족의 구조된 해부적 설명이나 생식기에 대한 해부적 설명이나 조금도 서로 다를것이 없으니 거기 대한 태도도 극히 평범하게 취함이 절대 필요한것이다。

一、남자 생식기

이는 음낭(陰囊)과 음경(陰莖)으로써 구성되였는데 음낭은 고환(睾丸)을 싼 주머니로 중간이 막혀 좌우로 나누어 있다。고환은 정충(精蟲)을 제조하는 기관인데 성교(性交)가 있을 때에 정충(精蟲)과 정액(精液)이 좌우 수정관(輸精管)을 통하야 뇨도(尿道)를 지나서 음경 밖으로 사출(射出)되는것이다。

음경은 결체 조직(結締組織)과 해면질(海綿質)로 구성되였는데 혈관이 풍부하야 동양(動陽)이 될때에는 이러나는것이다。그러나 음경이 이러나는것은 성교가 있을때에만 이러나는것이 안이라 대성(對性)을 련상하거나 연애소설 혹은 활동사진

같은것을 볼때에나 대성에 대한 꿈을 꿀때에나 혹은 아츰에 일즉 이러날때같은 때에도 되는것인즉 이에 대하여는 하등의 근심할바가 안이다。그러나 그 도수가 너무 심하면 이것은 병리적 현상이다。그리하야 만일 경구한 세월을 이 현상으로 지내면 종말에는 소위 병리적 성욕 환자로 화하야 개인과 사회에 막대한 불행을 끼치게된다。 이것을 교정함에는 처음부터 자기 자신에 대한 자중심과 성에 대한 진리를 밝히 리해하야 수양에 진력함이 필요하다。 만일 수양을 게을니하야 한번 습관이 되면 나중에는 여간한 결심으로 교정키 어렵게된다。

그리고 음경 끝단을 구두(龜頭)라 칭하는데 거기는 촉감이 심히 예민하야 여간한 자극에도 용이히 이러난다。갓난 아희는 구두가 가죽으로 씨워있고 그 내면에는 불결한 물건이 끼여있기 쉬우며 또 어떤 사람은 출구(出口)가 대단히 적어서 소변보기도 곤난하고 구두를 자극시켜서 이러나게하기 쉽다。이러한 경우에는 소위 포경(包莖)수술을 속히 받는것이 위생상 대단히 필요하다。

二、녀자 생식기

녀자의 생식기는 남자의것보다 훨신 더 복잡하게 구조되였다。설명상 편리를 위하

아 복강내(腹腔內) 생식기와 복강외(腹腔外) 생식기 두 부분으로 하려한다.

1, 복강내 생식기는 자궁(子宮)과 란소(卵巢)와 및 수란관(輸卵管) 혹은 라팔관(喇叭管)이다.

(1) 자궁은 하복부 골반(骨盤)안에 직장(直腸)과 방광(膀胱) 사이에 있나니 그 형상은 서양 배의 모양과 흡사하고 장이 八「센치 미터」가량이 되며 두텁고 강한 근육으로 구성되여 四「센치 미터」나 두께움으로 임신이 될 때에 확대될수 있는것이다.

(2) 란소는 자궁 좌우편에 있는데 경이 四「센치 미터」쯤 되는 란원형(卵圓形)으로서 란자를 조성하는 기관이다. 사춘기로 부터 란자가 성숙되여 매삭에 한번식 수란관을 통하야 자궁안으로 수입(輸入)된다. 이때에 마츰 남자의 정충과 서로 맞나게 되면 복잡한 세포 분열 작용에 의하야 자궁안에서 발육되는데 이것이 곧 임신이다. 그러나 정충과 맞나지 못하면 이 란자는 자궁밖으로 나오고 만다. (월경 참조)

(3) 수란관은 자궁 좌우편에서 란소를 련락한 적은 관이니 한 끝은 자궁에 련

결되엿고 밖게 끝에는 전채(剪綵)라고 하는 수술같은것이 잇어서 란소에 접촉되여 잇다.

2, 복강외 생식기는 그 외부에 제일먼저 보이는것은 대음순(大陰脣)이오 그 밑에는 소음순(小陰脣)이 잇다. 이 대소 음순을 긴장시킨 후에 홍문(肛門)을 향하야 보면 질구(膣口)가 잇는데 질의 장은 九「센치 미터」가량으로 내부에 통하야 돌출된 자궁경(子宮頸)과 련접되여 잇다. 그리고 소음순 우에 찬 적은 돌기가 잇는데 이것을 음핵(陰核)이라 칭한다. 음핵은 신경이 대단히 예민할뿐더러 남자의 음경과 같이 발동성이 잇는것이다. 그리하야 이것을 자극할 때에는 정욕을 발하며 이와 관련이 깊은「바루트린」선(腺)에서 점액(粘液)을 내여 질구를 윤활케한다.

이 질구에는 처녀막(處女膜)이라는 얇은 막으로 덮혀 잇어서 정교가 잇엇던지 혹은 해산한 부인이면 다만 파렬된 흔적만 남아 잇을것이다. 이 처녀막에 대하야 여러가지 오해가 잇어서 문제될 때가 종종 잇다. 혹은 말하기를 처녀막이 이미 파렬된 녀자는 정교가 반드시 잇엇던 증거이라 하나 실상은 그렇한것

도 안이나 이는 어떤 녀자의 말은 대단히 앓아서 뭐엉을 뭐던지 혹은 불편한 감각이 있거나 무욕할 때에 손가락으로 음순을 긴장한 일이 있어서 파렬되는 일도 있음이다。그리고 그 반면으로 어떤 녀자는 많이 강하고 두꺼워서 성교가 있어도 파렬되지 안이할뿐 안이라 심하면 해산한 후까지도 그대로 있는 일이 있으며 혹은 질구가 아조 막혀서 성교를 할수없는 사람도 있다。여기서 한가지 더 주의할바는 처음 성교할 때에 처녀막이 비로소 파렬되는 경우이면 다소 아프고 피가 나는일도 있으나 이는 무슨 병이 안인이 만큼 결코 놀날바가 안이다。

3、월경(月經)은 사춘기로 부터 비롯하야 약 五十여세까지 계속되는것이다。보통 임신때외에는 매삭 一정한 시일에 시작되여 약 五일간 되는것이 생리적이어서 요통이나 아래배 앞은것이 없을것이다。어떤 녀자는 임신되기 一、二개월에 한두번식만 있기도 하나니 이 현상은 각각 개인에 대한 생리적 정후임으로 별로 관심할바가 안이다。

이 월경에 대한 학설은 구구하야 통일되지 못하였다。혹은 일으기를 란자가 성숙되면 정충과 수정(受精)된 란자를 환영하기 위하야 자궁안에 점막(粘膜)이 벗어저서 신선한 처소가 준비됨이라고도 하고 혹은 일으기를 란자가 성숙되면 자궁 점막은 수정된 란자를 영접하기 위하야 점막에 출혈이 되여 부드럽게 되였다가 만일 수정되지 안으면 그대로 벗어저 떠러진다고도 한다。그러한 중에 근래에는 전자의 학설이 더욱 신임된다。하여간 월경은 자궁점막이 벗어저 떠러지면서 출혈되는것만은 사실이다。이 월경기에 있어서 주의할것은 보통 운동이나 사역을 평시와 다름없이 할것이나 과격한 운동과 로동은 피할것이오 또는 정신상 다소 신경질의 기분이 도는것이니 감정의 충분을 삼갈것이다。

이 사춘기에 있어서 전신의 발육이 대속도로 진행되는 동시에 각 기관의 작용이 성대케됨이 마치 초목이 양춘을 맛남과 같은것이다。이와 같은 대속도의 성장에 필요한 영양분을 취케하며 운동을 장려하야 혈액의 순환을 도읍고 물을 만히 먹여 폐물(廢物)은 잘 배설(排泄)케하며 음식을 조금식 자주 먹이는것이 한번에 만히 먹이는것보다 유익한것이다。그리고 그러케 대속도로 자라는 근육은 피곤하기 쉬운것인즉 특별히 잠을 충분히 자게하야 긴장된 신경과 세포가 쉬임을 얻게함이 극히 필요한것이다。

二、정신적 징후

우에 진술한바와 같이 사춘기에 이른 녀자는 아동시대에 비하야 생리적으로 큰 변화를 당하게되자 정신적으로도 무의식(無意識)한 가운데 무한한 변동을 이르키게 되는것이다。이 시기이야말로 소녀가 부인으로 바꾸이는 변천 시기이다。다시 말하면 아동기를 벗어나서 부인기로 드러가는 시기이다。그런고로 그는 아동도 안이오 아직 부인도 안이다。이때에 성의 본능이 싹트기 비롯하며 그의 정신은 과거와 미래와 현재를 통합한 중에 혼돈되여 자기도 자기 자신을 밝히 분별키 어려운 자아(自我)를 인식(認識)하게된다。

이 시기에 특징으로 나타나는 성질은 자기의 권리를 주장하게되는것이다。이제는 자기도 사회의 당당한 한 인원이라는 생각으로 사회적 지위를 맹렬히 구하며 따라서 년장자의 지휘나 명령을 받들기 보다 자기 스사로가 자발적으로 계획하며 성공하기를 원한다。그리하야 강제적 명령에는 더욱 반항하기 쉽고 순종하기 어렵다。이 시기에는 감

정이 극히 예민하야 쉽게 울고 쉽게 웃는다。그리고 사랑과 미움이며 조하함과 슬혀함을 극도로 한다。또는 공상에 잠기여 정신이 혼미키도 하며 혹은 공중 누각이 一시에 문허지자 세상을 비관하고 자신을 원망하기도 하야 심지어 자살을 도모하는 일도 잇으며 누구를 숭배하고 누구를 능멸하야 교육상 지도에 곤난한 경이 퍽으나 만흔것이다。그러나 그에게 숭배를 받는자로서는 이 과도기에 잇는 그를 지도함에 큰 기회를 가진것이다。

이때에 저희 속에서 싹트기 비롯하는 성적 본능은 은근히 움지이고 잇음으로 이 사춘기에 잇는 청년은 속에서 이러나는 격렬한 감정으로 이에 대한 리해와 동정이 부족한 환경에 처하야 어째할바를 아지못하야 신음한다。이러케 이 시기에 잇는자들이 만흔 취미를 가지고 시작하엿던 일이나 혹 공부도 끝을 마치지 못하는 일이 종종 잇음은 다 쉽게 조하하고 쉽게 슬혀하는 연고이다。

그러한 중에 특히 남자 청년들은 녀자들이 인식하지 못하는 성적 본능을 더욱 극렬히 느끼게 되는고로 그들의 신체적 급 정신적 혼돈과 고통은 녀자의 그것보다 몇 갑절이 되는것이다。

하一 이 시기에 잇는 남녀 청년들이여 이 과도기에 잇는 여러 분들은 주의에 주의를 더하고 자중(自重)에 자중을 가하야 실수업이 장년기로 건너가서 인격과 지식이 구비함으로 우리 민족과 一반 사회가 요구하는 인물이 될지어다。그대들은 지혜잇는듯하나 실상은 정신상 형언치 못할 위험중에 들너싸혓으니 이것을 자각하야 부모와 선진의 지도를 구하고 경솔히 동작하지 말자 인격상 요소가 될만한 모든 성질과 습관은 이 시기에 양성하지 못하면 一생을 통하야 도저히 엇기 어려운것이다。

제三장 정당한 교제와 단정한 행동

우리『조선』에서도 녀자 해방을 웨치는 소리가 전 반도를 흔들자 남녀간에 교제는 다소 시작되여 지금 시험기중에 잇는 모양이다。과연 그 결과가 어떠할것을 아직 기슬너볼수 업거니와 위선 만흔 희생자를 내이고 잇는것이 괴으나 애처럽다。우리보다 몃 세기전이나 문명이 압서고 따라서 남녀간 교제에 대한 경험을 만히 가진 저 구미 각국에서도 이 문제에 대하여는 지금도 머리를 썩이는 모양인데 우리 사회에서야 더 말할것이 무엇이랴 그러나 문제의 해결이 어렵다고 관망하고 말바는 안이다。이는 그중에 극히 귀중한 보화가 잇음이니 이같은 보물을 엇기 위하야 상당한 희생을 개의치 안이함은 당연한 일이다。

청년 남녀가 서로 대할 때에는 부지중 피차에 끄으는 인력(引力)을 느끼게 되는것이다。조물주께서 남녀를 지으실 때에 생리적으로뿐 안이라 정신적으로、심리적으로、또는 령적으로 서로 다르게 만드신고로 그들은 마치 시(詩)와 음악과 같아서 저희끼리 피차 순결하게 교제하며 힘과 뜻을 합하야 사업에 종사함은 조물주의 영광을 찬송하는 아름다운 노래 소리와 흡사한것이다。남자가 녀자보다 낫다거나 녀자는 암만해도 남자만 못한즉 종용히 드러안저서 안해와 어미의 직분만을 하라고 웨치는 소리가 요사이도 간간 들리나 이는 단연코 오해이다。어떤 사업에 잇어서 남자끼리만 하거나 녀자끼리만 하는것보다 남녀가 가치 하는것이 더 완전하게 또는 만족하게 되는것이다。남녀가 호상 부조(互相扶助)이란 말은 결코 한 가정에만 제한되는 말이 안이오 一 가정으로 부터 비롯하야 一반 사회 각 기관에도 같은 중요성을 가지고 잇는것이다。가령 병원으로 말하여도 남자 환자에게 남자 간호원이 주지 못할 위안을 녀자 간호부가 능히 줄수 잇는것이다。그리고 녀자에게도 참정권이 허락된것은 이제야말로 정치 자체가 남녀 전인류를 위하야 진정한 효과를 얻도록 노력하려는 발표인줄 알겟다。

남녀간에 순결한 우정(友情)이 잇어서 단순한 친구로 지내는 중에는 피차에 유익이 만흔것이다。사실 청년 남자의 눈에는 젊은 녀자만큼 더 아름다운것이 없고 젊은 녀자의 눈에는 젊은 남자만큼 용장하고 상쾌한것이 없다。이것이 곳 동성(同性)의 친구에게서는 맛보지 못하는 쾌감이오 따라서 만흔 인상과 령감(靈感)을 피차에 주고 받게 된다。어떤 남자는「나는 녀자에게 대해서는 무감각이야」한다던지 어떤 녀자는「나는 남자를 보기만 해도 귀찮스러워」하는 말도 종종 드르나 만일 그들의 하는 말이 사실담일것 같으면 이는 편연코 성적 불구자(不具者)일것이다。만일 그러치 안으면 그들은 자기를 스사로 속이는자로 밖에 볼수없다。그런즉 남녀의 정중하고 신성한 교제는 극히 가치잇는 일로서 하나님의 기뻐하시는바오 一반 사회에도 유익을 끼치는 동시에 적 인류에게 행복을 가저오는것이다。

그러나 남녀 교제에 경험이 적고 실패가 만흔 우리 사회에서 아직도 인습과 편견(偏見)으로 속박된 사회와 가정에서 어떠케 이같이 고귀한 행복을 맛볼수 잇을가 우리 청년들에게는 이에 대하야 상당한 지도가 적고 기회가 귀하며 앞서 이 일을 시험하던 선

진들은 대개가 무쌍한 희생을 우리 목전에 전개시키고 잇을 따름이다。그래서 남녀의 친근한 교제에 대하야 로인은 부인(否認)하고 청년은 의심하며 조롱한다。이처럼 그들의 태도가 흥특해진 것은 과연 지나간 실패자들의 연고이라 하겟다。저희 교제가 란탁되여 종말에는 자기자신을 멸망시키고 사회의 풍을 흐리게 하엿다。다시 말하면 저희 교제는 문란하고 란잡하여서 마츰내 무서운 죄악에 빠진것이다。

그러면 정당한 교제와 란잡한 행동을 어떠케 구별하며 무엇으로써 표준을 삼을가 이제 몃가지의 조건을 들어보자

一、남녀의 정당한 교제는 어떠한 한도가 잇어서 교제 전부가 그 한도안에 제한될것

二、피차에 위의를 잃치 말것

三、지나간 교제를 생각할 때에 자책할것이나 후회할점이 없도록 할것

四、교제 전체가 공명 정당하야 숨길것이 없도록 할것

五、교제가 一개인에게만 제한되지 말고 여러 사람에게 미치게 할것

물론 무엇이던지 귀중한것은 상하고 도적맛기 쉬운것과 같이 남녀의 교제도 이처럼 귀중하고 신성한이 만큼 실패되기 쉬운것인고로 한번 탈선되면 큰 일이다。곳 자기 자

신이 망하고 타인을 멸망시키는것을 보지 않느냐 마치 탄환 공장에서 일하는 직공이 폭발탄을 싸하둔 곡간으로 도라다니면서 여기 저기 석냥을 그어서 떠러트리면 그 결과가 어떠케 될가 석냥불이 폭발탄에 당거서 폭발되는 동시에 자기도 죽고 다른 사람의 생명도 무수히 끈흘것이다。인생에게는 성적 본능이 잠재하여 있음은 부인할수 없는 사실이라 이 본능을 잘 쓰면 조흔것이어니와 그러치 못하야 한번 잘못되면 인생이 금수로 변하고 만다。그런고로 남녀 교제는 반듯이 어떠한 제한을 두고 탈선치 안토록 주의하고 조심하여야 신성한 기분을 일치 안을터이다。이 성적 본능이 육체적 밀접한 접촉으로 만흔 자극을 받게 되여 한번 격렬한 자극을 받고 흥분되면 그 이상에는 이 본능을 용이히 억제하기 어려워 대개가 실패로 도라가고 만다。그런고로 교제 중에 "혹은 려행중에 남녀가 피차 서로 육체의 접촉편을 극히 피함이 필요한것이다。무릇 교제는 육체적이 안이라 정신적이오 사업적이며 가치 놀기만 함이 안이라 가치 생각하고 협력하야 사업을 성취함에 있는것이다。

문란한 행동은 누구나 다 아는바와 같이 흔이 작란으로 부터 시작하야 정당한 교제에 이르지 못하고 실패하는 그것이다。거기에는 교제의 표준이 없고 사업적인것 보다

감정적이며 사상적인것 보다 육체적인것이다。이러한 교제는 장구치 못하고 그 애정은 갈지 못하야 갑에게서 을에게로、을에게서 병에게로、전전 유랑하야 설혹 정당한 혼인을 한다 할지라도 이전 란잡한 교제를 반복하는데 지나지 못함으로 부부간에라도 별 사랑을 주고 받을수 없이 되여 마츰내 성적 생활의 전부를 파멸시키고 마는 동시에 저희 생활의 전체가 파선을 당하고 마니 이안이 두렵지안으랴。

제四장 약혼과 결혼의 정로(正路)

1、약혼까지의 경로(經路)

「련애」(戀愛) 이 말은 청년 남녀들 사이에 퍼으나 흔히 들리는 말이다。너무 흔함으로 「련애」라고 하면 보통 타락되고 란잡한 교제를 의미하는것 같이 들린다。그러나 기실은 남녀사이에 자연적으로 솟아나는 신성하고 미묘한 사랑을 뜻함이다。이같은 사랑이야말로 결혼의 토대요 행복된 생활의 근원이다。 이것이 부순 리기주의의 만족을 바란다거나 련애련애 하면서도 기실은 진정하고 그윽한 내부에 까지 드러가지 못하고 한갓 외부적 미(美)에 취하거나 그 상대자의 위인보다도 련애 자체에 취해버리는 것과는 달

은것이다。이러케 외부적 사랑만에 방황하는자ㅣ스사로 속아서 거연히 약혼에 들어가고 따라서 결혼까지 하게 되자 저희 련애란것은 별안간 파선을 당하게 되는 일이 잇다。대저 녀자의 미이란 결혼 후에 여러가지 티우 밑에서 아침 이슬같이 사라지고 허무하게도 없어지는 일이 잇다。그러하야 련애 자체는 시일의 감을 따라서 점점 랭각되여 마층내 결혼생활은 전자에 상상도 할수 없는 고통 속에 깊이깊이 잠기고 만다。세상에 이같은 부부의 수가 그 얼마인가。

그러나 진정한 련애의 경로는 과연 어떠한가 인생에게는 성적 본능이 잇는이 만큼 남녀의 련애가 잇음으로 말미암아 그 생활은 ㅣ층 빛나고 가치잇으며 고귀하고 신비하여지는것이다。어떤 남성이 녀성을 맛날 때에 마치 양(陽) 전기가 음(陰) 전기와 부딧칠 때와 같아서 그들의 심경은 격렬히 고동되고 전신의 피는 활발히 뛰는 동시에 저희 심지와 의지가 잘 조화되면 남 몰으는 진기한 정신이 새로워지고 이상이 솟아나며 저들의 결속은 더욱더욱 강하여진다。그러하야 그들 사이에는 추호만한 비밀도 없어라 하고 피차에 자기 자신、가족、밋 그 친지들의 이야기 까지도 하기에 시간 가는줄을 몰은다。이같이 하야 쌍방에 친애가 굳으니자 그들의 사랑은 육체를 초월하야 정신적으로、사업적으로 신비하고 심오하게、영구하고 든든하게 결합되는것이다。이것이 단지 이 두 사람에게 잇어서 저희 두 사이에만 한할뿐으로서 아주 신성하고 고결한것이다。그러하야 저희 결합된 사상과 생활 전체가 그 가정을 비롯하야 사회、국가、전 세계에까지 은혜와 구원을 가져오며 하나님의 기뻐하시는바 되는것이니 이야말로 참 아름답고 귀한 결합이라 하겟다。

이같은 사랑이 혹은 보통 교제에서 혹은 초면에라도 돌연히 불길 이러나듯 하는것이다。피차에 이러한 사랑을 느낄 때에 약혼이라는 사회적 의식에 들어가는것이다。이 약혼기 중에는 과연 그 애정이 ㅣ생을 통하야 계속될것인가 안인가를 시험하는것이다。그런고로 이 시기에는 전보다 좀더 랭정한 두뇌를 가지고 그 사랑의 질 을 조사하며 그 중량을 저울질하여보아야 할터이다。그래서 이 시기에는 신경이 과민되기 쉬운즉 약혼기를 너무 오래 연장시키지 안는것이 조타 쌍방이 다 결혼을 승인한 이상에는 가급적 속히 성혼하야 이 시기에 이러날 가능성이 잇는 여러가지 시험과 위험을 피함이 조흘줄로 안다。

二、약혼기에 이러나는 사항

약혼기가 연장됨에 따라서 이러나기 쉬운 위험과 사항이란 무엇인가 이제 그 두어가지의 례를 들어보자。

一、쌍방의 신경이 극히 긴장되여 지극히 신기한 취미를 느끼는 동시에 근심을 면치 못하며 서리는 불안 상태에 들어가기 쉽다。

二、먼 거리를 격하야 잇는 경우에는 불길한 풍설이 그들의 마음을 흔들어 무의한 근심을 이르키게 하는 위험이 종종 잇다。

三、도덕적 실패가 잇기 쉬운것이다。약혼 전에는 힘껏 감정을 억제하고 비판적 태도로써 상대자의 인격을 검사하는데 진력하나 약혼 후에는 그들의 사랑은 이미 결정적인이 만큼 서로 은휘할것 없이 모든것을 허락하기 쉽게 된다。저들의 맛나는 기회는 더욱 잦어지며 따라서 육체적 접촉도 전보다 一층 자유롭게 되려는 동시에 보호자와 사회의 날카롭던 비판적 시선도 약혼을 구실삼아서 훨신 무간섭적 태도로 도라가게 된다。그리하야 그들은 아주 마음노코 자유스럽게 행동을 취하게 되

는 가운데 이 젊은이들은 현재를 즐기며 장래를 꿈꾸면서 시간이 갈스록 육체의 결합까지라도 원하는 지경에 이른다。사회적 의식이나 시대적 풍속을 저주하며 혹은 의심하다가 마즘내는「사랑이 잇는 범위안에서 쌍방이 즐거 허락하는데 육체의 결합이 잇기로서 도덕에 위반될것이 무엇이랴 현대의 도덕적 표준은 반듯이 뜯어 고치지 안이하면 안된다。의식이란 속박을 가져올뿐이오 유익은 추호도 없다」웨치며 그들은 결혼 전이지만 부부의 생활을 감히 시작하게된다。완전한 결혼이 성립된 부부사이에도 리혼의 비운을 지어내는 일이 잇거든 이러케 구합(苟合)된 남녀의 사이가 그러케 조흔할 법이 없다。이러한 사정으로 말미암아 현하 남녀 학생간에 생기는 풍기 문란、아비의 얼굴을 아지못하는 어린것을 품에 안고 부모에게 내여쫓기며 친지들에게 조소를 당하며 갈 곳을 아지못하고 길에서 헤매는 젊은 녀성들、一생을 두고 사생아(私生兒)된 멸시와 천대를 받는 남녀들은 다 이러한 생활의 결과가 안이인가 이러한것들은 과연 불합리한 사회제도에 압박된 영향뿐이냐、이러한 육체의 구합이 현 사회제도를 떠나면 과연 신성할것이냐、여기서 좌우로 치우치지 말고 랭정한 두뇌로 정확한 판단을 나릴 필요가 잇다고 생각한

다.

1、결혼 전에 성교의 경험을 가진자들의 자백을 듣건대 그들의 느낌은 시작한 자가 음식을 배불리 먹은 후에 느낌과는 같은 모양이다. 성교가 끝나자 후회와 공포와 자기 자신에 대한 반항과 자책의 염증을 당하야 정신적으로 괴로우나 복잡한 중에서 헤매게 된다 하고 어떤 경우에는 종말에 실신되거나 혹은 이 고통을 못 이겨서 자살하는일까지도 있다고 한다.

2、남녀를 물론하고 정조라는것은 도덕상 생명과 같이 귀중한것이다. 결혼을 앞에 둔 청년 남녀들은 그 목전에 여러가지 유혹과 시험이 잠재하여 있음에도 불구하고 이 보화를 깊이깊이 간직하고 보호하였다가 그 一생을 부탁하는 짝에게 서로 주고 받음은 결혼의 제一 큰 선물이 아니고 무엇이랴. 결혼식이란것은 단순한 사회적 의식인 동시에 결혼생활 전체에 대하야 막대한 권위와 세력을 가지고 있다. 결혼식은 정신적、육체적 결합을 시인하는 동시에 경제적으로 피차에 한번 더 얽어매는것이다. 만일 경제적 합치가 결핍된 결혼 생활이면 이는 완전한 결혼생활이라할수 없다. 그런고로 여러가지 조건이 가추어진 훌륭한 모대를 세운 결혼식이 있은후에 이만큼 귀중한 선물을 주고 받음이 마땅하고 안전하다고 생각한다.

3、이같은 서약을 맺은자들 사이에도 그 애정이 차고 더울 때를 경험하게 됨은 사실인데 차질 때라고 경솔히 이혼하지 않는것은 혼인의 계약이 사회적으로、법률적으로 이미 굳게 성립되었음이다. 만일 그러치 않다하면 개인적 명예와 사회적 영향에 만흔 해독을 끼칠것이니 만번 그러할것이오 一조一석에 결단치 못할것이다. 그러하면 참고 견디는 동안에 사랑의 불길은 다시 이러나기 시작하야 즐거운 부부의 생활을 계속하게 되는것이다. 그런고로 이 결혼식이라는 사회적 의식이 이 의식을 치른 부부들로 하여금 한평생 결혼생활을 계속케하는 능력을 가진것이며 경제적으로도 역시 같은 힘을 가지고 결혼 생활을 어거하여 가는것이다.

4、아모리 귀한 물건이라도 정당하게 주어야 받는자로 하여금 그윽한 기쁨을 느끼게 하는것이다. 물질적 선물도 그러하거든 도덕적 사물에 대해서야 다시 말할바 무엇이랴 이같이 귀한것을 왜 그처럼 남용하야 자기와 및 그 상대자의

랑심에 가책을 주며 사회를 문란케 할가。

5、사생아는 곧 결혼전에 된 성교의 결과이니 죄의서는 결정하야 사생아라는 생태를 사회에 제공하는것이다。그 아희、부모、사회가 다 저를 인하야 고통을 당한다。그중에도 제一 만히 받는자는 아희이오 그다음은 어미이다。사생아를 나흔 녀자는 사회적 지위를 전부 일코 사회에서 아주 매장을 당하고 만다。부모에게 박대를 받으며 친지들에게 조롱거리가 될뿐더러 그를 억지로 이같은 곤경에 몰아너흔 그 남자까지도 그를 능멸하며 학대한다。그의 육체 생장은 아직 멀며 행위는 여전히 순결하지만 그의 산것은 육신뿐이오 령이나 정신은 안이다。

이러한 사건중에 한가지 불공을 느끼는것은 이 일을 공모하고 강박한 남자가 녀자에 비하야 사회적으로 별 영향을 받지 안이하는 동시에 그 량심조차 별달은 고통을 느끼지 안이하는 모양이다。여기 대해서는 현 사회제도가 절대로 틀닌것을 말하는 선언한다。죄를 가치 범하얏으면 같은 처벌을 당함이 당연치 안이한가 사회제도가 그 아모런 저를 옹호한다고 어제 조물주의 앞에서도 면하기를 바라고 태연히 범죄의길로 거름하고 잇을소냐。

전자에도 이미 말하엿거니와 제一 큰 희생자는 아희이다。그 어미는 지은 죄가 잇어서 그 값을 받거니와 아희는 죄를 하지못하는 애매한 희생물이다。공포중에 싸힌 모태에서 九개월간 자란후 절망과 비애의 가슴에서 발육한 그는 발서 정신적으로 눌님을 받고 신경의 과격한 자극으로 인하야 그의 신경은 예민하여지고 정신은 침울하여짐으로 저희 같은 어린이를 멸시하고 랭대하는 사회를 향하여서는 발서부터 비렬감(卑劣感)을 가지게 된다。그럼으로 그는 이 장애 가리 만흔 사회에 드러갈 때에 극히 비겁하야 용진하는 용기가 부족하며 그 침울에 싸힌 두뇌는 간간 번민에 빠저서 정신병으로 신음케 되기도 한다。

각색 구설(口舌)을 느려노흐면서 이 무추한 행동을 감행하는 청년 남녀들이여 리론을 느려노키전에、또는 추행의 길에 드러가기 전에 정신을 가다듬어 그대들과 그대들의 애지중지하는 자녀들의 장래를 먼저 깊이 생각한 후에 결혼에 드러가라。

6、남녀교제는 지중한것이며 따라서 반듯이 잇어야할 필요를 불으짖기는 하면서도 아직 실지로 그 정로에 드러간길이 열니지 안이함은 무슨 연고인지 아느냐 사회의 완고한 인습과 구습을 비난하며 리해가 없고 동정이 부족함을 원망하면서 그 속박의 줄을 끈치 못하야 음부림 치며 불으짖지만은 그녀들을 얽매인줄 가운데 가장 강한것은 현하 청년 남녀들이 감행하는 결혼전 성교 그것인줄을 어케 아지 못하느냐 그 문란한 행동은 청년계 전체를 속박하야 그들의 원만한 성적 성장을 막는것이다。그럼으로 먼저는 자기를 위하야、또는 후진 청년계를 위하야 정식 결혼식이 잇기 전에는 성욕을 억제하고 그대의 행동을 조심하라 그러하면 그대의 소유한바 고상한 인격을 인하야 사회의 대우를 받으며 맑은 량심과 활발한 정신으로써 즐거운 결혼생활에 드러가며 귀중한 자손에게 참된 유업을 상속시킬수 잇을것이다。

7、이상 여섯가지 조건에 다 들넘이 없다 할지라도 또 한가지의 모순되는 리유가 잇다。만일 남녀가 진정한 사랑을 주고 받는 한도 안에서는 성교가 정당한것이라고 인정하는 경우에는 약혼되지 안이한 남녀들도「약혼은 의시 형식에 지나지 안는것이라」는 구실로 약혼전에도 자유로 그같은 행동을 취하게 될것이며 따라서 참 사랑이 없는이들 사이에도 성욕만 발동되면 금수의 행동을 취하게 될터이다。

만일 인간의 행동이 이만큼 되고보면 참된 부부를 어데서 찾으며 가정의 신성이 어데 잇을가 동시에 사람이 금생보다 나은 점이 무엇이며 그 결과로 생기는 자녀 교양 문제는 어떠케 처리하려는가 이 모든 문제를 도외시(度外視)하고 단지 성욕만을 만족시킨다는 경우에는 인류사회와 및 도덕적 사명은 一조에 다 문허지고 말것이다。

인생이 금수보다 나은 점은 곧 그 배우자를 선택함에 잇다。성욕의 강함은 금수에 지지안이하나 그 내부적 발동을 능히 제어하며 외부적 자극을 능히 물니치가면서 진정으로 사랑할만한자를、또는 一생을 통하야 고와 락을 가치 할만한자를 맞날때까지는 정조를 신성하게 완전히 보관하였다가 순결하고 지극한 사랑의 표로 피차가 즐거 서로 바치는것이야말로 과연 신성하고 고상한것이다。이것이 곧 달은 모든 동물을 초월하야 인생이 만물의 령장다운 점이라

하겠다。

三、결혼의 정로

이상에 말한바와 같은 여러가지 폐해가 있은즉 이에 대하야 결혼예식은 마땅히 있어야 할것이오 결코 쓸데없는 의식만이 아니다。그리고 한거름 더 나아가서 현금에 실시되고 있는 의식을 더욱 법률적으로 확고하게 하야 결혼생활을 보존하는데 큰 위력이 되게 하기를 바란다。「예수」교회 혼례 규정에 의하면(조선 예수교 장로회 혼례 조례四、五)

四、주례의 청구를 받을때에는 주례자가 반드시 량방의 민적등본과 그 당회 보증서를 받아서 조사하야 확실무의한 후에 례식을 거행할것

五、가취에 대한 혼인증서는 행례하는 그날에 정당히 수속할것이니 주혼자와 당자와 주례자가 서명 날인하야 신랑 신부가 각각 一통식 영구보존하야 확실한 증명이 되게할것

이러케 말하엿다。그러나 그 외에도 한가지 더 요구가 되는것은 주례자가 반드시 결혼 신고를 요구할것이다。그런즉 신랑측에서는 결혼식장에 나가기전에 결혼신고를 준비하엿다가 혼례식이 끝나자 곧 그 결혼신고를 정부에 제출케하야 모든 법률상 장애나 위험을 면케함이 필요하다고 인정한다。그러면 주례자는 결혼신고의 제출을 친히 보기전에는 이 결혼에 대한 자기의 책임이 끝나지 안이하엿음을 자각하고 끝까지 그 책임을 시행할 의무가 잇다고 생각한다。그러나 이 결혼신고의 필요를 인정하는 주례자들도 이같은 전례가 없엇던이 만큼 이제 이같은것까지 혼로 솔선하야 요구하는 그 용긔가 피으나 곤난할터이다。어떤 주례자의 말이 설사 이것을 요구한다 할지라도 이것은 한갓 개인으로 그러라는 말을 드를것뿐이라 한다。그런즉 이 모든 경애를 아주 없이하려면 이 조건을 총회나 기타 치리회에서 충분히 토의한 후에 一정한 규례를 작정하여야 용이히 실행될줄 안다。이러케만 되면 결혼식의 권위는 확정하야 후일에 생기는 여러가지 복잡한 문제를 소멸시킬수 잇을것이다。

사람은 감정적 생존물임으로 오날 뜨겁던 사랑이 래일 식지기 쉽고 지금 약속한것을 멀지안은 장래에 위반하기 쉬운것이다。그럼으로 부부의 관계를 맺어 장차 가정을 이루려할 때에는 부모의 감독을 받아서 냉정한 두뇌를 가지고 정당한 방법으로 교제하야

자기의 짝이 원만한 위인, 정례에 그 자녀의모범이 될만한 자격을 가진자, 자기의 마음 전부를 기우려 사랑할만한 인격자를 택할것이다。그리고 약혼과 결혼의 례식을 순차로 지나서 사회적으로 또는 법률적으로 그 사랑의 결합을 더욱 공고케 한후에 부부생활에 들어갈것이다。그러한 청년 남녀들이야만로 귀하고 아름답다。그들의 원대한 압길을 위하야 복을 비는 기도의 음성이 반듯이 四방에서 울니리니 이것이 곳 인간 대사이며 행복의 기초이다。

제五장 불행한 결혼 생활

이 불행한 결혼 생활이야 우리『조선』에서 처럼 불행한 결혼생활 밑에서 헤매이는 남녀가 만흔 나라는 없을가 한다。특별히 이 과도기를 당한 현대 모든 가정중에 구 가정은 구 가정이니까, 신 가정은 신 가정이니까 이런 리유, 저런 리유로 고통의 결혼 생활을 면치 못하고 잇다。그리고 혹은 리혼이라는 얄굿은 운명 아래서 그 여생을 한숨과 눈물로 보내는 녀성의 수가 그 얼마이나『조선』가정생활의 다수야말로 참으로 고해와 갓다。이제 그 불행의 원인을 몃가지 생각하여 보자。

一、조혼(早婚)

조혼 이것은 우리『조선』에 잇어서 몃천년을 두고 나려오는 폐풍으로서 중류이상 가정에서 류행되여.온것이다。아들이 十二、四세쯤 되면 한번도 면회치 못한 四、五세 이나 六、七세 맛이되는 녀자와 결혼을 시켜서 소위 며누리보는 자미를 좃기게 된다。그리하야 부부의 관계보다도 시집살이를 더 중히 녁이는 신부는 一심 정력을 다하야 자부로서의 의무를 완성하려고 한다。세월이 흘음을 따라서 남자는 안해를 열만한 년령이 되여 학식도 진취하엿는데 안해는 벌서 이우러지고 그저 무식하야 남편이 보기에 자기의 짝될만한 녀자가 안인줄로 알게 된다。그뿐 안이라 다년간 집을 떠나 외국으로 유학을 갓섯슬것 같으면 남편이 성공하여 가지고 금의환향하기를 기다리던 안해는 시집살이에 문쳐서 쇠약한 육체와 벌서 주름살이 잡히기 시작한 얼굴로 그래도 남편이 도라온다는 소리에 그 심장의 고동은 빨나지고 가슴은 울렁거린다。그러나 가정이 구식인이 만큼 문압까지도 마주 나아가지 못하고 어른들이 어렵고 남편이 부끄러워서 하녀처럼 부억에서 음식 준비에 골몰할 따름이다。이러한 처지에서 학식잇고 젊은 남편을 대할때에는 그만 벙어리가 되고 마니 그 남편은 자기 리상대로 그림그리던 안해와는 너무도 달음에 놀나서 한번 더 처다볼 생각조차 없어지는 동시에 그 안해가 정성스럽게 만든 의복이나 음식까지도 염증이 나서 그 행세가 날로 심할 따름이다。그리하야 집안에만 드러오면 화풀이만 하게 되니 이제는 외짝 사랑으로 그 남편의 도라올 날을 손곱아 기다리던 그정성도 다 쓸데 없고 오직 한숨과 눈물만으로 벗을 삼을뿐이다。

그리자 리혼문제가 정면에 화제가 되여 나온다。남자편에서는 리혼수속만 끝나면 시원하게도 대신 드리설 사람이 대령하여 잇어서 어서 자미잇는 가정을 이루리라고 달콤한 장래를 꿈꾸고 잇으나 안해는 리혼을 당하는 그날로 부터 세상의 웃음 꺼리가 되고 사회에는 타락자가 되여 끝은 배와 쓰린 가슴을 움켜쥐고 세상을 저주하면서 영원의길을 떠남이 그의 신산한 시집살이의 공을 싸흔 유일한 결과이다。세상 인심의 사악이라고 할넌지 사회 제도의 영향이라고 할넌지 몰으나 이같은일이 계속되는 한도에서는 공평도 없고 정의도 없으며 진리도 없고 도덕도 없는것이다。아모리 무식한들 위 감각조차 없으며 원한조차 없으랴 피차 숭남이 많이 이와 같이 강박으로 되는 리혼

은 쌍방이 다 불행하려니와 특히 녀자측에는 사회적으로 정신적으로 경제적으로 그를 죽이는 사형선고와 같은것이다。그런즉 자기의 짝을 죽이고 남은 자기만이 어찌 맑은 양심을 가지고 즐거운 생활을 할수가 잇으랴。

혹시 리혼치 안는다면 남편이 대개 소실을 두게 된다。모든 권리는 소실에게로 옴기고 정처는 뒤스방 마님에 지나지안이하야 츠괴한 세월을 보내게 된다。이러한 부부에 대하야 쌍방에 다 동정할만한것은 그들 자신의 죄라는것보다 무의식한 인습과 풍속에 희생이 된자들이기 때문이다。그러나 이같은 역경에 처한 남녀들에게 한 마듸 전하고 싶은 말이 잇다。즉 말하자면 영웅은 역경을 당하지 안코는 나타나지 못한다。그럼으로 역경이란 쓰고 어려운것인 동시에 인격 수양을 시험할수 잇는 조흔 기회이다。

조혼의 설폐는 그만큼 말하엿지만 이에 대한 구제의 도리는 무엇일가 흔히 말하기를 학문이 없음으로 리해가 없어서 살수없다 한다。그러나 이 리해라고 하는것은 결코 학식으로만 얻는것이 안이니 동정과 사랑만 잇으면 피차에 리해가 잇을것이다。저 무식하고 늙엇다는 안해는 과연 공로자가 안이냐 자기가 공부를 위하야 그 부모를 떠낫을때에 그 안해는 자기를 대신하야 그 부모를 섬기고 공양한자가 안이며 또는 그의 소생

자녀들의 어진어미가 안이엿던가 그 아모리 학문이 놉다 한들 부모와 자식을 모르는 자이라면 어찌 인간이라 칭할수 잇으랴 학문이 잇다 하고라도 실지 생활을 더 행상시킴에 하등의 효력이 없다면 오히려 없음이 낫지 안이할가 한다。사람으로서 이같은 공부자의 공을 모른것 같으면 어찌 학자이라 칭할수 잇으랴 감옥에 시들어 말나가는 장미를 아주 빨아버리지 말고 물주고 북도드며 보호하야 길너서 꽃피기를 기다리면 반듯이 좋거운날이 도라올것이다。

그리고 이러한 경우에 잇는 녀자들은 一층 더 용기를 가지고 나아가야 하겟다。남자는 녀자와 같지 안어서 특별한 시험거리가 만흠을 동정하야 남편을 그런 시험에서 건지도록 노력하여야 하겟다。가정의 화목은 녀자의 태도여하에 달닌것이다。학문이 없다고、변명이 좀 만타고 락심하지 말고 힘쓰면 참다운 책이 못될것이 안이다。우리의 풍속과 례절중에는 너무도 소극적이오 모순되는것이 만타。사부의 집에서는 시하에 잇는 부부들이 그 부모앞에서 자유롭게 담화를 하거나 남편이 출입할때에 안해가 전송하며 맞이함은 다 례답지 못하게 녁이며 더욱 그 남편앞에서 애교를 부림과 같은것은 창기의 행동으로 지목한다。이것은 二十세기에 잇어서 결코 승인할수 없는 소극적 도

덕이다。자기 남편 앞에서 사랑을 발표함이 무슨 거리낄 점이 잇으랴 창기의 비천함은 애교를 부리는데 잇는것이 안이라 다만 아모에게나 함부로 애교를 부리고 사랑을 주어서 돈을 받고 파는 때문이다。사람이 너무 의식을 위하야 위엄을 가장하는데 상습이 될것같으면 그만 표정이 없어지고 따라서 무감각한 사람이 되고 마는것인데 남자들은 이것을 극히 실허한다。그러하야 공부한 녀자、신식 녀자들은 리해가 잇고 구식 녀자들은 리해가 없어서 답답하다 함은 다 이것을 말하는것이다。남편이 반갑거든 반가운 뜻을 발표하며 떠나는것이 섭섭하거든 그러한 생각을 거침없이 풍함이 어떠할가。

또 한가지 주의할것은 살님하는 녀성들은 남성보다 훨신 더 쉽게 늙기도 하거니와 늙은것과 같이 보이는 경우가 많은것이다。녀자의 혼인한 목적은 일만 잘하는데 잇지 안코 그 남편의 뜻을 받으며 부부간의 사랑을 더욱 깊게하야 저희 생활을 근본적으로 개척하는데 잇는것이다。행복한 가정을 이루는데 잇어서 근면도 없지 못할것이나 몸이 너무 곤하도록 일만 계속하지 말고 일할때에는 부지런히 하되 쉬일 시간은 조금식이라도 잇어야 하겟다。그렇지 안으면 자연히 몸을 단장할 시간이 없어서 아주 버리운 몸을 사람이 얼는 볼 때에 몇 살이나 더 많아 보일것은 사실일것이다。살님하는 녀자나

런 몸을 단정하게 함은 신념에 개성이 없는 탁상공론이라 하겠으나 조금만 더 구체적 생활을 하게되면 할수있을것이다。 사람은 습관의 동물이라 이것도 얼마 동안을 계속하면 습관이 되어서 쉽게 몸을 단정하면서 신념은 그대로 정돈시킬수 있을것이다。

또 한가지 조혼의 구폐가 될것은 사교에 대하여서이다。 一반적으로 보면 구식 녀자가 시부모 공경에는 신식 녀자보다 앞서니까 이 점에 대해서는 축하할만한 일이다。 그러나 사교에 드러가서는 신식 녀자만 못할것이다。 그러나 이점에도 용기만 있으면 떠러질 까닭이 없을것이다。 결코 퇴축하는 생각을 가지지 말고 힘쓰면 속에 있는 재조가 다 활용됨으로 성공이 목전에 있을것이다。 될수 있는대로 신문이나 잡지같은것을 널니 보고 강연회에도 출석하야 학교에서 얻지못한 상식을 싸하가며 용진하라 그러하면 어떠한 경우에 있어서는 공부한 녀자보다 나을수도 있다。 그리고 교제의 一부분인 연회나 만찬회에 숙달하기는 오히려 신식 녀자들보다 우승할것이다。 필자가 어떤 가정을 방문할때에 그 주인이 말하기를「나는 우리 안해가 공부는 없어도 학교졸업생보다 더 만족하게 녁입니다。 상식이나 교제나 기타 모든 방면에 신식녀자들보다 나은점이 있으면 있었지 못한것은 없으니까요」하였다。 그는 一류 은행가로서 교제가 번다

한집에 주부가 되여 가정부인중에 출중한 녀성이다。 그런고로 그는 그남편의 사랑과 존경과 신뢰를 겸하야 가진 행복스러운 안해이였다。 과연 우리는 운명의 지배를 받는자가 되지 말고 도로혀 운명을 지배하는자가 되자 그러하야 역경을 당할지라도 용기에 용기를 더하고 노력에 노력을 가하야 운명의 개척자가 되자 행복은 우리를 기다린다。

二、결혼후 중도의 불화

상당한 교육을 받은 남녀가 서로 사랑을 토대삼고 빛나는 리상 아래서 가정을 이루어 단란의 생활을 즐기기가 몇해이나 혹 몇달이 못되여서 환승과 원성으로 시작되여 종말에 리혼 소송의 사건이 법률 기관에 까지 나타나게 되는것이 상사이다。「손뼉도 마조쳐야 소리가 난다」는 속담과 같이 이같은 경우에 있어서는 필연코 피차간에 량해와 동정이 부족한 리유가 안일가 한다。

一、책임 분담만의 리유——一단 혼인한 녀자의 책임은 가무(家務)를 관리하야 이를 순조로 운전시킴에 있다。 그러하야 의、식、주로 부터 부모를 효양하며 남편의 참다운 친구가 되고 자녀를 교양하며 집 사람을 감독하며 지도하야 선량한 가풍을 이

우고 교제에 민활하야 내외의 관계를 원만케함에 잇다。교육을 받지 못한 녀자들
이 이러한 일을 미처 감당치 못하는 경이 잇음으로 청년들은 신 녀성을 요구하는
바이다。그러나 학교 교육을 받은 소위 신 녀성들이 결혼한 후에 그 임무에 대한
그들의 능률을 볼것같으면 기실은 추상과 판이할 때가 괴으나 만타。사실 우리의
살님살이의 제도는 과학적 설비를 가추지 못함으로 괴으나 불편하고도 불경하야
육체적 로력을 분도외에 요구하게 된다。그리하야 학교 출신인 새 주부는 가사에
대한 리론에는 만점을 받앗섯으나 실지에 드러가서는 아주 생소함에 가족들은 물
론이오 자기까지도 놀나지 안이할수 업게된다。이러케 교양과 실행이 그들 위협할
때에 그 남편만은 동정을 가지고 리해하며 장려해 주어야 할터인데 만일 그가 다
른 식구들로 더불어 그 안해의 무능함을 책하며 구박하기 시작한다。가정은 사랑의
보금자리요 락원인줄로만 그림그렷던 그는 고단한 몸에 희망의 불은 꺼지게 되자
리혼을 불으짓는것이 안인가 그러나 여기서 조곰만 더 참고 힘써 연습하는 중에서
동정과 리해가 적히 생기면 그 가정은 아주 문허지지 안이하련만은……………

二、로력에 대한 태도—근면은 우리의 활로를 개척하는데 잇어서 업지 못할 방도
이다。그리하야 로동의 신성을 불으짓는다。그러나 이러케 주장하면 남녀들도 결
혼한 후에 자기의 손으로 밥을 짓고 거름을 주거나 앞 치마를 들으고 빨짓고 길
네질을 하며 해비를 들고 들로 나아가기를 즐기는자가 만치 안을것이다。아무 녀
고보출신이 김을 맨다거나 아무 전문 학교 출신인 안해를「그리케 대우하다니」하
야 그처경에서 불평을 품는것은 괴사로운 일이다。물론 하지 안던 힘든 육체적 로
동은 감당하기 어려울것이다。그러나 그것을 한다고 그 몸이 천해지거나 인격이 떠
러질 리유는 업다。다만 그 손가락 마듸가 굵어지며 손바닥에 못이 박혀갈스록 그
손의 가치는 올나가며 그의 인격은 점점 향상된다。이는 로동이 항상 신한 생산을
뜻함이다。부부가 다 부조런히 일하는 정안에는 극도의 빈한이나 불화가 감히 침
입하지 못함은 우리가 매일 보는 일이 안인가。

그러나 만일에도 결혼할 때에 다만 편하고 즐기운 생활만을 목적햇던 청년들은
그 신 생활이 그들의 리상과 정반대됨을 발견하자 곧 그 힘든 생활에서 벗어날 길
을 찾기 시작케 된다。이같은 태도를 취하는 녀자들은 일을 배우려고도 안이하고
하려고 힘쓰지도 안이한다。그리고 리혼만 하면 벗수가 잇을줄 아나 기실은 그와

정반대로 리혼한 녀자들은 깨여진 그릇이나 달음이 없어지고 만다。사실 집(좋)없는 사람처럼 고독한자가 어데잇으랴 리혼된 그들은 쓰라린 눈물을 흘니며 후회하야 다시 본 남편에게로 도라가려하나 벌서 달은 사람과 결혼하여 단란한 가정을 이룬 후에야 어찌하랴 기회가 한번 가고 다시 오지 안이함을 너무 원망하지 말나

三、고부간에 불화

시 부모와 뜻이 맞이 안이하야 불화한 가정도 소수는 안이다。이에 대하여는 조혼의 폐편과 상당한 신진 청년 결혼의 경우이다。첫재로 말하면 十四、五세의 아희를 며누리로 다려다가 어른도 감당하기 어려운 모든 고역을 그 어깨에 지운다。성장기(成長期)에 잇는 그에게는 본 책 제一장에서 말한바 신체적 또는 정신적 모든 주의가 필요하것만 감없이 다려온 종의 상태인 그는 밤에 단 잠을 일우지 못하고 낫에 섬신간 로력이 심하니 자연히 그의 행동에 실수없기를 바랄수 없을것이다。게다가 이같은 며누리를 거느린 시모는 흔히 년령이 四、五十세쯤 되니 이때는 곧 생리적으로나 심리적으로 심한 변동이 생기기 쉬운 시기이다。이러한 시기에 잇는 시모가 사춘기에 나타나는

모든 정상의 주인공인 며누리를 어여삐 보며 그의 모든 실수를 포용(包容)하기 어려울 것은 사실이다。따라서 고부간에 말할수없는 충돌이 생기게 된것이라고 추측할수 잇다。

그리고 둘재로 학교 공부를 마치고 혼인한 녀성들은 대개 사춘기를 지낫으며 그 시모—역시 년령이 좀더 높아서 심리적 안정기에 이르렀으니 평편은 달을수밖에 없다。그리하야 흑시 며누리로서 시모를 괄대하는 일도 더러 잇으니 이는 아주 불가한 일이다。사실 시모로서는 남의 귀하게 길은 딸을 며누리라는 명칭으로 나의 자식을 삼는 재미야말로 형언키 어려운 일일것이다。그 귀중하고 사랑스러움은 친딸 보다도 더하다 할도리인은 안일줄 안다。그런즉 시모나 시누이는 아예부터 무서운 사람은 안이다。그들이 사랑과 만흔 기대를 가지고 새 사람을 대한것은 사실인즉 나의 사랑하는 남편을 나하길은 시모를 남편을 중히 넉이는 생각과 함께 먼저 존경함이 마땅한 일이다。

시부모를 섬기는데는 여러가지 례절이 없지 안이하나 성의(誠意)를 가지고 친부모를 대하듯하면 효(孝)의 길은 열리기 시작된다。이같이 一、二년간만 지나면 피차간에 사랑의 샘이 솟고 정이 들어서 시집살이가 그리 몹시 어려울것은 없다。만일 시부모를 뫼시는것이 극히 불편한 문제가 잇는 경우에 량친(兩親)이 가출것갈으면 경제가 허락하

는 한도내에서 분가하여 좀더 단순한 가정을 이룸이 쌍방에 다 유익하나 부모중 한분만 계신 경우에는 홀로되신 어머니나 아버지를 반듯이 정성껏 뫼서 외로운 여생을 편히 즐겁게함은 자식의 도리이다。인생은 감정적 동물이라 범사가 리론과는 판이한 형편이 적지 안이함은 사실이나 이것을 인내하고 인내하는중 인격이 도야되며 사람다운가치가 이같은데서 나타나게 되는것이다。

四、비법률적(非法律的) 혼인

불량한 남자의 유혹에 빠저 혼인하고 본즉 본처가 생겨나는것이다。이같은 녀자들의 신분을 로골적으로 말하면 자기가 뜻도하지 안이한 또한 자기 자신이 경멸하는「첩」의 지위이다。

당초에 혼인을 하기전에 결혼의 표준을 명백히 세울것이며 정당한 남자들 가운데 교제의 범위를 정하야 분수에 넘치는 재산、명예、학문같은것을 취하지 말것이다。녀자는 본시 허영심이 만타。허영을 따라가는 도중에는 반듯이 위험과 멸망이 잠복하고 잇다。필자가 이 글을 쓸 때에도 이같은 경우에서 헤매이는 젊은 녀자 一인을 면회한 사실이 잇다。그는 당년 二十七세의 녀성인데 모 녀자 고등 보통 학교 제三학년까지 수업한자로서 九년전에 시골 어떤 재산가의 자제와 결혼하엿는데 결혼시에 민적을 청구한즉 본 처는 리혼된것으로 민적이 되여잇음으로 안심하고 결혼하엿으나 결혼 후 몇달이 지나지 못하여 그 본처는 여전히 시가에서 시집살이에 골몰중이며 민적은 과연 위조된것으로 판명되고 따라서 시가에는 발도 드려노하보지 못하고 민적에는 올을수가 없는 사실을 발견한 때에는 일은 너무 늣엇다。그는 고통하고 후회하며 그 친정 부모들은 미친듯 뛰노나 이미 버린것은 녀자의 몸뿐이엇다。二、三년의 세월을 파란중에 지내는 가운데 그 남자는 다시「너 가고 십은데로 가라」는 말 한 마듸로 차버리고 말엇다。그는 억울한 가슴을 움켜쥐고 죽을 곳을 찾는 중에 친정은 극히 빈한함으로 부쳐잇을수도 없어 공장으로 드러가려하나 년령 초과로 그곳서도 받지 안이하니 아·아! 그앞길의 적막함을 누가 능히 추측할수 잇으랴 그는 아직 三十미만의 젊은 녀성이나 형언할수 없는 정신적 번민 고통과 육체의 주림으로 얼굴에는 벌서 주름살이 잡히고 몸은 파리하엿으며 그 얼굴에 표정은 극히 침울하다。내게 살 길을 구하러 왓으나 나에게는 그의 요구에 응할만한 능력이 없음을 깨다른 그는 파리한 등에 람루한 의복을 입고 한숨며 나의 문전에서 시들없이 사라지는 평상 참으로 보기 어려웠었다。나는 그를 동정하야 그가 과거를 회상하며 울 때 나도 같이 눈물을 흘렸다。따라서 그를 그 역경에서 건저주려고 몇 사람을 찾아보기도 하고 이곳 저곳에 전화까지 걸어보기도 하였으나 나의 무력함은 원망치 안이할수 없었다。사람이 한번 미끄러지기 시작하면 다시 바른길을 찾기가 퍽으나 어려운듯하다。그런즉 실수하기 전에 극히 주의하야 위험한 곳은 가까히도 하지 마는것이 상책이다。이 사람의 일로 두고볼지라도 이 녀자가 처음 교제할 때에 잘 아는 사람이 안이면 교제를 시작지 안이하였더면 이러한 불행은 없었을 것이며 또 혼인 문제가 생길 때에도 그 남자 한 사람만의 말을 듯는다거나 혹은 그가 제출한 민적만을 만족히 녁인것이 실책이다。결혼은 극히 귀하고 중하야 남녀간 평생에 한번만 할것으로 생각할것이며 그배우자는 一천만인중에 一인만을 택하는 표준을 세워 자못 신중히 진행하지 안이하면 실패되기 쉽다。경성서 시골 부자의 아들이 리혼했다는 말과 당자가 제출한 민적만을 보고 결혼식을 거행함은 과연 너무 경솔치 안이했는가。그곳에 가서 조사할 필요가 없을가。만일 한번 실수하야 법률에 위반된 결혼임을 알았으면 일시라도 더 지체할 필요는 없다。마음이 더 상하고 몸이 더 쇠하며 명예가 더 떠러지기 전에 속히 그 불량한 남자、나를 속인 남자를 떠나야겟다。정(情)을 못잇어서 하는나 이름을 너 주저할 필요는 없다。이같은 때에는 반듯이 현명한 두뇌로 좌우를 분명히 살핀 후 단호한 방침을 용맹스럽게 취함이 극히 필요하다。남의 사정을 도라보고 그 애원에 이끌녀 주저하지 말자 나를 구원할자는 나 자신밖에 없는것을 자각지 안으면 망한다。

五、언쟁(言爭)

말할때를 아는자는 누구를 물론하고 지혜잇는자이다。변론을 신경이 흥분될 때까지 계속함은 미련이오 말할 시기를 앎은 극한 지혜이다。대개 부부간에 언쟁으로 말하면 극히 사소한 일에서 시작된다。언쟁이 잣으면 정의가 엷어지며 사람은 감정적 동물이다。언쟁이 길어질 때에는 명예에 손상되는 일을 하기 쉽다。어떤 부부들은 언쟁끝에는 몇달식 말을 통하지 안이하고 혹은 서신으로 혹은 자녀들이나 고인(雇人)들을 통하야 가사를 의론하는 일도 있다。한 집응밑에 살면서 이와같이 마음에 담을 싸코 사는자들의 정신적 고통이 얼마나 심하며 따라서 그 신체에 미치는 영향과 가정은 위시하야 사회와 그 사업에 이르는 파급이 어떠하랴 한편에서 기분이 불쾌하야 불합리한 번론을 시작하거든 그후에 리해할수 잇을만한 기회를 기다려서 순리적으로 의론하야 될수잇는대로 적극적 결과에 이르게함이 마땅한 일이다。 남존 녀비(男尊女卑)의 폐습에 젓은 우리 가정에서는 교육잇는 안해를 둔자라도 단지 자기는「남자」인 연고로 안해를 누르려는 경향이 적지 안타。 그리하야 언쟁이 그치지 아니하는 가정도 잇다。 습관이나 풍속을 一조一석에 타파하는것은 쉬운 일이 아니나 이러한 불합리한 폐습을 우리 게급에서 솔선하야 없새지 아니하면 심히 위태한것이다。 이 과도기에 잇는 청년들은 이같은 점에 주의하야 그 안해되는 녀성을 적당히 대우할줄 알아야 겟다。

원인은 큰 일이엇던지 적은 일이엇던지 한번 언쟁이 시작된 후에 부부간에 화해를 방해함은 자존심(自尊心)이다。「자기가 먼저 빌지 안이하는데 내가 왜 먼저 말을 시작해」「내가 자기만 못한 점이 무엇이기에……」이런 여러가지 구실(口實)을 가지고 자존심이 발동한다。 가정에 불화가 너무 오래 계속되면 마귀가 틈타기 쉽다。 사랑하는 부부간에 자존심이 무슨 소용이랴。 기를 그다지 뽐내인들 그 인격이 높아질 리유도 없는것이 안이인가。 가정의 평화를 위하야 피차의 행복을 위하야 슬기잇게 말하며 말할 기회를 택하야 언쟁이 시작되지 안토록 주의할것이며 실수하야 언쟁이 잇은 연후에는 결코 자존심에게 기회를 주지 말것이다。

六、 피차 리해가 부족한것

가정의 남자를 칭하야 가장(家長)이라 한다。 이는 그 가정의 어른을 의미함이다。 가장이 사무실에서 집으로 도라올 때에 만일 의、식、주 간에 그 준비가 완전하지 못한 경우에는 고성(高聲)으로 집안을 흔드는 남자도 잇다。 그 안해의 변화성없는 집안 살림이 얼마나 힘드는것인줄을 리해치 못하고 녀자들은 집에서 놀기만 하는줄 아니까 만사가 순조로 진행되지 못할 때에는 그 안해를 구박하고 압제한다。 제一 동정을 얻을만한 쳑에게서 이같은 일을 당하는 안해의 고독함과 울분함이 어떠하랴。 녀자의 고생이 얼마나 심함을 깨닫게하는 방법은 곧 그 일을 도읍는것이다。 시간이 허락하는대로 애기가 울면 받오하는 대신에 보아주고 안해가 식사 준비에 분주할 때에는 집안 소제라도 도아주면 그 가정은 화락한 가정이 될터이다。

혹시는 안해의 성질이 조급하고 그 위인이 압도(壓倒)적이여서 특별한 원인없이 자녀를 치며 언성을 높이는 녀자도 있다。혼인 당초에 남편이 안해의 뜻을 너무 받아 주어서 소위 「버릇이」없어지면 이같은 안해가 흔히 되는것이다。이 경우를 당한 남편은 어떠한 희생을 해서던지 가정의 평화를 유지할 목적으로 되어가는 대로 양을 공하고 산다。이같은 남자들을 소위 「안해에게 쥐여서 산다」고 한다。부부간에 어느 편이던지 누구는 누르고 누구는 눌린다면 진정한 가정적 평화와 안락은 벌서 잃은것이다。피차 인격과 자유를 시인하야 존경하며 리해하는 부부가 사는 곳에서야만 가정의 진정한 가치를 발견할수 있는것이다。

七、경제에 관한 원인

보통 부부간에 이러나는 불행의 원인은 경제에 관한 사건이다。어떠한 정도의 교육과 상식이 있는 안해에게는 상당한 돈과 그 안해 자신의 용비를 정기적으로 주고 그 안해 개인의 용비 쓰는 일에 대하여서는 간섭지 말것이다。그 안해되는 녀자도 만일 혼인치 안이하엿으면 또한 시간의 여유가 잇엇으면 상당한 수입이 잇엇을것이 안이냐。이것을

시인하고 그만한 대우는 잇어야 하겟다。그러나 녀자측에서도 상당할 경비 一체를 맡앗으면 그 계획을 충실히 지키며 만사를 남편과 상의하야 호리라도 속김없이 하여야 날이 갈사록 신용을 얻을수 잇는것이다。

八、분주한 중에 소격하여짐

결혼 후에 자녀가 많아지며 가사가 복잡하여짐을 따라 남편을 가까히할 시간이 점점 주러간다。피곤한 몸을 끄을고 집으로 도라오나 기대하던 위안을 얻지 못한 남편은 심한 고적을 느낀다。그는 무한정하고 고독의 생활을 계속할수 없음인지 친구를 찾아 밖같으로(가정이외) 나아가며 혼자라도 오락을 구하게된다。세월이 흐름을 따라 부부간의 관계는 멀어지는 동시에 그 마음을 통치 안이하니 안해는 그 남편의 하는 사업이 어쩌되어가며 그의 마음에는 무엇이 작정하여잇는지 알 길조차 없으니 그 장래가 얼마나 위험하냐。결단코 등한시할바가 안이다。이같은 경우를 당한 이들은 반듯이 피차에 힘을써서 부부가 뜻과 정을 통할 시간을 만드러야겟다。남편은 집안에 드러오면 안해를 도웁고 안해는 남편의 사업까지라도 같이 토의하야 혼인 당시에 잇던 정신적 통일

을 회복하는 동시에 가정과 사업에 있어서 다 협력하여 나아가야겠다。남녀가 정신적으로나 육체적으로 다른이만큼 생각과 관찰이 서로 다름으로 남자가 의외에 좋은 의견을 내는것은 드문 일이 아니라 한다。

九、친구 교제

결혼 후에 살님살이를 시작하야 노흐면 그 혼인안한 친구들은 남자가 혼인하면 동성의 친구에게 대한 정의가 변동이 변한다는 구실(口實)로 자기네들의 사회에서 이 혼인한 친구를 제명시키고만다。그러나 혼인자는 결혼생활중에서 매일 같은 일을 반복하고 잇으면 지난 때에 사괴엿던 친구들이 자연히 생각난다。그리하야 친구 교제를 다시 비롯하면 이를 원인하야 결혼 생활의 한가지 불행이 되기 쉽다。그러나 내외 쌍방이 다 같이 주의할것은 부부간의 애정이 아모리 깊고 풍부할지라도 사람의 사교적 본능에 만족을 줌에는 남녀간 다른 친구들과의 교제가 필요한것이다。사람이 사교성이 만족을 얻으면 사교적으로 더 원만한 위인이 되여 (관대하며 겸손하고 상대자에게 대한 동정이 깊고 봉사적 인물이 된다)가정에서 생활하기에도 더 자미잇어진다。그런즉 이 점에 대하야 깊은 주의를 가함으로 혼인한 남녀가 다 친구들과도 혼인하기 전과 같이 교제함이 괜으나 필요하다。혼인전의 친구들이 불신용할 때에는 혼인한 후에서 그 우정(友情)이 여전히 변치 안이한것을 여러가지 방법으로 증명하여 보힐수도 잇으니 그 방면으로 노력하여 그 우정을 회복시키기도 하고 또 혼인한 남성들 사이에도 다시 친구를 사괴여 원만한 사교를 계속하도록 부부 쌍방에서 다 힘씀이 원만한 가정생활을 유지함에 극히 필요하다。

十、마해자 (魔害者)

정이 두텁던 부부간에도 그 안해가 복잡한 살님과 자녀 교육에 얽매여 자기 몸 단장하기를 잇고 몸은 피곤해지며 자연 신경이 예민하여지자 성질이 급하여지면 정 안에 불평이 떠날 때가 없어진다。이같은 환경을 당하야 집에서 위안을 얻지 못하는 남편은 자연히 다른 젊은 녀성을 생각하게 된다。혹은 수양 구의를 하던지 무슨 명칭아래서던지 교제가 잦아지게 되여 보통 지기(知己)보다 더 친근한 정이 보일 때에는 정안에 격렬한 풍파가 생기기 시작된다。고로 너무 가사에만 골몰함은 위험하다는 뜻이 여기 잇논것이다。녀자 역시 어떤 구실하에서던지 남자 교제가 될선되기 시작되면 절대로 안된다。남녀간 이같은 음이 동기 시작하거든 극력 분투하야 첫 정을 다시 회복하라。화평한 가정에는 이같은 마귀자들이 결코 용납지 못할것이다。

十一、육체적 거절

녀자가 생산 후에는 그성욕이 아회 기르는데로 옮겨지니까 성교(性交)의 필요를 절실히 느끼지 안이하나 남자의 성욕은 여전히 강함으로 녀자에게 동연히 거절을 당할때에는 너무 참기 어려운 문제를 이르키게 한다。이는 단지 그 성적 생활에만 영향을 미치게 할뿐안이라 그의 성질까지 만흔 변동을 니르켜 가정의 불화를 면치 못하게된다。

이상 여러가지 조건을 미루어 생각할진데 부부의 생활이란 두 사람이 한 생활을 하는것이다。그들의 생활 관계는 극히 밀접하야 안해가 불평한 생활을 하면 이 불평이 그 안해만 괴롭게할뿐 안이라 반듯이 그 남편의 생활에 영향되며 남편에게 미치는 정신적 변동은 반듯이 그 안해의 생활에 까지 변동을 이르킨다는 말이다。그 아모리 부부라 할지라도 그 아모리 고상한 표준밑에서 맺한 부부일지라도 한 집에서 살고보면 쟁점과 결정이 잠하여 보이게된다。이제 이 결혼생활을 원만케 하려면 결혼생활을 극히 중대시하야 사랑과 동정과 리해를 가지고 피차 부족한 점을 보충하여가며 서로 힘써 인격과 신앙을 기르면서 세월이 갈수록 애정이 두터워지고 따라서 생활이 윤택하여지도록 극력 힘쓰기를 잊지 말것이다。

제六장 산아제한(產兒制限)

산아 제한 문제에 대해서는 이 학설이『조선』에 드러온 후 아직 시일이 엿은이만큼 의견이 일치되지 못한다。종교가들은「하나님의 주시는 자녀를 받지 안이함은 죄다」혹은 성교(性交)는 극히 자연적으로 되여야만 신체적 급 생리적 만족을 느끼며 이같은 만족이 잇슨 연후에야 기타 모든 방면에 대한 생활은 원만히 진행될터인데 산아 제한을 실시함은 근본적으로 부자연한 일이라고 반대하는 이들도 소수가 안이나 이제 이 문제의 필요를 저울질하는 동시에 그 방법을 강구하여볼 필요가 잇는줄 안다。『조선』과 같이 빈한한 나라에 특히 빈한한 가정에는 이 문제가 더욱 큰 중대성을 가지고 잇는줄 안다。부호보다 가난한 가정일사록 자녀가 만히 출생하야 교육은 고사하고 의식조차 당할 힘이 없으며 그 모친은 다산(多産)의 수고와 경제적 압박이며 가사의 고역에 시달녀서 자녀를 귀한 선물이라기 보다 악한 재화의 표현으로 녁여 그 자녀를 저주하며 팔자를 원망하는 녀성의 수를 헤아릴수 없으며 그 모친뿐 안이라 힘에 빼치는 살님의 뒤를 대이려 땀흘니며 허덕이는 그 부친의 수고와 고통이 어떠하며 헐벗고 굼주리며 남과 같이 교육의 기회를 얻지 못하는 아동들의 고생과 그 장래가 어떠하랴 그런즉 교양의 준비나 예산이 서지 못한 가정에 다수의 자녀가 출생될 때에는 그 가족 전체에게 고통이 생기고 그 일가와 사회 一반에게 까지 큰 영향을 미치게함은 주목할만한 사실이다。그런고로 이 문제의 해결책을 얻음은 개인으로 위시하여 一반 사회에 까지 큰 행복이라 하겟다。

또 어떤 도덕가들은 산아 제한의 방법을 공개(公開)하면 그 반면에 결혼치 안이한 청년들 사이에 도덕이 더 부패해질것을 념려하여 이 방법이 필요한 경우에만 비밀로 가르치라는것을 주장하나 생가스를 마시고 죽는 위험을 두려워 가스를 사용치 못하거나 철도 자살이나 자동차에 치일 사람이 잇을것을 념려하야 기차나 자동차 사용을 금할바는 안이다。비단 이 문제뿐안이라 어떠한 문명이던지 막대한 리익과 편리를 가저오는 반면에는 혹시 위험성이 잇기도하나 이 리익과 해독을 비교할때 롬은 그 해독을 념두에 둘 필요조차 보지 못한다。

그러면 이제는 본문제로 드러가자 해산이 너무 빈번하야 산모가 태아를 기를만한 기운이 부족하고 유아(幼兒)가 너무 일즉 젓떠러저서 건강이 손상할 때는 반듯이 산아(産兒)의 기간을 조절(調節)하야 산모의 건강을 회복시켜 능히 태아를 기를만하고 또 유아의 건강을 보전케 하기를 원할 때나 혹은 자녀를 나아서 부모에게나 아해들에게 큰 고통없이 원만한 교양을 실시치 못할 형편에는 자녀를 나치 말것이다。생산(生産)을 원치 안이할 때에는 성교(性交)를 금하라 하나 결혼을 안이한다면은 반 문제거니와 결혼생활을 시작하야 젊은 남녀가 한 자리에 잇어서 모든 본능중에 제一 강한 성욕을 어쩌 一생을 통하야 억제할수 잇으랴 주린 사람 앞에 진수성찬을 차려노코 그 음식을 보기는 해도 먹지는 말나는 말이나 다름 없이 모순된 말이다。

一、산아 제한은 곧 임신 제한(姙娠制限)을 의미함이다。의사의 말에 의하면 임신은 월경이 잇은 후 제一주일 간과 월경잇기 전 제一주간에 되는 가능성이 제一 만타고 한다。그런고로 월경이 지난후 제二주간 후로 부터 二、三일간은 안전기(安全期)라

칭하야 이때에는 성교가 잇어도 임신의 념려가 없다하나 이때는 흔히 녀자측에서 성욕이 제一 약한 시기임으로 만족을 얻지못할 념려가 잇다한다。

二、성교를 임의로 하대 정수(精水)가 방사(放射)되기 전에 중지하면 잉신을 피할수 잇다。그러나 이같은 성교는 육체적이나 정신적으로 원만한 만족이나 쾌감(快感)을 주지 못하며 이것이 여러번 반복되면 신경계(神經系)에 막대한 자극을 주어 그 성질이 불쾌 조급하여짐으로 가정에 불화를 이르키기 쉬운즉 이방법은 사용키 위험하다。

三、고무제의 기구 사용(器具使用)에 대해서는 부부의 감정이 절정(絕頂)에 이르렀을 때에는 사용에 시간과 주의를 허비합으로 원만한 성교를 방해케 한다 한다。이 말도 뜻잇는 말이다。그런즉 녀자가 자궁압보긔(子宮壓保器)를 취침(就寢)할 적에 미리 사용하고 잇다가 그 이튿날 아참에 떼여놓으면 심히 편리할것이다。그리고 성교가 없이 그밤을 지나갈지라도 이 압보긔 사용할 동안에 별 불편을 느끼지 안이할러인즉 이같이하면 그처럼 강한 본능을 억제할 필요가 없을줄로 안다。

무릇 성교는 젊은 남녀간에 사랑의 표현(表現)이오 이 사랑의 표현이 잇음으로 그

애정은 더욱 깊고 두터워간다。산아 제한에 대하야 몇가지 주의할 점이 잇으니 조물주께서 모든 동물(사람을 포함하여)에게 성적 본능(性的本能)을 주신 근본적 목적은 생산(生產)이다。그럼으로 혼인한 청년들중에 무슨 유전성의 악병이 잇어서 후손에게 그 병의 유전을 끄리거나 가세가 빈한하야 양육의 책임을 감당치 못할 경우에나 혹은 산모와 유아의 건강에 크게 관계잇는 형편외에 다른 사욕을 채우기 위하야 산아 제한의 방법을 사용함은 용서할수 없는 죄인줄로 생각한다。원만한 가정 생활에는 부부 밑에 자녀가 크게 필요하니 깊이 생각할바이며 이 방법에 대한 자세한 내용은 의사와 상의함이 조흔줄 안다。

제七장 독신생활(獨身生活)

一、미혼자의 독신 생활

서양 문명국에서는 남자보다 녀자들이 여러가지 리유하에서 독신 생활을 경영하는이들이 만히 잇으나 아직 우리 나라에서는 남녀간 독신으로 잇는자가 소수인것만큼 이 문제에 집필할 필요가 없을듯하나 문명의 발전을 따라 장차 『조선』에서도 이 문제가 머

리를 세일듯하여 몃마듸 쓰고저한다。

독신 생활을 분류하면 대개 두가지로 나눌수잇다。결혼치 안코 一생을 독신으로 마치는자와 결혼후 사별(死別)、혹 생별(生別)한 후에 독신으로 지내는자들이다。

우리 나라의 출생별(出生別)을 보면 남자가 녀자보다 만타。그러나 남자는 출생후에 환경의 장애를 제어하는 힘이 녀자보다 약한듯、남아의 사망률이 녀아보다 놉다。그런고로 성혼기(成婚期)에 이른 남녀의 수가 어떠할넌지 아직은 통계표를 보지 못햇으니 단언키 어려우나 남자가 부족하야 녀자가 결혼을 못하게될 념려는 업을듯하다。더욱 우리 나라에는 전쟁이 업으니 남자의 다수가 一시에 죽는 법도 외국에 비하면 적으며 또 외국에서는 직접으로 자유 결혼을 하니까 남자측에서 원하지 안이하는 녀자는 혼인할 기회가 업다。그러나 아직 우리 나라에서는 매개 결혼(媒介結婚)이 성행되니까 결혼의 경쟁률이 외국에서 보다 훨신 약하다。따라서 아직은 독신 생활을 하는 처녀도 극히 소수이다。그러나 녀자의 생활이 직업화됨을 따라 독신 생활을 희망할자의 수도 늘듯함으로 몃마듸 쓰려한다。

녀자는 본시 그 천직이 량처 현모(良妻賢母)에 잇는줄로 우리 동양에서뿐 안이라 전세계에서 지금도 그같이 생각한다。녀자의 체질과 성질이며 그외에 어떤 점으로 보던지 안해와 어미의 천직에 제一 적당함은 다시 말할 필요가 업거니와 그와 반면에 녀자가 가정에서 필요한것과 같이 사회 봉사에도 업지 못할것이다。정치계를 위시하야 교육계는 물론이오 상업이나 공업계、기타 모든 사회 사업이며 종교계를 망라하야 녀자의 역할이 극히 필요하다。이같은 사업에 취미를 가지고 또 소질이 잇는 교양이 풍부한 녀성들중에는 그 一생을 사회 사업에 혹은 교육계에 바치고저하는 신 녀성들이 적지 안이하다。물론 독신 생활이 꼭 성공될것만 보증할수 잇다면 누구나 주저할 필요가 업을듯하나 독신 생활은 그 실 생활에 직접 드러서고 보면 뜻하지 안이한 곤난이 퍽으나 만흔듯하다。꽃같이 젊은 때에는 친구도 만코 몸도 건강하며 얽매이는데 업는 자유로운 몸을 자기의 리상을 향하야 마음껏 운전시키며 명예는 날로 놉하간다。비록 녀자로 태어낫으나 그 지위나 명예는 남자에게 질것이 업으니 사업으로 보거나 개인적 성공으로나 흠족지 안이할바가 업거니와 차차 나이 만하저 얼골에 주름살이 잡히기 시작할 때 쳐해하면 친구들은 다 각각 단란한 가정을 이루어 혹은 며누리를 본다 손주를 본다 자미스럽게 속삭이는데 나 혼자 사업에 시달닌 피곤한 몸을 고을고 정애라고 드려가나 나를 반겨 주시던 어머님은 발서 황천의 길을 떠나신지 오래되엿고 형제들은 사방으로 헤여저서 소식조차 자주 듣지 못하게될 때야말로 심한 고독을 느끼게된다。가족이 그리웁고 의지할 곳을 찻게될 때、자기의 생명같이 귀중한 사업이 막대한 타격을 받을 때에 형언할수 없는 고통을 느끼는 모양이다。그런즉 독신생활은 잠간 보기와 같이 편하고 영광스러운것뿐이 안이고 결혼생활보다 몃배나 어려울것을 자각하고 또한 자기의 천성이 근본적으로 이같은 생활에 적합한 여부를 자세히 삶힌 후에야 시작할것이다。이제 독신 생활을 계획하는 자의 고려할 점은

一、자기의 성적 본능을 완전히 순화(純化)시켜 사업을 자기의 생명같이 사랑하는 동시에 성욕을 느끼지 안이하며 의지가 굳은자—이 점에 대해서는 깊이 고려할 필요가 잇다。어떤 큰기관의 주요한 지위의 소유자로써 독신으로 중년까지 고상한 인격을 가지고 사업에 성공하여 높은 명예를 얻은자인데 어떤 기회에 돌연히 성적자극을 받게되자 그 속에 잠재되여 잇던 성적 본능이 깨기 시작하엿다。이제 새로 자극을 받은 정성(情性)과 리성(理性)이 서로 싸호기를 시작하니 그의 정신적 분투、고통、번민은 형언할수 없을이만큼 되엿다。이같은 생활이 몃 해를 계속된 후에는 마츰내 실신(失神) 상태에 이르러 사업을 중지할수밖에 없이 되는것을 필자가 목격하엿다。

二、기능과 수양이 구비한자—평생을 통하야 독신으로 지낼지라도 사업에 실패가 없으며 경제적 안전을 능히 보증할만한 재조와 수양이 갖게 잇는 사람을 뜻함이다。독신 생활은 결코 쉬운것이 안이다。첫재는 사회란 경쟁하는 마당이라 하여도 과언이 안일만큼 경쟁이 심하다。남자 사회와 경쟁하려면 그만한 장애를 헤처 나아가려고 결심하기 전에 먼저 자기에게 그만한 기능과 용기가 잇는가를 깊이살필 필요가 잇다。그가 할 희생과 분투에 상당한 성공의 각오(覺悟)가 잇는자에 한하여 독신 생활이 가치잇는 것이다。그러치 못하면 중도에 마음이 변하기 쉽고 또한 타락의 길로 나아가기 쉬운것이니 깊이 주의할만한 일이다。

三、신체가 건강한자—물론 가정생활도 한가한 생활은 안이다。독신 생활하는 자는 특별이 남자와 같은 건강이 잇어야 혹은 그들과 싸오며 (사업적으로)혹은 협력하야 같은 성공을 기대할수 잇을것이다。

四、천성이 관후하고 용기가 잇는자—마음이 넓어 포용(包容)성이 잇서야 밑에 잇

는 사람을 어거하고 지휘할수 있으며 그들의 마음을 얻을수 있다。또 사소한일에 까지 상심이 되면 사업상 큰 곤난이 있을터이며 용기가 있어야만 사업이 실패될 때 다시 용진할수 있을것이다。

五、종교심이 풍부하자——종교는 인생에게 절대적 능력이 되며 위안과 장려가 된다。사업은 목전에 분히지고 사회ㅣ반을 위시하야 극히 친한 친구들까지 나를 오해하고 바릴 때 흔히 신에게서 무한한 능력과 용기를 얻어 다시 사업에 착수케 한다。락망(落望)된 인생처럼 약한것이 없으니 신(神)을 의지하고 용진하는 사람같이 강함은 없을것이니 혼로 외로히 서서 나아가는 사람일사록 신을 믿고 의지함이 더욱 극히 필요하다。

二、기혼자의 독신 생활

결혼하야 이미 자녀가 있는자는 자녀 양성에 그 성적 본능을 순화시킬수 있다。그러나 그러치 못한자들은 결혼안이한 사람들처럼 무슨 사업을 목적삼아 가급적 정신이 분주한 생활을 함이 상책이다。자기의 소생이 안일지라도 아해를 기르면 만흔 위안을 받을수 있는데 형편이 허락하면 갓난아해를 자기의 자녀로 삼아 양육하면 자기의 친히 나흔 자식이나 다름없이 애정이 솟아날것이다。따라서 이때부터 그 부자연한 생활은 다시 순조(順調)로 나아가기 시작할것이다。사회 사업、종교 사업、교육、무산 아동 교양、상업、공업(자수、재봉、편물도 공업중에 포함됨)、농사등에 헌신하면 다시 가정을 이루는 녀성들보다 성공의 기회가 더 만을것이다。성적 본능은 생산이 목적인이만큼 이 본능을 순화 시키는데는 생산 방면이 제ㅣ 적당하다。

혹 어떤 때는 이 본능이 자아(自我)를 표현(表現)시키려는 방면으로 돌진하는 경우도 있다。그같은 경우에는 기능만 허락하면 문학、과학、혹은 각종 예술 방면으로 출신하야 혹은 음악연주로 혹은 서책 저술이나 미술 전람등으로 자아(自我)를 표현시킴이 조흘듯하다。미혼자나 기혼자를 망라하여 동성을 친하며 서로 의지함이 조흐나 이 애정이 우정(友情)으로만 계속되면 조흐나 타락되여 동성 련애(同性戀愛)로 변하기 쉬운 점이 위험하다。

필자는 독신 생활하는자를 극히 존경하는 동시에 극히 어렵고 위험한 일인줄로 인정한다。무슨 특별한 목적이 있거나 특수한 환경을 당한자가 안이면 경솔히 독신 생활을 시작하엿다가 혼인기가 지난후에 후회하며 고통할바가 안이다。그러나 한번 이 생활을 뜻잇게 결심한 후에는 반듯이 뜻을 굳게 정하야 一생을 사업에 바처 결파잇는 생활을 하여 개인파 사회에 유익을 주어야겟다。

제八장 정당치 못한 성적 생활

一、수 음(手淫)

이는 처녀와 및 기타 녀성들 중에 만흔데 남녀의 관계를 련상하니까 죄와 불결이오 또한 그결파가 어떤 방면으로 보던지 소극적이니까 불량한 습관이라고 할수밖에 없다。혼인 전에 이같은 폐습의 종이 되엿던자는 결혼하여 정당히 성적발표를 할 기회가 잇을지라도 진정한 신성미와 쾌감을 주고받을수 없음은 발서 그 성에 대한 정신이 손상되고 그 태도는 어그러진 연고이다。수음은 사실 동경(憧憬)에 지나지 못함으로 실제(實際)를 대할 때에는 무의미해지고 마는것이다。그런고로 수음에 잇어서는 정당한 정신적 애정의 발표가 되지 못하고 단지 육체적 손버릇에 지나지 안이한다。어떠하던지 이를 완치하는 방법이 잇서야 하겟다。

一、완치법(完治法)、一년간을 계속하여 실행하라。

1、심리적(心理的) 완치법

(1) 진정으로 이 악습을 고치기 원하면 첫재로 여러가지 본능 중에 성적 본능도 하나임을 인식하고 특별히 이 본능만을 더럽게 인정치 말것은 이 본능도 하나님께서 친히 사람의 속에 너허주신 연고이다。모든 생산적 본능은 이 본능에서 나오는것이니 때때로 성(性)자체로 나타날 때도 잇는것이다。그러면 때때로 이 본능의 존재를 느낀다거나 이 본능의 발동을 감각케 됨을 수치로 녁이지 말지니 점심 때에 시장한 생각이 나는것이나 다를것이 무엇이랴。곧 성적 경험을 요구함은 시장할 때 음식을 요구함파 一반이다。

(2) 성에 대하야 어려서 부터 어떠한 인상을 가지게 되엿는가 살피자 성은 본시 불결한것인고로 공공연히 말할수 없는것인줄로 인식한고로 이본능은 바른길로 발전치 못하게된 일이나 잇지안이한가 혹은 성을 리해하기도 전에 너무 일죽 성적 발표가 잇지 안이하엿는가 어떤 경우에 성을 오해한

때가 없었는가 이처럼 일일히 살필적에 아모 지장되는점이 없는 경우에는 성 자체가 불결하다거나 성욕이 악을 의미함같이 오해될 리유는 없을러이다。년령이 차차 높아짐을 따라 인생은 사교적 혹은 개인적 리상이 형성(形成)되는것 같이 성적으로도 자아(自我)를 계단적으로 인식하게됨은 당연히 잇을 일이다。그러면 이 수음이란 습관은 어린 아해들이 처음에는 젖을 원할때에 얻지 못하면 손가락을 쪽쪽지 대신으로 빨다가 이것이 습관이 되면 배가 불너도 빠는것같이 수음도 어렷을때 아모 뜻없이 시작된 습관이 오날까지 계속된것이 안인가 만일 그러라면 이만큼 장성한 년령에는 좀 더 정당한 성적 발표가 필요치 안이할가?

(3) 수음은 단지 一시적 쾌감을 얻기 위하야 본능적 능력을 사용하는데 지나지 안이한다。성의 근본적 목적은 그 곳에 중지되여 잇지 안이하고 좀 더 나아가서 산출(産出)에 잇는것이다。그리하야 이 본능을 바른길로 응용할때에는 종교、미술、문학、공예같은데로 주입시켜 만흔 성공으로 써 세계 인류를 부요케 하는데 막대한 역할을 하는 능력인줄로 자각하면 불량한 습관은 자연 타파될것이다。

(4) 분노가 발할 때에 쏘다저 나오는 말을 잠간 중지하고 그 리유를 살피면 그 동안에 노기는 화해(和解)되고 만다。그와같이 감정이 극도에 달할 때에 그 리유와 결과를 묵상하면 어언간 감정은 식어질수 잇는것이다。일을러이면「웨 수음을 하지안으면 못견대는가?」하고 무를때에「성적 긴장을 완화시키기 위해서」하던지 혹은「추상적(推想的) 동경(憧憬)에 잠기기 위해서」하고 대답할넌지 모르나 기실은 어떤 과거에 자아적(自我的) 요구를 억지로 꺽근 일이 잇엇을러이다。이 상한감정과 비렬감을 감추기 위하야 사애적(私愛的) 인물이 되고 만다。(그 위인이 자아가 중심이 되여서 자기가 자기를 불상히 녁이며 자기를 사랑하고 자기를 위로하며 다른 사람은 념두에 두지도 안코 생각지 안는다) 사애적 발표의 제一조흔 방침은 곧 수음이다。그러면 랭정한 두뇌로 과거의 실패、자련(自憐)、실망된일의 유무를 살피라。수음으로써 상한 감상을 고치려함은 고흔 비누 거품을 잡으려 애씀과 같으니 비누 거품을 잡으면 손이나 더러워젓을 뿐이지 그 소득(所

得)이 무엇일가。그런즉 이같은 생각이 침입될 때 낮에 혼자 잇을 때에는 곧 사람잇는 곳으로 나아가서 교제를 하고 저녁에 자리에 누엇을 때에는 이러나서 무슨 일을 하던지 책을 보거나 편지를 쓰며 아츰에 이러나기 전 같으면 즉시 이러남이 상책이다。

(5) 잠들기 전에 생각하던것은 깨면서도 곧 생각케 된다。그런즉 가급적 잠들기 전에 좀더 고상하고 유익한것을 잘 때까지 생각하면 이 생각이 자는 동안에도 련락되여 아츰에 깰때도 수음보다 좀더 고상한 생각이、잇을 터이다。

2、종교적 완치법

(1) 죄로 볼것은 안이고 단지 불량한 습관으로 녁일것이니 (정신적 동경이 없는 경우에 한하야) 이것을 너무 큰 죄로 녁여 종교적으로 절망할것은 안이다。

(2) 하나님 앞에 기도 할때에 과거의 허물을 과히 무겁게· 녁이는것보다 앞에 오는 성공을 위해서 더 구할 필요가 잇다。

(3) 「예수」를 묵상하라。자리에 눕기 전에 신약에서나 혹 다른 서적에서라도「예수、그리스도」에 대한 구절을 보고 사언행에「예수」를 더욱 본받기 위하야 기도하라。

3、육체적 완치법

(1) 협착한 의복 특별히 맞이 된 의복은 금함이 필요하다。

(2) 이 습관이 심한 남자들은 의사와 상의하여 할례(割禮)가 필요한 경우에는 할례함이 큰 도음이 된다。

(3) 생식기(生殖器)주위는 극히 정결케 할것이니 국부(局部)를 씻음도 조흐나 그 습관이 잇는자는 먼저 더운물로 후에 랭수욕을 전신에 함이 유효하다。

(4) 운동、운동의가치는 신체적 보다 심리적이다。그정신 전부를 자미 잇는 유희 혹은 운동에 잠축시키는 동안에 그 마음은 불결한 성적 동경에서 떠나게 된다。단지 격렬한 산보같은것보다 어떤 기술을 요구하는 운동이나 유희 곧 정구、야구、무도、기타 모든 기술을 요구하는 운동에 만흔 취미

를 끔은 대단 유효하다。

(5) 석반(夕飯)에 기름진 육식(肉食)이나 과식을 금할것

(6) 이불을 더웁게 덥지 말것

우에 말한바와 같이 수음은 죄과(罪過)라고 까지 볼것은 없으나 불량하고 불결한 습관으로 녁일수밖에 없다。이같은 습관이 있는자의 성적 본능은 정당히 발전되지 못하였음으로 결혼을 하여도 원만한 부부 생활을 맛볼수없는 경우에 이를 위험이 있은즉 극히 주의하여 그 습관을 타파할 필요가 있다。

二、아동의 수음

어렸을 때에 그 모친이나 부모가 혹 목욕시킬 때에나 평상시에 국부를 만지거나 마찰하면 그것이 원인이 되여 자란 후에로 과거의 경험은 벌서 잊었으나 그 감상만은 남아있어 혼자 국부를 마찰하여 쾌감을 느끼게 한다。이것이 시작이 되여 차차 습관이 되면 장성한 후에는 심한 고통중에 신음케 된다。아동들을 나으면 귀여워서 「고추 좀 보여다구」혹은 「고추 좀 떼자」하고 들여다보는 행동을 함은 극히 해롭다。이같은 어린 아희의 습관을 고치는 방법은 가급적 정신을 딴 방면으로 끌어 손이

그 부분으로 가지 안토록 지도하며 무색하도록 책하지 말것이다。

좀더 큰 아해들은 취미붙치는 공과를 좀더 잘하도록 지도하며 칭찬하여 거긔 만흔 시간과 정력을 사용하야 쾌감을 느끼게하며 이 일에 분망케 함이 상책이다。

二、동성 련애 (同性戀愛)

동성련애(同性戀愛)는 상대성(相對性)에게 애정(愛情)을 주입(注入)하지 안코 동성(同性)에게 주는것인데 그 성질을 두가지로 분류(分類)할수있다。

一、선천적(先天的)

선천적(先天的) 동성 련애는 정신적 부조화(不調和)와 생리적 고장으로 이러나기 쉬운것인데 심리학자나 의사의 최신 학술로도 치항한 결과를 얻기 어려우나 최면술(催眠術)을 사용함으로 약간의 도음이 되기도 한다고 한다。제一 조흔 방법은 성욕(性慾)을 다른 방면으로 집중(集中)시켜 어떤 생산적(生産的)사업에 골몰케 하며 가급적 성적 자극을 피케하는 동시에 동성 련애에 대한 비평감을 떠나게 하는 것이다。

二、후천적(後天的)

후천적 동성 련애는 동성(同性)사이에 성적 관계를 맺음을 뜻함이다。이사람은 보통 친구 사이와 같지 안이하야 리긔심(利己心)이 중심이 되여 피차 그 상대자의 최상(最上)의 애정을 요구하며 다른 친구나 一반 사회와는 교제를 등한히 하며 주야 동거를 원한다。그리하야 상대자에게 새 친구가 생길 때에는 무쌍한 질투와 고통을 느끼며 그들의 생활은 타락되고 건강은 쇠약해지는것이 동성 련애의 특증이라 할가 이같은 관계는 흔히 사제지간에 잇는데 학생이 그선생을 자기의 생명과 같이 사랑하며 숭배하고 동경한다。이같은 경우에 선생이 만일 인격자가 되여서 너머지지 안이하면 그 학생을 지도하는데 그는 막대한 능력과 감화력을 가질수 잇는것이다。또는 중등이나 전문 학교 학생들 간에도 왕왕 잇으며 과년한 처녀들이나 혹은 년소한 과부들 사이에도 간혹 잇는것이다。남자보다 녀자들 사이에 더 만흔것은 남자들은 이 본능을 다른 방법으로 만족시킬 길이 녀자들보다 비교적 만흔 연고이다。

동성 련애는 어떤 편으로 보던지 도덕적 타락으로 볼수밧에 없다。특히 혼인기(婚姻期)를 앞에 둔 청년 남녀가 이같은 악습에 빠질것 같으면 정당한 성적 관계를 맺을 기회를 당할때에도 그 신성미(神聖味)와 쾌감(快感)을 느낄수 없으며 설사 동성 간에 성적 관계를 맺어본다 할지라도 이같은 경험은 성적 본능을 자극시켜 흥분케 할뿐이지 철저한 만족은 결코 주지 못할터인즉 신체는 쇠약되며 신경이 예민하여지는 결과 그 성질까지 조급하여질 폐해가 잇다。이외에도 이 폐습이 계속되는 한도내에는 성적 본능으로 순화(純化)시켜 생산적 방면에 활동할 길을 막으니 사회적으로도 만흔 해를 끼치게 되는것이다。

이같은 관계를 한번 맺으면 그 사랑이 영구히 계속되느냐 하면 흔히는 그러치 못하다。서로 떠나잇을 때에 과거를 회고하면 수치와 비렬감이 그 량심을 습격할 때 말할수 없는 고통을 당하게 되며 이미 밟아온 길이 정당치 못하엿음을 깨다를때 이왕 맺어온 관계를 고처 정당한 우정(友情)을 회복코저하나 그 로력은 수포로 도라가고 마는 경우가 만흔 모양이다。

三、화류병 혹은 성병(性病)

계속적으로 의아중에 싸혀서 고통을 당하는 이들을 안심시키기 위하야 간단히 설명코저한다。대저 화류병은 매독(梅毒)、림질(淋疾)、경성 하감(硬性下疳)、연성 하감(軟性下疳)등을 총칭하야 붙으는 종합한 명사(綜合名詞)이다。이 화류병을 예방 또는 박멸키 위하야는 전 세계 소위 문명 제국에 대한 공통 문제이다。각국에서 무수한 금전과 과학적 기술의 힘을 다하며 또는 여러가지 법률을 제정하여 이를 제지 또는 예방코저 하나 도로혀 넓히 전파되는것은 통계가 증명하는바이다。그러면 무슨 까닭으로 이 화류병에 대하야 전 인류가 공통적으로 두려워하고 적의시하는지 그 리유를 먼저 명백히 쓸 필요가 잇으나 지면 관계로 못하고 단지 각병에 대한 병리(病理) 예방등과 인류에 파급되는 해독만을 간단히 설명코저한다。

一、매독——이 병은 선천성(先天性)과 후천성(後天性)이 잇다。선천성은 모태에서 부터 자기 부모에게 유전됨을 말함이오 후천성은 출생후 자기의 생존기간 중에 하처에서 전염된것을 말함인데 어떠한것을 물론하고 병원체(病原體)는 매독성 라선상균(螺旋狀菌)이다。

1、선천성 매독은 부모(一方 혹은 雙方)가 매독이 잇음에 불구하고 임신이되면 태아에게 전염이 되나니 흔히 만기분만(滿期分娩)되기 전에 류산(流産)혹은 락태가 되나 보통 분만되는것도 적은수가 안이다。분만된 아희는:전체로 영양이 부족하여 발육이 충실치 못할뿐 안이라 피부에 매독성 괴양(壞瘍)혹은 피부염을 발하여 얼마되지 못하여 사망하고 만다。그러나 어떠한 경우에는 영양과 발육이 보통으로 보기에는 하등의 다름이 없이 량호하야 필경은 성년 혹은 중년기에 이르기도 하는데 그 원인은 유전된 매독균이 대단히 약하든지 혹은 아해자체가 천연적으로 매독에 대한 저항력이 만든지 한 연고인듯하다。그러나 선천성 매독을 가진 사람은 생존중 항상 몸이 약할뿐 안이라 적당한 치료를 받지안이하면 조만간에 내장 혈관계(血管系)、뇌신경、골(骨)등 어떠한 기관에던지 매독성 질환을 발하고 또는 다른 병에 대한 저항력이 심히 부족하여 一생 불행중 신음타가 사망케 된다。

2、후천성 매독은 자기가 출생 후에 타처에서 감염됨을 뜻함이다。한번 몸안에 전염된 후에 적당한 치료를 받지못하고 제三기 매독 곧 깊은 부분에 병균이 침입된 후에는 여하한 치료를 할지라도 여의케 치료가 되지 안음으로 극히 주의할바이다。이같은 위험을 피하기 위하여 매독의 전염 경로(徑路)와 및 이에 대

한 예방과 치료상 주의할 점의 몇 가지를 쓰려한다。후천성 매독을 의학가에서 제一、二、三기로 나누나니 설명상 편의를 위하야 각기에 대하야 설명코저 한다。

(1) 제一기 혹은 초기—매독균이 사람의몸에 전염되면 十일 내지 四주간까지는 하등의 병상을 발표치 안코 잠복하여 잇다가 비로소 병을 발하나니 처음에는 조고마한 종기로 시작하여 별로 통증도 없고 농즙도 없으나 피양의 주위 조직은 대단히 침윤(浸潤)되고 단단하여 무슨 두터운 지편(紙片)을 만지는것 같으며 피양면은 더러운 회색빛을 낸다。이같이된 피양은 약 二주일간을 경과하면 약간의 치료로 잘 치유되면서 제二기 매독으로 드러간다。제一기에는 매독균이 一국부에 한하야 잇고 아직 전신에는 퍼지지 안이하엿음으로 이때에 철저히 치료하면 병은 용이히 전치될수 잇으니 특히 주의할 시기이다。지금 독자 제씨에게 주의코저하는것은 제一기 매독성 피양은(이하전염경로참조) 흔이 음부에 발생함으로 청년남녀가 불행히 이같은 병에 전염되면 병자체만은 심한 동통이 없을뿐 안이라 남이 부끄러워서 부모에게라도 발설치 안코 자기혼자 치료하려하는중 병은 점차 전신으로 퍼지고 깊이드러가 필경은 一평생 자기의 신세를 바리는 례가 적지 안이한즉 극히 주의할바이다。

(2) 제二기—우에 말한바와 같이 제一기 매독이 상당한 시일을 경과하면 치료의 유무를 불관하고 치유가 되며(물론 악성으로써 치료를 할지라도 완강히 낫지 안이하고 피양이 중악되는것도 만흠) 제二기로 변하나니 이때는 매독균이 전신으로 퍼지는 때이다。환자는 처음에 경미한 오한과 권태(倦怠)를 느끼며 피부에 소위 매독성 발반(發斑)이 되나니 곧 조고만큼식한 적색 발진이 되며 혹은 농포로 화하는것도 잇으나 대개는 一진 一회하여 一방으로 먼저 발표되엿던것은 없어지면 타처에는 새것이 발생되는데 이같은 상태로 수주간을 지내다가 필경 발진은 전부없어지고 제三기 매독으로 드러간다。제二기 매독은 각기를 통하여 전염성이 가장 맹렬함으로 극히주의할것이며 제二기까지는 아직 균이 몸안에 깊은 조직까지는 범치 안앗슴으로 적당한 치료를 받으면 전치될수 잇다。

(2) 제二기 매독—이상에도 말하였음과 같이 제一기 매독이 수주간을 지내면 제二기로 변하나니 전신 얕은 부분에 잇던균이 깊은 조직 곧 신경、골、내장등으로 침입되는 때이다。이같이 깊이 침입 된 균은 오래 동안 잠복하여 잇으며 외부에는 하등의 병증을 발표치 안으나 적당한 시기가 이르면 전신 어느 부에던지 병을 발하나니 그정상은 발병된 부위에 의하야 다른데 가령 신경계에 발하면 반신불수나 혹은 발병된 일부분을 쓰지못하게 되며 안 신경이나 결막에 발병되면 맹목이 될수잇으며 뼈에 발병되면 썩어진다。또 이외에도 어데던지 병을 발할수 잇으며 어떤 때는 뇌 신경에 중독되면 정신 이상이 되여 마비광을 발한다。

3、전염경로와 예방。매독은 접촉 전염병이니 곧 매독균이 잇는 물건에 직접 접촉 후에야 비로소 전염되는것이다。세상 사람이 매독이라 하면 어떠한 부정한 육적관계를 상상케 되나 이것은 오해이다。물론 매독병 잇는 사람과의 육적 관계가 전염의 제一위를 점령한것만은 사실이나 이외에도 여러가지로 전염될 수 잇음으로 이하에 간단히 그종목을 말들고저한다。

(1) 매독병 잇는 사람의 젖을 먹일때—이것은 특별히 주의할바이니 우리나라에서 젖이 없는 불행한 유아는 대개 유모의 젖으로 양육한다。그런데 유모로 가는 녀자들은 대개 빈한하고 지식정도가 낮은 하층 사람들이다。매독은 특히 이러한 사회에 더 흔한즉 만일 부득이하여 유모를 쓰게되는 경우에는 반듯이 먼저 혈액검사를 행하야 병의 유무를 확정할것。

(2) 매독병 잇는 사람과의 접문(接吻)—우리 나라와 동양제국은 성인(成人)끼리 접문하는 풍속은 없으나 어린 아해를 보고 귀한 생각이 나면 입을 마추는것은 흔히 보는바이다。매독이 제二기나 제三기에 들면 전신 어느곳에나 병균이 분포되여 잇음으로 매독 환자의 타액(唾液)에는 무수한 균이 잇음으로 극히 주의할것。

(3) 매독 환자와 성교가 잇을때—매독을 화류병이라고 불르는것을 볼지라도 매독의 대부분은 성교로써 전염되는것이다。만일 매독이 잇음에도 불구하고 성교를 할때에는 상대자에게만 병을 전염시켜주는것이 아니라 그 결과로 생산되는 자손에게 까지 유전하여 종으로 개인으로써 시작된 매독 전염은

가정을 거쳐서 전 사회에 까지 막대한 영향을 끼치게 되는것인즉 매독병이 잇는 남녀 청년들은 극히 주의할바이다。

(4) 예방——우에 말함과 같이 매독은 접촉전염임으로 매독균이 잇는 물건이나 사람에게 접촉되면 전염된다。그런데 이 원리에 의하면 예방방법도 자연 분명케 될터이니 곧 매독환자가 쓰던 기구나 기타에 접촉치 말것이다。례를 들진대 학교、극장、정거장등에서 공용으로 사용하는 음료기(飮料器)등을 사용치 말것이오 부득이 사용케 될때는 끓는 물로 소독한 후에라야 사용할것이다。

(5) 치료상 주의——제一기 매독은 균이 국부에만 한하여 잇고 제二기 매독에는 균이 전신에 만연되여 잇을지라도 아직 깊은 부분까지는 이르지 안이한 때이다。그럼으로 만일 이때에 철저한 치료를 하지 안코 제三기에 이르면 균은 깊이 침입된고로 아모리 치료할지라도 전치는 극난하니 통계에 의하면 제三기 매독이 근치된것은 一할 三분에 지나지 못한다。

(6) 이상에 설명한것은 물론 정규적으로 되는것을 말함이오 변측으로 되는

것도 허다하니 곧 제一기에 잇을 때나 제二기에 잇을 때에 환자로서는 하등의 병변을 지각치 못하는 때도 잇으니 이것은 발표된 병세가 경미하여 환자의 주의를 끌지 못한 관계요 결코 전염이 없엇던것은 안이다。

二、림질——매독이 매독성 라선상균으로 되는것 같이 림질은 림독성(淋毒性) 쌍구균(雙球菌)으로 되나니 소독(消毒) 특별히 열에 대한 저항력이 대단히 약하여 섭시(攝氏) 四十一도 이상의 열에는 수초간에 사망하나 전염성은 맹렬한것이며 만일 한번 전염되면 전치하기 극난한 병이다。잠복기는 二十四시로 수일간 되는데 증후로 말하면 남녀간에 다른 점이 잇음으로 이하에 각각 쓰고저한다。

1、남자에게 이 병이 전염되면 처음에는 소변 볼 때에 다소 불인한 감과 양증(痒症)이 발하여 뇨의(尿意)가 자저지며 소변은 다소 혼탁하여지는데 시간이 지날사록 각 증후는 점점 악하여지며 다소 발열이 된다。이때에 환자는 소변볼때에 극도의 동통을 느끼며 수분 내지 수십분 동안에 한번식 배변(排便)케 되는데 이때에는 두어 방울의 소변이 나올뿐이오 하복부는 극도로 긴장되고 의급후중(意急后重)이 된다。이때부터는 뇨도로 농즙이나 혹은 혈액이 나오고 어

심한 때는 교대하여 혈액과 농즙이 보인다。이때를 의학가에서 급성 임독성 요도염이라 한다。이 증후가 수일 내지 수주일간 계속하다가 모든 증후는 점점 경감되고 다만 소변시에 약간 동통과 농즙이 배출(排出)될뿐이다。이때에 임균은 깊은 조직과 후요도(后尿道)로 침입되나니 이것을 만성임질이라 한다。

2、녀자의 임질은 주요히 자궁에 전염되는데 처음에는 하등의 고통을 감각지 못하고 대하증과 요통이 있으며 월경 부조(不調)가 된다。그러나 어떤 때는 병의 만연이 맹렬하여 갑작이 오한과 발열이 심하고 심한 복통을 발하는데 이것은 물론 임질이 자궁에만 전염되였을 때요 만일 요도에 침입되면 남자의 급성 임독성 요도염의 증후와 다르지 않은것이다。

3、병리(病理)—우에 말한바와 같이 남자에게 임질이 전염되면 처음에는 전요도(前尿道)에만 병이 국한되나 一차 만성으로 변하면 병균은 조직 깊은데로 침입되고 점차 후요도(后尿道)、섭호선(攝護腺)등으로 들어가 종종 수정관(輸精管)을 따라 고환까지 이르러 소위 산증(疝症)을 발하나니 이것은 생산상 중대

한 문제이다。그뿐만 안이라 시시로 관절염과 심장내막염도 내는 례가 적지 안이하다。

녀자는 자궁에 임질이 전염되면 균은 점점 자궁근(筋) 깊은데로 드러가 자궁 내막염을 이르킬뿐 안이라 라팔관으로 만연하여 임독성 라팔관염을 발하나니 이때에 환자는 오한과 고열(高熱)을 발하며 하복부에 극심한 동통을 감각하는데 잘못하면 필경은 라팔관이 파열됨으로 농즙이 복강(腹腔)으로 주입(注入)되여 복막염을 발하면 사망한다。

또한 임질 있는자의 극히 주의할바는 임독성 결막염(結膜炎)이다。부주의하여 혹 농즙묻은 손으로 눈을 만질 때는 임균이 눈안에 전염되여 극심한 급성 임독성 결막염을 발하여 실명(失明)될 때가 만타。

4、전염의 경로——임질 전염은 주로 임독성 환자와의 성교로 되나 다른 경로로 전염되는것이 불소하니 곧 어린아해를 특별히 녀아는 부모가 임질이 있을때 변기(便器)를 같이 사용함으로 전염되는 일이 만흔즉 임질있는 부모는 요강을 따로 사용할것이다。또는 공동 목욕탕에서도 전염된다 하나 우에 말한바와 같이

림균은 열에 대한 저항력이 심히 약함으로 참으로 전염이 되는지 의문이다. 이외에도 어떠한 경우에던지 림균이 전염된 물건을 직접으로 접촉하면 전염될 것은 잊지 말어야겟다.

三、경성 하감과 연성 하감——경성 하감은 매독의 제一기를 가르침인데 곧 적은 창상이 음부나 혹은 구강(口腔)안에 발생하여 창상의 주위는 단단하여 마치 두터운 조희를 만지는 감이 잇고 창상면은 더러운 회색빛이 된다. (매독 편 참고) 그리고 연성하감도 역시 경성하감과 비슷하나 경성하감같이 단단치 안코 피양면도 보통 종기와 같으며 경성하감보다 엿게 잇다. 그러나 어떤때는 경성하감과 연성하감이 혼합하여 전염되기도 하나 연성하감은 매독성이 안임으로 피양(潰瘍)만 치료되면 후환이 없을터이다.

우에 말한바와 같이 화류병은 흔이 화류병자와의 성교중에서 전염되는데 화류병자들은 흔이 화류계(공창들)와 및 화류계에서 노는 사람들 중에서 발견하게 된다. 공창들은 이 병의 전염을 당하기도 쉽고 남자에게 전염시킬 기회가 만라. 그 아모리 정기적(一주간에 一차식)으로 진찰을 받는다 할지라도 무병하다고 신용할수는 결코 없을터이다.

미혼기에 잇는 청년들은 더욱 조심하여 이같은 악병의 전염을 백방으로 예방할지며 만일 이미 병이 전염된자는 자존심을 떠나 병기를 은휘치 말고 의사에게 고하야 철저한 진찰을 받고 의료의 길로 나아가 완치되기 까지는 결혼치 안이함이 맛당하다. 이미 말한바와 같이 이병이 一개인에게 전염되면 그 병독이 一개인에게만 제한되여 잇지 안이하고 개인으로 부터 그전 가족에게 가정으로 부터 사회 一반에 파급되니 어찌 두렵지 안이하랴.

제九장 성과 사회(性과社會)

一、리 혼(離婚)

우리의 사회가 파도기(過渡期)에 잇는이 만큼 리혼의 건수가 년년히 늘어간다. 그 수가 만흔이 만큼 그 리면에 잠재한 리유도 형형 색색일터이다. 전 장에 말한 불행한 결혼생활이 해결책을 찾지 못하고 얼마를 진행하다가 필경은 어떠한 법률적 수속을 지나서 별거(別居)하게 된다. 결혼 생활이란 극히 밀접한 생활인고로 사랑이 이미 죽고 피차간에 용서가 없는자들이 의식과 법률에만 구속되여 외부적 결혼 생활을 계속하는 중에 피차간 형언치못할 고통을 느끼며 자기들 두 사람뿐이 안이라 그 부모、자녀、고인(雇人)들에게 까지 번민을 미치게하는 경우에는 사실 결혼 생활을 계속시키는것이 도덕적일넌지 문제이다。그러타고 사랑이 없으면 리혼이 상책이라고 리혼을 장려하여야 할넌지도 의문이다。그러나 대개 리혼한자들의 결혼에 대한 감상은 불량하며 그들의 결혼 생활에 대한 태도는 사실 소극적이여서 자기네들의 일생만을 비관할뿐 안이라 아직 원대한 장래를 가진 청년 남녀를 특별히 자기네들의 자녀들의 결혼 생활에 대한 태도와 인상까지 소극화(消極化)시킨다。그럼으로 리혼의 수가 만흠을 따라 결혼은 그 신성미(神聖味)를 일코 저주를 받으며 중대성을 일허 겨멸을 받게 된다。만일 결혼자체가 이처럽 신성을 일흘것 같으면 도덕의 로대는 동요되여 가정이 문허지고 사회의 질서는 없어 질것이다。그런즉 이것이야말로 방관시할바가 안이라 단호한 해결책을 짓지 안으면 안되겟다。이제 그원인을 들어 볼진대

一、부정(不貞)──결혼한자가 자기의 법률적 배우자(配偶者)이외의 이성(異性)과 성적 관계를 맺은것을「부정(不貞)」이라 칭한다。이 점에 대하여는 남성의 범죄가 녀성보다 만흠은 첫재는 사회 제도가 남성본위인이 만큼 이에 대한 사회적 의견이 관대한 태도를 취함이오 둘재는 생리적으로 남성은 녀성에 비하여 극히 편리하게 생긴연고이다。그럼으로 성경의 표준은 남녀가 다 같이 부정함이 리혼의 조건이 되나 현 사회에서는 그러치 안이하다。사실 정조관념(貞操觀念)이 남녀가 다 같기전에는 참된 남녀 동등은 볼수 없는것이며 설혹 리혼까지는 이르지 안이한다할지라도 가정의 불화만은 피할수 없는것이다。남성에 잇어서 비록 사회의 여론이 그 부정을 허락한다할지라도 도덕관에 대한 자기의 본심 혹 량심의 가책은 면치못할 일이다。결혼의 중요한 점은 一남一녀가 그의 정조를 비롯하야 마음과 리상과 정신 전부를 피차 그 상대자에게 사랑으로써 바치는데 잇는것이다。결코 그 누구는 전부를 다 바치고 누구는 받기만 하는것은 참된 결혼이 안이니 결혼식이란 피차에 바치는것을 신중히 약조하는 례식이다。더욱 례배당에 가서 하나님 앞에 서서 중인을 중인으로 삼고 결혼식을 거행한자들이 결혼한지 몟달 혹은 몟날이 되지 못하야 부정한 행동을 감히 한다 함은 굳은 약조 밑에 주엇던것을 상대자의 허락도없이 도로 빼아서 가는것이나 다름이 없는것이다。남녀간에 이같이 부정한 상태에 이르게

평은 물론 그 리면에는 반듯이 상당한 리유와 원인이 잇을터이나 이 정조에 관하여는 남녀를 물론하고 어떠한 경우에던지 정조를 굳게 직힐만한 자제력(自制力)이 극히 필요하니 이것이 곧 사람의 사람다운 점이다。동시에 부부간에도 피차 그 상대자가 그같은 유혹에 빠지지 안이하도록 도으며 주의하야 조력할 필요가 잇는줄 안다。이같은 폐해를 막는데는 성에 대한 수양과 지식이 절대로 필요하니 부부생활을 시작코저하는자는 먼저 성에 대한 교양과 어대까지던지 그 정조를 굳게 지킬만한 든든한 의지가 잇어야 파경(破鏡)의 화를 피할수 잇을것이다。

二、리상(理想)과 성질——리상은 물론 결혼전에 잘 알아보았을만한 조건이나 흔히 가면을 쓰기 쉽게 되는고로 그 참된 리상이나 위인(爲人)을 발견하기 어렵다。그러나 결혼하여 한 집에서 기거 동작하는 중에 자연 가면은 벗어지고 참된 리상과 위인이 나타나기 시작하자 그 리상과 의사가 서로 충돌된다。이왕에는 극히 흠모하던 자에게서 그 위인의 비렬한 점을 발견할 때의 락망、고통!·다음 순간에 불만처을 으는 능멸!·동시에 결혼의 토대이엿던 사랑조차 흔들니게 되자 신경이 예민하여지면서 성질은 점차로 악화된다。날이 갈사록 사소한 일에 언쟁이 자저지자 종말에

는 리혼문제까지 생기게 된다。이 문제는 비교적 자유 결혼한자들 사이에 만히 잇는 일이다。구식 녀자들은 흔이 그 남편에게 절대 복종이니까 리상이니 성질이니를 브르짓을 여가가 없으나 교육을 받은 녀성들은 그같이 하기는 어려운듯 하다。참된 결혼은 단지 생리적 결혼만을 뜻함이 안이오 그 정신、리상、종교、정부가 다 결합됨을 뜻함이다。만일 결혼 후에 어떤 결핍된 점이 발견된다 할지라도 그 위인만 상당한 경우에는 피차 그 결핍된 점을 보충시켜야겟다。이점에 진력함이야말로 부부된자의 중요한 책임이다。열정적 색 안경이 벗어지기 시작하자 결혼 생활에 대한 리상이 흔들리며 흑운이 주위를 쌓고 돌때 락망하는 대신에 정신을 차리고 용기를 북도두아 방금 쓰러저가는 탑을 다시 싸흐려 노력해보자!·一조一석이나 一、二년간에 될일은 안이다。자극이 잇으면 반응이 생기는 감정적 문제임으로 리론과는 퍽 신 다른데 놀나지 안이할수 없으며 때때로 락심됨은 면치 못할일이나 이미 앞서간 선진들 중에는 이같은 역경에서 훌륭한 성공으로 영광스러운 이름을 얻은자들이 적지 안이하니 용맹스럽게 나아가자 마음이 조급해서는 안된다。一평생을 두고 할일로 생각하고 서서히 좋흔 기회가 올 때마다 이기회를 일치말고 리상

을 향상 시키고 인격을 수양하며 성질을 선화(善化)시키는데 로력할것이다。 사람의 능력으로 만은 할수 없음을 느낄 때마다 신 앞에 나아가 진정한 기도를 드릴때에 새로운 용기와 능력을 얻음은 이 일을 체험한자외에는 하기 어렵겟다。 더욱 부부가 가치 신앞에 업드릴 적에야 그들 사이에 무슨 막힌 담이 잇을수 잇으랴。

三、불화(不和)—시 부모와 마음이 맞지 안이하다가 종말에는 부부간에 까지 문제가 되는일이 잇다。 그 불화한 내용을 드러보면 량편에 다 상당한 리유가 잇다。 그러나 페일언하고 사람을 뮈게 보고 단점을 드러내기로만 위주하면 더 말할 여지도 없거니와 사랑으로 허물을 덥기 시작하면 그리 어려운것은 안이다。 고부지간뿐 안이라 친부모 자식지간에도 분을 참고 허물을 덥지안이하면 가치 살수없은 것이다。 더는 참을수 없는것같은 경우에는「예수」를 바라보면 좀더 참을수 잇는것이다。 참음이 계속되면 리해가 늘고 리해가 싸히면 평화가 다시 도라올것이다。 이것은 녀자만이나 며누리만이 할일이 안이오 쌍방에서 다 진력하여야겟다。 고부지간뿐 안이라 부부지간에도 불화가 발생치 안토록 항상 힘써서 완전한 리해가 잇도록 류의할것이다。 필자의 번역한「성공의 일긔」는 이같은 문제를 해결하는데 조흔참고가 되리라고 생각한다。

四、라타(懶惰)—전장에 말한바와 같이 결혼 생활이란 그리 편하고 자미잇는 일뿐만은 안이라 단락한 가정의 리면에는 만흔 수고、희생、로동이 숨어잇슴이 마치 고귀한 물건은 만흔 값을 주고야 사는것과 같다。 화락한 가정일사록 그 부부가 다 힘써 일하여야 한다。 소위 신식 가정을 간간 심방하면 일거리는 산같이 싸혓음에도 불구하고 그집 주부는 낫잠을 자거나 혹은 놀녀 돌아단닌다。 그는 전문학교 출신이니 상당한 대우를 받지 못하면 안이되겟다는 주견으로 조석은 그 하녀에게 맡기고 침선과 살님은 침모에게 맡겨 가사를 치리케하는 모양이다。 자연 살님은 째이지 안이하고 음식은 맛없으며 집안은 질서를 일허 단락한 맛을 일케될 때 그 남편은 기어코 완전한 살님살이를 요구한다。 이러한 경우는 자연 얼골이 찌푸러지며 언성이 높아지고 언쟁이 자저지자 종말에는 리혼을 부르짖게 된다。 아아 최후의 수단을 취하기전에 당초에 결혼할 때의 결심을 한번 다시 생각할 필요가 없을가 만일 두사람이 각각 자기 전부를 서로 바처 피차의 행복을 위하여 살기를 서약한것이 진정인것 같으면 왜 행복한 가정을 이루는데에 필요한 동정、리해、희생을 서

두 바치지 못할가。항시 늙은 주부는 일을 친하다고 거절하며 남편은 절대적 봉사를 요구하게될때에 피차 한거름 떠 나아가서 서루 절충하야 녀자는 살림살이에 취미를 부쳐 손수 가사를 처리 정돈시키며 남자는 그 안해의 아직 가사에 익숙지 못함을 동정하여 도으며 인내하여 보자 진정한 사랑에는 과도한 자존심(自尊心)이 필요치 안이하니 자존심을 바리고 상대자를 위하여 서로 바치자、희생하자。

11、련애결혼(戀愛結婚)

「련애 결혼」이라고 하면 결혼하는 남녀간에 직접 교제가 잇고 또 피차간에 사랑이 움돋아 종말에는 결혼하게 됨을 보통「련애 결혼」이라 하나。지금 필자가 뜻함은 그것이 안이라 사랑을 토대삼아 법률적으로 정당한 부부가 되어 산아 제한법을 리용하며 두사람 사이에 사랑이 잇는 날까지만 동거하다가 사랑의 불길이 꺼지자 쌍방의 승낙으로 자녀가 업이 법률적으로 리혼할 때에는 남편이 안해의 생활비에 대한 책임을 지지 안이하며 불행히 자녀가 잇을 때에는 다시 엄구한 가족 제도에 드러가는것을 뜻함이다。자유를 부르짓고 변화를 갈망하는 현시대에는 이같은 결혼 제도를 찬성하는 청년들도 적지 안이하며 어떤 나라에서는 거의 이 결혼 제도를 따르는 모양이니 한번 랭정한 두뇌로 치밀히 생각해볼 필요가 잇는줄로 안다。이제 이 제도의 리해되는 점을 렬기할진대

一、이 제도가 리론상으로는 괜으나 편리한것은 사랑이 잇는 한도안에서만 부부의 책임이 잇는것이다。사랑없이 부부의 관계를 계속시킬때의 모든 고통、번민은 이 제도로써 쎗어버리며 리혼된 후에도 자녀에게 끼칠 모든 불행까지 산아 제한법을 사용하야 면케하니 극히 편리하다。그러나 그 반면에는 고통은 없지 안이한것은 련애 결혼을 체험한자들 중에는 신경 쇠약증의 환자들이 만흠이다。이것을 미루어 볼지라도 이같은 결혼 생활이란 신경이 괜으나 긴장되는 모양이다。

二、신부 측에서 느끼는 불안이 다른 결혼 제도의 신부의것보다 심할터이다。부부의 생활을 하기는 하면서도 아해가 생길때까지는 그 신랑이 언제 그 신부를 바릴넌지 알수 없어 무한정하고 말할수 없는 불안을 느끼게 된다。

三、리혼 후에 남자는 다시 혼인하여 자미잇는 생활을 계속하나 녀자는 대개 독신으로 지내는 형편이 만흔것이다。부부 생활을 모르는 자는 말할것 없으나 한번 결혼생활을 맛보아 모든 성적 본능이 충분된 녀자로써 이같이 독신 생활을 계속케함은

극히 불합리한 제도이다。

그러면 근본적 해결책을 연구해 보자。 첫째는 결혼 생활에 드러가기 전에 치밀하고 광범한 성 교육에 류의(留意)할것이오 둘째는 두사람의 애정과 리해가 충분할 때에는 가급적 일즉 결혼한 후에 경제적 문제가 이러날만한 경우에는 산아 제한법을 리용하야 자녀의 수효를 제한시키고 아해들의 년령을 가급적 적당한 상거에 둘것이며 셋째는 혼인에대한 사상을 향상시켜 고상한 정신적 리상이 결혼 생활 전체를지배케 하여야 겟다。

이제 한번 다시 결혼과 리혼 전체를 합쳐가지고 생각해보자。결혼 식장에 이르기 까지 될 때에는 一남一녀가 한없는 사랑, 리해, 흠모, 고상한 리상밑에서 두사람이 서루서루 바치기로 깊이 든든히 약조한 후 오히려 그 약조를 더욱 견실케 하고저 거륵한 신앞에 엄숙히 나아가 하나님과 증인 앞에서 그들은 약조하고 맹세한 후 육체뿐 안이라 정신적으로 심리적으로 종교적으로 경제적으로 一신一체가 되엿던것이 안이엿는가。그러나 그들의 생활에는 이제 무슨 고장이 생겨서 그 감정은 극도의 흥분 상태에 이르렀다。이때에 전후를 헤아리지 못하고 좌우를 분별치 못하야 서루 떠나기만 하면 평화의 시대가 다시 올줄로 생각하고 법률적 분리를 다시 구하야 얻는것이 안이냐。그러나 한

나가 버렸던 그들의 상처는 깊이깊이 은밀한 구석에 숨겨둘지라도 그 아프고 쓰라림은 심장이 뛰는 동안에는 반듯이 느낄것이다。육체의 상처는 고칠수 잇으나 마음의 상처는 그들이 다시 혼인하지 안는 한도내에서는 합창될수 없겟다。

필자의 동창생 중에는 리혼한 친구가 간혹 잇다。그네들의 실정을 드러보면 그 고통은 심하여 만흔 고민을 계속적으로 당하는듯「이제라도 기회만 잇으면 그 집 담사리라도 드러가서 살고싶지오 만은……」한다。세상에는 기회라는것이 잇다。이 기회를 한번 노치면 다시 잡기어려운 모양이다。이처럼 후회하나 어언간 형편과 사정은 변하여 다시 고칠수 없으니 어께하랴!:그러면 이「리혼」이라는 최후적 수단을 취하기 전에 한번 다시 정신을 가다듬어 과거부터 시작하야 현재와 미래를 통일적으로 한번 더 신중히 생각해볼 필요가 잇다。처음 사랑을 한번 다시 회상하자 결함되는 점이 잇으면 그 사랑으로 덮어주며 보충하고 원통한 점이 잇으면 용서하자。사랑은 허다한 죄를 가리운다。아!아!좀더 참고 좀더 기다려보자。사람의 사랑이나 힘으로「이제는 더할수 없다」고 생각해질 때에 신 앞에 나아가서 엿주어보고 취할 길을 가르쳐 주시기를 구하며 우리 구주의 생활을 바라보자。여기 만일 자존심이 잇으면 안이된다。완전한 사랑에는

자아(自我)는 완전히 죽는다。구주께서는 우리를 완전히 사랑하심으로 자기를 죽이는데 까지 복종시키신 것이다。환경의 지배를 받아 쓰러지지 말고 환경을 정복하야 결혼전에 나의 리상을 실현시켜 보자。이같은 남녀야말로 친안해의 남편이나 친남편의 안해로 헌졀할뿐만 안이라 가정의 구주요 사회의 은인이며 국가의 충신이오 인류의 지도자로 써 하나님의 사자라 칭할수 잇는것이다。

三、공 창 (公娼)

사회에서 창기처럼 멸시와 천대를 받는 계급은 없을터이다。저들의 존재를 인하야 도덕은 부패하여지고 건강은 손실되며 가정의 평화가 깨여지자 가산은 탕진되여 종말에는 정신적 종교적 멸망에 이르게된다。필자는 흔이 교실에서「그같이 위험한 기관을 왜 정부에서나 사회에서 공공연하게 인정해둡니까」하는 질문을 생도에게 당한다。또 이제도의 폐해를 절실히 깨다른 사회의 주선으로나 혹은 정부에서는 법률로 공창을 폐지한 곳도 잇다。이같은 곳에는 공창은 없으나 그보다 더 위험한 사창이 더 만히 창궐되여잇어 一반 사회의 도덕 상태는 一층 더 위험하야 문명의 진보와 도덕적 향상이 잇음

이도 불구하고 상업화한 성적 생활은 공공연하게 계속된다。그러면 이 기관이 이같은 멸시와 공격을 당함에도 불구하고 어찌하야 그같은 강한 세력을 가젓는가? 다른 기관같으면 그만한 반대와 천시를 당하는 경우에는 벌서 사회에서 그 존재를 감초앗슬 것이다。

본시 성(性)의 본성과 특질의 오해가 이 기관의 존재의 원인이다。성욕이 강한 남자로 육체적 애정의 비결의 주의가 없는자가 그 안해에게 거절을 당한다。그는 자기 속에서 불붙듯 하는 성적 작용을 느끼게될때 그 성욕을 다른 생산적 사업으로 순화(純化)시킨다거나 정신적 방면으로 돌녀 혹 물질계에나 사상계에 적극적 사업에 공헌할수 잇는 비결을 전연 알지 못함으로 그는 다만 성적 욕망 그대로를 만족시키고저 수음(手淫)이나 공창(公娼)、혹은 사창(私娼)으로 향하게 된다。이같은 방법으로 심리적 긴장을 완화시킨 남자는 그 안해에게 친절하며 사회와 평화로운 생활을 계속하면서 공창은 필요한것이라 하며 그녀자들에게는 몸값으로 상당한 지불(支拂)이 잇섯으니 만족하다는 리유로 그 량심을 무마시키고 안심하며 그같은 생활을 계속한다。이같은 녀자들 자신으로 말하면 사랑치 안는 남자에게 몸을 허락하며 웃고십지 안이할 때에 웃지 안이하면

안이된다。그뿐이나 그 몸은 더럽고 병들며 정신은 말할수 없는 번민과 고통과 타락중에 싸혀 친구의 바림과 사회의 저주를 뒤에 남기고 세상을 저주하게 됨이 그들의 운명이다。남자는 자기의 정욕을 만족시킨 후에 녀자에게 돈만 주면 그만이거니와 녀자는 모든 더러운것, 괴로운것, 앞은것, 부끄러운것만을 얻어 먼저 정신과 몸둥이 죽고 종말에는 육신이 죽는것이다。또한 이 녀자들에게서 남자들에게 전염된 병은 무죄한 가정부인들과 철몰으는 아해들에게 전염시키며 설혹 정당히 혼인을 한다 하여도 남녀간에 이같은 경험을 가진자들은 결혼 생활의 진정한 신성미를 느끼일수 없이 된다。

그러면 그네들은 웨 이같은 직업을 택하는가 그 원인을 조사한즉

一、경제적—부모의 생활난으로 팔니녀자

二、사회의유혹—사악한 남자들의 유혹으로 유곽에 팔니는 녀자 (혹은 그 친구의 유혹으로)

三、허영——조흔 의복과 사치한 생활을 위하야

四、본시 음탕한 녀자—본시 음탕한 생활을 즐기는 녀자

그중에 경제적 압박과 사회적 유인이 제一 만타。현금 우리 사회를 살펴볼 때 또한 불

경기가 극도에 달한 세계의 진상을 들녀볼 때 이 기관만은 의연하야 최대 속도로 진보와 발전을 계속하고 잇음을 발견케 된다。경제가 공황되고 직업난이 심할스록 경제적 압박은 더욱 강한 세력으로 위협할 때에 정조보옥 같은 몸이라도 팔아서 먹을것을 찾으며 또 그 몸을 팔아서라도 부모의 생활난을 구하여 보려고 나서는 젊은 녀자의 수가 날로 늘어가는 이때에 현하 우리 사회의 무쳑한 사업의 기관을·찾지 못하고 또 사업에 대한 특별한 수양이나 이에 대한 창작적 두뇌를 가지지 못한 재산가들은 단지 성욕의 만족만을 위하야 아낌없이 유곽에 투자(投資)한다。그러면 이 악하고 무서운 기관의 길을 없이하는 길은 곳 철저하고 완비한 성교육뿐이다。재산가들로 성의 뜻을 리해하며 이 본능의 능력을 깨다라 단지 육적 만족만을 구하는 대신에 이 본능을 순화시켜 개인과 사회에 행복을 가저오는 사업에 진력케하며 그들의 재산은 건설적 사업에 투자하야 저 실직군(失職群)에게 직업을 주면 경제 공황에 몰녀 공창으로 팔녀가는 녀성들은 사회봉사에 헌신할것이니 이 어쩌 깊이 생각할바 안이랴。

제十장 성에 대한 건전한 정신적 태도

인류의 생활은 단순하려면 철신 단순하고 복잡하기 시작하면 끝없이 복잡하여진다. 따라서 행복된 사람은 어려서 부터 끝까지 행복한 생활을 즐기나 그러치 못한 사람은 그와 정반대의 길로 떠러지기 쉽다. 필자가 뜻하는 행복은 재산이나 명예와 지위같은 외부적 생활을 의미함이 안이라 심리적, 정신적, 종교적, 곧 내부적 생활을 뜻함이다. 내부적 생활이 안정되면 외부적 생활은 자연 안존 상태에 이르는것이다. 이같은 순조의 활로(活路)를 밟는자야말로 행복자라 할것이다.

이제 이 행복한자들의 다수는 자기의 지혜인지 혹은 부모의 지혜인지 몰으나 성에 대한 문제가 생길때마다 이를 정확히 해석하며 처리할 능력을 가진자들이다. 자제(自制)가 필요할때에 그 기회를 노치지 안이하며 어려운 문제가 생길 때에 마땅히 취할 길을 알면 성(性)자체가 항상 아름답고 신성하다는 인상을 느끼여 그들에게는 극히 자연스럽게 보인다. 이같은 자들이야말로 성에 대하여 건전한 태도를 가진자들이며 참다운 행복자들이다.

우리들은 이같은 자들을 표준삼아 우리의 자녀들에게 먼저 성적으로 완전 무결한 교육을 주어야겠다. 아희들이 성에 대하여 질문을 발할 때에는 극히 평범한 태도와 어조로 간단 분명히 설명하야 만족한 대답을 주며 묻는것외에는 더 말하지 말것이다. 이같은 태도를 가지면 아해는 의문이 이러날적마다 주저할것 없이 그 부모에게로 갈것이다. 그러면 성 교육은 누가 함이 제一 적합하냐 하면 그 부모가 제一인데 열살 이상으로 부터 아들은 그 부친, 딸은 그 모친이 제一 적합할것이다. 그러나 만일 그 부모가 책임을 감당키 어려운 경우에는 그 아희에게 제一 가깝고 제一 존경과 신앙을 받는이가 이 중한 책임을 져야겠다. 이같은 책임자는 흔이 선생, 친척이나 그 부모의 친구중에서 택함이 조흔듯하다. 사실 이 책임이 쉬운것은 안이나 가치있는 노력인줄 안다.

어려서 성에 대한 질문을 발할 적에 만족한 대답을 주지 못하면 이에 대한 호기심은 기어히 활동하야 다른 방법으로라도 만족을 구하게된다. 이같이 비밀히 여긔 저긔서 조금식 조금식 얻어드른 성에 대한 지식이란 오착되고 불완전하며 그들이 얻은 감상은 성이란 비루하고 위험한것이며 일상 생활에서 분리되여 이상한것인줄로 안다. 그리하야 이같은 인상이 뿌리가 박히고 싹돋은 성년(成年)은 성적 생활에 만흔 고경을 느껴 성한 근심과 고통중에서 신음하여 종말에는 미혼, 실신(失神), 기타 형형 색색의 중대 문제까지 당하는자의 수가 적지안이하다。이같은 위기에 빠진자들을 도읍고저 이제 몇가지의원측을 들어 보려한다。

一、어떠한 성적 문제이던지 해결책이 잇으니 단지 억제한다거나 폭발시키지 말고 정당한 태도로 지혜로운 방법을 사용하면 그 문제는 해결될수잇다。

二、성이 근본적으로 불결하거나 비천할것은 없다。동시에 성에 관하야 부분적 혹은 그릇된 지식만을 얻은 후에 정신적 혹은 심리적 고통을 느끼는 것보다 그 전부를 다 분명히 앎이 크게 유조하다。

三、자기는 먼저 성적 본능을 가진 자인것을 인식할것이다。성이 불결타 하야 자기에게 성적 본능이 잇는것을 부인하는자는 성적 생활을 처리, 지휘할수 없다。

四、성적 본능이 다른 본능보다 비열할 리유는 없다。젹셥 때 이러나는 식욕이나 저문 때 느끼는 성욕의 다른것이 무엇이랴 그러나 몇 천년이나 두고 나려오는 내외법(內外法)이나 이것을 토대로 삼은 여러가지 풍속은 이 성에 대하여 건전한 태도를 가지는데 막대한 장애 거리가 된다。그런고로 남녀간 성욕이 이러날 때에 그들은 이것을 불결타 하야 스스로 정죄하여 부끄러워 한다。

五、성욕도 다른 본능과 같이 비루하며 천해질수도 잇다。어떠한 본능이던지 정당한 규률밑에서 만족을 구치 안이하면 큰 위험을 면치 못하는것이다。성욕은 모든 본능중에 제一 귀중한이 만큼 제一 신중한 태도로 대하며 또한 정숙히 처리하여야 할것이다。성적 발표를 함부로 한다거나 고상치못한 이야기를 읊기거나 적당치 못한 서류를 미성년(未成年)들 앞에서 함부로 할바가 안이다。그들은 의지가 고정된 성년(成年)들과 같지 안이하야 사소한 일에라도 심한 자극을 쉽게 받아 혹은 불면상태에 이르거나 형언키 어려운 번민과 고통을 받아 그 생활에 까지 만흔 변동을 이르키게 된다。

六、성적 생활을 바로 잡거나 문제를 해결하는데는 교회 혹은 사회에 막대한 기회가 잇다。자아(自我)중심이던 눈을 들어 한번 저 복잡한 사회를 내여다 보라 거기는 얼마나 일 거리가 만코 그대의 따뜻한 동정과 능력잇는「손」이 필요한가를 알것이다。그대의 활동으로 몇 사람이 주림을 면하고 활로(活路)가 열니겟는가를 생각하여 보라。왜 혼자 한숨쉬며 눈물흘니고 앉엇느냐 자아(自我)만을 생각지 말고 나

의 정을 풀어 관인을 위하야 쓰면 그때는 어두운 사회의 계명성(啓明星)이 될것이다。

교회를 드려다 보자 우리 마음 속에 잇는 모든 악한 생각이 다 없어지도록, 교인들의 의식이 명랑하여지고 자미잇는 가정(정신적)을 이루도록, 육체의 건강을 회복하도록(정신적 건강보다 육체적 건강은 얻기 쉽고 또 육체적 건강이 회복되면 자연히 정신적 건강도 얻게 된다) 진정으로 로동의 신성미를 각 교인이 알도록, 녀자가 하나님의 딸로서 적당한 사회적 지위를 회복하야 참된 복을 누리도록 힘써 일하자 그리하면 성에 대한 어려운 문제도 자연 해결될것이다。

이제 붓을 노키 전에 성에 대한 간단한 결론을 지코저한다。이 우에 력설(力說)한 성에 대한 모든 필요한 지식을 얻고 부정함을 피하며 미술과 문학을 정화(淨化)시키고 사업과 직업적으로 발생하는 모든 위험 중에서 나의 몸을 방어한다 할지라도 우리의 마음이 완전히 깨끗하며 우리의 환경에 잇는 모든 위험을 막을만한 능과 힘이 오히려 약함을 느낄것이다。필자는 성 문제에 대하야 심리적 생리적 혹은 정신적으로 만히 론술하엿으나 종교의 필요를 만히 쓰지 안이하엿다。그러나 생류(生類)는 신의 지으신바오

또한 모든 본능은 그에게서 받은바이다。우리의 모든 생활이 빛나며 가치잇게 하려하면 하나님의 능력을 의지하지 안이하면 안되겟다。우리 구주 예수를 바라보자 그는 하나님의 아들로서 사람의 몸을 입으시고 죄악이 가득한 사회에서 우리 인생이 당하는 모든 난문제를 체험하시고 한번도 실수없이 정당히 해결하신 후에 같은 도탄중에 잇는자를 도으신다。그의 제자 중에 그의 친구들을 바라보자『갈릴니』바다의 어부로 성품이 급하기로 유명하던「베드로」와「예수」를 맛난 후 五旬절에 성신을 받은「베드로」의 생활과 그 능력을 비교하여 보라『사마리아』에서「야곱」의 우물로 물을 길으러 왓던 녀인은 여러 남편을 둔 음탕한 녀자이엿으나「예수」를 맛나자 그의 생활 전체는 완전히 변화햇다。『막달나』『마리아』는 정신병 환자이엿으나「예수」를 맛난후 깨끗한 녀자가 되지 안엇는가「예수」를 믿기 전에 방탕하기로 유명하던 불량자들이 그 부모의 엄한 교훈이나 사회의 심한 여론을 두려워하지 안이하나「예수」를 구주로 받은 후에는 모든 추악한 행동을 바리고 아름다운 성질까지 선화(善化)된 예가 만흠을 우리가 목도하는바가 안이냐 우리는 문제가 이러날 때마다 혼자 주저하고 한숨쉬며 눈물흘니지 말고 우리 구주「예수」를 바라보자 그 앞에 담대히 나아가 실정을 고하고 그 지혜를 기다리자 우리

의 사랑을 먼저 그에게 바처 그의 신실된 친구가 되며 그 사업의 기게가 되자 그리하면 우리의 생활 전부가 변화하여 천한 생활이 고귀한것으로 변하며 무가치한것이 귀중하게 될것이다。이같은 능력을 얻은 우리들은 혼자 방에 앉어 난관을 생각하고 한숨쉬는 대신 하나님의 사랑하는 자녀들의 령과 육의 살 길을 찾어 주기 위하야 일하자 활동하자!

성교육론 종

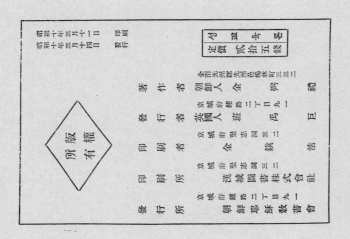

昭和十年三月十一日 印刷
昭和十年三月十四日 發行

성교육론	定價 貳拾五錢

著作者 全南光州郡光州邑楊林町三三二 朝鮮人 金㢸禮
發行者 京城府鍾路二丁目九一 英國人 班禹巨
印刷者 京城府堅志洞三二 金鎭浩
印刷所 京城府堅志洞三二 漢城圖書株式會社
發行所 京城府鍾路二丁目九一 朝鮮耶穌敎書會

新刊書籍

[illegible] 譯 **가 정 론** 定價 四十錢	모든사회운동의 기초는 완전한가정을 만드는데 있으니 우리는 먼저 가정을 개혁하자 그방법이 여기에 있다。
白南薰 譯 **벳아니의家庭** 定價 四十五錢	예수의 一생중에 가장 인상깊은 벳아니의 가정ㅣ이 가정을 중심으로 예수님의 사생활의 긔록을 한번 상고해보자。
高永煥 譯 **뿌커·틔·와싱톤** 定價 五十錢	한 흑인의로예에서 온갓불행과 싸호면서 동족의교육을위하야 활동한위대한 흑인교육가의 자서전입니다
렌·켈 러 **나 의 생 애** 定價 四十五錢	장님이오 또 귀먹어리, 벙어리로 어떻게해서 세계의 유명한 학자가 되엿나 여기에 피석진분투의 기록이 있읍니다。 일어나라 모든 불행한자여!
李源謨 譯 **죄수의친구** 定價 二十錢	구라파의 감옥제도를 개혁한 인류의은인 엘리사벳 푸라이ㅣ그가 일생을 자선사업에 밧친 간단한전긔입니다。

發行所 朝鮮耶穌敎書會 京城 鍾路 振替京城四〇八一

김필례 연보

1891 12월 19일 황해도 장연 소래마을에서 아버지 김성섬金聖蟾과 어머니 안성은安聖恩 사이의 아홉 남매 중 막내로 출생.

1895 광산 김씨 집성촌인 소래마을에 우리나라 최초의 민족주의적 개신교 교회인 소래교회가 설립되어, 교회 부설 금세학교金世學校(소래학교)에서 신식교육 받음.

1903 연동여학교(훗날 정신여학교) 입학. 재학 중 두 번 월반.

1907 연동여학교 제1회로 졸업. 연동여학교 수학교사로 재직. 8월 일본제국의 대한제국 군대해산으로 무력충돌 발생하여 세브란스병원에서 부상병 간호.

1908 9월 최초의 여성 관비유학생으로 일본 유학. 동경 여자학원 유학생반 입학.

1909 4월 여자학원 일본학교 중등부 전입.

1913 4월 여자학원 고등부 진학.

1914 영화음악전문학교 병행 수학.

1915 4월 동경여자유학생친목회를 조직하고 초대 회장 역임.

1916 3월 여자학원 고등부, 영화음악전문학교 졸업. 유학 팔 년 만에 귀국. 4월 정신여학교 교사 근무(1909년 '연동여학교'에서 '정신여학교'로 교명 바뀜).

1918 6월 최영욱崔泳旭과 결혼 후 정신여학교 교사직을 사임. 이후 오빠 김필순金弼淳이 독립운동의 터전을 만들고 있는 몽골 접경지 흑룡강성 치치하얼에 남편과 함께 봉사하기 위해 갔다가, 임신으로 인한 건강악화와 시어머니의 곤경을 듣고 귀국.

1919 2월 중순 조카 김마리아金瑪利亞가 동경에서 이팔독립선언서를 기모노 허리띠에 숨겨 가져와 복사해 국내 배포하는 일을 도움.

1919 3월 아들 제화齊華 태어남.

1920 1월 생후 십 개월이 되었을 때 아들이 뇌막염으로 죽음. 그로 인한 충격으로 남편 최영욱이 혼자 미국으로 유학을 떠남. 미국 여전도회(부인조력회) 일을 돕게 되면서 미국 유학의 추천 및 안내를 받게 됨. 9월, 광주 수피아여학교 교사로 재직. 아들도 잃고 남편도 곁에 없어 자신의 일에 더욱 몰두.

1922 4월 북경 청화대학에서 열린 세계기독학생대회에 김활란과 함께 대표로 참석. YWCA 활동에 주력하기 시작해, 3월 YWCA 1차 발기회 주관(경성여자교육협회), 4월 YWCA 2차 발기회 주관(이화학당), 6월 제1회 YWCA 하령회(YWCA 여름 수련회), 10월 YWCA 규칙 기초, 11월 YWCA 지방 조직을 위한 전국 순회 강연 등을 진행.

1923 8월 제2회 하령회 및 YWCA 정식 설립 주관.

1923 4월 광주 수피아여학교를 사임하고 다시 정신여학교에 근무하기 시작해 1924년 12월까지 교무주임을 맡음.

1924 엘리자베스 프렌티스의 『성공의 일기』(조선예수교서회)를 번역 출간. 『어린 동무(동화집)』(여자기독청년회연합회) 편역 출간.

1925 1월부터 1926년 6월까지 미국 선교사들, 조력회(남장로교 소속) 도움으로 미국 아그네스스콧대학 유학.

1926 7월부터 1927년 6월까지 컬럼비아대학 대학원 유학. 9월 미국 프린스턴 국제기독교학생대회 조선 학생 대표.

1927 7월부터 1938년 6월까지 광주 수피아여학교 교감으로 재직.

1928 9월 부인조력회 총회(조선예수교장로회 부인전도회) 창립. 12월 인도 미수루 세계기독교학생대회 조선 학생 대표.

1935 『성교육』(조선예수교서회) 집필하여 출간.

1938 광주 수피아여학교 신사참배 거부로 폐교, 기독교도 탄압으로 핍박받으면서 이후 해방될 때까지 여전도회, 야학, 농사일, 교회일로 봉사.

1940 찰스 포스터의 『성경사화대집』(조선기독교서회) 번역 출간.

1945 9월부터 1947년 2월까지 광주 수피아여학교 교장으로 재직.

1947 3월 신사참배 거부로 폐교된 정신여학교 복교를 위해 '정신복교추진위원회'에서 정신여자중고등학교 교장으로 추대. 3월부터 1961년 7월까지 정신여자중고등학교 교장 역임.

1950 4월부터 1959년까지 대한예수교장로회 여전도대회 회장 역임. 6월 초 대한예수교장로회 여전도대회 회장 자격으로 미국 오션클럽 세계연합장로회 여전도회 4차 대회에 참석차 미국으로 출발, 그러나 한국전쟁 발발로 귀국하지 못하고 일 년 가까이 열아홉 개 주 순회 강연. 8월 남편 최영욱 박사가 광주 교도소에서 공산군에게 총살당함.

1951 7월 미국에서 돌아와 부산 피난학교 운영, 피난 시절 정신여학교의 교훈, 교가 제정. 미국에서 홍보활동으로 모은 구호품 부산에 도착, 김필례 본인의 서명이 있어야 인계할 수 있다는 조건이어서 직접 현장에 가서 확인 서명 후 수령, 분배.

1953 휴전 후 중단됐던 미국 북장로교 선교본부 지원 이끌어내 과학관(루이스관) 건축.

1957 번역서 『성경사화대집』(1940)의 수정판으로 『성경사화집』(대한기독교서회) 출간.

1961 5월 젊은 시절부터 힘써 온 여전도회전국연합회 회장을 하며 심혈을 기울인 최초의 장로교 여자대학인 서울여자대학 설립됨. 7월 오일륙 군사정변 후 사회정화 차원에서 오랫동안 한 사람이 연임하는 것이 금지되며 교장에서 물러남. 1963년 5월까지 정신여자중고등학교 명예교장 역임.

1962 7월 재단법인 정신학원 이사.

1963 5월부터 1973년 5월까지 학교법인 정신학원 이사장 역임.

1972 김옥선 등 학교 이전 정신 이사진들의 이전투구, 동창회의 양분으로 큰 곤욕을 치름. 4월 한국 YWCA 창립오십주년 공로상 수상. 8월 정부로부터 YWCA 설립 공로를 인정받아 국민훈장 목련장 수훈.

1975 동경 여자학원 개교 백 주년 기념 화보집에 학교를 빛낸 인물로 김필례와 김마리아 선정됨.

1978 아그네스스콧대학 졸업 오십 주년을 맞아, 대학의 교육이념을 완벽하게 구현한 졸업생으로 널리 소개됨. 5월 제1회 '송암봉사상'(연동교회) 수상. 서울 도심 인구분산정책으로 정신여자중고등학교 잠실로 이전.

1982 11월 광주 YWCA 창립육십주년 공로상 수상.

1983 7월 30일 소천. 8월 1일 정신여자중고등학교장으로 연동교회에서 영결 예배 후 경기도 양주 신세계공원묘지에 안장.

1984 7월부터 소규모 모임으로 시작된 김필례 선생 추모예배가 지금까지 매년 이어짐. 1995년부터는 연동교회에서, 2001년부터는 정신여자중고등학교 김마리아회관에서 개최.

1987 10월 생전에 이기서 교수가 직접 만나 기록한 구술전기가 『교육의 길 신앙의 길: 김필례 그 사랑과 실천』(태광문화사)으로 출간.

2010 12월 20일 김필례선생기념사업회 창립총회.

2012 2월 『교육의 길 신앙의 길: 김필례 그 사랑과 실천』(북산책) 재출간.

2013 7월 17일 김필례선생 삼십 주기 추모예배 및 학술발표회(김필례선생기념사업회 주최). 12월 김필례기념관(다목적교육관) 준공.

2014 10월 8일 광주MBC 창사오십주년 특집다큐멘터리 「백 년의 유산 여성 교육자 김필례」 방영. 2019년까지 김필례리더십캠프(김필례선생기념사업회 주최, 한국 YWCA연합회 주관).

2015 3월 9일 MBC다큐스페셜 「시대의 벽을 넘은 여성: 권기옥, 김원주, 김필례」 방영.

2017 3월 1일 KBS1 삼일절 특집다큐 「3월 1일, 어느 가문의 선택」 방영(2018년 3월 1일 재방영).

2019 10월 7일 김필례선생기념문집 편집위원회 주관으로 김필례의 평전, 그가 생전에 직접 쓴 글, 그를 기리는 이들의 글을 모은 기념문집 『김필례: 그를 읽고 기억하다』(열화당)가 출간되어 출판기념회를 가짐.

참고문헌

수록 매체명 아래 문헌은 연도순이며,
단행본과 논문은 저자의 이름순이다.

신문

고신문

「女徒義學」『大韓每日申報』, 1907년 8월 4일.

「金氏留學渡日」『大韓每日申報』, 1908년 9월 5일.

「女學徒遊學」『皇城新聞』, 1908년 9월 5일.

『매일신보』

「婦人 留學生 歸還」『每日申報』, 1913년 7월 15일.

「地方通信: 光州女子夜學」『每日申報』, 1920년 9월 5일.

「世界基督教青年聯合會에 朝鮮女子代表로」『每日申報』, 1922년 3월 29일.

金弼禮,「女子代表의 重한 使命, 목덕 박사의 알션 하에 건너간다고」『每日申報』, 1922년 3월 30일.

金弼禮,「朝鮮的 基督教의 문화를 비져내여야 되겟고, 순젼히 서양화함을 불가해, 基督教의 改造할 點(3)」『每日申報』, 1922년 3월 30일.

金活蘭, 「八百名의 各國代表: 여셧반에 난호아 여러가지를 의론하고 희망도 뎨출하엿다. 北京 갔다 온 김활란 孃 談」『每日申報』, 1922년 4월 22일.

「集會: 女子基督教青年會聯合期成」『每日申報』, 1922년 12월 28일.

「風紀革新의 第一着으로 娼妓廢滅의 新運動: 긔독교인과 젼문학생들이 중심이 되야 노력하랴 한다, '革淸團'의 기치하에」『每日申報』, 1923년 12월 17일.

「裡里女靑 創立紀念 金弼禮女史 講演도 잇다」『每日申報』, 1927년 11월 28일.

「內鮮一體의 旗下에 女子基靑도 合流 三천五백의 회원을 이끌고 일본녀자긔청에 八日實行委員會에서 討議」『每日新報』, 1938년 6월 9일.

「貞信學校引繼交涉 七委員을 選定」『每日新報』, 1938년 11월 11일.

『조선일보』

「외국에 노는 신녀성(三): 지식을 구하야 미국에서 대학 문학을 배호는 김필례씨」『朝鮮日報』, 1925년 5월 19일.

「경성에서 활동하는 여자단톄: 경성녀자긔독교청년회. 청년녀자의 긔독교덕 품성을 발휘함을 목뎍」『朝鮮日報』, 1925년 12월 24일.

「업을 마친 김필례 씨: 월급하야 예정보다도 일 년을 일즉히」『朝鮮日報』, 1926년 5월 25일.

「女界消息: 金弼禮女史 入京」『朝鮮日報』, 1927년 10월 16일.

김필례,「家事科를 尊重하라: 急務는 女子專門學校」『朝鮮日報』, 1928년 1월 4일.

「女名流 略歷」『朝鮮日報』, 1928년 1월 4일.
「60年前의 女學生時節: 貞信 80年의 生日을 契機로 金弼禮 女史에게 듣는다」『朝鮮日報』, 1967년 9월 24일.
「YWCA 創設 공로상 受賞 金弼礼씨 "生前에 맞는 50돌에 感謝 漢江 배위에서 창설 論議"」『朝鮮日報』, 1972년 4월 21일.
「YWCA 창설자 金弼禮 여사 別世」『朝鮮日報』, 1983년 7월 31일.
「日帝下 YWCA 창설, 女性에 「独立혼」 고취, 故 金弼禮 여사」『朝鮮日報』, 1983년 7월 31일.
「김병종의 화첩 紀行 32: 김염(金焰)과 상하이 (1)」『朝鮮日報』, 1998년 10월 12일.
「文淳太 교수 집필 오방 최흥종선생 일대기 '성자의 지팡이' 출간」『朝鮮日報』, 2000년 12월 16일.
「권경안 기자의 南道이야기 30: '광주 1945' (下)」『朝鮮日報』, 2006년 6월 26일.
「萬物相: 서울 YWCA의 전통」『朝鮮日報』, 2009년 2월 12일.

『동아일보』

「女子夏令會」『東亞日報』, 1922년 5월 11일.
「김필례 여사 강연」『東亞日報』, 1922년 11월 18일.
「김필례 여사 강연」『東亞日報』, 1922년 11월 29일.
「김필례 여사 강연」『東亞日報』, 1922년 12월 18일.
김필례, 「生活改善의 第一步로 새해부터 우리 朝鮮人이 實行할 새 決心: 無用한 수고를 덜자」『東亞日報』, 1924년 1월 1일.
「危殆하엿든 貞信校運命」『東亞日報』, 1927년 8월 9일.
「徐舒平孃의 宣教卄年記念」『東亞日報』, 1932년 6월 14일.
「料理法講習會盛況」『東亞日報』, 1934년 6월 29일.
김필례, 「女性界의 별이 또 졌습니다: 李娥珠 女史의 靈前에」『東亞日報』, 1968년 9월 12일.
박화성, 「나의 交遊錄元老女流가 엮는 回顧 8: 朴花城, 처음 받은 戀書」『東亞日報』, 1981년 1월 13일.
박화성, 「나의 交遊錄元老女流가 엮는 回顧 9: 朴花城, 婦女夜學校교사로」『東亞日報』, 1981년 1월 14일.
박화성, 「나의 交遊錄元老女流가 엮는 回顧 10: 朴花城, 유치원 保姆兼職」『東亞日報』, 1981년 1월 15일.

『시대일보』

김필례, 「注入的 敎育의 弊害: 교사는 사람 본위로 채용하고 학생은 열쇠꾸러미를 차 보라」 『時代日報』, 1924년 3월 31일.

「女子討論盛況」 『時代日報』, 1925년 6월 22일.

『중외일보』

「錦衣還鄕한 崔泳旭博士夫婦」 『中外日報』, 1927년 7월 28일.

「基督靑年夏令會 그 순서 내용은 이러하다」 『中外日報』, 1928년 8월 23일.

『정신』(정신여자중고등학교 신문)

김필례, 「주인의 마음을 가지자」 『정신』(신문) 19, 1963년 10월 19일.

김필례, 「사랑할 수 있는 사람이 되자」 『정신』(신문) 20, 1964년 1월 24일.

「생활의 주축은 신앙에 두어야: 김필례 이사장 인터뷰」 『정신』(신문) 33, 1966년 4월 13일.

김필례, 「교풍을 확립하자」 『정신』(신문) 37, 1966년 10월 20일.

「정신 80년을 쌓아올린 반석들: 역대 교장 유공자 Mrs. E. H. Miller, Miss Margo Lee Lewis, 김필례」 『정신』(신문) 51, 1967년 10월 20일.

김필례, 「설립이념 되새겨 믿음 위에 지식을」 『정신』(신문) 51, 1967년 10월 20일.

김필례, 「확실한 목적의식을 갖자」 『정신』(신문) 54, 1968년 1월 26일.

김필례, 「높은 이상으로 인격을 다듬어 가자」 『정신』(신문) 55, 1968년 3월 5일.

김필례, 「희생적 봉사의 미덕을」 『정신』(신문) 70 · 71, 1969년 1월 15일.

김필례, 「언제까지나 정신 학교와 같이 살아가시길」 『정신』(신문) 86 · 87, 1969년 10월 20일.

장병일, 「정신을 빛낸 얼굴들 1: 김필례 편」 『정신』(신문) 88 · 89, 1969년 11월 25일.

김필례, 「모교의 전통을 빛내자」 『정신』(신문) 92 · 93, 1970년 1월 27일.

김필례, 「모교의 전통을 빛내자」 『정신』(신문) 99, 1971년 1월 27일.

김필례, 「높은 이상을 갖자」 『정신』(신문) 100, 1971년 3월 1일.

김필례, 「확실한 목적의식을 갖자」 『정신』(신문) 104, 1972년 1월 15일.

김필례, 「언제나 최선을 다하자」 『정신』(중, 신문) 118, 1975년 1월 11일.

「기자 탐방기: 김필례 전이사장댁을 찾아서」 『정신』(신문) 134, 1976년 5월 25일.

「김필례 할머님댁을 찾아서」 『정신』(신문) 142, 1977년 5월 31일.

기타

「YWCA 인물산책, 길을 따라서: 김필례」 『국민일보』, 2013년 3월 28일.

「남도일보 특별기획 대한민국 새로운 100년 (2): 남궁혁 · 김함라 부부, 김마리아 자매의 광주 3.1운동」『남도일보』, 2019년 3월 6일.

잡지

『새가정』

김필례, 「옛 친구의 기쁨」『새가정』 1-1, 1953년 12월.

김필례, 「家庭과 淸潔」『새가정』 1-7, 1954년 7월.

김필례, 「장 담그는 법」『새가정』 2-3, 1955년 3월.

김필례, 「삼가 껜소 여사 영전에」『새가정』 4-10, 1957년 10월.

「소식」『새가정』 8-3, 1961년 3월.

김필례, 「도와주며 사는 나라」『새가정』 142, 1966년 10월.

김필례, 「고부(姑婦)간의 대화」『새가정』 160, 1968년 5월호.

김윤혜, 「생활교육의 터전, 서울여자대학」『새가정』 168, 1969년 2월.

「가정생활위원회와 월간「새가정」사업보고」『새가정』 198, 1971년 12월.

김종희, 「김필례 선생님 영전에」『새가정』 328, 1983년 9월.

이연옥, 「피난시절 향기로운 우정을 늘 기억하며」『새가정』 418, 1991년 11월.

이연옥, 「철이 없었는지 믿음이 좋았는지」『새가정』 419, 1991년 12월.

이연옥, 「사람 사랑하면 인간 변화시키는 교육」『새가정』 420, 1992년 1월.

이연옥, 「기도하고 구한 것을 받은 줄로 믿으라」『새가정』 421, 1992년 2월.

이연옥, 「맡은 일을 천직으로」『새가정』 433, 1993년 3월.

『한국 YWCA』

김필례, 「하령회의 유래」『한국 YWCA』, 1956년 7월.

김필례, 「뿌린 씨는 걷운다」『한국 YWCA』, 1961년 3월.

「한국 YWCA 창설자 유각경 선생 서거」『한국 YWCA』 14-8, 1966년 10월.

김필례, 「45年前 YWCA를 도리켜 보면서」『한국 YWCA』 15-8, 1967년 4월.

「YWCA인물사 김필례 편: 일본 유학이 Y와의 인연 가져와」『한국 YWCA』 25-1, 1977년 1월.

「한국 YWCA 창설자 김필례 선생」『한국 YWCA』 179, 1982년 4월.

「한국 YWCA 창설자 김필례 선생 별세」『한국 YWCA』 194, 1983년 9월.

구정혜, 「한국 YWCA 산파, 김필례」『한국 YWCA』, 2013년 3월

대한예수교장로회 여전도회 발행물

김필례, 「『월례회 순서』를 속간하면서」 『월례회 순서 1957』, 대한예수교장로회 여전도회 연합대회, 1956년 12월.

김필례, 「설교 5월: 신앙적 교육은 가정으로부터」 『월례회 인도 1961』, 대한예수교장로회 여전도대회, 1960년 12월.

김필례, 「설교 1월: 예수의 어머니 마리아」 『월례회 인도 1963』, 대한예수교장로회 여전도대회, 1962년 11월.

김필례, 「예수님의 부활」 『월례회 인도 1964』, 대한예수교장로회 여전도대회, 1963년 12월.

김필례, 「민족의 수난과 여전도회」 『대한예수교장로회 여전도대회 창립 40주년 기념 회보』, 1968년 8월.

『정신』(정신여자중고등학교 교지)

김필례, 「卷頭辭: 七十一주년을 맞으며」 『정신』(교지) 8, 1958년.

김필례, 「밤하늘의 별」 『정신』(교지) 8, 1958년.

김필례, 「졸업학년 제씨들에게」 『정신』(교지) 12, 1962년.

김필례, 「成功하는 길」 『정신』(교지) 13, 1963년.

김필례, 「목련장(木蓮章)을 받고서」 『정신』(교지) 15, 1972년.

The Korean Student Bulletin

Mrs. Phyllis Kim Choi, "My Impression of the International Student Conference," *The Korean Student Bulletin*. 5-1, January, 1927.

Maria C. Kim, "Initiative but Cooperative Leadership", *The Korean Student Bulletin*. 9-1, March, 1931.

The Korea Mission Field

Mrs. Choi Pil Ley, "The Development of Korean Women during the Past Ten Years". *The Korea Mission Field*. 19-11, November, 1923.

Mrs. Kak Kyung Lee, "A Brief History of the Korea YWCA", *The Korea Mission Field*. 19-11, November, 1923.

Mrs. C. I. McLaren and Mrs. Pilley Kim Choi, "At Conferences in India", *The Korea Mission Field*. 25-12, December, 1929.

Helen K. Kim, "The Tenth Convention of the Korea YWCA" *The Korea Mission Field*. 30-11, November, 1934.

"Korean YWCA Leaders, Seoul", *The Korea Mission Field*. 33-1, January, 1937.

기타

「現下朝鮮女子界의 누구누구: 金弼禮氏」『신여성』1924년 2월호.

「人生證言 2: 믿음과 奉仕의 세월 80年, YWCA에 여성教育에 앞장서 온 金弼禮(81) 여사」,『주간女性』제205호, 1972년 12월 10일.

단행본

광주수피아여자중고등학교 편, 『수피아 百年史: 1908-2008』, 광주수피아여자중고등학교, 2008.

광주YWCA70년사편찬위원회,『광주 YWCA 70년사』, 광주 YWCA, 1992.

광주YWCA85년사편찬위원회,『사진으로 보는 광주 YWCA 85년』, 광주 YWCA, 2007.

교육주보사출판부 편, 『스승의 길: 교사용』, 교육주보사출판부, 1985.

김경일, 『한국근대여성 53인의 초상』, 한국학중앙연구원, 2015.

김다이, 정인서, 『광주 여성운동사: 일제강점기에서 5 · 18민주화운동까지』, 광주광역시문화원연합회, 2015.

김마리아선생기념사업회,『신문으로 보는 김마리아』, 한국장로교출판사, 2014.

김영삼, 『정신 75년사』, 계문출판사, 1962.

김영삼, 『김마리아』, 한국신학연구소, 1983.

김영환, 『(사진으로 본) 한국기독교 100년』, 보이스사, 1984.

김필례 편역,『어린 동무(동화집)』, 여자기독청년회연합회, 1924.

金弼禮,『性教育』, 조선예수교서회, 1935.

김필례,「서문」, 촬쓰 포스터(찰스 포스터, Charles Foster) 저, 金弼禮 역, 『聖經史話大集』, 朝鮮基督教書會, 1940; 『성경사화집』, 대한기독교서회, 1957(4판, 수정판).

김필례,「민족의 수난과 여전도회」, 대한예수교장로회여전도대회 교육국, 『대한예수교장로회여전도대회 창립40주년 기념회보』, 삼화인쇄주식회사, 1968.

김필례,「VI. 일기와 전기: 3. 김마리아」, 문교부,『중학 국어』 III-II, 대한교과서주식회사, 1970.

김필례,「이상을 향하여 다름질쳤던 격동(激動)의 시대」, 신서출판사편집부 편, 『회상의 학창시절: 女流21人集』, 신서출판사, 1973.

김필례,「合心한 네 傳道人」, 한국기독교선교100주년기념대설교전집출판위원회, 『대설교전집』 12, 박문출판사, 1974.

대한예수교장로회 여전도회 전국연합회, 『사진으로 보는 여전도회 100년사』, 인문당, 1977.
Mary Lucy Dodson(도마리아) 저, 양국주 편저, 『도마리아 조선에 길을 묻다』, 서빙더피플(Serving the People), 2015.
박용옥, 『김마리아: 나는 대한의 독립과 결혼하였다』, 홍성사. 2003.
박화성, 『눈보라의 운하』(박화성 문학전집14), 푸른 사상, 2004.
서울여자대학교 50년사 편찬위원회, 『서울여자대학교 50년사: 1961-2011』, 서울여자대학교, 2012.
안재도, 『50인 여성인물사』, 쿰란출판사, 2017.
양국주, 『여전도회: 하나님의 나팔수』, 서빙더피플, 2015.
양국주, 『그대 행복한가요?』, 서빙더피플, 2016.
연동교회 편, 『연동교회 애국지사 16인 열전』, 연동교회, 2009.
옥성득, 『한반도대부흥; 사진으로 보는 한국교회, 1900-1910』, 홍성사, 2009.
윤경로, 「기독교인으로서의 우사 김규식」『한국근현대사의 성찰과 고백』, 한성대학교출판부, 2008.
윤치호 저, 박미경 역, 『국역 윤치호 영문일기』6, 국사편찬위원회, 2015.
Elizabeth Prentess(엘리자베스 프렌티스) 저, 김필례 역, 『셩공의 일긔(Stepping Heavenward)』, 조선예수교서회, 1924.
이기서, 『교육의 길 신앙의 길: 김필례 그 사랑과 실천』, 태광문화사, 1988; 북산책, 2012.
이명화, 『김규식의 생애와 민족운동』(독립운동가 열전 7), 독립기념관 부설 한국독립운동사연구소, 1992.
이배용, 「한국근대 여성의식의 흐름」『한국사시민강좌』15, 1994.
이연옥, 『여전도회학』, 쿰란출판사, 1993; 『여전도회학』, 대한예수교 장로회 여전도회전국연합회, 1995.
이연옥, 『여전도회 100년사』, 여전도회전국연합회 출판사업회, 신앙과지성사, 1998.
이영미, 『못(母)된 감상기, 나혜석』, 북페리타, 2014.
이용교, 『한국사회복지를 개척한 인물』, 광주대학교 출판부, 2015.
정석기, 『한국기독교 여성인물사 2』, 쿰란출판사, 2001.
정신백년사출판위원회, 『정신백년사』, 정신여자중고등학교, 1989.
정신여자고등학교 사료연구위원회, 『한국에 온 첫 여의료선교사 애니 엘러스』, 정신여자고등학교, 2009.
정영목, 『조선을 찾은 서양의 세 여인: 시선에 갇힌 진실』, 서울대학교출판문화원, 2013.
주선애, 『장로교여성사』, 혜선문화사, 1979.
진원규, 『한국의 여상』, 중외출판사, 1972.

천화숙, 『한국여성기독교사회운동사』, 혜안, 2000.
최혜실, 『신여성들은 무엇을 꿈꾸었는가』, 생각의 나무, 2000.
하은주 · 김선영 공저, 『여성해방운동의 선구자 유각경』, 명미디어, 2016.
한국교회사학회, 『내게 천 개의 목숨이 있다면 1: 양화진 선교사들의 삶과 선교』, 한국장로교출판사, 2014.
한국기독교선교100주년기념대설교전집출판위원회, 『대설교전집』12, 박문출판사, 1974.
한영제, 『복음선교 120년 신앙위인 120명: 인물로 보는 한국교회사』, 한국기독교역사박물관, 2006.
大濱徹也, 『女子學院の歷史』, 女子學院史編纂委員會, 學校法人 女子學院, 同成社, 1985.
Harold Voelkel, *Open Door to Korea, Grand Rapids*, Michigan: Zondervan Publishing House, 1958.

논문

김성은, 「1920-30년대 여자 미국유학생의 실태와 인식」『역사와경계』72, 2009.
김주용, 「김필순의 생애와 독립운동」『세브란스병원의학교 초기 졸업생들의 독립운동』, 제중원 개원 133주년 기념 학술 심포지엄, 연세대의대, 2018;「의사 김필순의 생애와 독립운동」『연세의사학』21-1, 2018.
김향숙, 「개화기 여학교의 교과 및 비교과 교양교육」『한국교양교육학회 학술대회 자료집』, 2016년 11월.
박규원, 「나의 할아버지를 찾아서」『세브란스병원의학교 초기 졸업생들의 독립운동』, 제중원 개원 133주년 기념 학술 심그리고고포지엄, 연세대의대, 2018; 「김필순 일가의 이야기」『연세의사학』21-1, 2018.
박용규, 「한국의 최초교회」『신학지남』40-4, 1973.
박용옥, 「1920년대 新女性 硏究」『여성연구논총』2, 2001.
박찬승, 「1910년대 渡日留學과 留學生活」『역사와 담론』34, 2003.
박혜경, 「김필례 선생 연구: 페미니즘 교육 형성을 중심으로」『김필례 선생 연구: 페미니즘 교육 형성을 중심으로』, 2013 김필례 리더십 연구 발표회 자료집, 김필례선생기념사업회, 2013.
서신혜, 「1920-30년대 성교육에 대한 연구: 기독교 교육자 김필례의 『성교육』을 중심으로」『기독교사회윤리』38, 2017.
서원석, 「광산 김씨 문중의 역할과 역사적 기여」『김필례 선생 연구: 페미니즘 교육 형성을 중심으로』, 2013 김필례 리더십 연구 발표회 자료집, 김필례선생기념사업회, 2013.

신남주,「1920년대 지식인 여성의 등장과 해외유학」『여성과역사』 3, 2005.
이덕주,「사회 변화에 대한 교회의 입장」『기독교사상』 34-8, 1990.
이방원,「독립투사 이면의 인간 김마리아」『당신을 잊지 않았습니다: 대한독립의 별 '김마리아' 기념 학술세미나』, 김현아의원실 · 김마리아선생기념사업회, 2018.
이배용,「일제시기 신여성의 개념과 연구사적 검토」『역사문화연구』12, 2000.
이태숙,「여자 유학생의 근대인식과 공유장」『국어국문학』 159, 2011.
정운형,「박서양의 간도 이주와 활동」『세브란스병원의학교 초기 졸업생들의 독립운동』, 제중원 개원 133주년 기념 학술 심포지엄, 연세대의대, 2018.
천화숙,「조선YWCA연합회의 창립과 초기 조직」『아시아문화연구』 1, 1996.
천화숙,「日帝下 조선여자기독교청년회연합회의 女性運動」『역사와실학』 9, 1997.
최숙경, 신영숙, 이배용, 안연선,「한국여성사정립을 위한 여성인물 유형 연구 III; 1919-1945」『여성학논집』10, 1993.
최영근,「미국 남장로교 여선교사 엘리자베스 쉐핑(Elizabeth J. Shepping R. N)의 통전적 선교 연구」『한국기독교신학논총』 82-1, 2012.
「여성 교육의 선구자: 김필례 여사 편」『기독교사상』 9-10, 1965.

발문

선생님께서 떠나신 지 벌써 삼십육 년이라는 시간이 흘렀습니다. 2010년 김필례선생기념사업회가 출범한 이래 문집을 발간하려는 노력이 꾸준히 이어졌지만 실행에 이르기까지 예상보다 많은 시간이 소요되었습니다. 이제 그 노고들이 작은 결실을 보게 되었으니 그동안 애쓰신 많은 분들과 함께 기쁨을 나누고 싶습니다.

김필례기념사업회는 선생님이 태어난 지 백이십 주년을 맞이하게 되는 2010년 12월 20일 창립되었습니다. 친척들과 제자, 동창들이 한국 YWCA연합회 강당에서 창립총회를 열고 장로회신학대학 명예교수인 주선애 교수를 회장으로 추대하고 선생님의 신앙과 교육철학, 여성지도자로서의 삶을 본받아서 그 뜻을 계승 발전시키기 위함을 창립목적으로 하였습니다. 2013년 한국 YWCA연합회 강교자 회장이 기념사업회장직을 계승하여 기념사업회의 조직과 정관을 정립하고, 정신여자중고등학교 학생회 임원들을 중심으로 선생님의 정신을 되살리고 교육하는 '김필례리더십캠프'를 시작하여 매년 진행하고 있습니다.

제가 김필례선생기념사업회의 무거운 책임을 맡게 되었을 때 맨 처음 떠올랐던 생각은 선생님께서 기뻐하실까 하는 걱정이었습니다. 저에게 큰 힘이 되어주셨던 선생님께서는 제가 학교나 당신 일에 나서지 않기를 바라셨기 때문입니다. 그러나 많은 분들의 마음과 정성을 모은 이 작업이 끝나가는 지금 저는 이제 선생님께서 이 작은 정성을 기쁘게 받아주실 거라고 생각합니다.

우리는 선생님께서 평생 쓰신 글들을 찾아 모으고 그 뜻을 기억하는 분들의 글을 모아 선생님을 추억할 수 있는 자리를 만들었습니다. 이 길에 함께하며 격려와 힘을 보태주신 여러분들께 깊이 감사드립니다. 수피아여자고등학교, 정신여자중고등학교, 한국 YWCA, 광주 YWCA, 대한예수교장로회 여전도회전국연합회 등 선생님께서 평생 헌신하셨던 곳에서 활동하는 많은 분들이 바쁘신 중에도 정성껏 자료를 찾고 귀한 글도 보내주셨습니다.

문집을 준비하는 동안 저는 편집위원들이 일하는 모습을 보면서 작은 성과들이 있을 때마다 우리 선생님이 참 기뻐하시겠다는 생각에 행복했습니다. 탁월한 판단력으로 크고 작은 문제들을 해결하며 편집위원들을 이끈 이송죽 편집위원장은 저의 간절한 청을 어렵게 받아들여 이 힘든 여정에 동참했습니다. 그리고 함께하는 동안 역시 그 선택이 틀리지 않았음을 우리 모두에게 보여주었습니다. 동문 출신 교사로서 정신여중 교장 은퇴에 이르기까지 정신가족으로 사십칠 년 역사의 현장을 품고 있는 정혜순 위원은 넓은 인맥과 깊은 경륜으로 원고수집과 다양한 사진자료 확인 절차를 맡았습니다. 선생님의 평전을 집필한 한성대학교 명예교수 이정숙 위원은 끊임없이 고민하며 방대한 분량의 자료들을 검토하면서 혼신의 힘을 다하여 선생님의 생애를 충실하고 깊이 있게 복원해냈습니다. 책임감이 투철하고 신속 명확한 전동현 위원은 모든 원고들을 수합, 검토하고 필자들의 의도가 더 잘 표현될 수 있도록 의견을 교환하며 다듬어 정리했습니다. 솔선수범하여 일을 추진하고 놀라운 실행력으로 완성해 낸 이방원 위원은 국내외에 흩어져 있는 자료들을 찾아내어 차곡차곡 모아서 선생님의 족적을 복원하는 데 힘을 보탰습니다. 또한 황의란(정신57회 졸업), 백정섭(정신67회 졸업) 선생은 선생님의 영문원고를, 이충호 정신학원 이사는 일문편지를 즐거운 마음으로 번역해 주었습니다. 그리고 여러모로 어려운 여건에서도 기념문집을 이렇게 잘 다듬어 세상에 내놓아 주신 열화당 출판사에 진심으로 감사를 드립니다.

선생님을 향한 추모의 뜻을 모아 기꺼이 귀한 글을 보내주신 모든 필자들께 이 자리를 빌려 다시 한 번 깊은 감사를 드립니다. 우리 모두는 이 문집을 통해 많은 분들이 김필례 선생님을 다시 만날 수 있기를 바랍니다. 그리고 그 만남으로 매일매일 지극한 최선을 다하셨던 선생님의 삶이 '많은 열매'로 거듭나는 '한 알의 밀알'이 되기를 간절히 바라는 마음으로 이 글을 마칩니다.

2019년 9월
김필례선생기념사업회 회장
윤현숙

김필례선생기념사업회

회장

윤현숙(정신여자고등학교 1957년 졸업. 김필례선생기념사업회 제3대 회장)

김필례선생기념문집 편집위원회

편집위원장

이송죽(정신여자고등학교 1971년 졸업. 제25대 정신여자중고등학교 총동문회장)

편집위원

정혜순(정신여자고등학교 1967년 졸업. 전 정신여자중학교 교장)
이정숙(정신여자고등학교 1969년 졸업. 문학박사, 국문학. 한성대학교 명예교수)
전동현(정신여자고등학교 1983년 졸업. 문학박사, 사학. 정신학교역사박물관 전문위원)
이방원(정신여자고등학교 1984년 졸업. 문학박사, 사학. 한국사회복지역사문화연구소장)

김필례 그를 읽고 기억하다

초판1쇄 발행일 2019년 10월 7일 **발행인** 李起雄 **발행처** 悅話堂
경기도 파주시 광인사길 25 파주출판도시 전화 031-955-7000 팩스 031-955-7010
www.youlhwadang.co.kr yhdp@youlhwadang.co.kr

등록번호 제10-74호 **등록일자** 1971년 7월 2일
편집 이수정 박정훈 **디자인** 공미경 **인쇄 제책** (주)상지사피앤비

The Life and Times of Kim Pilley:
A Pioneer of Women Education and the Christian Faith in Korea

Published by Youlhwadang Publishers. Printed in Korea.
ISBN 978-89-301-0652-8 03330

이 도서의 국립중앙도서관 출판시도서목록(CIP)은 e-CIP 홈페이지(www.nl.go.kr/ecip)와
국가자료공동목록시스템(http://www.nl.go.kr/kolisnet)에서
이용하실 수 있습니다. (CIP제어번호: CIP2019036601)